# 献给北京大学软件与微电子学院建院10周年！

## For the 10<sup>th</sup> Anniversary of School of Software and Microelectronics, Peking University

# 新体系
# 国际金融学

**The New System of International Finance**

窦尔翔 乔奇兵 等著 ｜ By Dou Erxiang, Qiao Qibing

经济科学出版社
Economic Science Press

责任编辑：柳　敏　周秀霞
责任校对：杨　海
版式设计：代小卫
技术编辑：邱　天

**图书在版编目（CIP）数据**

新体系国际金融学/窦尔翔等著．—北京：经济
科学出版社，2011.12
ISBN 978 - 7 - 5141 - 1334 - 1

Ⅰ．①新…　Ⅱ．①窦…　Ⅲ．①国际金融学　Ⅳ．①F831

中国版本图书馆 CIP 数据核字（2011）第 246178 号

**新体系国际金融学**
窦尔翔　乔奇兵　等著

经济科学出版社出版、发行　新华书店经销
社址：北京市海淀区阜成路甲 28 号　邮编：100142
总编部电话：88191217　发行部电话：88191540
网址：www. esp. com. cn
电子邮件：esp@ esp. com. cn
北京天宇星印刷厂印刷
河北三河德利装订厂装订
787 × 1092　16 开　37.5 印张　810000 字
2011 年 12 月第 1 版　2011 年 12 月第 1 次印刷
ISBN 978 - 7 - 5141 - 1334 - 1　定价：68.00 元

## 总顾问

刘　伟　何小锋　黄桂田

## 本册顾问

何小锋　冯支越　冯　科
张　辉　张圣平　黄　嵩

## 著作团队

导　师：窦尔翔
组　长：乔奇兵
组　员：李　艺　李期偲
　　　　李双江　杨　帆
　　　　张青超　陈　阳
　　　　袁白华

# 用资产运营观透视国际金融（代序）

　　随着实体经济的国际化，金融国际化的广度和深度日益加强。发生于2007年的美国"次贷"危机、2010年以来的"美债危机"和"欧债危机"表明，国际金融实践呈现出更加复杂和高级的新形态，这要求国际金融理论也要与时俱进。值此背景，窦尔翔博士带领北京大学软件与微电子学院金融信息工程系国际金融研究兴趣小组的研究生，经过一年的讨论和写作，完成《新体系国际金融学》，为国际金融教材注入了新的血液。

　　窦尔翔博士以新的角度思考国际金融学的体系架构，其精髓是以价值的跨国获取为动力起点，在逻辑上引出了一系列与跨国获取价值相关而且必不可少的要素。包括价值获取的手段、价值获取的优势地位、价值获取所形成的交易关系的总和、价值获取的微观主体和各类相关跨国组织、价值获取的波动与危机，以及持续获取价值的保证机制。可以看到，整个教材的体系突破了横向罗列的模式，在逻辑上自然生发，章节内容之间具有动态性，可读性强，为理解国际金融问题提供了思维方式方面的有益借鉴。

　　综观价值跨国获取的工具，总体上呈现为由实体经济向金融经济过渡的趋势。金融国际化加强的过程，也是国家通过金融手段获取他国价值趋势不断加强的过程。目前国际金融战争烽烟迭起，未来的国际金融战争形态更加高级、程度更加复杂、过程更加激烈。这也警示我国，需要大力和有效培养国际金融创新人才，才能在今后的国际竞争中不被打败。

　　以"资产运营一般模式"理解资产的国际化运营，我们发现"智力资产、现金资产、实体资产、证券资产、信贷资产"都可以作为跨国获取价值的元素性工具。五种资产可以进一步归纳：智力资产会伴随着资产运营的整个过程，现金资产、证券资产、信贷资产等三种资产都属于金融资产，我们说人类的3/4种类的资产都属于金融资产并不为过。我们还要进一步说，剩下的1/4种类的资产作为获取国际价值的工具也不断金融化了，这又如何理解呢？让我们——考察。

　　我们先看信贷资产。所谓信贷资产是一种非标准化的债性资产，可以表现为国家之间的借贷、出口信贷、商业汇票。广义来说，促进国际贸易的过程，就是促进实体经济跨国交易的过程，这是一个价值跨国实现的过程，也是价值跨国获取的过程。出口信贷和商业汇票制度都可以促进本国出口，有利于本国实体资产跨国实现价值。而国际借贷则往往带有一定的政治、军事、外交、经济等附加条件，这是一个"潜规则"，有利于贷出国价值的跨国获取。

证券化资产分为两种：第一种是标准化的股性合约，如股票。这种合约因其标准化容易在市场上交易，容易跨国流动，因而成为跨国价值获取的重要手段。正由于这两种证券容易在二手市场上流通，有的国家往往就会发生"信息不对称问题"，要么在发行的时候就"心怀叵测"，发生逆向选择行为；要么在发行以后"不讲信用"而发生道德风险。股票发行以最近中国企业赴美国上市为例，美国为主的"浑水公司"联合做空中国"问题企业"，从中获利。如果说中国的企业上市后业绩迅速下滑，这说明中国的公司发生了"信息不对称问题"，但如果这些公司上市的推手正是美国投资银行的话，那么美国就是通过企业的"一上一下"攫取中国企业的价值，中国企业只不过是一个价值"玩偶"，中国企业的老板只不过为美国公司"打工"而已，甚至说是被耍的"猴"。

第二种是标准化的债性合约，如债券。而发生在美国和欧洲的债券危机则以债的形态展示了攫取他国利益的相同逻辑。以中国持有美国债为例，首先美国向中国发债融资本身就有利于美国经济的发展，而中国成为世界上美债的最大持有国等于美中两国经济捆绑在一起了，这使中国看空美国的极端不利于美国的可能性大大减少，除非中国愿意付出损失美债资产的代价。而在持债期间，由于种种原因，美元存在不断贬值的机会，这等于中国的美债资产不断缩水。从证券的来源上来看，有的是基于国家的证券，有的是基于企业（包括项目）的证券，有的则是基于资产的证券。从风险特征上看，基于资产的证券各个主体容易产生道德风险的可能性最大。美国的次级贷款与这种网链式金融创新关系密切。当这种网链横跨几国的时候，就会产生跨国的价值分配效应。

再看货币资产的跨国价值获取原理。在不考虑引致本国通货膨胀的条件下，一国越是实行量化宽松货币政策，本国货币就可以换得更多的外国货币或者外国资财，这个道理显而易见。从现实来看，越容易引起本国通货膨胀的国家越不敢大量印刷货币。或者说，印刷货币所带来的边际收益越是小于边际成本的国家越不敢实施量化宽松货币政策。美国和中国相比，哪一个国家更加容易实施量化宽松货币政策？当然是美国。其秘密在于美元已经是一个事实上的世界货币，但货币印刷权却掌握在美国人手中。美国实施量化宽松货币政策尽管可能给国内带来通货膨胀，但通过全球购买力获得他国价值带来的收益远远大于通货膨胀的损失。更加有趣的是，美国通过美元换回来的价值形态，本身具有降低通货膨胀的作用。不仅如此，在美元全球货币地位不降低的前提下，美国量化宽松货币政策会直接稀释其他国家的美元外汇资产；中国货币的国家化程度远不及美国。由于中国受制于国内通货膨胀的约束，或者这种通货膨胀无法顺畅输出，一般不敢轻易"量化宽松"。而中国的巨额美元外汇资产却经历着不断缩水的困境。

以上金融资产要么作为跨国实现实体资产价值的工具；要么作为直接获取他国价值的手段。其实，实体资产也在跨国价值获取中越来向金融形态演化。

一是实体资产直接具有金融资产的性质。比如房地产不仅具有消费功能，也具有投融资功能。跨国投资房地产成为很多企业甚至是政府的跨国获取价值的手段。

二是基于实体资产演化而来的金融资产。比如环境资源是一种实体资产，为既能要求发达国家减少碳排放，又能给碳排放国家以继续发展的机会，CDM作为一种灵活的履约机制被创造出来，CDM机制就是一种金融机制。从CDM市场形成至今，中国、印度、巴西和韩国作为CDM市场的主要供应国，一直占据全球CDM市场份额的80%以上，中国和印度在这四国中领先。从履约机制的灵活性和碳排放技术的全球化配置来看，CDM是一种科学的交易机制。但从碳汇投机市场来看，发达国家利用自己的资金优势，以较低的价格购买CDM，然后再以较高的价格出售，甚至率先成立CDM衍生品市场，成为发达国家获取发展中国家价值的工具。

三是实体企业的私募股权化。私募股权是一种靠近实体资产性质的资产形态，但因其"纸质复本"的特点而在一定程度上具有了金融资本的特点。它尽管不如股票那样拥有强流动性，但也是可以有流动性的。美国正是利用股权工具的金融性，采用握有污染企业、稀缺性资源企业、高成本企业、经济增长比较好的企业的股权，而本国并不在国内经营这些企业，既降低了成本，也避免了污染，还享受了国外经济增长的好处。

四是以实体资产为标的资产的衍生品市场。这种市场和实体资产投融资市场唯一的区别就是加入了时间、或然性，甚至标准化等变量。1998年、2007年的金融危机都显示了对冲基金跨国获取别国价值的威力。

随着人类社会的高级化和一体化，资产的生产、交易和消费将会通过产权的多层化、立体化相互渗透和整合，更加高级化、精细化、复杂化的金融创新将会层出不穷，金融本身也将是高科技的一种。哪一个国家首先掌握"金融高科技"，哪一个国家将在价值跨国获取的过程中占据优势。祝愿新时代的学子们，不断锻炼自己创新思考国际金融问题的能力，早日成为国际金融的"高科技人才"！

何小锋

北京大学经济学院教授、博导

北京大学金融与产业发展研究中心主任

北京市私募股权投资基金协会副会长

2011 年 11 月 24 日

# 前　言

## （一）

　　软件与微电子学院是应国家战略发展要求和培养新型人才的需要，按照北京大学建设世界一流大学的总体规划，秉承北京大学"民主科学、兼容并蓄"的传统而成立的新型学院。学院的金融信息工程系在全国首次将金融和信息化创造性地融合，为我国培养了大批高层次、实用型和交叉型金融信息化人才，受到业界的一致好评。时值北京大学软件与微电子学院即将成立十周年之际，我们有必要对本院和本系的人才培养理念进行思考和总结。

　　北京大学软件与微电子学院以研究生培养为起点，整个人才培养模式以有别于本科生的方式展开。本科生的目标主要是学习知识，注重对其学习能力的培养；而研究生的目标则主要是运用知识，注重对其研究能力的培养。拿教材的功能来说，如果说教材是本科生学习的蓝本，那么对于研究生而言则是研究的工具。如果说本科生阶段读书称为"习读"的话，研究生阶段的读书则可以称为是"研读"。"以研带学、以研促学"是我们培养研究生的特色之一。

　　如果一个人仅仅饱读诗书，学了很多知识，只能算仓库型人才；如果一个人同时具有知识和正确的学术思想，则属于传输型人才；如果一个人同时具有知识、学术思想和研究能力，则可能成为创造科学技术的伟人。尽管这三类人才都是社会所需要的，但第三种人才是社会尤其需要的。在当今社会环境日益复杂化的前提下，社会所急需的人才是能独立地发现问题、分析问题、灵活综合地运用现存知识去解决问题的人。如何在学生阶段培养自己这几方面的能力呢？

　　英国著名学者培根说过，"各种学问并不把它们本身的用途教给我们，如何应用这些学问乃是学问以外的、学问以上的一种智慧"。培根所说的这种"智慧"才是我们每一个"学者"真正所需要的，研究生理当如此。在人才培养周期加长，知识快速更新的时代本科生也要注重这种本领的修炼。

高等教育不应该再试图为学生提供一个完美无缺、不再变更的知识体系，而应该向他们提供一把打开知识宝库的钥匙，以便在今后的一生中继续进行必要的学习和不断地运用他们所学到的知识。

研究能力可以细化为学术研究能力和实践研究能力。如果说前者强调解决理论问题的能力，后者则强调解决实践问题的能力。一般而言，研究都需要某种程度的假设，相对而言，理论研究的假设条件比较苛刻，实践型研究的假设前提则比较少。近几年来，我国将研究生划分为"学术型研究生"和"专业型研究生"，并不断增大"专业型研究生"的培养比例，正是为了优化研究生的类型结构。其实，"专业型研究生"是一个具有权变性的研究生类别。如果毕业生要立刻就业，人才会既具有操作性，又具有一定的逻辑分析能力。如果研究生发现自己具有从事学术的潜质，则可以多做一些假设条件多和学术性强的研究训练，或者进一步攻读博士来进行更专业化的学术研究训练。"专业型硕士"的这种权变性可以用"'既可'顶天，'亦可'立地"或者"可上九天揽月，'亦'可下五洋捉鳖"来比喻。

改革开放以来，我国学术事业取得巨大成就，但与国外相比还是相差甚远，细细分析，会发现有两点是需要引起足够重视的：

一要注重团队研究，而不是个人闭门造车。因为学术研究，尤其是高级研究或者创新性很强的研究是一项复杂脑力劳动和体力劳动的复合体。如果能够将志同道合的研究者整合起来，就会产生极强的协同效应。随着知识积累期的加长、知识创新难度的增强，团队合作研究尤为必要。团队合作研究分为"产、学、研"之间的合作、跨校（国）之间的合作、不同专业研究者之间的合作、师生之间的合作等多种类型和模式。

二要注重立足中国进行原创性研究。最近几年国内很多知名出版社通过影印、翻译、编写等方式引进了不少西方关于金融发展的经典理论，在资本市场的发展方面也主要采取了谨慎模仿的策略，这种向发达国家学习借鉴的态度是正确的。但也要避免"纸上谈兵"、"水土不服"的"理论移植"模式，而要加强根植于中国的金融理论创新。随着金融危机对美国等发达国家的打击，随着中国经济成为世界第二大经济体，放眼世界的同时立足中国经济进行金融原创的时代已经到来，我们适逢良机，任重而道远。

（二）

2007 年的"次贷危机"不仅给美国经济带来了重创，也给全球经济带来了灾难。时至今日，全球经济还没能走出危机的阴霾。这次金融危机印证了"蝴蝶效应"，一国金融危机，能迅速诱发另一国也发生金融危机。一时间，全球掀起了讨论国际金融的热潮，相关的峰会、著作、论文层出不穷，仅从《货币战争》、《金融战争》、《石油战争》等充满火药味的著作的极度热销就可窥见一斑。

事实上，人类已经进入了通过金融手段获取价值的时代。纸币作为法偿信用该货币威力巨大，它可以通过干预世界货币体系获得霸权地位，从而获得铸币税和控制法币购买力比率的优势。即便某国法币不能处于霸权地位，也可以通过自主贬值损害业已形成的债务关系，或者改善本国在外贸中的交易条件。基于纸币的债性合约、股性合约，以及基于所有价值或者价值符号的衍生合约，都是价值获取的工具。特别是随着资源的紧张，包括环境资源的稀缺，基于资源的衍生合约的避险和套利日益成为全球青睐的跨国价值获取手法。

很显然，不管国际金融作为国际经济的派生物，还是作为相对独立存在的事物，都服从于"跨国获取价值的工具"这一法则。国际金融实践既然如此重要，能反映其规律的教材当然也十分必要。然而，目前有些国际金融教材，不能贴切地反映国际金融的现实：要么是就事论事，发生了什么国际金融事件，就讨论和诠释什么国际金融事件，容易"只见树木，不见森林"；要么从某一个片段来观察国际金融，探讨国际金融某一时期或者某一类事物的规律。这两种情况都不能达到更加全面和规律地反映国际金融的程度。

本教材肩负国际金融本质的使命，从跨国价值获取这一动力源头切入，长视角、广"镜头"、多层次地阐述了国际金融现象发生的"原因"、"工具"、"主体"、"市场"，揭示了国际金融持续运行的规律。我们参考了大量国际金融教材，尽管我们对有些教材持有不同意见，但并不是对这些教材的否定，而是表明本教材和这些教材的角度及框架不同罢了。事实上，这些教材为我们提供了丰富的营养和重要的参考。

决定本著作逻辑框架的核心是其研究对象。本著作之所以和以往国际金融教材的逻辑框架不同，其根本原因在于本著作将国际金融的研究对象定为"国家如何通过跨国金融工具为手段来获取'跨国价值'"这个命题。这一"母命题"衍生出很多"子命题"：

一是国家进行跨国交换的基础工具是什么？答案是法币。

二是法币如何影响一个国家进行跨国交换的条件？答案是法币的影响力是影响一国跨国交换条件的重要因素。

三是跨国金融市场如何影响一国跨国交易的效率？答案是首先是需要科学地认识国际金融市场体系，其次是能够依据规律积极在本国培育国际金融中心。

四是微观主体如何通过企业范围的调整来优化国际金融行为以更大程度地形成有利于本国跨国获取价值的机制或者模式？答案是相机选择跨国企业和非跨国企业，其国际金融行为选择及其"成本—收益—风险"的特征不同。

五是国际金融活动的展开，有赖于哪些组织的构建和推动？答案是全球性经济、金融组织或区域性经济、金融组织。

六是如何才能保证跨国价值获取的可持续性？答案是一要辩证理解国际经济失衡与平衡的关系；二要科学认识历史中的国际金融危机，寻找有效应对国际金融危机的措施。

很显然，本书展开的依据是动力源头的自然演化力量所形成的"依靠生态力量"成长起来的框架，因而是"内生的"而不是"外生的"。

本书是集体智慧的结晶。北京大学的知名教授们形成了本团队系列金融著作的顾问团队，他们的学术理念、治学态度对书的写作具有直接的影响。本教材由我构建整体框架以及各篇、章的具体框架，负责撰写或者修改篇前导读；乔奇兵作为学生团队的组长参与了各个篇章的讨论并在日常管理上做出了重要贡献；各个组员精诚团结，阅读了大量文献，克服困难，在较短的时间里撰写了人均 6 万字的成果。

本书的完成离不开诸多人的帮助，在此特别感谢以往国际金融教材的各位作者，是他们的研究为本书提供了丰富的营养；感谢冯支越教授，他对本书的写作和出版给予了莫大的关怀和帮助；感谢经济科学出版社总编吕萍和财教分社副社长于源，她们独到的眼光和严谨高效的专业素质令我们钦佩；感谢冯科、张辉、张圣平、黄嵩等诸位副教授的支持，他们鼓舞了我的斗志去克服重重困难；要特别感谢软件与微电子学院的各位领导，他们对我的培养支持，为我提供了宽松的研究环境。

需要特别说明的是，本书框架是本团队大胆创新的结果，创新是为了获得知识的结构增量，但往往会因为标新立异而失之偏颇，对同行的评价可能存在言语上的不准确，不足之处，还望读者见谅。第一版注重逻辑的构建，我们将在第二版的细节问题上进行更加详尽的改进，并放入更多的小事例以帮助理解。

窦尔翔

于北京大学中关园

2011 年 9 月 27 日

# 目　　录

**第一篇　导论** ………………………………………………………………………… 1

**第一章　金融国际化的逻辑** …………………………………………………… 3
　　第一节　经济与金融的互决关系 ………………………………………… 3
　　第二节　金融网链的外生性和内生性 …………………………………… 17
　　第三节　金融国际化的深化 ……………………………………………… 23

**第二章　国际金融学研究的几个重要问题** ………………………………… 28
　　第一节　国际金融学的研究对象 ………………………………………… 28
　　第二节　国际金融学的研究方法 ………………………………………… 34
　　第三节　逻辑框架 ………………………………………………………… 36

**第三章　国际金融描述工具：收支平衡表** ………………………………… 41
　　第一节　国际收支 ………………………………………………………… 41
　　第二节　国际收支平衡表 ………………………………………………… 44

**第二篇　法币交换理论** ……………………………………………………… 69

**第四章　外汇和汇率** …………………………………………………………… 71
　　第一节　外汇和汇率的基础知识 ………………………………………… 71
　　第二节　外汇市场和外汇交易 …………………………………………… 80
　　第三节　汇率变动的主要影响因素 ……………………………………… 87
　　第四节　汇率变动的经济效应分析 ……………………………………… 91
　　第五节　Marshall-Lerner 条件和 J – 曲线 ……………………………… 94

**第五章　汇率决定的基本理论** ……………………………………………… 100
　　第一节　金本位制度下汇率的决定 ……………………………………… 100

第二节 国际收支说 ·············································· 102

第三节 利率平价理论与短期的货币分析法 ·············· 105

第四节 购买力平价理论与长期的货币分析法 ·············· 115

第五节 资产组合分析法 ·········································· 121

## 第六章 汇率制度 ·············································· 127

第一节 汇率制度的基础知识 ···································· 127

第二节 不同汇率制度下的政策效应分析 ···················· 132

## 第三篇 国际货币体系 ·········································· 145

## 第七章 国际货币体系历史回顾 ···························· 147

第一节 国际货币体系概述 ······································ 147

第二节 金本位制度 ·············································· 153

第三节 布雷顿森林体系 ········································ 157

第四节 牙买加体系 ·············································· 162

第五节 欧元一体化发展 ········································ 165

## 第八章 国际货币体系改革 ································· 176

第一节 美元本位制 ·············································· 176

第二节 国际货币制度改革综述 ································ 186

## 第九章 人民币国际化 ········································ 193

第一节 人民币国际化的条件和收益—成本分析 ·········· 193

第二节 人民币国际化路径选择与现阶段重点 ·············· 198

第三节 离岸市场与人民币国际化 ····························· 208

第四节 人民币国际化困境突破 ································ 214

## 第四篇 国际金融市场 ········································ 221

## 第十章 国际金融市场概论 ································· 223

第一节 国际金融市场：概念、要素与作用 ·················· 223

第二节 国际金融市场的发展：历史与趋势 ·················· 226

第三节 国际金融市场分类方法探讨 ·························· 230

**第十一章　单环节模式国际金融市场** ·············································· 240

　　第一节　金融工具性质视角 ·············································· 240

　　第二节　传统视角下的国际金融市场 ·············································· 268

　　第三节　金融市场聚集度视角 ·············································· 272

**第十二章　多环节模式国际金融市场** ·············································· 290

　　第一节　国际金融网链市场概述 ·············································· 290

　　第二节　跨国投资基金 ·············································· 291

　　第三节　跨国资产证券化 ·············································· 301

　　第四节　跨国项目融资 ·············································· 306

　　第五节　跨国金融服务外包 ·············································· 310

**第五篇　国际金融行为主体——企业与个人** ·············································· 317

**第十三章　非跨国企业国际金融行为** ·············································· 319

　　第一节　企业跨国经营概述 ·············································· 319

　　第二节　企业外汇交易风险管理 ·············································· 320

　　第三节　企业跨国贸易结算与成本管理 ·············································· 332

**第十四章　企业跨国化的动因及方式** ·············································· 341

　　第一节　企业设立跨国机构的动因 ·············································· 341

　　第二节　企业设立跨国机构的方式 ·············································· 352

**第十五章　跨国企业国际金融行为** ·············································· 357

　　第一节　跨国企业现金管理行为 ·············································· 357

　　第二节　跨国企业融资行为 ·············································· 360

　　第三节　跨国企业税收筹划 ·············································· 365

**第十六章　金融企业国际金融行为** ·············································· 369

　　第一节　金融企业国际经营概述 ·············································· 369

　　第二节　跨国金融企业的国际金融行为 ·············································· 372

　　第三节　"网链式"跨国企业国际经营行为 ·············································· 376

**第十七章　个人的国际金融行为** ·············································· 382

　　第一节　个人在国际金融环境下的消费行为 ·············································· 382

第二节　个人在国际金融环境下的理财行为 ································· 384

# 第六篇　国际金融行为主体——公共组织 ······························· 387

## 第十八章　跨国经济组织 ························································· 389

第一节　跨国金融公共组织概论 ··············································· 389
第二节　世界贸易组织 ··························································· 393
第三节　区域性经济组织 ······················································· 406

## 第十九章　国际货币基金组织 ················································· 411

第一节　国际货币基金组织原则 ··············································· 411
第二节　国际货币基金组织的重要演变 ········································ 414
第三节　国际货币基金组织现状 ··············································· 417

## 第二十章　世界银行集团 ························································· 425

第一节　国家复兴开发银行 ····················································· 426
第二节　国际开发协会 ··························································· 430
第三节　国际金融公司 ··························································· 431
第四节　世界银行集团的发展历程和未来改革 ································ 433

## 第二十一章　区域性国际金融组织 ··········································· 437

第一节　国际清算银行 ··························································· 437
第二节　区域性金融机构 ······················································· 440

# 第七篇　国际经济失衡 ···························································· 447

## 第二十二章　国际经济失衡概论 ·············································· 449

第一节　一国经济均衡与国际经济均衡 ········································ 449
第二节　国际收支失衡的影响 ·················································· 456
第三节　国际收支失衡的治理 ·················································· 459
第四节　国际经济危机 ··························································· 466

## 第二十三章　国际收支调节理论回顾 ········································ 470

第一节　弹性分析法 ····························································· 470
第二节　收入分析法 ····························································· 474

第三节　吸收分析法 ······································································· 476

第四节　货币分析法 ······································································· 479

第五节　结构分析法 ······································································· 484

第六节　国际收支调节理论评述 ···················································· 486

## 第二十四章　内外均衡理论 ····················································· 490

第一节　内外均衡理论及发展 ······················································· 490

第二节　IS－LM－BP 模型 ·························································· 495

第三节　国际经济协调与合作 ······················································· 506

## 第八篇　国际金融危机与监管 ················································ 513

## 第二十五章　国际金融危机 ····················································· 515

第一节　国际金融危机概述 ··························································· 515

第二节　国际金融危机的历史 ······················································· 522

第三节　关于国际金融危机分类的探讨 ············································ 535

第四节　国际金融危机规律的总结及预测 ········································· 545

## 第二十六章　国际金融监管 ····················································· 554

第一节　金融监管基本理论 ··························································· 554

第二节　传统金融监管方法论及评述 ··············································· 559

第三节　本书的金融监管方法论体系 ··············································· 564

参考文献 ···················································································· 573

后记 ·························································································· 579

# 第一篇 导论

## 篇前导读

导论篇需要告诉读者关于国际金融学的最基本的问题：国际金融看似国内金融的对立物，是如何形成的？国际金融学作为一门学科研究的对象是什么？国际金融学研究的主要内容、研究方法和逻辑框架是什么？刻画国际金融行为后果的工具是什么？

市场经济环境下，获得价值增值是经济行为主体一切经济活动的目的。国际金融就是国际金融行为主体获取跨国价值的金融行为。考察经济发展的业态模式，我们发现其发展模式要么呈现上下游企业、旁侧企业之间的非固定的交易关系，要么形成比较固定、默契，或者类似于外包合同的比较紧密的网链关系，跨国企业自然会形成独特的网链关系。当这张网链跨越国界的时候，其交易主体需要谈妥用哪一方，或者哪个第三方"法币"进行支付。这时的金融行为自然是跨国的金融行为。这便形成了第一个层次的国际金融行为，即外生的国际金融行为；当跨国金融行为独立于实体经济运行的时候，就形成内生的国际金融行为。跨国的金融服务外包、项目融资、基金、证券化都是典型的独立性的国际金融网链形态。

由于国际金融实践的复杂性，其研究对象至今学术界都未达成统一共识。本书根据市场经济特征，认为国际金融的研究对象是"国家之间通过市场和政策力量，为了持续获取价值而展开的法币交易、国际融资、国际投资等国际金融行为的一般规律。"这个定义涵盖了四层意思：一是明确了国际金融学首先是国际金融行为现象，即"法币交易、国际融资、国际投资"等行为。二是揭示这种行为现象的动力是什么？显然其动力本源在于获取自身的价值增值。三是按照某一种模式获取价值的可持续性问题。一般认为，如果一国内部均衡、外部均衡长期偏离一定程度，可能会造成跨国获取价值的中断。四是如何保持跨国获取价值的行为的可持续性？保证力量除了市场力量、国家的国际金融政策外，更加重要的是要重视发挥跨国金融组织的公正的、积极的干预和影响作用。

传统的国际金融体系架构大多都是采用"专题模块"的形式，将有关重大的国际金融现象的理论探讨，比如，国际收支、汇率决定、国际金融市场、国际货币体系、国际经济失衡、国际金融危机等，进行这样或者那样的组合。这不仅难免拼凑之感，而且多重组合次序并存的现象本身就说明了正确的顺序只能是少数。本书以价值获取的动力源头开始，较为严谨地推理出一个逻辑严密的架构，其逻辑顺序是：导论篇——法币交换理论篇——国际货币体系篇——国际金融市场篇——国际金融行为主体篇（企业与个人）——国际金融行主体篇（公共组织）——国际经济失衡篇——国际金融危机与监管篇。相对来说，环环相扣。

国际收支平衡表是对跨国交易结果的综合反映，是分析国际金融活动必不可少的工具。"工欲善其事，必先利其器"，寻找有效的刻画国际金融结果的工具，是一国进行国际金融政策的有效依据。

通读第一篇可以认识到，国际金融作为一种金融现象，必然符合金融的一般特征。我们认为，金融是具有"4I"特征的。具体说来：金融是融物的而不是"融金"的（Intended for Utility，not only for Currency）；金融是"信息的"（Information）；金融是"网链的"（Internet）；金融必然是要"国际化的"（International）。

**逻辑框架**

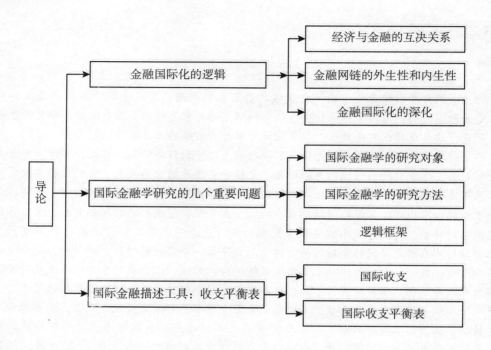

# 第 一 章

# 金融国际化的逻辑

"金融为什么会国际化"是一部国际金融学著作首先要向读者交代的基本问题。从历史的逻辑看，金融并不是在一开始就有着国际化的特征。金融首先作为经济的派生物，是随着经济的国际化而国际化的。其次，当金融作为一种产业独立运行时，自身也具有国际化的冲动。随着人类不同文化的融合、封闭国家的不断开化、市场的逐步融合、资源环境等共同问题需要联手面对、信息技术的飞速发展，世界在政治、经济、文化、社会等方面的联系程度得到前所未有的加强，在此大背景下，金融的国际化呈现加速深化的趋势。

## 第一节 经济与金融的互决关系

经济与金融紧密相关，经济活动需要金融活动的支持，金融的发展也要以实体经济作为基础，两者统一于经济主体进行跨国价值获取的进程当中。二者之间紧密相连，不可分割，可以说是"你中有我，我中有你"。本节将从宏观、中观和微观三个层次上阐述经济与金融的互决关系，从而得出金融国际化的逻辑。

产融结合可以简单归结为产业资本和金融资本的结合。从两种资本（产业资本、金融资本）的载体来看，产业资本一般是指工商企业等非金融机构占有和控制的货币资本及实体资本；金融资本一般是指银行、保险、证券、信托、基金等金融机构占有和控制的货币及虚拟资本。具体来说，产融结合是指产业与金融业的联系和协作，以致在资金、资本以及人事上相互渗透，相互进入对方的活动领域，最终形成产融实体的经济现象和趋势。产融结合是市场经济发展到一定阶段的必然产物，这种关系在不同的历史时期或不同的市场条件下有着不同的结合方式。世界范围的产融结合历史可以划分为四个阶段（见图 1-1）[①]。

20 世纪 30 年代之前是产融自由融合时期，特征为发达国家实行自由竞争的市场经济，政府对金融业和产业的融合方式基本采取放任自由的政策；20 世纪 30 年代末到 70

---

[①] 中国电子信息发展研究院. 中国产融结合理论与实践研究. 新研究，2009（8）.

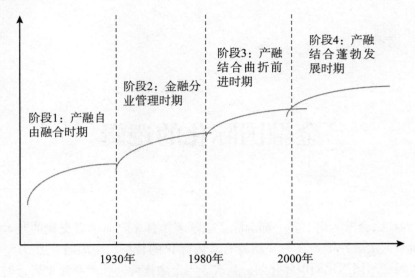

**图 1 – 1　世界范围内产融结合发展阶段**

资料来源：赛迪顾问.

年代末为金融业分业管理时期，其特征是 30 年代的大危机引起了人们对垄断和间接融资与直接融资混合的疑问，于是美国率先实行银行业和证券业分业经营，其他国家也大多追随美国的模式，使产融结合进入了以金融分业为主的时期；20 世纪 80 年代到 20 世纪末为产融结合的曲折前进时期，特征是以美国为代表的西方国家放松金融管制、实行金融自由化的政策主张迅速兴起，产融结合这一金融创新模式再度成为热点；21 世纪初至今为产融结合蓬勃发展时期，其特征是全球经济蓬勃发展，金融创新从理论走向实践，产融结合走向多样化发展，融合的程度也在不断加深。

## 一、宏观层面的产融结合

经济发展使物质有了剩余，为物与物交换创造了前提。为作为货币的一般等价物的产生提供了物质基础。一般等价物具有换取所有其他特殊物的优势，所以，货币是理解经济与金融关系的一把钥匙。从价值形态来看，货币是一般等价物，是对个性化经济的实现、抽象、总结和一般化，这赋予了货币一般性的价值要求权。所谓金融，在一定层面上可以理解为"货币的融通"，是对货币要求权的融通。获得了"金融权"，就获得了对要求权的"要求权"。由于实体经济的循环和规模，通常表现为资金的循环和规模，资金融通的权利将直接决定实体经济发展的前提和规模。

金融发展与经济增长关系的研究，主要包含"金融促进经济增长理论"、"金融从属经济增长理论"以及"金融发展抑制经济增长理论"[1]。对于货币与实体经济之间的关系，西方古典经济学家根据萨伊定律就曾提出货币中性和信用媒介论，该理论认为货

---

① 李芸等. 金融发展与经济增长之间相互关系的文献综述. 金融经济，2009（24）.

币供给量的变化不影响产出、就业等实际的经济变量。后来的一些经济学家如威克塞尔（Wicksell），虽然认识到了货币在经济增长中具有重大的、实质性的影响，但主要强调的是消除货币对经济的不利影响。货币学派的代表人物弗里德曼（Friedman）则认为货币很重要，但只是就短期而言，在长期中货币供给的变化只会引起物价水平的变动，而不会影响实际产出。琼·罗宾逊（Joan Robinson）也认为金融体系的出现和发展仅是对经济增长的被动反应。

然而这类无关论与现实经济并不吻合，在20世纪70年代，雷·麦金农（Ray Mckinnon）和肖伯纳（Bernard Shaw）以发展中国家的金融问题为研究对象，认为在发展中国家存在着严重的金融约束和金融压抑现象。这既削弱了金融体系聚集金融资源的能力，又使金融体系发展陷于停滞甚至倒退的局面。1973年，他们分别提出了著名的金融浅化理论和金融自由化理论。他们分别从"金融抑制"与"金融深化"这两个不同角度，将货币金融理论与经济发展理论结合起来，全面论证了货币金融与经济发展的辩证关系，从而在理论上肯定了经济与金融之间的相关关系。

在实证研究方面，戈德史密斯（Goldsmith）使用金融中介体资产的价值与国民生产总值（GNP）的比率作为一国金融发展指标，通过检验35个国家在103年间（1860～1963年）的数据，发现金融发展与经济增长一般是同时发生的，经济增长迅速的时期总是伴随着金融的快速发展。罗伯特·G·金（Robert G. King）和罗斯·莱文（Ross Levine）采样80个国家30年的数据，系统地控制影响增长的因素，表明金融发展和经济增长存在统计意义上的显著正相关，即拥有发达金融系统的国家经济增长较快，反之亦然。罗斯·莱文的研究也自此引发了寻找金融发展影响经济增长证据的高潮。罗斯·莱文和泽尔沃斯（Zervos）通过在回归模型中引入一些反映股票市场发展状况的指标，扩展了和对金融中介体与经济增长关系的分析。其研究结果是银行发展、股票市场流动性，不但都与同时期的经济增长率、生产率增长率，以及资本积累率有着很强的正相关关系，而且都是经济增长率、生产率增长率以及资本积累率的很好预测指标。

## ■二、中观层面的产融结合

中观层面从产业经济与金融业结合的有效性上，探讨金融与经济的互决关系。下文的微观层面则将以具体企业如何通过多元化经营来探讨实业与银证保等"四业"之间结合的效应。产业经济与金融业的结合是实体产业与金融业在其发展过程中相互渗透和影响的过程。实体经济结构，往往也表现为资金结构；反过来，资金融通权则直接决定着资金的获得水平和配置格局，从而决定了实体经济发展的结构。

随着经济的发展，金融业与产业经济发展的相互渗透和相互影响作用日益加深，产业经济对金融业的依赖日益加强，产业仅仅依靠自有资本和自我服务很难实现产业经济的快速发展。产业的发展需要金融部门的渗透和支持，金融部门利用其金融资本优势为产业扩张提供各种融资渠道和手段，金融业的发展所产生的新的金融工具以及金融机构的变革会加速产业经济金融化，从而促进实体产业的发展，反过来，金融向产业部门的渗透又可以通过产业资本的循环获得资本增值，从而实现产业经济与金融业结合的有效性[①]。近些年，产业金融的崛起，对于特定产业的迅速发展功不可没。比如，网络金融、科技金融、航运金融、汽车金融、环境金融、房地产金融、物流金融等，都取得了长足进展。国内外存在诸多案例，可以看到重点产业与金融发展的互动效应。

国际上的产融结合主要模式（见表1-1）可以划分为以英美为代表的市场主导型，日韩为代表的银行主导型，以及韩国为代表的政府主导模式。市场主导型是指产业资本和金融资本主要是以资本市场产生外部结合，任何金融中介机构都是市场的积极参与者。其运行机制的主要特征有：以自由市场为运行基础，银企间产权制约较弱，股权结构更加分散和社会化，形成了以资本市场为主要机制的外部结合；商业银行在产融结合中处于非主导地位，而非银行金融机构在产融结合中的地位和作用日渐突出；个人和机构投资者并不直接参与公司的日常经营，而是借助资本市场的证券交易、兼并、接管机制来间接控制产业资本。银行主导模式是指以商业银行为主体的间接金融部门在社会储蓄向投资转化过程中发挥主要作用，银行资本通过债券和股权相结合的方式渗透到产业资本中。政府主导型是指政府在储蓄—投资转化过程中起着重要的支配作用，它一方面保持对金融部门的有效控制，直接或间接地对银行决策施加影响；另一方面又以产业政策为指导，把金融支持与政府鼓励的产业发展导向与扶持的企业联系起来，从而实现产业结构的调整，促进经济增长。

表1-1　　　　　　　　　　产融结合模式的差异性比较

| | 市场主导型 | 银行主导型 | 政府主导型 |
|---|---|---|---|
| 市场条件 | 资本市场发达，管理体制健全 | 商业银行作用较大，对企业的贷款、控股较多 | 政府在推动经济增长过程中的作用较大 |
| 运作主体 | 投资银行起强大的中介作用 | 商业银行主导产融结合 | 政府主导产融结合 |
| 运作方式 | 以股权型为导向的公司治理结构，以资本市场直接融资为主 | 以银行为导向的公司治理结构，以间接融资为主 | 信贷分配与政府扶持相结合，实现产业结构调整 |
| 产生效应 | 资本转化率、生产效率高，既能重组存量资产又能调整增量资产 | 资本吸取能力、转化效率高，只能调整增量资产 | 资本吸取能力最高，资本转化能力弱，并带有负面效应 |
| 风险控制能力 | 有利于宏观风险的吸收 | 放大银行体系和企业经营的连带风险 | 风险大且风险控制能力弱 |

资料来源：赛迪顾问.

产业投资基金是产融结合的一个比较典型的模式。产业投资基金的广义称谓是 PE（Private Equity），即私募股权投资基金。广义的私募股权投资为涵盖企业首次公开发行前各阶段的权益投资，即对处于种子期、初创期、发展期、扩展期、成熟期和 Pre-IPO

---

[①] 傅艳. 产融结合之路通向何方. 人民出版社，2003（10）.

各个时期企业所进行的投资。相关资本按照投资阶段可划分为有可能相互重合的创业投资（Venture Capital）、发展资本（Development Capital）、并购基金（Buy out/Buy in Fund）、夹层资本（Mezzanine Capital）、重振资本（Turnaround）、Pre-IPO资本（如Bridge Finance）以及其他如上市后私募投资（Private Investment in Public Equity，PIPE）、不良债权（Distressed Debt）和不动产投资（Real Estate）等。按理来说，市场化的私募股权投资基金其投资原则符合利润最大化原则，然而，如果考虑到政府有可能利用PE支持某一产业或者某一地区经济的发展，则可能称为"产业投资基金"。其一般包括创业基金、产业发展基金、产业重组基金等。创业基金是主要为鼓励新兴产业发展而组建的基金，产业发展基金是为鼓励某些产业开发而专门成立的基金，重组基金是为某些产业内的并购重组活动提供资金和管理支持而成立的基金。在国外创业投资基金是产业基金的主要形式。就中国而言，经济的持续快速健康发展需要产业结构的优化和升级，实际上近年来经济结构调整一直是我国经济发展的主线。产业投资基金从类别上讲，像是市场主导与政府主导的结合。总之，产业投资基金对产业结构有着积极意义，在这一过程当中产业投资基金也往往实现了自身的价值增值，从而在产融结合当中实现了产业和金融双向良性互动。

需要指出的是，产融结合是一个中性概念，其有效性是一个动态的、历史的概念，同样的产融结合方式、产融结合机制在不同的历史时期和不同的条件下，所产生的效果是不同的。20世纪70年代，亚洲经济开始崛起，创造出"亚洲奇迹"。有人把"亚洲奇迹"归结为政府大力支持和扶持的"亚洲模式"。其特点之一是政府深度介入，控制金融，政府充分利用以信贷为主的产融结合方式，支持大企业、大财团的发展，扶持重点产业的发展。这种结合方式对于调整产业结构，促进产业经济发展起到了积极作用。然而，"成也萧何，败也萧何"，由于垄断企业过度举债，盲目扩张，形成高投入、低效益的局面，使得实体经济结构失调与虚拟经济的过度膨胀，导致产业经济与金融业负效结合。1997年的亚洲金融危机使得"亚洲模式"雄风不再即是典型案例。产融战略也并不总能创造增值收益，机会导向型的产融战略更是蕴藏着巨大的风险。简单的股权渗透并不能够创造增值，甚至还可能由于金融部门的高杠杆风险而拖累产业部门，比如2007年全球金融危机开始蔓延的情况下，陕西电力挂牌转让了旗下永安财险的股权，而首都机场在与美国大都会合资3年后也最终全面退出等。历史的经验和教训表明，产融结合需要完善的配套和约束机制才能够在实体产业与金融业之间产生良性的互动效应。

## 三、微观层面的产融结合

企业层面的产融结合主要表现为企业运营层面上利用实体产业与金融产业之间的协同效应，即降低成本、防范风险、提高收益的一种经营模式[1]。从世界范围来看，产融

---

[1]　本部分的研究主要借鉴了杜丽虹等. 金融长尾战略. 清华大学出版社，2011.

结合大体上可以分为"由产到融"及"由融到产"两种形式。由产到融，是产业资本旗下，把部分资本由产业转到金融机构，形成强大的金融核心；而由融到产，是金融资产有意识地控制实业资本，而不是纯粹地入股，去获得平均回报，由融到产一般投的是长线产业。在中国，由于政策规定银行业不能投资实业，银行资本就难以在近期内与产业资本结合，所以目前我国大型集团企业产融结合的发展方式就不能沿着"由融而产"的路径发展，而主要是"由产而融"。因此，现阶段，我国的产融结合多为产业集团从事金融业务，即"产业投资金融"，产融结合更多的是指产业资本发展到一定程度，寻求经营多元化、资本虚拟化，从而提升资本运营档次的一种趋势。

"微观层面的产融结合"一词起源于 J. P. 摩根垄断美国金融产业的时代，其最初含义是指金融资本对产业资本的渗透与控制。新金融时代的产融结合则是指实业企业进入金融领域的多元化战略。19 世纪末 20 世纪初，J. P. 摩根成了华尔街的霸主，但他并不满足于金融帝国的成就而开始向产业领域延伸。美国在相当一段时间内铁路、钢铁等众多产业都处在分散经营的情况，竞争无序，效率低下，J. P. 摩根于 1879 年开始购并美国中央铁路股权，1900 年成为"铁路大王"，之后又通过购并运作而组成当时全球最大的钢铁企业。凭借金融资本的雄厚力量，J. P. 摩根控制了庞大的实业资产，J. P. 摩根财团成为垄断的代名词。但是随着直接融资取代间接融资成为市场的主导，金融机构从市场的"买方"转变为"中介"，以金融资本为主导的产融结合时代消逝了，随之而来的是一个以产业为主导的产融结合的时代。

新的产融结合时代，开始于产业向金融的自然延伸。根据产融结合的效应或者目标，产融结合分为三个层次（见图 1 - 2）：一是经营协同效应；二是基于产业稳定性的金融协同效应；三是产融价值链上的零成本和流动性后盾。但无论是哪一个阶段，产业经营都始终是产融战略的核心。如果没有了事业经营的规模与稳健，金融业务将注定难以成功。而实体企业的任何网链形态包括跨国形态，都深深影响并促使金融业态的国际化。

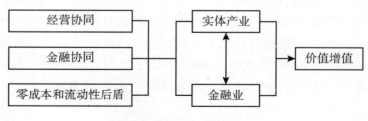

图 1 - 2　三层次产融战略

## （一）产融结合战略的第一个层次：基于经营协同

基于经营协同的产融战略的核心在于产业部门能够降低金融部门的某项成本，同时在反过来也巩固了产业本身的优势和进一步拓宽了金融业务的收益。卡特皮勒案例中，设备制造部门的二手设备认证体系降低了设备金融部门的余值风险；UPS 的案例中，物流部门的存货掌控降低了供应链金融业务的风险控制成本；沃尔玛的案例中，零售部门的客户渠道和支付系统降低了消费信贷的管理成本。

### 1. 卡特皮勒的"设备制造＋设备金融"模式

全球最大的工程设备制造商卡特皮勒于1981年成立了全资子公司卡特皮勒金融公司，并于1983年开始正式提供金融服务。主要业务是为购买卡特皮勒产品的客户提供设备融资服务（零售业务）和为卡特皮勒产品的经销商提供应收款或存货融资服务（批发业务）。除了像卡特皮勒金融公司这类设备制造企业控股的设备金融公司（厂商系）之外，美国还有银行控股的设备金融公司（银行系）和独立的设备公司（独立系）。

与银行系设备金融公司或独立系设备金融公司相比，背靠产业集团的设备金融公司最大的优势在于资产余值的管理。与一般商品不同，设备类产品通常存在巨大的二手市场，但二手交易中通常存在因为信息不透明而产生效率低下。为此，卡特皮勒成立了一支专业的"再分销服务团队"（CRSI），专门负责处理卡特皮勒品牌的二手设备。CRSI在成立之初就大力推广卡特皮勒的二手设备认证（CUU），通过分级评定为买卖双方树立一个可信的价值标杆。卡特皮勒还为所有经过认证的二手设备提供相应的保修和零配件更换服务，为此CRSI的认证使得卡特皮勒的二手设备成为全球最保值的二手设备。在此基础上，CRSI通过卡特皮勒分布于全球各地的代理商开拓二手设备市场，全球每年大概有1 000亿美元的二手设备交易，借助这一巨大的市场，卡特皮勒不仅能够充分挖掘设备价值，还能够通过资产余值的管理来降低违约事件中的信用损失。卡特皮勒金融公司借助产业部门强大的设备维修、翻新、认证和再分销服务能力，减缓资产价值在使用过程中的衰减速度，尽可能缩短融资额超过资产余值的时间区间，以此实现对整个融资过程的风险有效管理（见图1-3）。

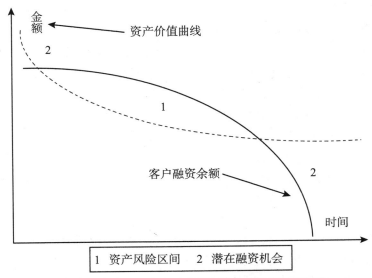

图 1-3 厂商系设备金融公司资产余值管理信用风险

资料来源：杜丽虹等．金融长尾战略．清华大学出版社，2011.

在图 1-3 所示区间中的 1 区间为融资额超过资产余值的区间，在这个区间里客户有违约倾向；与之相对，在资产余值客户融资余额的区间 2 内，即使客户违约，卡特皮勒也能够收回损失。

此外，余值管理可以在不增加销售费用的情况下从每个老客户处挖掘出更多价值。据美国设备金融与租赁协会（ELFA）的调研显示，银行系的设备金融公司中，有40% ~ 50% 的客户会选择提前还款，仅有 20% 的客户会选择到期后续租，但厂商系设备金融公司的客户中仅有 20% 会选择提前还款，有 30% 的客户选择到期后续租。同时，余值管理能力的增强使得卡特皮勒等厂商系设备金融公司敢于接受更高风险的融资申请。据美国设备金融与租赁协会的数据显示，厂商系设备金融公司接受融资申请的比例高出银行系和独立系设备金融公司接受申请比例的 20%，这高出的点位就是产融模式下设备金融公司风险边界的拓展，收益率也得到了相应的提高。

厂商系设备金融公司贷款的内部收益率要比银行系设备金融公司平均高出 180 个基点，比独立系设备金融公司高出 20 ~ 50 个基点（见表 1-2），不难发现，厂商系设备金融公司的利差收益率最高。

表 1-2　　　　　　　　　　不同类型设备金融公司利差比较　　　　　　　单位：%

| 比较项目 | 银行系 | | 厂商系 | | 独立系 | | 总平均 | |
|---|---|---|---|---|---|---|---|---|
| | 2007 年 | 2006 年 | 2007 年 | 2006 年 | 2007 年 | 2006 年 | 2007 年 | 2006 年 |
| 加权税前 IRR | 7. 47 | 7. 66 | 9. 28 | 9. 43 | 9. 10 | 8. 98 | 8. 19 | 8. 34 |
| 资金成本 | 5. 08 | 5. 19 | 5. 35 | 5. 14 | 5. 64 | 5. 55 | 5. 25 | 5. 27 |
| 净回报 | 2. 39 | 2. 47 | 3. 93 | 4. 29 | 3. 46 | 3. 43 | 2. 94 | 3. 07 |

资料来源：美国设备金融与租赁协会 . 2008 Survey of Equipment Finance Activity.

在余值管理优势之外，厂商系设备金融公司经营协同效应的另一体现是共用客户渠道下的低销售费用。在银行系设备金融公司中，交叉销售的作用并不显著，银行内其他部门推荐的客户仅占 20% 左右；但厂商系设备金融公司 90% 以上的客户都来自于集团内部，共用的客户渠道大幅度节约了销售费用，从而提高了资本回报率。

综上所述，卡特皮勒的"设备制造 + 设备金融"的产融模式，一方面，产业集团的强大技术服务能力提升了金融部门管理资产余值的能力，降低了信用风险成本，拓宽了风险边界，提升了利差收益；另一方面，与产业集团共用的客户渠道降低了金融部门的营销成本，提高了资本回报率。概而言之，在产业部门的支持下，金融部门得到了快速发展，并反过来服务于产业部门。

2. UPS 的"物流 + 供应链"模式

美国联合包裹（United Parcel Service，UPS）是全球最大的物流快递企业，拥有 100多年的历史。1998 年，UPS 成立子公司 UPS 资本（UPS Capital，UPSC），2001 年 5 月，UPS 并购了美国第一国际银行，将其与原来的 UPS 资本整合在一起，从而获得了美国本土的金融业务牌照。UPS 开始为客户提供各种供应链金融服务，如存货融资、应收款融资等，近年来也提供信用保险、货物保险、中小企业贷款等金融服务。

作为拥有强大物流快递产业支撑的大型企业，UPS 提供金融服务的优势在于它将物流、信息流和资金流合而为一（见图 1-4），有效降低了信用风险控制的成本。其具体优势体现在：在资信审核阶段，作为全球最大的物流快递企业，UPS 的很多客户都是中小企业，它的服务早已深入到买卖双方，尤其是近年来推出的供应链系统解决方案业务，在为客户提供物流集成方案的同时，也深度了解了客户经营状况的内部信息，因此当企业提出供应链融资需求时，UPSC 可以共享 UPS 物流部门的信息而大幅度节约资信审核成本；在过程风险控制方面，作为一个物流企业，在整个融资过程中，抵押物（存货）始终掌握在 UPS 手中，UPS 多年发展起来的货物全球跟踪系统也可以随时掌握货物的动向，从而有效地控制了违约时的风险底线；在违约事件中，因为 UPS 常年从事物流业务，对每类货物的买卖双方都很熟悉，这为其必要时变现抵押物资产提供了便利，使得 UPS 可以在最短时间内找到需要此类货物的潜在买家，提升变现价值。

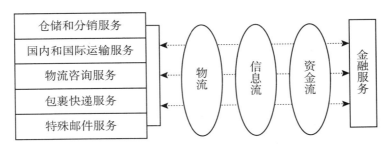

图 1-4　UPS 物流、信息流和资金流整合

UPS 所具有的以上优势使得其风险控制成本得到有效降低，关键是，UPSC 将节约的风险控制成本让渡给客户，从而推动了 UPS 金融服务的快速成长。据统计，自 1998 年成立以来，UPSC 所属的供应链集成部门收入额已经突破 90 亿美元，年均增长率达到 28.3%，高于 UPS 国内包裹业务年均 4.2% 和国际包裹业务年均 12.8% 的增速。

产融价值链的完整性在于金融反过来对产业的帮助。事实上，UPSC 的目的并不在于赚取金融服务的利差收益，它的主要目的在于用金融服务来吸引更多客户购买它的全球物流服务，以赚取更高的物流服务收益。在实际的产融模式当中，UPS 多采取与银行合作的模式，具体是 UPSC 为银行推荐客户，并为其提供信用担保等风险控制服务，由银行提供贷款并赚取利差收益，在让渡利差收益的同时，UPS 则获取了物流增值服务的收益。由此实现了集团产业和金融服务业的双向良性互动。

3. 沃尔玛的"零售 + 消费信贷"模式

沃尔玛产融结合战略的核心是：零售业务降低了消费信贷业务的营销和管理成本，公司通过将这种成本的节约让渡给消费者，进一步拓展零售业务的客户平台（见图 1-5）。

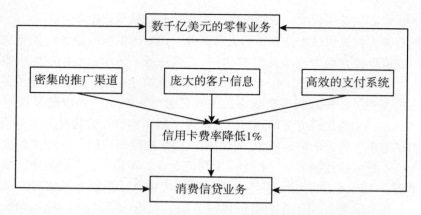

**图1-5 沃尔玛零售业务、消费信贷业务双向促进**

沃尔玛所依赖的是其巨大的产业规模，其在2010年的营业收入达到4 082.14亿美元，为世界500强之首。根据沃尔玛的测算，如果它能够开设自己的零售银行，通过与零售业务共用推广渠道、客户信息和支付系统，沃尔玛零售银行可以显著节约信用卡推广的营销成本，降低客户信息管理成本和支付系统的运营成本，从而将信用卡的费率从2%降低到1%。沃尔玛的计划则是将这1%的成本通过积分的形式回馈给消费者。如2005年沃尔玛发行了具有积分折扣功能的类信用卡"发现卡"，发现卡不收年费，可以在沃尔玛和其他加盟零售商店使用，并可享受最多1%的购物折扣等。1%的回馈将进一步巩固和扩大沃尔玛的客户群，并推动消费信贷业务的同步夸张，从而实现了实业和金融的双向促进。

事实上，沃尔玛"零售 + 消费信贷"模式下的成本优势在金融界引起了恐慌。在整个银行界的反对声中，沃尔玛设立零售银行的计划屡遭美国金融监管部门的否决。但沃尔玛的庞大消费终端使得银行对它既恨又爱，在坚决抵制其独立开设银行的同时，又趋之若鹜地想与它合作，这种谈判优势使沃尔玛在与银行的合作中通常占据了利益的大头，也相当于变相地分享了金融业务的收益。

由此可见，产融结合的第一个层次发生的动力在于由于有产业的支持，金融业务的经营成本就可以产生节约效应，从而产生协同增值收益。其增值收益主要来自于产业支持下金融业务的经营成本节约。所以，产业向金融的自然延伸创造了一种新的盈利模式，而这种新模式在巩固了产业优势的同时也拓展了企业的金融收益。

## 中石油集团的产融结合之路

中国石油天然气集团公司是中国特大型企业集团，是以石油天然气为主营业务，集油气上下游、内外贸、产销一体化经营的国家控股公司，是中国销售额、资产总额和利润最大的企业之一。中石油集团在产融结合之路上起步较晚，但发展迅速。依托其庞大的实业资产，中石油已经基本建立起以银行、信托、保险和金融租赁为主的金融业务体系。

中石油集团起初下属的金融机构主要有中油财务有限责任公司和中油资产管理有限公司，前者主要负责集团内部成员企业的资金调配、债券融资、业务结算、汇率避险等，基本不参与对外部客户的金融服务；后者则主要是针对集团的委托进行战略性或财务性投资，此时中石油还未真正步入产融结合实践。随着政策的放开，国资委开始在风险可控的前提下支持大型央企走上产融结合之路，此后，中石油在国资委的支持下，依托其强大的实业资产和充沛的资金，其于 2009 年成功收购了克拉玛依商业银行，并将其更名为昆仑银行，快速开启了中石油的金融业务新的拓展。同年 7 月，中石油收购宁波金港信托有限责任公司，并将其更名为昆仑信托。2010 年 7 月 28 日，由中石油和重庆机电集团联合组建、注册资金 60 亿元，目前国内规模第二、中西部第一的昆仑金融租赁公司在渝正式开业。此外，中石油集团与意大利忠利保险有限公司于 2002 年合资成立的中意人寿也渐入佳境，经过新一轮的增资后，中石油集团的持股比例增至 51%，绝对控股了中意人寿。

可以预见的是，中石油集团将进一步增加对金融行业的投资和金融领域的拓展，加大对其下属金融机构整合重组的力度。其战略意图是将下属金融领域建设成为其实业发展提供服务的金融集团，同时将其下属金融机构建设成为其主要业务收入来源之一。这种模式无疑会降低金融集团的客户开发成本。

资料来源：赛迪顾问．

## （二）产融结合战略的第二个层次：基于金融协同

卡特皮勒、UPS、沃尔玛等公司的产融战略是产业向相关金融业务的自然延伸，借助经营上的协同效应来降低金融业务成本，从而实现双赢。与这三家公司不同，通用电气（GE）的产融模式更加复杂。发展到今天，GE 的综合性金融业务已经占据了 GE 集团的半壁江山，产融模式已经从经营协同上升到资本层面，即金融协同。本小节以 GE 金融为例进行阐述。

GE 金融（GE Capital）始建于 1932 年，它从设立开始就不是孤立地发展金融业务。早期主要从事母公司产品和流通紧密结合的金融业务，进行消费信贷。之后随着租赁业务的兴起，GE 金融又参与其中，而后又进入银行资本领域，扩大了资本积累的源泉，除从产业资本获得价值外，又进一步获取信贷资本收益，并且随着金融业务的展开，与外界金融联系日趋增多，金融影响力越来越大，最终突破了原有的经营范围，进行多元化布局，开始向整个金融市场迈进，走向产融结合之路（见图 1-6）。GE 金融已经拥有包括汽车金融服务、航空服务、商用设备融资、商业信用、商业房地产信贷与服务、统一金融保险、消费信用服务等 20 多个子公司。如今，GE 金融的资产规模已经突破 5 000 亿美元，占 GE 集团总资产的 70% 以上。如果单独剥离出来，GE 金融可以位列全美前十大商业银行之列。

GE 产业护航下的高信用评级和低成本资金成为 GE 金融的核心竞争力。GE 产业部门业务组合的高信用等级优势是 GE 产融战略的核心。GE 的 "3A" 价值法则即是对这一优势的强调和保证，根据这一法则，GE 集团整体的信用评级必须保持在最高级别 3A

（AAA）级，任何会危害这一评级的业务都必须被抛弃。为此，GE 先后抛弃了煤炭、网络等高波动、业绩不可预测的产业，从而确保产业部门现金流量的稳定和高信用等级。GE 产业部门都是低杠杆且能够产生丰厚现金流的业务，从而为 GE 金融业务的融资提供信用支持，使得 GE 金融获得高信用评级，资金成本大大降低。GE 金融在 GE 实业的支持下取得了快速的成长，并在十余年的时间内就赶上了有着百年历史的银行巨头。同时快速增长的金融业务又反过来带动了 GE 整体的增速，实现了实业和金融业的良性互动。事实上，GE 金融每年 20% 以上的增长率显著超越了集团整体年均 8% 的增长速度。

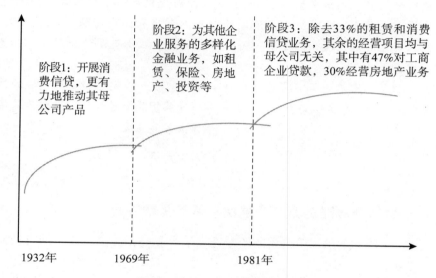

**图 1-6　GE 产融结合战略历程**

资料来源：赛迪顾问.

　　总之，GE 的 3A 评级对金融业务提供了信用（3A）支持，归结起来就是产业支持下的金融业务的资金成本的节约（见图 1-7）。这使其能获得比花旗、汇丰还低的资金

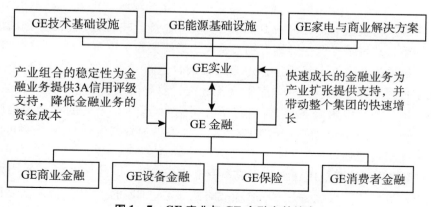

**图 1-7　GE 实业与 GE 金融有效结合**

成本。该模式成功运行的原则是：第一，产业组合必须能带来稳定的现金流，从而获得高信用等级（3A）。使得金融业也能够借助产业评级之力，即使在经济低谷时也能获得充沛的现金流。第二，金融业务不能有太大的波动性，财险和再保险等高风险业务不适合产融模式。20世纪90年代，GE曾经一度大举进军保险业务，全方位渗透寿险、财险和再保险，这些业务甚至一度成为公司利润的主要来源之一。但由于保险业务的损失波动性太大，危及了集团的3A评级，GE在2001年的"9.11"事件之后，开始清理保险业务，并在2006年正式退出保险业务，也宣告了"产业＋保险"模式的失败。第三，金融业的规模必须控制在一定范围之内，不能超越产业部门的信用能力范围。否则，集团将会被视同金融业而降低评级。

第一层次和第二层次的共性在于两种产融结合模式都离不开产业，都凭借产业获得了金融经营成本的下降。其差异性在于成本节约的核心不同，前者经营协同是核心，节约的核心是运营成本，产业经营与金融业经营有内在的业务联系；后者的核心则是金融协同，节约的核心是资金成本，产业经营为金融经营提供的是抽象意义上的支持，业务之间可以没有联系。

### （三）产融结合战略的第三个层次：基于零成本和流动性

在公众印象中，巴菲特是一个股神，因为他创造的投资神话几乎无人能及，巴菲特的投资平台伯克希尔哈萨维公司的每股净资产在1964～2006年的42年间年均复合增长达到21.4%，比同时期的"标普500"年均收益率高出11%，其秘密就在于巴菲特的"保险＋产业投资＋证券投资"模式。

在产融价值链层面上，巴菲特的产融链条的核心是保险业务，其始终坚持的保险定价策略是保证承保业务自身的盈亏平衡。在保险业务尤其是财险业务竞争激烈的市场环境下，价格战成为业内的主要竞争手段，但巴菲特坚持把保单价格定在盈利或者至少是盈亏平衡的水平上，即使这种坚持要以牺牲市场份额为代价。对这一原则的坚持，巴菲特可以长时间稳健地获得低成本甚至是零成本的长期资金，从而为他的股票投资提供了大量的低成本资金。当然，投资领域的变换服从于"利润最大化原则"。随着资产规模的扩大，证券市场已经很难为巴菲特提供大量质地优良的投资标的，巴菲特的钱开始大量地涌入实业领域。由此我们进入考察巴菲特产融模式的支点：来自产业部门的充沛现金流。我们注意到，巴菲特的实业投资回报率并不高，其2006年其投资的制造服务部门和公用事业部门的净资产回报率（ROE）分别只有10%和7%，低于保险（11%）、金融部门（14%）（见表1－3）。在投资收益回报并不占优的情况下仍继续投资的原因

表1－3　　　　　伯克希尔哈萨维公司各业务部门的回报率（2006年）　　　　　单位：%

| 回报率 | 保险集团 | 金融产品 | 公用事业 | 其他产业 | 集团总体 |
|---|---|---|---|---|---|
| 总资产回报率 | 4.8 | 3.0 | 2.4 | 6.3 | 4.5 |
| 负债率 | 55 | 79 | 65 | 35 | 56 |
| 净资产回报率 | 11 | 14 | 7 | 10 | 10 |

资料来源：伯克希尔哈萨维公司年报.

就在于保险业务的扩张和整个产融链条都需要制造服务部门和公用事业的稳定现金流来支撑。巴菲特的实业投资为金融保险业务的扩张提供了充足的流动性后盾。

综上所述，我们可以把巴菲特的产融价值链梳理为，保险集团作为伯克希尔哈萨维公司架构的核心，它为证券投资提供了低成本的资金，而证券投资所获盈利又成为巴菲特实业投资（并购）的资本金，最后实业投资的利润为保险业务提供了坚实的后盾，在这个后盾的推动下保费收入与浮存额①进一步得以扩张，证券投资业务有了更充足的资金之后便可以进行更大规模的实业投资，如此循环往复，产业增值和金融价值都得到提升。

---

## 郭广昌坐拥产寿双牌照进军保险业

继"法人股大王"刘益谦后，巨人的史玉柱、雨润的祝义材、复星的郭广昌，近日纷纷表态或以实际行动挺进保险业。

尤以郭广昌铺的摊子最大。参股永安财险的效应尚未形成，复星便火急火燎地拉来美国保险巨头保德信，在上海合资筹建广信人寿。郭广昌意欲搭建"复星系"保险平台的野心袒露无遗，他曾毫不讳言要成为中国的巴菲特，希望用5~10年的时间逐步向巴菲特的"产业＋投资＋保险"模式靠近。

值得一提的是，广信人寿的筹备，在上海外资保险圈内引发了一场不见硝烟的挖角战，多名合资寿险公司中高层转战正在筹建中的广信人寿，已确认的名单中包括：原汇丰人寿财务负责人韩悦、原海尔人寿法务及合规负责人李剑。筹备组就设在位于上海浦西闹市区的南京西路某幢高档写字楼内。

在筹备了近一年后，广信人寿等来了落地证。2011年8月24日晚，保监会网站公布了批复双方（美国保德信保险公司和上海复星工业技术发展有限公司）合资办寿险的决定。

上海复星工业技术发展有限公司的名字并不陌生，它是复星集团旗下的一家独资公司。它曾和同是复星系的复星医药、复星产业共同参与了对永安财险的认购，并成为了后者的第二大股东；紧接着又在2011年6月从河北某投资公司手中接手了新华人寿的小比例股权。

相较擅长于投资的复星系企业，美国保德信则是一家不折不扣的专业保险商。作为美国第二大寿险公司，保德信独特的保险代理人管理机制曾被成功引进韩国和日本。其在中国为市场所熟知，则源于它和凯雷在中国太保上的一笔股权投资。

一个中国民营大鳄，一个美国保险翘楚，这样的强强联合在外界看来，乃是资本与经验的珠联璧合。但这样的联手却身处在这样一个大背景下：在华合资寿险公司因股东内耗等问题，盈利周期被普遍拉长至10年以上，目前仅有中宏等盈利个案可寻。盈利周期的拉长，对于像复星这样的民营企业而言，无疑是一个不小的挑战，这意味着在未来合资寿险公司亏损的数年内，需要持续不断的资金投资。

---

① 平均来看，从投保人开始缴费到真实的赔付发生通常需要几年（甚至几十年）的时间，而在此期间，保险公司可以无偿使用这笔保费资金，这笔无偿使用的保费资金称为浮存额。

事实上，从资本大鳄德隆开始，到2004年多家民营保险公司筹建中即"流产"，进入中国保险行业的民营资本，可以说是教训多于经验。业内人士认为，"民营资本唯有摒弃短期资本逐利的天性，与合作方或外资股东统一长期的保险投资理念，才能将保险公司带入盈利的正轨，而不是简单地垂涎寿险公司充沛的现金流。"

资料来源：《财经》网站．www.caijing.com.cn

# 第二节　金融网链的外生性和内生性

经济与金融的互决关系，为我们理解外生性金融网链与内生性金融网链提供了基础。一开始，经济或者说是实体产业网链的国际化催生了金融网链的国际化倾向，本书称之为外生性金融网链发展模式；随着金融业的发展逐渐成熟，金融经济在服务于产业国际化的同时，也基于自身内在的发展逻辑产生了独立的国际化模式，本书称之为内生性金融网链发展模式。

## 一、外生性金融网链发展模式

### （一）产业网链的一般模式

产业网络指的是一群各自拥有独特资源，也相互依赖对方资源的企业组织以及学术机构、中介机构、政府组织等，通过经济、社会关系，凭借专业化分工和资源互补，在要素投入、生产制造和技术合作等方面进行互动，长期所形成的正式或非正式的互惠性往来关系的"组织"形式，它是一种介于市场与企业之间的资源配置方式。产业网络中的关联指的是网络中的企业或组织（以下统称为企业）在交换、传递资源的活动中所发生的各种联系，这些关联不但有产业链、服务链、资金链、技术链、人才链等主体之间的"实"关联，也有知识链、信息链等主体之间的"虚"关联。这些"实"关联和"虚"关联并不一定互相重合，它们之间存在紧密联系（见图1-8）。

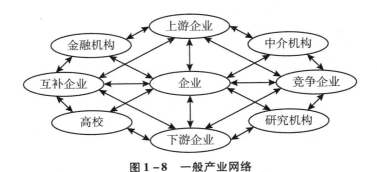

**图1-8　一般产业网络**

资料来源：李守伟等．产业网络的复杂性研究与实证．科学研究，2006（8）.

产业网络成员联系具有复杂性，这主要表现在联系的多样性上。联系多样性指的是网络成员之间联系的异质性及其数量与分布的不同。从纵向来看，成员之间的联系有供应链关系；从横向来看，成员之间的联系有竞争与合作关系；从环境来看，成员之间的联系有服务关系。在产业网络中，各种类型的联系随着成员数目的不同而不同。同时，联系在成员之间的分布是不均匀的，这主要是由于成员的地位不同造成的。与核心企业相关的联系就密集，而与小的非核心企业相关的联系就稀疏。

李守伟（2007）通过对长三角地区的集成电路（IC）企业关联性的调查和分析，基于企业之间的"实"关联，绘制了长三角地区 IC 产业的产业网络（见图 1-9）。从以上研究可见，产业主体之间具有网链式相互关联的关系。

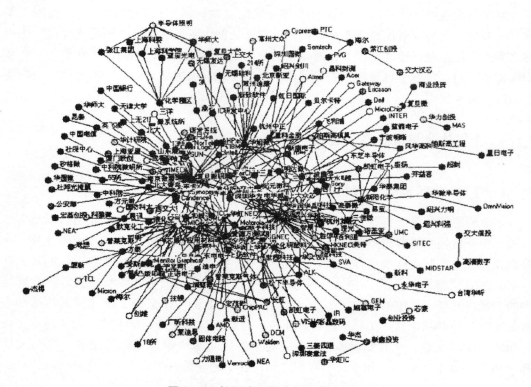

**图 1-9 长江地区集成电路产业网络**

资料来源：李守伟等 . 基于产业网络的创新扩散机制研究 . 科研管理，2007（7）.

供应链模式的发展就是产业组织网链化发展的形式之一。得益于信息技术和运输技术进步所带来的远程生产组织和流通成本的降低，供应链正在取代纵向一体化，成为国际上产业组织的主流模式。在这种模式中，大企业专注于品牌、客户关系管理及创新性技术等核心能力的创造和提升，而将生产、流通、销售中低附加价值环节外包给中小企业，以此形成以稳定交易和利益共享为特征的产业链（也是价值链）体系。中小企业则往往利用自己的专项优势，如特殊技能、单项专利技术、特别的渠道以及成本优势，加入到产业链分工体系中，成为大企业主导的供应链节点布局中的重要一环。伴随着供应链生产模式的兴起，供应链竞争已逐渐成为市场竞争的重要方式。

## （二）外生性金融网链发展模式

所谓外生性金融网链，是指在实体经济决定金融经济、金融经济服务于实体经济的机理下，实体经济的网络化状态，决定了金融经济服务也具有网络化特征的一种金融网链模式。外生性网链金融有两种发展模式：一种是一般贸易的融资模式；一种是比贸易融资更加复杂的供应链金融模式①。

供应链金融是这种规律的一种典型模式。所谓"供应链金融"是指银行从整个产业链角度出发，开展综合授信，把供应链上的相关企业作为一个整体，根据交易中构成的链条关系和行业特点设定融资方案，将资金有效注入到供应链上的相关企业，提供灵活运用的金融产品和服务的一种融资模式。举例来说，A 企业为原材料供应商；B 企业为生产商；C 企业为销售商。B 企业通过从 A 企业购得原材料，加工生产出产品，卖给C 企业，这种买卖关系连接在一起的贸易关系就形成了一个供应链，银行介入这个供应链后，不会只是考虑其中某个企业的资信情况进行授信，而是把 A、B、C 三家企业间的贸易关系综合起来加以考虑，提供的融资服务会渗透到这个交易链的每一个环节，由此构成的"供应链金融服务"模式②。

供应链金融服务的核心理念是银行在信贷市场上通过寻找多个参与者或者利益相关者，建立起一种特殊的机制，来共同分担中小企业贷款中的风险（见图 1-10）。银行通

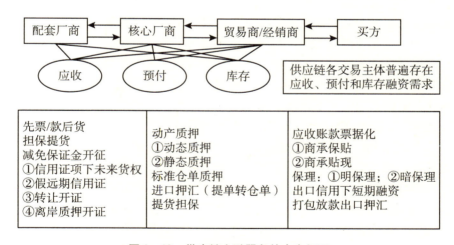

**图 1-10　供应链金融服务的内在机理**

过借助与中小企业有产业合作关系的大企业的信用、或者以两者之间的业务合同为担保，同时依靠第三方物流企业等的参与来共同分担贷款风险。实施供应链金融的关键在

---

① 一般贸易融资模式的网链形态在现实中早已存在，但提炼不够，还需要研究并勾画出实体经济网链形态下基于一般金融融资模式所形成的金融网链形态。

② 刘莎．在中国的发展供应链金融的探索．经济师，2009（3）．

于，这些想要得到银行融资的中小企业必须和一家值得银行信赖的大企业发生业务往来，从而就获得了"某种资格认定"，使其达到银行认可的资信水平，即大企业利用其良好的信誉和实力及与银行稳固的信贷关系为中小企业提供了间接的信用担保，帮助中小企业获得银行贷款。

从风险控制体系的差别以及解决方案的问题导向维度，供应链金融的运作模式分为存货融资、预付款融资、应收账款融资模式；采取的标准范式为"1＋N"，即以核心企业"1"带动上、下游的中小企业"N"进行融资活动，"＋"则代表两者之间的利益、风险进行的连接①。

一旦当这些产业主体分属于不同的国家，产业网链将具有国际性，即其经济往来也必将具有国际性，为之提供的金融服务也必然具有国际性，金融国际化网链的外生性发展也就此展开。

## ■二、内生性金融网链发展模式

所谓内生性金融网链发展模式是指基于金融产业自身的独立发展而产生的一种金融组织形态。如果说外生金融网链可以被称为"经济金融"形态，那么，内生金融则属于金融业态。

### （一）内生性金融网链演化的起点

金融在一定程度上从实体经济分离出来是内生性金融网链演化的起点。随着"经济金融"的发展，金融逐渐成为一个特殊的产业部门，它以货币、证券、金融衍生工具等金融商品的经营为特征，成为国民经济中相对独立的系统，有其特有的运行机制和运行轨迹。金融与经济的关系相互渗透、相互融合，早已超越了传统金融对经济的从属性、被动性地位，金融在经济中不仅处于主导地位，而且从经济中分离出来，呈现为独立发展趋势。金融发展的独立性可以从以下三大方面看到②：

第一，从金融供给来观察和分析。其一，货币的供给量不完全取决于商品流通的需要。凯恩斯在《货币论》中把作用于商品和劳务交换的货币称为"交易流通"，把作用于股票交易的货币称为"金融流通"，并指出虽然整个货币供给没有变化，但作用于"交易流通"的货币其中有一部分已转化为作用于"金融流通"的货币。凯恩斯的论述表明：流通中的货币需要分做若干部分，作用于不同的领域，而且指出作用于不同领域的货币是相互转化的。其二，银行信贷资金供给不完全都是工商企业出于调剂、补充资金的需要，而相当一部分银行信贷资金的供给，是基于金融机构自身运作的需要。其三，金融产品的创新不是为适应实体经济发展的需求，而是基于人们的资产选择和避免风险的需要，它是金融自身发展的产物，在金融运行机制中产生。

第二，从金融活动的载体看传统的金融理论。传统的金融活动依附于商品的生产和

---

① 张琮，朱金福．物流金融与供应链金融的比较研究．金融理论与实践，2009（10）．
② 曾康霖，刘楹．试析金融与经济的分离——从金融的独立性管窥虚拟经济．财经科学，2004（增刊）．

商品流通，以实体经济活动为载体，表现为"货出去，钱进来"，或者"钱出去，货进来"，呈现为资金和物资的对流，资金在对流中获得增值。但当代金融活动的实践证明，大量的金融活动不以实体经济为载体，而表现为"钱出去，钱进来"，或者"钱进来，钱出去"，金融活动呈现为一个独立的价值运转系统，而且随着它的发育和扩张，独立性日益增强，能够脱离开实体经济运动自成体系进行循环。它的运动以资产获利为动机，以风险配置为导向，以信息传递为渠道，以金融产品为载体，寻求保值增值。这表明金融活动已经在很大程度上摆脱了与实物资产的联系。

第三，金融资产价格受对金融产品需求无限性的影响。金融资产价格调节机制与实体经济也不同。实物产品的供求可以由生产和消费来调节。对于一种产品而言，即使没有什么吸引力，消费也会有一个最低的标准。吸引力无论多大，人们对它的消费也是有限的，并能通过刺激生产调节供给，"存货机制"使它的价格变动受到限制。而金融产品没有类似的约束，从一种金融的产品供给来看，它的存量是有限的，从需求来看是无限的，只要在人们想象中有上涨的空间，它的价格就会不断攀升，对它趋之若鹜，当它没有吸引力时，往往被迅速地抛售，它的价格就一泻千里。从长期或者增量来看，金融产品的供给可以不受实体经济的约束。

### （二）跨国金融服务外包是内生性金融网链发展的重要形态

近年来金融服务外包发展迅猛，成为国际外包市场的主流。金融服务外包（Finance Services Outsourcing）简单地说是指金融机构将其部分事务委托给外部机构或者个人处理。巴塞尔委员会认为，所谓金融服务外包，是指受管制实体在持续性的基础上利用第三方来完成一些一般由受管制现在或将来所从事的事务，而不论该第三方当事人是否为公司集团内的一个附属企业，或为公司集团外的某一当事人。具体来看，金融服务外包不仅包括将业务交给外部机构，还包括将业务交给集团内的其他子公司去完成的情形；不仅包括业务的初始转移，还包括业务的再次转移（也可称之为"分包"）；不仅包括银行业务的外包，还包括保险、基金等业务领域的外包。从外包内容上看，金融服务外包包括金融信息技术外包和金融业务流程外包（BPO）。金融信息技术外包，是指金融企业以长期合同的方式委托信息技术服务商提供部分或全部的信息技术服务，主要包括应用软件开发与服务、嵌入式软件开发与服务，以及其他相关的信息技术服务等。金融业务流程外包是指金融企业将非核心业务流程和部分核心业务流程委托给专业服务提供商来完成，主要包括呼叫中心、财务技术支持、消费者支持服务、运营流程外包等。

根据定义，外包并不包括购买合同，因为购买是从某服务、商品或设施的销售商获取某种服务、商品或设施，而不涉及与客户相关的、非公开所有的购买者信息的转移。外包的金融服务通常包括如下三种类型：信息技术（Information Technology），如信息技术的应用开发、编程和编码等；具体操作（Specific Operations），如会计服务、后台服务及管理工作等；契约功能（Contract Functions），如呼叫中心等。①

---

① The Joint Forum at Basel Committee on Bankingsupervision. Outsourcingfinancil Service. Basel：Bank for International Settlement. February，2005.

最早的金融服务外包要追溯到 20 世纪 70 年代，当时，国际上一些证券机构将一些准事务性服务（如打印及存储记录等）外包给专业机构处理。80 年代至 90 年代，在成本因素及技术升级的双重因素推动下，外包交易的规模已相当可观并涉及整个 IT 行业。随后，外包出现在人力资源等更多领域。同期出现了一种名为"金融服务处理外包"（BPO）的新形式，是一种点到点的商业链外包。在 BPO 中，金融机构与服务商的关系也由传统的服务提供转变为战略合作。

目前，外包的一个重要趋势是"离岸化"，即将金融服务外包到境外。许多跨国公司试图通过建立离岸交易及服务中心来提高本机构整体的效率。一批世界超级金融机构，包括美国运通、通用资本（GE Capital）等都向海外大规模地外移了客户呼叫中心与软件开发业务。其他一些著名机构，如美洲银行（Bank of America），也加入了外包行列。比如，美洲银行 2004 年 5 月在印度增设了他们的第一个离岸"清算，后勤办公室"；摩根士丹利（Morgan Stanley）也声称，他们正在计划将他们的资产研究（Equity Research）业务推向海外。从目前的国际金融后台服务市场看，美国和英、德、法等国是最重要的金融业务外包来源地，印度是金融外包的最大受益国。在全球金融业务离岸外包市场中，印度的市场占有率已经达到 80%，年均增长保持在 20% 左右，印度的市场目标还包括东京、新加坡和中国香港地区等亚洲金融中心。很多跨国金融机构都在印度设立了规模浩大的客户呼叫服务中心，印度也从世界许多大银行手中争取到大量的外包订单。

总之，国际金融服务外包已日益成为跨国金融机构降低成本、转移核心业务及实现战略目标的手段。关于国际金融服务外包中的国际网链市场在本书的第四篇国际金融市场中有详细介绍。

随着金融国际化进程的加快，国内金融服务外包也有了一定的发展（见表 1-4）。2004 年，国家开发银行与惠普公司签订外包合同，前者把硬件设备和软件系统的委托采购、系统运行维护服务交由后者来全面负责和处理，是国内金融界首家 ITO 外包案例；同年，中国光大银行将本行信用卡业务（包括咨询服务、培训服务、数据业务托管服务等）包给了美国第一咨询公（FDC）。本书第四篇将对金融服务外包的具体案例中有详细介绍。

**表 1-4**　　　　　　　　　　　　　　　　　　典型外包案例

| 年份 | 金融机构 | 外包项目 | 外包商 |
|---|---|---|---|
| 1997 | 中国银行 | 长城卡的营销和部分附属性工作 | 北京天马信息网络公司 |
| 2002 | 深圳发展银行 | 灾难备份中心 | 高阳公司 |
| 2003 | 中国光大银行 | 核心金融机构服务与管理会计系统建设及咨询 | 联想 IT 服务公司 |
| 2003 | 中国农业银行 | 国际汇款金融服务 | 西联公司 |
| 2003 | 国家开发银行 | 数字电路金融服务 | 中国电信集团公司 |
| 2003 | 国家开发银行 | 数字备份电路金融服务和小区宽带接入服务 | 中国网络通信公司 |
| 2004 | 国家开发银行 | IT 硬件和软件系统的维护 | HP 公司 |
| 2004 | 上海银行 | 核心银行金融服务系统的集成和实施服务 | HP 公司 |

资料来源：张红军. 银行业金融服务外包现状及风险. 生产力研究，2007（12）.

此外，跨国投资基金、跨国资产证券化、跨国项目融资都是跨国金融网链的重要形态，相关内容在本书第四篇有详细介绍。

## 第三节　金融国际化的深化

随着经济国际化的加深，金融国际化进一步深化，这使得经济与金融之间的互决关系扩张到更大的范围，也使得金融本身所形成的跨国范围更广，程度更深。促使国际金融国际化深化的主要因素包括国际化组织的作用加强、信息化技术的提升等。

### ■一、国际化组织是金融国际化的重要推手

关税与贸易协定及其后的世界贸易组织、国际货币基金组织、巴塞尔委员会和各种区域性的一体化组织对推动金融国际化起着重要作用。

1997 年 12 月 13 日，在世界贸易组织体系框架内，全球金融服务贸易谈判，经过两轮三年的讨价还价，最终达成协议①。

这项全球金融服务贸易协议主要包括以下内容：允许外国在国内建立金融服务公司并按竞争原则运行；外国公司享有与本国公司同等的进入国内市场的权利；取消跨边界服务的限制；允许外国资本在投资项目中比例超过 50%。

参与谈判的 70 个成员中，56 个会员国提交了市场开放承诺书。其中约定的金融服务自由化主要内容包括：

美国，发展中国家若在美国设置新据点，给予最惠国待遇；放宽关于跨洲业务的规定；

欧盟，维持目前统一市场的自由状态。

日本，1998 年 4 月，外汇交易完全自由化；1998 年 7 月以前，汽车、火灾保险等伤害保险的费率完全自由化。

加拿大，制定允许外国银行直接设立分行的制度。

瑞士，解除对外保险公司设立办事处的禁令。

澳大利亚，解除对国内四大银行控制权购并的禁令。

中国香港，维持现在的自由状态，再保险的跨境交易自由化。

韩国，废除对外国人士取得已发行债券的限制，废除对证券投资顾问公司设立办事处须取得许可的限制；银行发行债券的自由化。

印度尼西亚，不降低外资对现有合资金融机构出资比例的限制。

马来西亚，外资对保险公司的出资限制由 49% 调高到 51%，保险公司由 40% 调高到 51%。

---

① 李世光. 全球金融服务贸易协议简介. 财金贸易，1998（6）.

新加坡，调高境外银行对居民的融资总额上限。

泰国，今后 10 年间，外资对银行的出资限制由 25% 放宽到 100%。

印度，在民间银行的许可执照方面，消除最惠国待遇的例外措施。

巴西，放宽对外资在保险领域设立据点的限制。

全球金融服务贸易协议的达成是全球金融开放的一个新的阶段性成果，标志着全球金融一体化向前迈进了新的一步；对全球金融服务业的开放和发展，起到极大的推动作用。

国际货币基金组织致力于推动货币的自由可兑换，越来越多的国家实现了资本项目下的货币自由兑换，这使得金融国际化得到进一步深化。

巴塞尔委员会制定的统一金融业监管标准在客观上推动全球金融一体化的进程。

各种区域性组织相继达成区域内金融服务业的自由贸易，如北美自由贸易区、欧洲自由贸易区、中国—东盟自由贸易区等都有关于资本自由流动、金融业开放的协议，在跨国价值获取的推动下，各种国际化组织已成为金融全球化和金融国际化走向进一步深化的重要推手，强化了金融的国际化（International）属性。沙奈（Sahni）把金融全球化划分"间接"的金融国际化阶段、放宽管制和自由化阶段以及套利的普遍化和"新兴市场"加入阶段，各阶段都有不同的特征和措施（见表 1-5）。

表 1-5　　　　　　　　　　金融全球化的三个阶段

| 1960~1979 年 | 1980~1985 年 | 1986~1995 年 |
| --- | --- | --- |
| 各国分隔的金融体系的"间接"国际化；美国市场金融的发展 | 向市场金融和金融体系的相互联系国度 | 相互联系加强、套利扩张和"新兴市场"的加入 |
| 债券证券市场在美国形成；作为离岸金融市场的欧洲美元市场形成<br>布雷顿森林体系解体和废除（1966~1971 年）<br>美国信贷框架结束（1971 年）<br>向浮动汇率过渡（1973 年）和汇兑市场第一次高潮<br>海尔斯塔德银行破产；国际清算银行开始制定谨慎规则<br>欧洲美元市场加速扩张；石油美元收回；银行联合贷款<br>美国银行加速国际化<br>第三世界开始负债<br>货币和汇率金融衍生品市场（期货）出现 | 美国和英国货币主义开端<br>资本运动的自由化<br>利率的自由化<br>国债的证券化<br>债券市场的迅速扩张<br>吸引外国贷款者的货币政策<br>债券市场上的国际套利<br>工业集团和金融机构对金融流动性的私人需求开始非中介化<br>养老基金、互助基金和金融资产迅速增长<br>金融衍生品迅速增长<br>养老基金和互助基金的国际交易增长<br>纽约和伦敦股市出现"垃圾"债券和操纵公司产权的金融工具 | 新加坡金融大爆炸<br>股票市场阻碍消除和放松管制<br>汇兑市场交易爆炸<br>原料市场阻碍消除和放松管制<br>原料衍生品市场迅速发展<br>金融衍生产品爆炸<br>债券市场加速发展<br>债券市场阻碍消除和开始放松管制；新兴工业化国家和第三世界国家股市形成<br>直接金融和国债证券化制度向经合组织以外地区扩散<br>墨西哥金融危机后关于国际货币基金组织作用扩大的争论（1995 年） |

资料来源：佛朗索瓦·沙奈等著，齐建华等译. 金融全球化. 中央编译出版社，2001.

## ■二、信息化的飞速发展加速国际金融的进一步深化

信息经济学对金融的考察发现，作为市场的特殊形式，信息在其中的地位至关重要。如果说金融是一种进行资本配置和资本监督的制度安排的话，那么，金融市场就是信息生产、传递、扩散和利用的市场。信息既是金融的原材料，又是金融服务的产品。所以，信息是金融的本质和核心，金融是信息（Information）的。

信息技术不是应金融业的需要而产生和发展的，但信息业却天然适合被金融业利用。金融服务和市场活动更加适合借助于电子通信技术和计算机来实现，网络金融①会迅速推广。网络金融对金融全球一体化的推进表现在以下几个方面：

（1）网络金融使得全球金融超越时空在传统模式下的限制。以电子计算机、卫星、光纤通信等高新技术为基础的全球范围的电子通信网络和资金调拨系统的建立和完善，大大降低了金融市场运行的交易成本。例如，1985 年 11 月，伦敦证券交易所采用了由设在总部的 3 万台电脑主机和遍布全国的 5 000 部终端机组成的"证券交易所自动报价系统"（Stock Exchange Automated Quotation，SEAQ），使证券交易成本大幅度下降，市场效率空前提高。20 世纪 80 年代才兴起的美国纳斯达克（NADAQ）市场，也正是由于对高新技术的充分利用，才使其有能力让有几百年历史的纽约证券交易所（NYSE）面临严峻的挑战。

斯特兰格（Strange）认为，计算机、芯片和卫星改变了金融服务业，信息技术已经使得全球金融交易可以 24 小时进行。世界主要金融中心的交易时间是相互交叠的，它们彼此间的相对位置构成了各自天然的区位优势（见图 1－11）。

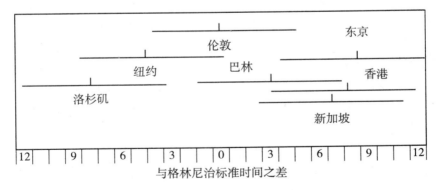

**图 1－11　主要世界金融中心的交易时间**

资料来源：Warf，1989，Figure5.

互联网络（Internet）大大不仅降低了国内证券市场的交易成本，也降低了跨国金

---

① 指在国际互联网上实现的金融活动。包括网络金融机构、网络金融交易、网络金融市场和网络金融监管等方面。它不同于传统的以物理形态存在的金融活动，是存在于电子空间中的金融活动。

融交易的进入障碍,使远距离的跨国金融交易成为可能。与世界各地分别进行的交易所传统交易相比,分布在全球各地的交易所通过国际互联网络进行非场地联网交易,使投资者无论身处何地,都可以上网同步进行金融交易,完全打破了时间、空间限制。全球金融市场被更紧密地联系起来。

比如,1999 年 6 月,纳斯达克与中国香港联交所达成互换上市股份的协议,同月又和日本软银公司(Softbank)共同宣布设立"纳斯达克日本"证券交易市场,11 月宣布准备启动欧洲第一个泛大陆股票交易所。如果上述三个市场正式连在一起,将形成一个真正意义上的 24 小时连续交易的全球股票交易所。金融信息化正在打破长达 200 余年的传统证券交易所格局。未来的证券交易所将通过信息通信网络、金融网站、网上经纪商等机构结成联盟,建立一个综合性的信息及交易网站,以支援不同市场参与者的投资业务。金融信息化的发展使整个世界正在形成一个通过现代信息手段联系在一起的一体化国际金融市场。

(2)加速国际资本流动。由于信息网络技术促进了全球统一金融市场的形成,国际资本流动的空间屏障被打开,信息化交易技术使得资本流动速度大大加快。也扩大了资金流动的量,全球金融网络上跨国银行业务、国际证券交易、外汇交易急剧增长。目前,全球外汇日均交易额在 1.5 万亿美元左右,债务性融资规模也超过了 1.5 万亿美元,透过国际金融网络游弋于国际金融市场的短期游资达到 7.2 万亿美元。金融信息化促进的全球金融市场一体化和资本流动速度的加快,为在全球范围内配置金融资源、推动世界经济发展起到巨大的作用。

(3)辅助金融机构建立科学管理系统,提高全球金融业的经营管理水平和服务水平。信息技术和电子计算机的运用不仅使金融业务得以在全球范围内展开,而且也使新的经营手段、管理经验和服务方式能够迅速在世界范围内推广和流行,进而使全球金融业的经营管理及服务水平大大提高。自动柜员机(ATM)和销售终端(POS)的日益普及,打破了银行零售业务的时空限制;管理信息系统(MIS)、决策支持系统(DSS)、经营决策支援系统(MDS)等服务系统的采用,为银行及其客户进行迅捷高效的决策提供了便利;电子资金划账系统(CHAPS、CHIPS 和 SWEIFT)的投入使用,使国际间资金收付迅捷异常,资金使用效率大幅度提高,也促进了资金在国际间的转移和流动的速度,促进了金融的全球化。

(4)促进了金融创新,并使金融创新在全球迅速蔓延。大量金融工具软件和程序的开发使得金融创新过程,特别是金融衍生产品的设计和运用过程的复杂程度大为简化。这不仅使许多无法确切掌握金融工具定价方法的投资者得以在市场上拥有竞争优势,扩大了金融创新的需求。而且使关于金融创新的知识交流和知识积累在全球范围内迅速膨胀,金融创新得以日新月异地发展起来。金融创新活动的迅速发展以及大量衍生金融工具的出现大大丰富了国际金融市场,活跃了国际金融交易。而且,由于许多金融创新是以国际金融市场为基础的,其操作必须在国际市场上进行,这就大大促进了世界金融市场的整合性和统一性。

(5)加速国际金融市场的虚拟化,增强了金融业的全球性。随着互联网的迅速普及以及金融业务的日益网络化，彻底改变了传统的金融运作方式，使得资料处理、信息传递、交易清算变得十分迅捷，金融业开始向"无现金化、无支票化、无凭证化"的时代挺进。有形的金融市场正日益的虚拟化、无形化，而电脑网络本身的国际性使得这一无形的、虚拟的金融市场从一开始就带有全球性。在金融网络化推动下的家庭银行服务（Home Banking）的发展，使客户能在家中直接利用电视、电话、电脑等媒介接通银行的电脑网络来完成划拨、结算、余额查询和财务管理等，从而使客户在家里就可以进入国际金融市场，从事国际间的股票、证券及外汇交易，人声嘈杂的交易所正被无形的电脑网络所取代。

☞ **本章关键词** ☜

经济与金融互决    产融结合     产业网链
外生性金融网链    内生性金融网链   金融国际化

☞ **深入思考的问题** ☜

1. 分别从理论和实证角度探寻中国经济增长与金融发展之间的相关关系。
2. 中国产融结合的现状如何？对现状你有什么认识和思考？
3. 如何理解金融网链的外生性和内生性？
4. 除了国际化组织和信息化的飞速发展，金融国际化深化还有哪些其他因素？

# 第 二 章

# 国际金融学研究的几个重要问题

国际金融学研究，离不开几个重要的命题：一是国际金融学的研究对象是什么，这也是国际金融学研究的基础问题；二是国际金融学研究的方法是什么；三是与国际金融学研究对象相呼应的国际金融学逻辑框架是什么？其实，这三者之间具有某种相辅相成的关系。

## 第一节　国际金融学的研究对象

全球经济一体化的迅猛发展越来越广泛地把各国纳入到国际性的交易市场，对各国的经济结构和政策决策都产生了极为深远的影响。尤其在国际金融领域，新的问题更是层出不穷，引起了经济学界和实务界的广泛关注。可以说，国际金融学已然构成了经济学最为前沿和活跃的研究领域之一，也取得了很多丰硕的成果。诺贝尔经济学奖就曾先后授予给在国际经济金融领域颇有造诣的罗伯特·蒙代尔（Robert Mondale，1999）、保罗·克鲁格曼（Paul Krugman，2008）等经济学家。但是，或许正是因为国际金融的实践不断深化，研究问题活跃而复杂，且极富时代性，时至今日，关于国际金融学的研究对象，国内外学术界还都没有形成统一共识。

### 一、国际金融学研究对象的不同观点

一门学科得以诞生的首要问题是明确该学科的研究对象。目前，国内外对国际金融学研究对象的看法众说纷纭，现择国内外有代表性的几种观点简评如下：[①]

（1）"业务现象论"：国际金融学是研究国际之间的货币关系、国际融资及相关问题。这种观点在国内一直处于主流地位。持这类观点的学者有：陈彪如认为，"国际金融涉及的面很广，它是一门综合性的学科，应以国际间的货币金融关系作为研究的对象，既要说明国际范围内金融活动的主要问题，又要阐述国际间货币和借贷资本运动的

---

① 倪成伟．关于国际金融学科建设的几点认识．浙江经济高等专科学校学报，2000（12）．

规律。"① 钱荣堃认为，"国际金融学研究的是国际间的货币关系和金融活动。"② 刘舒年认为，国际金融的研究对象是"研究国际货币和借贷资本运动规律的一门科学，其中包括货币和借贷资本运动规律，以及影响这些规律发挥作用的因素；经营与管理这些货币和借贷资本运动的业务形式与组织机构；政府或其他组织对货币和借贷资本运动所规定的制度和采取的政策措施。"③

（2）"内外均衡论"：通过各种国际货币金融活动，主要包括市场自发力量和政府政策行为，来实现一国经济的内外均衡。杨惠昶教授认为，"国际金融是研究在不同的汇率制度下，通过货币、证券、票据的买卖和转让，市场的自发力量和政府的经济政策相互作用，如何实现国际收支均衡，以及国际收支均衡与国内经济均衡的联合均衡。"④ 姜波克教授认为，"国际金融学是从货币金融角度研究开放经济下内外均衡目标同时实现问题的一门独立学科。"⑤ 并指出："国际金融学主要应包括如下内容：第一，开放经济下内外均衡的背景与衡量问题。第二，开放经济下同时实现内外均衡的国内政策搭配问题。第三，开放经济下同时实现内外均衡的国际间政策协调问题。"王爱俭教授针对"内外均衡论"认为，"这种观点的出发点是整个宏观经济的内外均衡，它的研究视角在于宏观问题。这种对国际金融学内容的界定是一种创新，但并不能完全概括国际金融学的学科特点，尤其是忽略了国际金融实务的内容。因此，把持这种观点的国际金融学称为'国际金融理论'似乎更确切一些。另外，国际金融是否存在主线，或者主线到底是什么的问题实际尚未达成共识，需要进一步展开探讨。"

（3）国际金融学是研究在各种条件下，可以达到外部均衡的政策和市场力量。这是当前西方学者的主流观点。此处的外部均衡是指"不会对一国履行其国际义务的能力构成威胁的外部债务路径。"⑥

## 二、本书认为的国际金融学研究对象

本书认为，以上三类关于国际金融学研究对象的观点在一定角度或者层面下，都有一定道理，也是展开国际金融学研究的三种重要逻辑起点。然而，不管是"现象论"，还是"均衡论"，都没有抓住国际金融的根本。从现象上看，国际金融要么是实体经济的派生现象，要么是金融的独立现象，但发出国际金融行为的目的肯定不在国际金融现象本身，也不在于求得所谓的"内部均衡"、"外部均衡"，或者"内部与外部的均衡"，而在于"跨国获得价值"这一目的。本书希望寻找一条新的逻辑起点来理解国际金融学的体系框架，认为国际金融学的研究对象是"国家之间通过市场和政策力量，为了持续获取价值而展开的法币交易、国际融资、国际投资等国际金融行为的一般规律。"

① 陈彪如. 国际金融概论. 华东师范大学出版社, 1992.

② 钱荣堃. 国际金融. 四川人民出版社, 1993.

③ 刘舒年. 国际金融. 对外经济贸易大学出版社, 1997.

④ 杨惠昶. 国际金融. 吉林大学出版社, 1994.

⑤ 姜波克. 国际金融学. 复旦大学出版社, 1999.

⑥ 倪成伟. 关于国际金融学科建设的几点认识. 浙江经济高等专科学校学报, 2000（12）.

本书关于研究对象的定义强调了四个基本的要素（见图 1 – 12）：一是国际金融的目的。国际金融的目的是获取他国的价值或财富。二是国际金融的表象。国际金融的表象就是法币的交换（从而形成汇率）、国际投资、国际融资、国际衍生品等。三是某一种国际金融模式是否可以持续下去，即国家的内外均衡问题。尽管国家的内外均衡是一个复杂的问题，但总体的意思谈的是某一种国际价值获得模式是否可以持续，危机就是一种过度失衡，危机表明原来的模式已经变得不可持续了。在可持续的范围内，即便是暂时失衡了，只要有利于本国在一定时期内获取其他国家价值，或者该国无法改变失衡的局面，这种失衡也将客观存在。四是保证持续获取价值的力量。这个力量有两种：第一种是市场力量，主要是企业或者个人以效用最大化为目标所发生的各种行为。但是这种行为长期下去可能会使得原有的国际间存在的价值获取模式不可持续（失衡或者危机）。于是出现了第二种力量：政策力量。包括国内政策与国际协调政策，也包括国家政策与国际性组织的干预。

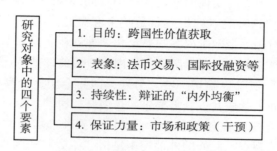

**图 1 – 12　国际金融学研究对象**

然而，从以上关于国际金融学研究对象的文献可以观察到，第一种观点主要是强调了国际金融的表象——"货币关系和金融活动"，忽略了"货币关系和金融活动"的动力或者本质是什么，也忽略了"货币关系和金融活动"的可持续性问题。显然，如果一国发生危机，就表明国家之间的"货币关系和金融活动"不可持续，需要构建新模式，出现新的"货币关系和金融活动"。更没有谈及依靠什么力量来维持"货币关系和金融活动"。

第二种观点则主要强调了国际合作模式的理想状态——国家"内外联合均衡"。首先，如果说"内外联合均衡"确实是一种"均衡状态"的话，那么这种"均衡"也是一种临时的、偶然的状态。而在一定范围内的"非均衡"才是一种常态。其次，该定义并没有强调国际金融的基本现象——"货币关系和金融活动"，使得国际金融的研究问题停留在抽象的层次上。再次，该定义忽略了"内外均衡"的目的是什么。事实上，"内外均衡"的目的是为了持续获取他国价值。不强调"价值获取"的国际金融"均衡"是一种片面地均衡。

第三种观点则主要强调了三种要素：条件、外部均衡，与实现力量。这一观点存在问题和第二种观点大同小异。所不同的是，第三种观点认为国际金融现象是一种注重外部均衡的事物。这种观点强调的终极目的不是"内外同时均衡"，而只是"外部均衡"，显而易见，其片面性要小一些。

以上对比分析使我们容易得出如下结论：其实国际金融现象是多种要素共同作用的结果，跨国获取价值的目的是国际金融行为的动力，国内外的均衡状态则是金融行为可以在原有价值获取模式下得以持续进行的保证，市场与政策力量则是国内外均衡状态的保证。

## ■三、国际金融学的特点

关于国际金融学的特点也存在不同的观点。姜波克认为，国际金融学具有：综合性、宏观性、政策性。倪成伟认为，国际金融学的特点是：边缘性和综合性并存；宏观为主，兼顾微观；广泛的应用性[①]。我们认为，突出不同的特点撰写国际金融教材，就会形成不同特色的国际金融逻辑体系。其实，也可以不失偏颇，形成特点综合的国际金融学科体系，同时反映国际金融的不同特点，这样就更容易呈现国际金融的全貌，较全面的国际金融学的特点应当包括如下几个方面：

（1）学科的交叉性。其一，与货币银行学的交叉性。有的学者认为，随着国际经济一体化的加强，原有的"封闭"与"国际"两分法学科设置已经不切合实际，国际金融学科的独立性应当受到一定怀疑。王爱俭持相反观点，认为国际金融学研究体系有其自身的特点，并不能将其归结为货币银行学的简单外延，与货币银行学形成互补。我们认为，王爱俭教授的认识有一定道理，因为尽管从经济金融实践上来看，国内金融与国外金融存在一体化的趋势，但是在由于利益的国别性、货币的国别性等，金融政策必然具有强烈的国别特征，调控对象必然有重大的内外之别。学科体系也应当反映这一实际。其一体化所带来的影响可以在研究对象不同的货币银行学和国际金融学内部有所反映。其二，与国际贸易学、宏观经济学的交叉性。第一个层次的国际金融行为是国际贸易行为的派生品。没有国际贸易，就不可能有国际金融。即便如此，国际金融现象也是一个具有相对独立规律的现象。第二个层次的国际金融行为是相对独立的国际金融行为，不受国际贸易的影响。有人认为，国际金融学的研究范围涵盖了一国经济的内部部分、涉外部分以及国际间的经济关系这一传统上由不同学科进行分工的领域，并且将这三者由内外均衡问题贯穿起来成为一个严密的学科体系，而不是像过去那样只是堆砌国际间货币金融关系的各个方面[②]。这样，国际金融学可以看成是国际宏观经济学。这种说法扩大了国际金融学的外延，模糊了国际金融学、国际贸易学、宏观经济学之间的关系，更是一种对宏观经济学的机械理解。应当说，国际金融学也涉及内外均衡问题，但这种均衡是辩证的，外部不均衡也可能有利于这个国家，也可能不利于这个国家但却无能为力去改变现状。

（2）宏观性与微观性的结合。目前的国际金融学主要是从开放经济的角度研究货币金融问题，更多的是侧重于从外部的宏观均衡来展开的，即围绕着国际货币体系安排

---

①　倪成伟. 关于国际金融学科建设的几点认识. 浙江经济高等专科学校学报，2000（12）.

②　姜波克. 论国际金融学新体系. 复旦学报（社会科学版），2000（5）.

和国际金融市场机制来阐述汇率和国际货币资金流动的问题。因此，对国际金融理论的介绍是与宏观经济学一脉相承的，在研究方法上以宏观定性分析为主。然而，不可否认的是，在一国范围，宏观调控尚且存在困难，更何况是跨国业态。从单利上来讲，尽管跨国组织的某些协议和干预、一国进出口政策可能在一定程度上影响，但是国际金融行为的微观基础仍然是个别经济主体，其行为准则是利润最大化，不管出口与否，也不管进出口给哪个国家，更不管以什么条件进出口，只要有利于自己利益就行。事实上，随着金融国际化的加深，人们对国际金融规律的认识加深，跨国金融创新层出不穷，个体越来越独立于国家宏观控制而独自进行国际金融行为决策。本书将尊重这个事实，将专门辟出一篇，来描述微观交易主体是如何通过各类行为来实现个人收益最大化目的的。因此，无论是大金融学，还是国际金融学都存在着二元分化的趋势[①]。

（3）理论性与实践性的结合。王爱俭认为，理论的讲授和介绍是每一个学科教学的前提和基础，国际金融学也不例外。主张将目前在各高校流行使用的《国际金融学》改为《国际金融理论》，该门课程应当主要围绕开放经济下的国际资金流动问题而展开。但作为一门应用性很强的学科，也应当包括实务，主张应当单独开设《国际金融实务》，诸如外汇市场业务、国际结算业务、衍生工具交易、国际信贷、国际债券等。本书认为，逻辑上讲，国际金融学应当给读者一个理论全貌，并用一定的实践行为来支撑理论。二者应在正文中融为一体而不是油水不沾，前后两张皮。至于为了满足不同群体读者的偏好，可以在一本书中同时在理论挖掘与实践操作两个方向上同时深化，也可以另外撰写两个方向的"单行本"，或者是突出理论的《国际金融理论》，或者是突出实践的《国际金融实务》。

（4）逻辑性与历史性。国际金融学构建的过程，是一个从依附于国际贸易的派生性研究开始，发展到在此基础上同时强调相对独立的国际金融学研究的过程。最初，国际金融学是在国际贸易教材中顺带讨论一些国际金融方面的问题。这主要是因为当时各国间的联系以商品贸易为主，国际间的货币流通仅以商品流通的对应物出现，而且以黄金等"国际实物货币"作为价值符号。"二战"后，以美元为中心的信用性国际货币体系（即布雷顿森林体系）取代了国际金本位制，因而出现人为进行制度安排的方式来规定国际收支均衡的形式与调节机制等问题，使国际金融问题开始具有一定的独立性。国际金融理论与国际贸易理论并列进入国际经济学当中，主要研究以美元为中心的国际货币体系及其相关问题。进入 20 世纪 70 年代后，国际间资本流动的规模迅速扩大，其流量远远高于贸易量，且流动越来越具有自身独特的运动规律，对国际收支均衡，乃至国内经济的均衡产生了深刻的影响，使得国际金融与国际贸易相脱离而独立。进入 80 年代后，学术界开始出现了国际金融学方面的专门著作，各国大学开始设置国际金融学方面的课程。从此，国际金融学成为一门独立的学科。当代的国际金融学研究继承了视野不断拓展、内容不断丰富的历史发展特征，积极把各学科的最新研究成果吸收到国际金融学科体系当中。尤其是随着近年来信息经济学、计量经济学、风险管理理论、金融

---

① 王爱俭. 关于优化国际金融学科体系的思考. 金融教学与研究，2005（1）.

市场理论、博弈理论等的进入，国际金融学有了更加科学的学科体系，研究方法也在不断创新。

（5）政策性。国际金融学中的内外均衡问题，关系到国家之间价值获取模式的可持续性问题，每一个国家为了达到自我发展的可持续性，都会根据内外经济、金融发展的状况对相关金融政策进行力所能及的动态调整。因此，国际金融学自产生起就具有非常强烈的政策意义，而且，这一鲜明的政策性是很多其他学科所不具备的。例如，从分别流行于 20 世纪六七十年代及 80 年代以来的国际金融教材看，前者以布雷顿森林体系及固定汇率下的政策分析为导向，后者以浮动汇率制及汇率政策理论为导向。再例如，在国际金融学中处于基础地位的重要理论，如蒙代尔—弗莱明模型、多恩布什模型、丁伯根模型等均为政策导向型[①]。随着货币金融因素在内外均衡问题中的越来越突出的作用，内外均衡联合实现问题会越来越困难与复杂，国际金融学的理论、实践、政策内容也就会因之而更加深入与丰富。亚洲金融危机的发生，使得各国看到了国际金融危机的脆弱性和传染性，成为提醒各国联手遏制金融暴徒、维护国际金融体系稳定的重要事件。而次级债务危机，则进一步使全球经济和全球金融被迫行动一致地为美国危机"埋单"，联合会议、联合组织，以及联合决策与声明也是频频活跃在国际金融舞台上。可见，在金融国际化深化的背景下，联合决策成为一种必然趋势。从而使得国际金融个体行为自由化和联手干预深化两种趋势并存。

（6）广泛的应用性。教材如果失去了应用性也就失去了其存在的价值，其应用性表现与国际金融的研究对象密不可分，详述如下：

其一，在价值的获取上，从理论上看表现在三个层面：一是个人价值获取；二是国家价值获取；三是整个国际金融体系的基本健康。个人的价值获取主要考虑个体收益最大化，但是个体价值的最大化优势也取决于国家受益的最大化。我国在铁矿石和稀土两种资源的进出口方面的谈判处于散兵游勇状态，结果贸易条件对我们不利，只有通过行业协会一致行动，才能争取到最大利益。另外，如果所有的国家都无视国际金融体系的公共产品性质而肆意"收益内化、成本外化"，必将导致"公地悲剧"，反过来累及自己。本书将会通过体系构架以及内容详述来阐明这一道理。

其二，国际金融行为也表现为三个层次：个体金融行为、国家金融行为，以及国际金融组织行为。个体金融行为取决于个体理性；国家金融行为可以通过政策影响个体的国际金融行为。国际金融行为则包含两个意义：一是某一个国家的金融工具具有世界性，故其金融行为有可能较为直接地牵动其他国家的利益。如美国的量化宽松货币政策和国债违约政策将会直接影响其他国家的价值。二是跨国金融组织做出能约束或者干预成员国国际金融行为或者影响其他国家国际金融行为决策的情况。本书将为个人、企业的国际金融行为提供理论基础和操作技巧，也为国家的金融政策和跨国金融组织的干预选择提供参考。

其三，为各国辩证理解"内外均衡"提供参考。首先，本书将从理论上阐明"均

---

① 姜波克、杨长江. 论国际金融学学科体系. 复旦大学学报（社会科学版），2000（5）.

衡"概念的多层次、多角度含义。均衡包括"内部均衡"、"外部均衡","长期均衡"、"短期均衡","数量均衡"、"结构均衡","表面均衡"、"实际均衡"等,理解"均衡"的丰富内涵,是理解国际金融的基础;其次,"均衡"虽然能在一定程度上警示"失衡"和"危机"会造成国际金融运行的震荡或者不可持续,然而,"均衡"实际上并没有作为各国国际金融行为的根本目的。事实上,"跨国获取价值"才是各国及其微观行为主体所奉行的真正目的。

其四,国际金融课程能为人才培养做贡献。我们希望课程体系的构建不要过多根据专、本、硕、博而编写不同的教材,否则不仅会浪费教材资源,产生"重复建设"问题,而且会产生错误的假定,似乎读专科的学生永远都是专科生,将他们以假想的方式固化到某一个水平上。而应当使教材具有包容不同级别学生的功能,能够促使不同级别学生在重点接受相应特征训练的同时,了解其他级别学生的内容,从而使教材更具培养性,使每一个人通过同一本教材都得到可能成为研究型人才、应用型人才,或者复合型人才的相应训练。

## 第二节 国际金融学的研究方法

研究方法在一门学科当中的重要地位是毋庸置疑的。但遗憾的是,国内至今尚无一本国际金融教材对国际金融学的研究方法进行过系统性的阐述。本书吸收了现存国际金融学研究方法文献中的精髓,也结合本书的特点对国际金融学教材的研究方法作了一些探讨。具体而言,本书认为研究国际金融学应综合运用以下几种方法。

### 一、历史和逻辑相结合的方法

这一方法的本质是在国际金融发展历史的基础上对其进行进一步的提炼、修正,挖掘、总结出国际金融发展的逻辑。国际金融实践是一个由低级到高级的发展过程,国际金融理论研究也遵循了这一规律。据此所形成的国际金融的研究方法分为三个层面:一是事件型研究方法,即基于国际金融事件而进行的相应研究所使用的方法。比如,针对次级债务危机,不同人用了不同方法,我们则用了网链式研究方法。二是片断型研究方法,即基于一连串的国际金融事件而形成国际金融的一个发展片断所使用的研究方法。比如,基于内外均衡视角所形成的国际金融研究方法。三是全程研究方法,即从国际金融的过去、现在、将来等全程视角来观察国际金融所形成的方法。比如,本书从国际金融发生的起点、过程到目标来观察,形成"跨国获取价值的金融行为"的分析方法。

### 二、定性的方法与定量的方法

在国际金融学的研究当中,定性分析与定量分析应该是统一的、相互补充的。定性分析是定量分析的基本前提，没有定性的定量是一种盲目的、毫无价值的定量；定量分析使定性更加科学、准确，它可以促使定性分析得出广泛而深入的结论。不过在我国目前的国际金融学教材当中，大多习惯于进行一般性的文字性描述，偏重于采用定性的研究方法，而较少采用定量的分析方法，利用几何图形、数学演算和经济计量模型对国际金融理论和实践进行清晰和准确的刻画。本书本着定性与定量相统一的原则，根据国际金融学的具体内容针对性的采用定性、定量或者二者兼有的分析方法，以此保证对国际金融理论和实践清晰而准确的刻画。

## 三、实证分析法与规范分析法

国际金融学的实证分析是指对国际金融现象、国际金融行为或国际金融活动及其发展趋势进行客观分析，得出规律性结论。国际金融学的规范分析则是以价值判断为基础，提出分析和处理国际金融问题的标准，作为决策的前提和制定政策的依据。我们认为，对国际金融学的研究是实证分析与规范分析的统一。在本书当中，在采用实证的方法探讨了国际收支、汇率决定、国际货币体系、国际金融危机等国际金融现象的一般规律之后，以持续性跨国价值获取为判断标准，我们转向了对国际收支调节、汇率制度选择、国际货币体系改革、国际金融危机监管等的规范分析。实证分析与规范分析贯穿着整个国际金融研究的始终，在此基础上不仅能洞悉国际金融现象和行为的一般规律，同时也能对规范国际金融的实践、最大化跨国价值获取提供理论指导。

## 四、宏观分析与微观基础并重的方法

国际金融学研究的是国际间的货币关系和金融活动，它主要涉及国际收支、汇率、国际货币体系、国际金融市场、国际资本流动、国际金融危机等宏观经济问题，因此，在传统的国际金融学的教材当中，宏观层次的经济分析在国际金融学的研究当中占据主导地位。在国内流行的国际金融教科书中，大多在开篇便以国际收支或国际货币制度等宏观经济问题作为国际金融学的逻辑起点，而较少涉及建立国际金融学的微观基础，这显然有失偏颇。基于此，本书采取的是宏观分析与微观基础并重的研究方法，首先在导论篇指出国际金融活动在本质上源于微观经济主体（包括个人、企业、国家、国际组织等）进行跨国价值获取，之后则始终围绕跨国价值获取这一源动力，对国际金融的宏观问题和微观基础展开综合探讨。

## 五、理论联系实际的方法

理论联系实际是辩证唯物主义方法论的根本要求。紧密联系实际的理论才能正确解释国际金融现象和指导国际金融实践。在现有的一些国际金融教材当中，往往陷于对西方国际金融理论形而上学的介绍当中，而忽略了与经济实际的结合，因而难免有空洞之嫌。本书研究方法的一个鲜明特点即是紧密联系国际金融的实际问题，结合大量的国际金融案例，对国际金融理论的研究融合于现实的经济实践当中。例如，在介绍汇率理论时，结合人民币汇率改革一起讨论；在研究国际货币体系时，结合人民币潜在的国际化趋势进行探讨；在研究国际金融危机时，结合美国的次级债务危机展开深入分析等。

## 第三节　逻辑框架

### ■一、对其他国际金融著作框架的评述

国内外有关国际金融的经典教材很多，这些都是前人对国际金融研究的结果，是值得我们学习和借鉴的。研读国内外有关国际金融的著作，可以看出，前人在考察国际金融实践的同时，不断在国际金融理论方面进行了新的探索。国际金融著作的内容也在不断丰富和完善。传统的国际金融经典教材在逻辑结构上大致上可以分为模块组合式和"子体系"式。

#### （一）模块组合式

将国际金融的内容分为几个模块，模块内部的内容逻辑联系相对紧密，而模块之间的联系则比较松散。如著名经济学家保罗·克鲁格曼所著的国际经济学，他将国际金融的内容分为两大部分：一部分是开放经济下的宏观经济学，也就是国际金融的基础知识、基础理论部分；另一部分是宏观经济政策。在丹尼斯·阿普尔亚德、小艾尔佛雷德·菲尔德和史蒂芬·柯布所著的国际经济学中，国际金融的内容分为三大部分，分别为国际货币经济学基础、开放经济下宏观经济政策以及世界货币体系安排中的问题。同样，国内相当一部分教材也把国际金融的内容分为国际金融基础知识、国际金融理论、国际经济政策等几大部分，内容安排上更注重形式上的完整，内容之间的逻辑联系则让读者自己去领悟。

这种内容安排既有一定的优点又有一定的局限性，从学习国际金融知识的角度来讲，内容安排由简到难，将相似的内容安排在一起，便于知识的比较和掌握。然而，这种缺乏体系性的架构会产生两个弊端：其一，让读者自己去领悟前后内容的逻辑关系，对于初学者来说可能是一大障碍，不利于初学者深入理解国际金融的本质，容易"只见树木、不见森林"，不利于启发读者的预见性；其二，不同的作者，其模块摆放的先后顺序也各有差别，容易使读者产生矛盾心理：到底哪一种模块格局是相对科学的？

#### （二）"子角度"体系式

注重某一个角度，对国际金融内容进行体系性组织。按照货币角度组织国际金融学，就形成了基于"法币"的国际金融学体系，这个体系更像是跨国宏观经济学。这

一角度似乎是"宏观经济学"的延伸和扩展，易于理解，但这一角度可能容易造成忽略有些国际金融的内容的结果，比如国际直接投融资、国际衍生品、国际投资基金、国际资产证券化等内容；国际经济的"均衡"也是组织国际金融框架的重要角度。国际经济必然伴随着国际金融现象，国际经济失衡，可能会使某一种模式的国际贸易从而国际金融变得不可持续。所以，如何保持"均衡"或者"内外均衡"是"均衡角度"组织国际金融框架的重要线索。

其实，能用以组织国际金融体系的角度很多，关键是这一角度既要有"组织力"，将重要的国际金融现象严谨地组织在一起；同时该角度又要有"包容力"、"开放性"，不能漏掉某些重要的国际金融现象。有些教材正是因为选取的角度"包容力"不够，使得教材逻辑尽管显得比较严谨，但却忽略了某些国际金融现象。为了解决这一问题，有些国际金融教材则在原本严谨体系中或者体系后又加了不属于逻辑之中的国际金融现象，使得这些国际金融小模块难以融入其中，在逻辑上显得唐突或者多余。

前辈教材各有千秋，本书在吸收前辈教材营养的基础上，尝试寻找一个合适的角度整合现有的国际金融现象，也希望该角度为未来具有"开放性"，能够对以后的国际金融现象具有包容力。本研究团队认为，以"跨国获取价值"为主线可以整合较多的国际金融现象。

## ■二、本书的主要内容及其框架图

目前主流观点认为，国际金融学是从货币金融角度研究开放经济下内外均衡同时实现的一门独立学科。根据完全竞争市场的理论，在充分有效的市场当中微观经济行为主体对各自利益最大化的追求将实现市场的有效均衡。本书认为国际金融市场上的参与主体的国际金融行为若能保持内外均衡，则有利于各经济金融行为主体持续性地获取价值。本书将从"跨国价值获取"这一动力源头，在一定程度上重构国际金融学体系。在内容上，至少应当涉及以下几个基本问题。

### （一）价值获取途径

财富的质和量是价值的具体表现形式，价值符号的获取则是国际金融现象产生的原动力。在经济全球化不断扩展和深化的时代，交易主体和交易环节的国际化布局越来越深化，这使得价值符号的获取更大程度地超越国界，最终促使资源在全球范围内进行有效配置，财富获取在全世界范围展开。价值的获取国际途径可以概括为两种：一种是实体经济途径，即通过国际贸易、国际实体投资的途径获取价值或者财富；另一种是金融业途径，即通过金融资产投资与交易的手段获取价值。而无论是何种途径的价值获取，每种行为都基于跨国的经济活动从而产生了国际性的货币金融关系，这种跨国活动包括了通过国际金融市场进行国际贸易、国际直接投资、跨国资产证券化交易等。本书的导论篇细致探讨了金融国际化的两种途径产生的机理。

## （二）价值获取媒介

国内企业之间价值获取也可以抽象为实体经济的交换和金融工具的交换两种途径。这两种价值的获取媒介可以是物，也可以是一般等价物，即"国内货币"。在信用货币条件下，国内交换价值的符号是"法币"。然而，当交换范围超过国家范围，表现为国际交换的时候，必然会出现如何确定支付货币的问题。不同国家的货币其影响力不同、各自控制其发行数量。支付货币一般是影响力大的货币，或者购买力比较强的货币，这两种货币都可以俗称为"硬货币"。① 那么，当支付方缺乏这种货币的时候，就有融资的需要。在融资和归还货币之间的时期，货币的价值可能朝着不利于融资方的方向变化，融资方可能需要订立期货合同来保值增值。与此相应，货币收取方也存在收取时与投资时或者购买时的时差，收取的货币也可能朝着不利于收取方的角度变化，这时，货币收取方也需要通过期货交易或者对冲交易达到保值增值的目的。

由此可见，硬通货的获得和保值策略是价值获取的媒介。究竟什么是法币之间的交易，法币交易比率会如何影响实体经济？什么因素又影响法币交易的比例？第二篇着重阐述了这些内容，紧接着第三篇则在此基础上阐述法币交易比例的制度历史，告诉人们某些"先发优势"国家，可以利用法币交易的必然性，通过构造有利于自己的法币交易体系为自己国家谋利益。需要注意的是，由于法币发行不受世界他国的约束，滥发货币可能会造成全球金融体系的不稳定、不健康，甚至崩溃。美国就是通过"布雷顿森林体系"让美元"借船（黄金）出海"，布雷顿森林体系的解体则是一种极其不负责任的违约行为，但借此行为，美元获得了"跨国信用货币"的地位。从此，美元可以在全球不受约束的发行。美国从其他国家获得铸币税。目前美元信用评级下降②，多国之间签订了货币互换条约，美元的世界支付货币地位受到空前挑战。

## （三）国际金融市场

国际金融市场是国际金融交易关系的总和，总体上可以划分为有形市场和无形市场。在国际金融市场的考察方面，以往的文献存在的重大漏洞有两个：一是没有根据国际金融市场复杂的现实而构建"多层级生态性分类系统"，导致分类标准紊乱、"辈分错乱"、"市场遗失"现象；二是没有对国际金融市场中的"内生性国际金融市场"创新给予足够的重视，造成"紧密型网链式国际金融市场"缺失。

事实上，国际金融服务外包、国际项目融资、国际投资基金、国际资产证券化等金融产业形态，都是典型的"紧密型国际金融网链"形态。本书第四篇对国际金融市场进行了穷举，然后进行了"全息归纳"，构建了以多层次、多标准、生态性为特征的国际金融市场系统。

---

① 指在国际金融市场上汇价坚挺并能自由兑换、币值稳定、可以作为国际支付手段或流通手段的货币。主要有：美元、英镑、日元、法国法郎等。一般而言，发达国家的货币容易成为硬货币。
② 2011 年 8 月 6 日，标准普尔下调美国长期主权信用评级，美国历史上首次失去 AAA 级评级。

### （四）参与价值获取的主体

上文已述及，参与价值获取的主体包括以下几个：第一，企业与个人。企业涉及进口或者出口原料、技术、人力资源以及产成品的行为。个人则涉及跨国消费以及理财的行为。当然，企业也存在跨国理财行为。第二，国家。国家有时可以以微观主体的身份、以利益最大化为目标实行跨国金融行为。比如央企、国家主权财富基金等跨国行为。国家主体也可以通过制定外汇制度、出台国际金融政策来调控国内微观经济主体的行为，并影响国际金融主体的行为。第三，跨国金融组织。如世界银行（WTO）、国际货币基金组织（IMF）等国际金融组织可以通过其行为调节、影响，或者干预各国的金融行为。本书将在第五篇和第六篇阐述这一问题。

### （五）持续性地获取价值

如果国际经济金融活动可以持续性存在，各个国家就可以通过分工合作持续性创造价值和实现价值，或者通过价值重新分配的交易行为获取他国价值。应当说，稳定持续性地获取他国价值是所有国家的共同目标。然而，贸易条件不可能对所有的国家一样有利，这将会造成某些国家在交易中长期处于优势或者劣势的情形，这种情形累积到一定程度必然带来国家之间的摩擦，国际交易必将不可持续。1929～1933年的西方资本主义世界大萧条，1992～1993年欧洲货币体系危机，1997～1998年亚洲金融危机，2007年由美国次级债务危机引发的全球金融危机等都是跨国价值获取的环境发生了剧烈变化，甚至中断，对跨国价值获取的主体乃至全球经济的发展都造成了重大损失。因此，失衡的规范调整和危机的监管是我们必须严肃面对的现实问题。本书第七篇和第八篇将分别对国际经济的失衡与调整和国际金融危机与监管展开探讨。

以"跨国获取价值"为主线，可以达到以下几个方面的整合：一是对外生国际金融现象和内生国际金融现象的整合。这一整合的根本意义在于它整合了国际贸易和国际金融。二是对所有的法币交换现象进行整合。这使得本书内容既有完整汇率知识，还有完整的决定或影响汇率的国际货币体系知识。三是对所有国际金融市场的整合。这使得本书不仅包含关于"法币交换"的市场，还包括一切基于法币的衍生工具的交换市场；既包括一般经济主体之间的国际金融现象，也包括"网链组织形态"内部的国际金融现象。四是对所有国际金融主体的整合。国际金融主体既包含自然人，也包括法人，还包括跨国金融组织。五是对失衡与危机的辩证整合。经济失衡不一定能引起金融危机，国内金融危机不一定能引起国际金融危机，但失衡与危机之间关系密切。概而言之，本书以跨国价值获取为主线重构了国际金融学的逻辑框架（见图1－13）。

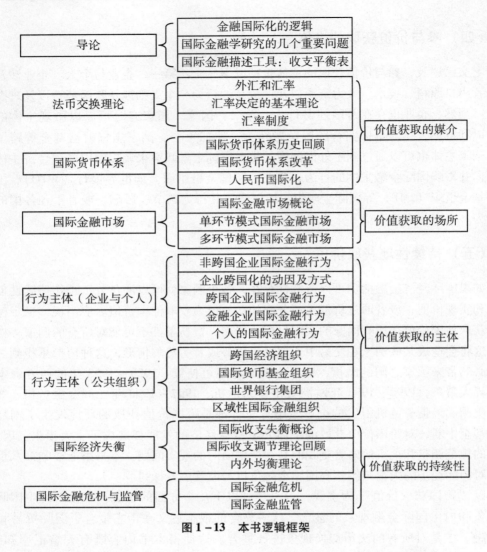

图 1-13 本书逻辑框架

## ☞ 本章关键词 ☜

| | | |
|---|---|---|
| 跨国价值获取 | 国际金融学研究对象 | 国际金融学的特点 |
| 国际金融学研究方法 | 价值获取的场所 | 价值获取的媒介 |
| 价值获取的主体 | 价值获取的持续性 | 金融 "4I" 理论 |

## ☞ 深入思考的问题 ☜

1. 关于国际金融学的研究对象的观点都有哪些？

2. 本书关于国际金融学研究对象的观点是什么？对此你有何理解和看法？

3. 国际金融学的研究方法都经历过哪些演变？本书的研究方法是什么？

4. 深入思考金融 "4I" 理论，谈谈你的看法和理解。

5. 本书的逻辑框架是什么？与传统国际金融著作有何异同？

# 第 三 章

# 国际金融描述工具：收支平衡表

国际收支平衡表是记录、刻画国家的价值获取状况的工具。如果国际收支过度失衡，可能会引起一国经济或者金融活动的不可持续，也可能引起全球经济和金融的不可持续。通过国际收支平衡表，既能观察跨国价值获取的具体内容，也能解读跨国获取价值成果的好坏，以作为国家调整国际金融政策的依据。

## 第一节　国 际 收 支

### 一、国际收支概述

国际收支是研究跨国货币金融关系的基础。随着世界经济全球化在广度上的拓展和深度上的延伸，各国外部经济与内部经济进一步融合，国际经济交易量也在大幅增加，国际收支即是反映这种交易流量最完整的记录。

从历史的维度来看，国际收支这一概念有一个演化的过程。它最早起源于托马斯·孟（Thomas Mu）的"贸易差额论"[①]，托马斯·孟是 17 世纪英国重商主义的代表性人物。他认为货币是财富的基本形式，通过发展国际贸易来输入大量的金银货币是一国走向繁荣富强的首要途径，因此他把国际收支解释为一国的贸易收支差额。

随着欧洲资产阶级古典经济学派在 18 世纪后期逐渐兴起，以重商主义为代表的国家干预政策被废弃，经济自由是那个时代的强烈主张。但由于那时多数国家实行的是金本位制，尽管资本主义自由贸易和国际间的殖民贸易得到了很大发展，一国的国际收支仍然只是通过黄金的自由输入输出进行自由调节，因而国际收支还只是被简单地解释为一国的贸易收支，从现在的角度看这一定义相当狭隘。

西方发达国家的经济在第一次世界大战中受到严重破坏，金本位制相继崩溃，以国际短期资本流动和战争赔款转移为代表的国际资本流动开始在国际经济中扮演着日益重

---

① Thomas Mu. England's Treasure by Foreign Trade. Adamant Media Corporation，1644.

要的角色，国际经济交易的内容已经超越了贸易的范畴，国与国之间的债权关系以及由此产生的债权债务的清偿（称为"外汇收支"）开始成为国际收支的重要组成部分。此时国际收支指的是一个国家或地区在一定时期内，由于对外交往（政治、经济、文化等活动）发生的，又必须当年结清的、来自其他国家的货币收入总额与付给其他国家的货币支出总额的差额，国际收支范畴已经涵盖贸易、非贸易、资本借贷及单方面转移等。

自第二次世界大战以来，尤其是布雷顿森林体系崩溃以来，世界经济的全球化、国际化趋势愈加明显，国际交往更加频繁和广泛，贸易方式更加灵活，国际结算方式也愈加多样，在国际收支中的对外贸易收支虽然是一个重要项目，但已经不能涵盖国际经济交易的全部内容，如经济援助、侨民汇款、战争赔偿、国际赠与等。虽然国际收支的绝大部分都要通过外汇进行，但并非所有的国际经济交易都必须表现为外汇的收支，比如补偿贸易①、无偿贸易、易货贸易等。国际收支概念于是有了更为丰富的时代内涵，形成了不再以支付，而是代之以交易为基础的国际收支概念。由此可见，国际收支的范畴经历了一个演化的过程（见图 1 – 14）。

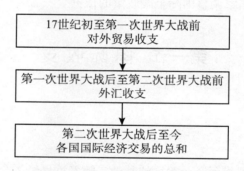

**图 1 – 14　国际收支范围的演化过程**

因此，广义上的国际收支（Balance of Payments，BOP）是指一定时期内（通常是 1 年）一个国家或地区与世界其他国家或地区之间的各项经济交易货币价值的全部系统记录。

## 二、国际收支的内涵

随着全球经济的深入发展，国际收支这一概念的内涵也愈加丰富，要全面地、正确地理解国际收支的内涵，需要着重从以下几点加以把握：

### （一）国际收支的基础：交易

从字面上看，国际收支很容易被理解为单纯的货币收支。但实际上国际收支并不是以货币的收入和支出为根据，而是以经济交易为基础。国际收支不仅反映了商品、劳务

---

① 国际贸易中以产品偿付进口设备、技术等费用的贸易方式，同时也是一种利用外资的形式。

或资产在不同国家居民的交易，也包括了因政治、军事、文化等引起的国际交往。在国际收支中，除了对有货币支付的交易需要记录外，没有涉及货币收支的交易也必须折算成货币加以记录。国际收支所涉及的交易有以下四类：

（1）交换。指一个经济体向另一个经济体提供具有相同经济价值的实际资源（如货物、服务等）和金融资产，它是一国居民与另一国居民之间进行的等价交换，不仅包括金融资产与商品之间的交换，也包括了商品与商品之间的物物交换。交换是国际收支中量最大，也最为重要的经济交易类型。

（2）转移。指无偿的、单方面的商品、劳务或金融资产的转移。当一个经济体向另一个经济体提供了具有经济价值的实际资源或者金融资产而没有收到对方的对等补偿时，这类交易在国际收支中应录入转移。

（3）移居。指一国居民把住所从一个国家或地区搬迁到另一个国家或地区的行为。这一过程中会使得居民原有资产负债关系发生转移，相应地这两个国家或地区的对外资产、负债关系也会发生变化，这一变化应纳入国际收支的记录。近年来国内出现的富豪群体性海外投资移民[①]就属于移居范畴。根据有关报告，国内千万级以上富豪投资移民意愿相当强烈，以美国为例，中国累计投资移民的人数在最近5年的复合增长率达到73%[②]，这一现象对我国的国际收支具有不可忽视的影响。

（4）其他交易。在一些交易中，即使国家或地区间的资金流动并没有发生，如果能够根据推论确定交易确实存在，也应在国际收支中加以记录。如跨国投资者将其投资收益用于再投资，尽管这一行为并不涉及两国间资金与服务的流动，但在国际收支中应将其记为来自非居民的直接投资。

### （二）国际收支的概念属性：流量

从定义可以看出，国际收支是对一定时期内交易的记录。"一定时期"也叫做报告期，一般是指一年，但也可以是一个月、一个季度、半年，具体的报告期可以根据分析问题的需要和资料来源加以确定。作为一个流量，国际收支反映的是一定时期内一国对外交易的变动值，因此国际收支记录的是净额而不是总额，是一个动态的流量概念。

为更好地理解这一点，可以将国际收支与国际借贷（Balance of International Indebtedness）做一个对比。国际借贷，是指一定时点上，一个国家或地区对外资产和对外负债的汇总，与某一时点相对应，是一个静态的存量概念。

### （三）国际收支的内容：居民与非居民之间的经济交易

一项交易是否应记入国际收支，判断的依据是该项交易是否发生在本国居民与非居民之间。国际收支核算中的"居民"是指在一个国家的经济领土内具有经济利益中心

---

① 投资移民是指具有一定资产，并且符合其他一些限制性条件的投资者将资金投资到目标国政府批准的投资基金或合适的商业项目的一种行为，以此取得投资目标国的永久居住权。

② 招商银行，贝恩公司.2011 私人财富报告.2011.

的经济单位。一个主权国家的经济领土包括其政权管辖的地理领土、该国的领空、水域和国际水域下的大陆架、该国在世界其他地方的飞地①（如大使馆、领事馆等）；不包括坐落在一国地理边界内的外国政府或国际机构使用的领土飞地。因此一国的大使馆等驻外机构是所在国的非居民，国际组织（如联合国、国际货币基金组织、世界银行等）是任何国家的非居民。一个经济单位在一国经济领土内具有一定的经济利益中心的判断标准是该单位在该国的经济领土内是否有一年或一年以上的时间已大规模从事生产、消费等经济活动或交易，或计划如此行事。

由以上分析可以看出，划分居民与非居民的标准并不是交易双方的国籍，而是以交易者的经济利益中心所在地，也就是从事生产、消费、交换等经济活动及交易的所在地。因此，政府、企业、非营利组织等法人是所在国居民，自然人则不论其国籍如何，只要其在所在国从事一年以上的经济交易行为，就是所在国居民，否则即为非居民。驻外机构一律是所在国的非居民，国际性组织及其代表则是任何国家的非居民。

## 第二节　国际收支平衡表

### ■一、国际收支平衡表概述

国际收支平衡表（Balance of International Payments），是指一个国家或地区居民与其他国家或地区居民在一定时期内的一切对外活动的综合收支记录。简单地说，国际收支平衡表就是对国际收支的系统记录，是按照特定账户分类和复试记账原理，以某一特定货币为计量单位，运用简明的表格形式在总体上反映一个经济体在特定时期内（通常是一年）与世界其他经济体间发生的全部交易。

概况而言，居民与非居民之间的跨国跨境交易产生了国际收支。国际收支以交易为基础，包含了交换、转移、移居等各项国际性的经济活动。我们可以把国际收支看作成一个"黑箱"，里面包含了各种形式的跨国跨境经济交易活动，而要把"黑箱"以一个直观形式呈现出来以便我们对国际收支状况有一个完整的认识和深层次的分析，则我们要借助这把"黑箱"的"钥匙"，而这把"钥匙"就是国际收支平衡表。实际上，国际收支和国际收支平衡表之间存在着以交易为核心的完整逻辑链（见图1-15）：居民与非居民之间进行的以交换、转移、移居等为主体的跨国跨境交易形成了国际收支现象，而国际收支则构成了国际收支平衡表账户的核算根据和数据来源，国际收支平衡表则是对国际收支的清晰的报表式描述，是分析国际收支的有力工具。

---

① 飞地是一国位于其他国家境内，或被其他国家领土所隔开而不与本国主体相毗邻的一部分领土。一般把本国境内包含的外国领土称为内飞地（Enclave），外国境内的本国领土称为外飞地（Exclave）。

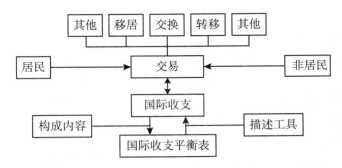

图 1 – 15 国际收支与国际收支平衡表的逻辑链

## 二、国际收支平衡表的构成

国际货币基金组织在总体上把国际收支平衡表的账户构成划分为经常账户和资本与金融账户，即反映商品、服务进出口以及净要素支付等实际资源流动的经常账户和反映资产所有权流动的资本与金融账户。但国际收支平衡表本质上作为一种分析工具，各国根据各自分析问题的特殊性编制出的国际收支平衡表的构成项目不尽相同。但总体上国际收支平衡表账户可以分为三大类：经常账户、资本与金融账户、平衡账户。

1. 经常账户（Current Account）

记录的是实际资源在国际间的流动。经常账户是国际收支平衡表中最基本最重要的项目，主要指进出口的商品货物和服务、对外应收及应付的收益，以及在无对等回报的情况下与其他经济体之间发生的提供或接受经济价值的经常转移①。它主要包括四个子项目：货物、服务、收益、经常转移。

（1）货物（Goods）。记录商品的进口和出口，又称为"有形贸易"（Visible Trade），是经常账户中乃至整个国际收支平衡表中较为重要的项目。主要包括一般有形货物、用于加工的货物、货物的修理、运输工具在港口采购的货物以及非货币黄金。根据国际货币基金组织的规定，货物的进出口均按离岸价格（Free on Board）② 计算。现实的经济实践当中，绝大多数国家对出口商品采用离岸价格计算，对进口商品往往是按到岸价格（Cost，Insurance and Freight）③ 计算。

一般有形货物：向其他经济体进出口的大多数可移动货物。

用于加工的货物：跨越边境运到其他经济体加工的货物出口，以及随之而来的再进口。

货物的修理：向其他经济体提供或从其他经济体那里得到的船舶或飞机等运输工具

---

① 注意与后面的资本转移相区分，经常转移是除资本转移外的转移。

② 英文缩写为 FOB，是指从起运港至目的地的运输费和保险费等由买方承担，不计入结算价格之中的销货价格。

③ 英文缩写为 CIF，是指在离岸价格的基础上加上运输费和保险费的销货价格。

上的货物修理活动。

运输工具在港口采购的货物：主要包括燃料、给养、储备和物资。

非货币黄金：包括不作为货币当局储备资产（即货币黄金）的所有黄金的进出口。

（2）服务（Services）。服务是无形的，因而又被称为"无形贸易"（Invisible Trade），主要包括运输、旅游、通信、建筑、保险、金融、计算机和信息、专有权的使用和特许权及其他商业服务。

（3）收益（Income）。是指劳动和资本两种生产要素在国际间流动引起的报酬收支。国际间生产要素的流动包括劳动的输入输出和资本的流入流出，相应的收益项目下设有职工报酬和投资收益两个子项目。职工报酬（Compensation）是支付给非居民工人的工资报酬，投资收入（Investment Income）包括直接投资收入和证券投资收入。投资收入两种最常见的两种形式是股本收入（红利）和债务收入（利息）。

（4）经常转移（Current Transfers）。又称为无偿转移（Unrequited Transfers）或者单方面转移（Unilateral Transfers），指的是不发生债权债务关系的资金和物质在国际间的移动，是一种不对等的交易。需要注意的是，与经常账户中的经常转移相对应，资本与金融账户中还有一个资本转移项目。经常转移包括了除以下三种所有权转移：固定资产所有权的转移；同固定资产收买或放弃相联系的或以其为条件的资产转移；债权人不索取任何回报而取消的债务。经常转移可以进一步分解为私人转移和政府转移两大类：前者包括侨民汇款、年金、赠与等；后者包括政府间经济援助、军事援助、战争赔款、捐款等。

### 2. 资本与金融账户（Capital Account and Financial Account）

反映的是资产所有权在居民与非居民之间的转移从而引起一个经济体对外资产和负债的变化。此项目分为资本账户和金融账户两部分。

（1）资本账户（Capital Account）。包括资本转移①和非生产、非金融资产的收买与放弃。资本转移主要是指涉及固定资产所有权的变更及债权债务的减免等导致交易一方或双方资产存量发生变化的转移项目。

（2）金融账户（Financial Account）。记录的是居民与非居民之间的投资与借贷的变化。按投资功能和类型可以分为直接投资、证券投资、其他投资三类。

直接投资（Direct Investment）：主要特征是投资者对非居民企业的经营管理有着有效的发言权和影响力，投资者关注的是企业的长期发展。直接投资可以采取直接开办新企业、股票投资（10%的最低比例②）和利润再投资三种形式。

证券投资（Portfolio Investment）：指本国居民对国外证券和非居民对本国证券的买卖。证券投资的主要对象是股本证券和债务证券。与直接投资相比，证券投资者更关注资本的安全与升值，投资期限通常比直接投资短，因而证券投资的流动较为频繁。

其他投资（Other Investment）：指直接投资和证券投资没有包括的所有金融交易，

---

① 主要包括固定资产转移、债务减免、移民转移和投资捐赠等。
② 国际货币基金组织．国际收支手册（第五版）．

主要包括贷款、预付款、金融租赁下的货物、货币和存款、短期票据等。

值得特别注意的是，居民和非居民之间投资于借贷产生的利息收入计入经常账户的收入项下，而本金的借贷和偿还则是记录在金融账户下。

3. 平衡账户（Balancing Account）

又称为结算账户（Settlement Account），是反映经常账户和资本与金融账户收支差额的对应账户。通常情况下经常账户差额和资本账户差额不可能完全抵消，因而需要采取调整国际储备和其他手段以求平衡。相应地，平衡账户通常由储备资产和误差与遗漏项构成。

（1）储备资产（Reserve Assets）。又称官方储备，是货币当局掌握的可以随时动用来平衡国际收支、干预汇率的金融资产。主要构成项目是外汇储备、货币性黄金、在货币基金组织的储备头寸、特别提款权和其他债权。值得注意的是，在一些国际金融的书籍当中，储备资产被放在资本与金融账户中介绍，在中国的国际收支平衡表当中，储备资产也是放在金融账户中列示，但从账户的实质功能上看，储备资产项目起到的是平衡差额的作用。从广义上看，储备资产既是资本与金融账户中的子项目，同样也是平衡账户中的一个重要项目构成。

（2）误差与遗漏（Errors and Omissions Account）。根据复式记账原理，国际收支平衡表上所有账户的借方总额和贷方总额应该相等。然而在现实中由于不同账户的统计资料来源不一，统计不完整、不准确，记录时间差异以及一些人为因素（如虚报出口、走私）等原因，会造成结账时出现净的借方余额和贷方余额。因此错误与遗漏项正是为了抵消净余额而人为设立的一个抵销账户，数目与上述余额相等但方向相反。

国际收支账户大体则由以上三大类账户构成（见图1－16）。

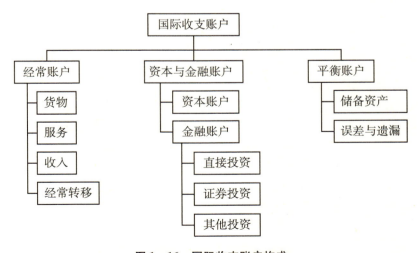

图1－16　国际收支账户构成

国际收支平衡表即由以上介绍的账户构成。表1－6是中国国际收支平衡表简表，给出的是 2010 年的数据。

表 1-6　　　　　　　　　　2010 年中国国际收支平衡表（简表）　　　　　　单位：亿美元

| 项　目 | 差　额 | 贷　方 | 借　方 |
|---|---|---|---|
| 一、经常项目 | 3 054 | 19 468 | 16 414 |
| A. 货物和服务 | 2 321 | 17 526 | 15 206 |
| a. 货物 | 2 542 | 15 814 | 13 272 |
| b. 服务 | -221 | 1 712 | 1 933 |
| B. 收益 | 304 | 1 446 | 1 142 |
| 1. 职工报酬 | 122 | 136 | 15 |
| 2. 投资收益 | 182 | 1 310 | 1 128 |
| C. 经常转移 | 429 | 495 | 66 |
| 1. 各级政府 | -3 | 0 | 3 |
| 2. 其他部门 | 432 | 495 | 63 |
| 二、资本和金融项目 | 2 260 | 11 080 | 8 820 |
| A. 资本项目 | 46 | 48 | 2 |
| B. 金融项目 | 2 214 | 11 032 | 8 818 |
| 1. 直接投资 | 1 249 | 2 144 | 894 |
| 1.1 我国在外直接投资 | -602 | 76 | 678 |
| 1.2 外国在华直接投资 | 1 851 | 2 068 | 217 |
| 2. 证券投资 | 240 | 636 | 395 |
| 2.1 资产 | -76 | 268 | 345 |
| 2.2 负债 | 317 | 368 | 51 |
| 3. 其他投资 | 724 | 8 253 | 7 528 |
| 3.1 资产 | -1 163 | 750 | 1 912 |
| 3.2 负债 | 1 887 | 7 503 | 5 616 |
| 三、储备资产 | -4 717 | 0 | 4 717 |
| 3.1 货币黄金 | 0 | 0 | 0 |
| 3.2 特别提款权 | -1 | 0 | 1 |
| 3.3 在基金组织的储备头寸 | -21 | 0 | 21 |
| 3.4 外汇 | -4 696 | 0 | 4 696 |
| 3.5 其他债权 | 0 | 0 | 0 |
| 四、净误差与遗漏 | -597 | 0 | 597 |

资料来源：国家外汇管理局.

## 三、国际收支平衡表的编制实例

本小节首先对国际收支平衡表的记账原则进行介绍，之后以一虚拟的 A 国为例，对其国际交往事项汇总进行国际收支平衡表的实务编制。

### （一）国际收支平衡表记账原则

（1）复式记账原则。国际收支平衡表按照"有借必有贷，借贷必相等"的国际通行会计准则，即复式簿记原理编制。一般来说，会计科目大体上划分为借方和贷方。借方科目为资金占用类科目，反映对外支付；贷方科目为资金来源类科目，反映接受付款。借方科目增加记负号，贷方科目增加记正号。具体到国际收支平衡表中，每一笔对外交易需要同时留下两个金额相同、方向相反的记录（见表1-7），借方记录国内居民对国外支付的交易，贷方记录国内居民接受国外支付的交易。

表1-7　　　　　　　　　　　国际收支记账的借贷结构

| 借　　方 | 贷　　方 |
| --- | --- |
| 货物或服务的进口 | 货物或服务的出口 |
| 收益支出 | 收益收入 |
| 对外提供的货物和资金无偿援助 | 接受的货物和资金的无偿援助 |
| 金融资产的增加 | 金融负债的增加 |
| 金融负债的减少 | 金融资产的减少 |
| 官方储备的增加 | 官方储备的减少 |

（2）权责发生制原则。这一原则要求记录的时间以所有权的转移为标准。实际上这也是国际通行会计准则的一条基本原则。

（3）市场价格原则。这一原则要求记录的金额依照市场价格确定，若不能获得市场价格，记账价格应该尽量比照具有类似风险—收益资产的价格确定。

（4）单一货币记账原则。这一原则要求记账单位必须折合成同一种货币，既可以是本币，也可以是外币。

### （二）编制实例

以虚拟 A 国为例，假设其在一年内与国外发生了以下 6 笔交易：

（1）A 国一家大型机械重工企业向巴西出口价值为 2 000 万美元的起重设备，巴西进口商以当地银行短期存款支付货款。

分析：对 A 国来说，这是出口交易，有一笔货币收入，在 A 的国际收支平衡表的经常项目下的货物贸易项目中贷记 2 000 万美元，相应地这项出口交易引起的货币收入需要在资本和金融账户下的金融项目中的其他投资借记 2 000 万美元。具体记作：

借：资本与金融项目——金融项目——其他投资　　　　　　2 000 万美元

贷：经常项目——货物——出口　　　　　　　　　　　　　　2 000 万美元

（2）A 国居民到海外旅游花销 100 万美元，这笔费用从 A 国居民的海外存款账户中扣除。

分析：出国旅游时外汇支出，应在经常项目下服务项目中借记 100 万美元，同时因为这笔费用从 A 国居民的海外存款账户中扣除，因此在资本和金融项目中的其他投资项目上贷记 100 万美元。具体记作：

　　借：经常项目——服务　　　　　　　　　　　　　　　　100 万美元

　　　　贷：资本与金融项目——金融项目——其他投资　　　　100 万美元

（3）美国一家跨国公司对 A 国投资 2 200 万美元，其中 200 万美元到 A 国中央银行购汇换成等值 A 国货币，剩下的 2 000 万美元从美国购入设备投入到 A 国兴办合资企业。

分析：直接投资项目应贷记 2 200 万美元，经常项目中的进口项目中应借记 2 000 万美元，官方储备项目应借记 2 000 万美元。具体记作：

　　借：经常项目——货物——进口　　　　　　　　　　　　2 000 万美元

　　　　官方储备项目　　　　　　　　　　　　　　　　　　200 万美元

　　　　贷：资本与金融项目——金融项目——直接投资　　　2 200 万美元

（4）A 国政府动用外汇储备 40 万美元和相当于 60 万美元的粮食向索马里提供经济援助。

分析：经常转移项目应借记 100 万美元，出口项目应贷记 60 万美元，储备资产项目应贷记 40 万美元。具体记作：

　　借：经常项目——经常转移　　　　　　　　　　　　　　100 万美元

　　　　贷：经常项目——货物——出口　　　　　　　　　　　60 万美元

　　　　　　资本与金融项目——金融项目——储备资产　　　　40 万美元

（5）A 国一大型跨国企业在海外投资获得利润 150 万美元，其中 100 万美元用于当地再投资，剩余的 50 万美元购买当地国内紧缺的原材料运回国内。

分析：所获利润应贷记在投资收益项目中，同时应借记进口项目和直接投资项目。具体记作：

　　借：经常项目——货物——进口　　　　　　　　　　　　50 万美元

　　　　资本与金融项目——金融项目——直接投资　　　　　100 万美元

　　　　贷：经常项目——收益——直接投资收益　　　　　　150 万美元

（6）A 国居民动用海外存款投资海外上市股票。

分析：应借记证券投资项目，贷记其他投资项目。具体记作：

　　借：资本与金融账户——金融项目——证券投资　　　　　190 万美元

　　　　贷：资本与金融账户——金融项目——其他投资——海外银行存款

　　　　　　　　　　　　　　　　　　　　　　　　　　　　190 万美元

综合以上 6 笔交易可以得出 A 国在这 1 年的简易国际收支平衡表（见表 1－8）。

表 1－8　　　　　　　A 国由以上 6 笔交易构成的国际收支平衡表　　　　　单位：万美元

| 项　　目 | 借　方 | 贷　方 | 差　额 |
|---|---|---|---|
| 1. 经常账户 | 2 250 | 2 210 | －40 |
| 1.1 货物 | 2 000＋50 | 2 000＋60 | ＋10 |
| 1.2 服务 | 100 | | －100 |

续表

| 项　　目 | 借　方 | 贷　方 | 差　额 |
|---|---|---|---|
| 1.3 收入 | | 150 | +150 |
| 1.4 经常转移 | 100 | | −100 |
| 2. 资本与金融账户 | 2 490 | 2 530 | +40 |
| 2.1 资本账户 | | | |
| 　2.1.1 资本转移 | | | |
| 　2.1.2 非生产、非金融资产的收买与放弃 | | | |
| 2.2 金融账户 | | | |
| 　2.2.1 直接投资 | 100 | 2 200 | +2 100 |
| 　2.2.2 证券投资 | 190 | | −190 |
| 　2.2.3 其他投资 | 2 000 | 100＋190 | −1 710 |
| 　2.2.4 储备资产 | 200 | 40 | −160 |
| 3. 净误差与遗漏 | | | |
| 合计 | 4 740 | 4 740 | 0 |

需要指出的是，在本编制实例当中以 A 国的 6 笔交易为样本均是虚拟假设出来的，实际记账当中发生的交易数量和项目数量非常庞杂，但记账原理和实质与本部分举例并无二致。

## 四、国际收支平衡表的相关表格

### （一）国际投资头寸表

国际投资头寸表（International Investment Position，IIP）是在某一特定时点上一个经济体的对外金融资产及负债存量的余额表。它与反映交易流量的国际收支平衡表一起，构成该国家或地区完整的国际账户体系。金融资产和负债项目包括对非居民的金融债权和负债、股本资产和负债、金融衍生工具、货币黄金和特别提款权。这些项目所反映的资产负债通常是对发生的金融交易考虑价格变动、汇率变动以及其他调整后计算出的统计日对外资产和负债的存量。

国际投资头寸表通常作为国际收支平衡表的附表。但这并非因为其不重要，主要是因为在国际投资头寸表的编制过程中，有相当一部分数据要依赖于国际收支平衡表中的相关项目。其实二者分别是从不同的角度提供经济信息，前者反映整个国家对外资产和负债的存量，后者则是一段时间内该经济体对外所发生的经济交易的系统记录，是一个流量概念。

1. 核算原则

国际投资头寸表反映一国对外资产和负债的存量状况及其变动因素。国际投资头寸表在记账单位和折算等核算原则上与国际收支平衡表一致。在计价上采用编表时点的市场价格，记账单位为美元，按各种货币对美元统一折算率进行折算。

### 2. 基本结构和分类

国际投资头寸表的主栏是资产和负债，两者之间的差额是净头寸。主栏的具体分类和国际收支平衡表中的资本与金融账户的标准组成部分一致。资产细分为直接投资、证券投资、其他投资和储备资产；负债进一步细分为直接投资、证券投资和其他投资；国际投资头寸表的宾栏反映期初和期末头寸，以及引起头寸变化的各种因素，包括交易、价格变化、汇率变化、其他调整等。

### 3. 基本指标之间的关系

年末头寸 = 年初头寸 + 交易 + 价格变化 + 汇率变化 + 其他调整

资产 = 在国外的直接投资 + 证券投资 + 其他投资 + 储备资产

负债 = 外国直接投资 + 证券投资 + 其他投资

净头寸 = 资产 − 负债

### 4. 国际收支平衡表和国际投资头寸表之间的关系

（1）两者之间的区别。

国际收支平衡表反映一段时间流量的概念，而国际投资头寸表反映的是记录某一时点的对外资产和负债的存量概念。国际收支平衡表采用复式记账法，根据权责发生制原则，一笔交易做相反方向记录，通常国际收支平衡表的余额为零。而国际投资头寸记录某一时点的头寸，差额反映了该国是债权国还是债务国，差额通常不为零。

（2）两者之间的相同点。

统计过程中对居民和非居民、记账单位以及折算方法等基本要素的界定上二者是一致的，并且都以权责发生制为记账原则。

（3）两者之间的联系。

国际收支平衡表中的经常项目中的投资收益项目为国际投资头寸提供了数据来源，投资收益和国际收支头寸相关项目结合可以得到较为详尽的信息，例如计算针对某一国或某一资产的直接投资收益率。国际收支平衡表中的金融账户和国际投资头寸的格式完全一致，是国际投资头寸统计数据的一个主要来源。但是两者代表的意义不同，金融账户中的全部项目中只涉及一国对外资产和负债所有权变更的交易，不反映非交易之外的变动，国际投资头寸不仅反映该时点上的金融交易，还反映汇率、价格变化以及所属期限内所出现的调整。同时在采用国际收支平衡表中经常账户和金融账户中数据时通常是要经过利率、汇率等调整使其更接近真实价值。国家外汇管理局自 2004 年开始公布中国大陆地区的国际投资头寸表，表 1 – 9 给出的是 2006 ~ 2010 年中国国际投资头寸表数据。

表 1 - 9　　　　　　　中国国际投资头寸表（2006～2010 年）　　　　单位：亿美元

| 项　目 | 2006 年末 | 2007 年末 | 2008 年末 | 2009 年末 | 2010 年末 |
|---|---|---|---|---|---|
| 净头寸 | 6 402 | 11 881 | 14 938 | 15 107 | 17 907 |
| A. 资产 | 16 905 | 24 162 | 29 567 | 34 571 | 41 260 |
| 　1. 在国外直接投资 | 906 | 1 160 | 1 857 | 2 458 | 3 108 |
| 　2. 证券投资 | 2 652 | 2 846 | 2 525 | 2 428 | 2 571 |
| 　2.1 股本证券 | 15 | 196 | 214 | 546 | 630 |
| 　2.2 债务证券 | 2 637 | 2 650 | 2 311 | 1 882 | 1 941 |
| 　3. 其他投资 | 2 539 | 4 683 | 5 523 | 5 173 | 6 439 |
| 　3.1 贸易信贷 | 9 221 | 1 160 | 1 102 | 1 646 | 2 261 |
| 　3.2 贷款 | 670 | 888 | 1 071 | 974 | 1 174 |
| 　3.3 货币和存款 | 736 | 1 380 | 1 529 | 1 310 | 1 985 |
| 　3.4 其他资产 | 210 | 1 255 | 1 821 | 1 243 | 1 018 |
| 　4. 储备资产 | 10 808 | 15 349 | 19 662 | 24 513 | 29 142 |
| 　4.1 货币黄金 | 123 | 46 | 169 | 371 | 481 |
| 　4.2 特别提款权 | 11 | 12 | 12 | 125 | 123 |
| 　4.3 在基金组织中的储备头寸 | 11 | 8 | 20 | 25 | 64 |
| 　4.4 外汇 | 10 663 | 15 282 | 19 460 | 23 992 | 28 473 |
| B. 负债 | 10 503 | 12 281 | 14 629 | 19 624 | 23 707 |
| 　1. 外国来华直接投资 | 6 144 | 7 037 | 9 155 | 13 148 | 14 764 |
| 　2. 证券投资 | 1 207 | 1 466 | 1 677 | 1 900 | 2 216 |
| 　2.1 股本证券 | 1 065 | 1 290 | 1 505 | 1 748 | 2 061 |
| 　2.2 债务证券 | 142 | 176 | 172 | 152 | 155 |
| 　3. 其他投资 | 3 152 | 3 778 | 3 796 | 4 416 | 6 373 |
| 　3.1 贸易信贷 | 1 196 | 1 487 | 1 296 | 1 617 | 2 112 |
| 　3.2 贷款 | 985 | 1 033 | 1 030 | 1 636 | 2 389 |
| 　3.3 货币和存款 | 595 | 791 | 918 | 937 | 1 650 |
| 　3.4 其他负债 | 377 | 467 | 552 | 227 | 222 |

资料来源：国家外汇管理局.

　　可以很明显地看出，自有记录以来，中国的对外净资产的绝对规模和增长速度都相当惊人。即使是在这轮于 2007 年开始于美国的次级债务危机（Subprime Crisis）、并迅速蔓延为全球性的国际金融危机当中，中国对外净资产头寸增长速度尽管受到了显著的影响（见图 1 - 17），但来自国外的直接投资保持平稳增长。当然，我们也很容易发现其中的结构性问题，事实上，庞大的对外净资产反映出来的是我国现阶段国际收支状况还存在很大的改善空间。

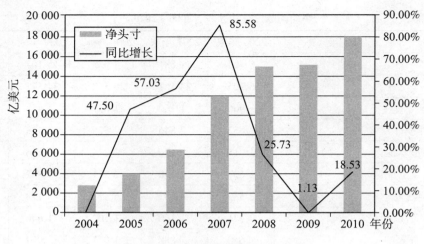

图1-17　中国国际投资净头寸走势

资料来源：国家外汇管理局.

## （二）货币当局资产负债表

无论实行浮动汇率制（Floating Exchange Rates）[①] 还是固定汇率制度（Fixed Exchange Rates）[②] 的经济体，它们的货币当局都持有一定量的外汇资产以满足交易支付或者实行一定的货币汇率政策而产生的外汇需求。国际收支平衡表当中的外汇储备的统计口径是一定时期内，是流量；而货币当局资产负债表中的外汇资产是一个时点上的统计概念，是存量。

### 1. 货币当局资产负债表的定义

货币当局资产负债表（Balance Sheet of Monetary Authority） 又称为中央银行资产负债表（Balance Sheet of Central Bank），是中央银行在履行货币政策等相关职能时进行行业务操作活动所形成的债权债务存量表。中央银行资产负债表综合反映了资产负债业务的种类、规模和结构。

### 2. 货币当局资产负债表的构成

现代各国中央银行的任务和职责基本相同，其业务活动大同小样，资产负债表的内容也基本相近。在经济全球化的背景下，为了使各国之间相互了解彼此的货币金融运行状况及分析他们之间的相互作用，国际货币基金组织定期编印《货币与金融统计手册》刊物，以相对统一的口径提供各种成员国有关货币金融和经济发展的主要统计数据，中

---

[①] 指一国货币的汇率并非固定，而是由自由市场的供求关系决定的制度，按照国家是否干预外汇市场，可分为自由浮动汇率制和管理浮动汇率制。

[②] 是指货币当局把本国货币对其他货币的汇率加以基本固定，波动幅度限制在一定的范围之内，保证汇率的稳定。关于具体的汇率制度本书下一篇将有详细介绍。

央银行的资产负债表就是其中之一，称作"货币当局资产负债表"。各国中央银行一般在编制资产负债表时主要参照国际货币基金组织的格式和口径，从而使各国中央银行资产负债表的主要项目与结构基本相同（见表1-10），具有很强的可比性。

表1-10　　　　　　　　　　货币当局资产负债表构成项目

| 资　　　产 | 负　　　债 |
|---|---|
| 国外资产 | 储备货币 |
| 对中央政府债权 | 定期储备和外币存款 |
| 对各级地方政府的债权 | 发行债权 |
| 对存款货币银行的债权 | 进口抵押和限制存款 |
| 对非货币金融机构的债权 | 对外负债 |
| 对非金融政府企业的债权 | 中央政府存款 |
| 对特定机构的债权 | 对等基金 |
| 对私人部门的债权 | 政府贷款基金 |
|  | 资本项目 |
|  | 其他项目 |

资料来源：国际货币基金组织. 货币与金融统计手册.

3. 资产负债表项目结构与资产负债表项目业务的关系

目前，各国中央银行资产负债表的格式和主要项目虽然基本一致，但各项目的比重结构却不相同，反映了各中央银行资产负债业务重点和特点的差异。不同国家和地区由于面临的各自经济、金融环境与条件不一，在具体的资产负债业务的种类和数量上都不可避免地存在着差别，有些差别还是巨大的。为了使读者有一个更为直观的感受，我们给出了中国人民银行的资产负债表（见表1-11）。

表1-11　　　　　　　　　　中国人民银行资产负债表　　　　　　　单位：亿元人民币

| 项　　　目 | 2007 年末 | 2008 年末 | 2009 年末 | 2010 年末 |
|---|---|---|---|---|
| 国外资产 | 124 825.18 | 162 543.52 | 185 333.00 | 215 419.60 |
| 　外汇 | 115 168.71 | 149 624.26 | 175 154.59 | 206 766.71 |
| 　货币黄金 | 337.24 | 337.24 | 669.84 | 669.84 |
| 　其他国外资产 | 9 319.23 | 12 582.02 | 9 508.57 | 7 983.06 |
| 对政府债权 | 16 317.71 | 16 195.99 | 15 661.97 | 15 421.11 |
| 对其他存款性公司债权 | 7 862.80 | 8 342.50 | 7 161.92 | 9 485.70 |
| 对其他金融性公司债权 | 12 972.34 | 11 852.66 | 11 530.15 | 11 325.81 |
| 对非金融性公司债权 | 63.59 | 44.12 | 43.96 | 24.99 |
| 其他资产 | 7 098.18 | 8 027.20 | 7 804.03 | 7 597.67 |
| 总资产 | 169 139.80 | 207 095.99 | 227 535.02 | 259 274.89 |
| 储备货币 | 101 545.40 | 129 222.23 | 143 985.00 | 185 311.08 |
| 　货币发行 | 32 971.58 | 37 115.76 | 41 555.80 | 48 646.02 |
| 　金融性公司存款 | 68 415.86 | 92 106.57 | 102 429.20 | 136 665.06 |

续表

| 项　　目 | 2007 年末 | 2008 年末 | 2009 年末 | 2010 年末 |
|---|---|---|---|---|
| 不计入储备货币的金融性公司存款 | 315. 92 | 591. 20 | 624. 77 | 657. 19 |
| 发行债券 | 34 469. 13 | 45 779. 83 | 42 064. 21 | 40 497. 23 |
| 国外负债 | 947. 28 | 732. 59 | 761. 72 | 720. 08 |
| 政府存款 | 17 121. 10 | 16 963. 84 | 21 226. 36 | 24 277. 32 |
| 自有资金 | 219. 75 | 219. 75 | 219. 75 | 219. 75 |
| 其他负债 | 14 837. 14 | 13 586. 45 | 18 653. 20 | 7 592. 23 |
| 总负债 | 169 139. 80 | 207 095. 99 | 227 607. 14 | 259 274. 89 |

资料来源：中国人民银行调查统计司.

不难发现，在长期奉行出口导向政策和大力吸引外商投资政策的大背景下，我国央行的资产负债表急剧膨胀，外汇资产占央行的总资产比例逐年升高（见图 1 - 18）。加上人民币的升值预期长期存在，这对我国央行在外汇资产的保值增值、预防流动性泛滥、管理通胀预期等多方面都是严峻的挑战。

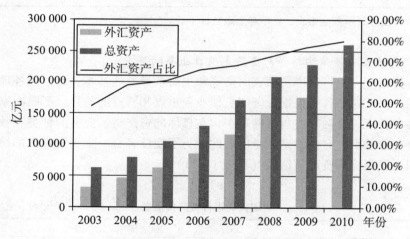

**图 1 - 18　中国人民银行总资产和外汇资产走势**

资料来源：中国人民银行调查统计司.

## （三）国家资产负债表

艾伦（Allen，2002）、格雷（Grey，2006）认为，一个国家可以视为与企业具有同样性质的企业实体，因此一个经济体（国家）可以视为该经济体所有经济部门的资产负债表系统。一个国家由若干个经济部门构成，首先识别并区分一国各经济部门的资产负债表，然后将其加总后则得到一国的资产负债表，这构成了编制国家资产负债表的逻辑过程。近年来，全球越来越关注国家资产负债表和国家资产负债表数据在研究货币危机和金融稳定性等方面的重要作用，从国家资产负债表对经济和金融问题进行研究已经得到了学术界和实务界的广泛关注。实际上，许多国家已经开始定期发布国家资产负债表数据，这一方面美国和加拿大是典型代表。中国在 20 世纪 80 年代开始研究资产负债核算，90 年代中后期开始编制国家资产负债表，不过，由于一系列原因，中国的国家资产负债表暂时还不对外公开发布。

综合国内外学术和实务界的讨论，国家资产负债表（National Balance Sheet）可以概括为包括政府、居民、非金融机构、金融机构等所有经济部门在内的资产负债信息（见表 1-12）。它反映了整个国民经济在某一特定时点上的资产和负债的总量规模、分布、结构和国民财富及总体经济实力的状况和水平。国家资产负债表和国际收支平衡表、国际投资头寸表、货币当局资产负债表之间有着密切的联系，实际上，国际收支平衡表、国际投资头寸表、货币当局资产负债表是国家资产负债表核算的重要来源。例如，国际收支平衡表的经常账户、资本账户、储备账户中的流量数据在某个时点上即构成了国家相应部门的资产或者负债重要组成部分，二者相互区别且又紧密联系，统一于对国家宏观经济分析的过程当中。

表 1-12　　　　　　　国家资产负债表及各部门资产负债表（示意表）

| | | 金融部门 | | 公共部门 | | 私人部门 | |
|---|---|---|---|---|---|---|---|
| | | 银行部门 | 非银行金融机构 | 政府部门 | 中央银行 | 公司部门 | 住户 |
| 总资产 | 非金融资产 | | | | | | |
| | 金融资产 | | | | | | |
| | 国内金融资产 | | | | | | |
| | 　短期 | | | | | | |
| | 　长期 | | | | | | |
| | 国外金融资产 | | | | | | |
| | 　短期 | | | | | | |
| | 　长期 | | | | | | |
| | 储备资产 | | | | | | |
| 总负债 | 国内金融负债 | | | | | | |
| | 　短期 | | | | | | |
| | 　长期 | | | | | | |
| | 国外金融负债 | | | | | | |
| | 　短期 | | | | | | |
| | 　长期 | | | | | | |
| | 其他负债 | | | | | | |
| | 净值 | | | | | | |

资料来源：刘锡良，刘晓辉（2010）．

国家资产负债表揭示了部门间资产负债表之间的内在联系，通过国家资产负债表，可以监测某一时点上各经济部门详细的资产负债情况，评估每个部门的偿债能力、举债筹资能力，了解国家内部经济运行情况及在对外经济关系中所处的债权或债务地位，对分析一国的金融稳定性、债务危机和货币危机都有重要的意义。从国家资产负债表的构成可以看出，国家资产负债表的隐患或者说错配往往表现为结构错配、货币错配和期限错配①。这在本轮开始于 2007 年的金融危机中得到了充分体现②。

首先是结构错配。在这轮开始于 2007 年的金融危机中，居民、金融机构和政府三大部门都有着不同程度的结构错配，并且这种错配还在部门之间相互传染。以美国为例，在居民部门"寅吃卯粮"式的负债消费模式下，住房按揭贷款和消费信贷不断提升，其资产负债结构严重失衡。随着房价泡沫破裂和次级债务危机的发生，居民开始降低消费，修复自身的资产负债结构。而金融机构为降低自身的杠杆率也开始收缩信用。二者的共同作用导致实体经济受到严重冲击，经济出现衰退。政府为应对衰退，通过一系列的经济刺激计划，扩大政府投资，提高政府部门资产负债的杠杆水平，这就使得结构错配传染到了政府部门，放大了政府债务风险。私人部门的债务危机最终演变为政府债务危机。

其次是货币错配。其典型表现就是资金来源与使用的币种不一致。国内金融机构用外币借入资金，却以本币形式投放国内，甚至还出现国内企业用外币为其国内业务融资，居民用外币进行存款等现象。在此次金融危机中，以波罗的海三国③为代表的中东欧所谓"里加（拉脱维亚首都）流感"，充分说明了货币错配对经济的伤害。以拉脱维亚为例，该国曾是东欧的经济明星，经济增长一度长期维持在 9% 左右，被视为经济转轨的典型。但是由于在经济转轨中，其国内的金融体系几乎全部为外资所取代，国内的金融活动几乎全部以外币形式进行，货币严重错配。而在金融危机中，外资银行为帮助其母行脱离困境，纷纷抽回资金，使这些国家迅速陷入困境。

最后是期限错配。在此次金融危机中，新兴国家虽难以独善其身，但受伤程度的深浅却与其包括居民在内的外债期限错配程度相关。那些短期外债占比较高的国家极易因国际流动性不足，导致清偿力不足。当债权人得知该国缺乏足够的清偿能力时，就有可能发起抛售冲击，最终沿着"期限错配—流动性不足—融资受限—抛售冲击—危机爆发"的链条，使金融危机进一步深化为货币危机。

我们可以看到，2007 年开始的这轮金融危机导火索是次级贷款，使得金融机构资产负债表的率先崩溃，而金融机构的资产负债表衰退，不仅使私人部门的资产负债表出现危机，而且在经济全球化的条件下，各国的资产负债表又具有高度的关联性，于是危机相互传染并相互激荡，恰如多米诺骨牌，接连倒下，全球经济出现严重的衰退。为防止危机进一步蔓延和深化，各国政府一致性地采取抢救性的财政货币扩张政策，其结果是政府债务负担加重，使得政府的资产负债难以为继。国际货币基金组织财政数据显示，全球政府债务净额总值从 2007 年的 21.9 万亿美元上升到 2011 年的 34.4 万亿美元，增加了 57%。预计到 2016 年，这个数字可能再增加 40 个百分点，达到 48.1 万亿美元，以极快的速度在 10 年内翻一番。当然，这主要源于发达国家债务的上升，其债务占到所有债务的 86%。国家资产负债表不稳固诱发金融危机，而金融危机又使国家资产负

---

① 刘锡良，刘晓辉. 国家资产负债表与货币危机：文献综述. 经济学家，2010.
② 曹远征. 高度关注国家资产负债. 财经，2011（18）.
③ 立陶宛、拉脱维亚和爱沙尼亚.

债表难以持续。这充分说明了建立跨代际可持续的、健康的国家资产负债表的必要性和重要性。

## 美国国家资产负债表错配与全球金融危机

2007年开始的次级贷款危机所引发的全球金融危机仍在深刻地影响着全球经济，全球经济的复苏目前举步维艰。全球金融危机始于危机中美国次级贷款者资产状况恶化导致的违约，亦即是私人部门资产负债表出现的资本结构陷阱，而这不可避免地影响到了（包括外国）金融机构的资产负债表状况，一大批大型金融机构（如贝尔斯登投资银行、雷曼兄弟投资银行等）破产倒闭，同时政府部门存在大量的财政赤字（见图1-19），政府部门资产负债状况持续恶化，所有这一切造成了危机的不断蔓延以及在国际间的迅速传染。

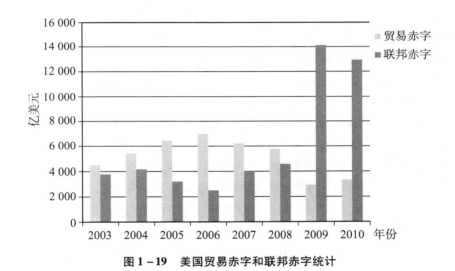

图1-19　美国贸易赤字和联邦赤字统计

美国持续多年的经常账户逆差直接表现为私人部门资产负债表恶化，这是其国家资产负债表状况恶化一大重要原因，其背后则反映了伴随美元本位的高消费、低储蓄行为，这种行为也是导致当前危机的一个根本因素。与此同时，美国公共部门的资产负债表持续恶化，2008财年美国财政赤字创下了4 550亿美元的新纪录，较上一财年增长了180%；2009财年受金融危机严重影响，美国的财政赤字规模达到1.42万亿美元，较2008财年飙升了207%，2010财年美国财政赤字1.3万亿美元。2011年5月16日，美国债务已达法定的14.29万亿美元上限，美国国会为此于2011年8月2日通过法案将债务上限先提升9 000亿美元的额度，同时要求在未来十年削减9 170亿美元的财政赤字。为此，2011年8月6日，三大评级机构之一标准普尔首次取消了美国债务保持了70年之久的AAA评级，把美国主权债务评级降至AA+。从技术上看，美国国家资产负债表已然破产，但现实是美国拥有全球储备货币的美元，因此其发行国债缺乏必要的约束，从而构成了某种意义上的"美元霸权"，本书第三篇国际货币体系对此亦有相关论述。

资料来源：北京大学国际金融研究小组.

## 中国的国家资产负债表风险

中国是一个转轨中的新兴市场国家。一如同类国家，中国政府尤其是地方政府，仍然还是经济建设型政府，政府部门仍占据了国家资产负债表的重要位置。

目前，中国政府债务规模不大，整体水平似远在警戒线以下。

2010 年末，中央政府国债余额占 GDP 的比重为 17.01%，外债余额占外汇储备的比重为 19.2%。但是，如果再将转轨过程中可能存在的隐性的、或有的债务（地方负债、福利欠账、未实现的政府服务、教育以及医疗等）考虑进来的话，则中国政府的债务规模亦不可小觑。这些隐性、或有的债务产生的重要原因是，随着经济体制的转轨，政府对企业的支持方式从过去的直接支持转为担保或隐性承诺，这些担保或承诺并未被纳入政府预算列支，但它们却是一种隐性的预算外开支或责任。从中长期来看，随着经济体制改革进程的不断推进和深入，一些原本隐蔽的经济矛盾可能逐渐暴露，政府隐性、或有的负债随之浮出水面，因而形成对财政的额外列支要求，最终演化为政府负债。

从这一角度观察，以下三个挑战需要密切关注：

一是地方政府债务负担。地方政府债务已成为影响中国宏观经济运行稳定的最大风险点。

根据最新的审计结果显示，截至 2010 年底，全国地方政府性债务余额为 10.7 万亿元，其中政府负有偿还责任的债务为 6.7 万亿元，占 62.62%；政府负有担保责任的或有债务 2.3 万亿元，占 21.8%；政府可能承担一定救助责任的其他相关债务 1.7 万亿元，占 15.58%。上述 10.7 万亿元债务中，即将于 2011 年、2012 年、2013 年到期的分别占 24.49%、17.17% 和 11.37%，超过一半债务将在近两三年内集中偿还。而随着"十二五"期间中国加快经济结构调整步伐，经济增长速度面临放缓，部分运作不够规范、偿还能力不够强的地方融资平台出现债务违约的可能性正在加大，从而加大了政府的偿还责任。

二是社保支出缺口。中国从 1997 年开始实行社会统筹和个人账户相结合（即"统账结合"）的部分积累制的养老保险制度。但是由于养老金支付规模远远大于积累规模，个人账户尚未做实，养老保险基金缺口日益增大，形成政府对养老保险的隐性债务。而最新的人口普查数据显示，中国人口老龄化正处于加速发展时期，如何应对人口老龄化背景下的社保缺口，成为政府不得不考虑的问题。

三是准政府负债风险。政策性或准政策性金融机构，由于具有政府信用担保，其所发行的金融债被视为"准国债"。

此外，一些大型工程项目，如高速铁路也具有准政府负债的特征。这些债务具有规模大、周期长的特点，一旦现金流发生问题，极有可能转化为财政风险。

资料来源：《财经》网站. www.caijing.com.cn

## 五、国际收支平衡表的工具属性

### （一）国际收支平衡表的工具属性

国际收支平衡表不仅能用来观察跨国价值获取的具体内容，也能解读跨国获取价值成果的好坏，以作为国家调整国际金融政策的依据，因此具有鲜明的工具属性。

一方面，国际收支平衡表提供了一国对外经济交往的系统记录，不仅综合反映了一定时期该国进行跨国价值获取的实际情况，同时也集中反映了该国的经济结构以及对外经济关系中的地位和特点。

另外一方面，运用国际收支平衡表对国际收支进行全面分析很有现实意义，可以在全面分析的基础上制定出相应的货币政策、财政政策、贸易政策、信贷政策、外汇政策等。具体而言，分析国际收支平衡表能及时反映国际收支是顺差还是逆差；对宏观管理部门掌握外汇资金的来源及运用状况以及官方储备的增减状况，及时调整外汇资金结构具有重要作用；同时也能全面了解本国在国际经济中的地位，以便及时调整本国的经济政策。

国际收支平衡表本质上作为分析国际收支的工具，分析的视角主要有三种，分别是静态视角、动态视角和比较视角。

（1）静态视角。着眼于对国际收支平衡表的静态项目分析。首先分析国际收支总差额及官方储备变动，国际收支是逆差还是顺差，逆差或者顺差的具体大小；其次对各个项目进行局部差额分析，分析各项局部差额对国际收支总差额的贡献度；接下来进行逐项分析，以便掌握各子项目对各局部项目的影响；最后在分析差额形成原因的同时可以结合一国政治经济等方面的变动资料进行综合分析，以找出某些具有规律性的东西。

（2）动态视角。根据时间序列展开动态地纵向分析，对一国若干连续时期的国际收支平衡表进行分析，以历史发展的眼光来分析国际收支的各个项目及总体的收支及差额的变化，以把握国际收支的变动趋势，从而实现国际收支的长期动态平衡目标。

（3）比较视角。包括横向比较和纵向比较。横向比较是将本国的国际收支平衡表的全部或某些项目与其他国家的国际收支平衡表的相应项目进行比较，分析异同所在，以借鉴其他国家的经验，为己所用；纵向比较是指分析一国若干连续时期的国际收支平衡表，也即上面提到的动态分析。

### （二）国际收支平衡表的分析

国际收支平衡表作为国际收支的描述工具，它提供了不同维度的视角对国际收支进行深度分析。在上面提到的三种视角当中，在实际中的运用主要是以静态分析为主，同时结合动态视角和比较视角展开综合分析。从分析内容上看，对国际收支平衡表的具体分析包括总额分析和差额分析两种。

1. 总额分析

包括规模分析和构成分析。具体来说，规模分析指的是分析国际收支的总体规模与各个项目的规模及其变化，包括贸易总额、经常账户总额、资本与金融账户总额以及国际收支总额。一个账户的总额是指将该账户的借方总额和贷方总额加总。比如贸易总额是进口额和出口额之和，其数额大小可用来判断一国的贸易规模。构成分析是指对国际收支各子项目占总项目的比重进行分析。比如贸易额占经常账户总额的比重、经常账户总额占国际收支总额的比重等。

2. 差额分析

在国际收支平衡表的分析中，差额分析是更为普遍的，也是更为重要的。上文已经多次强调，国际收支平衡表是按照复式记账法以使它的借贷双方在整体上达到平衡，即借方总额和贷方总额最终必然是相等的，即借贷必相等。然而在具体的项目而言，借贷往往是不相等的，经常性的会有借方余额或者贷方余额的发生，亦即借贷双方会产生一定的差额，称为局部差额。局部差额主要构成部分包括：贸易账户差额、经常账户差额、资本与金融账户差额。若差额为正，则称该账户出现盈余（Surplus）；若差额为负，则此账户出现赤字（Deficit）。

（1）贸易账户差额分析。

商品和服务的出口和进口之间的差额称为贸易账户差额。由于贸易收支在国际收支中通常所占的比例相当大，因而贸易账户差额通常作为整个国际收支的代表。贸易收支的重要性体现在：在国际收支中所占比例很大；贸易收支的数据易于通过海关的途径及时收集，在反映一国对外经济交往情况上的时效性较强；贸易收支也体现了一国的创汇能力，反映了一国的产业结构和产品在国际上的竞争力及在国际分工中的地位，是一国对外经济交往的基础，影响和制约着其他账户的变化。我国自改革开放以来，对外贸易总量增长迅速，积累了大量的贸易顺差（见图1－20）。

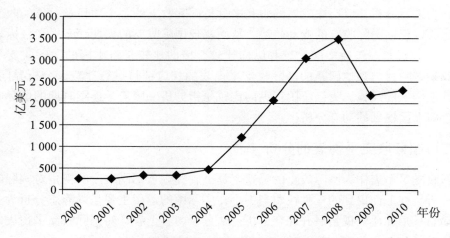

图1－20　中国大陆地区货物和服务贸易差额走势

资料来源：国家外汇管理局.

（2）经常账户差额分析。

经常账户包括商品和服务、收入、经常转移，上述各项之和构成了经常账户差额，反映的是实际资源在一国与他国之间的转让净额。从经济学的角度看，经常账户与宏观经济变量之间存在着紧密而又重要的联系，对整个宏观经济运行有着深刻的影响。

在国民收入的支出法核算下，可以推导出一个恒等式：$TB = S - I$，TB 为贸易余额，S 为国储蓄，I 为国内投资。若不考虑净要素收入和经常转移，则可以用经常账户 CA 反映进出口，即 $CA = X - M$，X 为出口额，M 为进口额。又由于 $TB = X - M = S - I$，所以有 $CA = S - I$。这一等式说明了两个方面的问题：其一，该式表明了各国之间的融资关系，当一国出现经常账户赤字或者盈余时，意味着资本从 CA 盈余国流到 CA 赤字国，为经常账户赤字国提供融资；其二，该式表明了一国国内储蓄和投资变化对经常账户的影响，需要注意的是，如果国内投资增长为大幅度提高一国的生产力做出了贡献，提高了一国在国际市场的竞争力，虽然在一定时期内经常账户会出现赤字，但长期来看经常账户最终会得到改善。但是纯粹的储蓄减少，比如说用于消费增加但用于资本积累投资减少，则经常账户一般不会出现太大的改善，甚至有可能进一步恶化。

在上文的贸易差额分析中我们已经指出，贸易差额在经常账户差额占着绝对优势的比例。同时又因为贸易差额的数据易于迅速收集，因此在实际分析中，贸易差额通常用来近似替代经常账户差额。实际上，我国的经常账户差额中贸易差额占了绝大部分，在贸易差额快速增长的同时，我国的经常账户增长迅猛（见图 1-21）。目前考察经常账户余额较为精确的做法是暂不考虑经常转移问题，这有两方面的原因：一方面因为经常转移的规模较小；另外一方面因为经常转移的规模并非由一国自主决定。因此，经常账户余额和贸易账户余额之间的差别就体现在收入账户余额（IN）上，用等式表示有：$CA = TB + IN$。因为收入账户主要反映的是资本通过直接投资或间接投资取得的利息收入，因此收入账户与一国的净外国资产有着密切的关系。为达到一定的经常账户余额，净国外资产数额越大，从国外得到的收入也就越多，因此贸易账户就可以相应出现更多赤字。相反，净外国负债越大，则贸易账户就必须实现更多的盈余才能维持经常账户平衡。

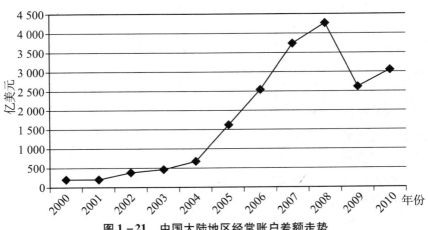

**图 1-21  中国大陆地区经常账户差额走势**

资料来源：国家外汇管理局.

（3）资本与金融账户差额分析。

资本与金融账户差额由资本账户差额和金融账户差额两部分组成，同时也是直接投资、证券投资和其他投资的差额，记录的是世界其他国家和地区对本国的资本流入（投资、借贷等）净额。

记资本与金融账户差额为 KA，官方储备为 RA，则有 $CA + KA + RA = 0$。因为资本账户所占比重较少，我们在此忽略资本账户，上式可以重新写为：$CA + FA + RA = 0$，FA 为金融账户。移项得到：$-CA = FA + RA$。

因此，经常账户盈余表为对非居民贷款净额增加（FA 为负）或储备资产增加（RA 为负）；经常账户赤字表明从世界其他地方得到的资源净值必须靠对非居民负债增加（FA 为正）或储备资产减少（RA）得以偿还，这就意味着异国利用金融资产的净流入和储备资产的减少为经常账户赤字融资。由于在现实经济中普遍关注的是经常账户赤字的解决问题，因此经常账户同资本与金融账户的关系更多地表现为利用金融资产的净流入或动用储备资产为经常账户赤字进行融资，前提是资本在国际间的完全自由流动。

这种融资方式有其局限性。一方面国外资本流入具有不稳定性。除直接投资外，证券投资和其他投资项目中的资本流动并不稳定，因为这类资本通常有相当部分是以短期投机为目的。因此一国的经常账户赤字若依靠国外资本来融资是难以持久的。另一方面是国外资本的偿还问题。若国外资金流入用于国内的生产性项目融资，并且这些项目有助于大幅提高本国生产能力水平和偿债能力，则还本付息不会出现问题，相反若借入资本使用不当，则就会有发生债务危机的可能，同时收入账户中利息支出的扩大会加剧经常账户状况的恶化。

（4）总差额分析。

总差额是经常账户差额、资本与金融账户差额和误差与遗漏项之和，三者之和与储备资产差额互为相反数，用等式表示即为：

总差额 = 经常账户差额 + 资本与金融账户差额 + 误差与遗漏项 = - 储备资产差额

总差额反映了一定时期一国国际收支状况对其储备的影响，它表明了国际收支最后留下的缺口，该缺口要通过储备资产的增减来进行弥补。总差额为正，表明国际收支顺差，储备资产增加；总差额为负，表明国际收支逆差，储备资产减少。由于负的总差额会导致储备资产的耗尽，所以一般而言负的总差额是不可取的。但正的总差额过大将使储备资产巨额增加，对一国经济也不尽有利。主要是因为：其一，储备资产增加会导致中央银行投放基础货币，这会带来国内通货膨胀的压力；其二，储备资产的收益率要低于长期投资的收益率，储备资产过多相当于资金占用，这是有机会成本的；其三，储备货币的汇率变动会代表储备资产的损失。

（5）误差与遗漏项。

误差与遗漏是国际收支平衡表中最后的平衡项目。在一定时期内，如果一国全部国际经济交易的统计是贷方发生额大于借方发生额，则其差额用"误差与遗漏"项目来平衡时在借方反映；相反，则出现误差与遗漏项的贷方余额。误差与遗漏出现的原因有统计技术方面的，也有人为因素，它的数额过大会影响国际收支分析的准确性。通过对其分析，可以大致了解国际收支的统计质量。当一国国际收支账户持续出现同方向、较大规模的误差与遗漏时，常是人为因素造成的，有必要对误差和遗漏账户本身进行分析，通过对其分析，往往可以发现实际经济中存在的一些问题。比如，出口退税是国家鼓励出口的一种财政措施，若企业为骗取退税收入而虚报出口，就会形成出口数额过高而资本流入数额过低，由此造成国际收支借方余额小于贷方余额，从而相应形成错误与遗漏账户的借方余额。再比如，若一国实行资本管制，为躲避管制而形成的资本外逃会假借各种合法交易名义流出国外，这将反映为负的误差和遗漏额。对于经济市场化程度不高、人为因素对市场机制的干扰较多的国家而言，"误差与遗漏"具有很高的分析价值。

中国的误差与遗漏项目余额波动性比较大（见图1-22），显示出我国有相当数量的国际交易量不能系统性地纳入到国际收支体系的统计核算当中。实际上，有一部分学者已经就误差与遗漏项的波动展开了"热钱"[1] 流入和流出的研究。根据目前学术界得出的研究成果，当误差与遗漏项目余额在当年进出口贸易总值当中所占比例在5%之下时，一般认为该国不存在大规模的"热钱"流动，国际收支的统计可信度在接受范围之内[2]。以中国大陆2010年的数据测算，误差与遗漏项借方余额为597亿美元，进出口贸易总值为3.59万亿美元，所占比例为1.66%，尚处在可控范围之内。

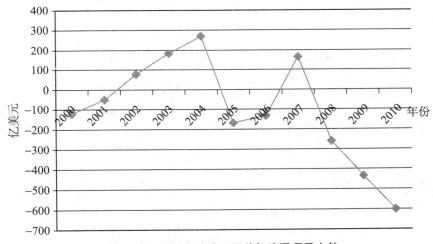

**图1-22 中国大陆地区误差与遗漏项目走势**

资料来源：国家外汇管理局．

## 误差与遗漏形成的原因和国际比较

误差与遗漏是在国际收支平衡表中起平衡作用的统计误差，设立该项目的目的是平

---

① 热钱（Hot Money），又称游资，或叫投机性短期资金，热钱的目的在于用尽量少的时间以钱生钱，是只为追求高回报而在市场上迅速流动的短期投机性资金。

② 宋兆晗，马丹．国际收支中净误差与遗漏项目波动分析．中国国情力，2007（12）．

衡国际收支平衡表中各项目统计数据的误差和遗漏问题。

对国际收支统计而言，国际收支平衡表中出现误差与遗漏是正常的。造成误差与遗漏的原因主要：一是由于国际收支统计涉及经济体的全部涉外交易，各国编制国际收支平衡表一般会使用多渠道、多部门的多种数据来源，这些不同渠道不同部门的数据往往在统计时点、统计口径与国际收支统计原则存在一定差异；二是各部门各自采集的数据不可避免地存在一定的统计误差；三是各种数据源在货币折算等方面的差异在一定程度上也会造成误差与遗漏。

一般而言，误差与遗漏的绝对值过大会影响国际收支统计的可信度。通常国际上认为，误差与遗漏规模占进出口贸易总值的5%以下是可以接受的，我国误差占贸易总额比例在此范围之内（见图1-23）。从各国近年来的统计情况看，一般绝大多数国家都低于这一比例。以2007年为例，部分国家的误差与遗漏项占其进出口贸易总值的比例如下：德国为2.0%，日本为1.3%，美国为1.3%，俄罗斯为2.1%，马来西亚为1.5%，印度为1.3%。我国2009年和2010年误差与遗漏规模占进出口贸易总值的比例分别为1.61%和1.66%。总体上看，在国际经济形势和宏观经济环境波动较大时，误差与遗漏项目数据及其占货物贸易进出口总值的比例较大，例如美国1998年的净误差与遗漏为1 488亿美元，占比9.4%；2004年为950亿美元，占比4.2%；2008年为1 293亿美元，占比为3.8%。

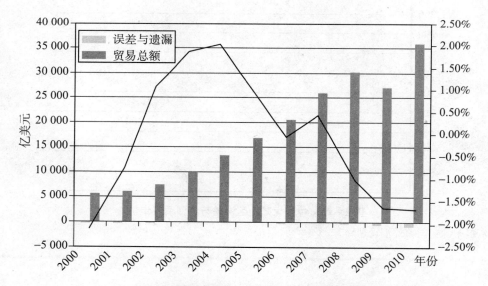

**图1-23 中国大陆地区误差与遗漏项占进出口贸易总额比例走势**
资料来源：国家外汇管理局.

此外，国际收支平衡表中的误差与遗漏一般呈现正负交替的随机分布状态，即净误差与遗漏既可能出现在贷方（为正值），也可能出现在借方（为负值）。以1998年至2007年的10年的时间段为例，部分国家的误差与遗漏出现正负值的情况如下：德国负值3年，正值7年；日本负值4年，正值6年；美国负值6年，正值4年；中国负值6

年，正值 4 年。我国 2005 年、2006 年、2009 年、2010 年误差与遗漏均为负值，这与当时面临较大的资本流入压力和较强的人民币升值预期的大环境相吻合。

资料来源：国家外汇管理局.

☞ **本章关键词** ☜

| | | |
|---|---|---|
| 国际收支 | 经常账户 | 资本与金融账户 |
| 平衡账户 | 国际收支平衡表 | 国际收支平衡表的工具属性 |

☞ **深入思考的问题** ☜

1. 国际收支涵盖的范围经历了一个怎样的发展过程？
2. 应该着重从哪些方面进一步把握国际收支概念？
3. 国际收支和国际收支平衡表之间有什么样的逻辑关系？
4. 国际收支平衡表的相关表格有哪些？它们之间有什么联系和区别？
5. 如何理解国际收支平衡表的工具属性？

# 第二篇　法币交换理论

在纸币本位制下，各国货币本身没有任何价值，其本质上是一份法币合约，其合约价值就是其代表的购买力。那么在国际金融市场上，各国货币之间的交易从本质上说也是各种合约之间的交易，借以获取市场价值。

在传统的国际金融学中，外汇和汇率理论是国际金融的起点，更是其理论内核。本篇一方面保留了传统国际金融中关于外汇和汇率的核心知识和经典理论；另一方面从全书的角度，创造性地以法币合约的视角来重新审视外汇和汇率。纷繁复杂的国际金融活动常常会使我们眼花缭乱，但如果从链式国际金融的角度来理解，事实上都是在重复着一件事，即新合约的产生和旧合约的消亡，整个金融活动都是以网链式合约的方式展现出来的。

金融要超越国界以在全球范围内配置价值时，首先遇到的工具性问题便是法币合约的交换困境，进一步反映为外汇和汇率问题。本篇作为全书的第二部分，将全方位介绍外汇和汇率的基本知识和主流理论，以便于对后续章节的分析和理解。

我们从外汇和汇率的基本知识出发，讲述什么是外汇和汇率以及与汇率有关的核心概念，对这些概念的把握将十分有利于对后续章节的理解；在讲述这些必要的概念后，本篇后面部分将围绕一个中心展开——汇率决定理论。为了分析汇率是怎样被决定的，我们首先探讨了哪些因素会影响一国的汇率，同时汇率的变动又会影响哪些经济变量；接下来便是详细研究汇率决定理论，我们从金本位制度下的汇率决定理论开始，一直到纸币本位制的汇率决定理论，从古典时代的凯恩斯国际借贷说以及国际收支说再到现代的利率平价理论、购买力平价理论以及资本市场说。

实际上，上面的汇率决定理论仅仅只涉及汇率市场和货币市场，没有涉及实体经济市场，那么接下来引入产出变量和产出市场，在以上汇率决定理论的基础上，推导出 DD-AA 模型，从而将均衡汇率的决定由上面两个市场的均衡扩展到汇率市场、货币市场和产出市场三个市场的同时均衡。本篇第三，利用 DD-AA 模型，分析不同汇率制度下财政和货币政策的有效性。具体来说，本篇主要分成三个部分：第一，介绍外汇和汇率的基本知识，在该部分的后三节，又深层次探讨作为关键词的"汇率"受哪些因素影响，同时其变动又会影响哪些经济变量，从而为下一章汇率的决定问题埋下伏笔；第二，以全面而缜密的逻辑构思深入分析均衡汇率的决定问题，并对诸多主流的汇率决定理论做出完整的理论推导；第三，介绍性地讲述了汇率制度，在介绍汇率制度基本知识的基础上，引入 DD-AA 模型，分析不同汇率制度下财政和货币政策的有效性。

值得一说的是，在讲述汇率决定理论时，本书有三大特点：第一，全面——几乎囊括了国际金融中最经典和主流的汇率决定理论；第二，深入——就每一个汇率决定理论做深层次的理论分析和严密的数理推导；第三，创造性的逻辑分析构架——在讲述完金本位制的汇率决定理论和国际收支说以后，就现代的汇率决定理论，我们没有按照传统的利率平价理论、购买力平价理论以及资本市场说的顺序分块讲述，而是找到理论之间隐含的逻辑关系以清晰的逻辑重新分析。资本市场说可分为货币分析法和资产组合理论，而货币分析法实际上又可分为短期黏性的货币分析法和长期弹性的货币分析法。将资本市场说拆分成三部分，其中短期的货币的分析法可以由利率平价模型推导出，故放在利率平价理论后面；长期的货币分析法可以由购买力平价模型推导出，故紧跟在购买力平价理论后面；由于利率平价和购买力平价都有一定的缺陷，资产组合分析法集合二者模型优点，引入的新的的变量以克服缺陷，在一定程度上是一个综合的汇率决定理论，但也因其过于综合，可操作性需进一步研究。

## 逻辑框架

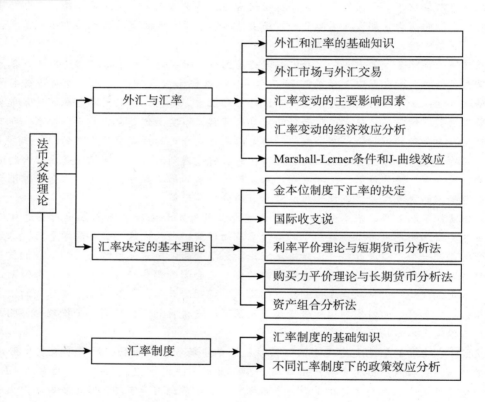

# 第 四 章

# 外汇和汇率

　　本章首先介绍外汇和汇率的基础知识，尤其是在汇率的基础知识里，全面而深入地介绍了汇率的定义与表示，汇率的升值与贬值以及汇率的几种主要分类；尔后，介绍了外汇市场以及在外汇市场上套汇和套利的实务操作；最后，就汇率变动问题，深入分析影响汇率变动的因素，同时汇率变动又会影响哪些经济变量及其传导机制。本章第五节，就汇率变动制约条件问题，引入 Marshall-Lerner 条件和 J – 曲线效应，并对此做出详细的数理推导。实际上，后面三节为下一章汇率的决定理论提供很好的前奏分析。

## 第一节　外汇和汇率的基础知识

### ■一、外汇

　　或许在没有学过国际金融之前，很多人就已经在财经新闻等地方听到"外汇"这个词。例如，新浪财经报道，自 2011 年 4 月 1 日，人民币外汇期权业务将同时在银行间市场和银行对客户零售市场上正式推出①；2011 年 5 月 6 日，国家外汇管理局有关负责人就外汇储备有关问题接受记者采访，驳斥了外界关于中国外汇储备可能因人民币升值损失 2 711 亿美元②的猜测。

　　事实上，我们经常会很疑惑，因为外汇似乎在不同的场合具有不同的含义，答案是肯定的。外汇的含义有动态和静态之分，静态外汇又进一步分为广义和狭义外汇，其大致含义如图 2 – 1 所示。

　　尽管外汇有着多种定义，但我们通常所说的外汇更多的指狭义意义上的外汇，即外汇是指外国货币或以外国货币表示的、能用来清算国际收支差额的资产。把握这个定义，我们需要把握以下外汇的基本特征：（1）以外币计值和表示对外支付的金融资产；

---

　　①　http：//finance. sina. com. cn，新浪财经．

　　②　http：//cn. wsj. com，华尔街日报．

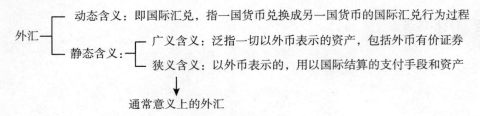

图 2-1 外汇含义

（2）具有充分的可自由兑换性；（3）具有可靠的物质偿付保证；（4）能够被各国普遍接受和使用。

2008 年 8 月 1 日，国务院新颁发的《中华人民共和国外汇管理条例》第一章第三条规定，本条例所称外汇，是指下列以外币表示的可以用作国际清偿的支付手段和资产：

（1）外币现钞，包括纸币、铸币；

（2）外币支付凭证或者支付工具，包括票据、银行存款凭证、银行卡等；

（3）外币有价证券，包括债券、股票等；

（4）特别提款权；

（5）其他外汇资产。

近年来，我国外汇储备犹如坐上了高速列车，增长迅速。2006 年 10 月，我国外汇储备首次突破 10 000 亿美元。不到 3 年，2009 年 6 月，外汇储备一举突破 20 000 亿美元。2011 年 4 月 14 日，央行公布的数据显示，截至 3 月末，我国外汇储备余额已突破 30 000 亿美元大关，稳居全球第一（见图 2-2）。中国人民银行行长周小川在清华大学金融高端讲坛上发言时坦言，外汇储备已经超过了我国需要的合理水平[①]。

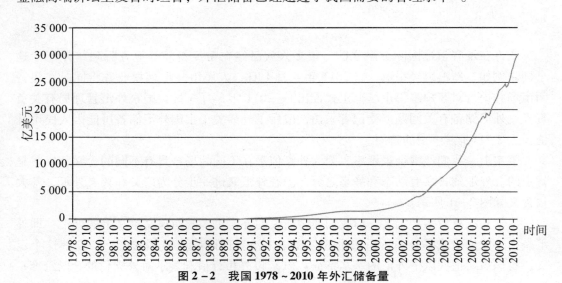

图 2-2 我国 1978～2010 年外汇储备量

资料来源：中国人民银行调查统计司．

———————————

① http：//finance. huanqiu. com，环球财经．

## 二、汇率

### (一) 汇率的定义

外汇和汇率是一个问题的两个方面，密不可分。从动态的角度看，外汇是一种兑换行为，而兑换行为必然需要一个兑换比率；从静态的角度看，外汇是一种外国资产，那么外国资产价值首先表现为外国货币的价值比较。汇率正是从两国货币的角度，反映两国之间货币的兑换比率。例如，2011 年 6 月 28 日，中国银行关于美元对人民币的汇率报价为 647.23 元，即 100 美元可以兑换 647.23 元人民币。

由于汇率是用一个国家的货币去表示另外一个国家的货币价值，那么从本国的角度来看，持有外国货币实际上可以看成持有一项外国资产，这样对该资产的本币价格计量手段便是汇率，汇率可以看作是一项资产的相对价格，类似于利率是本币存款的相对价格一样。从资产的角度来说，我们定义，一种货币的价格用另一种货币表示称为汇率。从资产价格的角度来研究汇率，我们称为汇率的资产分析法。

### (二) 汇率的表示

由于汇率是两种货币之间的兑换比率，那么便会存在用哪一种货币表示另一种货币的顺序问题，即首先要确定哪一种货币是单位货币，哪一种货币是标价货币，然后我们可以用标价货币对单位货币进行标价：1 单位货币 = X 标价货币。

从国别的角度分析，汇率的表示方法可分为直接标价法和间接标价法。标价货币为本国货币的表示方法为直接标价法；相反，标价货币为外国货币的称为间接标价法。

直接标价法。直接标价法是指用本国货币去表示单位外国货币的价格。即 1 单位外国货币等于多少单位本国货币。例如中国银行的汇率报价 100 美元 = 647.23 元人民币，即 1 单位美元等于 6.4723 单位的人民币[①]。上文提到汇率的资产分析法，如果将外币看成是一项资产，那么要想知道该项外币资产的本币价格，直接标价法下的汇率便是最直接地反映出外币资产的本币价格。如果将 100 美元打包看成你持有的一项财产，那么在中国市场上，有人想购买这一"包裹"，根据直接标价法下的汇率报价 100 美元 = 647.23 元人民币，至少需要支付 647.23 元人民币。

间接标价法。间接标价法是指用外国货币去表示单位本国货币的价格，以间接反映出外币资产的本币价格。从汇率的资产分析法的角度看，如果将外币看成一项资产，那么要想知道该项外币资产的本币价格，与直接标价法不同的是，我们不能直接看出该外币资产的本币价格，间接标价法是用外币表示本币价格，间接地表示该项外币资产的本币价格。例如 2011 年 6 月 28 日，在伦敦外汇市场上英镑对美元的报价为 1.5944，即 1 英镑 = 1.5944 美元，从英国的角度看，以本国货币英镑为单位货币，以外国货币

---

① 汇率报价时，根据具体情况，或以 100 个单位货币对标价货币报价，或以 1 个单位货币对标价货币报价。

1.5944 美元来表示 1 英镑的美元价格，那么要想知道 1 美元（外国货币）的英镑（本国货币）价格，根据间接标价法下的汇率报价 1 英镑 = 1.5944 美元间接可知：1 美元 = 1/1.5944 英镑。

在上述对汇率的标价法定义下，我们需要注意两点：（1）汇率的表示具有国别性，一定是站在某一国的角度来看，首先需要区分本币和外币；（2）直接标价法和间接标价法本质上是一致的，只是形式上的不同。

美元标价法。美元标价法是指以美元作为单位货币，以其他国家货币作为标价货币的汇率标价法，即 1 美元等于多少单位的外币。美元标价法将美元固定为单位货币，从而避免前面汇率标价法的国别性，在国际外汇市场上，一般惯用美元标价法，其特点：（1）所有外汇市场交易的货币对美元报价；（2）除欧元、英镑以及原英属国货币等少数货币以外，一般货币均采用以美元为外币的直接标价法。

## （三）汇率的升值与贬值

与汇率的标价方法连在一起的另一个概念便是汇率的升值和贬值。升值和贬值总是针对某一特定的货币而言的，一国货币的价值表现为两个方面：对内价值和对外价值。对内价值主要反映在其国内的购买力情况，由通货膨胀率指标测度；对外价值主要反映在国际市场的购买力情况，直接表现在国际外汇市场上该国货币的价格，由汇率指标测度。对内价值和对外价值密切联系，往往具有内生的一致性。

就在外汇市场的升值和贬值而言，从汇率的资产价格分析法视角，所谓升值就是指该国货币在外汇市场上的价格提高了，变得更昂贵，反之即为贬值。但是，由于不同的汇率标价方法，升值和贬值的表现形式不同，往往容易引起误解。例如在直接标价法下，汇率的上升表示外币的升值，本币的贬值；反之，在间接标价法下，汇率的上升表示本币的升值和外币的贬值。避免混淆的最好方式便是找到其本质的一致性方法，于是我们用一般表达式（1 单位货币 = X 标价货币）来定义汇率的升值和贬值，该表达式中，汇率为 X，汇率上升，即 X 值变大，表明单位货币能够兑换更多的标价货币，从而表明单位货币的价格提高了，单位货币升值；其另一次含义便是，标价货币贬值。

由于大多数国家都采用直接标价法，所以若没有特别说明，我们说的汇率都是在直接标价法的情况下。那么汇率的上升便是表示本币的贬值和外币的升值。另外，有时候习惯于将汇率的上升表示本币的贬值简说为汇率贬值，汇率的下降表示本币的升值简说为汇率升值，由于缺乏规范性和容易误解，故不为本书采用，仅供读者在阅读其他财经书籍时出现类似词汇时的注解。

## （四）汇率的分类

### 1. 基本汇率与套算汇率

按指定汇率的方法不同，汇率可以分为基本汇率和套算汇率。由于外国货币种类繁多，要制定本国外币与所有外国货币之间的汇率通常是不可行的，一般选用一种在本国的对外交往中最常使用的关键货币，先只算出本国货币与该关键货币之间的汇率，称之该汇率为基本汇率（见表2-1），那么其他外国货币与本国货币的汇率可以通过两种基本汇率套算出来，称之该汇率为套算汇率（见表2-2），又称交叉汇率；目前各国一般有选用美元作为关键货币，以本国货币与美元的汇率为基本汇率。

表2-1　　　　　　　　　　主要国家货币基本汇率一览表

| 代码 | 名称 | 买入价 | 卖出价 | 中间价 | 行情时间 |
|------|------|--------|--------|--------|----------|
| AUD/USD | 澳元/美元 | 1.0475 | 1.0478 | 1.04765 | 2011-6-28 15：55：00 |
| EUR/USD | 欧元/美元 | 1.4316 | 1.4317 | 1.43165 | 2011-6-28 15：55：05 |
| USD/CHF | 美元/瑞郎 | 0.8351 | 0.8353 | 0.8352 | 2011-6-28 15：55：05 |
| USD/HKD | 美元/港币 | 7.7860 | 7.7865 | 7.78625 | 2011-6-28 15：53：31 |
| USD/SGD | 美元/新元 | 1.2411 | 1.2419 | 1.2415 | 2011-6-28 15：55：10 |
| GBP/USD | 英镑/美元 | 1.5984 | 1.5987 | 1.59855 | 2011-6-28 15：55：02 |
| USD/CAD | 美元/加元 | 0.9857 | 0.9860 | 0.98585 | 2011-6-28 15：54：08 |
| USD/JPY | 美元/日元 | 80.80 | 80.81 | 80.805 | 2011-6-28 15：54：17 |

资料来源：根据凤凰财经数据（http：//finance.ifeng.com）整理制成。

例如，由表2-1可知，要计算港币和日元之间的汇率，在中国香港港币对美元的汇率为基本汇率：1 USD = 7.78625 HKD；在英国英镑对美元为基本汇率：1 GBP = 1.59855 USD；这样我们就可以据此交叉折算出港币和英镑的汇率，港币和英镑的汇率即为套算汇率：

$$1 GBP = (1.59855 USD) \times (7.78625 HKD/USD) = 12.4467 HKD$$

表2-2　　　　　　　　　　主要国家货币套算汇率一览表[①]

| 代码 | 名称 | 买入价 | 卖出价 | 中间价 | 行情时间 |
|------|------|--------|--------|--------|----------|
| EUR/GBP | 欧元/英镑 | 0.8955 | 0.8958 | 0.89565 | 2011-6-28 15：54：16 |
| EUR/CHF | 欧元/瑞郎 | 1.1950 | 1.1958 | 1.1954 | 2011-6-28 15：55：37 |
| ADU/JPY | 澳元/日元 | 84.59 | 84.64 | 84.615 | 2011-6-28 15：55：37 |
| EUR/CAD | 欧元/加元 | 1.4107 | 1.4119 | 1.4113 | 2011-6-28 15：53：37 |
| EUR/JPY | 欧元/日元 | 115.61 | 115.66 | 115.635 | 2011-6-28 15：55：37 |
| GBP/CAD | 英镑/加元 | 1.5758 | 1.5768 | 1.5763 | 2011-6-28 15：55：26 |
| GBP/HKD | 英镑/港币 | 12.4454 | 12.4464 | 12.4459 | 2011-6-28 15：55：31 |
| GBP/CHF | 英镑/瑞郎 | 1.3343 | 1.3351 | 1.3347 | 2011-6-28 15：55：37 |
| EUR/AUD | 欧元/澳元 | 1.3666 | 1.3675 | 1.36705 | 2011-6-28 15：55：34 |
| GBP/JPY | 英镑/日元 | 129.08 | 129.14 | 129.11 | 2011-6-28 15：55：37 |
| GBP/AUD | 英镑/澳元 | 1.5258 | 1.5270 | 1.5264 | 2011-6-28 15：55：35 |
| EUR/HKD | 欧元/港币 | 10.1532 | 10.1642 | 10.1587 | 2011-5-04 20：52：01 |

资料来源：根据凤凰财经数据（http：//finance.ifeng.com）整理制成。

---

① 表中英镑对港币套算汇率与根据基本汇率套算的不同，是由于外汇市场瞬息万变，基于的时间点不同。

### 世界各国货币不同汇率标价法总结

由于大多数国家都以美元为关键货币，即 1 美元等于多少本国货币，而在外汇市场上习惯于美元标价法，也是 1 美元等于多少他国货币，这样，世界市场上的货币标价就统一了，即通常情况下，外汇市场上都是 1 美元等于多少他国货币。综上所述可知：

（1）国际外汇市场绝大多数货币都是以美元为外币的直接标价法；

（2）实行间接标价法的国家主要为美国、英国及其原附属国货币；

（3）美元遇到英镑时，美国美元采用直接标价法，即 1 英镑等于多少美元；

（4）英镑遇到欧元时，英国英镑采用直接标价法，即 1 欧元等于多少英镑。

资料来源：北京大学国际金融研究小组.

#### 2. 买入汇率与卖出汇率

从银行买卖外汇的角度来看，汇率可以分为买入汇率和卖出汇率，又称买入价和卖出价。其中买卖差价为银行收益，通常为 0.001 ~ 0.005。当然，银行间同业买卖差价会更小。在外汇市场上，对于现货市场上的汇率，一般都会直接报出买入价和卖出价，前一个数字较小，后一个数字较大。在直接标价法下，较小的为银行买入外汇价格，较大的是银行卖出外汇的价格；在间接标价法下，恰好相反。

实际上，如果我们用一般表达式（1 单位货币 = $X_1$ ~ $X_2$ 标价货币）来定义汇率的买入价和卖出价，那么不论在直接标价法还是间接标价法下，较小数 $X_1$ 为单位货币的买入价，较大数 $X_2$ 为单位货币的卖出价，例如在表 2 - 1 中，美元对港币的买入价为 7.7860，卖出价为 7.7865；英镑对美元的买入价为 1.5984，卖出价为 1.5987。

理解这一定义主要抓住两个核心要点：（1）买入价和卖出价始终是针对外币而言的，而外币是相对于交易银行所在国。那么在直接标价法中外币在左边，等式右边前一个数（较小数）为买入价，后一个数（较大数）为卖出价，而在间接标价法中外币在右边，是作为标价货币，所以如果要知道外币的买入价和卖出价，需要如下转化：1 标价货币 = $(1/X_2)$ ~ $(1/X_1)$ 单位货币。（2）买入价和卖出价始终是银行在低买高卖的外汇行为活动，银行总是处于对自己有利的地位。

买入汇率与卖出汇率的均价为中间汇率，其计算公式为：（买入汇率 + 卖出汇率)/2。由于银行间同业买卖外汇差价非常小，接近中间汇率，所以有时候可以将中间汇率理解为银行间外汇交易汇率（见图 2 - 3）。

**图 2 - 3　买入汇率、卖出汇率与中间汇率**

　　事实上，买入汇率与卖出汇率最主要是银行与其顾客在外汇交易活动时使用的，在不影响分析的情况下，如一般的财经报道和在学术研究中还是更多地使用中间汇率。我们通常笼统地说汇率时，指的就是中间汇率。例如2009年我国外汇管理年报中披露的人民币兑美元的汇率（见图2-4）。

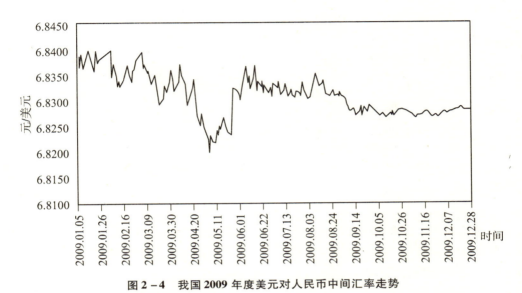

**图2-4　我国2009年度美元对人民币中间汇率走势**

资料来源：中国外汇管理年报（2009）.

### 3. 即期汇率与远期汇率

　　按汇率买卖的交易时间来划分，汇率可分为即期汇率和远期汇率。即期汇率就是现货外汇市场上外汇的价格，是指现在交易外汇，或现在成交，在两个营业日内办理外汇交割时所用的汇率。远期汇率是现在约定的，未来一定时间外汇交割的价格。主要用于远期交易和远期衍生类交易（如外汇期货、外汇期权等）。远期汇率高于即期汇率，称远期升水；低于即期汇率，称远期贴水；等于即期汇率，称远期平价。

　　不同与即期汇率，即期汇率一般直接报出买入价和卖出价，对于远期汇率，有两种报价方法：一种是直接报价（见表2-3），即同即期汇率一样，报出不同期限的远期汇率的买入价和卖出价，一般是银行对客户的报价，如瑞士和日本等；另一种是远期差价，又称为掉期率，用升水、贴水和平价标出远期汇率和即期汇率的差额，如美、英、德、法等。

　　由于远期差价法只报出升贴水的点数，所以需要进一步计算远期汇率。与前面一样，如果考虑直接标价法和间接标价法，会使计算变得复杂。所以我们给出在不需要考虑标价方法的情况计算远期汇率的一般公式：

　　　　单位货币的远期汇率＝即期汇率＋单位货币相对于标价货币升水（小—大）　　（1）

　　　　单位货币的远期汇率＝即期汇率－单位货币相对于标价货币贴水（大—小）　　（2）

表 2 – 3　　　　　　　中国银行人民币远期外汇牌价（2011 年 6 月 29 日）

| 100 外币的价值 | | 美元 | 欧元 | 日元 | 港元 | 英镑 | 瑞郎 | 澳元 | 加元 |
|---|---|---|---|---|---|---|---|---|---|
| 七天 | 买入 | 644.63 | 923.35 | 7.9478 | 82.72 | 1 029.85 | 774.01 | 677.26 | 655.79 |
| | 卖出 | 648.86 | 932.26 | 8.0180 | 83.46 | 1 038.96 | 780.85 | 684.06 | 661.58 |
| 一个月 | 买入 | 644.37 | 922.38 | 7.9455 | 82.70 | 1 029.14 | 773.82 | 674.93 | 655.13 |
| | 卖出 | 648.60 | 931.27 | 8.0158 | 83.43 | 1 038.24 | 780.66 | 681.72 | 660.93 |
| 三个月 | 买入 | 643.73 | 919.69 | 7.9415 | 82.66 | 1 027.30 | 773.51 | 668.44 | 653.37 |
| | 卖出 | 647.96 | 928.56 | 8.0117 | 83.39 | 1 036.38 | 780.34 | 675.16 | 659.15 |
| 六个月 | 买入 | 639.26 | 912.34 | 7.9054 | 82.25 | 1 020.60 | 769.94 | 657.99 | 648.50 |
| | 卖出 | 645.13 | 921.14 | 7.9753 | 82.98 | 1 029.62 | 776.75 | 664.60 | 654.23 |
| 九个月 | 买入 | 636.41 | 906.24 | 7.8851 | 81.98 | 1 015.33 | 767.77 | 648.25 | 644.45 |
| | 卖出 | 642.68 | 914.98 | 7.9548 | 82.71 | 1 024.30 | 774.56 | 654.77 | 650.14 |
| 十二个月 | 买入 | 633.86 | 900.50 | 7.8691 | 81.74 | 1 010.35 | 765.84 | 638.88 | 640.62 |
| | 卖出 | 640.32 | 909.18 | 7.9387 | 82.46 | 1 019.28 | 772.61 | 645.30 | 646.28 |

资料来源：www.boc.cn，中国银行官网.

　　在该公式中，如果报价点数前一个小后一大用公式（1）；反之，用公式（2）。例如，根据这个公式可以计算出中欧元对美元、美元对港元的不同时期的远期汇价。假设欧元对美元的即期汇率为 1 EUR = 1.4316 ~ 1.4317 USD，1 个月远期报价为：20 ~ 35；美元对港币的即期汇率为 1 USD = 7.7860 ~ 7.7865 USD，3 个月远期报价为：20 ~ 10；通过以上的公式可以分别求得：

$$EUR/USD = (1.4316 + 0.0020) \sim (1.4317 + 0.0035) = 1.4336 \sim 1.4352$$

$$USD/HKD = (7.7860 - 0.0020) \sim (7.7865 - 0.0010) = 7.7840 \sim 7.7855$$

---

## 外部平衡概念的演进过程

　　关于汇率的升与降问题，通常有三个容易混淆的概念需要注意：汇率的升值与贬值；汇率的升水与贴水；汇率的法定升值与贬值。

　　（1）汇率的升值（Appreciation）与贬值（Depreciation）：一种货币能够获取更多的另一种货币，即这种货币升值，反之为贬值；在前文中已经详细介绍；

　　（2）汇率的升水（Premium）与贴水（Discount）：升贴水是针对远期汇率而言的，当远期汇率高于即期汇率时，即为升水；反之为贴水；当远期汇率等于即期汇率时，成为远期汇率平价；

　　（3）汇率的法定升值（Revaluation）与法定贬值（Devaluation）：法定升值与贬值时针对固定汇率制度下的汇率的升值与贬值；在固定汇率制度下政府当局决定变更货币比率，使得本国货币获取更多的外国货币，即为法定升值，反之为法定贬值。

　　资料来源：北京大学国际金融研究小组.

### 4. 名义汇率与实际汇率

名义汇率就是我们通常所说的汇率，即两种货币之间的兑换比率。实际汇率则根据不同的研究需要存在多种定义，本书介绍其中的一种，假设实际汇率为 q，$P^*$ 为外国价格水平，P 为本国价格水平，则实际汇率：

$$q = \frac{EP^*}{P}$$

其中，E 为直接标价法下的名义汇率。

根据名义汇率和实际汇率的定义可知，名义汇率是两国货币的相对价格，而实际汇率是两国产出篮子的相对价格，用本国产出篮子表示的外国产出篮子的价格，反映的是两国的相对购买力。或者说，实际汇率是用同一种货币表示的外国商品和本国商品之间的相对价格。当两国的物价水平相对不变时，名义汇率的变动等同于实际汇率的变动。由于实际汇率考虑了两国物价水平的变动，与名义汇率相比，其更能够反映两国产品在国际市场的购买力情况和竞争力水平。

假设一个欧洲商品篮子的价格为 40 欧元，一个美国的商品篮子价值为 50 美元，欧元对美元的即期汇率为 1.4316USD/EUR；若以美国为本国，即 $E_{\$/\unicode{0x20AC}} = 1.4316$，$P^* = 40$ €，$P = 50\$$；从而可以得到实际汇率 $q_{\$/\unicode{0x20AC}}$：

$$q_{\$/\unicode{0x20AC}} = \frac{EP^*}{P} = \frac{(1.4316\,\$/\unicode{0x20AC}) \times (40\,\unicode{0x20AC}/欧洲商品篮子)}{50\,\$/美国商品篮子}$$

$$= 1.1453\ 美国商品篮子/欧洲商品篮子$$

上式中分子为欧洲商品篮子的美元价格，即一个欧洲商品篮子价值为 57.504 美元，分母为美国商品篮子的美元价格，即一个美国商品篮子价值为 50 美元；那么实际汇率就是用同一种货币（美元）表示的外国商品和本国商品之间的相对价格。由于是同一种货币表示的价值比，货币单位相互抵消，其结果中便不存在货币单位，q = 1.1453 表明一个欧洲商品篮子价值为 1.1453 个美国商品篮子。

或许读者觉得商品篮子有点抽象，那么在不影响分析下，我们可以将抽象的商品篮子简化为一种具体商品，如将欧洲价值 40 欧元的一部手机代表欧洲商品篮子，美国价值 50 美元的一张 CD 代表美国商品篮子，那么实际汇率 q = 1.1453 即表明欧洲的一部手机能够买得起 1.1453 个美国 CD。

通常我们说汇率的升值与贬值对进出口的影响时，往往指的是名义汇率；如人民币的升值有利于进口，不利于出口。进一步分析，一国货币贬值，假设国内价格水平不变，在国际市场上，其用外币表示的价格将会下降，变得更便宜。同时，假设国外产品的价格在国际市场上不变，由于本币贬值，从而外币升值，其国际市场上价格变贵。总之，由于在国际市场上商品通常是用外币表示的，一国货币贬值时，国内出口产品本币价格不变，外币价格下降，有利于出口；国外进口商品是外币价格不变，本币价格变贵，不利于出口。

但是由以上分析可知，用名义汇率分析对进出口的影响有一个很重要的假设，即假设两国的相对价格水平不变。事实上，随着汇率的贬值，价格水平也是会变动的；随着

出口商品外币价格便宜，国际市场上需求会不断增加，最终会推动出口商品价格的上升，进而抵消汇率贬值带来的出口价格优势。这样用名义汇率分析货币贬值对进出口的影响将会变得容易出错；而实际汇率则可以弥补这一缺陷。实际汇率引进了两国的相对价格水平，是经过物价调整后的名义汇率，本质上反映的是两国相对购买力。由于实际汇率是同一种货币表示的价值比，货币单位相互抵消，其结果中便不存在货币单位；当实际汇率上升时，表明相对于外国商品，而不是价格，本国商品变得更便宜，从而有利于经常账户的改善。

接着上面的例子，当名义汇率从 1.4316 上升 10% 时，即变为 1.5748，欧洲价格水平 $P^*$ 上升 8%，美国价格水平 P 上升 10% 时，由公式知：

$$q_{\$/\epsilon} = \frac{EP^*}{P} = \frac{1.4316(1+10\%) \times 40(1+8\%)}{50(1+10\%)}$$

$$= 1.1453\ (1+8\%)\ \text{美国 CD/欧洲手机}$$

$$= 1.2369\ \text{美国 CD/欧洲手机}$$

由实际汇率可知，当名义汇率上升 10% 时，虽然 1 欧元能换到 1.5748 美元，但一部欧洲手机实际上只能买到 1.2369 张美国 CD；实际汇率反映的是实际购买力。

当两国相对价格水平不变或者同比例变动时，名义汇率的变动自然等于实际汇率的变动，此时对名义汇率的分析也即等同于对实际汇率的分析，也是通常我们运用名义汇率分析进出口的潜在假设。

# 第二节　外汇市场和外汇交易

## ■一、外汇市场的含义

外汇市场是指进行外汇买卖的场所或网络。在外汇市场上，外汇买卖有两种类型：一类是本币与外币之间的买卖，即需要外汇者用本币购买外汇，或持有外汇者卖出外汇换取本币；另一类是不同币种的外汇之间的买卖。例如在纽约外汇市场上，美元与各种外汇之间的交易属于前一类型，欧元与日元的兑换属于后一类型。

## ■二、外汇市场的种类

### （一）根据有无固定场所，分为有形市场与无形市场

#### 1. 有形市场

有形市场指有具体交易场所的市场。外汇市场的出现与证券市场相关。外汇市场产

生之初，多在证券交易所交易大厅的一角设立外汇交易场所，称外汇交易所。外汇买卖各方在每个营业日的约定时间集中在此从事外汇交易。早期的外汇市场以有形市场为主，因该类市场最早出现在欧洲大陆，故又称"大陆式市场"。

### 2. 无形市场

无形市场指没有固定交易场所，所有外汇买卖均通过连接于市场参与者之间的电话、电传、电报及其他通信工具进行的抽象交易网络。目前，无形市场是外汇市场的主要组织形式，因其最早产生于英国、美国，故又称"英美式市场"。

与有形市场相比，无形市场具有以下优势：（1）市场运作成本低。有形市场的建立与运作，依赖于相应的投入与费用支出，如交易场地的购置费（租金）、设备的购置费、员工的薪金等；无形市场则无须此类投入。（2）市场交易效率高。无形市场中的交易双方不必直接见面，仅凭借交易网络便可达成交易，从而使外汇买卖的时效性大大增强。（3）有利于市场一体化。在无形市场，外汇交易不受空间限制，通过网络将各区域的外汇买卖连成一体，有助于市场的统一。

## （二）根据交易主体的不同，分为银行间市场和客户市场

### 1. 银行间市场

银行间市场，亦称"同业市场"。由外汇银行之间相互买卖外汇而形成的市场。银行间市场是现今外汇市场的主体，其交易量占整个外汇市场交易量的90%以上，又称为"外汇批发市场"。

### 2. 客户市场

客户市场指外汇银行与一般顾客（进出口商、个人等）进行交易的市场。客户市场的交易量占外汇市场交易总量的比重不足10%，又称为"外汇零售市场"。

此外，外汇市场还有广义与狭义之分。广义外汇市场包括银行间市场与客户市场，狭义外汇市场则仅指银行间市场。

## ■三、外汇市场的特征

## （一）空间上的一体化

首先，外汇市场分布呈全球化格局，以全球最主要的外汇市场为例：美洲有纽约、多伦多；欧洲有伦敦、巴黎、法兰克福、苏黎世、米兰、布鲁塞尔、阿姆斯特丹；亚洲有东京、中国香港、新加坡。其次，外汇市场高度一体化，全球市场连成一体，各市场在交易规则、方式上趋同，具有较大的同质性。各市场在交易价格上相互影响，如西欧外汇市场每日的开盘价格都参照中国香港和新加坡外汇市场的价格来确定，当一个市场

发生动荡，往往会影响到其他市场，引起连锁反应，市场汇率表现为价格均等化。

## （二）时间上的连续性

从全球范围看，外汇市场是一个 24 小时全天候运行的昼夜市场。每天的交易，澳洲的惠灵顿、悉尼最先开盘，接着是亚洲的东京、中国香港、新加坡，然后是欧洲的法兰克福、苏黎世、巴黎和伦敦，到欧洲时间下午 2 点，美洲大陆的纽约开盘，当纽约收市时，惠灵顿又开始了新一天的交易。在欧洲时间的下午，此时伦敦和纽约的两大市场均在营业，是大额交易的最佳时间，大的外汇交易商及各国的中央银行一般选择这一时段进行交易。

## 四、外汇市场的结构

### （一）外汇市场的参与者

外汇市场的参与者，包括外汇银行、外汇经纪人、中央银行和顾客四部分。

#### 1. 外汇银行

外汇银行亦称外汇指定银行，是由中央银行指定或授权经营外汇业务的银行。它包括专营外汇业务的本国专业银行，兼营外汇业务的本国商业银行和其他金融机构，以及外国银行设在本国的分支机构或其他金融机构。

作为国际外汇市场的主要参与者，外汇银行一方面代顾客买卖外汇和安排外汇交易，以满足客户保值或套利的需要，并从中收取服务费或手续费；另一方面以自己的账户直接进行外汇交易，通过头寸调度保值或获利。在现行浮动汇率制下，外汇风险加剧，银行外汇头寸调整的难度加大。

#### 2. 外汇经纪人

外汇经纪人即中介于外汇银行之间，或外汇银行与顾客之间，为买卖双方接洽业务并收取佣金的汇兑商。他们利用各种通信工具与各外汇银行、进出口商、跨国公司保持联系，掌握外汇市场的供求信息，媒介外汇买卖双方成交。因此，外汇经纪人对外汇市场的主要贡献是起联络作用。最初，外汇经纪人并不为自己的账户做交易，而只为客户提供代理买卖。国际贸易和金融的快速发展促使外汇业务迅速扩张，也为外汇经纪人扩大业务范围和规模提供了机会。目前，部分信用较高、资金较雄厚的外汇经纪人除了代客买卖外汇外，也从事自营外汇交易。经纪人要处理当事人提出的合理要求，提供快捷和可靠的服务，必须拥有先进的设备和熟练的技术人员。

#### 3. 中央银行

中央银行作为管理一国货币流通和监控一国金融体系的官方机构，在外汇市场上除了充当市场监管者的角色外，还必须经常介入外汇交易市场，维持本币的稳定，保证国内货币政策的妥善实施。无论是外汇银行，还是一般客户，出于实际需求或趋利行为，不可避免地造成一国货币汇率的波动，中央银行有责任缓和本币汇率的波动程度，以免对进出口贸易和国际收支乃至整个经济的增长造成不利影响。从 20 世纪 30 年代开始，美、英等金融市场发达的国家就设立了"外汇平准账户"，以后，各国纷纷仿效设立类似的外汇账户来干预市场。随着国际经济和金融合作的加强，一国中央银行在外汇市场的职责已不仅限于维持本币的稳定性，有时还要参与某一地区或某一经济联合体内的市场干预，称之为联合干预。当然，随着各国金融市场的不断开放，中央银行将承担更大的压力。事实上，不论一国的外汇储备如何雄厚，也难以抵挡国际投机资本的冲击。所以很多国家特别是发展中国家维持本币汇率稳定，更多的是借助监管，而直接参与市场交易的方式只能作为辅助手段。例如日本央行要求外汇经纪人向其报告已完成的每一笔交易的情况，对外汇活动实行严格的监督。

### 4. 顾客

外汇市场的顾客包括进出口商、国际投资者、旅游者、保值性的外汇买卖者和投机性的外汇买卖者。这类参与主体进行交易的主要目的是：（1）满足进出口收付款项的需要。（2）清算对外投资产生的外币债权债务。（3）证券买卖及红利和股息的收回。（4）避免汇率风险或其他风险。（5）利用各金融中心的价格不平衡获取利润。（6）捐赠。

从交易目的不难发现，顾客是外汇市场的最初供应者和最终需求者，他们参与市场的内容和项目几乎涵盖了国际收支经常账户和资本金融账户的全部。

## （二）外汇交易的层次

一般地，外汇交易可以分为三个层次，即银行与顾客之间的外汇交易、银行之间外汇交易和外汇银行与中央银行之间的交易。

### 1. 银行与顾客之间的外汇交易

顾客向银行买卖外汇，往往是出于国际结算中收付货款的需要，故主要是本币与外币之间的兑换。在与顾客的外汇交易中，银行一方面从顾客手中买入外汇，另一方面又将外汇卖给顾客，实际上是在外汇的最初供给者与最终需求者之间起中介作用，赚取外汇的买卖差价。

### 2. 银行间外汇交易

银行在为顾客提供外汇买卖中介服务时，经常出现营业日内外汇买入额与卖出额不平衡的情况。如果某一币种的购入额多于出售额，则银行该币种外汇头寸即出现"多头"（Long Position）；如果某一币种购入额低于出售额，则银行该币种外汇头寸即出现"空头"（Short Position）。"多头"和"空头"统称"敞口头寸"（Open Position）。为了规避汇率变动的风险，银行必须遵循"买卖平衡"的原则，主动参与银行间市场的交易以轧平各币种的头寸，将多头抛出，空头补进。这种头寸业务又称外汇头寸调整交易。银行进行外汇交易，也可出于投机获利的目的。银行同业间交易汇集了外汇市场的供求流量，由此决定着汇率的高低。在外汇市场上，实力雄厚的大银行凭借其先进的电信设备，高素质的外汇交易员及广泛的代理行关系处于"造市者"地位。这些银行对某种货币的买卖报价可以直接影响该种货币的汇率。

### 3. 外汇银行与中央银行之间的交易

中央银行对外汇市场的干预，是通过与外汇银行之间的交易进行的。当某种外币汇率上涨高于期望值时，中央银行就会向外汇银行出售该种货币，促使汇率下跌；反之，当某种外币汇率下跌低于期望值时，中央银行就会从外汇银行处购入该种外币，使其汇率上升。

## 五、国际套汇与套利

### （一）国际套汇交易

套汇交易（Arbitrage）是套汇者利用同一货币在不同外汇中心或不同交割期上出现的汇率差异，为赚取利润而进行的外汇交易。利用同一货币在不同市场的汇率差异进行的套汇叫地点套汇。利用同一种货币在不同交割期上的汇率差异进行的套汇，叫时间套汇。利用远期外汇市场与即期外汇市场的差价进行的"买空"和"卖空"都属于时间套汇的范畴。我们现在只讨论地点套汇。地点套汇可分为直接套汇和间接套汇两种方式。

### 1. 直接套汇

直接套汇（Direct Arbitrage）是指利用两个外汇市场之间的汇率差异，在某一外汇市场低价买进某种货币，而在另一市场以高价出售的外汇交易方式。

例如，纽约市场和欧洲市场在某一时间内的汇率分别为：

纽约市场：1 美元 = 1.4316/20 欧元

欧洲市场：1 美元 = 1.4325/45 欧元

从上述汇率可以看出，纽约的美元比欧元便宜，套汇者选择在纽约买入美元，同时在欧洲市场卖出美元。具体操作如下：在纽约市场套汇者买进 1 美元，支付 1.4320 欧元；同时在欧洲市场卖出 1 美元，收进 1.4325 欧元。做 1 美元的套汇业务可以赚取 0.0005 欧元。

套汇可促使不同市场汇率差异缩小。在上例中，套汇过程一方面会扩大纽约市场美元的需求，使其汇率上涨；另一方面会增加欧洲市场美元的供应，使其汇率下跌。加上先进的通信与支付系统，各市场存在的价格偏差很快会被纠正，这说明当今国际外汇市场上地点套汇的机会很小。尽管如此，由于不同市场的汇率调整存在时滞，精明的套汇者仍可抓住短暂的机会获利。

2. 间接套汇

间接套汇（Indirect Arbitrage）是指投机者利用三个或三个以上外汇市场之间出现的汇率差异，同时在这些市场贱买贵卖有关货币，从中赚取汇差的一种外汇交易方式。

例如：在某日的同一时间，巴黎、伦敦、纽约三地外汇市场的现汇行情如下：

欧洲市场：1 英镑 = 1.7100/1.7150 欧元

伦敦市场：1 英镑 = 1.4300/1.4350 美元

纽约市场：1 美元 = 1.1100/1.1150 欧元

第一步，判断三个市场是否存在套汇的机会，原理是：在其中某一个市场投入 1 单位货币，经过中介市场，收入的货币不等于 1 个单位，说明三个市场汇率存在差异。判断方法为：

为了方便起见，先求出三个市场的中间价格：

欧洲市场：1 英镑 = 1.7125 欧元

伦敦市场：1 英镑 = 1.4325 美元

纽约市场：1 美元 = 1.1125 欧元

将上述三个标价改成同一标价法且基准货币的单位为 1，然后相乘。

$$1.7125 \times (1/1.1125) \times (1/1.4325) = 1.075 > 1$$

上式说明套汇者在欧洲投入 1 英镑，经过纽约市场，在伦敦市场可以换回 1.075 英镑。所以有套汇机会。

综上所述，判断多个市场有没有套汇机会可按三个步骤进行：

（1）求出各市场的中间汇率；

（2）将汇率的不同标价方法变成同一标价法，且基准货币的单位为 1；

（3）将各汇率相乘，只要乘积不等于 1，就有套汇机会。

第二步，寻找套汇的路线。如果套汇者要套取英镑，可选择在欧洲或伦敦投入，以纽约作为中介市场。如果套汇者在巴黎投入英镑，因为 $1.7125 \times (1/1.1125) \times (1/1.4325) = 1.075 > 1$，则表明套汇的路线为：欧洲—纽约—伦敦。

注意：如果判别式小于 1，则说明市场路线是相反的。

假设套汇者动用 100 万英镑套汇。在欧洲按 1 英镑 = 1.7100 欧元换成 171 万欧元，在中介市场纽约将 171 万欧元按 1 美元 = 1.1150 欧元换成 153.36 万美元，在伦敦按 1 英镑 = 1.4350 美元换成英镑。套汇结果 106.87 万英镑，套汇利润 6.87 万英镑。

欧洲市场：1 英镑 = 1.7100/1.7150 欧元（以 1.7100 卖出英镑，买欧元）

伦敦市场：1 英镑 = 1.4300/1.4350 美元（以 1.4350 买入英镑，卖美元）

纽约市场：1 美元 = 1.1100/1.1150 欧元（以 1.1150 买入美元，卖欧元）

最终的套汇收益为：

$$100 \times 1.7100 \times (1/1.1150) \times (1/1.4350) = 106.87$$

## 间接套汇的原理

所谓间接套汇，即利用几个不同地点的汇率差异，同时在几个市场上贱买贵卖。下面分析以三个市场为例。

首先，计算出各个市场的中间价格，然后选取一种套汇货币，假设为 a 货币；这样就每个市场依次循环计算出 1 单位 a 货币等于多少 b 货币，1 单位 b 货币等于多少 c 货币，1 单位 c 货币等于多少 a 货币；即 $E_{ab}$、$E_{bc}$ 和 $E_{ca}$。

其次，计算间接套汇存在的条件：$E_{ab} \times E_{bc} \times E_{ca} \neq 1$。其实这很好理解：若大于 1，在第一个市场投入 1 个单位的 a 货币，在第三个市场将获得大于 1 个单位的 a 货币。故在第一个市场卖出 a 货币，在第三个市场买入 a 货币，因为 a 货币在第三个市场相对便宜，从而实现低买高卖。

最后，确定套汇路径和计算套汇收益。若 $E_{ab} \times E_{bc} \times E_{ca} > 1$，即套汇路径为：$a-b-c$；套汇市场路径为 $E_{ab}$ 报价市场 $-E_{bc}$ 报价市场 $-E_{ca}$ 报价市场。若 $E_{ab} \times E_{bc} \times E_{ca} < 1$，即将路径反过来。

资料来源：北京大学国际金融研究小组.

## （二）国际套利交易

套利（Interest Arbitrage）是指在一定的远期汇率状况下，利用两国的利率差价以套取收益的行为。资本总是流向收益率高的地方，随着金融的高度全球化和各国资本管制的逐渐放开，只要哪个地方具有超额收益率，资本会深入到全球的每一个角落。一般来说，在远期汇率不发生巨大波动时，资本总是从利率低的地方向利率高的地方流动，以获取较高的利息收入。

在进行套利时，主要考虑两个问题：（1）远期汇率的变动；（2）利率的差价。如果利率的差价大于远期汇率的不利变动，则套利成功，否则套利失败。所以根据套利开始时对远期汇率的处理不同，可以将套利交易分成：抛补套利（Covered Interest Arbitrage）和无抛补交易（Uncovered Interest Arbitrage）。所谓"抛补"其英文意思为"覆盖"，即是否覆盖住套利交易中的风险暴露敞口，若覆盖住了，则为抛补套利，否则为无抛补套利。抛补套利中的远期汇率是确定的，是指在套利开始时，与金融机构做了一笔期限相同，方向相反的远期对冲交易，远期合约中的汇率即为该抛补交易中远期汇率。无抛补交易中的远期汇率是不确定的，套利者凭借自身对市场的汇率预期，在预期有利时进行的投机行为。

在现实中，哪有那么多免费的午餐，抛补的套利机会是非常少的；更多地表现为无抛补的套利活动，凭借投机者的对市场敏锐的洞察力和对市场风险的承担以获取回报。由于无抛补的套利中涉及汇率预期因素，在后面的汇率理论中将会详细阐述，这里我们就抛补的套利活动举例说明：

金融学中的套利一般始于自融资原理，简单说就是借钱套利。假设以美国为本国，美国投机者首先以 $5% 的利率从美国银行借入 1.1 美元，当时的即期汇率为 $1 = €1.1，投机者首先将借入 1.1 美元通过外汇银行换成 1 欧元，并以 €16% 的利率存入欧洲银行，1 年后为到期日。由于是抛补套利交易，即在持有这一风险头寸的同时做一笔数量相同方向相反的对冲交易，具体来说，投机者在将存入 1 欧元的同时，与一家银行机构会签订一份远期外汇空头合约，即约定在 1 年后将获得的 1.16 欧元卖给该银行，约定的远期汇率 $1 = €1.1，以规避汇率变动风险（见图 2 – 5）。

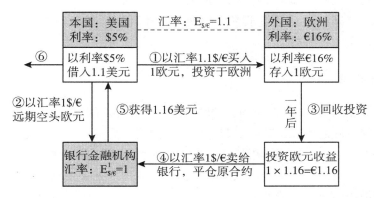

⑥偿还1年期借款：$1.1 \times (1+5\%) = \$1.155$；套利收益：$\$1.16 - \$1.155 = \$0.005$

**图 2 – 5　抛补套利交易流程**

1 年后，欧洲存款到期，美国投机者获得 1.16 欧元，根据远期合约，投机者以 $1 = €1.1 的确定价格将 1.16 欧元卖给银行，获得 1.16 美元。同时，该投机者 1 年前从美国银行的借款也正好到期，其需要支付给美国银行的金额为 $1.1 \times (1 + 5\%) = \$1.155$。最终我们可以计算出该投机者套利收益为：

$$\$1.16 - \$1.155 = \$0.005$$

进一步分析可知，虽然欧洲银行利率与美国利率差价很大，具有很大的诱惑力，但是由于 1 年以后欧元的贴水，最终获得套利收益大打折扣。

## 第三节　汇率变动的主要影响因素

汇率既然作为货币的一种价格，它的不断波动就应该是极其自然的事。然而，究竟是哪些主要原因引起了一定时期内汇率的较大浮动或变动，则是人们需要认真注意的。引起汇率变动最直接和表面的原因应该是外汇供求关系的变化。在自由兑换的条件下，某种外汇供过于求，则这种外汇的价格就下跌，某种外汇供不应求，则这种外汇的价格就上升。然而，又是哪些因素引起了外汇供求关系的变化呢？这应从多方面作具体分析。

### ■一、影响汇率变动的主要经济因素

综合分析影响一国汇率变动的经济因素，集中到一点，就是一国的经济实力或综合国力。如果一国的国内产业结构合理、科学技术进步、产品质量过硬，经济增长强劲、财政收支良好、物价稳定等，即一国经济形势较好，实力较强，其商品在国际市场上竞争能力就强，出口增加，其货币汇率必然坚挺。相反，如果一国国内生产停滞或衰退，财政状况恶化，物价上涨、通货膨胀等，即一国的经济实力较弱，其商品在国际市场上竞争能力就弱，出口减少，其货币汇率必然疲软。体现一国经济实力的因素是多方面的，需要进行具体及重点分析。

### （一）国际收支

一国的国际收支状况会使一国的汇率发生变化。一国国际收支持续顺差，外汇收入相应增多，国际储备随之增长，就会引起外国对该国货币需求增长和外国货币供给的增加；在其他条件不变对，该国货币币值就会上升，外汇汇率就会下降。反之，一国国际收支持续逆差，以致对外债务增加，或国际储备随之减少，就会导致该国对外汇需求的增加，使本国货币币值下跌，外汇汇率上升。国际收支是影响汇率变动的重要经济因素，但需要指出的是，国际收支状况是否必然会直接影响到汇率发生变动，还要看国际收支差额的性质。长期的巨额国际收支逆差，一般来说肯定会导致本国货币汇率下降，而暂时的、小规模的国际收支差额可以比较容易的为国际资本流动等有关因素所抵消或调整，不一定会最终影响到汇率发生变动。

### （二）通货膨胀

在纸币流通条件下，两国货币的兑换比率是根据各自所代表的实际价值量决定的。因此，一国货币价值的总水平是影响汇率变动的重要因素。在一国发生通货膨胀时，该国国内物价总水平区域上涨，货币所代表的价值量减少，实际购买力降低，直接影响一国商品及劳务在世界市场上的竞争能力，从而引起出口的减少和进口的增加，使外汇供求关系发生变化导致汇率变动，使本国货币汇率下跌和外汇汇率上涨。需要指出，在目前世界各国普遍实行纸币制度的条件下，分析汇率的变动因素，不仅要分析本国的通货膨胀率，还应考察其他国家通货膨胀率。当然分析时还应注意的是，一国货币的对内贬值转移到货币的对外贬值，要有一个相对较长的时间过程。

### （三）资本流动

资本在不同国家间大量流动会使汇率发生重大变动。资本的大量流入，会增加对流入国货币的需求，使流入国的外汇供应增加，外汇供应的相对充足和对流入国本币需求的增长，会使本币币值上升，外汇汇率下降；相反，一国资本大量流出，就会出现外汇

短缺，对本币需求下降的情况，使本币币值下降、外汇汇率上升。

## 二、影响汇率变动的主要政策因素

影响汇率变动的政策因素，是指一国政府为稳定本国经济及汇率而采取的一些经济政策，包括利率政策、汇率政策和外汇干预政策等。

### （一）利率政策

利率政策是指一国采取的变动本国银行利率水平来对本国经济加以调整的经济政策。一些国家为使汇率朝着有利于本国经济发展的方向变动，往往利用政策加以调节，提高利率，在国内可以紧缩信贷、抑制通货膨胀，在国际上可以增强对外资的吸引力，改善国际收支，从而有利于汇率稳定与经济健康发展；降低利率会使一国国内信用宽松、易于导致货币贬值，会使国际资本流入减少、资本流出增加，致使外汇汇率上升。利率政策的实施，是同一国中央银行的贴现政策、同该国鼓励或限制资本流动的政策联系在一起的，都会多汇率起到调节作用。短期内，利率政策在汇率变动中的作用是很明显的。

### （二）汇率政策

汇率政策是指一国政府通过公然宣布本国货币贬值或升值的办法，即通过明文规定来宣布提高或降低本国货币对外国货币的兑换比率来使汇率发生变动。本币升值是一国调整基本汇率使其货币的对外价值提高；本币贬值是一国使其货币的对外价值降低。

### （三）外汇干预政策

外汇干预政策指一国政府或货币当局通过利用外汇平准基金介入外汇市场，直接进行外汇买卖来调节外汇供求，从而使汇率朝着有利于本国经济发展的方向变动。外汇平准基金是专门为稳定汇率而设立的一笔外汇资金。20世纪80年代以来，西方主要工业国家为避免因汇率变动造成对国内经济的不利影响，协调相互之间的经济政策，往往采取联合干预的措施，共同影响汇率的变动，以达到稳定外汇市场的目的。需要强调的是这种干预政策不是靠行政的强制管制来实现的，而是靠介入外汇市场，通过外汇买卖活动这一经济行为来实现的。

## 三、影响汇率变动的其他因素

汇率变动除了受上述经济与政策方面的基本因素影响外，还会受到许多其他偶然因素影响。第一，政治因素。国内大的或国际性的政治、军事等突发事件，对汇率变动有着不可忽视的影响作用。例如，国内的政局不稳，政权交替；国际争着局势的恶化或好转；地区性、局部的军事冲突的爆发、升级、缓和等都会对汇率变动产生重大影响。第二，心理因素。人们对外汇市场信息的获取及听信程度、人们的市场预期心理及其采取的相应措施对汇率的变化有着重要的影响。如果人们普遍对某种货币的发展前景看好，该种货币在市场上就会被大量买进，造成该种货币汇率上升。第三，投机因素。大的外汇投机活动，特别是跨国公司的外汇投机活动，有时会使汇率发生剧烈动荡。如泰国危机。第四，偶然因素。大的天灾如地震、洪涝等偶然因素，有时甚至只是一个谣传，有时也会直接引起汇率发生变动。

## 日本：最高级的地震与最强势的日元

日本史上最高震级的地震，震出史上最强的日元。2011年3月11日的日本福岛地震后，日元在外汇市场上短暂下跌，随后便掉头不断走强，尤其是对美元汇率，一周之内创下历史纪录。美元对日元汇率从地震当日的82.8，到3月16日触及80的低点，17日更是一度探至76.25；在西方7国的联合干预下，18日才回升至80上方。

日本是所谓量化宽松货币政策之始作俑者，早在1996~1997年，面临本国经济长期衰退，日本中央银行将基准利率降至0.25%以下，如此低的利率水平，刺激外汇市场投机者大肆借入日元，日本从此成为全球流动性泛滥的主要策源地。大灾难瞬间袭来，市场投机者有先见之明，他们预测日本灾后重建需要大量增发国债。这样货币市场利率就可能大幅度上升。外汇投机者于是大肆抛售美元、欧元、澳元以偿还日元借款。日元需求急升，汇率自然飙涨。此外，日本金融机构尤其是保险公司为应对灾后支付，也开始抛售海外资产兑换日元回国。

2011年3月18日，西方七国中央银行联手干预外汇市场，日元汇率应声回落到1美元兑82日元水平。然而，即使多国中央银行联手干预，也不会有实质效果。中央银行区区数百亿美元之干预，如何可以扭得过市场这条大腿？有史以来各国央行最大规模的联手干预是1985年9月22日《广场协议》签署之后，规模超过2 200亿美元，也只是短期发生效果。假若日元汇率真的继续震荡走高，日本出口就会雪上加霜。

资料来源：向松祚. 日本大地震加剧全球货币汇率动荡.

上述各种影响汇率变动的因素作用及其相互关系是错综复杂的。有时是多种因素同时起作用，有时是某种因素起主导作用，有时某些因素的作用会相互抵消；有时一种因素的主要作用会被另一种因素迅速取代等。人们在对汇率实际变动进行分析的时候，必须注意对有关因素进行综合分析和具体考察，以期获得较为切实的结论。

# 第四节 汇率变动的经济效应分析

## ■ 一、汇率变动与物价水平

### （一）货币贬值对物价的中短期影响

1. 进口商品的国内价格

假定在中短期时，贬值不会影响进口商品的国际市场的价格，即其在国际市场上外币价格不变；那么国内货币贬值，汇率上升，则进口商品需要的本国货币更多了，即相对本国居民，进口商品更昂贵，从而最终导致其国内价格上升！

例如，假设在国际市场上，一本美国的《国际金融》教材 100 美元，最初汇率为 $100 = ¥650.00，即中国国内居民要买这本教材，需要支付 650 元人民币；当汇率变为 $100 = ¥670.00 时，国际市场上还是 100 美元，但该居民则要支付 670 元人民币才能买到这本书，即多支付 20 元人民币。相对于本国居民，进口商品变贵！那么，其最终在国内市场价格会变成 670 元人民币以弥补成本。

2. 出口商品的国内价格

假定在中短期时，价格具有黏性，贬值不影响出口商品的市场价格，即出口商品需要的本国货币价格不变，由于国内货币贬值，汇率上升，那么其外币标价更便宜了，其在国际市场上更有竞争力！由于这样需求会上升，最终导致其国内价格上升。

例如，假设在国内市场上，一件中国外衣价格为 650 元人民币，最初汇率为 $100 = ¥650.00，即外国居民要买这件衣服，要支付 100 美元；那么当汇率变为 $100 = ¥670.00 时，出口时其国内人民币价格仍然是 650 元人民币，但在国际市场上，用美元标价时，则为 97 美元，即该国外居民仅需要支付 97 美元就能买到这本书，即少支付 3 美元。相对于外国居民，出口商品变便宜了！假设供给不变，外国需求将会增加，最终国内价格上升。

3. 国内其他商品的价格

汇率变动不仅影响进出口商品的国内价格，也影响着国内其他商品的价格。汇率的上升即本币的贬值，会导致进口商品和出口商品在国内的售价提高，必然要导致国内其他商品价格的提高，从而会推动整个物价的上涨。汇率的下降和本币升值，导致进口商品和出口商品在国内的价格降低、必然会促进国内整个物价水平下降。如本币升值，进口商品国内价格降低，以进口原料生产的本国商品价格由于生产成本的降低而下降。

## （二）货币贬值对物价的长期影响

### 1. 货币工资机制

货币贬值导致进口商品和出口商品价格的上升，这样会推动生活费用的上升，从而导致工资收入者要求更高的名义工资，而更高的工资又会进一步推动生产成本和生活费用的上升，如此循环上升，最终出口商品和进口替代品以及整个经济的一般物价水平上升！

### 2. 生产成本机制

货币贬值导致进口商品和出口商品价格的上升，当进口产品是本国产品的重要原材料和中间产品时，这样会增加与此相关的产业链的产品生产成本，推动其相关价格的上升。尤其是关键性原料，如石油，如果一国主要依靠进口原油，那么该国货币贬值导致其本币价格上升，通过成本上升，不仅会推动相关产品的价格上升，可能导致更深层次的物价上升！

### 3. 货币供应机制

由于本币贬值，政府在等量外汇的结汇方面，将被动支出更多的本国货币，从而导致本国货币供应量的增加。另外，由于货币工资机制和成本机制的作用，货币供应量也有可能增加，而货币供应量的增加会进一步产生通胀的压力。

综上所述，我们可以得出：当汇率上升时，不论是长期还是短期，都会导致本国的物价水平上升和通货膨胀压力（见图2-6）。

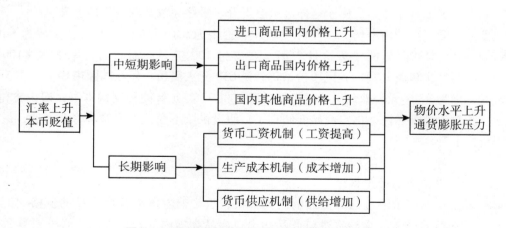

图2-6　货币贬值与物价水平的影响机制与路径

## 二、汇率变动与对外经济

### （一）对外贸易

一般来说，货币的贬值会有利于该国的出口，抑制进口，有利于对外贸易和改善经常账户。同时，在一定的汇率制度安排下保持汇率的稳定，有利于进出口贸易的成本及利润的计算，有利于进出口贸易的安排；汇率的变动频繁，会增加对外贸易的风险，影响对外贸易的正常进行。另外，如果政策当局能够恰当地运用好汇率工具，适当货币的贬值在一定程度上还能对对外贸易的结构产生影响。

### （二）资本流动

当本币贬值时，本国资本为防止货币贬值的损失，常常瞬间调往国外；同时，对于外国资本，由于汇率下降，等量外币能够获得更多的本币，从而有利于吸引外国资本流入，如外国资本对我国实体行业的投资，在货币贬值的环境下，等量外币在我国以本币表示的投资额度相对增大。相反，本币币值上升，则会对资本流动产生与上述情况不同的影响，即会引起在国外的本国资本回流和不利于外国资本流入。

### （三）国际收支

国际收支状况是影响汇率变动的重要因素。但反过来，汇率变动对国际收支也有重要影响。如上所述，本币贬值，有利于增加出口、吸引外国资本流入，可以抑制进口和外国资本流出，从而有利于国际收支逆差的缩小；本币汇率上涨，有利于刺激进口和外国资本流出，不利于出口和外国资本流入，从而有助于国际收支顺差的减少。不仅如此，汇率变动还会引起物价变动，物价变动会影响整个国内经济发生变化及贸易项目的外汇收支，从而影响整个国际收支。

## 三、汇率变动与外汇储备

### （一）对外汇储备实际价值的影响

储备货币升值，会使该种储备货币的实际价值增加，储备货币贬值，会使该种货币的实际价值减少。外汇储备实际是一种国际购买力的储备。它的实际价值只能由它在国际市场上的实际购买力来决定。如果外汇储备代表的实际价值随着货币贬值而日益减少，就会使得有该种储备货币的国家遭受损失，而储备货币发行国因该货币的贬值而减少了债务负担，从中获得巨大利益。

### （二）对外汇储备数额的影响

选择储备货币币种总是要以储备货币汇率长期较为稳定为前提的。如果某种储备货币其发行国国际收支长期恶化，货币不断贬值，汇率不断下跌，该储备货币的地位和作用就会不断被削弱，甚至会失去其储备货币的地位。例如，第二次世界大战以后，英国的经济与金融由于受到战争的影响而衰落，英镑不断贬值，汇率出现下跌，在国际支付中的使用量急剧缩减，相反，各国外汇储备中美元的比重在不断上升。

### （三） 对外汇储备结构的影响

一般来讲，一国货币汇率稳定，外国投资者能够稳定的获得利息和红利收入，有利于国际资本的投入，从而有利于促进该国外汇储备的增长；反之，本币汇率不稳定，则会引起资本外流，使该国外汇储备减少，同时，当一国由于本币汇率贬值使其出口额增加并大于进口额时，则该国外汇收入增加，外汇储备相对增加。

### 四、汇率变动机制的制约条件

汇率变动会对一国的对外及国内经济产生重要的作用。但汇率变动对一国经济产生的影响程度和范围要受到该国政治、经济等条件的制约。这些条件主要表现在以下几方面：（1）一国的对外开放程度；凡对外开放程度较高，本国经济发展对外依赖性较大，与国际金融市场联系密切，进出口贸易占国民生产总值比重较大的国家，汇率变动对其经济的影响就较大，反之，则较小。（2）一国的出口商品结构；汇率变动对出口商品结构单一的国家的经济影响较大，对出口商品结构多样化的国家的经济影响较小。（3）一国的货币可兑换性；如果一国的货币可自由兑换，在国际支付中使用较多，经常与其他货币发生兑换关系，汇率变动对其经济的影响就较大，否则影响就较小。此外，由于各国对经济的干预手段和外汇管制等情况不同，汇率变动对各国经济产生的影响也不同。分析汇率变动对一国经济的影响应当注意分析一国的具体经济条件。

更进一步，国内外学者就汇率变动与国际收支或经常账户之间的联动关系进行了很多深入的分析，其中最著名的就是 Marshall-Lerner 条件和 J–曲线效应。Marshall-Lerner条件证明了当一国实施实际货币贬值时，只有满足进出口弹性之和大于 1 的条件时，实际货币贬值才会带来经常账户的盈余，经常账户改善。J–曲线效应描述了实际货币贬值后经常账户改善由于受各种因素的影响会存在一定的时滞。在下一节中，我们将详细阐述 Marshall-Lerner 条件和 J–曲线效应的理论，尤其是对 Marshall-Lerner 条件模型将做深入的分析的严谨的数理推导。

## 第五节　Marshall-Lerner 条件和 J–曲线

### 一、Marshall-Lerner 条件

#### （一） 实际汇率变动与经常账户的不确定性

以货币贬值对经常账户的影响来看，一般来说，货币贬值有利于出口，不利于进

口，从而经常账户改善。事实上在前文引入实际汇率时进一步指出，这一结论是在假设两国物价水平不变的情况下才成立。由于货币的贬值必然会推动物价水平的变动，所以用名义汇率的分析货币贬值对经常账户的影响是很容易出错的，于是引入包含价格调整的实际汇率。例如名义汇率上升20%，同时本国价格水平也上升20%，那么根据公式 $q = EP^*/P$，实际汇率并没有发生变化，从而名义汇率变动由于价格的冲抵作用从而对经常账户没有影响。在一般情况下，假设中短期价格水平不变，那么实际汇率的变动和名义汇率的变动作用相同，此次便不再区分实际汇率和名义汇率。

由于用名义汇率变动分析对经常账户影响时没有考虑价格的变动，于是引入经价格调整后实际汇率的变动来分析对经常账户的影响。但是，即使用实际汇率来分析经常账户时，实际汇率的变动对经常账户的影响依然是不确定的。

假设经常账户只包括进口 IM 和出口 EX，也即 CA = EX - IM。下面就进口 IM 和出口 EX 分析实际汇率的变动对经常账户的影响。

就出口 EX 而言，如果实际汇率提高，那么外国产品相对于本国产品变得更昂贵，1 单位的本国产品现在只能购买较少单位的外国产品。这样，以 1 单位外国产品能够换得更多的本国产品，从而外国会增加对本国产品的需求，这将刺激出口。就进口 IM 而言，如果实际汇率提高，那么由于外国产品更贵，本国居民会减少对外国产品的需求。

但是前文提到，经常账户是以价值的形式来衡量进出口的，价值形式的经常账户余额不仅受进出口数量的影响，还受进出口价格的影响。由于我们用实际汇率分析经常账户时，剔除了名义价格的影响，最终用本国产品来衡量进出口价值。换句话说，以实际汇率分析经常账户时，是以"本国产品"作为进出口产品的"价格"，而不是用"货币价格"。这样，由于出口产品是本身就是本国产品表示的，所以单位价值不变，随着出口的增加，出口 EX 的价值上升，经常账户改善；对于进口商品，由于其价值是以"外国产品"表示的，随着实际汇率的上升，那么单位外国产品以"本国产品"表示的价值就会上升，这样，一方面进口的数量在减少，另一方面进口产品的单位价格在上升，从而进口 IM 的价值不确定。由于经常账户 CA = EX - IM，即实际汇率上升对经常账户影响具有不确定性。

## （二）数量效应与价值效应

实际汇率变动对进出口产品数量的影响称为数量效应；实际汇率对进出口产品的以"本国产品"衡量价值变动称为价值效应。实际汇率上升后，经常账户究竟是改善还是恶化，取决于数量效应和价值效应之间的较量，以及最终谁占主导地位，即取决于以进出口产品的数量效应为主，还是以本国产品衡量的外国产品的价值效应为主。在通常情况下，我们假定实际汇率变动的数量效应大于价值效应，故一国货币的实际贬值会改善经常账户。

接下来我们从数理的角度更准确地测算数量效应和价值效应。首先，我们引入经常账户函数。很显然，经常账户时关于实际汇率的函数，通常假设数量效应大于价格效应，故经常账户是实际汇率的增函数。同时，当一国居民收入增加时，也会或多或少地增加对外国产品的增口，从而恶化经常账户；当外国居民收入增加时，也会增加对本国产品的需求，即经常账户是关于本国收入的减函数，外国收入的增函数，如果假设外国收入是外生变量，则经常账户时关于实际汇率和本国收入的函数，令实际汇率为 $q = EP^*/P$，本国收入为 $Y$，则：

$$CA = CA(EP^*/P, Y)$$
$$= EX(EP^*/P, \bar{Y}^*) - IM(EP^*/P, Y)$$
$$= EX(EP^*/P) - IM(EP^*/P, Y)$$

式中 $\bar{Y}^*$ 为国外收入，假设为模型外生变量。为分析方便，令 $EX^*$ 为以"外国产品"表示的外国出口给本国的产品价值，即"外国产品"标价的本国进口品的总价值，从而：

$$IM = q \times EX^*$$
$$CA = CA(q, Y) = EX(q) - q \times EX^*(q, Y)$$

令 $t_1$ 时刻实际汇率为 $q^1$，$t_2$ 时刻实际汇率上升为 $q^2$，即：

$$\Delta q = q^2 - q^1 > 0$$

在以上假设基础上，我们分析当实际汇率由 $q^1$ 变为 $q^2$ 时，经常账户是如何变动的，即经常账户变动量 $\Delta CA$ 为：

$$\begin{aligned}
\Delta CA &= CA^2 - CA^1 \\
&= EX^2 - q^2 \times EX^{*2} - (EX^1 - q^1 \times EX^{*1}) \\
&= (EX^2 - EX^1) - q^2 \times EX^{*2} + q^1 \times EX^{*1} \\
&= (EX^2 - EX^1) - q^2 \times EX^{*2} + (q^2 - \Delta q) \times EX^{*1} \\
&= (EX^2 - EX^1) - q^2 \times (EX^{*2} - EX^{*1}) - \Delta q \times EX^{*1} \\
&= \Delta EX - q^2 \times \Delta EX^{*2} - \Delta q \times EX^{*1}
\end{aligned}$$

通过上式，我们可以更清晰地分析数量效应和价值效应，实际汇率的变动对经常账户变动 $\Delta CA$ 的影响由 3 部分组成：$\Delta EX$，$-q^2 \times \Delta EX^*$ 和 $-\Delta q \times EX^{*1}$。

就出口而言，出口对 $\Delta CA$ 的影响为 $\Delta EX$。由于经常账户是用"本国产品"衡量的价值，当实际汇率上升时，出口产品的"本国产品"价格并没有变，故价值效应为零；由于相对于外国产品更便宜，外国需求增加，存在数量效应。在 $t_1$ 到 $t_2$ 期间，出口额从 $EX^1$ 增加到 $EX^2$，即数量效应为：

$$\Delta EX = EX^2 - EX^1 > 0$$

就进口而言，进口对 $\Delta CA$ 的影响为 $-q^2 \times \Delta EX^* - \Delta q \times EX^{*1}$。在现行汇率 $q^2$ 下，由于实际汇率上升，国外产品变贵，本国居民将减少对国外产品的进口；在 $t_1$ 到 $t_2$ 期间，出口额从 $EX^{*1}$ 下降到 $EX^{*2}$，即：

$$\Delta EX^* = EX^{*2} - EX^{*1} < 0$$

数量效应是由于数量减少导致的以"本国产品"标价的经常账户价值的变动，而 $\Delta EX^*$ 是以"外国产品"标价的出口额，故要乘以实际汇率以转化为"本国产品"价值。同时，出口减少是经常账户的影响是正向的，而 $\Delta EX^* < 0$，从而进口的数量效

应为：

$$- q^2 \times \Delta EX^* = - q^2 \times ( EX^{*2} - EX^{*1} ) > 0$$

很显然，上面等式中剩下一项 $- \Delta q \times EX^{*1}$ 就是进口的价值效应，答案是肯定的。由于最初交易订单都是以初始汇率确定的国际市场价格，但实际交易发生在当期，所以相对于现行汇率，都存在一个汇率变动损失 $\Delta q$；由于进口对经常账户的影响都是反向的，故前面要加负号，从而进口的价值效应为：

$$- ( q^2 - q^1 ) \times EX^{*1} = - \Delta q \times EX^{*1} < 0$$

综上所述，我们很容易得到如下价值效应和数量效应的结构表（见表 2 - 4），该表对分析不同的效应将十分有益。值得注意的是，通常我们说的数量效应和价值效应不是针对进口或出口，而是对经常账户的数量效应和价值效应；由于假设经常账户仅包括进出口，那么对经常账户的数量效应和价值效应也就是进口和出口数量效应和价值效应之和。

表 2 - 4　　　　　　　　　　价值效应与数量效应的分解结构

| | 出口的效应分解 | 进口的效应分解 | 经常账户的效应分解 |
|---|---|---|---|
| 数量效应 | $\Delta EX > 0$ | $- q^2 \times \Delta EX^* > 0$ | $\Delta EX - q^2 \times \Delta EX^* > 0$ |
| 价值效应 | $0$ | $- \Delta q \times EX^{*1} < 0$ | $- \Delta q \times EX^{*1} < 0$ |
| 综合效应 | $\Delta EX > 0$ | $- q^2 \times \Delta EX^* - \Delta q \times EX^{*1}$ | $\Delta EX - q^2 \times \Delta EX^* - \Delta q \times EX^{*1}$ |

## （三）进口弹性与出口弹性

当实际汇率上升时，其对经常账户的影响分成数量效应和价值效应，由于价值效应和数量效应的作用是相反的，故对经常账户的最终影响不确定，取决于数量效应和价值效应谁占主导。从数理角度来分析，实际汇率对经常账户变动 $\Delta CA$ 的影响为：

$$\Delta CA = \Delta EX - q^2 \times \Delta EX^* - \Delta q \times EX^{*1}$$

接下来我们要研究的是在什么条件下 $\Delta CA > 0$，即什么条件下实际汇率变动对经常账户时正面的作用，有利于经常账户的改善。著名经济学家马歇尔和勒纳从弹性的角度，对此做出回答。经济学中弹性，即一个变量变动的百分比引起另一个变量的百分比是多少。为此，我们首先在上式两边同除 $\Delta q$，即：

$$\frac{\Delta CA}{\Delta q} = \frac{\Delta EX}{\Delta q} - q^2 \times \left( \frac{\Delta EX^*}{\Delta q} \right) - EX^{*1}$$

令实际汇率对出口和进口的弹性分别为 $\eta$ 和 $\eta^*$，即：

出口弹性：$\eta = \dfrac{\Delta EX / EX^1}{\Delta q / q^1} = \dfrac{q^1}{EX^1} \times \dfrac{\Delta EX}{\Delta q} > 0$，$\Rightarrow \dfrac{\Delta EX}{\Delta q} = \eta \times \dfrac{EX^1}{q^1}$

进口弹性：$\eta^* = \dfrac{\Delta EX^* / EX^{*1}}{\Delta q / q^1} = \dfrac{q^1}{EX^{*1}} \times \dfrac{\Delta EX^*}{\Delta q} < 0$，$\Rightarrow \dfrac{\Delta EX^*}{\Delta q} = \eta^* \times \dfrac{EX^{*1}}{q^1}$

将出口弹性 $\eta$ 和进口弹性 $\eta^*$ 代入，可得：

$$\frac{\Delta CA}{\Delta q} = \frac{\Delta EX}{\Delta q} - q^2 \times \left( \frac{\Delta EX^*}{\Delta q} \right) - EX^{*1}$$

$$= \eta \times \frac{EX^1}{q^1} - q^2 \times \left( \eta^* \times \frac{EX^{*1}}{q^1} \right) - EX^{*1}$$

假设在初始状态经常账户是平衡的，即 $CA^1 = 0$，从而有：

$$CA^1 = 0 = EX^1 - q^1 \times EX^{*1} \Rightarrow EX^1 = q^1 \times EX^{*1}$$

进一步可得：

$$\Delta CA / \Delta q = \frac{q^1 \times EX^{*1}}{q^1} \times \eta - \frac{EX^{*1}}{q^1} \times \eta^* - EX^{*1}$$

$$= EX^{*1} \left( \eta - \frac{q^2}{q^1} \times \eta^* - 1 \right)$$

因为 $EX^{*1} > 0$，要使 $\Delta CA / \Delta q > 0$，则要求：

$$\eta - \frac{q^2}{q^1} \times \eta^* - 1 > 0$$

事实上，从前面远期汇率的报价法中可以看出，汇率在一段期间内变化时非常小的，除个别货币外，大部分货币都是以基点报价，1 基点为万分之一单位，从而在 $t_1$ 到 $t_2$ 期间，实际汇率的变动非常小，即 $q^2 \approx q^1$，从而 $q^2 / q^1 \approx 1$，上式等价于：

$$\eta - \eta^* - 1 > 0$$

综上所述，当 $\eta - \eta^* > 1$ 时，$\Delta CA / \Delta q > 0$，即当进出口弹性之和大于 1 时，且经常账户最初的余额为 0 时，实际货币贬值会带来经常账户的盈余，经常账户改善。这就是著名的 Marshall-Lerner 条件，由于 $\eta > 0$，$\eta^* < 0$，Marshall-Lerner 条件又可写成：

$$|\eta| + |\eta^*| > 1$$

Marshall-Lerner 条件从纷繁复杂的经济理论中抽象出十分具体和实用的结论，对现实具有很强的解释力度，这点是难得可贵的。但是其模型要求出口商品的供给弹性为无穷大，当这一条件不再满足时，Marshall-Lerner 条件也应当做出相应的修正，后续学者又进一步推导出毕肯戴克—罗宾逊—梅茨勒条件，对此的进一步分析见第七篇的相关内容。

## ■ 二、J – 曲线效应

事实上，当一国货币实际贬值后，即使上面的 Marshall-Lerner 条件成立，经常账户也并不是像我们理论预期的那样，会马上得到改善。相反该国的经常账户可能会立即恶化，再经过好几个月才会好转。这种货币贬值后，经常账户最初出现恶化，但随着时间的发展逐步改善，其变化的路径曲线类似于英文中"J"，称之为"J – 曲线效应"（J-Curve Effect）。本质上说，J – 曲线效应描述了实际货币贬值后经常账户改善的时滞（见图 2 – 7）。

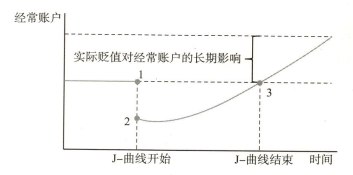

图 2 - 7　经常账户的 J - 曲线效应

　　J - 曲线效应描述了实际货币贬值后经常账户改善的时滞。在实际中，大部分的进口和出口订单都是提前几个月按当时汇率签订的。而在经常账户中，进出口产品价值是用本国产品表示的。货币实际贬值后，出口产品是用本国产品表示的，由于数量不变，故其本国产品价值不变；进口产品是用外国产品表示的，虽然数量不变，但汇率上升，故其本国产品价值上升，从而经常账户恶化。

　　同时，J - 曲线效应还根源于适应时滞，主要包括生产时滞和消费时滞。所谓生产时滞是指在汇率上升后，出口产品便宜，有利于出口，但并不能立刻带来出口的大额增加，因为出口产品制造商需要一定的时间来扩建工厂和招募员工来提高产量；同时由于国外产品变贵，进口商尤其是进口中间产品者也需要一定的时间减少对国外的依赖，转向自己生产。所谓消费时滞是指虽然国外对本国产品需求增加，但实际上要是超额需求的产品最终交到国外消费者手中也需要一定的时间，如需要增加销售网点和新的销售人员。

☞ **本章关键词** ☜

外汇　　　　　汇率　　　　　　外汇市场
套汇　　　　　套利　　　　　　**Marshall-Lerner** 条件
**J - 曲线效应**

☞ **深入思考的问题** ☜

1. 探讨人民币升值的动因以及升值后对中国经济的影响传导机制。
2. 面对人民币的升值，我国巨额的外汇储备将何去何从。
3. 就中国数据，实证分析 Marshall-Lerner 条件和 J - 曲线效应。

# 第 五 章

# 汇率决定的基本理论

一般来说，汇率的决定理论是国际金融理论的核心，也是我们分析各类国际金融活动的重要理论分析工具。本章有选择性地介绍不同时期的主流的汇率决定理论，以全新的逻辑构架和分析视角对主流的汇率理论做出完整而深入的理论分析和数理推导，以飨读者。

具体来说，本章首先引入金本位制下的汇率决定以探究汇率决定的基础与根源，其次引入国际借贷说基础上的国际收支说，不仅进一步探究汇率在受基础因素影响外还受供求关系的制约；而且应用国际收支和资本流动的理论探究深层的汇率决定因素。本章后三节，就现代主流的汇率理论，分别研究了利率平价理论以及在此基础上推导出的短期货币分析法，购买力平价理论以及在此基础上推导出的长期货币分析法，而资产组合分析法从某种程度上说是对上述理论的综合和优化，但操作性较难。实际上，短期货币分析法、长期货币分析法与资产组合分析法又统称为资产市场说。

## 第一节　金本位制度下汇率的决定

### ■一、汇率决定的基础

汇率是两国货币之间的比价。两国货币为什么具有这种可比性，为什么一定时期内一种单位货币只能换取一定数量的另一种货币。这就是研究汇率决定理论所要解决的问题。各国货币之间具有可比性，在于它们都具有或代表一定的价值。从本质上说，货币所具有或代表的价值是决定汇率的基础。换言之，汇率的本质是两国货币所具有的或代表的价值相交换。

不同时期，两种货币的兑换比率即汇率有差异，是不同时期两种单位货币代表的价值量不同所致。在不同的货币制度下，货币所具有或代表的价值量的测定不同，或者说价值量的具体表现形式不同，因此，决定汇率的基础也有所不同。

通常我们说的货币制度主要有两种：金本位制和纸币本位制。其中，金本位制又分为：金币本位制、金块本位制和金汇兑本位制。在金本位制下，各国都规定每一单位金币所含有的黄金重量和成色。金币或货币含有的黄金重量和成色叫做含金量。各国之间的汇率由其货币所代表的含金量决定，所以金本位制度下汇率的决定称为金平价（Gold Par）。但是，在金本位制度的不同时期，金平价的内涵有所不同（见图2－8）。

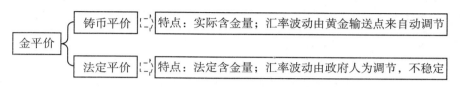

图2－8　金本位制度下的汇率平价

在金币本位制下，黄金作为货币材料，金币可以自由铸造、银行券可以自由兑换黄金、黄金可以自由输出或输入国境，此时两种货币的含金量之比称为铸币平价。而在金块本位制和金汇兑本位制下，金币和黄金均不投入流通，金币不可以自由铸造、银行券不再自由兑换黄金、黄金可输出或输入也受到很大限制，此时货币的含金量只是政府规定的，故两种货币的含金量之比称为法定平价。

实际上，金块本位制和金汇兑本位制是一种金本位制向纸币本位制的过渡期出现的特殊制度，到后面的纸币本位制下，汇率实质上是两国货币以各自代表的价值量为基础而形成的交换比例。而纸币价值量的具体表现就是在既定的世界市场价格水平上购买商品的能力，即纸币的购买力。因此，在纸币制度下或纸币本位下，纸币所代表的价值量或纸币的购买力是决定汇率的基础。

## 二、铸币平价与黄金输送点

在金币本位制度下，决定汇率的基础是铸币平价，铸币平价下汇率是由两国货币所含的纯金量之比决定。例如，英国货币1英镑的重量为123.27447格令①，成色为22开②金，即含金量为113.0016格令（123.17447×22/24＝113.0016格令＝7.32338克）纯金；美国货币1美元的重量为25.8格令，成色为90%，即含金量为23.22格令（25.8×90%＝23.22格令＝1.50463克）纯金。根据含金量的对比，英镑与美元的铸币平价是4.8665（113.0016/23.22），这说明1英镑的含金量是1美元含金量的4.8665倍，因此，1英镑＝4.8655美元。可见，英镑与美元的汇率是以它们的铸币平价为基础或标准决定或计算出来的。然而，由铸币平价决定出来的汇率只是基础汇率或法定汇率或名义汇率，还不是实际汇率。由于受外汇供求关系的影响，实际汇率有时要高于或低于铸币平价，实际汇率总是与基础汇率略有差异。

---

① 格令（Grain）：金衡制的一种计量单位，1克＝15.43232格令。

② 开（Karat）：黄金的纯度单位，24开为纯金。

但是，实际汇率一定不会偏离铸币平价太远，或者说，金本位下的汇率或由铸币平价决定的汇率是比较稳定的。这是因为，在金本位制下，进行国际支付或结算总有两种手段——外汇和黄金可供选择，加之黄金的价值是相对比较稳定的，因此，受供求关系影响的实际汇率就不会偏离铸币平价太远，总是在一定的界限或范围之内围绕铸币平价上下波动。而这个界限或范围是由黄金输送点（Gold Transport Point）决定或左右的。如果由于汇率变动而使以外币结算方式进行交易的某一方不利时，交易的这方就可以采用直接运进黄金的办法来结算，这样也就约束了汇率的波动幅度。然而，运送黄金是需要费用的，如运费、包装费、保险费及运送期间的利息等。

假定在英国和美国之间运送 1 英镑黄金的费用为 0.03 美元，那么，铸币平价加上或减去黄金的费用（4.8665＋0.03）就是英镑和美元的黄金输送点。铸币平价 4.8665 美元加黄金运送费 0.03 美元等于 4.8965 美元就是美国对英国的黄金输出点，如果 1 英镑的汇价高于 4.8965 美元，美国债务人就会认为购买外汇不合算，而宁愿在美国购买黄金运送到英国偿还其债务。铸币平价 4.8665 美元减去运送费 0.03 美元等于 4.8365 美元就是美国对英国的黄金输入点；如果 1 英镑的汇价低于 4.8365 美元，美国的债权人就不会出售英镑外汇，而宁愿在英国用英镑购买黄金运回美国（见图 2－9）。黄金输出点和黄金输入点统称，为黄金输送点。

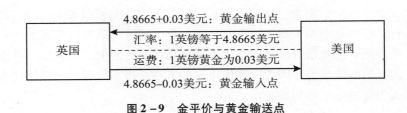

**图 2－9　金平价与黄金输送点**

汇价的波动，总是以黄金的输出点为上限，即铸币平价加上黄金运送费是汇价上涨的最高点；而总是以黄金输入点为下限，即铸币平价减去黄金运送费是汇价下跌的最低点。可见，黄金输送点限制了汇率的波动幅度，在金本位货币制度下汇率是比较稳定的。

# 第二节　国际收支说

在纸币流通条件下，汇率主要是由外汇的供求决定的，而外汇供求状况主要取决于一国国际收支状况。汇率是外汇市场上的价格。外汇市场上供需流量的变动对汇率由直接的影响，而外汇市场上的供需又受国际收支的影响，因此国际收支状况与汇率之间存在着密切的关系。

## ☐一、国际借贷说与国际收支说

国际收支说就是从国际收支角度分析汇率决定的一种理论，实际上国际收支说的理论原型为国际借贷说。国际借贷说认为，汇率作为外汇的价格，决定于外汇市场的供给和需求流量，而外汇市场的供求流量来自于国际收支。由此，一国国际收支逆差意味着外汇市场上供不应求，本币供过于求，从而汇率上升，本币贬值，反之亦然。

国际收支说主要从两个方面发展了国际借贷说：第一，将国际资本流动纳入汇率决定的分。在国际借贷说提出时，国际资本流动受到严格的限制，分析的重点主要放在贸易收支账户上，而随着战后国际资本流动的迅速发展，国际收支中资本账户占有越来越重要的位置。国际资本流动与以贸易收支为主要构成的经常账户收支共同影响着外汇供求流量，决定着汇率的水平和变动。第二，国际借贷说的实质是汇率的供求决定论，但并没有指出具体影响外汇供求和国际收支的因素，而国际收支说应用贸易收支和国际资本流动的有关理论分析来探讨深层的汇率决定因素。这些因素通过作用于国际收支，进而影响外汇供求和汇率，构成汇率决定的深层因素。

## ☐二、经常账户和资本与金融账户的决定

假定汇率完全自由浮动，政府不对外汇市场进行任何干预。在这一前提下有哪些因素通过作用于国际收支而影响汇率的变动。假定国际收支仅包括经常账户和资本与金融账户，并且资本与金融账户不包括储备资产，那么国际收支的平衡可以表示为：

$$BP = CA + KA = 0$$

如果将经常账户简单视为贸易账户，即不考虑单方面转移等科目，则经常账户主要是由商品与劳务的进口和出口共同决定。

由于国际收支与经常账户密切相关，要想探究国际收支的深层影响因素，首先需要分析经常账户的决定问题，即经常账户受哪些因素的影响。前文在讲述名义汇率和实际汇率的时候提到，如果用名义汇率去分析经常账户，由于汇率的变动最终会引起物价水平的变动，从而使得名义汇率对经常账户的影响发生偏差。而实际汇率是关于是名义汇率和物价水平两者的函数，所以在分析经常账户时，如果没有特别说明，都是以实际汇率为分析基础的。

具体来说，当名义汇率上升时，本币贬值，出口商品变得便宜，进口商品变得贵，从而有利于出口，不利于进口，从而有利于经常账户；实际上，该结论是在假设两国物价水平的不变的时候才成立；随着出口商品变得更便宜，对出口商品需求会增大，最终会推动出口商品价格的上升，而价格的上升会部分或全部抵消出口商品由于最初的汇率变动在国际市场的价格优势，此时经常账户又将处于不利境地。

实际汇率是对经过物价调整后的名义汇率，本质上反映的是两国相对购买力。当实

际汇率上升时，表明相对于外国产品，而不是价格，本国产品变得更便宜，从而有利于经常账户的改善。由此可知，经常账户与实际汇率成正比关系。另外，当一国国民收入增加时，其对国外产品的需求也会增加，而进口需求的增加，会造成经常账户的逆差趋势，即经常账户与国民收入成反比。综上所述，经常账户 CA：

$$CA = EX(EP^*/P, \ Y^{*d}) - IM(EP^*/P, \ Y^d)$$
$$= CA(EP^*/P, \ Y^{*d}, \ Y^d)$$
$$= CA(E, \ P^*, \ P, \ Y^{*d}, \ Y^d)$$

对于资本和金融账户，可以做类似分析。假设资本是可以自由流动的，在前面的国际套利活动中，我们提到，在进行套利时，主要考虑两个问题：（1）远期汇率的变动；（2）利率的差价。在一定的远期汇率预期和利差情况下，资本会从收益率低的国家流向收益率高的国家。由此可知，资本的流动主要受两个因素的影响：（1）远期汇率的变动；（2）利率的差价。则资本和金融账户 KA：

$$KA = KA\left(R - R^*, \ \frac{E^e - E}{E}\right)$$
$$= KA(R, \ R^*, \ E, \ E^e)$$

## ■三、国际收支说下均衡汇率公式

综合经常账户 CA 和资本和金融账户 KA 的决定，又因为 BP = CA + KA = 0，将上述的三个等式联立，可得国际收支的平衡 BP：

$$BP = CA + KA$$
$$= f(E, \ E^e, \ P^*, \ P, \ Y^{*d}, \ Y^d, \ R, \ R^*) = 0$$

由于当国际收支平衡时，BP = 0，通过方程 $f(E, \ E^e, \ P^*, \ P, \ Y^{*d}, \ Y^d, \ R, \ R^*) = 0$，我们可以求解出汇率 E：

$$E = E(E^e, \ P^*, \ P, \ Y^{*d}, \ Y^d, \ R, \ R^*)$$

上式便是国际收支说中均衡汇率公式。该公式表明，均衡汇率主要受以下因素的影响：预期汇率、两国物价水平、两国国民收入和两国利率差值。可以进一步分析[1]：

（1）预期汇率的变动。预期汇率上升，本币在未来贬值，资本将会流出，本币需求下降，外币需求上升，本币在即期贬值，即期汇率上升。

（2）价格的变动。本国价格的上升，本国产品竞争力下降，经常账户恶化，外汇需求上升，汇率上升；反之，外国价格水平上升时，本国会减少对外国的购买，经常账户趋于顺差，外汇供给增加，外币预期贬值，汇率下降。

（3）国民收入的变动。国民收入增加，对外产品需求增加，经常账户恶化，外汇需求上升，汇率上升；反之，外国国民收入的变化与汇率成反比。

（4）利率的变动。本国利率上升，资金将会流入，本币需求上升，外汇需求下降，

---

① 对四个因素的分析均为一般静态分析，假设其他条件不变。

本币在即期升值，汇率下降；反之，外国利率上升时，资本将向国外流出，外币需求增加，外币升值，汇率上升。

# 第三节 利率平价理论与短期的货币分析法

## 一、利率平价理论

### （一）无套利均衡原理

在传统的经济学中，供求均衡分析是其核心工具；随着 20 世纪 50 年代以后数量经济学的发展和定量分析的推崇，金融学逐渐从经济学中分离出来而成为一个独立的学科。那么，金融学的核心原则也由供求均衡分析衍生为无套利均衡分析。供求均衡分析和无套利均衡分析在本质上具有一致性。无套利均衡的主要思想为，在一个无摩擦的市场上，一价定律成立，即一种产品只能具有一个价格，否则就会存在套利机会。

显然，国际金融学作为金融学的重要组成部分，无套利均衡分析成立。就一国货币或者更准确说是货币存款，其本身就是一种资产，而资产都会有一个要求的收益率，那么就一国国内货币的货币存储而言，其资产收益率显然是其利率，即利率可以看成一国货币的相对价格；就外汇市场而言，前文提到，外汇本身也可以看出是一种资产，汇率是该外汇在外汇市场的价格。

这样，假设 A 为本国，B 为外国，100 单位的 A 国货币有两种投资方法：一种是直接放在 A 国，那么其价格为 A 国的利率；另一种是先换成 B 国货币，即可获得 B 国的利率，但这不是该 100 单位的 A 国货币价格的全部，还应包括汇率的变动率，即 B 国利率加上汇率变动率。根据无套利均衡，假设资本可以完全自由流动，100 单位的 A 国货币作为一种资产，其在 A 国和 B 国的相对价格应该是相等的，即 A 国利率和 B 国利率加上汇率变动率应该相等。当所有的货币存款都提供相同的预期收益率时，外汇市场均衡。用相同货币衡量的任何两种货币的期望收益率相同，称为利率平价条件。

### （二）无抛补国际套利分析

为了使分析更加清晰，我们回忆前面在外汇市场的套利交易流程。在前面的套利交易中，我们实际上采用的是抛补的套利交易，即在敲定这笔交易的同时，将未来存在的风险暴露头寸在今天对冲掉，即抛补。具体来说，就是在今天做投资于 1 年期的 1 欧元存款的时候，同时与金融机构以某一确定价格做一笔期限相同、头寸相同、方向相反的远期交易，即以汇率为 1 的价格在 1 年后卖出 1.16 欧元。

但是，在本书的利率决定理论中，为了引进预期的因素，我们更多地采用无抛补的利率平价理论，即在敲定这笔交易的同时，不与金融机构作对冲交易。这样，投资于 1

年期的 1 欧元存款在今天的收益就具有不确定性，因为其风险敞口在今天没有通过对冲交易被填平，其收益最终取决于未来汇率的变动。

为引入（无抛补）的利率平价理论，下面详细重述上面的无抛补套利交易流程（见图 2-10），以美国作为本国的角度，如果从美国银行以 $5% 的利率借入 1.1 美元，在市场上即期汇率 $E_{\$/€}=1.1$ 时，E 将其兑换成 1 欧元并以 16% 的欧元利率存入欧洲商业银行，期限为 1 年；假设 1 年后的预期汇率 $E^e_{\$/€}=1$，那么 1 年后，欧元存款到期，1 欧元存款连本带息为 1.16 欧元，在预期汇率为 1 时，可以在金融市场换回 1.16 美元，即 1.1 美元投资于外国市场最终收益为 1.16 美元，但是，1.1 美元是具有机会成本的，在本国利率为 $5% 时，1.1 美元在本国的利率成本为 1.155 美元，即如果当初借入 1.1 美元年终时需还 1.155 美元，或者拥有 1.1 美元年终时会获得 1.155 美元，由于欧元存款利率明显高于美元存款利率，在有限的汇率变动下，投资者最终获得 $1.16 - $1.155 = $0.005 的收益。根据无套利均衡原则，由于市场存在套利机会，假设未来预期汇率不变，投资者会立刻卖出美元，买入欧元存款，一直到套利收益为 0 为止。

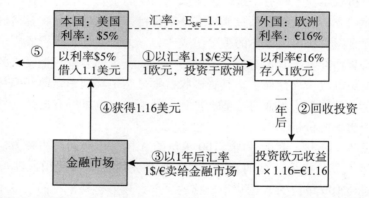

⑤偿还1年期借款：$1.1 \times (1+5\%) = \$1.155$；套利收益：$\$1.16 - \$1.155 = \$0.005$

**图 2-10　无抛补套利交易流程**

可以进一步分析，什么样的汇率水平会实现无套利均衡。设即期汇率为 $E_{\$/€}$，1 年后的预期汇率为 $E^e_{\$/€}=1$，则：

$$\frac{\$1.1}{E_{\$/€}} \times (1+R_€) \times E^e_{\$/€} = \$1.1 \times (1+R_\$)$$

$$\frac{\$1.1}{E_{\$/€}} \times (1+16\%) \times 1 \ \$/€ = \$1.1 \times (1+5\%) = \$1.155$$

$$\Rightarrow E_{\$/€} = 1.1048$$

要使汇率水平会实现无套利均衡，在预期汇率不变的情况下，即期汇率会升水 48 个基点，这样，由于欧元变贵，使得同等美元换取的欧元金额越少，从而抵减欧元存款利率收益。

## （三）利率平价关系式的一般推导

下面我们从一般的角度，正式地分析利率平价理论。假设以美国作为本国，欧洲作为外国，现将 1 美元以欧元存款的形式存入欧元区国家，那么其未来的收益情况如下：

$$\frac{1}{E_{\$/\epsilon}} \times (1 + R_\epsilon) \times E_{\$/\epsilon}^e - 1$$

$$= \frac{E_{\$/\epsilon}^e}{E_{\$/\epsilon}} + R_\epsilon \times \frac{E_{\$/\epsilon}^e}{E_{\$/\epsilon}} - 1$$

$$= \left( \frac{E_{\$/\epsilon}^e}{E_{\$/\epsilon}} - 1 \right) + R_\epsilon \times \frac{E_{\$/\epsilon}^e}{E_{\$/\epsilon}} - R_\epsilon + R_\epsilon$$

$$= R_\epsilon + \frac{E_{\$/\epsilon}^e - E_{\$/\epsilon}}{E_{\$/\epsilon}} + R_\epsilon \times \frac{E_{\$/\epsilon}^e - E_{\$/\epsilon}}{E_{\$/\epsilon}} \approx R_\epsilon + \frac{E_{\$/\epsilon}^e - E_{\$/\epsilon}}{E_{\$/\epsilon}}$$

式中 $R_\epsilon \times \dfrac{E_{\$/\epsilon}^e - E_{\$/\epsilon}}{E_{\$/\epsilon}}$ 项很小，尤其是在时间变动很小的范围内，所以在此忽略不计。那么将 1 美元以欧元存款的形式存入欧元区国家，1 年后其最终收益为：

$$R_\epsilon + \frac{E_{\$/\epsilon}^e - E_{\$/\epsilon}}{E_{\$/\epsilon}}$$

我们称上式为欧洲存款的美元收益率，或更一般地说为外币存款的本币收益率；同时在直接标价法下，我们称 $(E_{\$/\epsilon}^e - E_{\$/\epsilon})/E_{\$/\epsilon}$ 为美元对欧元的贴水率。那么欧洲存款的美元收益率由两部分组成，即为欧元存款利率与美元对欧元的贴水率之和。这也解释了前面套利组合中提到的，在进行套利要考虑两个问题：（1）远期汇率的变动；（2）利率的差价。套利者不仅要看到他国的高利率，还应考虑本国货币的贴水率，否则套利可能会失败。

那么，在国际资本自由流动的前提下，根据无套利原理，外汇市场均衡时，则有：

$$R_\$ = R_\epsilon + \frac{E_{\$/\epsilon}^e - E_{\$/\epsilon}}{E_{\$/\epsilon}}$$

这便是利率平价理论下均衡汇率的关系式，即本币存款的本币收益率（本国利率）等于外币存款的本币收益率（外国利率与本币的贴水率之和）。这样资本在两个地区取得的收益率是相等的，从而不存在套利机会。通过该关系式，我们可以求解出即期汇率 $E_{\$/\epsilon}$。

接下来我们进一步分析即期汇率 $E_{\$/\epsilon}$ 与欧洲存款的美元收益率（设为 $R^*$）之间的关系。可以将欧洲存款的美元收益率 $R^*$ 变形为：

$$R^* = R_\epsilon + \frac{E_{\$/\epsilon}^e - E_{\$/\epsilon}}{E_{\$/\epsilon}} = R_\epsilon + \frac{E_{\$/\epsilon}^e}{E_{\$/\epsilon}} - 1$$

假设 $R_\epsilon$、$E_{\$/\epsilon}^e$ 不变，显然，欧洲存款的美元收益率 $R^*$ 与即期汇率 $E_{\$/\epsilon}$ 成反比。如果用汇率—收益率的图形表示，可得到欧元存款的美元收益率曲线（见图 2 - 11）。

在利率平价模型中，由于假定利率是独立于外汇市场的外生变量，即美元利率独立于即期汇率，那么在汇率—收益率的图形中为一条垂直线。这样，二者的交点即为外汇市场均衡时的即期汇率（见 2－12）。在利率平价模型中，我们假定利率和预期汇率都为外生变量，所以在本节的最后，就该外生变量作简单的静态分析。

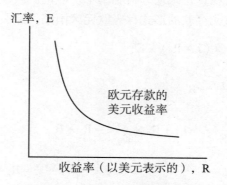

**图 2－11　欧洲存款的美元收益率曲线**

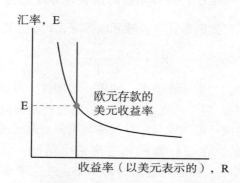

**图 2－12　利率平价下的外汇市场均衡**

（1）若美国利率 $R_\$$ 上升，则美元存款的美元收益率（美国利率 $R_\$$）垂直线向右移动，从而汇率下降，美元升值。更一般地，本国利率上升，汇率下降，本币升值，外币贬值。

（2）若欧元利率 $R_\epsilon$ 上升，在预期汇率不变的情况下，可以得到，欧元存款的美元收益率 $R^*$ 变大，从而欧元存款的美元收益率曲线会向右移动，新的均衡汇率高于初始的均衡汇率水平，汇率上升。更一般地，外国利率上升，汇率上升，本币贬值，外币升值。

从上面的利率分析可以看出，假设其他条件不变，一国货币的升值与贬值与该国国内利率密切相关，货币的对内价值（利率）是货币对外价值（汇率）的基础，对内价值上升，在资本的完全流动的情况下，最终会导致对外价值的上升。

（3）若预期汇率 $E^e_{\$/\epsilon}$ 上升，假定其他条件不变，欧元存款的美元收益率 $R^*$ 变大，从而欧元存款的美元收益率曲线会向右移动，即期汇率 $E_{\$/\epsilon}$ 上升。更一般地，预期汇率上升，即期汇率上升，本币贬值，外币升值。在金融市场上，若市场是有效的，对市场的预期往往都是可以实现的，不管是"好梦"，还是"噩梦"，都会成真的。预期怎样，现实就会怎样，预期会立刻反应到当期。所以，预期汇率上升，即期汇率就会上升。

## 二、短期的货币分析法与超调模型

在利率平价模型中，我们假设利率和预期汇率是外生变量，不由模型决定。这一假设使得利率平价模型的运用受到局限。所以在接下来的分析中我们要逐渐将利率和预期汇率引入模型中以深入分析汇率的决定。

### （一）国内货币市场与均衡利率

首先我们将利率引入模型，在利率平价理论中，国内利率为外生变量。那么要研究汇率决定的深层因素，我们必须知道利率本身是怎样决定的。货币学派认为，利率是货币的相对价格，是由货币的供给和需求决定的。进一步分析，假设名义货币供给量是由央行决定的，为外生变量，设为 $M^S$；实际货币需求由两个因素决定：国内利率 R 和收入 Y，令实际货币需求为 L，则 $L = L(R, Y)$。当利率上升时，持有货币的机会成本将会增加，于是人们往往会放弃持有货币，要不存入银行，要不进行投资，即实际货币需求量下降，由此可知利率与实际货币需求成反比；当国民收入提高时，人们的购买力增强，将会需要更多的货币去购买商品和服务，故增大对实际货币的需求，由此可知收入与实际货币需求成正比关系。

通常我们说的货币需求实际上是名义货币需求，设为 $M^D$，名义货币需求是考虑了物价水平 P 的货币需求，即 $M^D = P \times L(R, Y)$。当名义货币供给等于名义货币需求时，即 $M^D = M^S$，货币市场均衡，该状态下的利率为均衡利率 $R^*$：$M^S = M^D = P \times L(R^*, Y)$。若将该式中同除以物价水平，则可以得到均衡利率 $R^*$ 的另一个表达式：$M^S/P = L(R^*, Y)$。由于 $M^S/P$ 是剔除物价水平后的货币供给，称为实际货币供给，该式表明均衡利率是由实际货币供给和实际货币需求决定。在利率—实际货币量的图形中，我们可以得到（见图 2 – 13）。

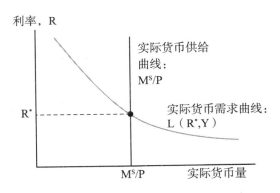

图 2 – 13　凯恩斯理论下的货币市场均衡

在该货币市场均衡模型中，有三个外生变量：名义货币供给量 $M^s$、物价水平 P 和国民收入 Y。下面做简单静态分析：（1）当货币供给量 $M^s$ 增加时，物价水平 P 不变，则实际货币供给增加，从而实际货币供给曲线右移，利率下降。（2）当物价水平 P 提高时，货币供给量 $M^s$ 不变，则实际货币供给减少，从而实际货币供给曲线左移，利率上升。（3）当国民收入增加时，由于实际货币需求与国民收入是正比关系，则实际货币需求增加，从而实际货币需求曲线右移，利率上升。

### （二）货币市场和外汇市场同时均衡

在外汇市场均衡的利率平价模型中，我们得到汇率和利率之间的关系式；同时在上面的货币市场均衡模型中，我们得到了利率和货币供求之间的关系。这样，通过利率的纽带作用，便可以得到汇率与货币供求之间的关系，在新的模型中，利率不再是外生变量，而是模型中的关键变量。实际上，前文提到，利率反映的一国货币的对内价值，汇率反映的一国货币的对外价值，从本质上说汇率本身就应该和货币的供给密不可分。

综上所述，可以以利率为纽带，将利率平价模型和货币市场均衡模型联立，得到一个新的汇率的货币分析模型。从图形的角度分析，可以分成四步：第一，画出利率平价模型中汇率—收益率二维图形；第二，画出货币市场均衡模型中的利率—货币量二维图；第三，由于要借助利率的纽带作用，所以将利率—货币量二维图形顺时针旋转90°；第四，将旋转后的利率—货币量二维图形与汇率—收益率二维图形上下对接到一起，即可得到新的汇率的货币分析模型。

通过图 2-14，我们可以清晰地看出货币供给与汇率之间的传导机制。货币市场的

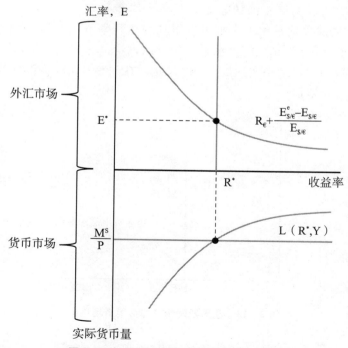

**图 2-14　外汇市场与货币市场同时均衡**

供求变动先作用于利率，利率再通过外汇市场，最终决定均衡汇率。结合前文分别对利率平价模型和货币市场均衡模型中的外生变量所做的静态分析，我们可以得到：

（1）当货币供给量 $M^s$ 增加时，物价水平 P 不变，则实际货币供给增加，实际货币供给曲线下移，利率下降；利率下降，从而本币存款的本币收益率曲线左移，从而汇率上升，本币贬值。即货币供给增加时，汇率上升，本币贬值。

（2）当货币需求量上升时，实际货币需求曲线 L（$R^*$，Y）右移，利率上升；利率上升，从而本币存款的本币收益率曲线右移，从而汇率下降，本币升值。即货币需求增加时，汇率下降，本币升值。

至此，我们可以进一步分析，均衡汇率是由两条曲线的交点决定，其中一条为本国利率垂直线，由国内利率决定；另一条为外币存款的本币收益率曲线，由外国利率和预期汇率决定。假设预期汇率不变，那么外币存款的本币收益率曲线仅有外国的利率决定。这样，两国之间的均衡汇率则由两国利率共同决定的，而两国各自的利率分别由两国国内的货币供求决定，从而均衡汇率实际上是由货币的供求决定的。下面以美元/欧元的汇率举例（见图2－15）。

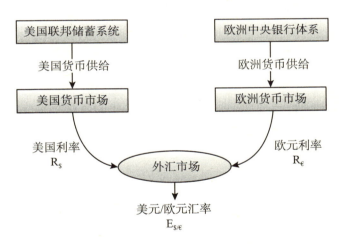

**图2－15　短期货币分析法下的汇率决定**

这种从货币供求的角度来分析均衡汇率的决定方法，统称为汇率的货币分析法；由于我们假定在短期物价水平不变，故上述均衡汇率的分析称为短期的货币分析法。在短期货币分析法中，由于1976年美国经济学家多恩布什提出了更接近现实的"超调模型"，对短期货币分析法做出了巨大突破，所以也有人在提到短期货币分析法时，直接指的就是汇率的"超调模型"，这也是无可争议的。实际上，不论我们以上的分析，还是接下来分析的汇率"超调模型"，都是短期货币分析法的应有之意。

## （三）汇率的超调模型

在以上分析中，我们将利率引入模型内，将利率平价模型下的外汇市场均衡扩展到外汇市场和货币市场同时均衡的短期货币分析法模型。但是，对于短期货币分析法的研究并没有就此结束，接下来我们将在上面外汇市场和货币市场的均衡模型的基础上，引入汇率的预期因素，最终推导出汇率的超调模型。

假设中央银行一次永久性地增加一定量的货币供给量 $M^s$，名义货币供给量由 $M_1^s$ 增加到 $M_2^s$，那么我们关心的是央行的这一行为对汇率市场是否会产生冲击。

货币供给量的增加直接影响的是货币市场，那么货币市场而言，由于我们采用的是短期模型，价格在短期是具有黏性的，即短期内价格不变，这样实际货币供给量会同比例上升，实际货币供给曲线下移，由 $M_1^s/P_1$ 增加到 $M_2^s/P_1$。在实际货币需求不变的情况下，利率将会下降，由 $R_1$ 左移到 $R_2$ 点。

接下来我们就外汇市场而言，由于汇率由 $R_1$ 左移到 $R_2$ 点，如果不考虑预期汇率的话，均衡汇率将会由 1 点移动到 2′点。但是预期因素是汇率超调模型分析的起点，也是其分析的首要关键点。在考虑到预期汇率的话，永久性而不是暂时性的货币供给增加，这使得市场认为央行在可预见的期限内不会回笼这笔货，那么货币供给的增加会使市场产生汇率贬值的预期，即预期汇率上升。在外国利率不变的情况下，预期汇率的上升会使得外币存款的本币收益率上升，即外币存款的本币收益率曲线右移。

综上所述，中央银行一次永久性地增加一定量的货币供给量，在短期内，由于价格不变，实际货币供给量的上升使得利率曲线左移；由于永久性货币供给增加，致使市场产生货币贬值，汇率上升的预期，这使得外币存款的本币收益率曲线右移。两条曲线的同时变动导致最终的均衡汇率为 2 点。从这里面可以看出，在考虑预期因素的情况下，货币供给量的增加引起的均衡汇率变动不再是一般静态分析中推导出的 2′点，而是 2 点。进一步说，一次永久性地增加货币供给量，由于导致预期汇率的上升，最终会导致即期汇率立刻上升，其上升幅度超出了货币供给增加对汇率影响的静态分析时的上升幅度。

如果说预期因素是超调模型的首要关键点，那么汇率的动态分析则是超调模型的又一关键点。可以说，超调模型开辟了汇率动态分析的时代。

在前面的分析中我们假设价格在短期内具有黏性，即在物价水平不变的情况下做的短期分析。经典货币学认为，在长期内货币供给的增加，不会对利率产生影响，最终只会导致物价水平同比例的上升。那么随着时间的推移，货币供给的增加最终反映到物价水平的不断上升，实际货币供给 $M^s/P$ 下降，进而作用到我们前面的构造的短期货币分析模型。

接下来我们进一步具体分析一次永久性地增加货币供给量在长期对汇率的影响。在短期内，货币供给的增加会导致汇率的"超额"调节，那么随着时间的推移和价格的变动，汇率会从短期水平向长期水平不断调整，一直到实际货币供给量回到最初的水平才停止，此时的均衡汇率即为一次永久性地增加货币供给量在长期对汇率的影响结果。

就图 2-16 而言，随着时间的推移，物价水平由 $P_1$ 逐渐上升①为 $P_2$，进而实际货币供给量会由 $M_2^S/P_1$ 逐渐上升为 $M_2^S/P_2$，且 $M_2^S/P_2 = M_1^S/P_1$，实际货币供给量回到初始水平，从而利率水平也会从 $R_2$ 回到初始水平 $R_1$，即实际货币供给曲线不断上移，利率曲线跟着不断右移并回到初始水平。

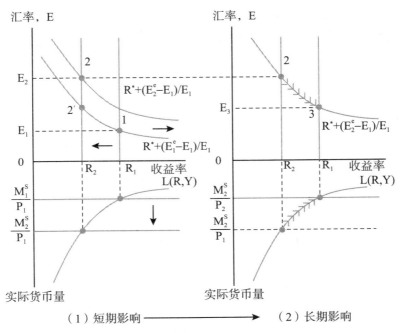

（1）短期影响 ————————→ （2）长期影响

**图 2-16 一次永久性货币供给增加的短期与长期影响**

但是让你失望的是，外币存款的本币收益率曲线却不会再变动，更不可能回到初始水平。理解这一点，预期因素又成为我们分析的关键点，因为我们假设市场预期在相当长的时间内是稳定的，即预期一旦形成便不会更改。在价格不断调整的过程中，虽然实际货币供给量和利率跟着调整，但是预期汇率始终维持在短期内形成的新的预期汇率 $E_2^e$，而不会回到 $E_1^e$，那么外币存款的本币收益率曲线也不会退回到最初的水平，而是维持在新的预期汇率水平下。

由此可知，在长期随着价格的不断调整，最初名义货币供给增加对利率的作用会不断抵消，重新回到初始水平，即利率曲线右移；但是预期一旦形成便不会更改，即新形成的外币存款的本币收益率曲线不会退回到最初的水平。综上所述，在长期内，均衡汇率会随着利率曲线的右移沿着新形成的外币存款的本币收益率曲线不断下降，直到利率回到 $R_1$，但已回到最初的起点。由于新形成的外币存款的本币收益率曲线高于最初的外币存款的本币收益率曲线，长期内形成的均衡汇率 3 点会高于初始汇率 1 点。

---

① 物价水平的上升不是一次性完成的，而是渐进的不断调整的过程，直到实际货币供给量回到初始水平。

　　至此，关于超调模型的推导分析已经结束，该模型告诉我们：一次永久性地增加一定量的货币供给量，由于价格黏性，在短期会造成汇率的剧烈波动，汇率会发生"超额"上调；但随着时间的推移，汇率又会逐渐回调，不断上升。由于预期的不可逆性，一经形成便不会更改，尽管汇率会不断回调，但汇率已回不到最初的水平，而是高于初始水平。汇率对对于货币波动的即期反映超过长期时，我们称为汇率超调。

　　我们可以用另外一组图来重新回顾汇率的超调模型（见图 2 – 17），以刻画货币永久性增加后各经济变量动态变动的时间路径。

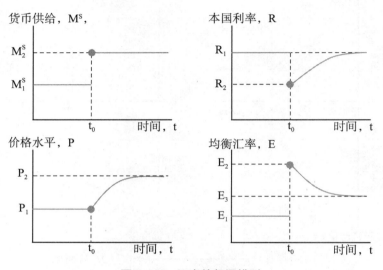

**图 2 – 17　汇率的超调模型**

　　假设在 $t_0$ 时刻中央银行一次永久性地增加一定量的货币供给量，即名义货币供给量从 $M_1^s$ 瞬间跳到 $M_2^s$ 水平，由于是永久性增加，随着时间的推移其货币供给量始终保持在 $M_2^s$ 水平，即在 $t_0$ 时刻后货币供给量曲线为一条固定在 $M_2^s$ 的水平线。那么紧跟着本国利率在 $t_0$ 时刻也会从 $R_1$ 瞬间下降到 $R_2$ 水平，随着时间的推移和物件水平的调整，货币供给量增加对利率的影响会被逐渐抵消，利率逐渐上升，一直到回归到初始水平 $R_1$ 时停止。经典货币学认为，金融或货币市场对经济变量的反映一般会快于实体经济市场，如商品市场。所以货币供给的增加，首先冲击的是利率，利率从 $R_1$ 瞬间下降到 $R_2$ 水平，但随着时间的推移，商品市场的价格变量会因为流通中货币的增加而不断上升，一直到实际货币供给量等于实际货币需求量，即 $M_2^s/P_2 = M_1^s/P_1$；换句话说，$t_0$ 时刻以后，物价水平会逐渐上升，从 $P_1$ 上升到 $P_2$ 水平，以保证 $M_2^s/P_2 = M_1^s/P_1$，从而保证价格水平和名义货币供给量是同比例上升。

　　在上述经济变量的和预期因素的作用下，均衡汇率在达到长期均衡汇率 $E_3$ 之前，在 $t_0$ 时刻瞬间从初始水平 $E_1$ 跳到 $E_2$，这远高于长期均衡汇率 $E_3$，从而在短期内出现汇率超调。随着时间的推移，$t_0$ 时刻以后，均衡汇率会不断回调，但由于预期因素，不可能再下降到初始水平 $E_1$，而是高于 $E_1$。

# 第四节 购买力平价理论与长期的货币分析法

## ■ 一、从一价定律到绝对购买力平价

在金本位制，尤其在金币本位制下，货币的价值取决于货币的含金量。例如 1 美元的含金量为 1.50463 克纯金。但是在纸币本位制下，以及虚拟货币时代的到来，货币本身并没有价值，货币的价值取决于货币的购买力，货币的一切都是围绕购买力展开的，是购买力的外在的物化表现。

前文提到，汇率是一国货币表示另一国货币的价格，即两国货币之间的兑换比率。那么购买力平价认为两国货币之间之所以能够具有一个数值性的兑换比率，正是基于两国货币背后所隐含的不同的购买力。

### （一）一价定律

为了推导购买力平价模型，并理解购买力平价预测结果的市场动因，我们从一价定律说起。在利率平价理论里面，我们提到现代金融的一个核心原则，即无套利均衡原理。实际上，我们这里所说的一价定律和无套利均衡原理本质上是一致的。

一价定律认为，如果忽略交易成本（如运输费用）和市场摩擦（如贸易壁垒、关税等），在完全的市场上，同样的货物在不同的国家出售，按同一种货币计量的价格应该是相同的。否则，将会套利机会，而不断存在的套利活动最终将会促使价格回归一价定律。

假设以美国表示本国，欧洲为外国，我们可以用下式来表达一价定律：设 $P_{US}^i$ 表示商品 i 的美元价格，$P_E^i$ 表示商品 i 的欧元价格，根据一价定律，商品 i 无论在何地出售都应该具有同样的美元价格，即：

$$P_{US}^i = E_{\$/\epsilon} \times P_E^i$$

如果进一步分析一价定律可以发现，一价定律在一定程度上揭示了国内商品价格和汇率之间的一个基本关系，为汇率的决定理论的提供了新的思路：

$$E_{\$/\epsilon} = P_{US}^i / P_E^i$$

### （二）绝对购买力平价

购买力平价的基本观点在 19 世纪英国经济学家的著作中已经被提出。20 世纪初，瑞典经济学家卡塞尔推广了购买力平价理论，是其成为汇率决定理论的三大支柱之一。尽管实证研究对购买力平价理论提出种种质疑，但是由于其从货币本质即购买力的角度揭示了影响汇率变动的最重要的因素，在汇率决定理论中具有重要地位。

在上面的一价定律中，我们可以粗糙地认为，美元/欧元汇率就是商品 i 的美元价

格和欧元价格之比，即 $E_{\$/\epsilon} = P_{US}^i / P_E^i$。显然，两国货币之间的汇率由某一种商品的价格决定是不合适的。购买力平价理论基于一价定律，将某一种特定商品的两国价格比换成了两国的一般购买力，即能够反映两国货币购买力的商品篮子的价格水平之比。如果用 $P_{US}$ 表示在美国销售的一个基准商品篮子的价格水平，$P_E$ 表示与该美国商品篮子具有相同结构和权重的欧洲商品篮子的价格水平。则购买力平价认为：

$$E_{\$/\epsilon} = P_{US}/P_E$$

将购买力平价等式进行变形，类似于利率平价，或许能更形象地表达"购买力平价"的字面含义，同时也反映出购买力平价的另一种表述。

$$P_{US} = E_{\$/\epsilon} \times P_E$$

等式左边反映的单位商品篮子的在美国可以 $P_{US}$ 美元，等式右边反映单位商品篮子在欧洲可以卖 $P_E$ 欧元，单位商品篮子正是购买力的物质载体，反映着购买。由于 $P_{US}$ 美元和 $P_E$ 欧元都可以购买该单位商品篮子，即二者具有相等的购买力。上式实际上就是购买力相等的数值形式，确定恰当的汇率水平，使得购买力相等，即实现平价。绝对购买力。

## ■二、从绝对购买力平价到相对购买力平价

绝对购买力平价利用某一特定商品篮子在两国具有不同货币价格，其价格的比值决定最终的汇率。但是事实上，尽管购买力平价能够反映货币的本质，而很难找到这样具有同样结构和比重的理想化商品篮子，这使得绝对购买力平价理论的空中楼阁，极大地降低了其操作性。因此，经济学家们在遵循购买力这一理论内核的基础上，试图利用两国的相对价格水平替换两国的绝对价格水平。要得到两国的相对价格水平，即价格的相对变动量，首先表明相对购买力平价是一个跨期的模型，最简单的便是两期模型。那么，在绝对购买力的基础上，通过测试两期汇率的变动量与价格水平的变动量，最终推导出相对购买力平价。

具体的推导过程如下：假定我们分析的是 $t-1$ 期到 $t$ 期的两期模型。

首先，由绝对购买力平价，$t-1$ 期和 $t$ 期的汇率水平分别为：

$$E_{\$/\epsilon,t} = \frac{P_{US,t}}{P_{E,t}}, \quad E_{\$/\epsilon,t-1} = \frac{P_{US,t-1}}{P_{E,t-1}}$$

为了得到两期的相对变动量，可以将 $t$ 期的汇率水平除以 $t-1$ 期的汇率水平，得：

$$\frac{E_{\$/\epsilon,t}}{E_{\$/\epsilon,t-1}} = \frac{P_{US,t}}{P_{E,t}} \times \frac{P_{E,t-1}}{P_{US,t-1}} = \frac{\dfrac{P_{US,t}}{P_{US,t-1}}}{\dfrac{P_{E,t}}{P_{E,t-1}}}$$

为了得到两期汇率变动的百分比，可以在等式两边同时减 1，得：

$$\frac{E_{\$/\epsilon,t}}{E_{\$/\epsilon,t-1}} - 1 = \frac{\dfrac{P_{US,t}}{P_{US,t-1}}}{\dfrac{P_{E,t}}{P_{E,t-1}}} - 1$$

同理，为了得到两期价格变动的百分比，我们分别需要在 $\dfrac{P_{US,t}}{P_{US,t-1}}$ 和 $\dfrac{P_{E,t}}{P_{E,t-1}}$ 右端减 1，

又因为通货膨胀率 $\pi_t = \dfrac{P_t - P_{t-1}}{P_{t-1}}$，从而可得：

$$\frac{E_{\$/\epsilon,t} - E_{\$/\epsilon,t-1}}{E_{\$/\epsilon,t-1}} = \frac{\dfrac{P_{US,t}}{P_{US,t-1}} - 1 + 1}{\dfrac{P_{E,t}}{P_{E,t-1}} - 1 + 1} - 1 = \frac{\pi_{US,t} + 1}{\pi_{E,t} + 1} - 1 = \frac{\pi_{US,t} - \pi_{E,t}}{\pi_{E,t} + 1}$$

$$= \frac{(\pi_{US,t} - \pi_{E,t}) \times (\pi_{E,t} + 1) - (\pi_{US,t} - \pi_{E,t}) \times \pi_{E,t}}{\pi_{E,t} + 1}$$

$$= (\pi_{US,t} - \pi_{E,t}) - \frac{(\pi_{US,t} - \pi_{E,t}) \times \pi_{E,t}}{\pi_{E,t} + 1} \approx \pi_{US,t} - \pi_{E,t}$$

$$= \frac{P_{US,t} - P_{US,t-1}}{P_{US,t-1}} - \frac{P_{E,t} - P_{E,t-1}}{P_{E,t-1}}$$

上式中由于 $\dfrac{(\pi_{US,t} - \pi_{E,t}) \times \pi_{E,t}}{\pi_{E,t} + 1}$ 非常小，可近似为 0。

以上便是相对购买力平价的全部推倒过程，由此可得，相对购买力平价表明，在任何一段时间内，两种货币汇率变动的百分比将等于两国货币在该段时间内变动的百分比之差。从美国的角度，对上式通俗地表述为，从 t-1 期到 t 期，美元汇率的变动百分比等于美国物价水平变动百分比减去欧洲物价水平的变动百分比。

如果说绝对购买力水平反映的是两国价格水平和汇率水平之间的关系，那么相对购买力平价反映的是价格水平变动与汇率水平变动之间的关系。相对购买力平价认为，价格和汇率会保持在各国货币的国内购买力和国外购买力不变的情况下。

因为通货膨胀率 $\pi_t = \dfrac{P_t - P_{t-1}}{P_{t-1}}$，相对购买力平价的更常见的一种表述方式为：

$$\frac{E_{\$/\epsilon,t} - E_{\$/\epsilon,t-1}}{E_{\$/\epsilon,t-1}} = \pi_{US,t} - \pi_{E,t}$$

在任意时间变动里，汇率变动的百分比等于两国价格水平变动百分比的差额，即为两国通货膨胀率的差额。

相对购买力平价正确地反映了汇率变动的百分比与通货膨胀差值之间的关系，即使两个国家为计算各自价格水平时所选取的商品篮子具有不同的构成和比重时依然成立。这样，由于两国的通货膨胀率可以从官方公布的数据中直接得到，这使得相对购买力平价可操作性极大增强，易于实证检验。同时，大量的实证研究也反过来表明，相对购买力平价成立。

## 三、长期的货币分析法

在短期的货币分析法中，我们假设价格具有黏性，即短期内价格不变，同时假设产出为外生变量，不受模型影响。这样通过货币市场的均衡等式 $M^s/P = L(R，Y)$ 可以看

出，货币的供求的变动决定了均衡利率的水平，而均衡利率的变动又进一步决定均衡汇率水平。换句话说，通过利率的纽带作用，均衡汇率实际上由两国的相对货币供给和需求决定的，这也是为什么称该理论为货币分析的原因。

但是，假设在长期内价格 P 具有完全弹性，即价格是可变的。由货币市场均衡式可以看出一国国内的价格水平是名义货币供给量和实际货币需求量的比值，即：

$$\frac{M^S}{P} = L(R, Y), \Rightarrow P = \frac{M^S}{L(R, Y)}$$

在前面的绝对购买力平价模型中，我们假设美国为本国，欧洲为外国，那么均衡汇率 $E_{\$/\epsilon}$ 即为两国物价水平的比值；换句话说，由购买力平价模型可知，均衡汇率是由两国物价水平共同决定的：

$$E_{\$/\epsilon} = \frac{P_{US}}{P_E}$$

由前面的分析可知，在长期内一国国内的价格水平是名义货币供给量和实际货币需求量的比值，从而可以分别得到美国的物价水平 $P_{US}$ 和欧洲的物价水平 $P_E$ 为：

$$P_{US} = \frac{M_1^S}{L(R_\$, Y_{US})}, \quad P_E = \frac{M_E^S}{L(R_\epsilon, Y_E)}$$

综上所述，汇率 $E_{\$/\epsilon}$ 分别由美国的物价水平 $P_{US}$ 和欧洲的物价水平 $P_E$ 共同决定，而美国的物价水平 $P_{US}$ 和欧洲的物价水平 $P_E$ 分别由美国和欧洲的货币供给量和需求量决定，从而通过价格的纽带作用，在购买力平价模型的基础上，我们可以得出，作为两国货币相对价格的汇率 $E_{\$/\epsilon}$，在长期看来完全取决于两国货币的相对名义供给量和实际货币需求量，即：

$$E_{\$/\epsilon} = \frac{P_{US}}{P_E} = \frac{\dfrac{M_{US}^S}{L(R_\$, Y_{US})}}{\dfrac{M_E^S}{L(R_\epsilon, Y_E)}}$$

由上式可知，均衡汇率 $E_{\$/\epsilon}$ 由四个变量决定：美国的名义货币供给量 $M_{US}^S$、美国的实际货币需求量 $L(R_\$, Y_{US})$、欧洲的名义货币供给量 $M_E^S$ 和欧洲的实际货币需求量 $L(R_\epsilon, Y_E)$。同短期的货币供求一样，均衡汇率是由两国的货币供求关系决定，这也是称之为货币分析法的原因。由于实际货币需求 $L(R, Y)$ 是关于国内利率和产出的函数，实际上均衡汇率是由两国的三个经济变量决定：名义货币供给量 $M^S$、国内利率 R 和产出水平 Y。下面我们具体分析这三个经济变量对汇率的影响：

（1）名义货币供给量 $M^S$。其他条件不变时，美国的名义货币供给量 $M_{US}^S$ 增加时，美国的价格水平 $P_{US}$ 会同比例上升，从而均衡汇率上升；相反，若欧洲的名义货币供给量 $M_E^S$ 增加时，欧洲的价格水平 $P_E$ 会同比例上升，从而均衡汇率下降。同短期货币分析法得到的结论一样：一国货币供给量的增加会促使该国货币贬值。

（2）国内利率 R。其他条件不变时，美国国内利率 $R_\$$ 上升时，由于实际货币需求与利率是反比关系，即 $L(R_\$, Y_{US})$ 会变小；又因为价格与实际货币需求也是反比关系，即美国的价格水平 $P_{US}$ 会同比例上升，从而均衡汇率上升；相反，若欧洲利率 $R_\epsilon$ 增

加时，欧洲的价格水平 $P_E$ 会同比例上升，从而均衡汇率下降。简而言之，若一国央行提高国内利率时，根据长期的货币分析法，均衡汇率会上升，货币会贬值。这和前面的利率平价模型以及在此基础上短期货币分析法得出来的结论恰好相反，至于如何解释这一悖论，我们将会在下文给出详细分析。

（3）产出水平 Y。其他条件不变时，美国的国内产出水平 $Y_{US}$ 提高时，由于实际货币需求同产出是正比关系，即 $L(R_\$，Y_{US})$ 会变大；又因为价格与实际货币需求是反比关系，即美国的价格水平 $P_{US}$ 会同比例下降，从而均衡汇率下降；相反，若欧洲产出 $Y_E$ 提高时，欧洲的价格水平会下降，从而均衡汇率上升。简而言之，一国产出提高时，根据长期货币分析法，该国汇率下降，货币升值。这和短期货币分析法得到的结论也是一致的。

实际上，产出对汇率的影响是模糊的。一方面，在货币分析法的框架下，产出的增加会导致实际货币需求增加，从而最终导致汇率下降，货币升值；但另一方面，由国际收支说可知，产出的增加，会刺激国内居民增加进口，从而恶化经常账户，汇率上升，本币贬值。至于最终是升值还是贬值，取决于二者的变动水平。

## ■四、国际费雪效应

至此我们已经分析了利率平价模型以及在此基础上的短期货币分析法，分析了购买力平价模型以及在此基础上的长期货币分析法。那么既然都是关于均衡汇率决定的力理论，利率平价模型和购买力平价模型之间是否有什么联系，同时为什么会存在上述的利率悖论，这是接下来我们要研究的。

由第三节利率平价模型的推导可知，利率平价关系式为：

$$R_\$ = R_\epsilon + \frac{E^e_{\$/\epsilon} - E_{\$/\epsilon}}{E_{\$/\epsilon}}$$

实际上，利率平价理论告诉我们，美元对欧元的预期贴水率等于美国利率和欧洲利率的差值，进而利率平价关系式的可变换为：

$$\frac{E^e_{\$/\epsilon} - E_{\$/\epsilon}}{E_{\$/\epsilon}} = R_\$ - R_\epsilon$$

当我们看到这个等式时似乎若有所思，回想相对购买力平价理论最后推导的结果，我们发现二者在形式上十分相似：

$$r = \frac{(1+R) - (1+\pi)}{1+\pi}$$

如果我们以 $t-1$ 期为当前时刻，$t$ 期为未来时刻，且未来时刻的汇率和价格水平的变动时为未知的，都是预期值。令 $\pi^e_t = \frac{P^e_t - P_{t-1}}{P_{t-1}}$，则带"预期"的相对购买力平价关系式可写为：

$$\frac{E^e_{\$/\epsilon} - E_{\$/\epsilon}}{E_{\$/\epsilon}} = \pi^e_{US} - \pi^e_E$$

将利率平价关系式 $\dfrac{E^e_{\$/\epsilon} - E_{\$/\epsilon}}{E_{\$/\epsilon}} = R_\$ - R_\epsilon$ 和购买力平价关系式 $\dfrac{E^e_{\$/\epsilon} - E_{\$/\epsilon}}{E_{\$/\epsilon}} = \pi^e_{US} - \pi^e_E$ 联立，可得到：

$$R_\$ - R_\epsilon = \pi^e_{US} - \pi^e_E$$

上式表明，在其他条件不变的情况下，若一国的预期通货膨胀率上升，最终会导致该国国内利率的同比例变动。这种通货膨胀和利率之间的长期关系称之为国际费雪效应。[1] 利用国际费雪效应，我们可以解释前文提到的利率悖论：在长期的货币分析法中，利率的上升造成汇率上升，本币贬值；在短期的货币分析法和利率平价模型中，利率的上升造成汇率的下降，本币升值。要分析利率变动对汇率变动的影响，我们不应该仅从利率本身分析，而应该深层次分析是什么原因导致的利率的变动。在长期货币分析法中，物价水平是完全弹性的，当名义的货币供给量增加时，价格会立即同比例调整到新的水平，即预期通货膨胀率会上升；由费雪效应可知，美元利率和欧元利率差值的扩

---

[1] 费雪效应是由美国经济学家欧文·费雪（Irving Fisher）最早在1930提出来的，其反映的是名义利率、实际利率和通货膨胀率之间的关系。费雪效应的一般推导为：

假设你现在手上有货币100元，对应地，可以买到市场上1单位价值100元的商品篮子；1年后，100元的货币存入银行连本带息可以获得108元；同时1年前1单位价值100元的商品篮子现在价值为105元，那么1年后108元能买多少单位的货币篮子？

在我们谈论实际利率和通货膨胀率时，其核心本质都是货币的购买力问题；购买力的外化客体是商品和服务的数量和质量，通货膨胀与价格有关，而价格是对这些商品和服务价值的度量。正如金融的本质是资源的跨期配置，利率是对让渡今天价值的一种补偿；所谓名义利率，即市场上的利率，如这里的银行存款利率，即让渡今天的100元货币，明天将会得到108元的补偿；但是需要注意的是名义利率总是包含通货膨胀因素的，我们更关心的是今天的108元能买到多少商品和服务，即其购买力如何。而实际汇率衡量的正是购买力的变动，即让渡今天一个单位的商品篮子，明天能到多少单位的补偿。

就上例而言，100货币1年后变为108元，1单位商品篮子现在价值为100元货币，1年后价值105元货币，那么1年后，我们可以先从这108元中拿出105元购买1单位，从而真正的收益为3元，那么3元的购买力即为实际利率，即 $3/105 = 2.8571\%$；1年后购买1单位商品篮子需要多支付的5元是由于通货膨胀导致的，多出的5元与购买力无关，因为105元还只能购买1单位商品篮子，并没有多买。

一般地，假定名义利率为R，实际利率为r，通货膨胀率为 $\pi$，由以上可知，实际利率是1年后增值的货币在购买完增值的1单位商品篮子后剩余货币的剩余购买力，即还能购买多少单位商品篮子（此时的商品篮子价值为 $1 + \pi$），即：

$$r = \frac{(1 + R) - (1 + \pi)}{1 + \pi}$$

整理可得：

$$r = R - \pi - r\pi$$

由于实际利率和通货膨胀率都非常小，故其 $r\pi$ 可以忽略不计，即 $r \approx R - \pi$，或者写成：

$$R = r + \pi$$

上式即为费雪效应：名义利率由实际利率与通货膨胀率组成，是等于实际利率与通货膨胀率之和。

正文中的国际费雪效应是由利率平价模型和购买力平价模型结合在一起推导出的，但其结果和上面的费雪效应一致的，二者正好反映出经济学的异曲同工之妙。

实际上，我们可以用一般的费雪效应来解释前文中出现的利率悖论：在短期，国内利率的上升，汇率变小，本币升值；在长期，国内利率的上升，汇率变大，本币贬值。

首先，我们通常说的利率是指名义利率，那么国内利率的上升是指名义利率的上升；在短期，由于价格刚性，物件水平不变，通货膨胀率不变，名义利率的上升是由实际利率的上升引起的，实际收益率的上升，当然会引起资本的流入，本币上值，汇率下降；在长期，价格具有弹性，实际利率不变，名义利率的上升是由通货膨胀率的上升引起的，而物价水平的上升当然会引起汇率上升，本币贬值。这和正文中根源于货币供给量增减的分析是一致的。

大是源于因本国预期通货膨胀率会上升而导致的预期通货膨胀率的扩大；换句话说，美元利率的上升时由于通货膨胀率上升引起的；货币供给量的增加，通货膨胀加剧，当然会造成汇率上升，本币贬值。而在短期的货币分析法和利率平价模型中，我们假设价格在短期具有黏性，即价格水平不变，那么由货币市场均衡关系式 $M^s/P = L(R, Y)$ 可知，货币供给量 $M^s$ 的下降，必然会引起利率的上升；由于价格在短期内不变，不存在通货膨胀率的变动；货币供给量的减少导致汇率下降，本币升值。

# 第五节　资产组合分析法

## 一、资本市场说

资产市场说是 20 世纪 70 年代中期以后发展起来的一种重要的汇率决定理论。该理论是在国际资本流动获得高度发展的背景下产生的，因此特别重视金融资产市场均衡对汇率变动的影响。资产市场说的一个重要分析方法是一般均衡分析，它较之传统理论的最大突破在于它将商品市场、货币市场和证券市场结合起来进行汇率决定的分析。在这些市场中，国内外市场有一个替代程度的问题，而在一国的三种市场之间，则有一个受到冲击后进行均衡调整的速度问题，由此引出了各种资产市场说的模型。

实际上资本市场说是多个具有共性学说的统称（见图 2 – 18），主要包括：短期货币分析法与汇率超调模型、长期货币分析法以及资产组合分析法。关于短期货币分析法和长期货币分析法在前面章节已经做了很详细的介绍，那么本节将会详细分析资本市场说的另一个理论：资产组合分析法。

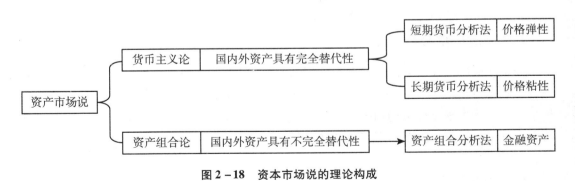

图 2 – 18　资本市场说的理论构成

在我们前面的短期货币分析法和长期货币分析法中，实际上是将国际金融资产简化为货币市场，这样对国际金融市场的研究也被囿于对对货币市场的研究。显然货币资产和其他资产风险和流动性都是不一样的，国内资产和国外资产也不是完全替代的，为了使我们的分析更接近现实，资产组合分析法将货币主义的基本原理扩展到所有金融资产，并假定资产之间具有不完全替代性，在这样的框架下进一步分析均衡汇率的决定。

## 二、布朗森"小国模型"

### （一）基本假设

在不影响对核心理论分析的情况下，为了简化分析，我们以一个小国为分析对象，这样首先国外利率 $R^*$ 为一个外生变量，是模型外给定的。

假设一国居民可能的资产选择集为：本国货币（M）；本国政府发行的本币表示的债券（B）；外国发行的以外币表示的资产（F）；包括外国货币，外币债券、外币存款等。外国资产仅在短期内被看作是固定的，它的本币价值等于 E×F。那么以本币价值表示的一国总财富（W）为：

$$W = M + B + E \times F$$

接下来我们分析一国居民将以怎样的比例将自己的财富分布在三种资产上，以及比例变动的动因是什么。首先，我们假设，本国的货币供给和债券供给都由政府控制，同时外币资产的供给是由经常账户盈余实现的，假设短期经常账户不发生变动，则外币资产的供给是外生的固定值；其次，就当一国的总财富增加时，必然会从不同程度上增加对所有资产的持有需求；最后，就对各种资产的需求和利率的关系作具体分析。

就货币市场而言，本国利率提高时，投资者便会减少对货币的持有，造成货币需求的下降；就本国债券市场而言，本国利率提高，债券的价格下降，持有债券的需求上升；就外币资产市场而言，本国利率的上升，投资于本国资产将会获得更高的收益率，故会将少对外币资产的持有。综上所述，假设本国利率为 R，可以得到：

$$\frac{\partial M}{\partial R} < 0, \quad \frac{\partial B}{\partial R} > 0, \quad \frac{\partial F}{\partial R} < 0$$

### （二）模型推导[1]

为了使分析更加直观和顺畅，我们利用图形的来对这一模型进行解释。我们设立一个以本国利率为横轴、本国汇率（直接标价法）为纵轴的坐标，来分析各个市场的平衡情况，即将本国货币市场均衡状态、本国债券市场均衡状态和外币资产市场均衡状态映射到利率—汇率二维图形中（见图 2–19）。

1. 本国货币市场均衡

当汇率 E 上升时，根据总财富等式 $W = M + B + E \times F$ 可知，总财富 W 会增加；前面提到当一国的总财富增加时，必然会从不同程度上增加对所有资产的持有需求，从而对本国货币的需求 M 也会增加；在货币供给既定的情况下，货币需求的增加必然会推

---

① 参见姜波克. 国际金融新编（第四版）. 复旦大学出版社，2010：90–91.

动利率 R 的上升以实现货币市场的均衡。

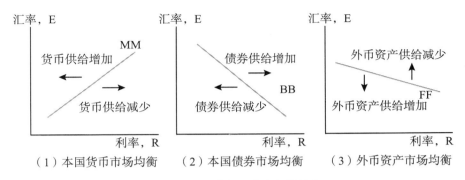

图 2 – 19　汇率与三类市场的均衡

由此可知，设在利率—汇率二维图形中货币市场均衡曲线为 MM，则 MM 曲线的斜率大于零，以表明当汇率 E 上升时，为维持货币市场均衡，本国利率 R 会上升以填平货币供求的缺口。

2. 本国债券市场均衡

当汇率 E 上升时，同样由于总财富 W 的增加，从而对本国债券 B 的需求也会增加；在债券供给既定的情况下，债券需求的增加必然会推动债券价格的上升；而债券价格与利率是反比关系，进而债券价格的上升会推动本国利率的下降。

由此可知，设在利率—汇率二维图形中货币市场均衡曲线为 BB，则 BB 曲线的斜率小于零，以表明当汇率 E 上升时，为维持债券市场均衡，本国利率 R 会下降以降低债券收益率。

3. 外币资产市场均衡

当利率 R 上升时，外币资产 F 的需求将会减少，部分对外币资产的需求将会转移对国内资产的需求，由于假设短期内外币资产供给不变，从而形成外币资产相对的超额供给。为维持外币资产市场的均衡，这要求外币贬值，本币上值。

由此可知，设在利率—汇率二维图形中货币市场均衡曲线为 FF，则 FF 曲线的斜率小于零，以表明当利率 R 上升时，为维持外币资产市场均衡，汇率 E 会下降以对冲外币资产相对的超额供给。

但是，由于本国债券市场对利率更加的敏感，所以单位利率的变动，引起债券市场均衡线 BB 上汇率变动的幅度会更大；同理，由于外币资产市场对汇率更加的敏感，所以单位的汇率的变动，引起外币资产市场均衡线 FF 上利率变动的幅度会更大。从而可以得出，尽管 FF 曲线和 BB 曲线的斜率都是负的，但 FF 曲线比 BB 曲线更为平坦。

最后，就每一种资产的供给增加在利率—汇率二维图形中是如何反映做出分析。当货币供给增加时，在既定的汇率水平下，利率 R 会下降，从而 MM 线左移，反之则右移；当本国债券供给增加时，在既定的汇率水平下，本国债券的出现超额供给，价格下降，由于利率与债券价格反比关系，利率上升，即 BB 右移，反之则左移；当外币资产的供给增加时，在既定的利率水平下，外币的超额供给会造成外币贬值，本币升值，汇率 E 会下降，即 FF 曲线下移，反之则上移。

### （三）模型结论

在得出本国货币市场均衡曲线、本国债券市场均衡曲线和外币资产市场均衡曲线后，很显然，当这三个市场同时均衡时，整个经济系统将会处于均衡状态。此时的汇率和利率水平即为均衡利率和均衡汇率。由于在该模型中假设价格具有黏性，所以该模型为一个短期分析模型，进而此时的均衡又称之为资产市场的短期均衡。

利用以上的利率—汇率二维图形来说明，均衡汇率 $E^*$ 和均衡利率 $R^*$ 即为 MM 曲线、BB 曲线和 FF 曲线的交点[1]（见图 2 – 20）。

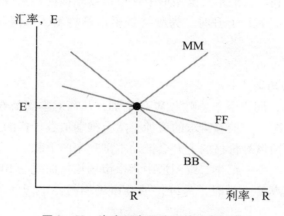

图 2 – 20　资产组合理论下的均衡汇率

### 三、资产组合分析法下的货币冲击效果

### （一）货币冲击对汇率的短期影响

假设现在中央银行增加货币供给量，那么首先反应的是本国货币市场，货币供给的增加会使得 MM 曲线左移。同时，货币需求的增加，根据总财富等式 $W = M + B + E \times F$ 可知，总财富 W 会增加；前面提到当一国的总财富增加时，必然会从不同程度上增加对所有资产的持有需求，从而对本国债券 B 的需求和外币资产 F 的需求也会增加。为了便于分析，从供给的角度说，对本国债券 B 和外币资产 F 的超额需求又可以看出是供给

---

[1]　或许有些读者会认为三条线不一定会交于一点。事实上，由于假设整个经济系统仅有这三个市场，根据瓦尔拉斯均衡理论，当 n – 1 个市场均衡时，第 n 个市场自动均衡，所以三线必交于同一点。

的相对短缺，即供给的减少，由前面的分析可知，对本国债券 B 供给的减少会使得 BB 曲线左移，对外币资产供给的减少会使得 FF 曲线上移，这样三条线会重新交于一点，改点即代表新的均衡汇率和均衡利率（见图 2－21）。

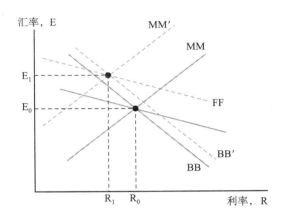

**图 2－21　货币冲击对汇率的短期影响**

和我们前面货币分析法分析的结论一样，在价格不变的情况下，短期内，货币供给的增加会使得利率下降，汇率上升，本币贬值。

### （二）货币冲击对汇率的长期影响

在长期，价格具有弹性，因此货币供给的增加可以通过价格水平的变动作用对汇率产生影响。为了分析资产市场的长期均衡，我们还需要引入经常账户。实际上，由于假设价格不变，在短期的某一特定时点上的均衡，虽然利率和汇率都达到均衡，但经常账户并没有实现的均衡，而要是长期的资产市场达到均衡，经常账户余额应为零。我们从组合资产的角度来分析经常账户，经常账户的盈余意味着外币资产供给增加，反之经常账户的赤字意味着外币资产供给减少。那么在考虑到外币资产的时候，我们需要修正我们前面章节中关于经常账户的等式，即经常账户不仅是实际汇率和产出的函数，同时也是外币资产的函数，从而：

$$CA = CA\left(\frac{EP^*}{P},\ Y\right) + R^* \times F$$

其中，$R^*$ 为持有外币资产的利率。

假设在 $t_0$ 时刻货币供给增加，在短期内，由前面的分析可知，汇率上升，本币贬值，汇率由 $E_0$ 变为 $E_1$，随着汇率的上升，本币贬值，从而有利于出口，经常账户出现盈余，该国持有的外币资产 F 将会增加。在长期内价格具有完全弹性，那么随着时间的推移，货币供给的增加最终会推动价格 P 的逐渐上升。一方面，由于经常账户的盈余造成本币升值外币贬值，从而推动汇率的下降；另一方面，随着价格的上升和通货膨胀的加剧，也促使汇率的下降。由于短期内汇率的瞬间上升造成经常账户的盈余，从而外币的供给量在增加；外币供给量的增加促使汇率不断下降，汇率的下降反过来降低外币资产供给量增加的速度。

那么接下来我们分析均衡汇率在什么时点停止。首先，尽管汇率的下调会降低外币资产供给量增加的速度，但是只要外币资产绝对供给量还是在增加，那么汇率的下调便不可能停止，所以要是回来下调停止，汇率必须下调到外币资产供给量增加的速度为零，这样外币资产才不会继续增加。但是，事实上，均衡汇率并不是在该点停止，假设汇率下调到外币资产供给量增加速度为零的时点为 $t_1$（见图 2－22），由上面的经常账户等式可知，在 $t_0$ 到 $t_1$ 这段时间内持有的外币资产已经额外产生了一定量的投资收益，所以要使经常账户余额为零，汇率的下调不仅要阻止外币资产供给量的增加，同时还要进一步下调以冲减 $t_0$ 到 $t_1$ 时间内持有外币资产投资收益对经常账户的盈余增量。只有冲减掉 $t_0$ 到 $t_1$ 时间内持有外币资产投资收益对经常账户的盈余增量时，汇率的调节才真正停止，最终的均衡汇率为 $E_2$。

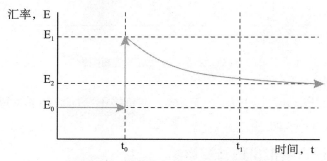

**图 2－22　货币冲击对汇率的长期影响**

由上面的分析可知，在资产组合分析法，货币供给增加对长期汇率的动态调整过程和汇率"超调模型"中的调整过程十分相似。事实上，如果再对以上模型中加入预期因素，资产组合分析法下货币供给增加对长期汇率的动态调整过程与汇率"超调模型"的结论将是一样的。同时，资产组合分析法下对动态调整过程刻画的更加细腻和形象，一方面刻画出汇率下降曲线的凸性特征，另一方面将长期调整过程进一步细分成两个阶段，即 $t_0$ 到 $t_1$ 时间段和 $t_1$ 时点以后。

☞ **本章关键词** ☜

| | | |
|---|---|---|
| **铸币平价** | **黄金输送点** | **国际收支说** |
| **利率平价** | **购买力平价** | **货币分析法** |
| **一价定律** | **费雪效应** | **资产组合分析法** |

☞ **深入思考的问题** ☜

1. 就中国数据，实证研究购买力平价的有效性。

2. 分析利率平价模型与资本流动之间的联动性。

3. 利用国际费雪效应，是否可以利用外国通货膨胀率测量本国的通货膨胀率，其效果如何？

# 第六章

# 汇率制度

## 第一节　汇率制度的基础知识

汇率制度又称汇率安排，是指一国货币当局对本国汇率变动的基本方式所做出的一系列安排或规定。按照汇率波动有无平价以及汇率波动幅度的大小，可将汇率制度分为固定汇率制度和浮动汇率制度。一国一定时期形成的汇率制度是由多方面因素形成的，一方面与该国的政治、经济等因素有关；另一方面与经济时代的大背景和全球环境有关。同时，各国按照一定的体系形成的汇率制度安排，最终又构成了国际货币体系，去推动全球经济的不断运行。本节就汇率的基础知识作简明阐述，在下一篇中就国际货币体系再做深入研究。

### 一、固定汇率制度

固定汇率制度（Fixed Rate System）是指两国货币的比价基本固定，现实汇率只能围绕平价在很小的范围内上下波动的汇率制度。如在外汇市场上两国汇率的波动超过规定的幅度时，有关国家的货币当局有义务站出来干涉维持。从历史发展来看，固定汇率制度又可分为金本位制度下的固定汇率制度和纸币流通条件下的固定汇率制度。

#### （一）不同本位制度下的固定汇率制度

金本位制度是以黄金作为本位货币的制度。金本位制度下的固定汇率制度，是以各国货币的含金量为基础、汇率波动受黄金输送点限制的汇率制度，它是典型的固定汇率制度。19 世纪后期至第一次世界大战前，是金本位制度下的固定汇率制度的全盛时期。此后，随着金本位制度的彻底崩溃，以金本位制度为基础的固定汇率制度也随之消亡。

金本位制度崩溃之后，各国普遍实行了纸币流通制度。1945 年下半年至 1973 年初，广泛流行纸币流通条件下的固定汇率制度。该制度是建立在 1944 年 7 月通过的布雷顿森林协定的基础之上的，因而又称之为布雷顿森林体系下的固定汇率制度。这一固定汇率制度可概括为"双挂钩、一固定、上下限、政府干预"的体系。

"双挂钩"包括：一是美元与黄金挂钩，根据国际货币基金组织的规定，成员国确认美国规定的 35 美元兑换 1 盎司黄金的官价，而美国政府则承担准许外国政府或中央银行按照黄金官价用美元向美国兑换黄金的义务；二是其他国家的货币与美元挂钩，其他各国或规定本国货币的含金量，或直接规定本国货币对美元的汇率。例如，1946 年 12 月 18 日，1 英镑的法定含金量为 3.58134 克纯金，而 1 美元的法定含金量则为 0.888671 克纯金，则英镑对美元的平价为 3.58134/0.888671 = 4.03，即英镑对美元的货币平价为：1 英镑 = 4.03 美元。

"一固定"是指本国货币的平价一经国际货币基金组织确认就基本固定，不得随意变动，只有当成员国的国际收支发生根本性不平衡时，才可变动其货币平价。平价的变动幅度在 10% 以内时，成员国有权自行调整，不必经过国际货币基金组织批准；平价的变动幅度在 10% ~ 20% 时，须经国际货币基金组织的批准。国际货币基金组织同意与否须在 72 小时内做出决定；平价的变动幅度超过 20% 时，国际货币基金组织批准与否没有时间限制。未经批准而擅自调整其货币平价的成员国，则有可能被剥夺利用国际货币基金组织资金的权力，甚至可能被强制退出国际货币基金组织。

"上下限"是指外汇市场上现实汇率的变动幅度不得超过平价上下各 1%，如英镑对美元的货币平价为 1:4.03，则外汇市场上英镑对美元汇率波动的上下限 4.03 × (1 + 1%) 或 4.03 × (1 - 1%)，即允许英镑对美元的汇率在 3.9897 ~ 4.0703 之间波动。1971 年 12 月，国际货币基金组织又将现实汇率围绕平价波动的幅度扩大到上下各 2.25%。

"政府干预"是指外汇市场上的现实汇率围绕平价波动，当波动幅度超过规定的界限时，各有关国家的政府有义务采用各种干预措施，使汇率的波动幅度控制在平价规定的范围内。当时政府干预汇率的措施主要有：运用货币政策调整利率；动用外汇平准基金，进行公开市场操作；进行国际借贷或直接输出入黄金；实行外汇管制；变动本币的平价，宣布本币法定贬值或法定升值等。

## （二）不同本位制度下固定汇率制度的比较

金本位制度下的固定汇率与纸币流通条件下的固定汇率，其共同之处主要有两点：(1) 各国的货币都与黄金有联系，两国货币之间的汇率的确定以平价为基础；(2) 现实汇率围绕平价在一定的范围内波动。

但两者也有着本质的区别：(1) 汇率决定的基础不同。金本位制度下的固定汇率以两国货币的实际含金量为基础，是自发形成的；而纸币流通条件下的固定汇率，以两国货币的名义含金量为基础，是通过布雷顿森林协定人为地建立起来的。(2) 汇率的调整机制不同。金本位制度下的固定汇率围绕铸币平价波动，其波动幅度由黄金输送点决定。通过黄金自由输出入来自动调整，使汇率稳定在黄金输送点的上下限范围内；而纸币流通条件下的固定汇率，汇率的波动幅度是人为规定的，也是人为维持的，通过各国政府的干预，使汇率稳定在一定的范围内。(3) 汇率的稳定程度不同。金本位制度下各国货币的含金量一般不会变动，事实上，现实汇率也仅在铸币平价的上下6%左右波动，幅度很小，基本上是固定的；而纸币流通条件下各国货币的平价只要有必要（国际收支发生根本性不平衡时）就可以调整，汇率的稳定和维持又是在各国政府的干预下得以实现的。因此，严格地说，纸币流通条件下的固定汇率制度只能说是可调整的钉住汇率制度（Adjustable Pegging System）。

## 二、浮动汇率制度

### （一）浮动汇率制度的含义

1973年2月，美元再次贬值10%后，固定汇率制度宣告崩溃，主要资本主义国家普遍实行浮动汇率制度。

所谓浮动汇率制度（Floating System）是指一国不规定本币对外币的平价和上下波动的幅度，汇率由外汇市场的供求状况决定并上下浮动的汇率制度。浮动汇率实际上已有较长的历史。早在金本位制度以前，美国、俄国等就曾使本币处于浮动状态；在实行国际金本位制度时，也有一些未采用金本位制的国家实行浮动汇率，如印度实行银本位时，印度卢比对金本位制国家货币的汇率，随金银比价的变动而波动；第一次世界大战以后，一些国家也曾先后实行过浮动汇率制；在第二次世界大战以后的固定汇率制度时期，仍有少数货币如加拿大元，从1950年9月至1962年5月实行浮动汇率；1968年以后，西方主要国家逐渐趋向浮动汇率制度。

### （二）浮动汇率制度的类型

从政府是否对市场汇率进行干预的角度，可将汇率浮动的方式分为自由浮动和管理浮动。

（1）自由浮动（Free Floating）是指一国政府对汇率不进行任何干预，市场汇率完全听任外汇市场的供求变化而自由波动的汇率浮动方式，又称清洁浮动（Clean Floating）。由于汇率的波动直接影响到一国经济的稳定与发展，各国政府都不愿听任汇率长期在供求关系的影响下无限制地波动。因此，纯粹的自由浮动只是相对的、暂时的。

（2）管理浮动（Managed Floating）是指一国政府从本国利益出发对汇率的波动进行不同程度干预的汇率浮动方式，又称肮脏浮动（Dirty Floating）。在现行的货币体系下，各国实行的实际上都是管理浮动。目前政府干预汇率的方式主要有三种：①直接干预外汇市场，但干预形式各有不同。有一个国家单独干预的，也有几个国家联合干预的，还有代理干预的。例如，1990年4月上旬，联邦德国、法国、意大利、英国和瑞士应日本的要求，阻止日元继续下跌，但它们都没有花费本国的外汇储备，动用的是日本的外汇储备。②运用货币政策，主要是通过调整再贴现率或银行利率来影响汇率。③实行外汇管制，主要是通过各种措施来影响国际资本流动的方向和规模。

### （三）管理浮动汇率制的主要形式

当今管理浮动的形式多种多样，因此有必要详细的对其进行介绍。国际货币基金组织根据各国政府对汇率的干预程度和干预方式，将管理浮动分为三种类型，即钉住浮动、有限弹性浮动和较高弹性浮动。

#### 1. 钉住浮动

发展中国家的经济实力不强，且大多数发展中国家的国际储备较少，应付金融危机冲击的能力有限，本国的外汇市场也不发达。因此，许多发展中国家采用钉住浮动。

实行钉住浮动的国家，其货币与被钉住货币之间仍规定有平价，且现实汇率对平价的波动幅度为零，或被限制在一个很小的范围内，一般不超过平价的±1%。钉住浮动的重要特点是汇率缺乏弹性。钉住浮动汇率与布雷顿森林体系下的可调整的钉住汇率不同，钉住浮动汇率是在各主要国家的货币相互之间实行浮动汇率的背景下实行的。由于各主要国家货币之间的汇率是波动的，因此，一国的货币选择钉住某一种或某几种主要国家的货币，便意味着本币的汇率将对其他未被钉住的主要货币浮动，因而属于浮动汇率制度；而布雷顿森林体系下的可调整的钉住汇率制度却属于固定汇率制度。按照被钉住货币的不同，钉住浮动还可分为钉住单一货币浮动和钉住一篮子货币浮动。

（1）钉住单一货币浮动。采用此种汇率浮动方式的国家，由于经济、历史、地理等方面的原因，与美国、法国等建立了密切的贸易和金融关系。为使这些关系持续稳定地发展下去，避免双边汇率频繁波动带来不利影响，这些国家将本币钉住美元或法国法郎等单一货币。

用此方式的有利方面是：①能减少钉住国与被钉住国货币间汇率的波动，有利于两国间贸易的稳定开展；②有利于钉住国国内物价水平的稳定；③有利于钉住国吸引外资。不利方面是：①削弱钉住国货币政策的独立性，有碍于该国利用汇率作为宏观调控的手段，以及保持汇率政策与其他政策措施的协调一致；②不利于钉住国实行对外经济多元化的战略，尤其容易影响该国与其他发展中国家之间的贸易。

（2）钉住一篮子货币浮动。这种钉住方式又分两种情况：一是直接将本币钉住特别提款权，有利之处是简便易行，可保持汇率的相对稳定；不利之处是由于美元在特别提款权中占较大的比重，钉住特别提款权在很大程度上还是主要钉住美元。二是将本币钉住本国自行设计的一篮子货币，篮子中的货币由与本国经济联系最为密切的若干国家的货币组成。各种货币所占的权数，通常按本国对外贸易总额中各主要贸易伙伴国的份额，或按本国对外贸易的货币构成来确定。此钉住方式的有利之处是可保持汇率的相对稳定，也可根据本国对外经济贸易关系的变化，通过随时调整货币篮子来调整汇率；不利之处是由于采用此种钉住方式的国家自行设计和使用不同的货币篮子，有可能增大其汇率风险，同时也造成套算汇率的困难。

在钉住浮动中还有一种特殊的汇率确定方式，称为联系汇率制。国际货币基金组织并没有把这种汇率确定方式作为一种单独的形式，此方式在具体的运用中也是大同小异，最具典型意义的是港币的联系汇率制。1983 年 10 月 17 日，中国香港政府以 1 美元兑换 7.8 港元的比价，开始实行联系汇率制。其主要特点是，由香港金融管理局规定现钞发行和回笼时的官方汇率，并力图使市场汇率接近官方汇率。具体方法是，各发钞银行在发行港元时必须持有相应数量的负债证明书，而要获得负债证明书，则必须按 1 美元对 7.8 港元的比价，向香港金融管理局上缴美元存款；回笼货币时，其他任何银行在向发钞银行上缴港币时，均可按 1 美元对 7.8 港元的比价获得相应数量的美元，发钞银行也可按此比价，凭负债证明书，用回笼的港币从金融管理局兑回相应数量的美元。目前，采用钉住浮动来确定汇率的国家仍较多，但呈下降趋势。

### 2. 有限弹性浮动

实行有限弹性浮动的国家，其货币对某一外币规定有平价，或集团成员国的货币之间相互规定有平价，且市场汇率在平价的基础上可以有一定程度的浮动。但这种浮动是有限的。此浮动方式也有两种形式，即钉住单一货币的有限浮动和联合浮动。

（1）钉住单一货币的有限浮动。实行此种方式浮动的国家为少数发展中国家，这些国家的货币钉住某一种货币（目前均为美元）浮动，但有一定的波动幅度，多为平价的 ±2.25% 。采用此种浮动方式，与钉住单一货币浮动相比，虽然弹性有所增强，但本国货币政策的独立性依然不强。

（2）联合浮动。1972 年 4 月，由欧洲经济共同体六国（联邦德国、法国、比利时、荷兰、卢森堡和意大利）开始实行参加联合浮动的国家组成集团。集团内部各成员国货币之间实行固定汇率，规定有中心汇率（平价）和市场汇率波动的幅度，各有关国家有义务共同维持彼此间汇率的稳定；而集团成员国的货币对集团以外国家的货币则实行联合浮动。目前采用联合浮动方式的国家为欧洲联盟的部分国家。联合浮动有利于以联合的力量来抵御外来冲击，保持集团内部各国货币之间汇率的相对稳定，促进区域经济一体化。但它强调经济政策的一致性，这不仅削弱了集团内各成员国货币政策的自主性，而且由于集团内部各国经济发展的不平衡，使集团内部矛盾重重，汇率的波动幅度也由最初的 ±1.25% 不断扩大，1993 年 8 月 1 日再次扩大到平价的 ±15%（德国马克、荷兰盾除外）。在联合浮动的基础上，欧洲联盟于 1999 年 1 月 1 日在首批十一个国家（奥地利、比利时、芬兰、法国、德国、爱尔兰、意大利、卢森堡、荷兰、葡萄牙、西班牙）中用欧元作为统一货币。

### 3. 较高弹性浮动

实行较高弹性浮动的国家，其本币对外币的依赖性较小，汇率变动的灵活性较大。此浮动方式又有三种形式：指标浮动、其他管理浮动和单独浮动。

（1）指标浮动。一些国家在短期内将本币的汇率钉住某一平价，同时根据国内外物价对比、国际收支状况、贸易条件、外汇储备等因素制定一组指标，并根据该组指标的变动情况，频繁地、小幅度地调整所钉住的平价，这种安排又称爬行钉住（Crawling Pegging）或滑动平价（Sliding Parity）。采用此种浮动方式，本币汇率经常小幅度调整，可避免汇率剧烈波动对经济带来的冲击，但汇率变动的幅度小，往往难以满足解决经济问题的需要。

（2）其他管理浮动。此种浮动方式下各国采取的管理方法不尽相同。如有的国家在实行外汇管制、货币非自由兑换和资本非自由流动的前提下，采用封闭浮动方式，在封闭浮动方式中，本币汇率仅由本国外汇市场的供求关系决定，货币当局一方面对汇率进行集中管理，另一方面在必要时又对汇率进行干预，也有的国家规定货币的官方汇率，且货币当局时刻准备用官方汇率买卖外汇，这种官方汇率至少在1天内保持固定不变，但每个月的浮动幅度则超过0.5%。这种浮动方式的优点在于对汇率的调节是可控的、灵活的、多样的，有利于汇率的相对稳定，因此为较多的发展中国家采用。国际货币基金组织将目前人民币汇率的浮动方式归入其他管理浮动类。

（3）单独浮动。单独浮动又称独立浮动，是指一国货币不与其他任何国家的货币发生固定的联系，其汇率根据外汇市场的供求关系自行上下浮动。采用这种浮动方式的国家，最初主要是发达国家，现在除发达国家之外，越来越多的新兴工业化国家和发展中国家也选用这一方式。单独浮动的优点在于汇率水平的变化基本上反映了客观经济情况的变化，汇率的变动灵活且富有弹性，一旦出现较大偏差，市场外汇供求关系会进行纠正。其弊端在于汇率易受投机的影响，波动可能过于频繁，波幅可能过大，且汇率的波动带有突发性、盲目性和反复性，易给经济特别是国际经济交往带来不稳定的影响。从浮动汇率制度的演变过程可知，发达国家的汇率安排目前主要是单独浮动和联合浮动；而发展中国家的汇率安排则形式多样，但正在由钉住浮动向其他管理浮动和单独浮动过渡。这说明发展中国家的经济正在起步摆脱对发达国家的依赖，经济的自主性、灵活性以及对经济的调控能力正在不断增强。

## 第二节　不同汇率制度下的政策效应分析

### ■一、产出市场与 DD-AA 模型

在前面的汇率决定理论里面，我们通过研究外汇市场均衡以及外汇市场和货币市场的同时均衡，解释了汇率、利率和价格以及货币供给量之间的关系，并假定产出水平不变，是由模型以外的因素决定。事实上，影响汇率、利率和价格水平以及货币供给量的因素很显然也会影响产出。那么，通过引入产出变量，可以研究汇率与产出之间的关系，最终研究汇率市场、货币市场和产出市场的均衡状态下的均衡产出和均衡汇率。

同时，通过引入产出变量，建立短期分析的 DD-AA 模型，可以作为一个分析工具，进一步分析宏观政策的有效性，是否有利于产出和就业的提高，是否有利于改善经常账户。

## （一）短期产出市场的均衡：DD 曲线

为了研究产出市场的均衡，即在一定时期内总产出和总需求的相等。首先，我们来研究总需求的函数实现路径。有宏观经济学的知识可知，在开发的经济环境下，一国的总需求由四个方面的需求组成，即私人消费需求，私人投资需求，政府购买需求和国外需求。其中，我们假定私人消费需求是可支配收入的函数，国外需求，即国外居民对本国的需求，表现为净出口，从数量的角度来说，也即经常账户的余额 CA，我们假定经常账户的余额是关于实际汇率和可支配收入的函数，由以上分析可知：

$$D = C(Y - T) + I + G + CA(EP^*/P, \ Y - T)$$

进一步，总需求函数可写为：

$$D = D(EP^*/P, \ Y - T, \ I, \ G)$$

假定 T、I、G 为外生变量，那么通过总需求函数，我们可以建立总需求、产出和汇率之间的关系。在前面章节中，我们分析了经常账户与实际汇率成正比关系，与产出成反比关系，那么据此可以进一步得出，当实际汇率上升时，经常账户盈余增加，总需求增加。当实际产出增加时，其对总需求的影响不是那么简单。实际收入增加时，即增加对国内产品的消费，也增加对国外产品的消费。即国内消费增加，经常账户下降，假定消费增加的幅度大于经常账户减少的幅度，则实际收入增加时，总需求增加。从而产出增加 1 单位时，总需求增加小于 1 单位，即总需求关于产出的函数中，其斜率小于 45°。在总需求—产出的二维坐标图中（见图 2 - 23），我们不难得出短期产出市场的均衡，即图中的 1 点，在 1 点，总需求等于总产出。

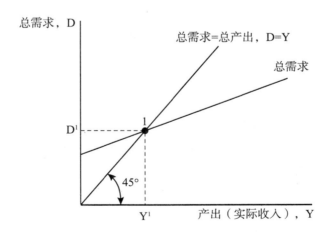

图 2 - 23　总需求与总产出的均衡

接下来我们利用上面的产出市场均衡关系，分析当一国汇率发生变动时，其对产出将会产生怎样的影响。前文提到，当一国实际汇率上升时，总需求将会增加，而实际汇率是关于名义汇率和两国相对价格水平的函数，在我们的短期分析中，假定物价水平不变，那么名义汇率的变动，会引起实际汇率同幅度的变动，通过实际汇率的转化作用，可以得出，在物价水平不变的前提下，名义汇率 E 的上升，会引起总需求的上升。

在总需求—产出的二维坐标图（见图 2 - 24）中，汇率的增加最终会引起总需求曲线的上升，均衡点有 1 点移到 2 点，引起产出的增加。

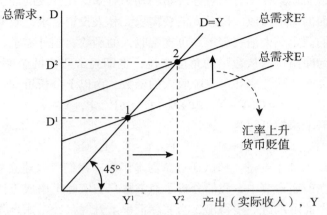

图 2 - 24　汇率变动对产出的影响

通过对以上汇率的变动分析，我们可以得出以下结论：名义汇率与产出成正比关系。那么进一步，我们通过典型的宏观经济图形的转化，将总需求—产出的二维坐标图中的这种对应关系转化到汇率—产出二维坐标图（见图 2 - 25）中，从而更加直观的汇率—产出关系，即产出市场均衡条件下的汇率—产出关系。

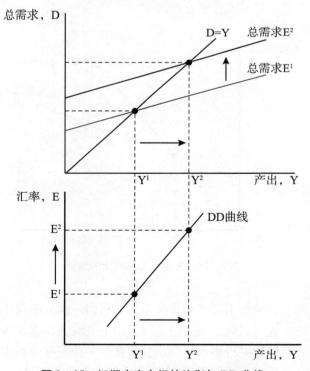

图 2 - 25　短期产出市场的均衡与 DD 曲线

通过总需求—产出市场的均衡的二维坐标图推导出的关于汇率—产出的二维坐标图，即反映汇率和产出的函数曲线，即 DD 曲线，至此，我们得出了短期产出市场均衡时，汇率和产出关系的 DD 曲线。

另外，由上面的分析思路可知，任何引起总需求增加的因素都会使总需求曲线上移，那么，在汇率不变的情况下，均衡产出将会增加。反映到汇率—产出的二维坐标图，任何导致总需求增加的因素，在汇率不变的前提下，都会导致 DD 曲线的右移。

## （二）短期资产市场均衡时：AA 曲线

这里我们所说的资产市场，主要是指外汇市场和货币市场。那么如何通过资产市场的均衡关系，得出在资产市场均衡时的汇率—产出关系。不难想出，在汇率决定理论里面，通过短期的货币分析法，我们以利率为中介，将单个外汇市场的均衡扩展到外汇市场和货币市场的同时均衡，那么，我们重新来审视货币市场和汇率市场均衡联动图，是否可以得到资产市场均衡时的汇率—产出关系。很显然，从外汇市场中，我们很容易找到汇率变量，同时，在货币市场中，在实际货币需求曲线中，很幸运的是我们又发现了实际产出变量，这样，通过汇率—利率—实际货币需求—产出，从而最终建立资产市场均衡时的汇率—产出关系。

由图 2-26 可知，当实际产出增加时，实际货币需求将会增加，实际货币需求曲线

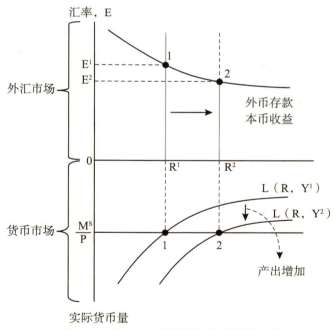

图 2-26　外汇市场与货币市场的同时均衡

下移，假定短期物价水平具有刚性，从而实际货币供给量不变，这样货币需求的增加，必然要求提高利率以实现货币市场新的均衡，由 1 点移动到 2 点，而反映到外汇市场

中，利率的上升，致使本国货币的收益率增加，本币升值，即汇率下降。综上所述，产出的增加，在实现货币市场和外汇市场的均衡后，最终会导致汇率的下降，即资产市场达到均衡时，产出和汇率成反比关系。与 DD 线类似，这种关系反映到汇率—产出二维坐标图中，更直观地得到资产市场均衡时的汇率—产出关系，即反映汇率与产出关系的 AA 曲线（见图 2 –27）。在产出不变时，AA 线会因模型中其他外生变量的变动而上下移动。

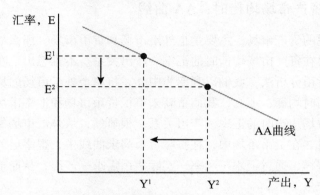

**图 2 –27　短期资产市场均衡与 AA 曲线**

### （三）开放经济的短期均衡：DD-AA 模型

通过假定产品价格暂时固定，我们分别推导出了汇率和产出水平的两条曲线，代表产品市场均衡 DD 曲线，反映资产市场均衡的 AA 曲线，一个经济的总体均衡必定存在这两条曲线之中（见图 2 –28）。因为总体均衡必须同时在产品市场上合资产市场上都达到均衡，而 DD 曲线和 AA 曲线的交点就是这样的一个均衡点。由于我们假设产品价格是暂时固定的，因此这交点实际上是短期均衡点。

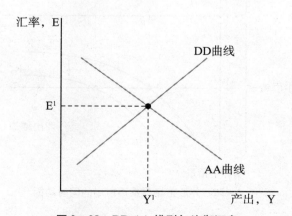

**图 2 –28　DD-AA 模型与均衡汇率**

通过 DD-AA 模型所得出的均衡汇率，实际上是对以前汇率决定理论的补充和扩张，前面的均衡汇率要不是单个汇率市场的均衡决定的，要不是两个市场，外汇市场和货币市场的同时均衡决定的，那么，DD-AA 模型，实际上是在汇率决定中加入了产出市场的均衡，即 E 点是由外汇市场、货币市场和产出市场的三个市场同时决定的均衡汇率。

实际上，DD-AA 模型不仅在均衡汇率的决定上提供一个新的视角，由于其将汇率和产出之间建立联系，而产出又是反映一国经济的基本量，那么，DD-AA 模型又可以作为一种不可多得的政策分析工具，用以分析宏观经济政策是如何在调节汇率和促进经济增加之间的达到平衡的。

## 二、浮动汇率制度下的汇率政策分析

前文提到，DD-AA 模型不仅可以产出市场、汇率市场和货币市场均衡的结果，同时可以作为一种政策分析工具，分析不同的汇率机制对汇率本身以及对一国经济的影响。那么接下来，我们就具体分析在不同的汇率制度下，货币政策和财政政策对汇率变动和一国产出的影响机制是如何作用的。首先我们从浮动汇率制度开始分析。

### （一）货币政策和财政政策的暂时性变动

1. 暂时性货币供给增加的效应分析

暂时性货币供给的增加会使 AA 线向右移动，但不影响 DD 线的位置。在最初的产出水平和给定的价格水平处，货币供给的增加会导致国内利率下降，由于这次货币供给的变动是暂时性的，并不会对预期汇率产生影响，根据利率平价模型，其他条件不变，利率下降，从而本币贬值，汇率上升，从而 AA 曲线向右移动（见图 2-29）。同时，汇率上升，本币贬值，这使得国内产品相对更便宜，从而总需求扩大，产出增加，产出从 1 点移到 2 点。综上所述，暂时性的货币政策使得汇率上升，货币贬值，进而促使生产扩展，产出增加。

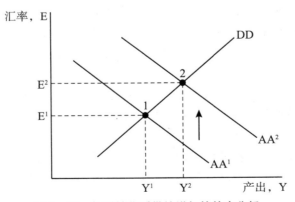

图 2-29　暂时性货币供给增加的效应分析

2. 暂时性财政扩张的效应分析

扩张性的财政政策主要指通过增加政府开支，减少税收等措施以刺激总需求。暂时性财政政策将使 DD 线右移，但不影响 AA 线的位置（见图 2－30）。政府支出增加所引起的产出增加提高了对实际货币持有量的交易需求。给定价格水平不变，国内利率会上升。给定预期和国外利率不变，本币升值。

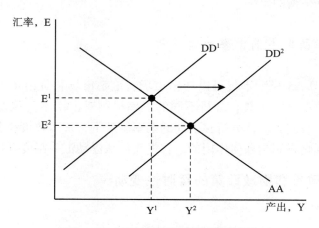

图 2－30  暂时性财政扩张的效应分析

## （二）货币政策和财政政策的永久性变动

### 1. 永久性货币供给增加的效应分析

假设经济最初处于充分就业状态，不同于暂时性货币政策，永久性货币政策会使市场产出对汇率上升或下降的预期，而在暂时性货币供给的增加里，我们假定预期汇率不变，进而货币供给的增加，汇率上升，产出增加。那么如何在暂时性货币供给增加模型中加入预期的因素，使其扩展为永久性货币供给增加模型。

很显然，我们以利率平价模型为分析工具，因为目前我们所知道的带有汇率预期的模型主要是利率平价模型。首先，与暂时性货币供给的增加相同，货币供给的增加，都会引起利率的下降，从而在利率平价模型中，本币的收益率曲线左移，汇率上升；其次，货币供给的永久性增加会使得市场产生未来汇率上升的预期，从而在利率平价模型中，以本币表示的外币收益率曲线上移，导致即期汇率上升，最终进一步地推动汇率的上升（见图 2－31）。

综上所述，永久性货币供给的增加，同样导致汇率的上升和产出的增加，但是，与暂时性政策不同的是，其对经济变量的变动更加剧烈，导致汇率更大幅度的上升和产出更大幅度的增加。

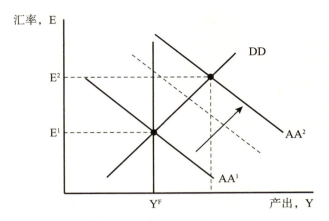

图2-31 永久性货币供给增加的短期效应分析

但是，这种情况是不可能一直持续下去的。过度的产出增加会使得工人和机器超负荷工作，进而工人要求提高工资，厂商要求通过增加价格来弥补不断增加的生产成本。简而言之，货币供给的增加最终会导致物价水平同比例的上升，而对产出、相对价格或利率并没有影响，只是这需要你一个长期调整的过程。那么接下来我们具体分析永久性货币供给的增加在经过长期的价格调整过后，最终对汇率和产出的影响。

我们从AA曲线开始分析，随着物价水平的上升，实际货币供给下降，最终回到最初的实际货币供给量，这样，利率同样相应地恢复到最初的水平，那么由于利率下降这一因素作用导致汇率上升的部分被抵消，但是市场预期一旦形成便不会更改，所以由于预期汇率上升这一因素导致的汇率上升的部分依旧存在，所以AA曲线先是由于利率回归向左移，但由于预期的因素，不可能回到最初的AA曲线位置（见图2-32）。

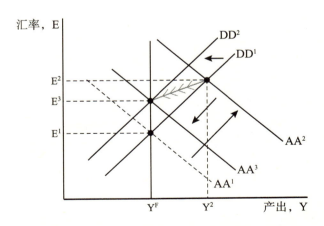

图2-32 永久性货币供给增加的长期效应分析

同时，由于总需求是关于实际汇率的函数，而实际汇率又是名义汇率和两国价格水平的函数，假定外国价格水平不变，显然本国价格水平的变动，通过实际汇率作用于总需求，进而会导致 DD 曲线也会发生变动。价格水平的上升，会导致实际汇率下降，即本币实际上值，本国的商品相对外国变得昂贵，从而经常账户恶化，总需求下降。根据前文结论，任何导致总需求扩展的因素都会使得 DD 曲线右移，反之亦然，从而总需求的下降会导致 DD 曲线左移。根据以上分析路径，价格水平的上升会导致 DD 曲线左移。

综上所述，永久性货币供给的增加在经过长期价格调整过后，AA 曲线和 DD 曲线会发生左移，一直调整到最初充分就业的产出水平上才会停止。而对于汇率水平，在最初的过度上升后，经过价格的不断调整，汇率会不断下降，货币升值以消除其过度升值部分，但同样由于预期的因素，不可能回到最初的汇率水平。

汇率的这一调整路径是我们不得不联想到汇率的超调模型，通过以上的分析方法可知，其作用路径实际上和汇率超调模型的发生机制是一样的，从这我们可以看出经济学的异曲同工之妙。

### 2. 永久性财政扩张的效应分析

假设经济最初处于充分就业状态，永久性财政扩张同暂时性财政扩张一样，会导致 DD 曲线向右移动，即图 2 - 33 的 3 点，从而导致汇率的下降和产出的增加，在暂时性财政扩张模型中，我们的分析到此结束。但是，对于永久性的财政政策中，我们需要进一步地扩张暂时性模型。由于永久性的政策都会是市场对未来的汇率产生预期，永久性财政扩张是人们意识到政府对国内产出和服务的总需求是永久性的，进而导致人们产生本币升值的预期，即预期汇率下降。而预期汇率是被包含在 AA 曲线模型中的，所以预期汇率的下降，会导致 AA 曲线左移，直到回到充分就业的产出水平。

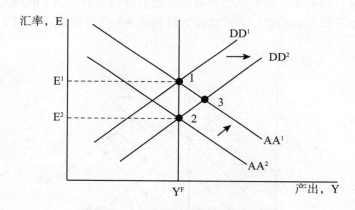

图 2 - 33　永久性财政扩张的效应分析

从上面的分析可知，永久性的财政扩张，汇率的预期变化所引起的货币升值会减弱该政策对产出的扩张性影响。本币的升值使得国内产品相对于国外变得昂贵，从而政府对国内产品的需求"挤出"了国外居民对国内产品的需求，最终永久性的财政扩张对产出没有产生任何影响，只是导致本币升值，财政政策失效。

## 三、固定汇率制度下的汇率政策效应分析

在固定汇率制度下，中央银行为了将汇率维持在一个固定水平，在必要的时候不得不干预外汇市场。当一国政府实施扩张性的货币政策或财政政策时，通过在浮动汇率制度下的 DD-AA 模型分析可知，这必然会引起汇率的变动。那么在固定汇率制度下，中央银行无法容忍汇率的变动，通过干预外汇市场最终是汇率回归既定的水平。接下来，我们主要分析在中央银行对外汇市场干预的下，货币政策和财政政策的有效性如何。最后，在固定汇率制度下，尽管汇率是固定不变的，但是由于各种原因，比如一国经济发生根本性的变化，此时该国可能向 IMF 申请，调整期固定汇率水平，实施货币的法定贬值，那么我们可以通过 DD-AA 模型分析一国货币的法定贬值将会产生什么样的影响。

在分析固定汇率下的政策效应之前，我们可以简单分析与浮动汇率制度相比，固定汇率下的一些特点。毫无疑问，固定汇率制度下，汇率水平不是由市场均衡决定的，而是固定在一个特定的水平，这样在一段相当长的时期中，预期汇率和即期汇率是相等的；进一步，根据利率平价模型，由于预期汇率和即期汇率是相等，在固定汇率制度下，要使市场达到均衡，国内利率必须与国外利率相等，当然有个隐含的假设，即要求资本完全流动。

### （一）货币政策

假设中央银行始终要将汇率固定在 1 处（见图 2－34），为了增加产出以刺激经济，中央银行购入本国资产以增加货币供给，货币供给的增加，会使 AA 曲线由 1 点移到 2 点，尽管这确实扩大了产出，但同时也导致了汇率的上升，而汇率的上升在固定汇率制度下是不允许的，故中央银行在外汇市场上通过，抛售外币资产，买进本币以抵消本币贬值的压力，要使汇率回到最初的固定水平，那么央行在外汇市场上买进本币的数量和最初增加的货币供给量必须相等。这样，通过央行在外汇市场的这一操作，会使 AA 曲线重新回到 1 点，在汇率重新回到既定水平的同时，产出水平也同样回到最初的水平，中央银行增加产出的目标失败。

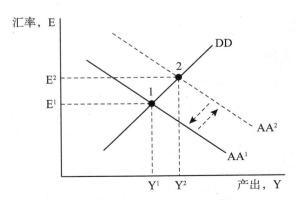

**图 2－34　固定汇率制度下货币政策效果**

在固定汇率制度下，增加货币供给以刺激产出的目标与维持固定的汇率水平从根本上是矛盾的，不可能同时实现，所以中央银行的货币政策工具无力对该国的货币供给或产出产生影响。固定汇率下，货币政策无效。

## （二）财政政策

前面已经提到，任何扩张性的财政政策都会导致 DD 曲线的右移，在固定汇率制度下也不例外。由图 2－35 知，扩张性的财政政策会使得 DD 曲线由 1 点移到 2 点，从而导致产出的增加和汇率的下降，货币升值。产出的增加是政府想要的结果，但汇率的下降同样是央行不能容忍的，所以央行要再次通过外汇市场的操作，使得汇率回到 1 点。由于产出的增加，导致人们实际货币需求的增加进而推动货币升值，那么为了消除货币升值压力，央行于是在外汇市场上卖出本币，买进外国资产，从而增加货币供给量以弥补实际货币需求缺口。央行的这一举动会推动 AA 曲线的右移，一直到汇率回到最初的固定水平。此时，汇率水平不变，但产出水平会因为 AA 曲线的右移进一步的增加，从而进一步地刺激经济的增长。

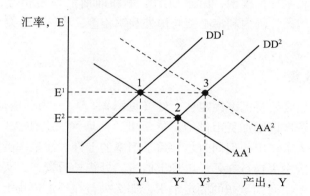

图 2－35　固定汇率制度下财政政策效果

与货币政策不同，固定汇率制度下的财政政策可以用来影响产出，并且非常有效。在固定汇率制度下，为阻止本币升值，中央银行被迫购入外汇以增加货币供给，这种非主动的货币供给的增加带来额外的扩张效应，使得财政政策的有效性大大增强。

## （三）货币法定贬值

如果一国政府实行法定的货币贬值，即固定汇率由 1 点重新固定到新的汇率水平 2 点（见图 2－36）。这样会使得本国产品和服务变得相对便宜，从而产出水平也会沿着 DD 曲线由 1 点移动到 2 点。但是，点 2 并不在最初的 AA 曲线上，即资产市场没有达到均衡。产出的增加，使得人们产生更多的实际货币需求，货币需求的增加会推动利率的上升，根据利率平价模型，利率的上升又会使得汇率下降，本币升值。那么央行为了维持新的固定汇率，必须在外汇市场上抛售本币，购买外国资产，以增加货币供给，一直到 AA 曲线右移到 2 点。

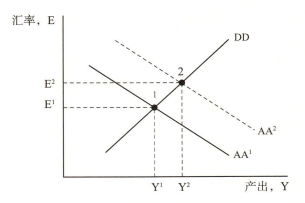

图 2 - 36　固定汇率制度下的货币法定贬值

从上面的分析过程可以看出，实施货币的法定贬值，可以带来诸多好处。首先，一国货币的贬值可以改善经常账户；其次，货币的法定贬值会促使产出增加，进而可以刺激经济增加，增加就业；最后，为了维持新的固定汇率水平，央行的干预措施会增加该国的官方储备。

☞ **本章关键词** ☜

**固定汇率制度**　　　　　　　**浮动汇率制度**　　　　　　　**DD-AA 模型**

☞ **深入思考的问题** ☜

1. 试分析浮动汇率制度和固定汇率制度的优劣势。
2. 一国汇率政策的有效性与资本的流动性关系如何？
3. 试将经常账户引入 DD-AA 模型，将其扩张为 DD-AA-XX 模型。

# 第三篇 国际货币体系

国际金融行为可以抽象为两种交换：一是本国法币与他国法币的交换；二是国别法币与货币衍生品的交易。由于法币的国别性质，国别货币的印刷量与印刷节奏的不均衡将导致法币交易比率的变动。很显然，每一个国家都在争取有利于自己国家"跨国获取价值"的基于本国货币和他国货币交易的比率。在一定时期，全球有可能形成比较稳定或者不稳定的"法币交易制度"，这就是国际货币体系，其实质就是法币合约的合约。健康的国际货币体系有利于国际金融的可持续发展，否则国际金融体系将会遭受损害。

从金本位制到布雷顿森林体系下的美元—黄金本位制，再到牙买加体系下美元信用本位制，汇率制度经历了从固定到可调整浮动，再到如今的混合汇率制度。金本位制的内在调节机制在国际商品经济发展的初期与固定汇率制度相搭配促进了经济的迅速发展，但是黄金的固有缺陷决定了其在商品经济高级阶段作为本位货币的不可持续性。随之，应运而生产生了美元—黄金本位制，但是美元面临的特里芬难题最终导致了美元与黄金的脱钩，布雷顿森林体系的解体。然而，布雷顿森林体系的崩溃并不能撼动美元的国际货币地位，相反在一定程度催生了以美元霸权为主导的牙买加体系的诞生。

如今的牙买加体系实质上是美元本位制，在该体制下，美国享受着单边主义经济政策，通过无节制地输出美元"绑架"了全球经济，靠着美元已经获取的"在位优势"掠夺全球资源。不公正、不公平的体系是不稳定的、不可持续的，美元霸权下其权利与义务的不对称引发了国际社会与美国之间委托代理问题的产生，导致了全球经济的内在不稳定性、汇率的剧烈波动、经济危机的频繁爆发。这一系列问题的最大受害者是发展中国家，近年来随着以"金砖五国"为代表的新兴经济体的崛起，国际社会要求改革现有国际货币体系的呼声愈演愈烈。

国际货币体系改革争论的焦点历年来集中在储备货币的选择上，各发达经济体对储备货币的争夺源于储备货币为其发行国所带来的不可估量的经济利益与政治利益，这就是本书开篇所提到的价值获取。国际货币体系作为世界性的法币合约的合约，一方面，"合约"的构建理应尊重各国利益，公正、公平地对待所有国家；另一方面，作为各国综合实力博弈的结果，"合约"代表的是大国利益，追寻的是大国的经济目标。正是这两方面矛盾的不断激化推动了国际货币体系的发展。

中国作为世界第二大经济体，人民币的国际化是国际货币体系改革的题中应有之意。推进人民币的国际化，促进国际货币结构的优化，是我国为推进国际货币体系公平、公正的发展应尽的责任。同时，推进人民币国际化也是国别利益的正常体现，人民币的国际化不仅可以制约美元霸权，代表广大发展中国家的利益屹立于国际货币体系之中，还可以增加我国在世界经济中博弈的砝码，为我国实现价值增值、转移创造条件。我国应当抓住机遇，利用中国香港的天然优势地位发展人民币离岸业务中心，提高国内金融机构综合服务能力、深化金融市场改革，逐步实现人民币资本项目可兑换。同时在国际化的过程中，充分吸取他国货币国际化经验教训为我所用：一是具有先发优势的美元、欧元；二是与我国一样具有后发优势国家的货币，如马克、日元等，在此基础上走出一条具有中国特色的人民币国际化之路。

本篇的特点在于构建了一个严谨的逻辑体系，通过回顾国际货币体系发现美元霸权是当今国际货币体系的弊端，也考察了欧元一体化所面临的难处。指出国际货币体系的改革是促使国际金融制度公正的必然，并进一步指出，作为世界第二大经济体，人民币将会成为影响国际货币体系的重要变量，中国也有责任通过人民币的国际化为世界货币体系做出贡献。

## 逻辑框架

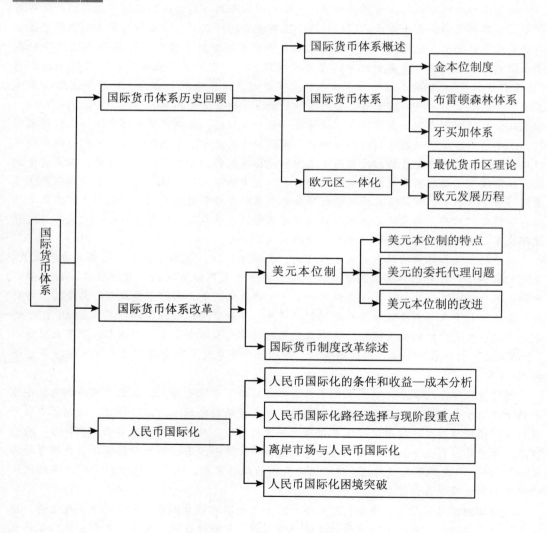

# 第七章

# 国际货币体系历史回顾

国际货币体系是国际金融领域的基础，它对于国际间贸易的支付结算、汇率调整、国际收支调节以及各国的外汇储备等都有制约作用，良好运行的国际货币体系能够促进全球金融市场的发展。国际货币体系的发展史从一定程度上反映了国际金融的变迁，从金本位制到布雷顿森林体系，再到如今的牙买加体系，国际货币体系改变的共性是弹性越来越大，这与国际金融全球一体化的发展是密不可分的。金融全球化的趋势加强了各国的合作，促进了国际金融组织的诞生，也催生了区域性货币欧元。欧元的成功实践为未来的国际货币体系改革描绘了一幅美好的蓝图。

## 第一节　国际货币体系概述

### ■一、国际货币

#### （一）定义

国际货币和世界货币是两个比较容易混淆的概念，很多学者甚至将其混为一谈。但是仔细研究发现，这两个概念之间还是有些差别的。简单地说，国际货币是世界货币的基础，世界货币是国际货币的升华。科恩（Cohen）最早从货币职能的角度定义国际货币，他认为国际货币的职能是货币国内职能在该国境外的扩展，而货币的国际化过程就是其职能向境外延伸的过程。罗伯特·蒙代尔（Robert A. Mundell）认为，当货币流通范围超过法定的流通区域，该货币就国际化了。世界货币的概念则要更高一层，它是指被世界大部分国家作为通货在国内使用的货币或者被世界所认可的国际储备货币。一种货币可以同时兼具国际货币和世界货币的属性，国际货币经过发展可能会成为世界货币，但也有可能始终停留在国际货币阶段。从当今的情况看，只有美元可以被誉为世界货币，而英镑、欧元、日元则只能屈居于国际货币。中国的人民币正在逐渐的从国别货币迈向国际货币。

对于国际货币的定义，中西方学者均没有给出一个统一的定义，本文给出较为通俗易懂的解释，即：国际货币是国别货币职能在世界范围内的延伸，当一国货币同时在国内和世界范围内发挥职能时，该种货币就是国际货币。国际货币是伴随着国际商品交换的发展而不断演化的，它经历了金币作为国际货币时期；英镑作为国际货币时期；英镑、美元、法国法郎同为国际货币时期；美元作为国际货币时期以及多元化的国际货币时期。

## （二）国际货币职能

在一国国内，货币发挥了它的价值尺度、支付手段、流通手段、储藏手段等职能，国际货币将这些职能延伸到了国际领域。不同于国别货币，对国际货币的职能分类，我们还可以从政府视角和私人视角分别给予定义（见表 3 - 1）。

表 3 - 1    国际货币职能

| 职能 ＼ 层次 | 私人交易 | 政府交易 |
|---|---|---|
| 价值尺度 | 标价货币 | 基准货币 |
| 支付手段 | 结算货币 | 干预货币 |
| 储藏手段 | 资产货币 | 储备货币 |

资料来源：钱荣堃，陈平，马君潞．国际金融．南开大学出版社，2002.

### 1. 价值尺度

从价值尺度的角度来看，国际货币可以发挥标价货币和基准货币职能。标价货币是指在国际贸易合同中规定的用来表示商品、劳务价格的货币，这些货币可以是出口国或进口国的货币，也可以是第三国的货币，具体采用哪种货币由双方协定。

基准货币是汇率报价中作为基础的货币，即报价表达形式为每一个单位的基准货币可兑换多少另一种货币。任何汇率必定涉及两种货币：基准货币和标价货币。例如，欧元兑美元报价是以 1 欧元兑多少美元表示，所以其基准货币为欧元，标价货币为美元。国际货币充当基准货币一般是在政府层次上作为价值标准，一国货币的价值高低，在国内通过物价指数来反映，在国际上则表示为一单位本国货币值多少国际货币。

### 2. 支付手段

从私人交易角度来看，国际货币在支付手段中发挥了结算货币职能。结算货币是指在国际贸易中实际用于支付的货币，或是在信用活动中用于资金借贷和偿还的货币。现今世界上普遍认可的结算货币主要包括美元、欧元、日元、英镑等。2009 年 7 月 6 日，中国银行和交通银行首笔跨境贸易人民币结算业务同时启动。这标志着人民币在国际贸易结算中的地位已经从计价货币升至结算货币。

从政府角度出发，干预货币是指政府为了维持本国汇率稳定，用来干预外汇市场时所使用的货币。例如，当国际社会对本国货币需求增加，本国货币面临升值压力，本国政府可通过买入干预货币卖出本国货币来维持市场的供需均衡，缓解升值压力。

### 3. 价值储藏

在个人交易中国际货币的价值储藏职能表现为资产货币，即个人在持有对外资产时使用的货币；在政府机构中，则表现为储备货币。国际储备货币是指一国政府持有的可直接用于国际支付的国际通用的货币资金。是政府为维持本国货币汇率稳定能随时动用的对外支付或干预外汇市场的一部分国际清偿能力。

## （三）两类性质的国际货币

国际货币可以分为两类：内含价值的货币和信用货币。其中，信用货币又可以细分为法币和区域货币（见图3－1）。

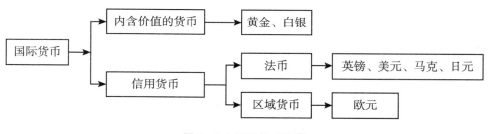

**图3－1　国际货币分类**

### 1. 内含价值的一般等价物

如马克思所说：金银天然不是货币，但货币天然是金银。黄金由于其本身固有的内含价值，以及携带方便、便于储存、容易分隔等优点长期以来充当稳定的一般等价物——货币。从19世纪80年代到第一次世界大战爆发前，黄金升级成为国际货币，在国际经济交往中发挥各项货币的职能，这就是后面将要描述的金本位制时代。但由于黄金非货币化这一历史趋势的发展，黄金的货币职能已经基本消失。

### 2. "法币"国际化

黄金之后，陆续有英镑、美元、德国马克、日元、欧元成为国际货币。纵观历史，国际货币的产生渠道大致分为两类：一是主权国家货币的职能国际化，例如美元、日元、德国马克等；二是人为创造超国家主权的国际货币，例如欧元。基于过去学者的分析，一国货币要想成为国际货币，一般必须具备以下几个条件：

第一，该国的货币为可自由兑换货币。可兑换货币是指国内外居民根据意愿可将其兑换为所需要的其他某主权国家货币。自由兑换包括充分自由兑换和经常账户下的自由兑换两种形式。一国货币从不可兑换货币发展到国际货币大致经过以下几个阶段：不可自由兑换—经常账户的有条件可兑换—经常账户的可自由兑换—资本与金融账户的有条件可兑换—完全可自由兑换—国际货币。

第二，信用货币发行国经济实力强大。一国的经济实力往往决定了该国货币的国际地位，一国货币的国际化从根本上是该国经济实力的一种反映。一个总量较大的经济实体可以为本国货币提供坚实的经济基础，其货币的竞争力也相对较强，能给交易者带来的足够的信心。从现有的国际化货币来看，货币发行国的经济总量都是排在世界前列。如图 3 - 2 所示，美国、欧元区、中国、日本的 GDP 总和大约占世界的 62.2%，这四个区域各自的 GDP 全球占比都在 5% 以上，其中，只有中国的人民币还未成为国际货币，从这一点来看，人民币的国际化指日可待。

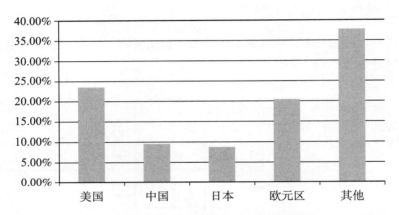

**图 3 - 2　2010 年主要国家 GDP 占世界比重**

资料来源：IMF.

第三，具备高度发达的金融市场。一种货币要想成为国际货币，该货币发行国必须拥有一个较为开放的、体制健全的金融市场。这要求该国金融市场不仅要有充足的金融工具和交易的产品种类，还要有发达的二级市场，同时，要有足够的抵御经济冲击的能力。发达的金融市场可以给各投资主体提供低成本、高安全、高流动性的金融工具以及完善的金融服务，能够吸引更多的货币和资金到该市场上，从而为该国货币的国际化创造条件。历史上，纽约、伦敦、法兰克福发达的金融市场对树立美元、英镑和欧元的国际地位都起过巨大的推动作用。

第四，该国的信用货币必须具有相当大的稳定性。作为价值储藏的国际货币，价值的稳定是首要条件。这是一国货币国际化的内在基础，因为只有稳定的货币才能为世界其他国家的交易个体和官方机构所信任并被广泛接受。价值稳定包括两方面的含义，一是该国货币的对内价值稳定，表现为该国国内物价水平的稳定；二是对外价值稳定，表现为该国货币汇率水平的稳定。维持汇率的稳定就要求货币的发行国具有强大的经济实力并且国际收支经常项目保持顺差，或者不能出现持续的巨额逆差。

## 从国际收支角度探讨货币国际化条件

从国际收支平衡表角度分析，一国货币国际化的初级阶段，充足的国际储备是国际化的重要价值支撑，这就需要国际收支能够保持顺差。其中，经常账户的顺差格外重要，它意味着对外净金融资产和对外净金融债权的增加，有利于该国成为世界债权大国。在经常账户中，货物贸易账户盈余体现了一个国家的产品竞争力，许多国家都力争通过货币贸易账户的盈余来达到经常账户顺差。历史上，英国、美国、德国、日本在货币国际化初级阶段都是作为世界债权大国出现的。相对于经常账户，资本和金融账户对储备资产的增加作用要居于次要地位，因为资本账户的顺差会导致储备资产和对外负债同量增加，对外净金融资产并不会增加。

当货币实现国际化后，国际货币的发行国可能会面临一种两难处境：一方面，需要通过国际收支平衡或顺差来维持国际货币币值的稳定；另一方面，国际货币职能的实现是要以本币输出为前提的，而要满足国际市场对本币的输出需求，需要通过国际收支赤字来实现，但这又会危及本币对外价值的稳定，这就是传统意义上的特里芬难题。解决这一难题，有一个折中的方案，那就是在保证经常账户顺差的基础上，通过金融账户的逆差来平衡国际收支。这样，通过经常账户顺差积累资本，并通过资本、金融账户逆差输出本币，满足国际清偿力需求。

不同于货币国际化的初级阶段，这一时期经常账户顺差的实现主要通过经常账户中的投资收益和服务收益账户的盈余来实现的。其中，投资收益账户的盈余是依靠资本输出和对外投资实现的，这就要求资本金融账户保持逆差。通过资本金融账户的逆差来输出本币，既可增加经常账户的投资收益的盈余，又可增加本币的国际流通量。货物贸易账户在此时维持逆差有助于增加以该货币计价的进口，向国外输出该种货币，同样增加该种货币的海外流通量。

综合来看，货币国际化的初级阶段，发行国应侧重于货物贸易账户的盈余积累，经常账户要维持稳定的长期顺差。货币国际化发展到一定阶段时，要通过经常账户的顺差和资本账户的逆差来平衡国际收支。通过货物贸易账户的赤字和资本金融账户赤字输出本币，通过投资收益和服务收益账户的盈余实现一部分本币回流，从而维护和巩固本币的国际地位。

资料来源：张青龙，王舒婷. 国际收支结构研究：基于人民币国际化视角的分析. 国际金融研究，2011（6）.

## 二、国际货币体系

国际货币体系是针对国际货币运行而制定的一系列基本规则，对于整个国际金融活动具有基本的制约作用，因而对国际间的贸易结算、资本流动、国际储备安排及各国的汇率制度选择、国际收支调节等都会产生重要的影响。国际货币的选择是国际货币体系的基础，因此，各国家或地区会通过本国货币的国际化来谋求国际货币体系的主导权，借此从国际经济利益分配中获取主动权。

## （一） 国际货币体系的内涵

国际货币体系是为适应国际贸易与国际支付的需要，各国政府对货币在国际范围内发挥世界货币职能所确定的原则、采取的措施和建立的组织形式，其目的是为了保障国际贸易及世界经济的稳定、有序发展，协调各国的经济政策。

关于国际货币体系的定义，国内外学者有着不同的阐释。向松祚（2010）将国际货币体系简要概括为：由一套货币制度规则所构成的某种"秩序"①。国外学术界通常以国际货币体系发挥的作用来对其进行定义，认为其是由一系列国际间条约、协定和国际支持性组织构成，以便利于国际间贸易、跨境投资和双边资本配置的系统。当谈论国际货币体系时，我们关心的是制约各国相互交易和活动的机制或规则，交易的机制或规则的实施乃是通过各国政策的相互协调来完成的。

## （二） 国际货币体系的内容

按照传统的理解，国际货币体系一般包括三部分内容：

### 1. 确定某种形式的储备货币或本位货币

本位货币的确立是为了方便国家之间用于清算相互的债务余额、维持国际支付和国际收支调整的需要，以及在某些必要情况下用来干预外汇市场，维持本国汇率的稳定。

### 2. 确立相应的汇率制度安排

国际货币体系必须明确各国货币组成形式和货币之间的比价即汇率，并相应地明确货币比价确定的依据、货币比价浮动的范围、货币比价的调整以及维持货币比价的措施。汇率制度的确立在于明确国际经济贸易和跨境资本流动中的国际结算和支付手段的来源、形式和数量，为世界经济的发展提供必要的、充分的国际货币，并规定国际货币及其同各国货币的相互关系的准则。②

### 3. 确立国际收支的调节方式

主要包括三个方面的内容：一是汇率机制；二是对逆差国的资金融通机制；三是对国际货币发行国的约束机制。国际货币体系的良好运作有赖于对各国国际收支的适当调节，这就需要各国遵循一定的规则来制定经济政策，在金融市场、宏观调控等方面要有相应的协调措施，从而可以促进国际贸易和世界经济的发展，以及国际经济合作的加强。

除了以上三方面基本内容以外，国际货币体系还需要某种力量来监督、协调各国的

---

① 向松祚. 国际货币体系改革：思想和战略. 国际货币评论.
② 卞志村. 国际金融学. 人民出版社，2009：381.

宏观经济政策，这种力量的载体往往是各种国际金融组织，如国际货币基金组织、世界银行、国际清算银行、世界贸易组织等，其中起主要作用的是国际货币基金组织（IMF）。通过制定各国必须共同遵守的基本行为准则以监督各国的行为，并在必要的时间向陷入流动性短缺的国家提供资金帮助，从而更有效地解决国际金融争端，维护国际货币体系的稳定与经济的健康发展。

需要注意的是，关于国际货币体系主要内容的相关研究不仅限于上述的三个方面。有国内学者就曾提出应从四个方面对国际货币体系加以分析：一是储备货币的创造机制；二是国际收支调节机制；三是危机的救助机制；四是国际收支调节的负担如何分配问题①。

### （三）国际货币体系的类型

业界对国际货币体系存在着不同的理解侧重点，因此也有不同的分类标准，现今流行的分类标准有三种：国际储备资产、国际汇率制度安排、历史发展顺序。

储备货币或者本位货币是国际货币体系的基础，按照国际储备资产标准分类，国际货币体系可以分为：金本位制度、金汇兑本位制度、信用本位制度。

汇率制度是国际货币制度的核心，IMF以汇率弹性浮动程度为标准，将汇率制度分为固定汇率制度、浮动汇率制度和中间汇率制度（爬行汇率制和有管理的浮动汇率制等）。

按照历史时间标准下分类，国际货币体系可以按照时间顺序分为：国际金本位制、布雷顿森林体系、牙买加体系。下面将按照这个顺序对国际货币体系加以介绍。

## 第二节　金本位制度

### ■一、金本位制的基本特征

金本位制于19世纪中期开始盛行，历史上曾有过三种形式的金本位制：金币本位制、金块本位制、金汇兑本位制。其中金币本位制是最典型的形式，就狭义来说，金本位制即指金币本位制。英国作为当时世界上最发达的资本主义国家，于1821年实行了金本位制度，随后，法国、德国放弃了原先的银本位制而正式启用金本位制，美国也恢复了在内战期间曾一度中止的金本位制，而之后亚洲的一个重要国家——日本也开始了金本位制。到19世纪后期，金本位制度被各主要资本主义国家接受，开始了国际化。

金币本位制亦称为古典的或纯粹的金本位制。在该制度下，各国政府以法律形式规定货币的含金量，黄金可以自由输出或输入国境，并在输出入过程中形成铸币——物价

---

① 向松祚.IMF与中国在国际货币新体系中的地位——纪念中国恢复IMF合法席位30周年高级研讨会的演讲.

流动机制，对汇率起到自动调节作用。这种制度下的汇率，因铸币平价的作用和受黄金输送点的限制，波动幅度不大。因此，它具有稳定汇率、稳定物价、调节国际收支的作用，是一种相对稳定的国际货币制度。1914年第一次世界大战爆发后，各国纷纷发行不兑现的纸币，禁止黄金自由输出，金本位制随之告终，取而代之的是金块本位制和金汇兑本位制。

在金块本位制下，国家储存金块作为储备，流通中各种货币与黄金的兑换关系受到限制，不再实行自由兑换，但在需要时，可按规定的限制数量以纸币向本国中央银行无限制兑换金块。这种货币制度实际上是一种附有限制条件的金本位制。

实行金汇兑本位制的国家，对货币只规定法定含金量，禁止金币的铸造和流通。国内实行纸币流通，纸币不能与黄金兑换，而只能兑换外汇，外汇可以在国外兑换黄金。本国货币与某一实行金块本位制或金本位制国家的货币保持固定汇价，以存放外汇资产作为准备金，以备随时出售外汇。

金块本位制和金汇兑本位制，由于不具备金币本位制的一系列特点，因此，也称为不完全或残缺不全的金本位制。第二次世界大战后建立的以美元为中心的国际货币体系实际上是一种金汇兑本位制，其他国家储备美元资产，在需要时用美元向美国政府兑换黄金。

## 二、金本位制的运行机制

根据1752年大卫·休谟（David Hume）提出的"价格—铸币流动机制理论"，在国际金本位制度下，国际收支一旦出现失衡，经济内部存在着一种机制能够促使国际收支自动实现平衡。当一国国际收支出现赤字，就意味着本国黄金的净输出，由于黄金外流，国内黄金存量下降，货币供给就会减少，从而引起国内物价水平下跌。物价水平下跌后，本国商品在国外市场上的竞争能力就会提高，外国商品在本国市场的竞争能力就会下降，于是出口增加，进口减少，使国际收支赤字减少或消除。同样，国际收支盈余也是不能持久的，因为造成的黄金内流趋于扩大国内的货币供给，造成物价水平上涨，物价上涨不利于出口有利于进口，从而使盈余趋于消失。

但是，国际收支自动调节机制的实现必须有三个前提条件：一是货币自由兑换黄金，且货币含金量保持稳定；二是黄金可以自由输出入，对黄金或外汇的买卖不加限制；三是各国货币的发行必须以一定的黄金做准备。具备这三个条件以后，国内货币供给将因黄金流入而增加，因黄金流出而减少。

## 三、金本位制的作用

在国际金本位制下，黄金充分发挥了世界货币的职能，对国际经济的稳定发展起了重要作用，这具体表现为：

1. 保持汇率稳定

由于各国货币汇率以铸币平价为基础，外汇市场上的汇率围绕黄金输送点上下波动，基本维持了稳定。从世界范围来看，从 1880 年到 1914 年的 30 多年间，各国汇率没有发生太大的波动。

2. 自动调节国际收支

金本位制具有内在自动调节机制，黄金可以自由铸造、买卖、输出入，国际收支不平衡可以通过黄金在各国之间的流动来进行自我调节，这种调节是通过市场的力量进行的，将政府的干预减少到了最低程度。

3. 促进国际资本流动

由于自动的内在调节机制，使得政府没有必要突然对国际收支失衡进行人为调节，因此可以减少不必要的贸易管制和外汇管制等政府措施。这无疑有利于商品和资本在国际间自由流动，使世界范围内的生产要素组合更具效率。

4. 促进世界经济政策协调发展

在金本位制下，各国都把国际收支平衡和汇率稳定等对外均衡目标作为经济政策的首要目标，而把充分就业、物价稳定、经济增长等国内经济目标放到从属地位，这有利于各经济政策的协调和世界经济的平衡发展。

## 四、金本位制的崩溃

在金本位制形成的起初一段时间内，由于世界黄金供应比较充分，各国货币的币值及不同货币之间的汇率基本维持稳定，国际收支大体保持平衡。这种稳定的货币制度促进了资本流动和国际贸易的发展。但是随着世界经济的发展，它的缺陷也越来越明显。

1. 黄金供不应求

货币供应量的增长主要依赖于黄金产量的增长，但是由于黄金的供应量取决于采金技术和黄金矿藏，它在长期难以与普通的商品价格的增长保持适当的稳定比率。由于黄金生产量的增长幅度远远低于商品生产增长的幅度，黄金不能满足日益扩大的商品流通需要，这就极大地削弱了金铸币流通的基础。

2. 黄金存量在各国的分配不平衡

由于各资本主义国家经济发展不平衡和经济实力的差距，较发达的国家通过贸易顺差的持续积累和其他特权不断积累黄金，使得其他国家的金本位制难以继续维持。1913年末，美、英、德、法、俄五国占有世界黄金存量的 2/3。黄金存量大部分被少数强国所掌握，必然导致金币的自由铸造和自由流通受到破坏，削弱其他国家金币流通的基础。

### 3. 政府干预意愿与能力加强

金本位制的国际收支自动调节机制是以各国政府对经济的自由放任为前提的。自动调节机制虽然能够使国际收支恢复平衡，但却不利于国内经济的发展。在金本位制早期，各国政府都不具备全面干预宏观经济的能力，但是随着资本主义经济的发展，政府职能发展到一定阶段以后，必然要对经济实行政策干预。之后，资本主义经济危机矛盾的加深使各国更加重视国内经济目标，越来越不愿意遵守金本位制的基本规则。

1914 年第一次世界大战的爆发是金本位制度崩溃的导火索，黄金被参战国集中用于购买军火，并停止自由输出和银行券兑现，金本位制度存在的基础被破坏，从而最终走向崩溃。

## 金本位崩溃后的动荡期：三大货币集团

以国际金本位制为标志的国际货币体系瓦解后，在国际金融领域，逐步形成以少数几个资本主义大国为中心的国际货币集团，从而展开了在世界范围内争夺国际货币金融主导权的剧烈斗争。

英镑集团，是在 1931 年最早形成的货币集团。1931 年 9 月，英镑同黄金脱钩，1933 年春，美元同黄金脱钩。同年 6 月召开的世界经济会议试图稳定美元汇率，但遭到失败。此后，英国放弃谋求世界范围的解决方案，转而巩固英联邦内部的领导地位，从而形成了英镑集团。英镑集团除了英联邦国家之外，还包括斯堪的纳维亚半岛、阿根廷、埃及、伊朗和伊拉克等国。第二次世界大战爆发后，英国为了加强外汇和外贸管制，把英镑集团改组成为一个具有法律约束力的英镑区。1972 年英国宣布英镑同美元脱钩，英镑区范围便缩小到英国本土和爱尔兰。1978 年爱尔兰货币参加欧洲货币体系后，英镑区已不复存在。

世界经济会议失败后，英国退守英联邦优惠区，德国加强外汇管制，日元和美元先后贬值，迫使法国、比利时、荷兰、瑞士和意大利不得不寻求某种防御性的结盟。1939 年金本位制瓦解后，法国联合殖民地、托管地国家组成法郎集团，第二次世界大战后改组为法郎区。法郎区有 13 个成员国，包括使用"中非金融合作法郎"的中非 5 个国家（刚果、喀麦隆、中非、乍得、加蓬）和使用"非洲金融共同体法郎"的西非 8 个国家（塞内加尔、科特迪瓦、尼日尔、贝宁、马里、多哥、科摩罗、布基纳法索）。这些国家的货币同法国法郎挂钩。法国中央银行是法郎区主要管理机关。

美元集团，是美国于 1933 年废除金本位制以后，为了同英镑集团相抗衡，联合加拿大、菲律宾和拉美一些国家而组成的。1935 年发展为美元区。

货币集团的出现，表明资本主义世界的货币金融陷入无秩序的混乱状态。各国纷纷加强外汇管制、轮番竞争性贬值和外汇倾销，货币民族主义高涨，"以邻为壑"政策盛行。1937年，英、法、美达成"三国货币协议"，这是第二次世界大战之前试图恢复全球货币本位的最后一次国际努力。但不久之后，有限的成果也付诸东流。到了20世纪40年代初，经常项目的货币可兑换性也无法保证。全球化的逆转可以如此之快，从商品和金融市场高度一体化的金本位全盛时期，到贸易依赖不可兑换货币的流行双边主义时期，仅仅经历了大约40年的时间。

资料来源：彭志文．"货币集团"——两次世界大战之间的国际金融体系．

# 第三节　布雷顿森林体系

1929～1933年大危机的爆发，使勉强建立起来的金本位制也随之瓦解，国际金融体系呈现出一种无政府状态，国际货币制度陷于混乱。面对金本位制之后无序的国际货币制度，国际金融界掀起的却是一波又一波的"以邻为壑"的货币战，形成了英镑、美元和法郎三个相互对立的货币集团，各国货币竞相贬值，动荡不定，这种局面一直持续到第二次世界大战结束[①]。鉴于严峻的现实，欧美各国都普遍感到有必要在战争结束后重新建立一个统一的国际货币体系。自1941年起，在英美的积极推动下，国际社会开始了重建国际货币体系的努力，其目标在于寻求国际间的经济合作和全球经济问题的解决。

## ■一、美英的较量：怀特计划与凯恩斯计划

第二次世界大战使英美的实力对比发生了根本性改变。美国成为世界上最大的债权国和经济实力最强的国家，美元的国际地位因美国综合国力的上升和国际黄金储备的充裕而空前稳固。到1945年战争结束时，美国的黄金储备由1938年的145.1亿美元上升到200.8亿美元，约占资本主义国家的2/3。这就使建立一个以美元为支柱的有利于美国对外经济扩张的国际货币体系成为可能，也为美国建立战后以美元为中心的国际货币体系提供了良好的基础。虽然英美两国的经济实力发生了巨大的变化，但英国作为老牌资本主义国家，即使在战争中遭受了严重的创伤，经济遭到了严重的破坏，国际贸易的40％左右也仍然采用英镑结算，伦敦也依旧是重要的国际金融中心。因此两国政府都从本国利益出发，开始了重建国际货币体系的计划。1943年4月7日，美英两国政府分别发表了各自的方案，即美国的"怀特计划"和英国的"凯恩斯计划"。

"怀特计划"是美国财政部长助理怀特（Henry White）提出的"联合国平准基金计划"。"怀特计划"包含两个重要内容：一是建立稳定基金，保证国际汇率的相对平衡；二是建立国际复兴开发银行，对会员国提供短期信贷，以解决国际收支逆差。"怀特计

---

① 张玉来．国际金融新秩序"呼唤"中国．中国报道，2008（8）．

划"企图通过由美国控制的基金来使会员国的货币"钉住"美元。这个计划还立足于取消外汇管制和各国对国际资金转移的限制,显然是要一手操纵和控制基金组织。可见,"怀特计划"为正在寻求战后霸权的美国提供了经济方面的可行性方案。

"凯恩斯计划"是英国财政部顾问凯恩斯(Keynes)拟订的"国际清算同盟计划"。"凯恩斯计划"基于英国当时负有巨额外债、国际收支发生严重危机以及黄金外汇储备陷于枯竭的情况,尽量贬低黄金的作用,反对黄金作为主要的储备货币。该方案强调国际收支顺差国和逆差国共同担负调节的责任。这个计划实际上暴露出英国企图同美国分享国际金融领导权的意图。

从美英就各自利益出发抛出这两个计划后,两国的代表团曾就有关国际货币体系的问题举行了极为艰难的双边谈判和磋商,但由于英国经济、军事实力不如美国,英国最终接受了美国的方案,同时美国也做出了一定的让步。

在这一背景下,1944 年 7 月,44 个国家或政府的经济特使聚集在美国新罕布什尔州的布雷顿森林,商讨战后的世界贸易格局。会议通过了以"怀特计划"为基础的《国际货币基金协定》和《国际复兴开发银行协定》,总称为《布雷顿森林协定》。1945 年 12 月 27 日,参加布雷顿森林会议的 30 国代表在《布雷顿森林协定》上签字。至此,形成了以美元为中心的双挂钩国际货币体系,即布雷顿森林体系。

## ■二、布雷顿森林体系的主要内容

布雷顿森林体系的实质是建立一种以美元为中心的国际货币体系,同时,成立了国际货币基金组织、国际复兴开发银行等永久性国际金融机构,通过国际金融机构的组织、协调和监督,保证布雷顿森林体系下各项原则、措施的推行。其主要内容概括如下:

### 1. 建立国际货币基金组织(IMF)

主要目的是协助会员国就国际货币问题进行磋商,在必要时向国际收支赤字的国家提供短期资金融通,协助其解决国际收支困难,促进国际货币合作。国际货币基金组织的各项规定构成了布雷顿森林体系下国际金融领域的基本秩序,在一定程度上维持着国际金融形势的稳定。

### 2. 实行美元—黄金本位制

布雷顿森林体系的实质是建立一种以美元为中心的国际货币体系。其基本内容是美元直接与黄金挂钩,与黄金保持固定比价,成员国货币和美元挂钩,实行可调整的固定汇率制度。按照 1944 年 1 月美国规定的 35 美元 1 盎司的黄金官价,每 1 美元的含金量为 0.888671 克黄金,各国政府或中央银行可按官价用美元向美国兑换黄金。为使黄金官价不受自由市场金价冲击,各国政府需协同美国政府在国际金融市场上维持这一黄金官价。

3. 实行可调整的固定汇率制度

当各成员国的国际收支出现逆差时，各成员国货币对美元的汇率可进行适当的调整。《国际货币基金协定》规定，各国货币对美元的汇率，一般只能在法定汇率上下各1%的幅度内波动。若市场汇率超过法定汇率1%的波动幅度，各国政府有义务在外汇市场上进行干预，以维持汇率的稳定。若会员国法定汇率的变动超过10%，就必须得到国际货币基金组织的批准。

4. 取消经常账户交易的外汇管制

IMF的宗旨之一就是努力消除阻碍多边贸易和多边清算的外汇管制，要求会员国履行货币兑换的义务。《国际货币基金协定》第8条规定，会员国不得限制经常项目的支付，不得采取歧视性的货币措施，要在兑换性的基础上实行多边支付。

5. 设立"稀缺货币"条款

当一国的国际收支出现大量的顺差时，逆差国对该顺差国货币的需求将明显增加，逆差国会向基金组织借取该货币，这就会使该种货币在基金组织的库存急剧下降。当库存下降到该会员国份额的75%时，基金组织可将该会员国货币宣布为"稀缺货币"，并按逆差国的需求进行限额分配，逆差国也有权对"稀缺货币"采取临时的兑换限制措施，或限制进口该国的商品和劳务。这样，"稀缺货币"发行国的出口贸易就会受到影响，从而迫使其采取调解国际收支顺差的措施。

## ■三、布雷顿森林体系的崩溃

### （一）特里芬难题

1960年，美国经济学家罗伯特·特里芬（Robert Triffin）在其《黄金与美元危机——自由兑换的未来》一书中提出：由于美元与黄金挂钩，而其他国家的货币与美元挂钩，美元虽然取得了国际核心货币的地位，但是各国为了发展国际贸易，必须用美元作为结算与储备货币，这样就会导致流出美国的货币在海外不断沉淀，对美国来说就会发生长期贸易逆差；而美元作为国际货币核心的前提是必须保持美元币值稳定与坚挺，这又要求美国必须是一个长期贸易顺差国。这一内在矛盾称为"特里芬难题"。

在这种制度下，美元作为国际支付手段与国际储备手段，发挥着世界货币的职能。一方面，只有美元币值稳定，才会在国际支付中被其他国家所普遍接受，而美元币值稳定，不仅要求美国有足够的黄金储备，而且要求美国的国际收支必须保持顺差，从而使黄金不断流入美国而增加其黄金储备；另一方面，美元作为国际储备货币，为满足国际清偿力的需要就要求美国向外输出足够多的美元，同时还要保证美元能按官方价格兑换黄金。这就导致美元供给太少满足不了国际清偿力的需要，而供给太多又不能保证与黄金兑换的矛盾。第二次世界大战后从美元短缺到美元泛滥，是这种矛盾发展的必然结果。

## （二）美元荒与美元灾

美元荒是指战后初期世界各国，尤其是参与第二次世界大战的国家因为恢复性的建设而需要大量进口美国商品，对美国贸易逆差严重，缺乏国际清偿手段——黄金或美元。

第二次世界大战后，欧洲各国资金短缺、物资匮乏，而美国在战争中大发横财，生产力大大提高，各国急需从美国进口商品。但购买美国商品必须用美元或黄金支付，而各国黄金数量有限，无力向美国出口换取美元，这使美国国际收支保持连年顺差。世界上其他国家都急切地希望得到美元，美元供不应求，形成了所谓的"美元荒"。

1950年起，美国推行对外扩张政策，军费开支大增，由于同一时期美国采取低利率政策，导致大量美元流出国境，国际收支逆差开始急剧增加。在多种因素的共同作用下，一时间国际外汇市场上充斥了大量的美元，这使得战后初期的"美元荒"变成了"美元灾"。美元的国际信用大大降低，人们普遍对美元是否能继续维持与黄金的官价兑换表示怀疑，由此导致了1960年爆发的战后第一次抛售美元、抢购黄金的风潮。

## （三）美元危机

美元危机是指由于美国发生国际收支逆差而引发的黄金外汇储备急剧下降，黄金储备不足以偿付不断增长的短期债务，国际金融市场上因此出现抛售美元，抢购黄金和硬货币风浪。

进入20世纪50年代后，随着资本主义体系危机的加深和政治经济发展不平衡的加剧，各国经济实力对比发生了变化，美国经济实力相对减弱。1950年以后，美国除个别年度略有顺差外，其余各年度都是逆差，并且有逐年增加的趋势。至1971年，仅上半年，逆差就高达83亿美元。随着国际收支逆差的逐步增加，美国的黄金储备也日益减少。1949年，美国的黄金储备为246亿美元，占当时整个资本主义国家黄金储备总额的73.4%，这是战后的最高数字。此后，美国黄金储备逐年减少，至1971年8月，尼克松（Richard Milhous Nixon）宣布"新经济政策"时，美国的黄金储备只剩下102亿美元，而短期外债为520亿美元，黄金储备只相当于积欠外债的1/5。至此，布雷顿森林体系基础发生动摇，美元国际信用严重下降，各国争先向美国挤兑黄金，而美国的黄金储备已难以应付，这就导致了从1960年起，美元危机迭起，国际货币金融领域陷入日益混乱的局面。

第一次美元危机爆发于1960年10月，当时伦敦黄金市场价格猛涨到41.5美元/盎司，超过官价20%，官价与市场价之间的巨大差额引来了大量国际投机资本，在投机资本的冲击下，美元大幅贬值，作为布雷顿森林体系所规定的储备货币，美元第一次显示出信任危机。第一次美元危机爆发5年后，美国扩大了侵越战争，国际收支进一步恶化，1968年3月爆发了严重的第二次经济危机。1971年8月，法国等西欧国家欲将美元大量兑换黄金，美国不得不宣布停止履行对外国政府或中央银行以美元向美国兑换黄金的义务。1971年12月，美国政府颁布《史密森协定》，宣布美元对黄金贬值，至此美元与黄金挂钩的体制名存实亡。最后在 1973 年 2 月，美元再次爆发危机，各主要西方国家货币纷纷与美元脱钩，不再承担维持美元汇率的义务，并改行浮动汇率制度，布雷顿森林体系就此彻底崩溃。

在三次美元危机中，美国政府及国际社会也采取了一系列的措施来维持岌岌可危的美元信誉，可以综合成下面的关于三次美元危机的救助表（见表 3 - 2）。

表 3 - 2　　　　　　　　　　　三次美元危机拯救措施

| 美元危机 | 拯救措施 |
| --- | --- |
| 第一次危机<br>（1960 年） | 1. 签订"稳定黄金价格协定" |
| | 2. 建立黄金总库 |
| | 3. 借款总安排 |
| | 4. 互惠信贷协议 |
| 第二次危机<br>（1968 年） | 1. 实行黄金双价制 |
| | 2. 创立特别提款权 |
| 第三次危机<br>（1971 年） | 1. 中止美元与黄金的兑换 |
| | 2. 签订"史密森协议" |

## 四、对布雷顿森林体系的评价

布雷顿森林体系的诞生改变了此前混乱无序的国际货币状态，建立了"双挂钩"的国际金融秩序，对世界经济的发展起到了较为明显的促进作用。由于实施货币兑换的"双挂钩"制度，美元取得了"准黄金"的地位，而美国通过发行美元就在一定意义上化解了国际偿付能力不足的困境，较好地解决了金本位制下因黄金供应短缺所导致的国际储备短缺问题。可调整的钉住汇率制促成了各国货币汇率的相对稳定，较好地规避了国际贸易和国际金融中的汇率风险，从而有助于国际贸易规模的扩展和国际资本流动的加快。因此，从客观上讲，布雷顿森林体系是符合当时世界经济形势发展需要的。

但是，布雷顿森林体系内在的特里芬悖论使美元发行在"信心"和"偿付力"之间不可兼得，这一缺陷昭示了布雷顿森林体系具有的内在脆弱性。首先，布雷顿森林体系的核心内容之一是维持固定汇率制，在布雷顿森林体系运行了 20 多年以后，国际上各主要国家的经济实力已经发生了很大变化，这种僵化的汇率体制难以适应经济格局的变动。其次，在布雷顿森林体系下，美国可以通过增加短期债务的办法来弥补持续的国际收支逆差，但其他国家则必须采取一系列政策措施对国际收支失衡进行及时的调整，这种政策往往是以牺牲国内经济目标为代价。因此，国际收支调节机制的权利与义务的非对等性，加剧了各国之间的摩擦和冲突，当这种摩擦和冲突达到不可调和的时候，就会导致布雷顿森林体系的崩溃。

# 第四节 牙买加体系

布雷顿森林体系崩溃后，国际货币体系陷入混乱状态，许多国家实行了浮动汇率制度，汇率波动剧烈，国际贸易和国际金融市场受到了严重影响。这种情况促使世界各国和相关国际金融机构积极寻求国际货币体系改革的新方案，并为此进行了长期的讨论和协商。国际货币基金组织于 1972 年 7 月成立"国际货币制度和有关问题委员会"，专门负责国际货币体系改革事宜。1976 年 1 月，国际货币基金组织理事会"国际货币制度临时委员会"① 在牙买加首都金斯敦举行会议，讨论修订《国际货币基金协定》的条款。会上就国际货币基金组织框架内各国汇率制度的安排、黄金作用、储备资产的构成和对发展中国家的资金融通等一系列重大问题，进行了反复的讨论与磋商，最终达成国际货币体系的新协定，即《牙买加协定》。同年 4 月，国际货币基金组织理事会通过了《IMF 协定第二修正案》，从而形成了新的国际货币体系。

## ■一、牙买加体系主要内容

### 1. 实行浮动汇率制度的改革

牙买加协议正式确认了浮动汇率制的合法化，承认固定汇率制与浮动汇率制并存的局面，成员国可自由选择汇率制度，但必须受到 IMF 的监督，并与之协商。IMF 要求各国尽力缩小汇率的波动幅度，避免出现操纵汇率等损人利己的货币贬值政策。同时，在保持汇率基本稳定的前提下，寻求持续的经济增长，稳定国内的经济以促进国际金融的稳定。

### 2. 推行黄金非货币化

协议做出了逐步使黄金退出国际货币的决定，规定：废除黄金条款，取消黄金官价，成员国中央银行可按市价自由进行黄金交易；取消成员国相互之间以及成员国与 IMF 之间须用黄金清算债权债务的规定；IMF 将逐步处理其持有的黄金，其中 1/6（约为 2 500 盎司）按市场价格出售，以其超过官价（每盎司 42.22 美元）的部分作为援助发展中国家的资金，另外 1/6 按官价退还给原缴纳国，其余部分（约为 1 亿盎司）根据总投票权的 85% 做出的决议处理，向市场出售或者由各成员国购回。

### 3. 增强特别提款权（SDR）的作用

主要是提高特别提款权的国际储备地位，确定特别提款权为将来国际货币体系中最

---

① "国际货币制度和有关问题委员会"在完成改革纲要的任务后即宣告解散，后成立"国际货币制度临时委员会"接替它的工作。

主要的储备资产，逐渐取代黄金和美元的地位。SDR 是国际货币基金组织于 1969 年创设的一种储备资产和记账单位，亦称"纸黄金"。最初每特别提款权单位被定义为 0.888671 克纯金的价格，也是当时 1 美元的价值。协议规定各会员国之间可以自由进行 SDR 交易，而不必征得 IMF 的同意。

### 4. 增加成员国基金份额

各成员国对 IMF 所缴纳的基金份额从原来的 292 亿特别提款权增加至 390 亿特别提款权，增幅达 33.6%。各会员国应缴纳份额所占比重也有所改变，主要是石油输出国的比重提高 1 倍，由 5% 上升到 10%，发展中国家的份额基本没有变化，主要西方发达国家除德国和日本外都有所降低。

### 5. 扩大对发展中国家的资金融通

国际货币基金组织以出售黄金所得收益成立"信托基金"，以优惠的条件向最贫穷的发展中国家提供贷款或援助，帮助他们解决国际收支方面的困难。同时，扩大 IMF 对发展中国家的贷款额度，由占会员国份额的 100% 增加到 145%；在 1 年内能动用的额度，由成员国份额的 25% 提高到 50%。此项规定缓和了发展中国家的国际收支危机，对促进他们的长期经济发展无疑具有重要意义。

## ■二、牙买加体系的运行特征

牙买加协议后的国际货币体系实际上是以美元为中心的多元化国际储备和浮动汇率体系。在这个体系中，黄金的国际货币作用逐渐趋于消失，美元依然是最主要的国际储备货币，但其作用在不断减弱，其他发达国家货币的地位在不断上升。在这一体系下的汇率机制呈现两个特点：一是主要货币之间的汇率实行单独或联合浮动；二是多数发展中国家采用盯住汇率制，与主要货币保持固定比率。

### 1. 储备货币多元化

与布雷顿森林体系下国际储备结构单一、美元地位十分突出的情形相比，在牙买加体系下，国际储备呈现多元化局面，美元虽然仍是主导的国际货币，但地位明显削弱了，由美元垄断外汇储备的情形不复存在。马克、日元、英镑随三国经济的恢复发展脱颖而出，成为重要的国际储备货币。虽然美元的国际储备货币地位有所削弱，但依然不影响其中心地位，它依然是最主要的国际计价单位、支付手段和价值贮藏手段。

2002 年，欧元全面进入流通领域后，它的国际储备货币地位和在国际金融市场上的作用不断增强，从现阶段来看，欧元已经成为了美元的强有力的竞争对手，它是如今除美元以外最重要的国际储备货币。

### 2. 以浮动汇率制为主题的混合汇率体制

牙买加协议允许各成员国自由做出汇率安排，可供选择的汇率制度大致分为三类：

固定汇率制、浮动汇率制、有管理的浮动汇率制度。一般而言，发达工业国家多数采取单独浮动或联合浮动，但有的也采取钉住自选的货币篮子。对发展中国家而言，多数是钉住某种国际货币或货币篮子，单独浮动的很少。不同汇率制度各有优劣，各国可根据自身的经济实力、开放程度、经济结构等一系列相关因素去权衡得失利弊。

### 3. 多种渠道调节国际收支

牙买加体系下，由于汇率制度的灵活性及国际货币基金组织的作用日渐增强，国际收支的不平衡就可以通过汇率机制、利率机制、国际金融机构等多种渠道加以调节。目前，各国调节国际收支大多运用以下几种方式之一或者这几种方式的结合。

（1）国内经济政策。

一国可以运用国内经济政策，通过改变国内的需求与供给来消除国际收支不平衡。逆差国可以实行紧缩的财政货币政策，提高利率，减少总需求来纠正国际收支失衡。利率上升能够吸引外部资金流入，总需求的下降会促进出口、压缩进口。对于发展中国家而言，他们对国际经济政策调节手段的依赖程度，要比发达国家高得多。

需要注意的是，运用财政或货币政策调节外部均衡时，往往会受到"米德冲突"的限制，在实现国际收支平衡的同时，牺牲了其他的政策目标，如经济增长、财政平衡等，因而内部政策应与汇率政策相协调，才不至于顾此失彼。

（2）汇率政策。

在浮动汇率制或可调整的钉住汇率制下，汇率是调节国际收支的一个重要工具，其原理是：经常项目赤字会导致本币下跌，外贸竞争力增强，从而出口增加、进口减少，经常项目赤字减少或消失。相反，在经常项目顺差时，本币币值上升会削弱出口商品的竞争力，从而减少经常项目的顺差。实际经济运行中，汇率的调节作用受到"马歇尔—勒纳条件"以及"J－曲线效应"的制约，其功能往往不能充分发挥。

（3）外汇缓冲政策。

外汇缓冲政策是指一国政府动用外汇储备或临时性向外借款来改变外汇市场供求关系，从而调节国际收支的政策。

（4）直接管制政策。

直接管制政策是指政府直接干预对外经济往来，以实现国际收支调节的政策措施。直接管制政策包括外汇管制、贸易管制和财政管制等形式。

（5）国际协调。

首先，以 IMF 为桥梁，各国政府可通过磋商，就国际金融问题达成共识与谅解。其次，不断增加的区域经济组织促进了区域内的经济贸易合作，虽然各组织主观上是为了各自的利益，但客观上也促进了国际金融与经济的稳定与发展。

## ■三、对牙买加体系的评价

在 100 多年的国际货币制度变迁中，国际货币体系发展总的趋势是制度的弹性越来越大。牙买加体系是为了适应世界经济"多极化"格局的新形式而产生的一个较为灵活的国际货币体制，自创建以来对推动世界经济稳定发展起到了积极的作用。它在各个方面基本上与动荡和发展不平衡的外部经济环境相适应，相对于布雷顿森林体系而言，无疑是个重大的进步。首先，在牙买加体系下，美元已不再是唯一的国际储备资产，国际储备资产多元化基本上解决了国际储备货币的"信心"和"清偿力"之间的矛盾。其次，以浮动汇率制为主题的混合汇率体制能够灵活的适应不断变化的客观经济情况。各国可以选择切合自身利益的汇率，以适应宏观经济条件和国内经济发展目标，不必为了维护汇率稳定而牺牲本国经济发展，可以在对内平衡和对外平衡上寻找一个折中点。最后，在牙买加体系下，由于多种国际收支调节机制并存和相互补充，使国际收支的调节更为有效与及时。这在一定程度上解决了布雷顿森林体系下国际收支调节机制失灵的问题。

但是，牙买加体系也有很大的缺陷。首先，由于牙买加体系以多元化的国际储备体系和混合汇率制为基本特征，因此整个汇率体系具有内在的不稳定性。汇率不稳定增加了汇率风险，对国际贸易、国际资本流动和各国经济都会产生消极影响，对发展中国家而言，这种负面影响尤为突出。其次，牙买加体系并没有完全解决发达国家和发展中国家之间的利益冲突问题。虽然各国拥有了自行选择汇率安排的权利，但实际上由于主要发达国家基本上实行浮动汇率制，而大多数发展中国家实行的是依附于这些发达国家货币的盯住汇率制。发达国家往往根据自身的利益单独或联合改变汇率，而盯住他们货币的发展中国家无论其国内经济状况好坏和各方面条件是否允许，都不得不随之重新安排汇率，从而被迫承受额外的外汇风险。这实际上是一种大国侵害小国利益的行为，发达国家和发展中国家之间的利益冲突因此更加尖锐和复杂化。最后，牙买加体系下美元拥有其他国际货币无法比拟的霸权地位，美国的国内货币经济政策会通过美元的世界货币效应辐射到全球，而这些政策往往与其他国家的实际政策需求相违背，从而使得别国经济调节难度加大，尤其是在危机阶段，美国自私的国内经济导向政策会让全球雪上加霜。[①]

## 第五节　欧元一体化发展

金融全球化的发展使得全球经济更加紧密的相连，各个国家的经济之间逐渐形成牵一发而动全身的局面，这促使了各国不断深化彼此之间的合作，在国际金融领域形成了各种各样的区域性货币组织。但从货币一体化程度来看，成效最大的要数欧洲货币一体化。

欧元的诞生迄今为止已经有 12 个年头，在欧元成长的跌宕起伏的 12 年里，世界经济也发生了翻天覆地的变化。欧元作为一种崭新的货币，不仅得到了世人的认可与接

---

① 很多学者认为牙买加体系实质上是美元本位制，这在下一章会详细描述。

收，并逐渐成为唯一可以与美元相抗衡的国际货币。被尊称为"欧元之父"的蒙代尔在欧元诞生前夕曾说："欧元的实行将标志着自从尼克松总统于 1971 年使美元与黄金脱钩和弹性汇率时代开始以来，国际货币体系中最富于戏剧性的变化。欧元很可能会挑战美元的地位，这可能会成为第一次世界大战期间美元接替英镑的主要货币角色以来最重大的事件"。蒙代尔的预言如今被证实了。如果说美元取得的霸权地位是美国抓住了历史机遇，是"鹬蚌相争，渔翁得利"的结果，那么欧元的诞生则可解释为欧洲数千年历史发展所凝结起来的民族认同感在摩登社会的结晶。

# 一、最优货币区理论

## （一）蒙代尔——最优货币区理论

最优货币区理论，最早由蒙代尔（Robert A. Mundell）和麦金农（Ronald I. Mckinnon）于 20 世纪 60 年代提出，后经许多经济学家发展而日益成熟和完善。它既是国际经济政策协调的理论主张之一，也是国际货币制度改革的方案之一。蒙代尔（见图 3－3）也因他对该理论的贡献获得了 1999 年的诺贝尔经济学奖。

蒙代尔于 1961 年在其论文《最优货币区理论》中第一次提出了"最优货币区"的概念和组成货币区的一个经济标准，即要素的充分流动性标准。他认为，如果若干个国家或地区因生产要素自由流动而构成一个区域，在该区域内实行固定汇率制度或单一货币就有利于建立该区域与其他区域的调节机制。这样，区域内国家之间实行的是固定汇率制度或者单一货币制度，不同区域之间实行浮动汇率制度，如此便可兼顾固定汇率制度与浮动汇率制度的优点。

最优货币区理论的核心在于生产要素的高流动性。蒙代尔认为，最优货币区域是一种生产要素相对无成本流动的区域。以一个简单的例子来说明：假设有两个国家 A 和 B，分别生产工业品和农业品。如果农业品的需求突然增加，工业品需求减少，此时 A 国将出现贸易逆差，劳动力与资本剩余，B 国则出现贸易顺差，劳动力与资本不足。如果两国间生产要素无法自由流动，则 A 国产品的价格相对于 B 国将下降，若汇率是浮动的，则 A 国让货币贬值，以相对价格变化消除贸易逆差。如果两国的生产要素可以自由流动，则生产要素从 A 国流向 B 国，在各国将形成新

**图 3－3 "欧元之父"蒙代尔** 的均衡工资与价格，就不必进行汇率的变更。可见，将生产要素的流动性作为最优货币区域的标准是适当的，即生产要素在区域内流动性高，在区域外流动性低。

成立最优货币区的目标是通过协调的货币财政政策，统一的对外汇率，促进各成员国的经济发展，维持各国内部物价稳定和充分就业以及国际收支的平衡。按照蒙代尔的

设想，最优货币区内的国家会由于实行共同的汇率政策而减少汇率风险，这会带来四方面的好处：首先从政府层面来看，由于区域内各成员国间的汇率固定，消除了汇率风险，因此各国的外汇储备只要应对区域外汇率风险即可，由此可以减少政府干预成本；从企业层面来讲，稳定的汇率消除了各成员国之间由于汇率不定而产生的不确定性，减少各国之间贸易和投资的汇率风险，从而促进各国间的贸易和投资。其次，可以将最优货币区看成一个统一的市场，市场的扩大会给企业带来规模效益，区域内的产品会因生产成本的降低比区域外的同类产品更富有竞争力。同时，区域内的企业如今除了面临国内企业的竞争外，还要面临区域内众多企业的挑战，激烈的竞争迫使企业加强内部管理，进行技术革新，这样有利于调整产业结构，使之高级化，同时提升区域内整体经济实力。再其次，要素的充分流动可以提高资源配置的效率，使生产更有效率地进行。劳动力向着边际生产力高的国家移动，可使国民收入增加，促进国民经济的发展。最后，在最优货币区域的汇率制度下，对区域外的汇率风险由成员国共同承担，可以提高区域整体抵抗投机资本冲击的能力。

当然，加入最优货币区域的国家在得到这些利益的同时，也必须付出一定的代价。这主要是限制了各成员国货币政策的自由度，使其丧失了货币政策的独立性。各成员国的货币政策必须服从于区域的货币政策，各成员国不能仅根据本国的具体情况制定独特的货币政策，而统一的货币政策不可能兼顾到区域内的所有国家，甚至有可能与国内需求相背离，这是成员国必须承担的风险。

### （二）最优货币区理论的补充

在蒙代尔之后，麦金农（见图3-4）与彼得·凯南（Peter Kennan）等人分别从不同的角度对最优货币区域理论进行了修正和补充。麦金农认为应以经济开放度作为最优货币区的标准；彼得·凯南认为应以生产的多样化程度为标准；英格拉姆（Ingram）则提出以国际金融高度一体化作为最适度货币区的标准；许多其他学者则把注意力从微观的供求变动转移到宏观经济现象上，提出通货膨胀和政策一体化的标准。

麦金农于1963年提出以经济高度开放作为最优货币区的一个标准。他认为，一个经济高度开放的小国难以实行浮动汇率制度，因为小国的经济在高度开放的情况下，其市场汇率稍有波动，就会引起国内物价剧烈波动。当高度开放的小国的进口占消费很大比重时，汇率波动对居民实际收入影响很大，从而使存在于封闭经济中的"货币幻觉"[①] 消失，最终使汇率变动无法调整国际收支失衡。

彼得·凯南于1969年提出以低程度的产品多样化作为一个最优货币区的标准。他认为，在固定汇率制度下，若某一种出口商品的需求减少，如果其在整个出口中所占的比重不大，其对国内的就业影响也不会很大。反之，如果没有实现产品多样化，当外国对本国商品的出口需求减少时，因其出口产品种类不多，就会在相当大的程度上影响国内经济，只有对汇率进行大幅度的变动才能维持其原来的就业水平。对于出口多样化的

---

① "货币幻觉"一词是美国经济学家欧文·费雪于1928年提出来的，是货币政策的通货膨胀效应。它是指人们只是对货币的名义价值做出反应，而忽视其实际购买力变化的一种心理错觉。

**图 3-4 麦金农**

国家，外部需求变化对内部经济的影响经平均化后就变得很小，其出口收益也是稳定的。因此，产品多样化的国家可以承受固定汇率，它们可以成为一个货币最优区。

最优货币区理论不仅是区域性货币一体化的理论反映，而且对区域一体化，尤其是对欧洲货币体系的建立以及欧元的诞生具有很大的启发性，后来欧洲货币一体化中的许多做法在一定程度上也应验了最优货币区理论的观点。欧元的诞生是蒙代尔"最优货币区"理论的伟大实践，蒙代尔也因此被冠以了"欧元之父"的称号。

## 二、欧元发展历程

### （一）《舒曼计划》

1950 年 5 月 9 日，法国外长舒曼（Schumann）提出了著名的《舒曼计划》，其内容是为建立一个超国家的管理机构，联合经营法国和联邦德国的煤炭、钢铁工业，并欢迎其他西欧国家一起参加。《舒曼计划》迅速得到联邦德国的响应，并很快得到比利时、卢森堡、荷兰和意大利的支持。根据这个计划，以上 6 国政府于 1951 年 3 月在巴黎签订了有效期为 50 年的《建立欧洲煤钢共同体条约》，即《巴黎条约》。

---

### 区域货币合作：欧元模式与东亚货币合作模式

作为两种典型的货币合作模式，欧元模式和东亚货币合作模式在国际区域货币合作领域具有重要的代表意义。欧元模式又叫做欧洲货币合作模式，是指货币区内各成员国承诺放弃货币发行权，使用单一货币，由超国家机构实行统一货币政策和共同财政纪律的货币合作形式。东亚货币合作模式又称为多重货币合作模式，是指在区域内存在多个主导货币的情况下，首先通过多重次区域合作形成多种次区域货币，再逐步过渡到单一货币联盟的货币合作方式。

欧元模式是从经贸合作起步的，货币合作是经贸合作发展到一定阶段的结果，反过来货币合作又使经贸合作迈上一个新的台阶，经贸合作与货币合作互相依存、相互促进，二者共同作用的结果使欧元模式走出了一条渐进式的发展道路：部门合作、自由贸易区、关税同盟、共同市场、货币合作、经济一体化、货币一体化、经济与货币联盟，最后欧元的发行是水到渠成，众望所归。与欧元模式相比，东亚货币合作目前尚缺乏一条清晰的主线及鲜明的层次性，其演进路径呈现出明显的"多重"特征。从目前来看，东亚地区基本是采取区域、次区域、双边、多边等多种合作齐头并进的方式，内容涉及政治、经济、文化、教育等各个领域，可概括为"10"边机制、"3"边机制、"1＋1"机制、"10＋1"机制及"10＋3"机制之间的"小圈带大圈"和"大圈套小圈"。

两种货币合作模式分别适应于不同国际区域的历史文化特点和政治制度与经济发展的需要，在国际区域货币合作的形成动因、路径选择、"锚货币"确立以及最优货币区标准的满足程度等方面，两者之间既有一定的共性又有诸多区别，并且他们都有一个共同的外部原因，就是当前以美元为主体的国际货币体系有内在缺陷不能满足世界各国汇率稳定的需要。

资料来源：张洪梅，汪晓红. 欧元模式与东亚货币合作模式的比较分析.

虽然煤钢共同体在体制上存在不少缺陷，并且各个国家之间出于自身利益考虑违背了约定，但是值得肯定的是，煤钢共同体使得西欧的联合终于跨出了实质性的一步，这对于欧洲乃至整个世界的经济、政治格局的影响和意义都是极其深远的。

## （二）欧洲共同体的成立

为了进一步加强经济贸易合作，1957 年 3 月 25 日，欧洲六国在意大利首都罗马签署了旨在建立欧洲经济共同体和欧洲原子能共同体的条约，又称《罗马条约》。建立欧洲经济共同体是为了加强成员国在经济上的联合，通过制定共同的经济政策，消除分隔各成员国的关税壁垒，逐步实现商品、人员、劳务和资本在共同体内的自由流动，以保证各成员国的经济和社会进步，为欧洲各国之间更加紧密的合作奠定基础。

1965 年 4 月 8 日，法国、联邦德国、意大利、荷兰、比利时和卢森堡 6 国在比利时首都布鲁塞尔签署《布鲁塞尔条约》，决定将欧洲煤钢共同体、欧洲经济共同体和欧洲原子能共同体合并，统称"欧洲共同体"。条约于 1967 年 7 月 1 日生效，欧共体总部设在比利时布鲁塞尔。

## （三）《维尔纳报告》

1969 年在海牙欧共体成员国国家和政府首脑会议上，欧共体成员国达成协议，准备成立欧洲经济与货币联盟，并于 1970 年出台了《维尔纳报告》。

《维尔纳报告》的主要内容是要在欧共体内部分阶段实现经济与货币联盟。报告为建立欧洲货币联盟拟定了一个为期 10 年的过渡计划，决定从 1971 年开始，在 10 年左右的时间里分三个阶段建立货币联盟。如表 3 - 3 所示。

表 3 - 3 　　　　　　　　　　《维尔纳报告》三步走

| 阶段 | 时间 | 主要目标 |
|---|---|---|
| 第一阶段 | 1971 ~ 1973 年 | 缩小成员国货币汇率的波动幅度，着手建立货币储备基金，以支持稳定汇率的活动，加强货币与经济政策的协调，减少成员国经济结构的差异。 |
| 第二阶段 | 1974 ~ 1976 年 | 集中成员国的部分外汇储备以巩固货币储备基金，进一步稳定各国货币间的汇率，并使共同体内部的资本流动逐步自由化。 |
| 第三阶段 | 1977 ~ 1980 年 | 使欧共体成为一个商品、资本、劳动力自由流动的经济统一体，实现固定汇率制向统一的货币发展，货币储备基金向统一的中央银行发展。 |

1971 年 3 月，欧共体部长理事会达成协议，决定正式实施欧洲货币联盟计划，这项计划包括：

第一，在欧共体内部实行可调整的中心汇率制，对内规定各成员国货币间的汇率波动的允许幅度为中心汇率各上下 1.125%，即 "洞中之蛇"（如图 3-5 所示），对外则实行联合浮动。

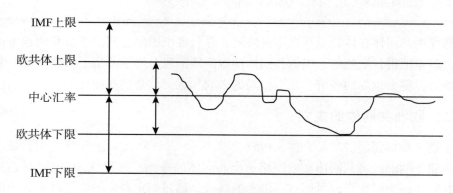

图 3-5　蛇洞体制

第二，建立欧洲货币合作基金。它是未来统一的欧洲中央银行的前身。欧洲货币合作基金集中了成员国各 20% 的黄金储备和外汇储备，为将来发行欧洲货币单位做准备。该基金主要用于支持各成员国干预外汇市场，稳定汇率，以维持 "可调整的中心汇率制"。

第三，创建欧洲记账单位（European Unit of Account，EUA）。欧洲记账单位相当于国际货币基金组织的特别提款权，它主要用于确定成员国货币之间的中心汇率，发挥计价单位的作用。从某种意义上说，欧洲记账单位是欧洲统一货币的萌芽。

该计划最终以失败告终，主要原因是 70 年代初布雷顿森林体系的崩溃，在石油危机、美元危机和能源危机的严重打击下，欧共体各国纷纷实行贸易保护主义政策，建立了花样繁多的非关税壁垒，使欧洲一体化进程不进反退，欧洲经济与货币联盟不告而终。

## （四）欧洲货币体系

1973 年布雷顿森林体系崩溃以后，各国普遍实行浮动汇率制度，外汇市场动荡剧烈，欧共体各国对此普遍感到不满。为继续推进欧洲经济和货币联盟计划，1979 年，经联邦德国和法国倡议，欧共体各国决定建立欧洲货币体系。最初参加的有法国、联邦德国、意大利、荷兰、比利时、卢森堡、爱尔兰和丹麦，虽然英国暂不加入，但英格兰银行却按规定的比例认缴黄金和美元储备，参加了欧洲货币基金。希腊、西班牙、葡萄牙随后也加入了欧洲货币体系。欧洲货币体系具体包括以下三方面内容：

第一，汇率的稳定机制。欧洲货币体系的汇率制度以欧洲货币单位为中心，通过让成员国的货币与欧洲货币单位挂钩，来维持成员国货币之间的固定汇率关系。这种汇率制度被称之为格子体系，或平价网。

第二，建立欧洲货币基金。鉴于之前成立的欧洲货币合作基金资金有限且使用期限短，在欧洲货币体系成立以后，欧共体计划在两年的时间内建立欧洲货币基金，以维护欧共体内部经济稳定以及为国际收支发生困难的成员国提供信贷支持。但是由于成员国在基金的组织形式和发展方向上存在严重的分歧，欧洲货币基金并没有真正成立，而是依然沿用以前的"欧洲货币合作基金"的名称。

第三，创建"欧洲货币单位"（European Currency Unit，ECU）。ECU 是欧洲货币体系的核心，是由共同体十二国货币组成的一个"货币篮子"，各成员国货币在其中所占的比重大小是由他们各自的经济实力决定的。在欧洲货币体系成立之初，马克是该体系的主要货币，在 ECU 中占有 33% 的比重。当时英国虽未参加欧洲货币体系，但英镑却是 ECU 的组成部分。欧洲货币体系实际上是一个稳定的通货区，它不仅有助于稳定成员国货币间的汇率，促进欧共体内部贸易和经济的发展，而且对于巩固欧洲经济一体化起到了重要的作用。

欧洲货币单位的确定本身就孕育着一定的矛盾。欧共体成员国的实力不是固定不变的，一旦变化到一定程度，就要求对各成员国货币的权数进行调整。虽规定每隔 5 年权数变动一次，但若未能及时发现实力的变化或者发现了但未能做出及时调整，通过市场自发地进行调整就会使欧洲货币体系爆发危机。

### （五）共同体统一大市场与《德洛尔报告》

1985 年 12 月，欧共体理事会卢森堡会议通过了加强欧洲联合的一系列纲领性协议，称为《欧洲单一法案》，该法案于 1987 年 7 月 1 日正式生效。

《欧洲单一法案》规定：共同体统一大市场是一个没有内部边界的地区，在该地区内实行商品、人员、劳务和资本的自由流动。要想实现统一大市场，就必须有效地协调各成员国的经济政策，实行单一货币，否则，成员国货币汇率的波动将导致统一大市场所追求的稳定贸易和统一农产品价格的目标难以达到。

1986 年 6 月举行的欧洲理事会要求以德洛尔（Jacques Delors）（见图 3 - 6）为首的欧洲委员会拟定进一步深化欧洲货币一体化的具体步骤。1989 年 4 月，德洛尔委员会发表了《德洛尔报告》。至此，欧洲货币联盟达到了一个崭新的高度。

图 3 - 6　德洛尔

《德洛尔报告》指出，要实现货币联盟必须具备以下三个条件：成员国货币实现完全的和不可逆转的自由兑换；资本市场完全自由化和金融市场一体化；取消成员国货币间汇率的波动幅度，实行完全的固定汇率制。同时《德洛尔报告》计划分三阶段逐渐实施欧洲经济与货币联盟的计划，分别实现协调各国宏观政策、建立欧洲中央银行体系、发行统一共同货币三个目标。

## （六）《马斯特里赫特条约》

为了进一步加强欧洲经济的一体化，使欧共体的政治、经济和货币同盟进一步强化，欧共体首脑们于 1991 年 12 月在荷兰小镇马斯特里赫特签署了《马斯特里赫特条约》，简称《马约》。《马约》关于货币联盟的最终要求是在欧共体成立欧洲中央银行，负责制定和执行欧共体货币政策，并发行统一的货币。它将欧洲政治一体化和经济与货币一体化推上了一个巅峰。

为实现上述目标，《马约》在参照《德洛尔报告》的基础上，计划分三步走（见表 3 - 4）。

表 3 - 4 　　　　　　　　　　　　　　　《马约》三阶段

| 阶段 | 时间 | 主要目标 |
| --- | --- | --- |
| 第一阶段 | 1990 ~ 1993 年 | 实现所有成员国加入欧洲货币体系的汇率机制，实现资本的自由流动，协调各成员国的经济政策，建立相应的监督机制。 |
| 第二阶段 | 1994 ~ 1997 年 | 进一步实现各国宏观经济政策的协调，加强成员国之间的经济趋同；建立欧洲货币局，作为欧洲央行的前身；各国货币汇率的波动在原有基础上进一步缩小并趋于固定。 |
| 第三阶段 | 1997 ~ 1999 年 | 最终建立统一的欧洲货币和独立的欧洲中央银行。 |

## （七）《阿姆斯特丹条约》为"欧元"到来扫除障碍

1997 年 10 月 2 日，欧盟 15 国外长正式签署了《阿姆斯特丹条约》，条约规定：从 1999 年 1 月 1 日起，在成员国正式发行的欧元是一种具有独立性和法定货币地位的超国家性质的货币，并将最终取代各成员国货币，成为联盟内唯一合法货币。该条约为欧元的如期启动扫除了障碍。1998 年 5 月 12 日，欧盟委员会在布鲁塞尔确定德国、法国、芬兰、奥地利、比利时、爱尔兰、卢森堡、西班牙、葡萄牙、荷兰、意大利作为首批 11 个国家加入欧元区。同年 7 月 1 日，欧洲中央银行在法兰克福成立，杜森贝赫（Wim Duisenberg）担任第一任行长，任期 8 年，现任行长是特里谢（Jean Claude Triche）。

1999 年 1 月 1 日，欧元如期启动，欧元开始在银行、外汇交易和公共债券等方面正式使用，在欧元区的服务与商品的价格都用欧元和成员国货币进行双重标价。从 2002 年 7 月 1 日起，12 个国家（希腊于 2001 年 1 月加入欧元区）的货币终止流通，欧元完全取代上述 12 国货币，成为欧元区的单一法定货币。之后，欧元区不断壮大，斯洛文尼亚于 2007 年 1 月 1 日加入欧元区；塞浦路斯于 2008 年 1 月 1 日与马耳他一起加入了欧元区；斯洛伐克于 2009 年 1 月 1 日加入欧元区，从而使欧元区成员国增至 16 个。最新进展为 2011 年 1 月 1 日，爱沙尼亚正式启用欧元，欧元区从 1999 年最初的 11 个国家逐渐发展到目前的 17 个国家。图 3 - 7 是对欧元一体化进程的归纳。

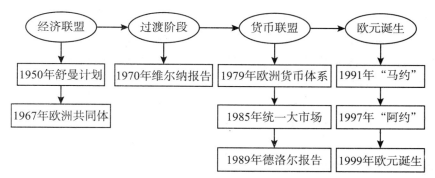

图 3 - 7 欧元一体化进程

欧元的启动对欧盟的发展产生了积极的推动作用，对于欧元区内部国家，欧元的优越性是值得肯定的。单一货币消除了之前跨国贸易和投资所产生的汇率风险和换汇成本，促进欧盟尤其是欧元区成员国之间的贸易和投资，这些都有利于区域统一市场的形成和经济的持续稳定增长。同时，欧元区内除了德法等经济发展比较强劲的国家之外，还存在众多经济小国，单一货币意味着经济实力较弱的成员国能够在欧元区这顶保护伞下，避免过去汇率大幅波动带来的恶劣影响。

## 三、欧元面临的挑战

2008 年爆发了自 1929 年大萧条以来全球最为严重的金融危机，欧元区因此也面临着自成立以来最为严峻的考验。时隔一年希腊债务危机的爆发使欧洲经济的复苏蒙上了一层阴影，之后爱尔兰债务危机再次刺痛了欧元区，随着债务危机向欧元区第三大、第四大经济体意大利、西班牙扩展，欧元机制的改革问题被逐渐提上日程。欧元从其诞生的那天起就蕴含了三个难以解决的矛盾："一刀切"的货币政策与各国独立的财政政策相冲突；"一刀切"的货币政策与各国经济发展不平衡；"一刀切"的货币政策取消汇率调节机制或货币贬值机制，货币政策独立性的丧失恶化经济结构刚性，延缓经济结构调整。[1]

1. 货币政策与财政政策不对称引发财政扩张

在一个主权国家内部，货币政策一般由中央银行制定，财政政策由财政部行使，两者都是同一国家内部的权力机关。如果政府过度赤字并向中央银行透支，会引发国内的通货膨胀。因此，主权国家实施积极的财政政策所带来的收益和成本都由其独立承担，通胀的成本使许多国家都通过法律的形式规定中央银行不得向政府透支，由此构成了对国家财政赤字的一个隐性的限制。这说明对称的政策机制带来的是对称的成本与收益分担。

---

① 向松祚. 欧债危机≠欧元危机. 第一财经日报，2011. 7. 18.

在欧元区中，成员国的货币政策统一上交到欧洲央行，由其统一独立地行使，财政政策成为成员国调节本国经济的唯一政策工具。一个成员国过度宽松的财政政策引发的通货膨胀由整个欧元区来承担，但行使财政政策的收益则由该国独享。在一个货币政策与财政政策不对称的通货区中，财政政策带来的成本与收益分担的不对称性引发了每个成员国扩张财政的动机。[①] 这就是为什么自从 1999 年欧元诞生以来，没有一个成员国遵守《马斯特里赫特条约》所定下的规则，所有国家都突破了《稳定与增长公约》规定的财政赤字不超过 GDP3% 和公债规模不超过 GDP60% 的红线，欧元区的中流砥柱德国和法国也没有带头遵守规则。

### 2. 单边财政政策调节能力有限

众所周知，一个主权国家的宏观经济政策主要有财政政策和货币政策。在发生国内经济波动或面临外部冲击时，一国可以采取相应的宏观经济政策组合来维持国内经济的稳定。欧元区统一的货币政策，使本国中央银行失去了使用货币政策协助本国政府进行宏观调控的能力，各成员国的宏观调控手段就只剩下财政政策，而货币政策与财政政策的作用要充分发挥需要两者的协调配合。

### 3. 成员国经济发展不平衡

经济发展失衡问题一直困扰着欧洲经济，也是引发这次欧债危机的重要原因。经济结构和金融周期不一致迫使欧洲按发展水平实施"多速欧洲"战略，即允许成员国按经济发展水平的高低实施核心和外围国家分步走，这无疑更进一步加大了发展的差距。而希腊等南欧国家通过"搭便车"获得了稳定的货币环境，包括较低的汇率波动、稳定的物价、低廉的融资成本和广阔的金融市场，使其能够享受低廉借贷成本以维持经济增长，也掩盖了其生产率低但劳动成本高等结构性问题。

由于经济发展的不平衡，统一的货币政策不可能顾及到所有国家的利益，以主导国家利益为核心的货币政策和各自为营的财政政策搭配注定是失败的。在宏观经济运行良好的时候，许多弱势国家可以享受"大树底下好乘凉"的便利，但一旦危机显现，损失最为严重的也是这些小国家，因为游戏规则向来都是由一体化进程中起主导作用的德国、法国建立的。

### 4. 汇率调节机制失效

统一的汇率政策消除了区域内各国在面对国际贸易失衡时的自我调节能力。例如，当成员国实行独立的货币政策时，如果国内出现国际收支赤字，便可以通过本币贬值来增强本国产品的竞争力，最终消除贸易赤字，重回收支平衡。但是在统一的货币政策下，欧洲央行不可能为了刺激个别国家的出口使欧元贬值，这对成员国经济发展起到阻碍作用。

---

① 王伶俐，王月. 欧元区经济政策协调困难之分析. 欧洲一体化研究，2004（3）.

## □四、欧债危机是"危"更是"机"

已经成为国际货币的欧元，国际社会对其与美元之间的抗争抱有很大的期望，欧元究竟该怎么做才能顺利完成它的历史使命？这个问题没有确切的答案，但是可以明确的一点是：欧元区的各国政府作为欧元的代言人应该以一个更负责任的形象展现在世人面前。追根溯源，欧债之所以会演变成危机主要原因是欧元区许多国家长期存在的政府财政赤字问题，而社会福利制度是造成赤字的主要原因。社会福利、社会保障本是造福于民的好事，但是过度的财政支出又不可避免地会给政府带来负担。一国政府应该量入为出，靠举债维持的福利是不能维持的。

欧债危机给欧元区带来的不仅是危险，更多的还是机遇。只有在这样的金融大动荡下，平时被掩盖的问题才能浮出水面，发现问题才能解决问题。在此次欧债危机的救助中，各国政府加强了协调，欧洲央行职能得到了强化，可以购买重债国家的债券，"马约"中"不救助条款"已经遭到突破，欧盟设立了"欧洲金融稳定工具"，并决定于2013年建立永久性的救助机制，这些都是很大的进步。除此之外，欧盟在危机中发挥了极大的凝聚力：建立了全球首个具有超国家性质的泛欧金融监管体系，彻底改写了成员国各自为政的金融监管格局；成立了"经济治理工作小组"，实行"欧洲学期"机制，审议成员国新财年预算方案，并协调各成员国的宏观经济政策部署，统一财政已迈出历史性的第一步。不久前，法国总统萨科齐与德国总理默克尔举行法德首脑峰会，表示将坚决捍卫欧元，这一举动说明欧洲一体化的进程在加强，欧债危机或许是欧洲一体化的新动力。

欧洲人正化危为机，债务危机提醒欧元区解决长期以来隐含的内在矛盾，为欧元一体化的长远发展打下更为坚实的基础。这次危机是欧元区向更紧密的经济政治联盟发展的催化剂，我们有理由相信，尽管欧元成长的道路不会一帆风顺，但欧洲联合向前的方向不会改变，欧盟仍是多极化世界的一支重要力量，欧元值得期待。

### ☞ 本章关键词 ☜

| | | |
|---|---|---|
| 国际货币 | 国际货币体系 | 计价货币 |
| 基准货币 | 资产货币 | 金本位制度 |
| 凯恩斯计划 | 怀特计划 | 布雷顿森林体系 |
| 特里芬难题 | 牙买加体系 | 稀缺货币 |
| 舒曼计划 | 欧洲货币单位 | 特别提款权 |

### ☞ 深入思考的问题 ☜

1. 国别货币国际化对于主权国家是否一定会利大于弊，请作简要分析。
2. 按照国际货币基金组织关于汇率制度的分类，我国现在处于哪一类别？请简述理由。
3. 什么是特里芬难题？这个问题在多元化国际储备体系下能否得到解决？
4. 请简述欧元的发展过程，并分析亚元的发展过程与欧元的相似及不同之处。

# 第 八 章

# 国际货币体系改革

　　某一时期的国际货币体系是世界各国利益博弈均衡的暂时结果，利益博弈是国际货币制度变迁的动力，而国际货币的博弈又最终体现为大国综合实力的较量，各国的发展又会逐渐打破这个均衡，而再寻找另外一个均衡。一种国际货币制度之所以需要或可能开始某种程度的变化，源于制度功能不能满足不断增长的国际经贸往来和日益深化的国际依存关系的需求，无法满足国际金融活动的需求，因此，对一种新的国际货币制度的需求与日俱增。[①]

　　布雷顿森林体系解体后建立的牙买加体系在一定程度上也是博弈的均衡结果，汇率制度弹性的放大适应了全球经济的发展，但从近年来陆续爆发的国际金融危机以及最近愈演愈烈的美债危机和欧债危机来看，牙买加体系正面临前所未有的挑战。牙买加体系的核心在于美元本位，在该体系下，美国凭借其强大的经济实力，利用美元这个"霸权货币"，在全世界攫取价值、获取利益。美元霸权带来的是国际货币体系的不稳定，随着现在"金砖五国"、欧元区经济政治实力的增强，以美元霸权为中心的国际货币体系已不再能顺应历史的发展，国际上关于改革国际货币体系的呼声日益强烈。

## 第一节　美元本位制

　　在布雷顿森林体系下，虽然美元拥有了中心货币的地位，但"双挂钩"的货币体系安排制约了其真正获取"货币强权"的能力。在"黄金与美元挂钩"制度安排下，黄金与美元的自由兑换性与美国黄金储备有限性形成了矛盾，美国国内黄金储备总量的价值对于美国发行美元总量构成硬性的上限规定，使得美国货币政策的"自主性"受到了很大的约束。同时，"其他货币与美元挂钩"的固定汇率安排，限制了美国对美元汇率的任意操纵。

　　1973 年布雷顿森林体系崩溃，主要工业化国家的货币之间可以自由浮动，美元也因此摆脱了黄金和固定汇率的束缚，获得了实至名归的世界货币地位。布雷顿森林体系

---

　　① 黄济生，殷德生．一个新制度经济学的分析框架．华东师范大学学报，2000（7）．

的瓦解不但没有削弱美国的金融霸权地位，反而增强了美国在国际货币金融领域的影响力，使美元霸权达到前所未有的高度，国际货币体系迎来了美元本位制时代。之所以称其为美元本位制，是因为在这一国际货币体系下，美元已经取代了布雷顿森林体系下和金本位制下的国际储备货币——黄金，成为了全世界最重要的储备货币。

## 一、美元本位制的特点

**1. 美元是国际经济交易中的主要计价与结算货币**

美元在世界经济贸易中具有的无与伦比的重要地位是美元本位制的基石，表现在三个方面：（1）美元是国际贸易中的主要计价结算货币，全球石油、能源、黄金等大宗商品基本都是以美元计价结算。即使欧元区内的成员国彼此之间使用欧元作为结算货币，其对区外，尤其是对美国和拉美的贸易多以美元结算。（2）美元是世界外汇市场的主要交易货币，欧元（39%）、日元（19%）和英镑（13%）三种货币权重相加也没能超越美国（85%）。[1]（3）美元是国际资本市场的主要计价结算货币，全球所有国际债券中有一半以上是以美元计价。

**2. 美元是世界公认的"锚货币"**

美元依然是发展中国家和新兴市场国家首选的"锚货币"，目前全球大约有70个国家将自己的货币汇率直接或间接与美元挂钩，美国的汇率波动会直接影响到这些国家的经济运行。在部分少数国家，美元甚至被当做法定货币在国内流通，享有主权货币的待遇。

**3. 美元是其他国家的主要价值储藏手段**

第二次世界大战以后，美元一直是世界上最主要的国际储备货币。在布雷顿森林体系时期，美元占世界外汇储备的90%以上，到1973年布雷顿森林体系崩溃时也占了高达84.5%。之后随着马克、日元、欧元的相继崛起，美元占世界外汇储备的比例也有所下降，但从最近20年的发展历程来看，其所占比重基本维持在60%以上（见表3-5）。

表3-5　　　　　1998~2009年全球外汇储备各国际货币占比　　　　　单位：%

| 币种＼年份 | 1998 | 1999 | 2000 | 2001 | 2002 | 2003 | 2004 | 2005 | 2006 | 2007 | 2008 | 2009 |
|---|---|---|---|---|---|---|---|---|---|---|---|---|
| 美元 | 69.31 | 71.01 | 71.13 | 71.52 | 67.08 | 65.93 | 65.95 | 66.91 | 65.48 | 64.13 | 64.21 | 62.2 |
| 马克 | 13.8 | | | | | | | | | | | |
| 欧元 | | 17.91 | 18.29 | 19.18 | 24.79 | 25.16 | 24.8 | 24.05 | 25.09 | 26.27 | 26.42 | 27.31 |
| 英镑 | 2.66 | 2.89 | 2.75 | 2.71 | 2.81 | 2.77 | 3.37 | 3.61 | 4.38 | 4.68 | 4.05 | 4.31 |
| 日元 | 6.24 | 6.37 | 6.06 | 5.05 | 4.35 | 3.94 | 3.83 | 3.58 | 3.08 | 2.92 | 3.13 | 3.05 |
| 其他 | 7.99 | 1.82 | 1.77 | 1.54 | 0.97 | 2.2 | 2.05 | 1.85 | 1.97 | 2.01 | 2.19 | 3.13 |

资料来源：IMF.

---

[1]　由于每次交易涉及两种币种，所以总权重是200%。

美元储备与欧元储备、日元储备的差异并不仅仅在于占比多少，更重要的是储备的来源。美元储备大多是来自于实体经济产生的美元供求，而日元等则来自于储备资产的选择，即在美元走弱时，美元储备会被部分换成日元储备，而在美元走强时，又会被换回来，这意味着美元依然是国际外汇储备的首选资产。

### 4. 美国在 IMF 的独霸地位

IMF 虽然名义上为公平、公正的国际金融组织，但实则是美国的傀儡，在重大利益上一向以美国为准。美国在 IMF 占据 17% 的份额，对 IMF 许多重大决策都具有否决权。因为按照现在的规定，IMF 所有重大的改革和决策必须有 85% 的份额同意才能通过，只要美国不同意，则份额永远达不到 85%，这意味着美国对 IMF 的重大决策拥有最终否决权。

### 5. 完全的信用本位制

在金本位制下，一个国家必须以黄金作为储备货币并支付进口，世界商品经济的交易是建立在实物黄金基础之上的；在布雷顿森林体系下，各国用美元来支付进口，同时可用美元向美国政府兑换黄金，各国的外汇储备是美元和黄金，但美国必须储备黄金，而且要保证足够的储备以维持清偿力的需要。而在美元本位制下，美元不再具有向美联储兑换黄金的职能，美元的发行因此缺少了硬约束，其发行需求及发行数量完全由美国的意志单方面来决定，支撑美元发行的不是美元背后的含金量，而仅仅是美国的信用。因此，美元本位制也就是完全的信用本位制。

美元本位制给美国带来了空前的货币权力，这就是现在业界常常提到的"美元霸权"。美元霸权实质上是美国政府通过没有任何实物支撑、没有任何发行纪律约束的美元在全球金融体系和贸易体系中的首要地位，引导和塑造一系列有利于其领导和支配全球的制度安排。

## 二、美元本位制下委托代理问题

美元本位制对于国际社会是福是祸关键取决于美国的经济政策利益出发点，从委托代理角度来看待这个问题再恰当不过。美元充当世界货币，从本质上讲是为了便利国际经济贸易的发展，是国际社会赋予美国这种权力来为世界经济服务并从中获取一定的报酬。因此，美国只是作为代理人来为国际社会服务，而国际社会，包括所有国家或地区、各类国际或区域经济组织、公司、企业甚至个人在内的庞大群系构成了委托人。在出现利益冲突时，代理人的行为准则必须是委托人的利益最大化，否则就会产生委托代理问题。

### （一）强制代理合约

美国凭借第二次世界大战后压倒一边的绝对性优势赢得了国际社会的一致认可，并通过协议担当了国际社会的代理人。此时的美国是当之无愧、众望所归的，全球对通过美元—黄金本位来维持国际货币体系的稳定充满了信心，美元也借此良机成为了世界货币，并行使相应职能。随着布雷顿森林体系的崩溃，国际社会与美国之间的代理协议也相应作废，美国本不该再具有代理人的身份，但美元的世界货币地位不但没有被削弱，反而有所增强，这主要是由于：

首先，在信用本位下，已存在并被广泛接受的国际货币具有"在位优势"[1]，由于习惯及使用方便等因素，市场参与者不会轻易改变所用货币，国际货币的维系本身具有惯性。从国际货币的发展史来看，国际货币的产生和替代将是一个缓慢和循序渐进的过程，不可能一蹴而就。使用最广泛的国际货币往往有着强大的经济实力和健全的金融市场以及与之相应的交易平台、交易规则和交易技术，在没有强有力的外部冲击和结构性变迁压力时，另一种货币很难在短时间内超越已有的国际货币。[2]

其次，广大发展中国家和新兴经济体由于国内的金融市场欠发达，容易受到国际游资的冲击，因此为了维护国内金融稳定，它们被迫积累了大量的美元储备。这些美元储备又通过投资美国国债的方式流回美国，支持了美元的国际货币地位。2010 年全球外汇储备前 5 位中除日本外均为发展中国家或地区。其中，中国外汇储备已超过 3 万亿美元，远高于处于第二位的日本，如图 3 - 8 所示。

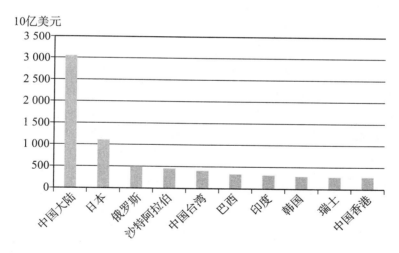

**图 3 - 8　2010 年全球外汇储备前 10 位**

资料来源：万得资讯．

再次，国际上欠缺合适的美元替代品供投资者选择。全球三大货币中，欧元正由于内在机制缺陷的暴露面临严峻的挑战，日元也由于日本长期经济萎靡而难以担当重任，实物资产则由于本身的稀缺性而难以满足全球投资需求。在这种情况下，美债在所有不

---

[1]　王信．经济金融全球化背景下国际货币博弈的强与弱．国际经济评论，2009（9）.
[2]　庞涛．论美元在未来国际货币体系中的法律地位及规制．金卡工程，2011（3）.

理想的投资品中仍然是安全性与收益性结合得最好的产品。只要美国的债权国继续持有美债，不大规模的将美元资产转换成实物资产或其他货币资产，美国就不会面临债务问题，债务规模就可以继续增加。

最后，当代国际货币的博弈中最大的筹码是国家综合实力尤其是金融实力，而经常项目顺差与否则退居其次。信用货币的强弱从根本上取决于市场对该货币发行国的信心，美国即使长期维持经常项目逆差，但它发达的国际金融市场、强大的市场调节能力，以及在科技、教育、政治、军事上无可匹敌的实力都为它赢得了国际社会对美元经久不衰的信心。[1]

这一系列的因素造就了布雷顿森林体系解体后长达40年的时间内，美国依然是国际货币体系不二的代理人。虽然有许多后起之秀，但资质却无法与美元相媲美，国际经济已然被"绑架"在了美元上，委托人对代理人是欲罢不能，国际社会继续被迫让美元充当世界货币角色。

## （二）委托代理问题的产生

按理来说，美国在享受美元霸权带来的一系列政治经济利益的同时，势必应该承担理所应当的责任与义务。金德尔伯格（Kindleberger）认为，美元霸权地位的维系要求美国必须履行如下义务：

（1）美国必须为剩余的世界产品提供市场，以及和其他国家分享稀缺资源；

（2）美国必须保证资本流向可能的借方；

（3）在货币金融危机爆发时，美国应该承担全球最后贷款人的角色；

（4）维系全球汇率结构的稳定；

（5）协调各国的宏观经济政策。

然而，在美元本位制下，美国不但没有完成上述义务，反而借助世界货币的便利随意侵害他国利益，为自身谋取福利，这就导致了委托代理问题的产生。主要表现在以下两个方面：

### 1. 国际货币契约缺失导致美元滥发

国际货币契约是指作为国际储备的发行国，其就货币发行纪律和维持币值稳定向国际社会做出的有形或无形的承诺。目前，国际社会对美元的发行没有任何的约束，对美国接连实行的量化宽松政策也只能是道义上的谴责，并不能对美元滥发构成威胁。从委托代理角度考虑，如果将美元看做股票，股票的增发需要经由股东大会表决通过才能进行，代理人不经过股东同意肆意滥发美元是对股东权益的稀释，严重违背了股东利益最大化原则，是为了一己之私损害股东利益。

（1）全球通货膨胀。

美元本位制和美联储过度宽松的货币政策导致美元疲软和全球流动性过剩，从而导

---

[1] 王信. 经济金融全球化背景下国际货币博弈的强与弱. 国际经济评论, 2009 (7).

致全球通货膨胀。数据显示，近10年来，美元汇率和大宗商品价格、全球原油价格走势之间的负相关十分明显，充分说明全球大宗商品价格上涨的直接原因，正是美国过度宽松的货币政策，其中最主要的是美元滥发。过去40年，美国有意或无意制造过三次全球性的通货膨胀和资产价格泡沫，最终均以全球经济衰退而告终，主要代价由发展中国家承担。

与全球通货膨胀相对应，美国最近20年来物价却稳定的出奇。据IMF统计，在1995~2009年这14年中，美国CPI上涨了大约38%，年均上涨幅度远低于国际警戒线3%。[①] 为了应对2008年的金融危机，美国启动量化宽松政策印发了大量钞票，但美国却在2009年出现了-0.4%的通货紧缩，为什么美国可以在全球的通货膨胀中独善其身？其根源在于美国通过大量进口商品满足国内消费欲望，将多印刷的钞票输送到了其他国家，美国在输出美元的同时也输出了通货膨胀。在全球人民不得不忍受通货膨胀、石油黄金等大宗商品价格疯狂上涨之苦时，美国却在享受全球通胀带来的利益。

（2）美元资产价值缩水。

对于本国货币并非国际货币的国家来说，本币贬值虽然可以促进商品出口，但是却要承担外债负担增加的代价。由于美元的国际货币地位，美国拥有以本币对其负债标价的特权，美国的对外负债几乎都是以美元标价。因此，美元大幅贬值不仅可以刺激出口，还可以减少美国债权人持有的美元资产价值，为美国减轻外债负担。

诺贝尔经济学奖获得者克鲁格曼（Krugman）曾多次公开警告，中国作为美国的第一大债权国处境危险，无论是美元贬值或美债评级下降，都可能导致中国投资美国国债的账面价值减值20%~30%。若预测成真，按中国持有的1.16万亿美元的美国国债计算，这将涉及3 000亿美元左右的外汇资产浮亏。不仅中国，一直靠外部需求积累本国财富的世界各国——无论是靠商品出口的亚洲国家，还是靠资源出口的拉美国家、中东国家和俄罗斯等国，都可能面临所持有的美国国债价格下挫，流动性恶化的风险。这些国家通过多年的廉价物资出口积累的外汇，美国开动印钞机就可以获取相同的价值。中国人民经过30多年的勤劳，辛苦攒下的3.3万亿美元外汇储备与美国两轮量化宽松政策以及预期即将诞生的第三轮量化宽松政策所释放的美元价值相差无几，这对于中国是极为不公平的。

# 美元：是法币还是"股票"？

最近几个月来，国际金融市场最大的炒作事件非"美债违约"莫属，共和党与民主党均推出了针锋相对的债务计划，围绕着减赤计划、短期或长期提高债务上限等展开了激烈交锋。闹得沸沸扬扬的背后，其实只是两党的政治游戏而已。

---

① 李国平. 美元如何掠夺世界财富. 浙江大学出版社，2011. 46.

美债违约实则是一个伪命题，在美元本位制下，美元开动印钞机便可毫不费力地解决债务问题，在这一点上，美国向来都是为所欲为的。我们可以举一个简单的例子：假如今天市场上流通了1 000美元，而你手上握有100美元，那你对于美国来讲可谓举足轻重，但是如果美国不经过你的同意，私自印刷了1亿美元并将之投放到市场上，那你的100美元对于美国来讲就如九牛之一毛！美国玩的正式这种货币游戏，美元是不会明摆着赖账的。

将美元比作股票再恰当不过，我们考虑一下上市公司的股价，按照传统的定价理论，股票的理论价格是未来可获得的现金流的贴现，也就是红利的贴现，如果一个上市公司总不分红，则这个公司本质上不具投资价值，因为投资者本质上并没有现金流入。而美元就是这样一只不分红只派股的垃圾股，你买了美元，以后它会还你更多美元，等到最后你手里握着的就只剩一堆废纸，毫无实际价值可言。上市公司发行新股还需证监会批准，美联储向海外发行美元却是自己说了算，实际发了多少只有它自己知道！过去的几十年，美元的名义购买力不足其原来的3%，这一趋势还将继续持续下去。另外，上市公司不论再怎么牛，证监会还是可以去管的，但除了美国以外，谁能拿美元怎样？国际货币基金组织只是美国的一个傀儡而已。

但为什么投资者对于这样一只没有投资价值反而跌破发行价的股票还趋之若鹜呢，因为市场上就只有这么一只相对看得过去的股票，剩下的只能是更差的欧元和不能再差的日元，所以美国丝毫不担心没人买它的债。

资料来源：北京大学国际金融研究小组.

2. "损人利己"的国内经济政策

（1）不平等的国际收支调节机制。

内部均衡与外部均衡同时实现是一个国家经济调节政策追求的最高目标，但在现实中，两者之间往往是鱼和熊掌不可兼得。自从金本位制崩溃以来，各国政府就越来越重视内部均衡目标的实现。一个国家只有在其国际收支不受流动性约束的前提下，才可能实施以追求内部均衡目标为主的经济政策。一般国家由于受到国际收支硬约束的限制，外部失衡会制约内部均衡目标的实现，政府在制定政策时就会优先考虑国际收支调节问题。而美国则不同，由于美元的世界货币地位，在短期内，美国的国际收支逆差不会对美国的内部均衡目标构成直接威胁。因此，美国在调节国际收支失衡问题上具有被动性，而它的贸易伙伴则被迫具有主动性，决定了两者地位的不平等。

（2）与国际经济需求相悖的货币政策。

美联储在决定美元供给和货币政策时，没有考虑其他国家对美元需求的变化，无论是强势美元政策还是弱势美元政策，都是根据美国国内宏观经济状况和国内综合经济目标作为主要依据而制定的。20世纪70年代以后，拉美和亚洲各国金融动荡在很大程度上与美国不负责任的货币政策有直接的关系。美国在决定美元发行量、制定国内利率政策以及汇率政策时，几乎不会考虑其对他国造成的负面影响。在两次金融危机时期，拉美和亚洲国家降低国内利率以增加货币供应量时，美国却同时提高国内利率，导致亚洲和拉美国家国内的资金被美国的高利率吸引而大量流入美国，这些国家货币政策失效，国内资金更加趋紧。在这次金融危机中，中国及广大发展中国家面临最为棘手的挑战就是居高不下的通货膨胀，而美国却在极短的时间内进行两轮量化宽松政策，导致全球流动性过剩，并在国内实行接近于零的利率政策，使国际游资竞相流向高利率的发展中国家，增大这些国家的通货膨胀调控难度。

在汇率政策方面，由于美元币值的变动本身是美国经济的反映，不论美元汇率如何变动，都是符合美国需求和美国利益的。但是对其他国家而言，美元等资产价格的变动加大了全球经济的不稳定性，使全球外部经济环境面临很大的不确定性。许多发展中国家将本国货币的汇率与美元相挂钩，面对美元的波动，这些国家处于被动地位，只能任由国家利益和外汇财富随着美元的变化而变动。

## □三、霸权依附下的全球资源掠夺

美国在美元霸权的依托下，通过滥发美元及以自身为中心的经济政策实现了对全球资源的掠夺。美国输出没有实际价值的美元向全世界换取各种商品，其庞大的国际收支逆差可以在相当程度上反映美国从美元的国际发行中获取利益的多寡，以及美国在促进本国经济发展的同时在多大程度上损害他国利益。针对于各国经济结构的不同，美国的对外经济战略也不尽相同，从全球范围来看，美国的对外资源掠夺大概分为两类：

1. 对欧洲、拉美国家的金融战略掠夺

欧洲国家和拉美国家的投资者购买了大量由美国公司或者美国政府发行的金融资产。美国则利用这些融入的资本来投资于国内建设或者进行国际 FDI 投资。一般来看，金融资产的收益率往往低于实际投资的收益率，美国在国外直接投资收益率大约在10.5%，而支付给他国的利息大约在 2%~3%，中间赚取 7% 以上差价，同时还可将投资风险转移给海外投资者。[1]

2. 对东亚、中东国家的实物资源掠夺

美国是东亚国家的主要出口市场，美国通过输出美元换取了这些国家大量的廉价的实际资源，对这些国家长期维持经常项目逆差。中东国家以石油为交换获得大量美元来发展经济，其经济发展状况对美国有非常强的依赖性，同时美国依靠军事力量加强了对这一地区的控制。这些国家通过经常项目顺差积累的大量美元储备又通过购买美国国债的方式流回美国国内。因此，美国通过支付较低的利息为自己的经常项目逆差融资，从而避免了经常项目逆差的不可持续，如图 3-9 所示。

---

① 何帆，张明. 国际货币体系不稳定中的美元霸权因素. 财经问题研究.

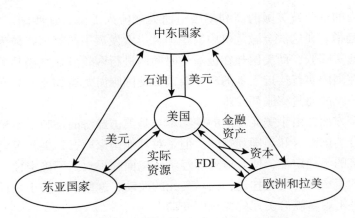

**图 3 - 9　美元霸权主导下的中心—外围构架**

　　杜勒（Dooley）、福克茨（Folkerts）以及盖博（Garber）在 2003 年就已经对此问题进行了研究，他们的理论观点被称作"中心—外围论"。他们将整个世界分为三个区：中心区、资本账户区和经常账户区。其中美国是中心区；欧洲、加拿大、澳大利亚以及一部分拉丁美洲国家组成资本账户区；中国、日本、韩国、马来西亚等亚洲国家以及中东资源国家组成经常账户区。资本账户区主要特点是资本账户开放、汇率浮动，私人部门通过资本账户为美国融资；经常账户区则主要实施出口导向战略，经常账目对美国持续顺差，积累大量美元外汇储备，官方部门通过官方储备的形式为美国经常项目赤字融资。在这一框架下，国际货币体系有三大特征：一是美国经常项目持续逆差，资本项目持续顺差，以及美国外债不断积累；二是中东和东亚地区的经常项目持续顺差和外汇储备的不断累积；三是欧洲国家的经常项目持续逆差、资本项目持续顺差，以及储备资产基本不变。两类地区通过不同的方式向美国提供经常账户赤字融资，只要有愿意为美国经常项目赤字融资的外围国家存在，美国的经常项目赤字就是可以持续的，那么它对全球资源的掠夺也就可持续。

## □ 四、美元本位制的改进

　　美元作为世界货币是世界各国在现有条件下迫不得已的选择，虽然它在一定程度上扩大了国际贸易并促进了世界经济的发展，但在美元本位制下，中心国家与外围国家的权利与义务不对称关系催生了世界经济动荡与国际金融危机的发生。介于目前世界上没有另外一种货币可以与美元相抗衡，处于豆蔻年华的欧元尚显稚嫩，未老而先衰的日元难当大任，而人民币的国际化才开始起步，美元霸权在未来可能还会继续维持十数年甚至数十年。在难以撼动的美元本位制体系内，要避免未来可能发生的大规模经济动荡，需要中心—外围国家的通力合作与相互妥协以及国际经济组织协调作用的发挥。

　　首先，建立行之有效的机制约束美国的货币发行行为。在信用货币本位下，没有一个固定的机制来约束美国的货币发行行为，也没有针对美元滥发的惩罚机制，美国存在道德风险，可能在享受收益的同时拒不承担其所应担负的维持国际货币稳定的责任。因此，可专门设立一个国际监管组织来约束美元及其他国际货币的发行，控制全球储备货币量，对国际金融体系进行有效的监管。更重要的，从美国自身道德约束来看，美国应从大局出发，以全球利益为核心，充分考虑美元发行与世界经济的协调发展，保证货币供应与经济增长相适应。

其次，要加强各国货币合作，共同维护体系稳定。第一，为了减少国际货币体系的不稳定性，必须依靠国家之间进行货币合作，尤其是中心国家和外围国家之间的南北合作，外围国家尤其是发展中国家可以通过相互间的合作增强与中心国家的谈判力量。第二，主要国际货币之间要维持汇率的稳定性。今天的浮动汇率体系，主要问题是美元、欧元、日元、英镑等世界主要货币之间的汇率急剧波动，尤其是美元和欧元的汇率急剧动荡，它们对全球货币金融的稳定具有极其严重的冲击。许多国家对美元和欧元实行的是盯住汇率制，这两种货币的大起大伏会通过辐射效应扩展到全球范围，维持两种货币之间的汇率稳定是全球汇率体系稳定的基础。第三，国际或区域的金融经济组织应当承担协调各国货币政策的责任，并要在相关问题的处理上握有实权，制定相关的法律制度，对违反规定的国家加以处罚。第四，美国作为中心国家，为了维持美元本位制的稳定运行，必须切实地履行中心国的责任和义务，而且要摒弃"损人利己"的国内金融政策。

再次，各国及区域组织要加强金融监管力度。最近30年爆发的金融危机中，随处可见投机资本的身影，而且投机资本身家雄厚到可以与国家力量相抗衡，其主要原因在于西方国家对投机资本疏于管理甚至在某种程度上加以放纵。在之前的墨西哥金融危机与亚洲金融危机中，欧美发达国家处在旁观者的位置没有受到危机的影响，但这次爆发的美债危机与欧债危机却让这些国家深陷泥沼，也使它们开始认识到对投机进行监管的必要性。在国际游资的监管上，不论是发展中国家还是发达国家，都应该秉持合作共赢的态度来加强协调，甚至可以在必要的时候制定一个标准化的监管制度或者签订双边和多边监管合作协议。另外，除了对投机资本的监管以外，金融监管的另外一层重要含义是要对金融创新和金融衍生品的发展加以监管。这次金融危机的重要原因之一就在于美国的金融衍生产品过度创新，使金融资产衍生价值远远超过了实体经济价值，导致了金融资产泡沫化，最终泡沫破灭酿成危机。

最后，外围国家货币权力的增强才是维护自身利益的根本途径。在未来数十年内可能与美元抗衡的货币只有欧元和人民币。虽然从目前的国际金融体系来看，美元在国际计价货币、结算货币和储备货币方面仍然居于中心地位，但欧元的出现对美元的霸权起到了很好的制约作用，它促使了外汇储备货币的多样化，从世界货币体系和国际贸易正常化来看，欧元都给世界带来了积极的影响。随着中国成为世界第二大经济体，不容小觑的人民币正冉冉升起。在欧美经济遭遇百年罕见的金融危机，美元与欧元信誉受到怀疑之时，人民币以强大的国家实力为支撑，以巨额的外汇储备做保障，正逐渐赢得越来越多的国家的青睐。在这时将人民币推向国际化，既符合中国转型期经济发展的需要，也是稳定国际货币体系、维护发展中国家利益、促进世界经济发展的需要。

# 第二节　国际货币制度改革综述

国际货币体系的改革是一项极为困难复杂的系统工程，由于其涉及面非常广，特别是涉及各国的切身经济利益，因而在改革过程中将不可避免的会产生各种各样的矛盾甚至是激烈的斗争。因此，国际货币体系的改革将是一个渐进的过程，在此过程中，需要广大发展中国家积极参与，与发达国家共同努力，推进国际货币体系的改革。

## 一、国际货币体系改革的重点

金融海啸以来，全世界围绕金融危机的根源和国际货币体系的缺陷展开了深入研究和辩论。过去40年以来无数次金融危机已经充分表明：主要储备货币发行国家的货币政策缺乏约束、主要国家之间的货币汇率过度动荡、国际投机资金肆意横行，乃是全球性金融危机的主要根源和当今国际货币体系的主要缺陷。针对于这些问题，国际社会关于国际货币制度改革的讨论集中在了以下几个问题上：

### 1. 货币本位问题

即采用何种货币资产作为国际储备货币，在多元化的国际储备体系下如何确立各种储备资产在国际货币体系中的地位和作用。国际储备货币的确定是国际货币制度的重要内容，也是国际货币制度变迁中利益博弈的焦点。从短期来看，当前应该考虑构建一个合理的制衡机制，打破美元霸权，消除美元的过度发行问题，在不同国家之间的利益需求上寻找均衡。美国应该更多地承担起作为最重要储备货币国的责任，而不能任意转嫁危机。从长远来说，应该继续增强欧元、人民币的国际地位，推动国际贸易结算及大宗商品计价的多元化，推动国际货币的多元化。

### 2. 汇率制度问题

在经济全球化和金融一体化的大趋势下，每个国家都面临着如何逐步开放金融领域，以促进本国经济在经济全球化大潮中争取更大利益的问题。因此，如何选择汇率制度安排，成为各国需要慎重解决的重要问题。不同的汇率制度，分别都有与其相适应的国家，相反却没有一种汇率制度适合所有的国家，也没有一种汇率制度适合一国经济发展的所有阶段。每个国家都应该根据自己的国情，选择与自身经济发展实力和金融管理水平承受能力相适应的汇率制度，同时承担维护汇率相对稳定的义务。历史经验表明，汇率制度以及与之相配套的各项经济金融政策的选择正确与否，将直接对一个国家的国民经济运行产生直接影响。

### 3. IMF改革问题

IMF作为现行国际货币体系的重要载体之一，未发挥出应有的作用。在政策制定过程中，IMF 缺乏独立性和权威性，被美国等少数发达国家操纵，不能体现发展中国家的利益，从而制约了国际金融机构作用的发挥。当然，IMF 在稳定国际金融方面做出的贡献也是不能埋没的，但为了促使其职能得到充分的发挥，需要对它进行一轮深入的改革：第一，对 IMF 的决策机制进行改革，相应减少美国的份额，加大发展中国家尤其是"金砖五国"在基金组织中份额。第二，加强 IMF 作为多边机构的作用，加强其对主要国际货币国家的监测和约束职能。第三，IMF 对主要货币发行国的监督应具有法律的约束力，虽然规则中有这样的条款，但缺乏现实的影响力和执行力。

### 4. 国际游资监管问题

受国际间资本流动大幅度动荡影响最深的是新兴市场经济体和最不发达国家。由于欠发达的国内金融市场和较弱的市场调节能力，新兴的发展中国家在对货币的自由兑换、国际收支的调节、外汇储备的选择与管理上还不能适应国际资本流动与变化的节奏。金融的自由化进程过于迅速，出现了无序、波动过大和恶意投机以致破坏自由市场的趋势，严重威胁到发展中国家的经济安全。

## 二、主流方案综述

国际货币体系的选择不仅关乎各个国家的经济利益，它更是世界主要发达国家在政治利益层面上角逐的结果。构建国际货币金融新秩序，是世界经济金融和货币权力格局重新组合和转移的一场多边战略博弈。国际货币体系的变更交替反映了国际政治经济格局的变化，它的最终形成也是各个国家之间利益相互妥协的结果，我们可以将之视为一段时间内国家博弈的均衡点。自从 20 世纪 60 年代以来，国际货币基金组织、发达国家、发展中国家、国际金融理论界纷纷提出了不同的改革方案。

### （一）"新金本位制"方案

早在 20 世纪 60 年代中期法国政府就提出了恢复金本位制的主张，法国经济学家吕埃夫（Jacques Rueff）进一步提出了建立"国家之间的金本位制"方案。该方案的主要内容是：通过大幅度提高黄金价格，刺激黄金产量增加；恢复货币兑换黄金制度；恢复用黄金进行国际结算和弥补国际收支赤字。吕埃夫认为，提高金价，并规定持有外汇资产者能将其变为黄金，将不会产生一些国家对另一些国家大规模积累短期债务的现象。2011 年 11 月，世界银行行长佐利克（Robert Zoellick）也呼吁发达经济体考虑重新实行"改良的全球金本位制"。

黄金之所以屡次被提及到国际货币的高度，根本原因就在于它是唯一不附带任何信用的货币，其内含价值决定了它不会被某个国家所左右。当美元的信用越来越差的情况下，黄金受到各国央行和国际市场的欢迎便是理所应当了。但近几十年来随着生产力的快速提升和全球贸易的迅猛增长，客观上需要更多的流通货币和支付手段来保证交易的顺利进行，而黄金的年产量仅有两三千吨，地面总存量也不过 16 万吨，十分有限的实物供应表明，黄金确实无力继续承担国际货币的职能。世界经济的迅速发展需要一种比较灵活的清偿力供应机制和国际收支调节机制，回到金本位制是不现实的。

为了弥补金本位制的不足，许多学者提出了创立国际商品性储备货币本位制方案，这种方案其实相比金本位制更没有可行性。商品本位制或者金本位制这类复古方案已经成为历史，货币的发展规律表明未来的国际货币制度只能以信用本位为基础，而不可能倒退。

## （二）SDR 型国际货币方案

特别提款权（SDR）是由 IMF 创造出来的用于弥补各国对外清偿力不足的一种账面资产。1979 年，国际货币基金组织提出了设立替代账户以吸收各国手中过度积累的美元资产，并使特别提款权成为国际储备资产的建议。通过这种方法，将各国政府手中积累的大量美元集中起来，置于国际货币基金组织的控制和管理之下。其短期目标是为了避免美元不断贬值给美元债权国带来的经济损失，而长期目标是要改变国际储备资产的构成，逐步削弱美元势力，提高特别提款权的国际储备地位。

从 SDR 创立至今已有半个世纪，但 SDR 的超主权货币之路没有实质性进展。其主要原因在于：首先，特别提款权并不是实际流通的货币，而是作为一种储备资产的补充而存在的，它难以承担主要储备货币的功能。其次，掌握货币主导权的大国不会容忍 SDR 来分担利益。货币是一国经济实力的象征，超主权货币的根本问题在于它背后没有强大的经济势力使之可以凌驾于实力强大的主权国家之上。尤其对于美国来讲，美元的国际本位货币地位是其核心利益，要让它在该问题上进行妥协是天方夜谭。再次，除非全球重新采取固定汇率制度，否则特别提款权和其他国家货币之间汇率同样存在不稳定性，只不过把美元作为储备货币的问题转移到特别提款权身上。[①] 最后，特别提款权要成为国际储备资产，需要提高 IMF 的地位，一国货币是依靠政府的国家信用而强制流通的，因此提升特别提款权作用，必须扩大 IMF 的权威。目前 IMF 的权威性仍然不够，离世界性中央银行的距离还相当遥远。

## （三）全球单一货币方案

为了从根本上维护世界经济格局的平衡与国际金融市场的稳定，国际储备货币必须要有一个非常稳定的基础和十分清晰的发行准则，其供给量可以随着市场需求的变化而进行超脱于任何一个国家的经济状况和国家利益的及时而且灵活的调整。这就诞生了超主权货币的主张，该主张是自凯恩斯以来不断被提到的国际货币体系改革的一个热门方案。

美国经济学家特里芬在 1982 年发表的《2000 年的国际货币制度》一文中提出的建立国际信用储备制度方案和查德·库珀（Richard Cooper）在 1984 年撰写的《未来的货币制度》中提出的实行单一货币制方案，均属于以建立超国家的世界货币和世界中央银

---

① 陆前进. 美元霸权和国际货币体系改革——兼论人民币国际化问题. 上海财经大学学报，2010（2）.

行或类似国际金融机构为目的的方案。库珀主张，用循序渐进的办法，使国际货币改革走向世界货币体系，即在数年内，先实行汇率目标区制，10 年前后再实行美、日、欧三级的单一通货制，最后过渡到全世界都参加的单一通货制。我国中央银行行长周小川在《关于改革国际货币体系的思考》一文中也表示，创造一种与主权国家脱钩、并能保持币值长期稳定的国际储备货币，从而避免主权信用货币作为储备货币的内在缺陷，是国际货币体系改革的理想目标。

单一货币制方案的核心是要成立一个超国家的世界性的中央银行，发行统一的货币，实行统一的货币制度，消除现在国别货币作为国际货币所带来的各种弊端。然而，这种完全独立的世界中央银行与各主权国家的利益却是背道而驰的。目前世界经济、世界秩序是以民族国家为基础的，如果超主权就意味着各国放弃主权，形成超越各个国家的全球统一政府，这在目前是不太可能的。即使欧元区能够在局部做到但也很不完善，更何况欧元区源于历史渊源，其在政治、经济、文化上本身存在高度的统一性，相对于全球一体化，区域一体化就显得容易得多。

在美国、欧元区和其他经济大国一直谋求国际货币体系主导权和控制权的时代中，高度统一的世界中央银行在统一行使权利、制定国际货币政策的时候必然会遇到主权国家为了自身利益的博弈而带来的多重压力和挑战，因为它面临着太多无法调和的矛盾。建立单一世界货币只能是一种终极的理想，我们可以把它作为参照系，这可能是未来的追求，需要政治、经济、社会发展的高度统一才可能实现。因此，超主权还是一个很漫长的过程，在这个漫长的过程中，有一个较为现实的处理办法：国际货币多元化。

### （四）多元化国际货币体系方案

金融危机爆发后，由于美元内在价值的趋贬，各国的国际储备货币也出现了分散化的趋向。国际社会许多专家学者提出建立多元化的国际货币体系来削弱美元在国际货币体系中的霸权地位，推动实现国际货币的多元化、国际贸易交易货币的多元化、国际大宗商品计价货币的多元化。这不仅能够发挥多种货币的作用，同时对一国货币滥发将是一种无形约束。"欧元之父"罗伯特·蒙代尔认为，金融危机是由浮动的货币兑换率造成的，未来货币体系可能以货币联盟的方式向固定汇率制回归，"金融稳定性三岛"便是其基本架构，应该成立一个新的世界货币体系，由美元、欧元和人民币组成一个大货币区以保持汇率稳定。

从近期看，目前美元的地位还没有任何货币可以替代。据统计，至 2010 年末，美元在国际货币基金组织成员国外汇储备中约占 61%，欧元约占 28%，美元仍然是全球最主要的储备货币。从亚洲来看，亚洲的 GDP、国际贸易量都占全球 1/3 左右，外汇储备占全球将近一半，但这个庞大经济体在国际货币制度中却没有多少发言权，日元也没有能力代表亚洲参与国际货币体系的建设。未来将会是欧美亚三足鼎立的货币体系时代，日渐崛起的人民币要抓住历史机遇，在区域化步骤中成为亚洲的代言人，以此推动自身国际化。

多元化的国际货币体系有利于形成若干个相互竞争、相互制约的国际货币和区域性货币，平衡多方利益，结束国际货币体系对一国货币的依赖以及被控制的历史，符合国际金融体系的现实发展状况，容易得到各国的响应和支持。同时多元化国际货币体系有利于世界清偿力的增长，在摆脱对美元的过分依赖的同时又能够保证世界清偿力获得比较充分的来源。值得指出的是，多元化的国际货币体系也存在一些缺陷：不同的国际货币发行国的宏观经济状况和经济结构的不同，必然导致这些国家之间的货币政策和宏观经济政策的不同，这又会增加各国宏观调控的难度和储备资产管理的复杂性。另外，多元化的国际货币体系必将引发全球结算货币、投资货币、储备货币的竞争，国际金融市场的动荡将更加剧烈。尽管如此，建立多元化的国际货币体系可能是现实改革的最优选择。

表3-6是对以上几种国际货币体系改革方案的归纳总结。

表3-6　　　　　　　　　　　国际货币体系改革的选择

| 改革方案 | 可行性分析及面临的问题 |
|---|---|
| 新金本位制 | 不切实际的改革方案，黄金有其内在缺陷，未来的国际货币体系只能是信用本位 |
| 特别提款权 | 特别提款权本质上是国际货币基金组织创造的一种信用资产，并未成为实际流通的货币，其使用局限性难以成为国际储备资产 |
| 全球单一货币体系 | 理想方式是主要国际货币之间实行固定汇率制，在此基础之上，建立超国家的储备货币，最终形成全球单一货币，这是长期目标 |
| 多元化国际货币体系 | 多元化国际货币体系有利于形成若干相互竞争的国际区域货币，摆脱对某一国货币的过度依赖，理论上是实际改革的最优选择 |

由于在国际储备资产的选择以及汇率体系的设计上，发展中国家均属于从属地位，决定了在国际货币体系中，发展中国家只能处于被动地位，被迫接受发达国家拟定的规则。而这一规则的制定也是发达国家出于自身利益考虑相互博弈的结果。但是随着发展中国家经济实力的不断增强，尤其是近年来"金砖五国"的崛起，发展中国家对改革有失公平的国际货币体系的呼声也日益强烈。在原来的政治经济基础上建立的国际货币体系的均衡局面被逐渐强大的发展中国家所打破，只有改革原有的以发达国家为主导的国际货币体系，建立充分考虑到发展中国家政治经济利益的国际货币体系才能实现新的均衡。

新的国际货币体系在很大程度上是用于协调各方关系的。一是发达国家与发展中国家的关系，要在支持发达国家经济增长的同时，更多地考虑如何保护和支持发展中国家和地区；二是发达国家之间的协调；三是加强地区间的国际金融合作和协调。另外，从加强合作的领域看，则包括国际金融经营环境、国际金融内部控制、国际金融市场约束以及国际金融监管等方面的合作和协调。我国作为世界上最大的发展中国家，应积极参与国际经济协调，提高在国际金融体系中的地位与作用。

## 区域货币的困境与出路

区域国家联合起来的中央银行与主权国家的中央银行在扮演最后贷款人的角色上存在很大差异。在这一轮全球金融危机中，美国可以很快决定通过印刷钞票购买债券提供流动性，并且对部分商业银行进行国有化，但欧洲中央银行在做这些事情时却阻碍重重，行动迟缓。在最初希腊面临债务危机时，如果欧元区各国能够众志成城统一步调，法国、德国等没有受债务危机困扰的国家能够及时伸出援手，或许欧债危机不会一发不可收拾。

欧盟委员会主席巴罗佐曾表示：解决欧债危机的可行之路是发行统一的欧元债券。这一方案遭到了德法两国的无情拒绝。法德两国都担心这样做会推升本国融资成本，并让欧元区弱国缺乏改革自身经济的动力。诺贝尔经济学奖得主斯蒂格利茨对此评价说：如果德国不愿意接受欧元债券或者某种形式的财政联盟，就应该考虑退出货币联盟，至少这是以破坏性的方式来解决欧洲债务危机。

这轮金融危机揭示了欧元机制在最初设定时的明显缺陷：首先，统一的货币政策与特立独行的财政政策难以相搭配进行经济调节，没有考虑到区域内各国经济发展水平的参差不齐。其次，区域内国家救助危机时表现被动，大国是迫于万不得已才出手相助，并没有大局理念，依然以自我为中心，而小国则从一开始就寄希望于欧元这一顶保护伞，在自我救助方面也不积极。被动的解决危机错过了解决危机的最佳时间，使国际社会对之丧失信心，导致了危机的蔓延。最后，缺乏退出机制，对希腊的救助就像个无底洞，在统一货币下，希腊难以通过单独的财政政策度过危机，对它而言行之有效的方法是恢复到主权货币，通过自身的货币政策调节来刺激经济发展。对于此类国家应该让它退出欧元区，并在未来经济指标达标后再重新进入。

欧元问题的唯一解决之道是区域内主权国家单个利益与集体利益的统一，既然选择了走区域一体化的道路，就只有硬着头皮将这条道路走得更彻底。更进一步地进行财政一体化是解决危机的不二选择，但是财政主权与货币主权同时放弃等于完全放弃了自己的经济主权，这对于主权国家来说是难以接受的。

亚洲目前也在积极倡导区域一体化发展，欧洲一体化的各种经验教训对于亚洲来讲是很好的借鉴。但亚洲与欧洲的政治历史渊源不尽相同，所以适用于欧洲的货币体制不一定就能满足亚洲的需要。从目前亚洲的区域合作情况来看，货币合作的目标只是停留在防止亚洲再次陷入金融危机，要达到1999年欧元诞生初欧元区域内的合作水平还很漫长。更何况，亚洲各国间有相互独立的政治经济发展取向，不像欧元区诸国有同向的发展步伐和一体化的保障，所以实现起来会有很大困难。最重要的是，鉴于曾经战争留下的创伤，亚洲各国在与日本的合作中表现不是很积极，而日本在此方面表现也让人大失所望，因此，亚洲这个最大的发达国家——日本在未来的区域化的发展过程中所起的作用估计不会太大，更大的责任留给了全球最大的发展中国家——中国。

资料来源：北京大学国际金融研究小组．

☞ **本章关键词** ☜

美元本位制    委托代理问题    中心—外围构架

新金本位制    多元化国际货币体系  全球单一货币体系

☞ **深入思考的问题** ☜

1. 美元本位制下美国是怎样掠夺世界资源的？如果世界货币是欧元，会出现同样问题吗？

2. 考虑到当前国际经济环境以及发展中国家的需求，国际货币基金组织和世界银行应该进行怎样的改革才能协调发展中国家与发达国家的利益分配？

# 第 九 章

# 人民币国际化

改革开放 33 年来，我国经济保持平稳快速增长。2010 年，我国国内生产总值 397 983 亿元，约合 6.04 万亿美元，居世界第二位，外汇储备居世界第一位。人民币国际化已经具备了扎实的国内经济、金融基础。推进人民币国际化不仅是我国经济增长方式转型、金融体系现代化的迫切要求，更是改革国际货币体系、促进全球经济、金融体系和谐稳定发展的正确选择。正确把握历史机遇，对人民币国际化进行战略规划和选准突破口，已成为当前十分紧迫而艰巨的任务。

## 第一节　人民币国际化的条件和收益—成本分析

### 一、人民币国际化条件分析

1. 中国巨大的经济规模

一国货币的国际地位是由该国经济实力决定的，强大的经济体是本国货币的坚实基础，同时也是本国货币国际化的前提条件。无论是老牌资本主义国家英国，还是第二次世界大战后称霸世界的美国，或是后起的德国和日本，以及联合起来的欧元国家，这些国家或地区的货币国际化无一不是以巨大的经济规模为支撑的。我国 30 多年的快速增长向世界展示了中国良好的经济发展态势，从 1980 年到 2010 年，中国的名义 GDP 由 4 545.6 亿元人民币增长到 397 983 亿元人民币，在世界 GDP 中的份额由 1.7% 持续攀升到 9.5%。2010 年我国超越日本成为全球第二大经济体，国际货币基金组织在最新报告中做出了一个惊人预测：中国将取代美国成为世界最大经济体，时间为 2016 年。中国经济的快速发展以及国际社会对中国经济的一致看好是人民币走向国际化的基础。

2. 中国发达的对外贸易

一个国家在国际贸易中所占比重越大，其货币就越能被广泛地使用，该货币在国际上作为计价单位和交易媒介的作用就越容易发挥。英国、美国、德国和日本的货币国际化进程之初都经历了贸易的扩张，贸易对推动英镑、美元、马克和日元走向国际化发挥了重要作用。我国自改革开放以来，对外贸易的绝对量和相对总额都出现了大幅度的增长。我国进出口贸易总额由 1980 年的 181 亿美元稳步上升到 2010 年的 29 728 亿美元，增幅达 164 倍，贸易余额也相应地由 19 亿美元的逆差增长为 1 900 多亿美元的巨额顺差。我国在对外贸易总额及对外总出口方面，近年来都稳居世界第二，仅次于美国。

目前，欧盟、美国、日本仍为我国的前三大贸易伙伴，2010 年与我国贸易额分别增长 31.8%、29.2% 和 30.2%。同期，我国与东盟、印度、澳大利亚、巴西、俄罗斯等新兴市场双边贸易快速增长，进出口额分别增长 37.5%、42.4%、46.5%、47.5% 和 43.1%。[①]

统计显示，我国已成为日本、韩国、东盟、澳大利亚、南非等国家和地区第一大贸易伙伴和第一大出口目的地，是欧盟的第二大贸易伙伴和第二大出口目的地，是美国的第二大贸易伙伴和第三大出口目的地。因此，不论从对外贸易绝对量还是相对占比来看，中国在世界外贸领域已经占据了举足轻重的地位。

### 3. 中国巨额的外汇储备

持有一定量的外汇储备是一国参与金融全球化过程中确保经济金融安全的重要保障。持续多年的双顺差为我国积累了大量的外汇储备，夯实了人民币国际化的经济基础。截止到 2011 年 6 月底，我国国家外汇储备余额已达到 3.1975 万亿美元，同比增长 30.3%，如图 3 - 10 所示。

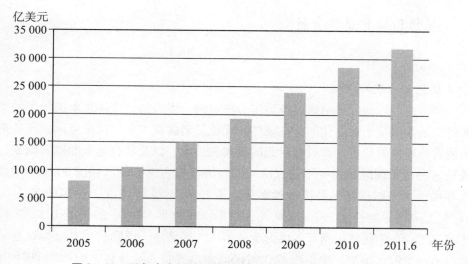

**图 3 - 10　近年来中国外汇储备情况（截止到 2011 年 6 月底）**

资料来源：国家外汇管理局（http://www.safe.gov.cn）.

---

① 商务部国际贸易经济合作研究院. 中国对外贸易形势报告（2011 年春季）.

美元成为战后的国际本位货币在很大程度上与美国是当时世界上最大的黄金储备国是密不可分的，其当时黄金储备大约占全世界黄金总储备的 70% 左右，大量的黄金储备就是美元国际化的直接支撑。而在黄金非货币化的今天，中国 3 万多亿美元的外汇储备对人民币的意义就像当年黄金储备对美元国际化的意义一样。巨额黄金储备支撑了美元的国际化，同样，巨额的外汇储备将支撑人民币的国际化。

### 4. 中国有效稳定人民币币值的能力

币值稳定是货币国际化的基础，从 1994 年我国实行汇率制度改革以来，我国通过实行有管理的浮动汇率制度，使人民币在相当长的时期内保持了币值的稳定，不仅对我国的对外贸易发展提供了相对稳定的金融环境，也使同我国进行经贸往来的国家以及以人民币进行结算的周边国家受益。在巨额外汇储备的支撑下，中国政府完全有能力有效控制人民币的实际有效汇率，避免汇率波动给国际金融带来不必要的动荡。币值稳定使人民币国际化得到了信用支撑，这不仅是人民币国际化的前提条件，更是我国在推进人民币国际化进程中的首要任务。

## 二、人民币国际化收益分析

### 1. 增加中国的铸币税收入

人民币作为国际货币最直接的收益是我国可以获得国际货币铸币税。铸币税是发行者凭借发行货币的特权所获得的纸币发行面额和实际发行成本之间的差额。在现行的法定货币制度下，发行货币的边际成本几乎为零，可想而知，这笔收入对于一国政府来说将是多么庞大。美国作为最大的国际货币发行国，收益颇多，大致估计美国在第二次世界大战以后累积征收的铸币税已经超过 2 万亿美元。人民币国际化后，通过输出一定的人民币纸币而换取实际资源的进口，不仅可以为中国利用资金开辟一条新的渠道，还可以弥补长久以来中国因为使用外币而被无偿占用的中国资源所遭受的损失。

### 2. 减少企业汇率风险，促进对外贸易和投资

对于国际货币的接受国来讲，国际货币汇率的波动都会给本国政府部门的外汇储备或者私人部门所持有的以国际货币计价的资产或负债带来很大的波动性，进而本国的对外贸易和对外投资都会受到直接冲击。

现在推行的人民币跨境贸易结算对中国企业无疑具有很强的吸引力。用人民币替代美元或欧元进行国际结算，使得中国企业减少了外汇风险头寸暴露，免去出口售汇或进口购汇环节，有效地帮助企业规避了汇率风险，节约了兑换成本。同时，中国企业大量使用人民币进行贸易定价与结算，将会增加中国企业在进出口贸易中的定价权。

对于政府来讲，作为世界第一大外汇储备国，中国持有的绝大部分外汇资产都是美元，这些资产的实际价值在很大程度上都与美元的汇率走势密切相关。仅 2007 年一年

中国就因为美元贬值损失 4 350 亿元人民币。改变这种局面，除了我国本身的储备货币选择多样化以外，积极推动人民币的国际化才是最根本的解决之道。

### 3. 促进中国金融体系发展

一国货币国际化要求该国有完善的金融体系作为支撑，包括多元化的金融机构和功能健全的金融市场。人民币国际化将会促进国内金融市场的发展，为我国建成世界一流的国际金融中心提供契机。以上海为例，人民币国际化的加速推进，一方面为上海的金融业提供了交易对象和业务基础；另一方面上海国际金融中心建设，也为人民币国际化的实现提供必不可少的市场平台。我国资本市场的发展和金融体系的完善将伴随人民币国际化的整个进程。

### 4. 提升中国的国际地位和国际影响力

一国货币的国际化是一国经济实力发展到一定程度的结果，纵观历史，英国、美国、德国、日本等国的国际影响力的上升都伴随着本国货币的国际化。人民币的国际化意味着我国在国际货币体系中地位的提升以及在国际货币及金融政策协调中作用的加强。通过人民币的国际化，会使得那些使用人民币的国家对中国经济形成一定程度上的依赖，有助于提升我国的国际竞争力和对全球经济活动的影响力。因此，中国在区域内甚至国际范围内的政治经济地位都会显著提高，中国也可以更多的参与到国际金融制度的安排、国际游戏规则的制定中来，这对广大的发展中国家来说都是一件好事。

### 5. 有利于国际货币体系向多极化发展

最后，人民币的国际化有利于促进国际货币体系的多元化，人民币作为一种稳定的资产将会受到许多国家的青睐。从长期来看，人民币国际化可以减少主要国际储备货币的不稳定而造成的国际金融市场动荡。国际化的人民币能够为世界提供新的储备货币选择，优化现今的储备货币结构，中国也可以因此而改变"贸易大国、货币小国"的现状。

## ■三、人民币国际化成本分析

人民币的国际化虽然可以为我国带来许多实质利益，但是天下没有免费的午餐，获得收益的同时必然要付出相应的成本，同时也意味着中国必须承担相应的义务来维护国际货币体系以及国际金融环境的稳定。

### 1. 增大货币政策调控的难度

在当今开放的经济条件下，外部经济变量将对国内经济产生影响，一国在利用货币政策等宏观政策来调节经济时，必须考虑外部经济变量将对国内经济产生的影响。人民币国际化后，以投机套利为目的的热钱的快速流入流出，将对我国经济产生巨大的冲击。比如，央行采用紧缩性的货币政策，提高利率时，大量热钱的流入使得央行为维持汇率稳定不得不投放人民币购买外汇，造成国内货币供给增加，加大货币当局调控的难度；当央行采用扩张性的货币政策，降低利率时，大量热钱的流出使得央行为维持汇率稳定不得不用外汇购买人民币，造成国内货币供给减少，削弱了货币政策效应。同时，货币国际化使得更多的本币在境外流通，被境外的居民、企业和政府持有，形成相应的离岸市场。这将使货币需求函数、货币乘数更为复杂和易变，加大央行对货币数量控制的难度，我国国内货币政策制定和实施的独立性会因此大打折扣，我国政府控制基础货币、调控国内经济的能力会大为削弱。

### 2. 三元悖论

西方经济学家在对开放经济的研究中发现：在资本完全流动条件下，一国的汇率稳定与其货币当局的货币政策独立性将出现明显的冲突。保罗·克鲁格曼（1999）提出了"三元悖论"，即固定汇率制度、资本自由流动、货币政策独立性这三者不可兼得，各国至多只能实现这三个目标中的两个而不得不放弃第三个。因此人民币要实现国际化，必然要求资本账户开放，最终实现资本自由流动，同时中国又是一个大国，在人民币的国际化过程中必然要保持本国货币政策的独立性，这就决定了改革过去相对僵化的汇率制度的必要性，如何逐渐放开汇率管制是中国政策制定者面临的一大挑战。

### 3. 特里芬两难

一种货币成为国际货币，必须要保证其在世界范围内的流动性。为了满足别国对人民币储备的需求，中国必须向全球输出流动性，而这往往是需要通过扩大进口来实现的，中国国际收支可能会因此而恶化。国际收支恶化会影响持有人民币的国家对人民币清偿能力的信心，从而会面临因贸易逆差造成的贬值压力与保持币值稳定的冲突，这是主权国家货币化都会面临的特里芬两难。

### 4. 国内经济金融的稳定受到威胁

人民币国际化程度是伴随着本国金融的开放而不断加深的，在这种情况下，金融市场的流动性提高，资本在我国境内外的流出流入变得更加容易。由于货币壁垒的消失，经济危机、通货膨胀等都有可能通过国际途径传递到我国。比如当境内外利率出现差异时会刺激短期投机性的资本流动，引发国际巨额游资的套利行为。因此，在国内金融体系发展尚不健全的情况下，一定要慎重开放资本项目，警惕国际游资可能带来的市场冲击。

在经济金融日益全球化的今天，各个国家都十分重视本国货币的国际化问题，并围绕这个问题在国际上展开了空前激烈的竞争与博弈。人民币国际化虽然面临一定的风险与成本，但我国从中获取的收益也是巨大的，中国要想在全球金融资源的竞争与博弈中能够占据一席之地，就必须加入货币国际化的角逐中（见图3-11）。

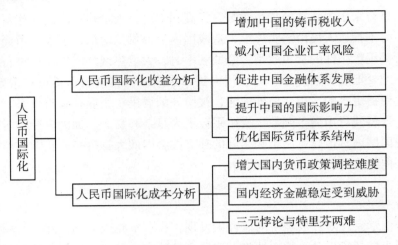

图3-11 人民币国际化收益—成本分析

# 第二节 人民币国际化路径选择与现阶段重点

中国不发达的金融市场，决定了人民币在亚洲发挥国际货币的作用可能需要几十年，在全世界称雄则更为遥远，但这并不意味着中国不应当、也不能做出努力来逐步摆脱现在单一中心货币强权的控制。人民币的国际化与国际货币多元化的实现，将是一个长期的过程，中国既要在国际经济、金融与货币事务中不断表达改革国际货币体系的诉求，又要切实推进国内金融体系的改革，为人民币的国际化及改革国际货币体系创造条件。

## 一、货币国际化主要模式及其启示

货币的国际化可以分为两大类：一类是主权国家的"法币"国际化，它是指某一特定主权国家的"法币"的职能超越国界，向世界范围扩展的过程，主要代表货币为美元、马克、日元；另一类是"去法币化"的货币国际化过程，其中很典型的就是欧元，它是指由若干国家通过协议形成的区域货币的国际化过程。后者国际化过程与前者的区别就在于，它从诞生之日起就是高度统一的区域化货币，在法律强制规定下被多个国家所接受，并且在世界范围内开始流通。这类货币的国际化基点很高，有着主权国家货币所不能比拟的优势，但也创造了许多矛盾有待解决。所谓"条条大路通罗马"，从对这些不同类型的货币的国际化路径分析中，会给人民币国际化带来不同的启示，也带来许多的经验教训，引他人之长而避我之短才能促使人民币健康地走向国际化。

## （一）"法币"国际化及启示

### 1. 美元

两次世界大战使得欧洲大部分国家纷纷卷入战争，经济发展受到严重影响，而美国却因此而获得绝佳的发展机会。战争的消耗使得英国的经济实力远远落后于美国，成就了美元称霸世界的契机。第二次世界大战后布雷顿森林体系在制度上确立了美元的世界货币地位，支持这一体系的是美国强大的政治经济实力。为了巩固自身的霸主地位，美国通过"马歇尔计划"和"道奇计划"对欧洲和日本实施了援助，虽然名为援助，但实际上是为了谋求对欧洲和日本的长期经济控制。在布雷顿森林体系解体后，美国摆脱了黄金的束缚，通过各种渠道向全世界输出美元，较布雷顿森林体系下有过之而无不及。

美元国际化模式是特定历史条件下世界政治经济力量对比严重失衡的产物，其国际化路径可以概括为依靠全球性货币汇率制度安排成为唯一的国际计价单位以及与黄金同等地位的国际储备货币，当与黄金脱钩、失去全球性货币汇率制度基础后，美元依赖先入为主的存量优势以及在世界信用货币体系中的中心地位，借助于强大的国际政治经济实力巩固和发展了这种优势。美元国际化的模式具有历史的特殊性，它是国际金本位制度向现代信用货币制度发展的过渡阶段。

美国的国际化路径对于大多数国家来说没有太大的借鉴意义，人民币不可能如同美元一样在战后依靠国际协议成为国际货币。但是美国把握了历史机遇，以本国强大的实力作根本保证，在政府的积极推动下成功实现了美元的世界化，这一点是值得我们学习的。在人民币的国际化中，我们要立足于本国综合国力的提升，积极地参与国际政治经济事务。同时，要运用中国充足的外汇储备，借助美元信用，支撑人民币的国际信用。最后，可以学习美国进行对外援助，扩充人民币的外流渠道，使人民币逐渐被各国普遍接受。

### 2. 马克

马克的国际化进程与欧洲货币一体化是相辅相成的。第二次世界大战以后，德国受益于美国的"马歇尔计划"在经济与工业上迅速崛起，经过30多年的发展，到20世纪80年代，德国成为了欧洲第一大经济强国，在世界上也仅次于美国和日本。马克的国际化是在和平的环境中实现的，联邦德国强劲的经济发展势头是马克国际化的坚实基础。1985年广场协议的签订旨在逼迫德日两国货币升值，但联邦德国坚决的稳定了国内物价和经济产出，其执行的稳健的货币政策维持了德国的低通货膨胀率以及马克币值的稳定，使马克具备了成为国际储备货币的基本条件。同时，联邦德国积极推进欧洲经济一体化的切实行动促使了德法的政治和解，两国还联合促成欧洲货币体系的建立，马克作为欧洲货币体系的核心货币，德意志联邦银行的货币政策主导欧洲货币政策，在这种情况下马克国际化势在必行。

德国马克国际化的成功实践对我国人民币国际化有很大的启发作用。我们要坚定不移地维持"货币稳定"这一政策原则，只有保持国内宏观经济状况的长期稳定，才可能为人民币的国际化进程打牢基础。同时，财政政策和货币政策必须协调、稳健、审慎，确保经济长期增长，避免恶性通货膨胀。在面对霸权主义的干涉时，要立足于本国的根本利益，不屈服于强权。德国和日本应对美国霸权的不同态度决定了两国不同的国际形象以及马克和日元的不同国际地位，这是值得我们深思的。最后，人民币国际化可以学习马克的区域化路径，通过扩大自己的周边影响力来促使人民币逐渐实现周边化、区域化及国际化三部曲。同时要发挥我国的大国优势，积极承担责任，敢于担当区域经济一体化的倡导者和领导者，塑造自身负责任的政治经济大国形象。

### 3. 日元

日元国际化模式是在新的世界货币与经济体系中谋求国际地位和国际利益的产物，其国际化路径依赖的是实体经济发展与金融深化政策。第二次世界大战后，日本作为美国亚洲政策的立足点，美国在经济、政治、军事上都对其给予了很大的帮助，因此成就了日本在20世纪六七十年代的经济腾飞。这一时期，日元国际化问题研究的焦点集中于：在国内外经济条件迅速变化的动荡时期日本如何明哲保身。当时日本政府担心对外收支恶化和日元汇率急剧波动，从而可能引起日本经济的动荡，所以对日元国际化持消极和观望的态度。

进入80年代后，日本提出了日元国际化的战略目标，金融自由化的步伐明显加快，在短短几年时间内迅速出台了一系列资本自由化的举措，使资本市场基本达到了与美国和欧洲相似开放的水平。日本为了鼓励海外持有日元资产，对离岸金融，尤其是欧洲日元债券和欧洲日元的借贷采取了鼓励的政策。在日本积极推进日元国际化的同时，美日贸易摩擦加剧，日本取代美国全球第一债权国，对外净资产高达1 298亿美元，而美国则是当时的最大债务国。美国将日本的巨额顺差归结于其市场的封闭性和日元低估，认为日元汇率不是通过市场形成的均衡汇率，存在人为低估。1985年广场协议的签订，日元走上了被迫升值道路。由1985年1美元兑238日元上升到1990年的1美元兑145日元。在美国的巨大压力下，日本实行了过度扩张的货币政策，其结果就是日元资产市场迅速扩张，加剧了日本股市和不动产的泡沫。

20世纪90年代的日本经济通常被称为"失去的10年"，日本陷入长期的经济衰退，日元国际化进程出现停滞。许多学者将日本经济衰落的原因归结于20世纪80年代中后期的大幅升值。亚洲金融危机之后，日本开始反思日元国际化路径，深刻认识到日元汇率剧烈波动给日本经济带来的灾难。这一时期，日本采取积极谨慎的态度面对日元国际化，指出了日元国际化进程中的问题并提出了五点建议：维持日本经济的稳定增长、进行金融体系改革稳定日元币值、重新定位日元在亚洲汇率体系中的作用、进一步完善日元国际化环境、在商品贸易和资本交易中更多地使用日元。

中国从贸易规模、外贸依存度和外汇储备规模等几个方面看，与20世纪80年代的日本有一定的相似之处。因此，日元国际化过程中的很多教训，都对我们有着重要的借鉴意义，我们要充分吸取日元国际化的经验教训，为人民币国际化进程的顺利发展打下良好基础。

第一，在货币国际化的过程中要避免货币短时间内大幅度升值。广场—卢浮宫协议签订后，日元的迅速升值吸引了国际上大量短期游资，加剧了日本国内资产价格膨胀，房地产泡沫由此产生。中国要引以为戒，将维护人民币币值稳定作为国际化进程中的首要任务，维护国家和企业的对外信誉，增强海内外对我国经济和人民币的信心。

第二，加强区域经济合作，使人民币的国际化具备良好的地域经济基础。日本早在1984年就提出了日元国际化的战略目标，但长期以来日本消极推进区域经济一体化，忽视成为国际货币的地域经济基础。日元国际化的标准和目标是在世界范围内提高日元的使用范围和频率，实践证明这种跳过货币区域化直接走向国际化的道路是行不通的，没有地域经济支持的货币国际化难以取得成功。

第三，警惕部分强权国家借机干预中国经济政策。伴随着中国资本市场的逐步开放，国内汇率政策和货币政策不可避免的将受到霸权国家的影响。人民币成为国际货币，在一定程度上会对美元的霸权产生影响，同时也会影响其他国际货币的地位和作用，将打破现有的国际利益分配格局，因此必然会遭到其他国家的有力反击。中国在这一点上应向德国学习，全力维护本国货币政策的独立性。在与美元汇率关系的协调过程中，既要考虑到国际社会的反响，又必须顾及国内金融秩序的稳定，绝不能通过牺牲国内金融秩序的稳定来应对外部压力。同时也要学习德国稳健的货币政策，避免过度的扩张和陡然的收缩给经济带来的剧烈波动。

第四，资本项目的开放应与本国的金融市场发展程度和宏观经济调控能力相协调。虽然日本金融资本市场的自由化以及欧洲日元市场的开放和离岸市场的建立是日元国际化的关键步骤，但是日本在日元国际化战略的实施中，只注重欧洲日元市场和东京离岸金融市场的发展和建设，而没有国内金融市场的及时改革，国内很多金融机构因为跟不上日元国际化的步伐，纷纷破产。

## （二）"去法币"的货币国际化及其启示

欧元的诞生是欧盟国家在吸取历史经验教训的基础上，为了对抗美元霸权，维护自身的经济利益而做出的共同选择，是欧元区内各个国家协调与合作的结果。它的诞生大约经历了半个世纪的历程，是货币国际化的一种独特模式。欧元的国际化路径在前文已进行了详细阐述，概括起来，欧元的国际化路径是通过货币主权联邦制的区域性制度安排①，有策略有计划地成立统一经济区、建立货币联盟、各国放弃主权货币及货币政策的独立性、创建区域货币——欧元分阶段逐步实现的。欧元的特别之处在于：基于原先欧元区 12 国货币已有的国际化基础，特别是马克相对较高的国际化水平，欧元从诞生之日起就是国际货币。它跳过了货币国际化普通模式中的周边化，直接实现了区域化。

区域经济在世界经济体系中具有较大的影响，欧元的诞生是欧盟经济一体化进程中

---

① 王川．基于国际金融危机背景下的人民币国际化问题研究．2010.

的一个重要里程碑，欧元的实践使区域货币合作由汇率合作上升到了统一货币管理的阶段。区域性货币稳定的前提是区域内各国经济趋同和政策协调，这是欧元成功的关键，也是欧元对国际货币制度的最大启示。单一货币区必须以共同的政治、经济利益为基础，以相近的文化背景为纽带，同时，货币区内各成员国须满足最优货币区理论的相关构建条件。

人民币的国际化需要依托于区域合作，中国已经加入了"东盟—中日韩 10 + 3"，这是一个良好的开端，但东盟是一个次区域的经济一体化组织，涵盖的经济规模太小，区域内的经济和政治影响力很弱。中国必须在磋商的基础上，建立与亚洲各个国家的相互信任机制，然后尝试建立涵盖更多国家，辐射面更广的经济联盟，加强政策协调，实现区域政治、经济均衡，提升经济金融国际竞争力。[①] 人民币处于国际化的初始阶段，在经济参与亚洲货币一体化的过程中，人民币应当向马克学习，争取成为区域核心货币，在区域一体化的进程中将自身推向国际化。

基于人民币国际化的现状，中国当前的经济发展水平以及所处的国际经济环境均与各国际货币国际化过程中有所不同，人民币国际化的路径绝不能照搬以上任何一种货币的路径，而是要结合中国的实际情况，寻找出一条适合中国国情的人民币国际化路径。

## 二、人民币国际化路径选择

对于人民币国际化路径选择问题，各路学者提出了许多不同的意见。陈岩岩等（2005）着眼于人民币国际化战略，分析在一国主权范围内实现货币一体化的可行性，认为在人民币国际化战略过程中，应该首先对人民币、港元和澳元进行整合，在次区域范围内实现货币一体化。[②] 李婧（2006）对人民币国际化做出了四阶段设想：边贸和旅游消费中的流通手段阶段、亚洲的存贷资产阶段、投资资产阶段以及储备资产阶段。[③] 殷剑峰（2009）从流通区域分析，在未来一段时期内，人民币走出去可按照"人民币准周边化、人民币正式周边化、人民币准区域化、正式区域化、准国际化、正式国际化"的战略，分阶段推进。[④] 刘曙光（2009）认为，按地域分布依次实现人民币周边化—亚洲化—南方化—全球化，按作用功能划分，先推行人民币贸易计价结算，再推进非居民人民币债券股票基金交易。[⑤] 李稻葵（2008）认为，可以采用一种双轨制的人民币国际化步骤，这样可以充分发挥境内、境外两个市场的作用，在境内实行有步骤、渐进式的资本账户下可兑换，逐步改善金融市场的运作效率，在境外充分运用香港的优势，尽快扩大人民币证券市场规模，创造人民币走向国际化的成熟条件。[⑥]

从职能上讲，作为国际货币，它只不过是货币的基本职能在使用地理范围上的扩大

① 吴晓丽. 人民币国际化障碍及路径研究. 2010.
② 陈岩岩，唐爱朋，孙健. 人民币国际化过程中货币整合的可行性分析. 西南金融，2005（7）.
③ 李婧. 中国资本账户自由化与汇率制度选择. 中国经济出版社，2006.
④ 殷剑峰. 人民币走出去的流出—回流机制建设. 21 世纪经济报道.
⑤ 刘曙光. 人民币国际化条件分析. 国际经济合作.
⑥ 李稻葵，刘霖林. 双轨制推进人民币国际化. 中国金融.

和深化，货币国际化首先必须取得货币作为国际经济交易的价值尺度、交易媒介及支付手段的职能，再更大程度地发挥其作为价值贮藏的职能，也就是要经历从贸易结算货币到投资货币，再到储备货币的转变，如图 3-12 所示。

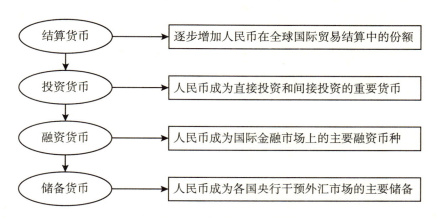

图 3-12　人民币国际化职能扩展

从我国经济贸易状况来看，要推进人民币作为贸易结算货币，只能从我国周边国家尤其是东南亚国家入手。我国对这些国家有很强的影响力，并且伴随巨额外贸逆差，通过进口向这些国家输出人民币是人民币流出机制建设的最重要渠道。反观我国对欧美等发达国家长期持有巨额顺差，国际上有使用美元作为主要贸易结算货币的惯例，加之我国企业出口议价能力很弱，要在与发达国家的贸易结算中推行人民币是非常不现实的。因此，人民币国际化基本路径应该是人民币周边化—区域化—国际化。近年来人民币在周边国家和地区中的流通和使用规模日益扩大，在个别国家和地区人民币已成为可自由兑换货币并被广泛接受，人民币周边化已经基本实现。表 3-7 是国务院发展研究中心从国际经贸活动与使用空间的扩展轨迹角度关于货币国际化进程阶段的划分。

表 3-7　　　　　　　　　　　货币渐进式国际化的进程

| 阶段 | 空间轴 | 自由化程度及央行责任 |
| --- | --- | --- |
| 起步阶段 | 货币发行国与个别邻国间使用 | 货币兑换及使用多在民间进行，自由化程度低，央行的责任集中在对货币兑换进行监管 |
| 初级阶段 | 货币发行国与多个邻国间使用 | 货币兑换及使用开始进入官方渠道，自由化程度略有提高。央行的责任主要是促进官方渠道的拓展，监管民间货币兑换 |
| 中级阶段 | 扩展到货币发行国与非邻国之间的贸易 | 政策上，货币已成为可自由兑换货币。央行的责任是确保在他国要求时兑换其持有的本国货币 |
| 中高级阶段 | 扩展到非货币发行国之间 | 被接受的范围更大，成熟的国内资本市场和外汇市场，央行等金融监管机构对市场进行有效监管 |
| 高级阶段 | 被相当多的国家接受 | 货币成为国际货币，央行需要密切关注国际金融市场上本币供求状况的变化 |

资料来源：国务院发展研究中心课题组．人民币区域化条件与路径．中国发展出版社．

2011 年 4 月底，人民币跨境贸易结算总量已超过万亿美元，我国跨境贸易人民币结算取得阶段性成功，标志着我国已经进入人民币国际化的中级阶段，也即是区域化阶段。

人民币国际化的空间扩展和职能延伸在时间上并不是一一对应的，不能认为在人民币仅实现周边化时人民币的国际职能就只限于结算货币，可能在人民币国际化的初级阶段，人民币的部分高级国际职能就已经实现了。2006 年 12 月，人民币首先被菲律宾规定成为储备货币，之后，马来西亚、韩国、柬埔寨的中央银行，也陆续将人民币作为储备货币。

## 三、现阶段人民币国际化现实选择

现阶段人民币国际化的重点是在人民币周边化的基础上推动人民币区域化进程，逐步扩大人民币的境外流通地域和规模，发挥人民币作为区域主导货币的各种职能，尤其是作为计价结算货币的职能。可以通过三个方面共同努力来加以实现：一是推动人民币的跨境贸易支付结算功能；二是进一步扩宽人民币双边货币互换规模；三是加大资本项目的开放力度，完善人民币流出和回流机制建设。

### （一）人民币跨境贸易结算

经过持续的快速增长和外向型经济的发展，中国已经成为东亚区域最具活力的经济和贸易大国。为了增强对周边国家的经济影响力，中国积极增进与周边国家的经贸往来和经济合作，逐步使中国成为周边国家最为重要的经贸伙伴，这为人民币在周边的广泛流通提供了地域经济基础。在完善了人民币定价机制的基础之上，在同周边各国和地区的国际贸易中可以逐步推进人民币跨境贸易结算，并不断扩大人民币贸易结算的区域范围。通过开展人民币跨境贸易结算，可以减少周边国家对美元结算的依赖性，为将来人民币成为区域主导货币打下基础。目前人民币在新加坡、越南、老挝、缅甸等周边国家和地区已广泛流通和使用，并且拥有一定规模的境外存量，如表 3 - 8 所示。

表 3 - 8 　　　　　　　　在同周边国家和地区经贸中人民币结算的比值

| 国家和地区 | 比重（%） |
|---|---|
| 越南 | 96 |
| 缅甸 | 90 |
| 蒙古 | 71 |
| 朝鲜 | 79 |
| 俄罗斯 | 0.002 |
| 尼泊尔 | 5.43 |

资料来源：李东荣. 人民币跨境计价结算问题与思路. 中国金融出版社，2009.

2009 年 4 月 8 日，国务院决定在上海市与广东省广州、深圳、珠海、东莞 4 城市先行开展跨境贸易人民币结算试点工作。2009 年 7 月 2 日，国务院六部委发布跨境人民币结算试点管理办法，中国跨境贸易人民币试点正式启动。2010 年 6 月 22 日，国务院增加了国内试点地区（由 5 城市扩展至 20 个省、市、自治区），不再限制境外地域，试点业务范围扩展到货物贸易之外的其他经常项目结算。2011 年 8 月 23 日，国务院再次将人民币跨境贸易结算境内地区扩大到全国范围。

由于试点地区和试点业务的广泛扩大，人民币跨境结算试点工作在 2010 年取得了显著进展：在 2009 年，人民币跨境贸易结算额仅为 36 亿元人民币，2010 年则飙升至 5 028 亿元人民币，约占进出口贸易总量的 2%。具体到 2010 年的各季度，人民币跨境贸易结算额环比增速分别为 426%、165%、160% 与 145%。2011 年前 4 个月，人民币跨境贸易结算总额达到 5 300 亿元，超过 2010 年全年的跨境贸易结算量。从试点之初至 2011 年 4 月末，全国累计办理跨境贸易人民币结算 10 481 亿元。目前，人民币跨境贸易结算已完成在 144 个国家和地区的布局，2011 年前 6 个月的结算量已达 9 575.7 亿元。[①]

积极开展人民币跨境贸易结算，扩大人民币在对外贸易、投资中的使用可以帮助我国企业从根本上消除通过境外银行或者非银行渠道换汇结算中的周期长、汇兑风险大和汇兑差价损失问题，节约汇兑成本，增加贸易利润。通过人民币跨境贸易结算推动人民币走出国门有利于巩固我国与周边国家的经贸利益，对我国提高对外交往的主动性和主导性是非常有利的。同时，跨境贸易人民币结算的发展还有利于我国银行发挥本币优势，拓展了与外资银行合作的广度和深度，增加了中间业务收入渠道，提高国际竞争力。

## （二）人民币双边货币互换

在 2008 年年底次贷危机向全球金融危机蔓延之际，为了消除汇率变动带来的风险，同时加强各国之间的贸易合作与投资，促进各国国民经济增长，中国推出了货币互换。货币互换，就是两国进行贸易和投资时，直接使用本国货币进行计价和结算，而不使用中间货币，这样可以避免不必要的汇兑损失。

货币互换表面上看是一种央行间对等的货币相互拆借，但事实上多为外国央行借入人民币用于与中国间的贸易结算、储备之用，而中国央行持有的外币更多的是一种质押性质，因而事实上是扩大了人民币在地区范围内的流通程度，提高人民币的国际化程度和国际地位，继而为人民币成为国际储备货币奠定基础。

2008 年 12 月以来，中国人民银行与周边国家和地区签署了 12 个双边本币货币互换协议，总金额已达 8 412 亿元人民币，货币互换已成为增强地区流动性互助能力的重要手段。货币互换的最新进展为 2011 年 6 月 13 日我国央行与哈萨克斯坦共和国国家银行在哈萨克斯坦首都阿斯塔纳签署了金额为 70 亿元人民币的双边本币互换协议（见表 3 - 9）。

---

① 中国人民银行网站（http：//www.pbc.gov.cn/）.

表3-9                    人民币双边货币互换协议签署时间

| 参与方 | 签署时间 | 规模（亿元人民币） |
|---|---|---|
| 中国—韩国 | 2008/12/12 | 1 800 |
| 中国—中国香港 | 2009/01/20 | 2 000 |
| 中国—马来西亚 | 2009/02/08 | 800 |
| 中国—白俄罗斯 | 2009/03/11 | 200 |
| 中国—印度尼西亚 | 2009/03/11 | 1 000 |
| 中国—阿根廷 | 2009/04/02 | 700 |
| 中国—冰岛 | 2010/06/09 | 35 |
| 中国—新加坡 | 2010/07/23 | 1 500 |
| 中国—新西兰 | 2011/04/18 | 250 |
| 中国—乌兹别克斯坦 | 2011/04/19 | 7 |
| 中国—蒙古 | 2011/05/06 | 50 |
| 中国—哈萨克斯坦 | 2011/06/13 | 70 |

资料来源：中国人民银行网站.

中国应积极与东亚各国或地区签订双边货币互换协议，扩大互换计划的国别范围、延长计划期限、增加计划额度，以进一步促进双边的经贸活动和满足海外的人民币资金需求。通过建立广泛的双边货币互换协议，推动中国对外贸易"去美元化"，增强与周边国家和地区的金融联系和政治互信，促进人民币定价机制的不断完善，逐步提高人民币的国际信誉。

### （三）资本项目开放力度与人民币流出和回流机制建设

目前，已经形成了以跨境贸易人民币结算为主的人民币流出渠道，从中国人民银行这两年的统计数据来看，人民币结算的对外贸易中，进口占绝对多数，这也意味着在这个过程中，人民币呈现净流出状态。人民币在海外的不断沉淀必然会产生境外银行和企业持有的人民币缺乏投资机会、国内企业境外筹资的人民币如何回流等问题，从而倒逼中国加速开放资本项目进程。资本项目开放是一国货币国际化的必要而非充分条件。资本项目的开放也是实现我国人民币的国际职能由计价结算货币向投资货币迈进的关键步骤，人民币要想在更大的地域范围内发挥各种货币职能，就必须大力推进我国资本项目的开放。

#### 1. 我国目前资本项目开放情况

近年来，我国在资本项目开放方面已经做出了许多有益尝试，尤其在促进对外开放和跨境贸易结算等方面的开放力度不小。在国际货币基金组织划分的43个资本交易项目中，我国已有12个项目完全可兑换，有16个项目部分开放。不过，在最核心的借用外债、跨境证券投资、中资机构对外贷款和直接投资等项下，我国仍然实行资本账户管制。

从目前国内外已有的研究来看，我国可兑换项目的数量在资本项目中的比重在

25% 左右。① 我国的人民币已在一般贸易中充当计价结算货币，并且不局限于邻国和周边地区，因此我国的资本项目开放程度大致处于第二阶段，并在逐步过渡到第三阶段（见表 3 – 10）。

表 3 – 10　　　　　　　　　　　我国资本项目开放过程与货币功能渐进

| 开放阶段 | 特征 | 货币功能 | 辐射范围 |
|---|---|---|---|
| 第一阶段 | 资本项目严格管制，人民币兑换及使用多在民间进行 | 边境贸易中作为计价结算的手段 | 周边邻国 |
| 第二阶段 | 资本项目开放度达 25%，存在人民币流出入官方渠道 | 一般贸易中作为计价结算货币 | 非邻国 |
| 第三阶段 | 资本项目开放度超过 50%，人民币流出入渠道进一步拓宽 | 作为国际投资和国际借贷的工具 | 非邻国 |
| 第四阶段 | 资本项目开放度超过 75%，人民币基本实现可自由兑换 | 政府的国际储备手段 | 被相当多的国家接受 |

资料来源：国务院发展研究中心课题组．人民币区域化条件与路径．中国发展出版社，2011.

### 2. 未来推进资本项目开放的政策建议

实现人民币资本项目基本可兑换是《金融业发展和改革"十二五"规划》中要实现的重要战略目标之一。我国现在宏观经济环境稳定、外汇储备充分、金融监管能力增强，已经具备了推进人民币资本项目自由兑换的有利条件。

我国政府对资本项目的管理坚持的是十六字方针"循序渐进、统筹规划、先易后难、留有余地"。在实现可兑换的顺序上，有学者认为，可参考"先开放长期资本项目，后放开短期项目；先放开直接投资，后放开证券投资；先债券，后股票，再衍生产品；先机构，后个人；先小额，再大额"的规则进行。同时，人民币资本项目可兑换要与人民币跨境业务进程相适应。应当处理好资本流入与流出的关系，在放开一些管制的同时，也要加强资本管制缺位部分的管理。

目前，资本账户开放的难点是如何将放松资本管制与增加汇率弹性相搭配，降低资本账户开放的风险，发挥汇率对国际收支的调节作用，以及资本账户对汇率形成的决定作用。在人民币汇率形成机制改革中，我国要坚持主动性、可控性、渐进性原则，逐步提高弹性空间。与此相匹配，在资本项目开放过程中，要坚持先开放长期资本项目，后开放短期资本项目；先开放投资项目，再开放负债项目；先开放资金流入渠道，再开放资金流出渠道；先开放直接流入渠道，再开放证券流入渠道，通过以上步骤，有序、平稳地开放资本项目。

逐步实现资本项目可兑换是中国经济发展的需要，是中国融入全球化的重要步骤，也是我国确立经济大国的必然要求。但是，我们在面对资本项目开放问题时，依然要秉持谨慎的态度，贸然开放资本账户，就可能导致短期国际资本的加速流入，从而给国内

---

① 国务院发展研究中心课题组．人民币区域化条件与路径．中国发展出版社，2011.

宏观经济与资产市场造成严重的负面冲击，甚至引发新的危机。

3. 健全人民币流出—回流机制

作为被世界各国所接受的国际货币必须同时具备国际支付结算和价值储藏两项功能，而要实现这两项功能则需要"两条腿"走路：建立境内货币向境外流出的机制和境外货币向境内回流的机制。[①] 流出是回流的前提，回流是流出的基础。目前，人民币流出境外主要有四个渠道：个人合法携带出境、通过贸易结算流出境外、双边货币互换、地下钱庄。未来的人民币流出机制建设可以借鉴美国与日本的经验，通过对外援助实现资本输出，之前我国进行的国际援助大多是以美元进行支付，现在应该强调使用人民币作为支付货币，扩大人民币的流出范围。在流入机制的建设中，一方面需要积极推动以人民币结算的货物和服务出口贸易，以完善人民币在经贸领域中的支付结算功能；另一方面，也是更为重要的一方面，需要完善人民币汇率的形成机制，大力发展包括股票、债券、衍生品在内的人民币金融市场。

# 第三节　离岸市场与人民币国际化

人民币离岸市场是指人民币在不可自由兑换以及存在资本项目管制的情况下，在中国内地金融体系以外的独立经济体内形成的仅为非居民提供人民币离岸业务的国际金融市场。当前的跨境贸易人民币结算是在人民币没有完全可兑换的情况下开展的，通过贸易流到境外的人民币不能够随意进入到国内的资本市场。在这种情况下，发展人民币贸易结算，就需要解决流出境外的人民币的流通和交易问题，这就需要发展离岸人民币市场，使流到境外的人民币可以在境外的人民币离岸市场上进行交易。

加入 WTO 以来，我国经济蓬勃发展，与周边国家和地区的经济贸易往来日益频繁，我国对世界特别是东亚、中亚地区的经济辐射能力不断增强。近年来随着跨境贸易人民币结算的开展，人民币在周边地区的流量存量也呈上升之势，此时考虑建立一个海外人民币离岸中心，拓展人民币计价资产的品种和规模，既具备了现实的经济基础，也能进一步推进人民币的国际化进程。

香港地区由于"一国两制"政策，天生就是一个让人民币实现国际化的最好实验区：其一，香港自身独立的货币体系，可以帮助人民币在离岸市场中形成一个完全市场化的利率指标与汇率水平，不仅有助于境内金融市场化改革，而且也为人民币国际化积累了实践经验；其二，人民币在香港完全可自由兑换，从中可以看到人民币在可兑换过程中遇到的各种问题，然后再相应推进境内人民币的自由兑换；其三，由于境内市场与香港市场之间有资本管制这道"防火墙"，因此可在香港实行一些高风险的政策和措施，便于中央政府判断人民币国际化所涉及的金融风险，为其进一步制定相关发展战略

---

① 殷剑峰. 人民币国际化进程中的流出与回流机制建设. 金融时报.

提供依据；其四，通过不断扩大人民币离岸业务的种类和规模，可帮助人民币建立其在国际市场的计价、交易以及作为国际储备货币的功能。

## 一、香港人民币离岸市场的发展

### （一）香港人民币存款业务的发展

2004年1月1日CEPA协议正式实施以来，香港银行就开始为居民提供人民币存款服务。2004年2月，香港银行开始试办个人人民币业务，包括存款、汇款、兑换及信用卡业务，中国银行（香港）被委任为香港人民币业务清算行，人民币离岸市场雏形开始形成。

2004年底，香港人民币存款余额仅为121亿元，2009年底以前，香港人民币存款规模一直平稳发展。从图3－13可以看到，截至2008年底与2009年底，香港人民币存款规模分别为561亿元与627亿元。2010年7月底，香港人民币存款规模首次突破1 000亿元。同月，中国人民银行与香港金融管理局签署修订后的《香港银行人民币业务的清算协议》，据人民币在兑换、转账、跨境结算等方面更加便利，香港人民币离岸市场规模迅速扩张。香港金融管理局日前公布的数据显示，香港银行体系的人民币存款在2011年上半年保持较快增长，由年初的3 150亿元上升76%，至6月底超过5 500亿元，平均每月增加近400亿元（如图3－13所示）。其中，企业的人民币存款大约增加

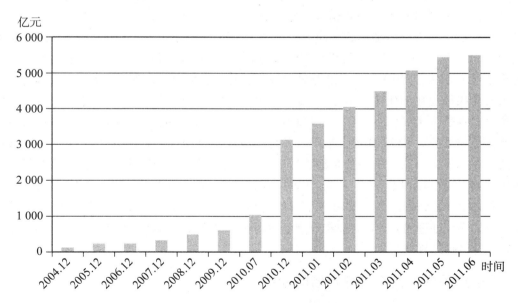

**图3－13　中国香港人民币存款余额**

资料来源：香港金融管理局网站（http：//www.info.gov.hk）.

2 000 亿元，到 6 月底超过 3 900 亿元，占人民币存款总额的 71%，成为香港人民币存款增长的主要动力。金融机构普遍预测未来 3 年香港的人民币存款会保持快速增长的态势，将在 2011 年底突破 1 万亿元，在 2012 年底达到 2 万亿元。

香港离岸人民币市场从 2010 年起发展得如此之快主要得益于两个因素：（1）从 2009 年 7 月起，中国政府正式启动了人民币跨境贸易结算的试点工作，人民币跨境贸易结算试点的实施推动了香港银行体系人民币存款规模的快速上升；（2）2010 年 7 月，中国人民银行与香港金管局签署了修订后的《香港人民币业务清算协议》极大地便利了香港企业与居民利用人民币进行结算。人民币跨境贸易结算与香港人民币存款是相互促进的，人民币结算的发展促进了香港存款池子进一步扩大，而企业和居民的人民币存款又是人民币结算的坚强后盾。2010 年下半年香港的人民币跨境贸易结算规模为上半年的 13 倍，而人民币存款增量为上半年的 8 倍。跨境贸易结算额和境外人民币存款快速增长背后，反映的是境外持有者持有人民币的意愿在不断增强。但是，在人民币存款结构中，人民币定期存款占香港人民币存款总额的比重，由 2009 年 9 月的 30% 上升至 2011 年 1 月的 66%，这主要由于香港离岸市场缺少以人民币计价的投资产品而居民与企业多数选择将新增的人民币以定期方式存入银行。

### （二）香港人民币跨境结算发展状况

2009 年 6 月，央行与香港金融管理局就内地与香港跨境贸易人民币结算试点业务签署补充合作备忘录，允许香港企业与上海、广州、深圳、东莞和珠海的企业以人民币作为贸易往来结算货币。香港成为跨境贸易人民币结算的唯一境外试点地区。

在跨境贸易人民币结算的推动下，香港人民币离岸业务中心的地位得到了进一步的巩固。2009 年，香港跨境人民币贸易结算额合 19 亿元人民币，占中国跨境人民币贸易结算总额的 53%。2010 年，香港跨境人民币贸易结算额合计 3 692 亿元，占中国跨境人民币贸易结算总额的比率上升至 73%。其中，2010 年上半年，平均每月香港跨境人民币贸易结算额为 45 亿元；之后，以 2010 年 6 月为重要转折点，香港的跨境人民币贸易结算额迅速增长，在 2010 年下半年，月均结算额猛增至 570 亿元。2011 年，香港继续保持良好的发展势头，目前公布的数据显示，上半年香港跨境人民币贸易结算交易的金额达到 8 040 亿元，远远超过去年全年的 3 692 亿元，仅 6 月单月结算金额就超过 2 000 亿元。平均每月的结算额也由 2010 年下半年的 570 亿元，大幅增加 135% 至 1 340 亿元。此外，香港银行处理的人民币贸易结算交易占内地人民币贸易结算总额的比例，也由去年的 73% 上升至超过 80%。

### （三）香港人民币债券市场的发展

随着香港人民币存款市场的增长，机构存款的增加，以及对人民币离岸市场认识的加强，人民币离岸债券市场的需求不断上升。2007 年 6 月 11 日，《境内金融机构赴香港特别行政区发行人民币债券管理暂行办法》正式出台，央行允许内地金融机构在香港发行人民币债券。2007 年 6 月 27 日，国家开发银行宣布在香港发行 50 亿元债券，随后，中国进出口银行和中国银行分别在香港成功发行 20 亿元和 30 亿元人民币债券。由于香港人民币债券的规模相对较小，所以又被称作"点心债"。过去 4 年来，发债主体由内地金融机构逐步扩大到普通企业及国际金融机构。到今年 7 月 31 日，累计约有 60个发债主体在港发行人民币债券，债券价值总额约为 1 230 亿元。在相关政策鼓励下，2011 年香港人民币债券市场发展异常迅速，数据显示，1~6 月，共有 38 家机构在香港发行了 427 亿元债券，超过 2010 年全年 16 家机构发行的 358 亿元人民币债券。

香港发展离岸人民币业务具有天然优势，在香港发行人民币国债，是支持香港发展成为离岸人民币业务中心的一项重要举措。2009 年 9 月，财政部首次在香港发行 60 亿元人民币国债。这是中国国债首次在内地以外地区发行，也是首次在内地以外发行人民币计价的主权债券。2010 年 11 月，财政部第二次在香港发行人民币国债，总额 80 亿元，其中 50 亿元面向机构投资者，30 亿元面向个人投资者零售。最新消息为 2011年 8 月 17 日，财政部在香港发行 200 亿元国债，此次人民币国债的发行期限更加丰富，进一步考虑了香港投资者多元化的投资需求，香港的投资主体和债券种类将进一步增加。

人民币国债在香港发行是一项着眼于未来的长期举措，对于香港地区和我国内地经济的发展以及人民币的国际化都大有裨益。首先，随着人民币国债的期限结构不断丰富，将优化内地机构在香港发行人民币债券的定价基准，带动更多内地机构在香港发行人民币债券，从而稳步扩大香港人民币债券市场。其次，香港人民币国债市场的发展将进一步丰富香港人民币投资品种，扩大人民币跨境使用，促进香港离岸人民币业务的发展，推动人民币在周边国家和地区的结算和流通，有利于推动人民币区域化进程。最后，香港人民币债券市场的发展将有利于深化内地与香港的经济合作，拓展香港与内地人民币资金循环流通渠道，推动香港发展成为离岸人民币中心。

## 二、人民币离岸市场投资渠道

目前，在香港流通的人民币回流内地资本市场的渠道有限，仅有境外央行、港澳清算行、境外参加行等三类境外机构开通了投资内地银行间债市的试点。其他资金只能存放于银行，或者投资于债券等有限的人民币金融产品。

境外人民币资金大体上有四种投资渠道：第一种投资选择是人民币存款，目前香港银行 1 年期人民币存款利率约为 0.72%，远低于内地 3.50% 的 1 年期存款基准利率；第二种投资选择是购买在香港发行上市的人民币债券；第三种是通过机构投资者投资于内地的银行间债券市场[①]；第四种是投资于在香港发行的以人民币计价的 IPO。[②]

---

① 2010 年 8 月，中国人民银行发布了《关于境外人民币清算行等三类机构运用人民币投资银行间债券市场试点有关事宜的通知》，允许境外中央银行或货币当局、港澳人民币业务清算行和境外参加行使用依法获得的人民币资金投资内地银行间债券市场。

② 2011 年 4 月底，以北京东方广场 38 年租金收入为基础资产的汇贤房地产信托投资基金（REIT）在香港发行上市，融资超过 100 亿元，这是首次在香港发行的人民币计价 IPO。

仅从收益率本身来看，上述四种人民币计价金融产品与香港市场上其他同类产品相比，并不具有太大优势，之所以香港居民与企业愿意持有上述人民币资产，很大程度上在于市场上存在持续的人民币升值预期。

## ■三、香港人民币离岸市场发展最新进展

2011 年 8 月 17 日，国务院副总理李克强在香港出席国家"十二五"规划与两地经贸金融合作发展论坛中，公布了一系列支持香港人民币离岸市场发展的重要措施。此次推出的多项新政不仅将推动香港人民币离岸业务的快速发展，更重要的是这些措施将把人民币国际化进程带入一个崭新的阶段：一方面，新措施之下内地在岸企业对接离岸人民币市场的能力得到提升；另一方面，为离岸人民币回流进入内地资产投资市场打开了一条重要通道，从而形成人民币在全球的流通循环[①]。具体措施包括：

（1）支持香港企业使用人民币赴内地直接投资（即人民币 FDI）。今后境外企业投资内地可以直接用人民币，改变了目前需要逐个审批的局面，这将带来一个更透明、更标准的框架。鼓励境外企业在跨境交易中选择使用人民币，由此可能加速人民币资金通过合法化渠道进出中国内地，从长远来看，这将刺激香港离岸人民币产品平台的发展。

（2）允许以人民币境外合格机构投资者方式（即 RQFII）投资境内证券市场，初步金额为 200 亿元。RQFII 的推出有利于巩固香港作为离岸人民币资产管理中心的地位，尽管目前 RQFII 所规定的总量为 200 亿元，仅占香港人民币存款总额的约 3.6%，但 RQFII 建立起境外人民币的投资回流机制，为香港地区日益增长的人民币资金池回流到内地 A 股市场和其他金融产品市场打开了一个重要通道，从而使人民币国际化即将迎来"扩容与扩量"并行的全面提速。

（3）在内地推出港股组合 ETF（交易所交易基金）。港股组合 ETF 可以直接投资于港股市场的 ETF 基金，丰富了 ETF 基金品种，为内地投资者配置港股资产开拓了新渠道。RQFII 与港股 ETF 双轮驱动，开拓资本市场双向开放机制，解决了由于缺少投资渠道，没有回流机制造成的人民币资金循环难以扩大的长期制度性障碍。

（4）将跨境贸易人民币结算试点范围扩大到全国。这将进一步促进贸易和投资便利化，刺激进出口贸易，使贸易总量增大，并在一定程度上扩大人民币在国际贸易体系中的使用范围和地位。

（5）增加赴港发行人民币债券的境内机构规模与发债规模。为更好地满足内地到香港进行人民币融资的需求和香港投资者对人民币产品的投资需求，内地赴香港地区发债主体的范围将进一步扩大到境内企业，境内机构赴香港发行人民币债券的规模进一步提高到 500 亿元。其中金融机构和非金融企业大致各占一半。

（6）中央政府在港发行国债将作为长期制度安排。人民币国债的发行有利于丰富香港人民币投资品种，拓展香港人民币债券市场的广度与深度。中央政府在香港发行人

---

① 刘晨. 今后境外企业投资内地可直接用人民币. 北京青年报，2011 - 8 - 22.

民币国债将作为一项长期的制度安排，逐步扩大发行规模，这无疑将促进香港人民币债券市场的发展和完善，为香港发展离岸人民币业务中心提供有力支持和强大动力。

总体来说，这些措施在广度和深度上大大扩展了人民币在经贸往来、直接投资、间接融资等方面的使用范围，有利于推动香港建设海外最大、最重要和最开放的人民币离岸中心，未来香港必将会成为海外人民币交易、清算、投资的中心。

## ■四、其他人民币离岸市场建设

### （一）伦敦

随着人民币国际化的推进，伦敦近来表示了加入人民币离岸市场建设的愿望。伦敦力争成为除香港外的第二个人民币离岸中心有其绝对的优势。首先，伦敦是全球最主要的外汇交易中心，外汇交易量约占全球 32%，可交易及清算的货币多达 18 种；其次，伦敦的股票及债市规模庞大，市场灵活度高，若成为人民币离岸中心，将有大量人民币债券于当地发行与挂牌，有助人民币在欧洲定价；最后，从交易时段考虑，允许人民币在伦敦交易意味着人民币将能 24 小时全天候交易；另外，欧盟目前是我国最大的贸易伙伴，而伦敦可以整合欧洲资源，这是竞争建立人民币离岸中心的有力筹码。[①]

2011 年 9 月 8 日，第四次中英经济财金对话在伦敦举行，伦敦金融城明确表达了想利用伦敦金融中心的地位推动人民币离岸市场建设的意愿，英国财政大臣奥斯本在新闻发布会上表示，中英两国将携手合作在伦敦开发人民币离岸市场。周小川随后也证实，中国人民银行会与英方合作，支持未来该市场的发展并解决可能产生的金融稳定风险。中英双方此举基本明确了伦敦很有可能成为人民币离岸市场的"榜眼"。

### （二）新加坡

在人民币离岸市场亚军之争中，新加坡也不甘落后。作为东盟唯一一个国际性金融中心，新加坡人民币业务服务的范围将包括人口超过 5 亿的整个东盟地区，最重要的是，东南亚企业及居民对人民币持认可和信任态度。作为亚洲仅次于东京的第二大外汇交易中心，新加坡拥有成熟的外汇交易经验和人才，这将有利于推广人民币离岸市场的交易。而新加坡作为全球私人银行和资产管理中心以及大宗商品交易中心，亦可能帮助人民币在全球领域的拓展。[②]

早在 2009 年 7 月人民币跨境贸易结算试点正式启动之时，新加坡就已积极参与到离岸人民币市场的发展中，在试点开始之后的第一个月内，新加坡成为了首批完成人民币跨境贸易结算的国家。但新加坡离岸人民币业务的发展相对缓慢，这个局面一直到 2011 年后才有改善。当然新加坡本身也面临一些问题，强劲的新元帮助新加坡巩固了金融中心的地位，却也限制了新加坡居民对人民币的热情。2011 年以来人民币对美元

---

① 人民币离岸市场建设趋热　国际化进程可能超预期. 新华网（http://www.xinhuanet.com）.
② 谢栋铭. 离岸人民币中心亚军之争.《金融时报》中文网.

升值达到 3.2% ，但是新元对美元升值幅度却超过 6.2% 。因此，离岸人民币在新加坡目前还只是投资货币，尚未达到其在香港保值货币的地位。[①] 此外，中国政府对新加坡离岸市场的支持力度远不如伦敦，中国官方尚未允许新加坡建立离岸人民币交易中心。这可能是基于两个原因：其一，基于香港和新加坡相似的外围环境，新加坡一旦成为第二个人民币离岸中心，可能会对香港产生不必要的冲击；其二，在亚洲建立两个人民币离岸中心的作用远不如在亚、欧各建立一个人民币离岸中心，这样还能实现人民币全天24 小时交易。

## 第四节　人民币国际化困境突破

从目前来看，中国已经具备了人民币国际化的物质基础，国际化道路的抉择正确与否将决定人民币的国际化是否能够顺利进行以及我国经济发展能否伴随着人民币的国际化继续快速平稳的发展。这是对中国政府和人民的严峻挑战。从目前来看，要顺利推进人民币国际化还有许多问题有待解决。

### ■一、人民币国际化面临的核心困境

#### （一）我国金融体系发展程度低

首先，商业银行仍然是中国金融体系的核心，尤其是国有商业银行处于绝对的主导地位，外资银行及非银行金融机构发展还很不成熟。依托完全垄断的商业银行体系，导致中国的金融体系十分脆弱，无法应对复杂多变的金融局势。

其次，从中国有价债券发行状况来看，国债和政策性银行债始终占据主导地位。从2008 年债券市场的托管状况来看，政府债券、央行票据和政策性银行债分别占据32.27% 、31.85% 和 24.3% 的市场份额[②]，三大债券垄断了中国的债券市场，而真正市场化的商业银行债券、企业债券和短期融资融券等却发展缓慢，显示了中国债券市场较低的发育程度。

再次，我国金融机构的综合服务能力无法与发达国家同行相媲美。人民币的国际化对进一步完善国内金融机构提出了新的要求。人民币要成为国际货币，国内金融机构必须能够为国际经济交易及资产投资提供及时、高效的资金结算、托管等服务。而目前我国金融机构的产品创新能力、风险控制及其治理水平，都难以为人民币的国际化提供强有力的金融服务支持系统。

最后，从外汇市场来看，成功的货币国际化取决于是否拥有一个能够与国际市场平稳接轨并且具有较强竞争力的外汇市场，其要素包括完善的市场运行架构、完整的外汇

---

① 谢栋铭．离岸人民币中心亚军之争．《金融时报》中文网．
② 中国金融统计年鉴，2008.

金融产品链、足够的流动性和市场规模、有效的价格形成机制、大量熟悉汇率金融产品和国际市场操作的专业从业人员和充分有效的市场监管机制等。[1] 数据显示，中国外汇交易中心从 2005 年上限银行间外汇买卖业务以来，虽经多年的发展，仍只有人民币兑外币的即期、远期和掉期三个基础产品。2011 年 2 月刚刚推出的外汇期权虽然弥补了国内市场基础产品链的缺口，但尚未开始交易。就目前国内外汇市场状况而言，产品的流动性和规模与我国进出口贸易的规模严重不相适应，不能反映和满足实际需求，同时缺乏有效的汇率避险机制，导致大量的避险需求转向境外市场。

除此之外，我国人民币回流机制建设处于初级阶段，金融市场为投资者提供的人民币金融产品非常稀缺。不能为境外主体提供多样化的人民币金融产品，是制约人民币国际化快速推进的重要障碍。欠发达的金融市场既是中国政府不敢过快开放资本项目的重要原因，也从人民币金融资产的供给方面制约了人民币国际化的推进。

## （二）单边升值预期导致"跛足"的人民币跨境贸易结算

目前人民币跨境贸易结算主要用于货物贸易出口、货物贸易进口以及服务贸易与其他经常项目等三个方面。根据我们的计算，2010 年第一季度至 2011 年第一季度，上述三个方面人民币结算额占人民币结算总额的比重分别约为 8%、80% 与 12%。换句话说，在迄今为止的人民币跨境贸易结算额中，有 80% 是中国进口企业用人民币支付进口，而中国出口企业出口货物收到人民币的比重不到 10%（如图 3–14 所示）。2011 年 6 月末，中国外汇储备余额为 31 975 亿美元，同比增长 30.3%；上半年新增外汇储备 3 502 亿美元，这其中，进口企业没有购汇而直接通过人民币结算做出了近四分之一的贡献，进一步加大了我国外汇储备庞大的压力。

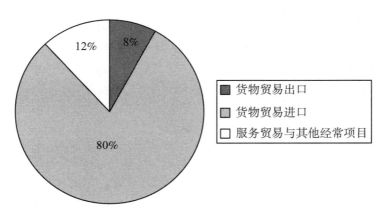

图 3–14 人民币在跨境贸易结算中的使用分布

由于人民币实际有效汇率依然存在低估，同时中国政府选择了人民币对美元名义汇率小幅、渐进的升值策略，这就导致市场上形成了人民币升值的单边预期。在人民币升

---

[1] 吉晓辉. 国际货币体系变迁与人民币国际化. 经济参考报，2011（3）.

值单边预期的驱使下，任何主体都愿意持有人民币资产，而没有人民币收入的主体则不愿意举借人民币负债。同时，由于国内出口企业的产品差异化程度不高和市场支配地位不强，价格谈判能力处于弱势，要想说服国外的进口商使用预期升值的人民币结算是难上加难。某种程度上，现阶段的跨境贸易人民币结算试点，只是有利于国外的出口商，有利于中国向外输出人民币，而没有起到太大的助推出口的作用。

## 二、现阶段人民币国际化困境突破口

### （一）完善金融市场和提高金融监管水平

人民币国际化需要金融大国的建设，而金融大国的建设则要以金融市场的建设为起点。一个完整的金融体系应该包括资本市场、外汇市场、黄金市场和货币市场。我国现阶段应积极创造条件，加快发展和构建多层次、产品多样化、市场流动性及透明度高、政府监管与市场机制相协调的金融市场，提高金融市场的活力和渗透力，形成与世界第二大经济体发展相适应的以市场为导向的金融市场、金融机构和金融产品体系。同时，也要注重货币市场、外汇市场、黄金市场、资本市场等的协调发展，建立各市场之间稳定、规范、合法的市场准入和资金流动渠道，进一步提高金融市场的整体效率，充分发挥金融市场有效配置资源的作用。

人民币的国际化倒逼我国金融市场的发展，推动金融机构的国际化业务不断扩张，也给我国金融监管提出了新的挑战。人民币衍生产品的创新以及海外人民币市场规模的扩大，客观上要求我国金融监管更上一层楼，这从监管体制、监管手段和监管目标等方面对我国金融监管提出了新的要求。在对内监管加强的同时，还需要加强金融监管的国际合作，通过建立双边或区域性经济合作组织、加入国际性金融组织以及积极参与金融监管的国际性协议等方式，实现有效的金融监管，防范金融风险，促进我国金融监管尽快达到国际化的水平。

### （二）加强人民币在岸和离岸中心建设

目前，我国中央政府正在积极支持香港离岸人民币中心向纵深发展，预计离岸人民币存款在今后两三年内将发展到2万亿~3万亿元的规模，在此过程中还要鼓励外资企业用人民币FDI替代外币FDI，鼓励人民币贸易结算。其次，要加强香港作为人民币离岸贷放中心的作用，推进香港本地和第三国对人民币的使用，尤其是外国企业在香港借人民币并在境外使用。再次，进一步丰富人民币产品，活跃二级交易市场，为境外企业和居民提供人民币投资渠道和清算手段。最后，确保人民币回流机制的顺畅以及在岸离岸两个市场的协调，保证离岸市场发展在加快人民币国际化的同时，对境内货币供应、外汇储备、对冲操作和境内外资本流动的影响都是可控的。

另外，在岸金融中心建设又是对人民币离岸市场的一大补充，发挥上海等城市的金融资源优势、推进金融中心建设也是人民币国际化旅程中不可或缺的重要环节。与人民币国际化加速的要求相适应，在上海建立国际化的人民币在岸金融中心，具体而言就是要将上海建设成为综合性的人民币资产交易中心，不仅包含资本市场、货币市场、外汇市场、保险、期货、银行等各个金融领域，同时也涵盖在岸交易、国际交易和离岸交易等三类交易。

香港和上海就如同飞机的两翼，上海是努力创造人民币流出，而香港是努力稳定人民币流入，流出与流入的平衡发展，才能保证人民币国际化这架飞机飞得更高更稳。

### （三）推进人民币"利汇"市场化机制改革

建立以市场为基础的利率体系，央行应该放弃对商业银行存、贷款利率的直接干预，而转向通过再贷款利率、贴现率或存款准备金率等政策工具影响拆借市场利率、银行存贷利率和债券收益率等市场利率。[①] 进一步扩大银行存贷款利率的浮动区间，逐渐使利率水平及其风险结构和期限结构由资金供求双方在市场上议价决定。

在汇率机制改革方面，要变保持人民币兑美元汇率的基本稳定为保持人民币实际有效汇率的基本稳定。继续按照"主动性、可控性和渐进性"的原则，稳步推进人民币汇率形成机制改革，不断完善人民币汇率形成机制，增强人民币汇率弹性，保持人民币汇率在合理均衡水平上的基本稳定。要加快外汇衍生工具市场的发展，推出更多的规避风险的外汇市场工具，如远期交易、期货交易和期权交易等，这样才有利于推进人民币汇率的市场化，保证外汇市场的平稳发展，促进国际贸易、国际投资等顺利发展。

### （四）加快经济结构转型

保持国内经济持续平稳增长，是实现货币国际化的基础条件。国务院副总理李克强在最近的一次关于调整中国经济结构的谈话中表示：我国已进入只有调整经济结构才能促进持续发展的关键时期，调整经济结构是提升国民经济整体素质和抗风险能力、在后国际金融危机时期赢得国际经济竞争主动权的根本途径。当前世界经济增速放缓，国际市场需求受到抑制、发达国家债务危机愈演愈烈，发展中国家及广大新兴市场通货膨胀日益加剧，国际金融市场的一系列动荡都在倒逼我国进行经济结构转型。

改革开放30多年来，我国经济持续快速发展的同时，经济结构不合理的矛盾也长期积累，突出表现在需求结构失衡、供给结构不协调、要素利用效率低下、环境损害大、空间布局不够合理等方面。调整经济结构的首要任务是扩大内需，扩大内需是我国经济发展的基本立足点和长期战略方针，要在处理好扩大内需与稳定外需关系、增加投资与扩大消费关系的前提下，着力扩大居民消费需求，努力实现消费、投资、出口协调拉动经济增长。

---

① 黄益平. 国际货币体系变迁与人民币国际化. 国际经济评论，2009（5）.

# 2009 年以来人民币国际化进展大事记

**2009 年 2 月 8 日**

中国与马来西亚签订的互换协议规模为 800 亿元人民币/400 亿林吉特。

**2009 年 3 月 11 日**

中国人民银行和白俄罗斯共和国国家银行宣布签署双边货币互换协议，目的是通过推动双边贸易及投资促进两国经济增长。

**2009 年 3 月 23 日**

中国人民银行和印度尼西亚银行宣布签署双边货币互换协议，目的是支持双边贸易及直接投资以促进经济增长，并为稳定金融市场提供短期流动性。

**2009 年 4 月 2 日**

中国人民银行和阿根廷中央银行签署双边货币互换协议。

**2009 年 7 月**

六部门发布跨境贸易人民币结算试点管理办法，我国跨境贸易人民币结算试点正式启动。

**2010 年 6 月**

六部门发布《关于扩大跨境贸易人民币结算试点有关问题的通知》，跨境贸易人民币结算试点地区范围将扩大至沿海到内地 20 个省区市，境外结算地扩至所有国家和地区。

**2010 年 6 月 19 日**

央行宣布启动"二次汇改"。人民币汇率不进行一次性重估调整，央行将继续按照已公布的外汇市场汇率浮动区间，对人民币汇率浮动进行动态管理和调节，保持人民币汇率在合理、均衡水平上的基本稳定。

**2011 年 6 月 21 日**

央行公布了《关于明确跨境人民币业务相关问题的通知》，正式明确了外商直接投资人民币结算业务的试点办法，成为推进人民币跨境流动的又一重大举措。

**2011 年 6 月 23 日**

中国人民银行与俄罗斯联邦中央银行在俄罗斯签订了新的双边本币结算协定。央行表示，协定签订后，中俄本币结算从边境贸易扩大到了一般贸易，并扩大了地域范围。

**2011 年 8 月 17 日**

国务院副总理李克强到访香港，送去"金融大礼包"，支持香港建设成为人民币离岸中心，多项新措施巩固提升香港国际金融中心地位。

资料来源：吴海珊，刘真真. 人民币国际化：漫长之旅. 经济观察报，2011. 7. 23.

☞ **本章关键词** ☜

人民币 FDI　　　　　　人民币 QFII　　　　　　双边货币互换
人民币跨境贸易结算　　人民币现钞流出机制　　人民币现钞回流机制

☞ **深入思考的问题** ☜

1. 为什么说中国是一个"贸易大国，货币小国"？

2. 中国现在的宏观经济形势与20世纪80年代日元逐步国际化时有何相似之处？我们可以从日元国际化中吸取什么样的经验与教训？

3. 未来伦敦、新加坡和中国台湾都有可能发展成为新的人民币离岸中心，请查阅相关资料，总结这几个市场相对于中国香港各自有哪些优势？

4. 除去人民币单边升值预期外，还有什么原因导致了"跛足"的人民币跨境贸易结算，这一问题该如何得到解决？

# 第四篇 国际金融市场

　　国际金融市场是以"法币合约的合约"为基础所衍生出来的各种金融工具的跨国交易关系的总和。不同的交易关系，反映了不同的交易场地特征、交易合约特征等市场要素及其不同组合。这些交易特征正是国际货币体系的反映：主导国际（区域）货币体系的国家往往会主导以本国货币为基础的"衍生工具"的构造权；金融交易聚集现象，即国际金融中心也多产生在这些国家；为了逃避这些金融强国的规制，金融创新品种则往往远离这些国家。不同国际金融市场会呈现不同的内在规定性，理解这些内在规定性是不同交易主体进行经济金融行为选择的依据，也是发现现有国际金融市场缺陷的基础。

　　弄清楚国际金融市场的概念、要素、作用、历史和趋势，界定清楚国际金融市场的内涵和外延，有利于把握国际金融市场的本质和发展规律。然而，以往的国际金融教程除了值得借鉴的闪光点以外，也存在两个缺陷：一是国际金融市场的阐述散乱地镶嵌在不同的章节，缺乏对国际金融市场的集中展示；二是国际金融市场的分类层级错乱、标准混乱，"挂一漏万"。而事实上，国际金融市场是一个多层次的"生态化系统"，分类可以错落有致，不同市场之间的联系是有机的。整体上，按照金融交易合约环节数，将国际金融市场分为"单环节模式国际金融市场"和"多环节模式国际金融市场"是对传统国际金融教材的重大突破。

　　在"单环节模式国际金融市场"下，国际金融市场可以从"金融工具的性质"、"金融市场传统性（时间）"、"金融市场的聚集度（影响度）"三个视角进行刻画。其中，在第一种视角下，"债性合约"、"股性合约"等"原生性金融工具"的系统分类会产生"金融的逻辑创新效应"。从逻辑上讲，政府可以发行"债性合约"，也可以发行"股性合约"。但后者往往被人们忽视，事实上，"政府发行合约的债性向股性转化"是客观存在的现象。其逻辑是，法币交易相当于主权国家向全球（或者一定区域）发行债性合约。某一国家在国际货币体系中主导地位越强，其货币发行的范围越广。货币一旦在全球或者某一区域成为储存货币或支付货币，在没有特殊情况发生时，该货币没有还本付息的义务。这时货币的债性退化，股性却增强。如果不想持有该国货币，持有国只能在"二级市场（外汇市场）"上出售，而没有要求发行国"赎回"的权力。更加过分的是，发行国没有向全球或者相应"区域"进行与货币有关的信息披露的义务，是否"增发货币"也不受持有国的束缚。这时，该国货币已经超越了"股性合约"的基本信用约束，成为攫取他国价值的工具。

　　随着金融创新的深化，国际金融市场出现了新的"生态现象"——多环节模式国际金融市场。实际上，"单环节模式"是"多环节模式"国际金融市场的基础。交易中形成的各个合约，从而构成合约链，合约链的跨国性即是多环节模式国际金融市场的实质。和传统的

"单环节模式国际金融市场"相比，其主体之间的交易具有一定的技术规定，并超越了具有"不确定性交易对象"纯粹的市场交易类型，即其交易对象是相对确定的，交易具有期间性。从而形成了科斯定义的市场与企业之间的"夹层状态"。这一发现的重大意义在于国际金融监管有了新的理论依据，即对于"网链式国际金融市场"，不应当用适用于传统的"环式金融市场"的"点式监管"理念和"环式监管"理念。而应当运用"网链式监管"理念为国际金融市场提供跨国监管政策。

**逻辑框架**

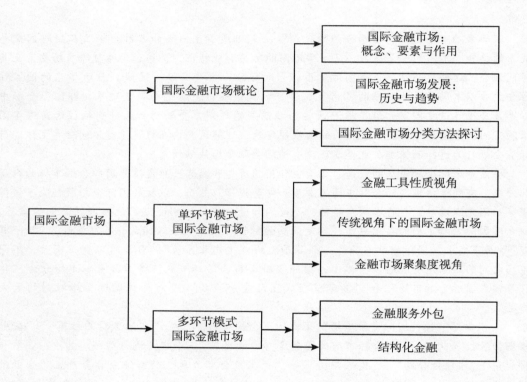

# 第 十 章

# 国际金融市场概论

　　国际金融市场作为"市场范畴"最基本的内容包括：什么叫国际金融市场？国际金融市场的基本要素是什么？其存在的价值是什么？我们从国际金融市场的发展历史中可以感受到国际金融市场的现状，也使得我们预测到国际金融市场未来发展的方向；国际金融市场分类的基本要求是全面而没有交叉。然而，有些教材在这一方面有些不够重视，从而导致国际金融市场的分类欠缺系统性逻辑，存在"市场缺失"、"概念交叉"、"标准混乱"等现象。科学的方法是先对各种国际金融市场进行穷举，然后对所有的国际金融市场进行归类、分级，使之形成一个提纲挈领式的、具有分层特征的有机概念体系。

## 第一节　国际金融市场：概念、要素与作用

### ■一、国际金融市场的概念

　　目前，对于国际金融市场的定义，学者们都从不同的角度对其进行了描述。总结起来，主要有以下观点。第一种观点从广义和狭义两方面来说明国际金融市场。广义国际金融市场是指在国际范围之内，运用各种现代化的技术手段与通信工具，进行资金融通、证券买卖及相关金融业务活动的场所或网络，包括国际货币市场、国际资本市场、国际外汇市场、国际黄金市场以及金融衍生工具市场等。狭义国际金融市场仅指从事国际资金借贷和融通的场所或网络，包括国际货币市场和国际资本市场。[①] 朱孟楠、卞志村、钱荣堃等教授都在其相关的著作中进行了类似的阐述。第二种观点是将国际金融市场认为是居民和非居民参加的、或非居民与非居民（针对融资的货币而言）参加的，运用各种现代化的技术手段与通信工具而进行的资金融通和各种金融工具与金融资产买卖行为[②]，该定义从市场交易的主体、客体和目的方面对国际金融市场进行了详细的阐

---

[①]　杨胜刚，姚小义 . 国际金融 . 高等教育出版社 . 2009：171.

[②]　史燕平 . 国际金融市场 . 中国人民大学出版社 . 2005：49.

述。史燕平教授是其主要代表。

上述国际金融市场定义，都通过总结国际金融市场实际存在的市场类型所得，强调国际金融市场的目的（资金融通）、相关手段（现代技术手段等）。市场实质是一种各种资源的"聚合体"，这种"聚合"使得供给与需求双方尽快地匹配，达成交易。传统国际金融市场更多应该是相对于国内金融市场来说的，指资金在国际间流动或金融产品在国际间买卖的场所，它是各国获取价值的一种途径。

总结以前的研究成果，同时归纳以前和现在相关国际金融市场的共性，本书提出以下国际金融市场的定义。

国际金融市场是指在市场经济、国别货币、国别利益、国际化等约束条件下，由国际生产与贸易所引发的围绕不同法币所进行的即期（或者跨期）交易行为，以达到促进实体经济交易、价值保值增值、投资投机等目的；在金融脱离实体经济开始独立运行以后，国际金融市场进行的是各国以货币、债性合约、股性合约、衍生品所进行的各种投资投机行为。

上述国际金融市场的定义，存在着如下的内涵。

第一，国别货币是国际金融市场产生的基础。没有国别货币，就没有"货币产出国法币购买力会如何变化"的担心，就没有贸易中币种支付条件的谈判，也就没有汇率问题，当然也就没有法币交易市场（外汇市场）问题。尽管存在欧元区域货币，但欧元也并没有完全超越国家的深刻影响，还不能算作"超越国家的货币"。

第二，国别利益是影响国际金融市场的基础。每一个国家的主观目标是"获取国际价值"，其国际金融行为选择的效果只要"利己"就行。在实践中，也可以达到的是"利己损人"的典型结果，也可能是"利己利人"的典型结果。我们可以将前种结果描述为"价值的国际攫取"，后一种情况描述为"价值的国家增值"。很显然，后者是能使人类社会可持续发展的国际金融行为选择。

第三，国际金融市场的产生存在内生和外生两种类型。外生性国际金融市场是指由实体经济的生产和贸易等引起的国际金融行为。内生性国际金融市场则是指不受实体经济的影响的基于保值增值、金融投资等目的的国际金融行为。随着金融国际化的加深，各国将越来越深刻地卷入内生性国际金融行为之中。"国际理财"的复杂度将进一步提升，"国际金融高科技"将会越来越演化成为一种重要的"科技形态"。

## ■二、国际金融市场构成要素

国际金融市场构成要素，同国内金融市场大致相同，都有市场的参与者、交易的对象（金融工具）、交易的场所（有时是无形市场）等方面构成，稍显不同的是：有些构成要素体现了跨国性，不再局限在一国的范围内。

### （一）市场参与者

国际金融市场中存在着众多且复杂的参与者，同时根据分析目的和角度不同，这些参与者有着不同的分类。在此，依据参与者的法律身份角度来分类的话，主要包括：一国政府（或是财政部、中央银行）、银行、企业或跨国公司（机构投资者）、一般自然人。

（1）国际金融市场中，一国的财政部或中央银行作为市场参与者，是一国政府宏观经济政策的代言人，进行相关符合国家经济发展和政策的金融活动。如政府出于保护一国的汇率制度，由本国的中央银行买卖外汇的行为；政府出于建设本国基础设施的目的，为项目融资授予特许权；在发展本国经济、融资建设的条件下，一国的财政部往往以政府的名义发行国库券，在国际范围内融资，同时为了鼓励出口，也为贸易相关方提供政策性的优惠性贷款（出口信贷、进口信贷等）等。

（2）国际金融市场中主要的参与者是各种类型银行，进行跨国信贷和资产管理业务。这里的银行是广义银行，包括商业银行和投资银行。跨国商业银行业务有国际结算、国际信贷与国际票据、债券的承购包销等。商业银行是货币市场最大的参与者，既是货币市场的信用中介，又是多种货币市场工具的直接投资者和直接交易者；而对于国际性投资银行来说，主要从事的业务有辅助跨国企业上市、进行股票承销业务等。

（3）企业或者跨国公司成为活跃国际金融市场的法人个体，在这里需要重点说明机构投资者。它们从事国际金融交易的目的主要是套利，如跨国对冲基金（如量子基金等）、跨国私募投资基金（凯雷、黑石集团）等。

（4）一般自然人，在国际金融市场中一个不容忽视的参与者便是个人。虽然也有资金雄厚的个人投资者，但更多的是实力相对较小的居民，他们往往采取集中资金的方式进行境内外的投资活动。

## （二）市场交易对象

国际金融市场交易对象，同国内金融市场交易对象基本一样，具体而言，是指外汇和以外汇或欧洲货币表示的、由各个金融机构根据特定的交易原理与机制创造出的各种各样的金融工具（Financial Instruments），也可以表述为各种各样的交易方式，例如欧洲票据、可转让定期存单、外国债券、欧洲债券、货币期货、利率期货和股价指数期货等。同时，在不同的国际金融市场构成中，包含的金融工具也有诸多的不同，随着国际金融市场的发展也在不断变形。稍后涉及到具体的市场，将对其做进一步分析和说明。

## （三）交易场所

这里讲的交易场所主要是指是否存在一个固定的场所而言，并且在这个固定的场所内有专门的组织机构，通过规定特定的交易程序来促成并管理交易的完成。如果满足上面的特征的话，我们称之为有形的国际金融市场。但随着信息技术的高速发展，全球网络化的成型，通过计算机通信网络或专门的交易网络来完成交易，没有固定的实体场所，在此可被称之为无形市场。有形的国际金融市场以美国纽约股票交易所为代表，而无形国际金融市场以国际银行间的外汇市场和美国的纳斯达克股票交易市场为代表。

### ■三、国际金融市场的作用

1. 国际金融市场促进了世界贸易往来和经济的发展

国际金融市场的各种贸易融资方式为国际贸易提供了充足的融资渠道，如下面将会提到的出口信贷、国际租赁业务等，这是促进当今国际贸易迅速发展的重要原因之一。贸易的增加，以及大量闲置资本跨国境的流动，提高了世界范围内资本的利用效率，促进了一国经济的发展。

2. 国际金融市场有利于调节一国的国际收支失衡

根据经典的国际贸易理论，国际收支中的经常账户和资本账户是国家间进行经济活动的两个基本账户。现实中，世界各国均存在着国际收支调节的问题。国际收支顺（逆）差时，相应的可以将其多出（缺少）的外汇资金在国际金融市场中进行投资（借款）来维持国际收支的平衡。

3. 国际金融市场通过价格机制在全球配置金融资产

一般情况下，典型的金融资产的价格为汇率、利率，依靠国际金融市场形成合理的价格，利于全球的金融资产的流动，达到了金融资产需求双方的利益诉求。不仅达到了金融资产的合理配置，更使其背后代表的真实资产得到了最优的配置。

除上述外，国际金融市场还存在着其他优点，如促进一国国内金融市场的国际化、提高银行信用的国际化水平等。但随着经济的发展，国际金融市场的迅速扩展也对世界经济产生了负面的影响，比如：（1）外部资产价格变动，使得本国经济发展存在着输入性通货膨胀的风险。（2）金融管制放开情况下，大规模资产流动，冲击了一国货币政策的执行效果，一国的国内经济政策调节更加艰巨。（3）可能产生较强的投机行为，冲击一国的金融体系。

## 第二节　国际金融市场的发展：历史与趋势

一般来讲，市场的产生都是伴随着交易需要而出现的。对于国际金融市场也是如此，国际贸易的产生和发展促进了国际金融市场的诞生。但随着国际经济的发展，国际金融市场逐渐脱离于实体贸易经济的发展，成为了全球投资者投资、资金需求者融资的场所。

## ■ 一、国际金融市场历史

国际金融市场历经萌芽、形成、扩张、创新的一系列演进过程①，现已呈现出全球化、脱离实物经济、证券化等新的发展特征。在上一篇中，介绍到了国际货币体系，国际金融市场也是伴随着制度性的安排出现而发展起来的。综观国际金融市场的发展史，大致可以划分为以下六个阶段。

### 1. 萌芽与初步形成阶段

19 世纪以前，国际金融市场的产生与初步形成是完全伴随国际贸易的发展而完成的。作为为国际贸易提供国际融资服务的一种国际金融业务的活动场所，这一时期的市场交易主要集中于同实物经济发展紧密联系的国际结算、货币兑换、票据贴现等业务领域，外汇市场成为最早的一种国际金融市场形式。17 世纪和 18 世纪，在英国的伦敦和欧洲大陆的阿姆斯特丹，相继出现银行、股票交易所和外汇市场。此阶段的国际金融市场还只是国内金融市场的延伸，尚不具备明显的、有别于国内金融市场的体系特征并表现出强烈的从属于实物经济的特点。

### 2. 国际金融中心涌现阶段

19 世纪，发端于英国的工业革命带来欧洲经济的发展与兴旺，国际金融业务的范围也由以往单纯为国际贸易融资的局限中得到拓展，逐渐出现国际性的资金借贷市场和直接融资市场。随着传统的国内金融市场中国际金融业务所占比重的不断上升，区域性国际金融中心也在当时几个著名的国内金融中心基础上呼之欲出。凭借发达的国内金融体系、坚实的经济基础、稳定的政治局面、健全的管理体制，以及国际贸易与国际结算中心地位的确立，伦敦、纽约和苏黎世终于在 19 世纪末和 20 世纪初脱颖而出，成为当时著名的三大国际金融中心。

### 3. 两次世界大战的调整阶段

在两次世界大战期间和战后初期，战争使得国际金融中心格局发生了调整。英国是两次世界大战中的利益损失者，国内经济受到战争的严重破坏，不但使资金匮乏问题在战后突现，也使伦敦的国际金融业务向受战争影响较小的市场分流，结果英国伦敦作为"世界最大的国际金融中心"的头衔也只能拱手相让给后来者——美国纽约。从历史角度衡量，纽约的国际金融中心地位远没有伦敦悠久。但战争利益获得者身份的取得，使纽约得以在美元取代英镑成为世界主要结算货币和美国成为世界经济霸主及最大的资金供应国后而迅速崛起。国际性资金借贷和资金筹集活动在战争期间向纽约市场的转移，使之当然地成为当时最大的国际资本流动市场。苏黎世国际金融中心地位的提高同样受

---

① 王曼怡、朱超. 国际金融新论. 中国金融出版社. 2009：107.

惠于未受到战争的破坏性影响，其中立安宁的市场环境及瑞士法郎自由兑换性在战争期间的维持，都加强了它作为一个国际金融中心的吸引力。经过战争外力的调整，20 世纪初那种伦敦优势地位明显的国际金融中心格局为纽约、伦敦、苏黎世各有优势的局面所取代。

### 4. 欧洲货币市场的兴起与发展阶段

东西方冷战的升级，美国金融管制措施的严格以及战后欧洲地区经济的恢复，均从不同侧面促成了美元资金向欧洲市场的聚集。大量欧洲美元的产生随即诞生了欧洲货币市场，也使得欧洲货币市场拥有了离岸金融市场的称谓。离岸金融市场的出现，使国际金融市场的发展步入一个告别传统的新阶段，在该市场上实现了资金借贷交易业务真正意义上的国际化。随着 20 世纪 70 年代两次石油危机形成大量石油美元，离岸金融市场又出现在石油输出国较集中的亚洲地区的中东、新加坡、香港和东京等地，这些后起市场的涌现与加勒比海地区的簿记型离岸金融市场一起，极有力地推动了新型国际金融市场在全球范围内的扩散，使之成为国际金融市场体系中的主流，并促使美国放松金融管制，开办相应的本土离岸金融市场。东京在此期间凭借日本经济实力的迅速提高与国际交往的不断扩大，逐步发展成为新的国际金融中心，东京更借助位于纽约与伦敦之间的优越地理位置，成为全球 24 小时不间断交易中必不可少的一个联结点，成为了与纽约、伦敦并称为国际金融市场的"金三角"。

### 5. 新兴市场的崛起与发展阶段

20 世纪 80 年代由发展中国家引发的债务危机，并未减少国际投资者对该地区的关注，也未阻止这一地区国际金融市场的发展步伐。全球性的放松管制、技术革新、金融创新和筹资证券化浪潮，与新兴工业化国家经济的迅速增长，一同成为刺激新兴国际金融市场崛起并推动其快速发展的合力。拉丁美洲地区的墨西哥、阿根廷、巴西，东亚地区的韩国、菲律宾、泰国、马来西亚、印度尼西亚都是这一阶段的典型代表。这些新兴国际金融市场的崛起，一方面得益于生产、资本国际化的大趋势；另一方面也在于该市场在工业化初期及开放初期所表现出来的较高的投资回报率。不过，风险与收益总是在国际金融市场上相伴生的一对因素，新兴市场体系的不健全、管理水平的低层次，以及市场所在国国内经济结构的不合理，都在金融创新加速、金融管制放开与国际游资充斥市场的大背景下，成为破坏新兴市场稳定、健康运行的不利因素。20 世纪 90 年代中期以来的墨西哥金融危机和东南亚金融危机无一不是这些潜在风险累积到一定程度的爆发。当前，有关发展中国家新兴市场的发展与国际金融市场上私人游资的引导已成为国际金融市场研究中的热门课题，市场风险防范以及由此产生的金融工程学研究也成为学术界和金融界人士关注的焦点。

### 6. 国际金融市场全球一体化阶段

得益于 20 世纪 70 年代末，西方国家纷纷放松金融管制，实现金融自由化政策（如允许外国金融机构在本国投资等），同时在金融创新及科技进步的促进下，各国的金融市场逐步形成统一整体。市场具有了各国之间金融市场联系的紧密性；金融市场相关金融产品价格相关性增强；各国金融机构或者跨国公司经营国际化、业务全能化等特点。甚至可以说，20世纪80年代以来世界各国金融自由化措施也直接推动了国际金融市场一体化的进程。金融自由化，从内容上来看，包括利率自由化、汇率自由化、银行业务自由化、金融市场自由化、资本流动自由化等。在未来，随着生产、投资实体交易行为的全球化不断深入，加上国际金融交易的不断深化，必将使得国际金融市场全球一体化程度更深。

## 二、国际金融市场未来趋势

从国际金融市场发展历史和现状来看，国际金融市场呈现出以下几种趋势。

### 1. 国际金融市场一体化程度越来越高

各个市场之间联系越来越紧密，市场彼此关联程度越来越高，联动机制越来越明显。具体来说，"一体化"体现在以下几个方面：

第一，随着电子通信技术的发展，分散于世界各地的金融市场紧密结合在一起，全球的资金融通往往在极短时间内完成；同时在以跨国公司主导的国际投资不断深化的影响下，各个地区的金融市场逐渐形成了一个全时区、全方位的一体化国际金融市场。举例来说，以纽约、伦敦、东京为主的国际金融中心，依靠地理位置和时区优势，形成了全天24小时交易的国际金融市场。

第二，国际金融市场彼此融合加剧；这里主要指国际金融市场中的证券交易所的融合，伴随着金融深化，往往承担证券发行融资平台的金融交易所需要在全球范围内提高融资者全方位的服务，竞争的加剧也使得这些国际性的交易所通过相互结合来增加实力，全球化战略进一步升级。其中，2011年2月15日，纽约泛欧交易所和德意志证券交易所达成了合并的合作事宜，将组成一家全球性的巨型交易所运营集团，规模排名世界第一。

### 2. 国际金融市场证券化程度加深

国际间接融资在最近几十年中成为了国际金融市场融资主要的途径，国际证券的发行也成为其主要的手段。虽然始于2007年底的美国次级贷款危机使得人们对证券化产品"心存畏惧"。但随着金融深化的加剧，跨国性的资产（应收账款、住房贷款等）证券化已经成为了不可逆转的趋势，未来国际金融市场中证券化产品品种会更加多样化，给投资者提供避险的同时，达到了保值增值的目的。

### 3. 金融市场中的金融创新程度越来越大

从历史角度来看，监管是创新的原动力。美国的"Q条例"产生了欧洲美元市场；

布雷顿森林体系解体后，汇率不稳定性，出于套期保值目的的期货，即外汇期货应运而生；20 世纪 80 年代为了规避汇率、利率风险和信用风险，融资方式得到创新，包括期权、互换，票据发行便利和远期利率协议等方面金融工具产生……那么可以预见未来，随着金融危机之后各国对于金融监管的加强，也会使得金融创新出现一个高潮期，这其中会涉及金融各个方面（金融工具、金融业务、金融机构和金融市场）的全面创新。

## 第三节 国际金融市场分类方法探讨

国际金融市场种类的增多，为国际金融学的学习带来了难度。如果不能建立一个开放性的系统来归纳现有的国际金融市场种类和预测未来的国际金融市场种类，将既不利于国际金融理论的深化和扩展，也不利于国际金融实践的深化和扩展。本节主要在于归纳和总结之前学者关于国际金融市场的分类，并在此基础上提出新分类的标准和方法，以使国际金融市场更加富有条理。

### 一、传统的国际金融市场分类评述

现实中，国际金融市场内容庞杂，分类标准繁杂，不利于学者对国际金融市场进行清晰科学的分类。通常的表现是分类标准要么相互交叉重复，要么存在缝隙（即没有完全包括国际金融市场中的业务）。在这里，我们试举两例进行分析。

有的书对国际金融市场进行了分类和归纳（见图 4-1），从交易的对象分为国际外

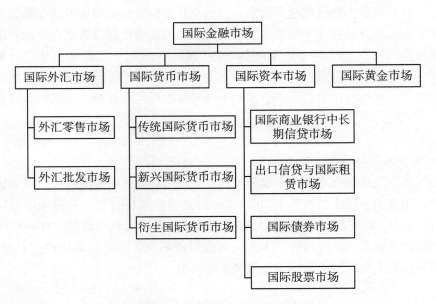

图 4-1　当前国际金融市场框架

汇市场、国际货币市场、国际资本市场、国际黄金市场，货币和资本市场分类是按照融资长短来划分，外汇和黄金市场按照交易对象来划分。四个市场中除了外汇和黄金市场外，在货币、资本市场中作者均分别介绍传统和新兴国际金融市场，同时也有原生金融市场和衍生金融市场的介绍。在国际资本市场中分为国际商业银行中长期贷款、出口信贷和融资租赁、国际债券市场、国际股票市场。

上述分类的优点是：第一，以现有的、实际存在着的市场和业务类型为基础，进行外汇、货币、资本、黄金的分类。同时对不同市场，再根据相关存在业务类型进行子分类，这样更加贴近实际。第二，较为全面概况国际金融市场中的业务构成情况，使得读者了解国际金融市场的全貌。但同时也存在着一些问题，突出问题便是划分标准有些混乱。比如，为什么要把国际资本市场分为国际商业银行中长期贷款、出口信贷和融资租赁、国际债券市场和股票市场四大类，背后逻辑分类标准是什么？存在着分类标准不清之嫌。虽以现实市场分类贴近于实际情况，但缺乏一个清晰的逻辑分类标准框架，读者较难全面把握。同时，划分标准存在多重性，外汇、黄金是按照交易对象来划分的，而货币和资本又是按照时间（一年为界限）划分的，即在各个层级的分类标准杂糅。

其他国际金融方面的书籍，从国际金融市场研究对象、市场形成理论、国际中各种市场（外汇、黄金、债券、货币、衍生工具）、市场监管等方面来对国际金融市场来介绍。采用同样的方法介绍国际金融市场。在每个国际金融市场介绍中，都根据市场中典型的业务来进行具体介绍。比如，在国际债券市场中，介绍了外国债券和欧洲债券两个市场，同时说明了欧洲债券如何发行、定价的问题。

当然还有很多学者或多或少在介绍国际金融的书籍中涉及国际金融市场的内容，一般来说，他们集中在对国际金融市场中外汇、黄金、货币和资本市场四大市场的介绍。

总体来说，以往国际金融著作对国际金融市场分类存在问题是：以现实国际金融中心存在着不同市场，从现实业务出发介绍国际金融市场。缺乏以理论的角度来分析国际金融市场业务，较难给出一个整体框架来使读者容易理解。传统对国际金融市场分类采用以目前国际金融中心中涌现的市场类型入手，对这些金融市场的业务进行介绍。这种分类方面虽贴近于现实市场情况，但在令人满意的逻辑结构安排上有点欠妥，会让读者记住各种复杂的不同市场，不能真正地透过市场来直逼国际金融市场的本质。

鉴于传统对国际金融市场较为"凌乱"的分类情况，本篇重点在于重构分类标准，通过具有逻辑的分类标准，全面介绍目前国际金融市场所有的业务活动，力图穷尽国际金融市场中的业务类型，从而使得读者能够从不同的视角，全面理解相关国际金融市场的内容。

## ■二、系统化国际金融市场分类

要构建系统化的国际金融市场分类，首先需要对国际金融市场单位进行穷举，研究它们的分类标准，然后将相同标准的国际金融市场"合并同类项"，形成"单层次分类标准"国际金融市场子体系。随着归类层次的提升，国际金融市场被归纳出来。归纳的过程也是分析国际金融市场将如何分类的过程；相反，在归纳基础上的演绎过程则是国际金融市场分类的表述过程。不同子市场繁衍的"层次链条"不同，但都可以归纳到"国际金融市场分类"这样一个总体的层次上。如果给每一个子市场的最低层次标一个代号，那么按照顺序，"国际金融市场分类"就会因子体系层次不同而得到不同的序号。为了克服"国际金融市场分类"序号不一的缺陷，我们采用在表述国际金融市场分类时按层次排序的方法，分析过程中的序号则是对表述序号的再现。

### （一）"穷举"国际金融市场单元

国际金融市场最基础的是各种类型的跨国金融业务，为了更好地进行系统化分类，在此有必要在一定程度上"穷举"出最基本的国际金融市场。

（1）国际银行间同业拆借市场，以欧洲货币银行同业拆借为主，其为各国商业银行的资金融通提供重要的融资渠道。

（2）欧洲定期存单和大额可转让存单发行市场，该业务主要是欧洲银行为了缓解货币存款的不足，面向存款人发行的借款凭证。两者在流通性上存在不同。

（3）欧洲票据市场，该票据更多的是信誉卓著的大型企业进行直接融资，发行脱离于实体商品交易的商业本票，发行后允许投资者转让买卖。

（4）国际商业银行信贷市场，国际商业银行信贷主要是国际一家（或多家）银行按照市场利率水平向一国政府、银行或企业提供的贷款。

（5）国际金融机构（优惠性）信贷，区别于国际商业银行信贷，它包括像国际复兴开发银行、亚洲开发银行等国际性金融组织，为促进一国经济发展，对相关方提供优惠性贷款。

（6）出口信贷，为鼓励出口，一国银行会为本国出口商或者他国的进口商提供信贷支持。

（7）福费廷（Forfeiting）业务，出口商发货后将取得的相关单据卖给金融机构，从而提前取得现款的资金融通方式。另外，与国际贸易相关的业务还有保付代理、国际融资租赁等业务。

（8）不同的主体（政府、企业或者国际金融机构）在国际金融市场上融资更多地采用国际债券、股票融资形式，形成了国际债券市场和国际股票市场。同时上述国际债券、股票市场根据发行标的货币与发行地不同，衍生出外国、欧洲的债券、股票市场。

（9）国际金融市场建设对于一国金融发展来说，意味着金融中心的建设。这些金融中心主要包括美国纽约、英国伦敦、日本东京、新加坡、中国香港、瑞士苏黎世、英属维尔京群岛等。

（10）国际衍生品金融市场，国际金融市场基础性衍生品交易涉及期货、期权、互换等交易，并以此形成相应金融期货、期权、互换市场，这些交易品种也在不同交易市场（场内或场外）交易。

（11）国际金融市场中，企业也会参与到更多股权性质的直接交易当中，比如跨国直接投资设厂、跨国性企业的兼并和收购业务。

（12）国际外汇交易市场，即在国际经济往来中需要买卖外汇的工商企业与个人、经营外汇业务的银行或其他金融机构进行各国货币之间交易的行为。

（13）国际黄金交易市场，国际投资者通过有形（黄金交易中心）或无形市场，在全球范围内进行的黄金买卖行为。

（14）最近十几年，国际金融市场也日渐兴起了新"生态现象"：跨国投资基金，跨国项目融资、跨国资产证券化、金融服务外包。

（15）另外，传统国际金融市场中特别突出地介绍到传统金融市场、离岸金融市场。

值得说明的是，上面列举的这些市场基础业务种类也包括不同的类型，比如说，出口信贷，其包括了买方信贷、卖方信贷、信用安排限额等业务；国际期货、期权、互换交易包括各种类型产品的交易等。这些大类足以说明国际金融市场的业务纷繁复杂，如何提供一个很好的逻辑来理解这些业务显得至关重要。

## （二）第一层次的国际金融市场归类

针对上面国际金融市场单元，需要对这些基础市场进行分析、归纳，找出共性，总结相应市场类型，建立第一层次的分类。同时便于大家理解，需要对相应基础市场单元进行标识。

（1）国际金融市场中，债券的发行有政府、国际金融组织（如国际货币基金组织）、公司（债券、商业票据）、银行。于是就有：$H_1$——政府债券市场、$H_2$——国际金融组织债券市场、$H_3$——公司债券市场（或公司标准化债性融资市场）、$H_4$——银行（尤其是欧洲银行）定期存单或大额存单市场（或银行标准化债性融资市场）。四个市场从发行主体角度全面描述了国际债券市场业务。而 $H_5$——外国债券市场、$H_6$——欧洲债券市场，从发行债券标的货币与发行地是否匹配的角度来分类国际债券市场。后两个市场与前四个市场业务范围有所交叉，比如公司债券既可以在外国债券市场，也可以在欧洲债券市场中发行。相关分类框架图见图 4 - 2。

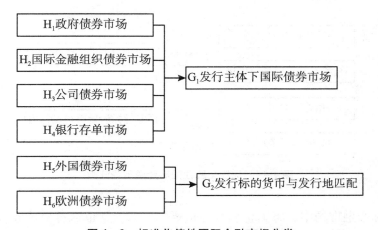

图 4 - 2　标准化债性国际金融市场分类

（2）基础的金融市场单元中，存在：$H_7$——国际银行间同业拆借市场，$H_8$——国际商业银行信贷市场，$H_9$——出口信贷市场，$H_{10}$——国际融资租赁市场，$H_{11}$——保付代理、福费廷等，$H_{12}$——国际间优惠信贷市场。总结起来，这些市场属于国际债性市场，国际商业银行直接或间接起到了重要作用。因此，以国际商业银行参与与否划分这些市场。前两个市场主要是银行与非银行机构参与，而后三个市场主要是由非银行机构参加的市场（见图4-3）。

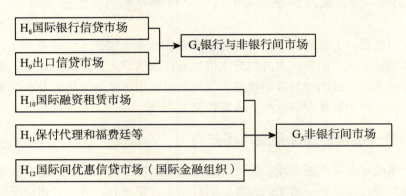

**图4-3　非标准化债性国际金融市场分类**

上面虽未涉及 $H_7$ 国际银行间同业拆借市场，但可直接将它分为一类，即 $G_3$——银行间市场。

（3）国际金融市场重要参与者中的相关企业，除发行债券融资外，还发行股票来进行融资。现实中，不但是企业，其实一些政府也发行股票（或者是股性合约），这在本篇导论中也有所讲到。那么就存在：$H_{13}$——公司股票市场，$H_{14}$——政府性"股票"市场，这是按照发行主体的标准来分类的。那么依据债券分类方法，在国际股票市场也有：$H_{15}$——外国股票市场，$H_{16}$——欧洲股票市场，这同样是根据发行股票标的货币与发行地是否匹配的标准来划分的（见图4-4）。

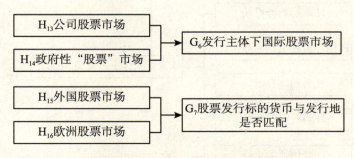

**图4-4　标准化股性国际金融市场分类**

（4）国际金融市场中，跨国企业作为重要参与者，其也通过全球股权参与将业务扩展到其他国家和地区，这里面包括 $G_8$——跨国直接投资设厂、$G_9$——跨国兼并和收购。这些业务（或市场）成为国际股权转让市场中重要组成部分，而且合约是根据交易双方实际需要设定，是非标准化的，这一市场又为：$F_4$——非标准化股性国际金融市场。

（5）关于国际衍生品交易市场，涉及 $E_3$——金融期货市场，$E_4$——金融期权市场，$E_5$——金融互换市场三类市场。理所当然，这些市场同属于：$D_2$——衍生国际金融市场（见图4-5）。

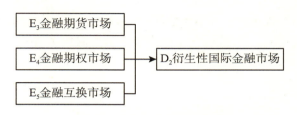

**图4-5 衍生性国际金融市场分类**

（6）传统（$D_3$）和离岸金融（$D_4$）市场（尤其是欧洲货币市场），更多的是从国际金融市场传统性视角来说明国际金融市场。市场中的业务与上述的市场也存在着很多交叉，比如，欧洲股票市场可以在离岸金融市场上发行（见图4-6）。

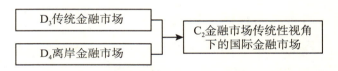

**图4-6 金融市场传统性视角下的国际金融市场**

（7）上面提到金融中心，它们发挥国际金融流量的中介功能。这些金融中心，可根据其金融聚集度（影响度）分类为：国际性金融中心和区域性金融中心（见图4-7）。

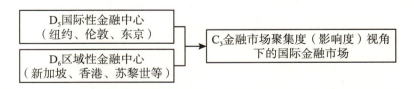

**图4-7 金融市场聚集度影响度视角下的国际金融市场**

国际性金融中心，比如纽约、伦敦、东京等城市，其提供金融服务的地域超出该城市所在国家的国界，覆盖到整个世界或世界的大部分地区。

区域性金融中心，比如新加坡、香港、苏黎世等城市，其依赖于邻近国际金融客户所在国家或地区这样的一种地理优势，以及为总部设在国际金融中心的外国金融机构在当地的分行、子公司和办事处开展业务所提供的安全和便利。

需要说明的是，现实中还存在着名义上的金融中心（Paper Center），即那些集中了为避税目的而设置的空壳银行所在地，这些银行并不具体从事银行业务，而只是被母银行利用做一些账务上的划转。比如，开曼群岛，这一不足 2 万人的岛屿就注册了 500 家金融机构。但实际上这些名义中心并不进行实体性交易，对国际金融市场的发展不会产生巨大的影响。其影响有限，因此本篇将不多涉及名义国际金融中心。

（8）针对最近十几年国际金融市场出现的新"生态现象"下的四种业务：$D_7$——跨国投资基金、$D_8$——跨国资产证券化、$D_9$——跨国项目融资、$C_5$——金融服务外包。据分析，前三种为结构化金融，即以经济活动中的某个环节进行相关资本运作，是彻底网链市场形式，形成了 $C_4$——结构化金融市场；而金融服务外包是一种"准"网链结构（见图 4 – 8）。

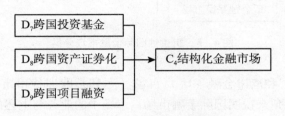

**图 4 – 8　结构化金融市场下的分类**

## （三）国际金融市场归类的"归类"

在第一层次上对基础国际金融市场单元进行了归类，这种归类是算是第一层归类，不能为读者展示出符合逻辑的分类层级。因此有必要在这些层级上进行再次归类，使国际金融市场分类形成一个多层次的多层级的分类体系。

### 1. 第二层级归纳

（1）国际债券市场中，根据发行主体不同和发行标的货币与发行地匹配与否分为：$G_1$ 和 $G_2$ 市场，这两个市场共性都是债性合约的发行，同时都具有标准化——由发行主体来设计债券，简称之：$F_1$——标准化债性国际金融市场（见图 4 – 9）。

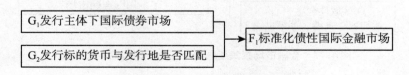

**图 4 – 9　标准化债性国际金融市场分类**

以银行为区别标准的市场中分为银行间、非银行与银行间、非银行间三种类型，同样这三类也是关于债性合约的交易，但区别于上面市场的是：这些交易是非标准化的，交易双方必须根据各自需要制定合约，因此为：$F_2$——非标准化债性国际金融市场（见

图 4 - 10）。

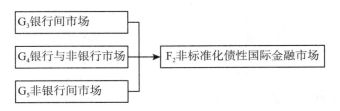

**图 4 - 10　非标准化债性国际金融市场分类**

（2）在国际股票市场中，上面根据发行主体和发行股票标的货币与发行地是否匹配标准进行了分类。同划分股票市场的方法相同，可划分为：$F_3$——标准化股性国际金融市场。其对应的正是上面提到的 $F_4$——非标准化股性国际金融市场。

**2. 第三层级及之上归纳**

（1）上面 $F_1$、$F_2$、$F_3$、$F_4$ 的四类市场中，我们很自然地将前两类归纳到 $E_1$——债性国际债性市场，后两类归纳到 $E_2$——股性国际金融市场这两个大类中。根据原生性和衍生性金融工具定义[①]，那么 $E_1$ 和 $E_2$ 两类市场恰好是原生性国际金融市场的内容，上面讲到的金融期货（$E_3$）、期权（$E_4$）、互换（$E_5$）市场归入衍生性国际金融市场。总结来说，关于原生性和衍生性国际金融市场都是基于交易金融工具的标准，对国际金融基础市场的划分（见图 4 - 11）。

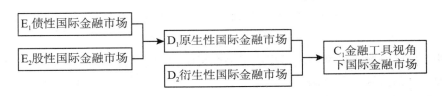

**图 4 - 11　金融工具视角下国际金融市场分类**

（2）国际金融市场中，以往按照交易对象国别性质定义国际金融问题，即只要经济活动交易双方位于不同的国家，那么便是国际金融现象，形成的便是国际金融市场，其本质来说是单环节模式国际金融市场。比如，以往在出口信贷中的买方信贷，只要出口商和进口商分属于不同的国家，完成贸易交易，而不用去考虑提供信贷银行的国家属性。此处的交易更多强调交易对象国别性。

在新形势下，复杂性、多样性的经济交易主体的存在，跨国经济活动不再简单用交

---

① 原生金融工具（Underlying Financial Instruments）：是在实际信用活动中出具的能证明债权债务关系或所有权关系的合法凭证。衍生金融工具（Derivative Financial Instruments）：是在原生金融工具基础上派生出来的各种金融合约及其组合形式的总称。

易对象来描述，更深层的要用交易环节来界定，每个环节即是一次交易合约的形成。在这种情况下，只要至少其中一个交易环节出现了跨国资源的传递，即形成新的国际金融市场。这种金融市场实质上是由"合约链"组成，体现了交易环节的网链结构，其可被称之为：网链式国际金融市场（或者是多环节模式国际金融市场）。

值得注意的是，传统的国际金融市场中也或多或少存在多环节模式的结构，但是没有像现在国际金融市场这么的明显，彼此之间紧密联系，作用巨大。这种多环节模式的国际金融市场业务便是国际金融市场新"生态环境"的四类市场。而之前的国际金融市场可统称为单环节模式国际金融市场。

综合上面的分类情况，层次逐渐清晰。对于单环节模式国际金融市场便有了三个视角：金融工具性质、金融市场传统性、金融市场聚集度（影响度）（见图 4 – 12）。

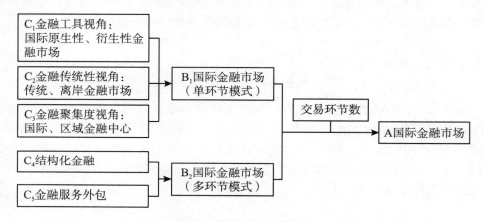

**图 4 – 12　交易环节数下的国际金融市场分类**

至此，国际金融市场的归类便形成了一个系统化的分类层级，同时符合逻辑思维顺序。呈现出来的国际金融市场是一个多层次的"生态化系统"，分类可以错落有致，不同市场之间的联系也是有机的。

通过本章的介绍，在对国际金融市场充分了解的基础上，我们至少能够得到下面一些主要的结论。

第一，国际金融市场无论从理论还是从实际的角度来讲，都对全球经济的发展起到了促进作用。那么如何培育和发展一国的金融市场，是各国政府值得重视的问题。

第二，传统意义上的国际金融市场的分类存在着诸多的不足，如概念杂糅、标准混乱。更为深刻的是缺少对于金融市场中各个业务本质的理解，因此需要在对国际金融市场业务充分了解的基础上，重新分类国际金融市场。

第三，本章采用多层次标准对国际金融市场分类，综合前面学者的主要观点，结合最新国际金融市场发展情况，提出了单环节和多环节模式国际金融市场，很好地分析了传统和现代的国际金融市场业务。

可以说，上述主要的三个方面是本章需要向读者阐明的观点。通过对国际金融市场基础性概念的介绍，更好地为进一步的介绍国际金融市场具体分类做好准备。

## ☞ 本章关键词 ☜

国际金融市场　　　　　单环节模式国际金融市场　　　多环节模式国际金融市场
原生性国际金融市场　　衍生性国际金融市场　　　机构化金融
项目金融　　　　　　　金融服务外包

## ☞ 深入思考的问题 ☜

1. 基于对目前国际金融领域的大事件，预测未来国际金融发展的趋势。

2. 对于传统的国际金融股市场分类，如何来理解？

3. 相对于从市场参与者、市场交易金融工具等方面界定金融市场，如何从其他方面理解金融市场或者国际金融市场？

4. 金融市场的本质是什么，以及如何来理解？

5. 未来国际金融市场的发展情况如何，一国政府如何通过金融市场的发展在国际竞争中赢得先机？

# 第十一章

# 单环节模式国际金融市场

前面对国际金融市场系统性的归纳后，单环节国际金融市场便可从三个视角（金融工具、金融市场传统性、金融市场聚集度）来全面理解。

国际金融市场中开展的各项业务需要依靠各种金融工具，这些金融工具是被交易合约支撑的。合约性质不同，便有债性、股性和衍生性等交易类型。国际金融发展，伴随着国际金融监管变化，金融市场也就有了新的形式——离岸金融市场。多样化的国际金融市场更好地服务了一国经济和金融产业的发展，地理上表现为金融市场的聚集，诞生了一国的金融中心。历史上一些大国都根据自身的优势建立起本国金融中心，回顾这些历史，总结经验，对于我国发展国际金融中心具有很强的借鉴意义。

## 第一节　金融工具性质视角

### 一、概述

第一章对国际金融市场进行了系统化的分类，基于交易性金融工具的性质，将国际金融市场分为国际原生性、衍生性金融市场。基于原生金融工具的原生性金融市场，更多体现交易主体之间的债性和股性的交易，揭示出跨国交易双方权利与义务关系。在债性、股性国际金融市场下，交易合约的标准化程度成为了分类的共性，可以继续细分业务领域。根据金融工程学中对衍生性工具的分类，可将衍生性金融交易工具分为期货、期权和互换三大类，在国际金融市场形成了金融期货市场、金融期权市场和金融互换市场。

图 4-13 是在国际原生性、衍生性金融市场下对国际金融市场中的业务的逻辑分解框架。需要说明的是，在国际金融市场中可能某一个业务涉及到不同分类下的业务组成，比如混合信贷（Government Mixed Credit），其是卖方信贷、买方信贷和政府贷款相结合而形成的贷款方式。分类只是将国际金融市场中最基本的业务进行说明，便于读者了解。至于各种业务之间的混合运用，将会简要地在相关部分提及。

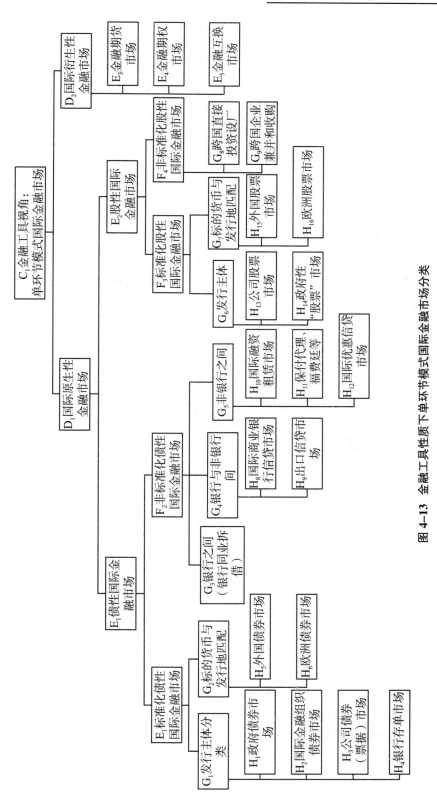

图 4-13 金融工具性质下单环节模式国际金融市场分类

### 1. 标准化债性国际金融市场

标准化的债性融资，首先是参与主体的债券融资，这在国际金融市场上占有很大的比重，这些主体包括公司、银行、国际金融组织和机构。

就发行的债权来说，按照发行债券标的货币与发行地的匹配性不同，可分为外国债券和欧洲债券，从而形成外国债券市场和欧洲债券市场。

因此也就有对标准化债性国际金融市场的两种分类标准：一个基于发行主体的不同，另一个是基于发行债券标的货币与发行国货币是否匹配，分为外国债券和欧洲债券。

### 2. 非标准化债性国际金融市场

国际金融市场中，债务放贷最主要的参与者国际商业银行，比如说国际商业银行长期信贷、出口信贷，但也不局限于银行之间的。同时国际金融市场中占据很大业务量便是国际银行间的同业拆借市场，以至于金融中心往往都有银行业拆借市场。在此可将国际商业银行作为分类标准，存在三种非标准化国际债性业务，即有：银行间（主要是欧洲银行）的同业拆借市场、银行与非银行间的商行信贷和出口信贷等、非银行之间所形成的国际融资租赁等业务。相关细节内容下面将会涉及。

需要特别说明的是，以银行为标准来划分的非标准化债性国际金融市场。此处的银行，我们认为是大型跨国性质的商业银行，其与政策性银行（如国际复兴开发银行、国家开发银行等）有着明显的区别，政策性银行一般提供优惠性贷款，借贷成本并不是国际金融市场正常交易而产生的，而通常是为了促进地区的经济发展，提供的优惠性贷款。我们将这类国际政策性银行归为非商业银行业务一类。

### 3. 标准化股性国际金融市场

借鉴标准化债性国际金融市场的分类标准，同样是基于发行主体和发行股票的标的货币与发行地是否匹配两个标准来分类。具体分类情况如下。

按照发行主体不同，分为公司跨国股票、政府性"股票"。其中，篇前导读部分也精炼地涉及到了政府性"股票"的内容，具体将会在下面章节中讲到。

按照股票标的货币与发行地是否匹配，分为外国股票和欧洲股票，形成了外国股票市场和欧洲股票市场。

### 4. 非标准化股性国际金融市场

正如上文所说的，非标准化是交易双方根据具体情况进行的交易。对于此处的非标准化的跨国股性交易更多的设计到国际投资中的对实体股性投资，主要包括跨国直接设立机构、工厂，跨国企业的兼并和收购等业务。鉴于这里面的具体内容多是国际投资学的研究领域，本篇将不会过多地涉及。

## 二、$C_1$ 标准化债性国际金融市场

### （一）按照发行主体的不同分类

1. $H_1$——政府债券市场

国家外债是指国家在国外举借的债，包括在国际市场上发行的国债和向外国政府、国际组织及其他非政府性组织的借款等。国家外债可经双方约定，以债权国、债务国或第三国货币筹集并还本付息。这里主要涉及国家外债中发行债券融资。

值得一提的是，对于国际金融中心所在的国家发行的债券其实也具有国际债券的性质，因为在此国际的金融市场中面对的是全球的投资者，最为典型的例子是：美国政府发行的联邦国库券，其成为国内投资者、外国政府、跨国银行、跨国公司、个人投资者的重要投资对象。

那么对于一国发行外部债券，以一国的主权作为信用来融资，通常具有以下的特点：第一，信用等级高。通常一国的财政部代表一国政府未来的财政收入而在国外市场发行的债券，具有主权性质。其一般被称为"金边债券"，信用等级很高。但也有特例，比如说最近希腊和爱尔兰的主权债务危机，可想而知这些国家的债券认购率也较低。第二，税收优惠。政府债券是政府自己的债务，为了鼓励人们投资，大多数国家规定，对于购买政府债券所获得的收益，可以享受免税待遇。例如美国的联邦政府和州政府发行的债券都有免税待遇。第三，流动性高，国债流通市场（二级市场）很巨大。正是由于上述的特点使得国际投资者对国债认购较高，其发行量一般非常大，信用好，竞争力强，市场属性好，使得国家政府债券在二级市场十分活跃。

2. $H_2$——国际金融机构标准化债性融资市场

对于国际金融机构而言，在国际金融市场中也发行债券来融资，其中包括了国际货币基金组织（IMF）、国际清算银行等机构。其发行情况多与公司情况相同，这部分将会在第六篇中详细提及。需要说明的是，由于这种机构的特殊国际身份，使得其发行债券更加的便利，融资较为方便。

3. $H_3$——公司标准化债性融资市场

对于公司或者企业在国际金融市场上的标准化融资，根据国际金融市场中现有业务来说，公司作为标准化债性融资主体主要有两种形式：一是公司的国际债券发行；二是公司的商业票据融资。

（1）公司债券。

在国际金融市场中的公司债券，主要指：一国的大型企业为了筹集外汇资金，在国外债券市场（即发行市场）上发行的、以债券发行市场所在国的货币或者某一欧洲货币标价的，一般由发行市场所在国具有债券承销资格的券商所承销的债券。

通常情况下，外国的法人机构在一国债券市场的发行债券要求依发行市场所在国的

要求不同而有所不同，各个国家的债券监管部门对外国债券发行人的准入要求、标准不同。但一般都包括了以下几个步骤：发行人对发行国债券主承销商的选择和委托；发行债券的申请、信用评级、审查与批准；确定具体的发行方式，向投资者销售债券；最后债券到期偿还。世界上主要的外国公司债券发行市场基本上集中在纽约、伦敦、东京和香港这几个债券市场。

对于公司债券，可以按照不同分类的标准来进一步的分类。第一，按照国际债券投资人所享受的权利，分为可转换债券、附认股权证的债券、双重货币债券等债券类型。第二，按照国际债券的付息方式不同，分为付息债券和零息债券两种。

## 公司国际债券发行

### 跨国公司麦当劳香港发行人民币标价债券

2010 年 8 月 19 日，麦当劳（中国）有限公司正式宣布，经中国外汇管理局、中国人民银行和香港金融管理局的批准，麦当劳已成为第一家在香港发行人民币债券的跨国公司。这是继 2010 年初，麦当劳宣布将在中国市场加速新店扩展之后，又一项实质性的业务举措。本次债券的发行主体为麦当劳公司（McDonald's Corporation），为期 3 年，总金额为 2 亿元人民币，年利率为 3.00%。债券通过香港渣打银行作为私募基金发行，面向机构和专业投资者。通过此次债券发行所募集的营运资金，将用于支持麦当劳在中国业务的继续全速发展。

资料来源：国际财经日报，www. ibtimes. com. cn/articles/20100820/maidanglao – renminbizhaiquan_all. htm.

### 新加坡债券市场，碧桂园债券融资

2011 年 2 月 18 日，在港上市的知名房企碧桂园昨日宣布，发行 9 亿美元于 2018 年到期息率为每年 11.125% 优先票据，碧桂园已获得原则上批准将票据在新加坡交易所上市，所筹资金将用于现有与新增房地产项目。碧桂园 1 年内连续第三次在新加坡交易所发债进行海外融资。2010 年 4 月和 8 月，碧桂园分别发行了 7 年期 5.5 亿美元优先票据和 4 亿美元的 5 年期优先票据，年息分别为 11.25%、10.5%。由此算来，1 年内碧桂园海外发债融资高达 18.5 亿美元（合人民币 121.8 亿元）。

2011 年开始，房企就掀起海外发债融资潮。仅 1 月，就有恒大、中骏置业、华南城、瑞安房地产、合生创展等公司在海外发债，5 家合计发债 183.5 亿元。其中恒大地产发行了 92.5 亿元以美元结算的人民币债券，为这几单中规模最大。

资料来源：中国私募网，http：//news. cd. soufun. com/2011 – 02 – 18/4536094. htm.

实际上，上述债券是公司债券在国内市场发行的延伸而已，不同的是公司债券在国际上发行可能会面临着更为严格的发行条件的审查，以及发行之后的监督。

（2）公司商业票据融资。

①商业票据概述。商业票据指发行体为满足流动资金需求所发行的、期限为 2 天至 270 天的、可流通转让的债务工具。一般是指商业上由出票人签发，无条件约定自己或

要求他人支付一定金额，可流通转让的有价证券，持有人具有一定权利的凭证。而这里面的商业票据包括汇票、本票、支票、提单、存单等。[①] 那么票据发行融资（Note-Issuance-Facilities，NIFs）是一种中期周转性的商业票据融资，是信誉较佳的大企业在金融市场上借助商业票据筹措短期资金的融资方式。它是借款人事先和商业银行等金融机构缔结具有法律约束力的一系列协议，此后，在一定时期内（一般为 5 ~ 7 年），以自己的名义发行一连串的短期票据，从而取得周转性融资的效果，承包的商业银行依约负责承购借款人卖不出去的全部票据。

商业票据市场是指买卖业绩卓著而极有信誉的工商企业所发出的期票市场。商业票据市场上交易的对象是具有高信用等级的大企业发行的短期、无担保票据。由于商业票据偿还期很短，而且大多数票据发行人在面临投资者流动性压力时，常常在偿还期以前就买回商业票据，故商业票据没有专门的流通市场，基本上一种初级市场。一般来说，商业票据的发行者主要有工商业大公司、公共事业公司、银行持股公司以及金融公司。商业票据的主要买主有商业银行、非金融公司、保险公司、私人年金基金、投资公司和其他单位。

商业票据的发行方式通常有两种：第一种是发行公司直接发行，卖给购买者，这样可节省付给中间商的费用，但手续繁琐。第二种是委托交易商代售。非金融公司发行商业票据大都通过交易商，金融公司出售商业票据则采用上述两种方法。

②欧洲商业票据市场。欧洲票据进行融资是 20 世纪 80 年代初产生的金融工具创新。由于当时出现的国际信贷危机，银团信贷规模减小，使得一些银行运用银行信用与票据发行人信用组合来提升交易信用的方法，从而设计出以发行人信用为基础，以承销银行的循环包销或信贷支持等银行信用为保障的欧洲票据融资工具。欧洲票据市场（Euro-Note Market）就是在发行欧洲票据融资（Euro-Note Issuance Facilities）时，各种融资安排方式的总称。

实际上商业票据融资的发行人包括了除公司之外的其他机构，但在国际金融市场中，尤其是欧洲货币市场中发行主要为实力雄厚的公司。因此，主要在此介绍以公司为发行主体的债性欧洲商业票据融资市场（见图 4 – 14）。

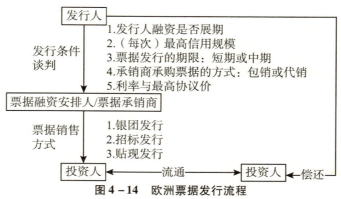

**图 4 – 14　欧洲票据发行流程**

资料来源：史燕平. 国际金融市场. 中国人民大学出版社. 2005：130.

---

① 股票和债券其实也包括其中，只是后面我们会强调股票和债券融资方式，在此不再介绍。

欧洲票据融资流程一般分为三个基本的步骤：第一，发行人（主要为跨国公司）与票据融资安排人（跨国投资银行）就相关发行票据的细节安排达成协议，确定票据发行的标准；第二，票据融资安排人组织相关的发行参与主体，就事先达成的协议在欧洲市场对投资人发行商业票据；第三，票据到期后，发行人赎回票据，偿还投资者的资金。

---

## 淡马锡将售 64 亿新元欧洲商业票据

2011 年 2 月 17 日，淡马锡控股成立了一个 50 亿美元（64 亿新元）的欧洲商业票据计划，完成它的资金结构的关键组成部分，也进一步扩大它的利益相关者群体。

淡马锡控股（Temasek Holdings）指出，这个欧洲商业票据（Euro-Commercial Paper）计划，为其短期资金选择增加灵活性，辅助它现有的 100 亿美元（128 亿新元）环球中期债券（Global Medium Term Note）计划。欧洲商业票据是无条件完全的获得淡马锡控股的担保。环球中期债券则是 2005 年首次推出，同样是获担保的债券。

这是一个长期的集资计划，主要为淡马锡的中期债券计划。在此之前，淡马锡已发行 11 个淡马锡债券，包括新元、美元和英镑债券，总额超过 100 亿新元，并且确立了长达 40 年的收益率曲线。新的淡马锡欧洲商业票据计划，覆盖了我们这个收益率曲线的短期部分，与覆盖较长期的淡马锡债券的中期债券计划相辅相成。

欧洲商业票据的好处是灵活及具有成本效益，可以用不同货币发行不同规模和期限的票据，期限最长为 364 天。

只有信用评级非常高的公司，才能发行欧洲商业票据，淡马锡自 2004 年便获得标准普尔（Standard & Poor's）AAA 和穆迪（Moody's）Aaa 评级。淡马锡的中期债券计划和所有未到期的债券，都获得这两家信用评级公司给予 AAA 和 Aaa 评级。超过 60% 的欧洲商业票据，拥有最高的短期票据评级（例如 A－1＋标普评级或 Prime－1 穆迪评级）。穆迪给予淡马锡这个欧洲商业票据 Prime－1 评级，标普也宣布给予 A－1＋评级。

淡马锡的欧洲商业票据计划，是由 Temasek Financial（Ⅱ）私人有限公司（TFin－Ⅱ）设立，TFin－Ⅱ打算把所筹得的净资金提供给淡马锡和淡马锡的投资控股公司。按美国证券法，这些商业票据将只销售给美国以外的非美国人；在新加坡则只销售给机构投资者和新加坡证券期货法律允许的人。淡马锡已经委任了德意志银行（Deustche Bank）为安排机构，花旗集团（Citi）、高盛（Goldman Sachs）以及瑞士银行（UBS）则负责这个计划的交易。

资料来源：南博网，http://www.caexpo.com/news/business/2011/02/18/3525003.html.

---

4. $H_4$——银行标准化债性融资市场

银行作为发行主体在国际金融市场中进行的标准化债性融资，主要包括欧洲定期存单市场和欧洲大额可转让定期存单市场。之所以在"欧洲"是因为欧洲货币市场基本是一个批发市场，作为市场参与主体的欧洲银行如何吸收活期存款、支票账户等业务，必须靠发行上面两种的债性融资凭证来吸收欧洲货币存款。

（1）欧洲定期存单（Term Deposit）。

欧洲定期存单实际上就是欧洲银行所吸收的定期存款的凭证，即存款人将欧洲货币存入欧洲银行中所取得的凭证。在存单到期前，存款人不得提取该款项；到期后，获得本息。

为什么说其是银行发行的标准化的债性融资产品呢？虽然说存款人基于自身的资金水平而选择存款的多少，同时存单对面额也没有统一的要求。但存单对于存款的期限一般都有规定，具体的期限包括通知存单、隔夜存单、1个月、3个月、6个月、12个月等期限。

（2）欧洲大额可转让定期存单（Euro – Certificate of Deposit）。

大额可转让定期存单亦称大额可转让存款证，是银行印发的一种定期存款凭证，凭证上印有一定的票面金额、存入和到期日以及利率，到期后可按票面金额和规定利率提取全部本利，逾期存款不计息。大额可转让定期存单可流通转让，自由买卖。

大额可转让定期存单产生于20世纪60年代的花旗银行。为规避利率管制，花旗银行前身 First National City Bank 于20世纪60年代初开始发行可转让定期存单，使商业银行的资金配置策略重心转向"负债管理"。大额可转让定期存单自问世以来，受到了投资者欢迎，成为一些银行管理头寸的工具。

欧洲大额可转让定期存单具有下面的特点：

第一，不记名发行。与上面的欧洲定期存单不同的是，这种欧洲 CD 票面上不反映持票人的任何信息。这有利于存单在二级流通市场上转让和流通。

第二，存单发行的货币具有多样化，主要有：欧洲美元 CD（Euro-dollar CD）、欧洲英镑 CD、欧洲日元 CD 和欧元 CD 等。其中，欧洲美元存单是美国境外银行发行的，以美元为面值的一种可转让定期存单。欧洲美元存单由美国境外银行（外国银行和美国银行在外的分支机构）发行。欧洲美元存单的中心在伦敦，但欧洲美元存单的发行范围不仅限于欧洲。

第三，存单利率安排较为灵活。既有固定利率大额可转让存单，又有浮动利率大额可转让存单，主要是由市场中供求双方力量对比决定的。

欧洲大额可转让定期存单的交易机制：大额可转让存单市场可分为发行市场（一级市场）和流通转让市场（二级市场）。大额可转让存单的发行方式：直接发行和间接发行。直接发行是发行人自己发行大额可转让存单，并将其直接销售出去；间接发行是发行人委托中介机构发行。大银行分支机构众多，可以采取直接发行方式，节约成本。小银行由于规模小，可以委托承销商代为办理发行，并向其支付一定的费用。

## 大额可转让定期存单在我国的发展

虽然大额可转让存单在欧洲市场上发行规模很大，但在我国一直处在低潮期。但在

20世纪末期，四川的中国农业银行发行过大额可转让定期存单。四川省绵阳市中国农业银行1990年3月份，发行大额可转让定期存单1 297.4万元，就地转储567.4万元，转储率为43.7%。江油市中国农业银行反映市中区储蓄所发行初期就地转储率为60%左右，主要是提前支取定期存款购买大额可转让定期存单。开始时储种与储种之间、行与行之间储蓄存款"大搬家"的态势相互抵消了力量。但基于各专业银行在发行大额可转让定期存单时出现的由于利率过高引发的存款"大搬家"，增持银行资金成本的弊病，中国人民银行曾一度限制大额定期存单的利率，加之我国还未形成完整的二级流通市场，80年代大量发行的大额可转让定期存单到1996年以后整个市场停滞，几近消失。

2010年10月18日，中国银行业协会大额存单业务座谈会在北京召开。中国人民银行、中国银行业监督管理委员会、国家开发银行、中国工商银行、中国银行、汇丰银行等17家机构的代表参加了会议，会议主题讨论重启我国资本市场中的大额可转让定期存单业务。我国大额可转让定期存单业务的发展虽然经历波折，但其在拓宽银行资金来源、推动货币市场向纵深发展、促进利率市场化建设等方面的特点和作用，及其在我国当前金融环境下的发展前景，仍然值得我们深入研究。中国银行业协会一直高度重视发挥行业政策建议者和专项工作组织者的桥梁作用，希望通过本次座谈会为会员单位搭建行业交流平台，为监管机构提供参考和建议，引领行业稳定、健康发展。

随着整个国内外汇率和利率市场形势的变化，启动大额存单业务的市场呼声日益提高，尤其是外资银行网点少、存款不稳定，需求更迫切一些，而中资银行也面临市场化工具太少的挑战。可以预见未来我国债券市场上外资银行发行大额可转让存单会越来越多。

资料来源：MBA智库百科，http：//wiki. mbalib. com/wiki/% E5% A4% A7% E9% A2% 9D% E5% 8F% AF% E8% BD% AC.

---

## （二）G₂ 按照发行融资标的货币与发行地是否匹配分类

一般在标准化国际债性融资中，特别是国际债券来说，存在着两大类：一类是属于传统的国际金融市场范畴的外国债券（Foreign Bonds）；另一类是属于欧洲货币市场范畴的欧洲债券（Eurobonds）。两者分类标准在于，债券融资的标的货币与发行国的货币存在着差异，突出这种差异主要在于发行过程中对于两者的监管程度不同。

### 1. H₅——外国债券市场

外国债券，即是外国借款人（政府、私人公司或国际金融机构）在某个国家的债券市场上发行的以这一国家货币为面值货币的债券。这种债券只在一国市场上发行并受该国证券法规制约。例如，扬基债券是非美国主体在美国市场上发行的债券，武士债券是非日本主体在日本市场上发行的债券，同样，还有英国的猛犬债券、西班牙的斗牛士债券、荷兰的伦勃朗债券、中国的熊猫债券都是非本国主体在该国发行的债券。

外国债券从一国的国内债券，除了发行人的国别性质不同之外，几乎没有什么分别。但通常发行地国家的监管机构对两种债券的监管不同。往往对于外国借款人的发行债券的审查会较为严格，表现在对于外国借款人的信用等级、信息披露、发行时间、发行规模、注册与登记以及本国投资人是否可以购买做出了规定。理论上说，世界上的任何国家的债券市场都应该存在外国债券，但是由于或多或少各国都会在资本市场存在管制，因此外国债券主要集中在发达的国家，如美国、英国、日本、新加坡、瑞士等。

2. $H_6$——欧洲债券市场

欧洲债券是指一国发行人或国际金融机构，为了筹集外汇资金，在其他一国或几国的债券市场上同时发行、以某一欧洲货币（即各自境外货币）或综合货币单位进行标价的债券。欧洲债券是随着 20 世纪 60 年代的欧洲货币而兴起的一种国际债券。源于美国政府征收的"利息平衡税"——规定美国居民购买外国在美国发行的债券，所得利息一律要付税，同时在 1965 年又要求银行和其他金融机构限制对国外借款人的贷款数额，使得境外的借款人很难在美国发行美元债券或者获得美元贷款。但大量的欧洲美元存在使得在美国境外发行美元债券成为了可能，随即诞生了欧洲债券。欧洲债券最初主要以美元为计值货币，发行地以欧洲为主。70 年代后，随着美元汇率波动幅度增大，以德国马克、瑞士法郎和日元为计值货币的欧洲债券的比重逐渐增加。同时，发行地开始突破欧洲地域限制，在亚太、北美以及拉丁美洲等地发行的欧洲债券日渐增多。欧洲债券自产生以来，发展十分迅速。1992 年债券发行量为 2 761 亿美元，1996 年的发行量增至 5 916 亿美元，在国际债券市场上，欧洲债券所占比重远远超过了外国债券。

欧洲债券不受任何国家资本市场的限制，免扣缴税，其面额以发行者当地的通货或其他通货为计算单位。对多国公司集团及第三世界政府而言，欧洲债券是他们筹措资金的重要渠道。传统的欧洲债券可分为直接债券（Straight Bond）、可转换债券（Convertible Bond）、附股权认购证的不可转换债券（Straight Bond With Warrant）与浮动利率本票（Floating Rate Notes）等。除此之外，亦有多元通货（Multi-Currency）及使用记账单位（Unit of Account）两种方式发行的债券。前者虽其面值为单一货币，但投资人可从几种通货中选择一种还款；后者则指以欧洲货币单位（European Currency Unit）、欧洲组合单位（Eurco）、阿拉伯通货关联单位（Arcru）及特别提款权（SDR）等记账单位所发行的债券。欧洲债券亦可以不记名的方式发行，但若借款人不被准许发行时，可与经办发行的银行协商，由后者发行不记名存券收据（Bearer Depositary Receipt）。

由于欧洲债券是在一国或者几国，以境外货币为标价来发行债券，因此发行地所在国通常对于债券发行审核较为严格。首先是待发行的债券要通过国际上权威的证券评级机构的级别评定，其次债券还需要由政府、大型银行或企业提供担保，另外还需有在国际市场上发行债券的经验，再者在时间间隔方面也有一些限制。这种债券的发行通常由国际性银团进行包销，一般由 4 ~ 5 家较大的跨国银行牵头，组成一个世界范围的包销银团。有时包销银团还要组织一个更大的松散型的认购集团，联合大批各国的银行、经纪人公司和证券交易公司，以便在更大范围内安排销售。欧洲债券的票面货币除了用单独货币发行外，还可以用综合性的货币单位发行，如特别提款权、欧洲货币体系记账单位等。欧洲债券每次的发行范围也可以同时是在几个国家。

由上面对欧洲债券的介绍，可知欧洲债券主要有以下特点：

第一，债券的货币选择性强。由欧洲债券的定义可知，筹资人可在欧洲债券市场根据各种货币的汇率、利率的需要，在每个市场上发行不同的、合适的欧洲债券；

第二，欧洲债券的信用等级高。欧洲债券的筹资者一般都是大公司、各国政府和国际金融组织，具有较高的信誉，同时需要政府、大型企业或者银行的担保，再经过发行地监管机构严格的审核，使得欧洲债券信用等级很高；

第三，欧洲债券二级市场流通性强。由于欧洲债券信用等级高，投资者认购率也较高，存在着活跃的二级市场，投资者相互之间的转让较为频繁；

第四，免缴税款和不记名。欧洲债券利息通常免除所得税或不预先扣除借款国的税款。另外，欧洲债券是以不记名的形式发行且可以保存在国外，从而使投资者容易逃避国内所得税。

## 乌克兰发行 15 亿美元欧洲债券

乌克兰政府于 2011 年 2 月 21 日宣布，该国已经成功发行总额 15 亿美元的 10 年期欧洲债券，年利率为 7.95%。2011 年乌克兰政府计划发行外债 45 亿美元，内债 61 亿美元。2010 年乌克兰共发行两次欧洲债券，第一次是在 2010 年 9 月，当时发行 5 年期债券 5 亿美元和 10 年期债券 15 亿美元；第二次是在 2010 年 12 月，当时发行 1 年期债券 6 亿美元。

资料来源：中金在线，http://bond.cnfol.com/110221/106，1579，9356105，00.shtml.

3. 外国债券和欧洲债券的比较

根据上面的介绍，表 4-1 将外国和欧洲债券的不同之处罗列出来。

表 4-1　　　　　　　　　　外国债券和欧洲债券的比较

| 对比标准 | 外国债券 | 欧洲债券 |
| --- | --- | --- |
| 票面标的货币与发行国货币 | 相同 | 不同（境外货币） |
| 货币选择 | 单一性 | 多样性 |
| 管制程度 | 严格 | 宽松 |
| 税收优惠 | 无（程度小） | 有（程度大） |

## □三、$F_2$ 非标准化债性国际金融市场

上面的分类标准论述中，在非标准化债性国际金融市场中，跨国银行是最重要的参与主体。据此划分为银行间、银行与非银行间、非银行间的非标准化债性国际金融

市场。

## （一）G₃银行间非标准化债性国际金融市场

### 1. 国际银行间同业拆借市场概述

银行同业拆借市场是指银行业同业之间短期资金的拆借市场。各银行在日常经营活动中会经常发生头寸不足或盈余的情况，银行同业间为了互相支持对方业务的正常开展，并使多余资金产生短期收益，就会自然产生银行同业之间的资金拆借交易。这种交易活动一般没有固定的场所，主要通过电信手段成交。期限按日计算，有 1 日、2 日、5 日不等，一般不超过 1 个月，最长期限为 120 天，期限最短的甚至只有半日。拆借的利息叫"拆息"，其利率由交易双方自定，通常高于银行的筹资成本。"拆息"利率变动频繁，灵敏地反映资金供求状况。同业拆借每笔交易的数额较大，以适应银行经营活动的需要。日拆一般无抵押品，单凭银行间的信誉。期限较长的拆借常以信用度较高的金融工具为抵押品。

在国际金融市场中，银行间同业拆借市场反映到了国际银行间的同业拆借市场，特别是其中的欧洲货币银行间同业拆借业务。据统计，欧洲银行同业拆借市场是由 50 多个国家的 1 000 多个银行通过其总部银行和海外分支机构之间的借贷安排而组成的。

### 2. 国际间银行同业拆借市场内容

交易主体和交易形式：国际间同业拆借市场的参与者包括银行、货币经纪人、中央银行或者货币管理机构以及大公司。但是欧洲同业拆借交易往往是在信用等级较高、彼此之间经常有业务往来的跨国银行和企业之间展开。交易形式通常有两种：一是通过国际货币经纪人来完成；二是通过电话或者传真等电信系统网络或互联网技术。

交易规模和期限：欧洲银行同业拆借市场的起点较高，一般为 100 万美元。通常交易的金额在 500 万美元到 1 000 万美元之间。同时同业拆借市场的期限较短，一般为 1 天、7 天、30 天或者 90 天，基本上不超过 3 个月，其中以 6 个月为主。

### 3. 欧洲银行同业拆借市场的特点

第一，交易对象——中央银行的存款准备金的即时可用资金。第二，期限较短。同业拆借市场是一种短期融资活动，期限最长不超过 1 年，一般在 4 个月。通常为隔夜拆借行为。第三，拆借金额巨大——每笔至少 10 万美元，典型银行间借贷以 100 万美元为一个交易单位。第四，信用融资——不需要抵押或担保。

---

## 欧美银行同业拆借 Libor 操纵案

英国银行家协会（BBA）每日都会向美国银行、巴克莱、花旗银行、瑞信（Credit

Suisse)、德意志银行（Deutsche Bank）、汇丰（HSBC）等16家全球大型商业银行收集美元、瑞典克朗等十余种货币拆借成本报价，除最高与最低报价后，将剩余报价平均值"计算"为当天Libor利率，发往英国银行家协会全球各地交易部门。

全球上百万亿美元金融衍生品与企业债券都将Libor视为基准利率，Libor利率被认为是最能反映全球资金需求状况变化的金融价格工具。但最近Libor利率被认为是人为操纵的结果。美国证交会（SEC）、美国司法部（Department of Justice）和英国金融服务管理局（Financial Services Authority）调查人员已约见数名证人，调查次贷危机爆发前后，Libor是否受"操纵"。

案例背景：2007年9月后的12个月，Libor利率多数时间均低于同期美国联邦基准利率，直到2008年9月雷曼兄弟申请破产导致次贷危机全面爆发。

这一年中，偏低的Libor利率对金融业的影响不容忽视，一方面，偏低利率刺激全球多数金融机构增加低息贷款，提高杠杆融资倍数，参与投资高息次级房地产抵押贷款衍生金融品种（CDS）进行利差套利；另一方面，作为全球上百万亿美元金融衍生交易品种的参考利率与定价参数之一，偏低的Libor利率有助于复杂的量化投资套利模型有更大的施展空间，提高欧美大型银行在经纪业务与衍生品投资方面的收入。

更重要的是，偏低的利率让欧美大型银行避免较高的借贷融资成本，尤其在2008年次贷危机升级，金融市场资金流动性出现紧缩时，银行仍能以此维系低息拆入资金支持其高杠杆衍生品投资及参与次贷产品衍生品设计投资的业务。并且早在2008年，国际清算银行已发布报告指明不能排除Libor被操纵，但很难找到相关证据。

在2010年第三季度起，上述16家银行相继收到要求协助调查Libor是否被操纵的非正式请求，尽管多数被调查银行的回应"避重就经"。瑞银2010年年报披露，已经收到美国证券交易委员会、美国商品期货交易委员会（CFTC）和美国司法部的传票；调查重点主要是瑞银是否有不当企图，试图在特定时期独自或联合其他机构一起操纵Libor利率。

2011年3月，调查人员正在调查巴克莱的交易员及其资金部门在Libor定价方面的信息交流是否违反"中国墙"（Chinese Wall）规定，后者旨在防止一家银行不同部门之间机密信息共享及不当获利行为。

资料来源：新浪财经，finance.sina.com.cn/world/ozjj/20110329/09459608961.shtml.

### （二）G₄银行与非银行间非标准化债性国际金融市场

在银行和非银行参与下的非标准化债性国际金融市场包括了很多的业务，一般来说，银行与非银行下的业务很难区分。比如国际保理业务实际是银行信用和商业信用结合的产物，但在此分类中主要涉及贸易双方或者贸易方和保理组织之间的短期债务融通。需要说明的是，以下的分类主要是根据业务中交易双方的身份来划分的。比如保理业务中，贸易方与保理组织（除商业银行外）进行的资金融通。要注意的是，此处所指的银行为跨国性的商业银行，一般其通过国际金融市场与借款者达成协议；而不是通常意义上的政策性银行或者一国财政提出的政策性贷款，后者的借贷利率没有反映出真实的资金成本。针对银行与非银行间的非标准化债性融资业务，将主要介绍国际商业银行信贷和出口信贷。

### 1. $H_8$——国际商业银行信贷市场

国际商业银行贷款（International Commercial Bank Loan）是指一国独家银行或一国（多国）多家银行组成的贷款银团，在国际金融市场上，向另一国借款人提供的不限定用途的货币贷款。根据上述国际商业银行贷款的定义，其一般包括以下内容：第一，国际性商业银行主要从事的跨国性的借贷行为，涉及不同国家之间的交易主体情况，在此国际金融市场起到了很重要的作用。第二，国际商业银行贷款不像出口信贷、国际项目融资，信贷资金运用到限定的用途，而用途是不限定的，通常称之为自由外汇贷款。虽然增加了贷款银行的风险，但是大大增加了借款人运用资金的自由性，有利于借款人商业活动的开展。第三，国际商业银行所涉及的货币资本（借贷资本）通常为可自由兑换的货币。这便于在国际经济中充当国际间计价、结算与支付货币，也可以充当世界各国官方储备资产，发挥世界货币符号的作用。

（1）国际商业银行贷款的种类。第一，根据贷款的期限不同，可分为短期、中期和长期贷款。短期信贷通常指借贷期限在 1 年以下的资金。短期资金市场一般称为货币市场。中期信贷是指 1 年以上、5 年以下的贷款。这种贷款是由借贷双方银行签订贷款协议。由于这种贷款期限长、金额大，有时贷款银行要求借款人所属国家的政府提供担保。长期信贷是指 5 年以上的贷款，这种贷款通常由数家银行组成银团共同贷给某一客户。第二，按贷款对象划分，可以分为：对银行间放款、企业放款、对外国政府机构及国际经济组织放款。第三，根据贷款银行的不同，可分为单一银行贷款和多银行贷款。单一银行贷款是指仅由一家银行提供的贷款。由于国际贷款风险较大，一时发生损失难以挽回，所以单一银行贷款一般数额较小，期限较短。多银行贷款是指一笔贷款由几家银行共同提供。

（2）国际商业银行贷款的参与者。第一，借款人。根据国际惯例，国际商业银行贷款的借款人（Borrower）必须是法人，不能是自然人。第二，贷款人。国际商业银行中的贷款人（Lender）是可以经营存贷款业务的银行。随着经济的发展，国际交易中资金量越来越庞大，就需要银团贷款。下面主要介绍银团贷款中的参与银行。第三，牵头行（Lead Bank）。牵头行是安排国际银团贷款的组织者和领导者。因此牵头行通常是由借款人根据贷款需要物色的实力雄厚、在国际金融市场上具有较高威望的、与其他银行有广泛联系的、与借款人自身关系密切的大银行或其分支机构来承担。牵头行同时也可以参与到贷款当中，当银团贷款协议签订之后，牵头行就变成了贷款行。第四，参与行（Participant Bank）。参与行是同意参加贷款银团，并承担一定贷款份额的银行。第五，代理行（Agent Bank）。代理行是银团贷款在执行过程中的核心，是银团贷款的参加行，即全部债权银行的代理人，其基本职能是代表银团负责处理与借款人的日常业务联系，充当贷款管理人角色的一家银行。第六，担保人。担保人是在担保借款人到期偿还本息的一方，当借款人无法偿还贷款时，担保人必须根据贷款协议以及担保书的规定，无条件履行担保的义务。

（3）鉴于国际商业银行贷款中，最复杂的就是银团贷款，下面介绍一下相关的银团贷款的流程图（见图4-15）。

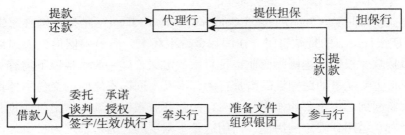

**图4-15　国际商业银行信贷流程**

资料来源：史燕平. 国际金融市场. 中国人民大学出版社，2005：157.

2. $H_9$——出口信贷市场

出口信贷是一种国际信贷方式，它是一国政府为支持和扩大本国大型设备等产品的出口，增强国际竞争力，对出口产品给予利息补贴、提供出口信用保险及信贷担保，鼓励本国的银行或非银行金融机构对本国的出口商或外国的进口商（或其银行）提供利率较低的贷款，以解决本国出口商资金周转的困难，或满足国外进口商对本国出口商支付货款需要的一种国际信贷方式。出口信贷名称的由来就是因为这种贷款由出口方提供，并且以推动出口为目的。对于银行来说，在进出口商之间更普遍推行的出口信贷形式有：卖方信贷、买方信贷、福费廷、信用安排限额、混合贷款、签订存款协议、出口信贷保险等。那么目前在国际金融市场中运用最多是出口信贷。下面将详细介绍这种业务形式。

出口买方信贷主要是有出口商所在国的银行（简称出口商银行）为进口商或通过进口商所在国银行（简称进口商银行）为进口商提供的旨在扩大贷款国资本品出口的低利优惠的贷款。可见，其参与者有进出口国银行、进出口商、相关保险机构等。一般程序见图4-16。

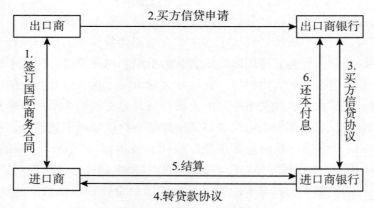

**图4-16　出口买方信贷流程**

资料来源：史燕平. 国际金融市场. 中国人民大学出版社，2005：165.

第一，进出口商签订关于国际商务合同，合同规定采用买方信贷方式支付相关货款；

第二，出口商向本国的银行提出关于信贷的申请；

第三，由进口商所在国银行与出口商所在国银行签订贷款协议，并为进口商提供相关的担保；

第四，进口商银行将相关款项贷给进口商；

第五，待进口商与进口商银行进行结算；

第六，进口商银行还本付息出口商银行的贷款。

上述这一系列过程揭示了国际信贷资产的跨国流动环节，一国国内的信贷市场和国际间银行借贷市场的参与促成了出口信贷的完成。

上面只是主要介绍了两种相关类型的国际金融业务。但针对于银行与非银行参与主体间的非标准化债性国际金融业务还有很多，其共同点都是国际金融市场中，银行为非银行主体提供非标准化的债性融资金融业务，主要还存在以下业务。

信用证（Letter of Credit，L/C 或 LOC）是国际贸易中一种常见的结算方式。它的主要作用是通过银行作为中介人，来调解和消除买卖双方之间的互不信任心理。由于开证银行代进口商承担了有条件的付款责任，所以出口商只要满足了信用证的规定和要求，提交了严格相符的全套单据，便可保证收回货款。因此，信用证实质是由进口商从银行获得的一份授信业务。

银行承兑汇票（Bank's Acceptance Bill）是由在承兑银行开立存款账户的存款人出票，向开户银行申请并经银行审查同意承兑的，保证在指定日期无条件支付确定的金额给收款人或持票人的票据。对出票人签发的商业汇票进行承兑是银行基于对出票人资信的认可而给予的信用支持。

针对于上述两种业务的具体操作流程，将会在第五篇涉及，在此不再赘述。

## （三）$G_5$非银行间非标准化债性国际金融市场

### 1. $H_{10}$——国际融资租赁市场

传统租赁中，出租人根据其自身对市场需求的判断而购进租赁物件，采取契约形式或口头形式，租金由承租人支付出租人收取，租赁对象是往往是实物，租期完毕租赁返还出租人。

现代租赁即是我们所说的融资租赁，其将传统租赁交易的以物为载体的特征与金融行为的资金融通特征结合在一起的产物。在国际租赁中，体现跨国资本流动性，必须在租赁中的出租人、承租人、供应商中至少两人位于不同的国家，体现为设备、资本跨国流动。在此不深究其具体情况。

国际租赁贸易是商品信贷和金融信贷相结合，一般称为国际融资租赁。由出租人、承租人、供货人及金融机构共同参与的一种新型贸易方式。出租人通过出租设备等向承租人提供信贷便利，而承租人则以定期支付租金的形式取得设备的使用权，而供货人则向出租人提供货物买卖。其实质是出租人向承租人提供信贷的一种交易方式。国际租赁贸易实质上是一种分期付款的信贷方式。就国际融资租赁来说，其国际常见方式有：跨国直接融资租赁（Cross-Border Direct Finance Lease）、跨国转租赁（Cross-Border Sub-Lease）（见图4-17）和跨国杠杆租赁（Cross-Border Leverage Lease）。

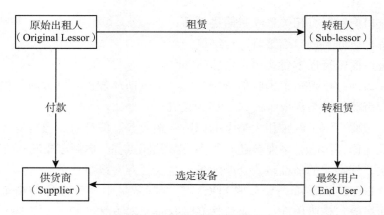

**图4-17　国际转租赁流程**

资料来源：史燕平.国际金融市场.中国人民大学出版社，2005：181.

2. $H_{11}$——保付代理、福费廷业务等

在非标准化的债性融资中，纯粹的以非银行主体参与的国际债性融资其实很少。但这类业务在形式上表现为第三者的金融中介组织充当融资中介作用。为了分类明确，在此排除跨国商业银行的参加。相关的国际业务主要包括保付代理和福费廷等。由于这两种业务具体操作流程，将会在第五篇国际金融行为主体——跨国经营与跨国公司中的企业的国际结算与贸易融资涉及，在此只介绍相关定义。

（1）保付代理。保付代理也称保理，又称承购应收账款、托收保付，是指保理商承担进口商的信用风险，进口国的政治风险以及转移风险的出口融资业务。保理是指出口商将其现在或将来的基于其与买方订立的货物销售/服务合同所产生的应收账款转让给保理商（提供保理服务的金融机构，这里一般为非商业银行类的机构），由保理商向其提供资金融通、进口商资信评估、销售账户管理、信用风险担保、账款催收等一系列服务的综合金融服务方式。它是国际贸易中以托收、赊账方式结算货款时，出口方为了避免收汇风险而采用的一种请求第三者（保理商）承担风险责任的做法。

（2）福费廷[①]。"福费廷"一词来源于法语，意为放弃权利的意思。福费廷业务是指在大型成套设备的国际贸易中，当出口商以赊销方式卖出商品后，将经过其预先选定的贴现行或者大金融公司认可的担保行担保的本票（或经过进口商承兑、担保行担保的

---

① 此处的福费廷业务特指非银行主体间的融资义务，当然实际中也涉及到跨国性的综合银行进行福费廷业务。

汇票）买断给贴现行或大金融公司，以提前取得现款的一种资金融通形式，也称为包买、买单信贷、丧失追索权的贴现。

3. $H_{12}$——国际优惠信贷市场

按照通常的分类方法来说，对于国际间的优惠性贷款来说，抛开国际商业银行，主要有政府贷款、国际金融组织贷款这两类。这两类贷款将会在第六篇中有所涉及，在此不再赘述。

当然上述的政府贷款和国际金融组织贷款并没有涵盖国际金融市场中的信贷形式。往往一个国际信贷的资金来源于多个参与方，既有跨国商业银行又有非银行的金融机构和政府。如银行与非银行都参与的国际信贷。

国际联合贷款（International Co-financing），是指商业银行与世界性、区域性国际金融组织，以及各国设立的发展基金、对外经济援助机构共同联合起来向某一国家提供资金的一种形式。

混合贷款（Government Mixed Credit），通常是指把出口信贷和政府援助、捐赠、贷款结合起来的一种贷款，使用这种贷款的目的是在增进双方经济合作的同时，推动本国商品或劳务的出口。

## 四、$F_3$标准化股性国际金融市场

### （一）$G_6$按发行主体分类

通常来讲，对于股票的发行，一般为公司法人。但是究其股性合约的本质，其实政府也是在发行"股票"，这种"股票"就是货币，特别是全球通货的标志美元。我们具体划分为政府性"股票"和公司股票。

1. $H_{13}$——公司股票市场

不难理解，公司性股票是一国企业通过向外国投资人让渡本公司的股权而实现的一种资金融通。虽然一国企业在国外股票交易所上市为企业海外股权融资的一般形式，但随着国际经济交往的展开，一国企业在世界范围内让渡股权而融资的实现途径更加多样化。具体包括以下几种途径：

（1）国内上市与海外二次上市。这种形式特指一些企业通过国内股票市场由非上市企业成为上市企业后，将其流通股中的一部分收回，再到另一个国家的证券交易所上市流通的过程，也就是所谓的交叉上市过程。中国银行的 A、H 股就是分别在中国境内和香港上市。

（2）通过股票存托凭证实现境外股票上市。存托凭证（Depository Receipts，DR），又称存券收据或存股证，是指在一国证券市场流通的代表外国公司有价证券的可转让凭证，属公司融资业务范畴的金融衍生工具。存托凭证一般代表公司股票，但有时也代表

债券。1927年，美国人J. P. 摩根（John Pierpont Morgan）为了方便美国人投资英国的股票发明了存托凭证。一般我国的公司去海外上市通常是通过存托凭证的方式，其中有最近的麦考林纳斯达克以发行海外股票存托凭证的方式上市，此案例将在网链式国际金融市场中的股权投资基金中讲到。

目前股票存托凭证主要包括美国股票存托凭证（American Depository Receipt，ADR）和全球存托凭证（Global Depository Receipt，GDR）两种形式。存托凭证是指上市公司根据存托协议将公司股份寄存在国外的银行，由后者发出单据作为寄存证明，这些单据即为存托凭证。通过买卖这些凭证，国际投资者可以间接投资该公司的股票。存托凭证按其发行或交易地点之不同，被冠以的不同名称，即划分为美国存托凭证和全球存托凭证。

（3）境外借壳上市或境外买壳上市。境外借壳上市是指一家国内的非上市企业与境外交易所的某一上市公司达成协议，双方进行合并，境外的上市公司通过增发股份与该国企业置换股份后，该国内企业即成为某境外上市公司的附属企业，而国内企业持有了境外的上市公司的股份，该新增的股份可以在境外的交易所上市。

境外买壳上市是指一家国内的企业通过收购境外某一上市公司的一定比例股份，对其拥有控股权后，再通过增发股份的方式将国内企业的资产注入其中，实现新注入资产的上市。

境外买壳和境外借壳都是相对高级的资本运作模式，而我国的企业一般都会在香港的股票市场进行上述的操作，如国美借壳香港上市（见图4-18）、中信香港借壳泰富发展上市等。

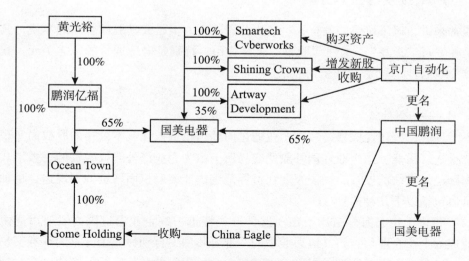

**图4-18　国美香港借壳上市路径**

资料来源：新浪财经，http：//finance. sina. com. cn/stock/companyresearch/20081125/12015549966.
shtml.

## 国美电器借壳香港上市之路

国美借壳香港上市采取了控制海外壳公司—重组国内公司—反向收购，实现海外上市；这种海外借壳上市之路，下面简要解析一下这个案例。

第一步，控制海外壳公司——京光自动化（Capital Automatiaon Holding Limited）。

2002 年 3 月，黄光裕透过其全资控股的公司 Shinning Crown Holding Inc.，以每股 0.1 港元的价格认购京光自动化增发的新股份从而取得公司的控股权。

2002 年 4 月，黄光裕获委任为公司主席兼执行董事；2002 年 6 月，京光自动化更名为中国鹏润集团有限公司。

2002 年 4 月 10 日，京光自动化出资现金价值为 1.95 亿港元的增发股份，收购黄光裕控制的一家注册在百慕大的公司 Artway Development，而该公司拥有内地北京朝阳区的一处物业的 39.2%。

第二步，重组国美电器。

2003 年，黄光裕成立一家"北京鹏润亿福网络技术有限公司"，由其 100% 控股。其将国美集团下属的"北京国美"的经营性资产、负债以及天津、济南、广州、重庆等地共 18 家子公司 94 家门店的全部股权装入"国美电器"，由北京亿福控股 65%，黄光裕控股余下的 35% 的股权。

2004 年 4 月，由黄光裕 100% 控股的境外公司 Ocean Town 收购北京亿福持有的所有国美电器股份。Ocean Town 成为控制国美电器核心业务的第一大股东。Ocean Town 是英属维尔京群岛注册的海外离岸公司，可以得到股权自由交易和免税的好处。

这一步完成后，国美电器被成功打包进入境外公司 Ocean Town。

第三步，反向收购实现上市目的。

中国鹏润定向发行股票和可换股票据收购 Ocean Town 全部已发行股份，将国美电器打包进入中国鹏润，随后将中国鹏润更名为"国美电器"，至此国美电器成功实现了海外红筹股上市。

资料来源：北京大学国际金融研究小组.

2. $H_{14}$——政府性"股票"市场

政府性"股票"，直接来说，即是全球金融霸权国家发行的法币合约。这种"政府发行合约的债性向股性转化"是客观存在的现象。法币交易相当于主权国家向全球（或者一定区域）发行债性合约。某一国家在国际货币体系中主导地位越强，其货币发行的范围就越广。货币一旦在全球或者某一区域成为储存货币或支付货币，在没有特殊情况发生时，该货币没有还本付息的义务。这时货币的债性就退化了，股性却增强了。如果不想持有该国货币，持有国只能在"二级市场（外汇市场）"上出售，而没有要求发行国"赎回"的权力。更加过分的是，发行国没有向全球或者相应"区域"进行与货币有关的信息披露的义务，是否"增发货币"也不受持有国的束缚。这时，该国货币已经超越了"股性合约"的基本信用约束，成为攫取他国价值的工具。

回顾国际货币体系，第一次世界大战后美国凭借其强大的经济实力，在众多领域领先于其他欧洲国家。原先国际贸易中的金本位制度由于其局限性，被迫瓦解。布雷顿森林体系的出台，有了美元国际货币的雏形。"双挂钩"的制度——其他货币与美元挂钩，美元与黄金挂钩，确立起了美元的国际储备货币角色。但美元必须时刻保持与黄金的可兑换性，使得美元具有"债性效应"凸显，债性效应具有"硬约束"——债务人到期，还本付息。那么在此可见，黄金与美元可兑换性对于美国形成了"硬约束"，使其不能在全球滥发货币，肆意在全球注入流动性。

但伴随着美元进一步的国际扩张，使得美国本土黄金储备进一步骤减，美国第37位总统理查德·米尔豪斯·尼克松（Richard Milhous Nixon）上台脱离了"美元与黄金挂钩"的制度，这时使得美元成为了真正意义上的"霸权货币"，不需要兑换成黄金，其发行更加肆无忌惮，这时其便具有"股性效应"——持币国或者个人，除了正常的投资外，不能兑换成黄金。在美国联邦合众政府存在时，永远没有到期日，持有人只能转让。甚至说连"隐性"的分红——美元升值也不存在。美元不断地贬值，美国不停地增发货币和量化宽松的货币政策，美元相对于其他国家货币一直在走低，使得持币人承担了美国的"铸币税"，出现了"倒贴钱"的现实。在此准确地说，这样的美元是具有类"股性效应"。相对于"债性效应"，在类"股性效应"下，对于美国具有"软约束"——全球对于美国增发货币，全球注入流动性只是道义上的谴责，没有实质上的约束机制。美国的量化宽松的货币政策便是这些情况的真实写照。

最近发生的美元债务危机更加深了持有美债国家的惶恐。依靠全球范围滥发货币来推动经济的美国，面对着不断攀升的债务负担，不得不上调其债务上限，加紧印制钞票，以应付即将到来的债务偿付的信用危机。但美国两党就上述法案细节进行了艰巨的拉锯战，最终8月3日奥巴马（Barack Hussein Obama Ⅱ）签署《提高债务上限法案》作为结束。但可以预见，美国国内经济深陷泥沼、美元债券收益率的持续走低、债务不断加深……这些现象将会在不久集中出现，而持有美债的国家，尤其是中国，深陷美元陷阱①之中。不幸的是，对于美国这种滥发货币的行为，全球却不能很好地约束，有的只是道义上面"软约束"。因此，面对着美国这种货币霸权和全球霸权问题，各国只能借助改革国际货币体系这条可行道路。这个在本书第三篇已有所介绍。

当然上述的表述，在某种程度上具有不完善的一面。但从历史发展和兑换黄金来讲，其确实具备政府性"股票"的特性，为了避免误解也特意加上了引号，用来阐释货币的这种股性效应。

----

① 所谓美元陷阱，是指美元是全球最主要的贸易和金融的计价货币、交易货币和结算货币以及外汇干预货币，美国债市和金融市场越大，流动性就越好，就越成为全球投资者心中的必选天堂，各国外汇储备乃至许多金融机构就不得不把越来越多的资金投入到美国债券市场，而且投进去越多，流行性就越好，规模就越大，你就越没有第二个选择，你就越不愿意大规模的抛售，因为一旦抛售，你自己也会蒙受损失。

### 美国债务危机

美国的国家债务在过去 10 年内以几何级数的速度攀升。2001 年，布什（George Walker Bush）接替比尔·克林顿（Bill Clinton）入主白宫时，美国财政状况健康，还颇有盈余。然而，在之后的 8 年里，两场代价高昂的战争、针对超级富豪的减税以及经济衰退，令这些盈余消耗殆尽。2005 年 1 月，小布什连任时，美国国债为 7.6 万亿美元，而现任总统奥巴马上任后已升至 10.6 万亿美元。2008 年金融危机后，经济急转直下，税收大受影响。奥巴马敦促国会通过的 7 000 亿美元刺激计划，将财政赤字推高至经济总产出的 10% 以上。

目前，美国财政支出的每 1 美元中，就有 0.4 美元是借来的。美国债务上限早已于 2011 年 5 月 16 日达到目前美国政府的债务上限 14.294 万亿美元。自奥巴马（Barack Hussein Obama Ⅱ）2009 年 1 月 20 日就任总统以来，国会就已经三次提高债务上限，提高总额为 2.979 万亿美元。前任总统布什在两届任期内共 7 次提高债务上限。

最近一次上调法定债务上限是 2010 年 2 月 12 日，当天美国总统奥巴马签署通过了将债务上限从 12.4 万亿美元提高到目前的 14.294 万亿美元的法案。虽然在提高美国债务上限上，美国的民主党和共和党意见一致，但就具体的债务计划细则，两党产生了分歧。这也使得该法案迟迟不能通过，但经过各方面的妥协，以 2011 年 8 月 2 日美参议员通过提高债务上限议案，次日奥巴马签署《提高债务上限法案》作为标志，结束了这场艰巨的拉锯战。

至于美国是否面临着国债到期的违约风险，经济学家普遍认为这是不太可能的。通过政治博弈和妥协，美国定能在到期日之前解决债务到期偿付的问题。

资料来源：网易财经，http://money.163.com/special/meizhai/#.

### （二）G₇ 按股票标的货币与发行国是否匹配分类

相对于国际债券市场分类来说，国际股票市场也可以根据股性合约中所注的货币与股票发行市场所在国的关系来划分，具体可分为外国股票市场（Foreign Stock Market or Foreign Equity Market）和欧洲股票市场（Euro-Equity Market）两种。

1. $H_{15}$——外国股票市场

外国股票市场是指外国企业在本国股票市场面向本国投资人发行并流通以本国货币标价的股票市场。外国股票市场伴随着一些发达国家对外国企业开放本国国内股票市场而产生、并依托本国国内的股票市场而发展起来，这是国际股票市场出现以来的最基本形式。

## 2. H$_{16}$——欧洲股票市场

欧洲股票市场是指一国的公司，以公募或私募的方式，同时在几个国际的股票市场上发行的股票，通常是规模较大的，并且以境外货币标价的股票市场。这里的"欧洲"是国际金融市场上以境外货币为典型特征的国际金融市场分类之一。

传统国际股票市场与欧洲股票市场都包含本国企业在海外发行股票的行为，但两者区别在于：第一，发行市场范围不同。前者仅在一国的股票市场发行，而后者同时在几个国际的股票市场上发行。第二，发行规模不同。传统的国际股票发行要受到一国股票市场容量的制约。而欧洲股票市场由于可以同时在几个国家的股票市场上发行股票，所以一次融资规模会根据发行人的需要而变化。第三，流动性不同。欧洲股票全球发行，流动性更高。

## □五、F$_4$ 非标准化股性国际金融市场

国际金融市场中，涉及非标准化股性交易，主要包括国际直接投资中的股权参与模式。该种交易形式往往根据国际投资环境和被投资方具体情况而定。相对于上面讲到的标准化股性跨国交易，此处偏向于微观企业主体跨国实体投资，涉及国际投资的部分内容。

这种股权参与模式大都表现为国际直接投资，即投资者以控制企业部分产权、直接参与经营管理为特征，以获取利润为主要目的的资本对外输出。国际直接投资可分为创办新企业和控制外国企业股权两种形式。创办新企业指投资者直接到国外进行投资，建立新厂矿或子公司和分支机构，以及收购外国现有企业或公司等，从事生产与经营活动。而控制外国股权是指购买外国企业股票并达到一定比例，从而拥有对该外国企业进行控制的股权。此处将介绍两种主要的方式（跨国直接投资设厂、跨国并购）。

### 1. G$_8$——跨国直接投资设厂

跨国直接投资设厂中，投资者以控制企业部分产权、直接参与经营管理为特征，以获取利润为主要目的的资本对外输出。它指的是投资者直接到国外进行投资，建立新厂矿或子公司和分支机构，以及收购外国现有企业或公司等，从事生产与经营活动。

### 2. G$_9$——跨国企业兼并和收购

相对于上述的国际直接投资设厂，跨国企业的兼并和收购更多地强调股权参与。即一国跨国性企业为了某种目的，通过一定的渠道和支付手段，将另一国企业一定份额的股权直至整个资产收买下来。

兼并（Merger）指公司的吸收合并，即某一公司将其他一个或数个公司并入本公司，使其失去法人资格的行为。是企业变更、终止的方式之一，也是企业竞争优胜劣汰的正常现象。在西方公司中，企业兼并可分为两类，即吸收兼并和创立兼并。

收购（Acquisition）意为获取，即一个企业通过购买其他企业的资产或股权，从而实现对该公司企业的实际控制的行为。有接管（或接收）企业管理权或所有权之意。按照其内容的不同，收购可分为资产收购和股份收购两类。

跨国兼并和收购存在着两种优势：效率和市场控制权[1]。跨国性并购通常能以最快的速度在新市场中确立其自己的地位，成为市场的领导者，并且最终赢得市场的主导权。鉴于此，很有必要将跨国性企业兼并和收购单独介绍。

对于兼并和收购，通常称之为"并购"，两者均是通过产权交易，一国公司取得他国公司控制权。但两者有些区别，比如：①实际操作中，被兼并企业作为经济实体已不复存在；而被收购企业作为经济实体依然存在。②兼并以现金购买、债务转移为主要交易条件；而收购往往是以企业股份份额达到控股为依据，来实现对被收购企业的产权占有等。

跨国并购一般是指，一国企业为了某种目的，通过一定的渠道和支付手段，收购另一国企业的全部或者部分股份或资产，从而对后者的经营管理拥有了实际或完全的控制权。可以说，跨国并购是国内并购的自然延伸，是企业跨越国界的并购活动，涉及两个国家之间，因此其也是跨国金融交易的一部分。

## 六、$D_2$ 国际衍生金融市场

随着金融自由化的加深，各国利率和汇率的自由浮动趋势明显，同时波动性加大，使得投资者更多地偏向于衍生性交易工具来套期、保值和避险。自从 1972 年美国芝加哥国际商品交易所推出以英镑、法国法郎、日元、加元和瑞士法郎等在内外汇期货合约以来，国库券、国债等基础资产上利率类衍生金融工具、建立在股票资产基础上的股票指数类衍生金融工具和互换类交易相继出现。[2] 国际衍生金融市场经历了短短 30 年的发展，已有很大的规模。

国际衍生金融市场对于国际经济和金融的发展起到了至关重要的作用。比如，化解和转移实体经济领域的经营风险，降低融资成本、促进资本形成和经济增长；价格发现、促进基础产品市场价格有效形成；提高一国金融业的竞争能力。更为重要的是，国际衍生金融市场成为巨量国际资本流动的重要寄居地，它的发展程度和活跃程度也代表了一个国际金融中心发展水平的高低。

通常，国际衍生性金融市场中衍生工具的交易包括场内交易和场外交易（OTC）。大体来看，场外交易的规模大约是场内交易的 5 倍左右。场外市场上的衍生品合约主要分为外汇衍生品和利率衍生品两大类，前者包括外汇远期、外汇互换、货币互换和外汇期权等，后者包括远期利率协议、利率互换和利率期权等。根据世界交易所联合会（World Federation of Exchange，WFE）统计，2010 年全球衍生性合约交易额为 224 亿份

---

① 任淮秀，汪昌云. 国际投资学（第二版）. 中国人民大学出版社，2005：191.

② 史燕平. 国际金融市场基础. 清华大学出版社，2007：30.

合约（112 亿期货类合约和 111 亿期权类合约），而 2009 年只有 178 亿份合约。[①] 相比 2009 年，对于股权类衍生产品，亚洲太平洋地区增长最大，为 20%；美洲地区为 10%；欧洲、非洲和中东地区为 8%。全球总体增长为 14%。对于利率类衍生产品，2009 年遭受金融危机下降了 23% 后，2010 年大体上增长了 29%。而外汇类衍生产品，市场交易量较少，为 23 亿份。但值得一提是，印度 2010 年占据了 71% 的份额，同比增长 144%。其他衍生合约，如商品类衍生产品，2010 年增长了 34%，中国更占据 51% 的交易量（见表 4 - 2）。

表 4 - 2　　　　　　　　　　　2010 年国际金融市场衍生合约成交量　　　　　　　　　　单位：手

| 金融产品 | 2010 年交易量 | 2009 年交易量 | 变化量 |
|---|---|---|---|
| 股票期权 | 3 631 758 302 | 3 635 879 423 | - 0.1% |
| 单个股票远期期货 | 786 014 934 | 640 057 555 | 22.8% |
| 股指期权 | 5 027 813 199 | 4 154 023 417 | 21.0% |
| 股指远期 | 1 880 659 638 | 1 820 000 622 | 3.3% |
| 债券期权 | 254 534 664 | 232 564 941 | 9.4% |
| 债券远期 | 1 029 469 038 | 828 370 054 | 24.3% |

资料来源：Derivatives market performances by number of contracts traded and by product in 2010 and 2009，WFE—2010 WFE Market Highlights，26 January 2011.

从表 4 - 2 可看出，2010 年全球范围内，场内和场外交易市场中，以股价指数期权为主，交易总量合约数为第一，而且增幅也是较大，达到 21.0%。

衍生金融市场通常是指在有形的交易市场内，通过经纪人，根据成交单位、交割时间等标准化的原则，对交易市场以原生金融产品基础而设计出的相应标准化合约将进行买卖行为，即这种标准化的合约可以理解为一种由原生金融资产产生的进一步虚拟金融资产。衍生性金融市场交易中的衍生性合约有期货、期权、权证、远期合约、互换等。国际金融市场中其他衍生金融交易产品都是基于期货、期权和互换这三种基本交易方式组合形成的。

## （一）$E_3$ 金融期货市场

期货（Futures）与现货相对，期货是现在进行买卖，但是在将来进行交收或交割的标的物，这个标的物可以是某种商品例如黄金、原油、农产品，也可以是金融工具，还可以是金融指标。根据期货的定义，期货可以分为两大类：商品期货和金融期货。前者更多的是以实物为交割对象的，后者包括外汇期货、利率期货、股指期货和国债期货等。

期货交易对于合约标准化有严格的要求，加之为了确保合约的执行，因此一般在交易所交易。期货交易市场是由期货交易主体、期货交易所、期货经纪公司和期货结算所

---

① WFE，New acceleration in exchange traded derivatives trading volumes in 2010，7 March 2011.

构成（见图4-19）。目前，世界主要的金融中心都建立了金融期货交易市场，如美国的芝加哥期货交易所（CBOT）、芝加哥商业交易所（CME）、纽约期货交易所（NY-BOT）；英国的伦敦国际金融期货交易所（LIFFE）；日本的东京金融期货交易所（TFE）、东京谷物交易所（TGE）……

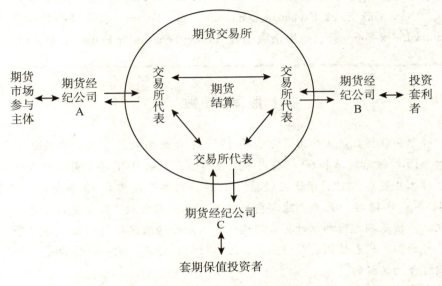

**图4-19 期货交易所结构**

国际期货市场的期货交易机制一般如下：

第一，期货交易所对期货合约的进行标准化的设计，包括期货合约交易的标的、数量、交割期、交割地点的统一化规定，期货交易的买卖双方缴纳保证金的数量及调整方式，并根据期货价格波动情况调整交易者的保证金数额等。如外币期货的交割期一般为每年的3月、6月、9月和12月，交割日为交割月份的第三个星期的星期三。

第二，全球的投资者（一般为套期保值、投资套利者）通过期货交易所的经纪人设在交易所中的代表，对期货交易所的某项期货合约，以公开竞价的方式买卖期货合约。期货结算所每天结算经纪公司的头寸，划拨相应的净余额。

第三，大部分的期货合约都会在到期日之前对冲掉，不会实际交割相关的标的。

第四，期货交易者要向经纪人和期货交易所交纳佣金和手续费。

（1）外币期货（Foreign Currencies Futures Contracts）——签订货币期货交易合同的买卖双方约定在未来某一时刻，按照既定的汇率，交割标准单位数额的货币。

外汇期货交易的主要品种有：美元、英镑、日元、瑞士法郎、加拿大元、澳大利亚元等。从世界范围看，外汇期货的主要市场在美国，其中基本上集中在芝加哥商业交易所的国际货币市场（IMM）、中美洲商品交易所（MCE）和费城期货交易所（PBOT）。

（2）利率期货（Interest Rate Futures Contracts）——由交易双方订立的、约定在未来某日以成交时确定的价格交收一定数量的某种利率相关商品（亦即各种债务凭证）

的标准化契约。利率期货的种类繁多，分类方法也有多种。通常，按照合约标的的期限，利率期货可分为短期利率期货，长期利率期货以及指数利率期货三大类。

（3）股价指数期货（Stock Index Future Contracts）——依据股票指数的走势为标准，维护未来股票买方遭受股价下跌的损失或未来股票卖方遭受股价上扬的损失。比如，标准普尔指数期货（Standard and Pool's Stock Index Futures）、纽约证券交易所综合指数期货（New York Stock Exchange Composite Index Futures）、日经指数期货（Nikkei Stock Market Index Futures）、恒生指数期货（Hang Seng Index Futures）。

---

## 股票指数

标准普尔 500 指数是由标准普尔公司 1957 年开始编制的。最初的成分股由 425 种工业股票、15 种铁路股票和 60 种公用事业股票组成。从 1976 年 7 月 1 日开始，其成分股由 400 种工业股票、20 种运输业股票、40 种公用事业股票和 40 种金融业股票组成。它以 1941 年至 1942 年为基期，基期指数定为 10，采用加权平均法进行计算，以股票上市量为权数，按基期进行加权计算。与道琼斯工业平均股票指数相比，标准普尔 500 指数具有采样面广、代表性强、精确度高、连续性好等特点，被普遍认为是一种理想的股票指数期货合约的标的。

道琼斯平均价格指数简称道琼斯平均指数，是目前人们最熟悉、历史最悠久、最具权威性的一种股票指数，其基期为 1928 年 10 月 1 日，基期指数为 100。道琼斯股票指数的计算方法几经调整，现在采用的是除数修正法，即不是直接用基期的股票指数作除数，而是先根据成分股的变动情况计算出一个新除数，然后用该除数除报告期股价总额，得出新的股票指数。目前，道琼斯工业平均股票指数共分四组：第一组是工业平均数，由 30 种具有代表性的大工业公司的股票组成；第二组是 20 家铁路公司的运输业股票价格指数；第三组是 15 家公用事业公司的股票指数；第四组为综合指数，是用前三组的 65 种股票加总计算得出的指数。人们常说的道琼斯股票指数通常是指第一组，即道琼斯工业平均数。

金融时报股票指数是由伦敦证券交易所编制，并在《金融时报》上发布的股票指数。根据样本股票的种数，金融时报股票指数分为 30 种股票指数、100 种股票指数和 500 种股票指数三种指数。目前常用的是金融时报工业普通股票指数，其成分股由 30 种代表性的工业公司的股票构成，最初以 1935 年 7 月 1 日为基期，后来调整为以 1962 年 4 月 10 日为基期，基期指数为 100，采用几何平均法计算。而作为股票指数期货合约标的的金融时报指数则是以市场上交易较频繁的 100 种股票为样本编制的指数，其基期为 1984 年 1 月 3 日，基期指数为 1 000。

资料来源：百度百科，http://baike.baidu.com/view/897308.htm.

---

值得一提的是，2010 年 4 月 8 日我国启动了股指期货交易，开启了中国资本市场发

展的崭新的一页。在中国 A 股 20 岁生日之际，我国股市终于告别没有做空的单边市，中国的资本市场将会更加自信地向深水区挺进。

### （二）E₄金融期权市场

期权，即是以金融产品或金融期货合约为标的物的期权交易形式。目前，期权交易已逐渐规范化，已从传统的有形商品的期权交易发展到包括货币、证券、利率、指数等领域的期权交易。期权交易既可以在交易所进行，也可以进行场外交易（OTC，柜台交易）。目前，这类交易所有费城交易所、芝加哥商品交易所、纽约商品交易所、美国证券交易所、阿姆斯特丹交易所、蒙特利尔交易所、伦敦股票交易所、伦敦国际金融期货交易所和香港商品交易所等。

金融期权的种类极为丰富，除根据期权买方获得的权利分为看涨期权和看跌期权外，还可按行使期权的时限分为欧式期权和美式期权；按期权合约的标的物分为现货期权、期货期权、复合期权和互换期权；根据期权交易的场所，分为场内期权和场外期权。不同的期权品种可加以组合，创造出具有特殊风险收益特征的组合期权。

一般来说，期权产品包括外币期权、利率期权、股票期权、股指期权、期货期权等。股票指数期权（Stock Index Options）是指以某一股票市场的价格指数或者某种股价指数期货合约作为标的物的期权交易形式。期货期权（Options on Futures）是指以各种金融期货合约作为期权合约之标的物的期权，如各种外汇期货期权、利率期货期权及股价指数期货期权等。

对于期货期权来说，1984 年 10 月，美国芝加哥期货交易所首次成功地将期权交易方式应用于政府长期国库券期货合约的买卖，从此产生了期货期权。相对于商品期货为现货商提供了规避风险的工具而言，期权交易则为期货商提供规避风险的工具，目前，国际期货市场上的大部分期货交易品种都引进了期权交易。

国际金融期权市场分为场内交易市场和场外交易市场。场内交易市场即是交易所交易，其交易机制同期货交易所一样。而场外交易，更多的是无形的市场，全球期权参与者更多地依靠网络通信进行相关期权交易。

### （三）E₅金融互换市场

互换，交易双方商定在一段时间内，就各自所持金融商品的相关内容进行互换的交易活动，交易对象包括债务期限、利率、币种、偿还方式等。根据互换所涉及的标的不同，可将互换划分为以下几类。

（1）利率互换（Interest Swap）：指双方同意在未来的一定期限内根据同种货币的同样的名义本金交换现金流，其中一方的现金根据浮动利率计算出来，而另一方的现金流根据固定利率计算。

（2）货币互换（Currency Swap）：两笔金额相同、期限相同、计算利率方法相同，但货币不同的债务资金之间的调换，同时也进行不同利息额的货币调换。

（3）商品互换：是一种特殊类型的金融交易，交易双方为了管理商品价格风险，同意交换与商品价格有关的现金流。它包括固定价格及浮动价格的商品价格互换和商品价格与利率的互换。

（4）其他互换。

互换期权（Swaptions）：主要指基于利率互换的期权，该期权给予持有者一个在未来某个确定时间进行某个确定的利率互换的权利。

金融互换曾被西方金融界誉为 20 世纪 80 年代来最重要的金融创新。从 1982 年始创后，得到了迅速的发展。目前最大的互换交易市场是伦敦和纽约国际金融市场。大多数银行、投资银行都加入了国际互换交易协会（International Swap Dealer's Association, ISDA），有利于推进互换结构的标准化。不可否认，互换价格主要受到了利率和汇率水平影响，在国际金融领域这两个变量是最难把握的，互换的定价较为复杂。

互换市场参与机构包括最终用户和中介机构。最终用户是指各国政府尤其是发展中国家的政府及其代理机构、世界范围内的银行和跨国公司、储蓄机构和保险公司、国际性代理机构与证券公司等。它们参与互换的基本目的是：获得高收益的资产或低成本融资、实施资产与负债的有效管理、回避正常经济交易中的利率或汇率风险以及进行套利、套汇等。中介机构主要包括美国、英国、日本、德国、加拿大等国的投资银行和商业银行、证券交易中心等。它们参与互换的重要目的是为了从承办的业务中获取手续费收入和从交易机会中得到盈利。互换交易的发展，使得上述两类机构在实践中的交叉越来越多。许多机构积极参与了双方的活动，即同一机构既可能是最终用户也可能是中介机构。特别是为数众多的大商业银行与投资银行以及信誉卓著的跨国公司，它们常常利用自身信誉高、信息广、机构多的优势直接进行互换，从而大大减少了对中介机构的需要。

总结来说，对金融衍生品交易中的交易所交易市场还是场外市场，伦敦和纽约都显示出无与伦比的优势地位，其背后原因是两地都拥有大量的商业银行、非银行存贷机构、保险公司、基金管理公司等。当然两地的开放环境、严格的制度、大量的人才等都成为吸引全球投资者的原因。

## 第二节　传统视角下的国际金融市场

在国际金融市场中，必须提到的内容便是：传统、离岸国际金融市场（Offshore Finance Market）。本节内容是对上一节内容的补充和深化。

由标题我们得知，两者从诞生时间上是一前一后的，但深层次从交易的货币与交易参与者的国别属性来划分的，传统国际金融市场是以交易参与者之间的居民与非居民关系为出发点，交易中所涉及的计价货币是某一参与者所在国的法定货币。往往是交易一方所在国利用本国金融市场，融进或融出资金，实现资金的跨国流动。而离岸金融市场，以欧洲货币市场为代表，市场中的交易主体对于他们所利用货币的发行国而言，都是非居民，从而实现了所谓的非居民与非居民之间的交易关系。两者的主要区别如表

4 - 3 所示。

表 4 - 3　　　　　　　　　　　传统和离岸金融市场对比

| 标　准 | 传统金融市场 | 离岸金融市场 |
|---|---|---|
| 市场范围 | 比较狭小 | 广阔 |
| 借贷关系 | 居民与非居民间 | 非居民间 |
| 管制程度 | 严格管制 | 很少管制 |
| 独立的利率体系 | 不独立，受市场所在国控制 | 独立 |

需要说明的是，本章第一节的部分业务是分别在传统金融市场和离岸金融市场中开展的，比如说，出口信贷、国际融资租赁、保付代理等业务都是传统金融市场业务，而欧洲票据、欧洲股票等都是离岸金融市场业务。鉴于前一节主要涉及的是传统金融市场的业务，本节将会主要介绍离岸金融市场的相关内容。

## 一、离岸金融市场

### （一）概况

离岸金融市场是指主要为非居民提供境外货币借贷或投资、贸易结算；外汇黄金买卖、保险服务及证券交易等金融业务和服务的一种国际金融市场，亦称境外金融市场。离岸金融市场从20世纪六七十年代在经济全球化开始推进和以美国为首的发达国家实施较多金融管制背景下产生并高速成长。可以说其以宽松的监管和低税收等优惠政策为主要吸引力，是非居民国际金融交易市场的所在地。

始于1963年7月美国肯尼迪（Kennedy）政府的利息平衡税（Interest Equalization Tax，IET），紧接着的《外国信贷与交易法》、《外国直接投资限制计划》、《Q条例》等防止资金的外流、避免美国国际收支赤字的持续增加的政策，使得美国的银行为了规避监管，纷纷面向海外发展。一时间欧洲货币市场和欧洲债券市场兴起。在美国本土更是由于1965年相继对德国、法国和荷兰债券开征利息预扣税后，使得除欧洲美元之外的欧洲货币（欧洲马克、欧洲法郎）市场得到了迅速的发展。

在亚洲，自从1968年新加坡通过引入亚洲货币单位（Asian Currency Units，ACUs）开设亚洲美元市场后，离岸的银行间市场也开始发展起来。日本和香港也相继建立起离岸金融市场。在欧洲，卢森堡从20世纪70年代以来实施所得税低税率政策，并不开征利息和红利收入的预扣税等政策，使得卢森堡成为新的欧洲离岸金融中心。当然离岸金融市场的发展在世界其他地方也发展较快，如中东的巴林、开曼群岛等。

### （二）离岸金融市场类型

从不同的角度来讲，离岸金融市场有着不同类型。通常以市场从事的业务范围来看，有混合型、分离型、避税型和渗透型等离岸金融市场。

1. 混合型离岸金融市场

离岸金融交易的币种是市场所在地国家以外的货币，除离岸金融业务外，还允许非居民经营在岸业务和国内业务，但必须交纳存款准备金和有关税种，管理比较宽松，经营离岸业务不必向金融当局申请批准。如香港离岸金融市场。

2. 分离型离岸金融市场

这类离岸金融市场一般没有实际的离岸资金交易，只是办理其他市场交易的记账业务而形成一种离岸金融市场。市场特点是，离岸业务所经营的货币可以是境外货币，也可以是本国货币，但是离岸金融业务和传统业务必须分别设立账户；经营离岸业务的本国银行和外国银行，必须向金融当局申请批准；经营离岸业务可获得豁免交纳存款准备金、存款保险金的优惠，并享有利息预扣税。该离岸金融市场把离岸业务与在岸业务分立，居民的存款业务与非居民的存款业务分开，同时允许离岸账户上的资金贷给居民并享受地方税的豁免权。如纽约、东京、新加坡等离岸金融市场。

3. 避税或避税港型（Tax Haven Type）离岸金融市场

市场所在地政局稳定，税赋低，没有金融管制，可以使国际金融机构达到逃避资金监管和减免租税的目的。如巴哈马、开曼以及百慕大等离岸金融市场。

4. 渗透型离岸金融市场

这种类型的离岸市场兼有伦敦型和纽约型的特点，但最突出的特点是离岸资金可贷放给居民，即国内企业可以直接在离岸金融市场上融资。

## （三）离岸金融市场的特征

第一，市场以非居民之间的交易为主要业务取向。事实上，离岸金融市场大都是东道国以优惠的税收和制度环境，吸引境外客户的金融业务为直接目的而发展起来的。诸如伦敦形成的"内外一体型"离岸金融中心，居民参与的交易份额与整个交易量相比还是比较小的。

第二，免税或者低税率的优惠政策。政府推动下的离岸金融市场建设中，在海外金融机构注册成立公司时，往往在税收方面提供很多的优惠政策。比如说开曼群岛注册成立的公司都会免交公司所得税。

第三，监管环境宽松。离岸金融市场由于交易的不是本国货币，因此对于本国的货币政策的冲击较小。同时出于发展本国金融业的目的，政府往往采用宽松的监管策略。金融机构的注册自由，同时经营成本低廉，且很少有信息披露。

正是由于上述的这些特点，离岸金融中心的业务呈现多样化。主要包括离岸银行国际借贷业务、以国际商务公司（International Business Corporations，IBCs）为特殊目的载体（Special Purpose Vehicle，SPV）的跨国资产证券化、针对跨国公司海外投资的需要开展的专属保险业务、各类非银行金融机构（控股公司、投资公司、金融公司、信托公司等）经营的投资信托、共同基金、不动产投资等金融业务。上述业务构成了离岸金融市场不同的市场构成，主要有：欧洲货币市场、欧洲货币借贷市场、欧洲货币债券市场等。

在此需要注意的是，上面说到关于离岸金融市场的市场构成中，虽然有些市场中的业务与第一节所讲到的有所重复，但是两者的角度不相同。前者基于债性、股性的交易实质——微观层面来说明，后者更多的是从市场整体——宏观层面来理解。

## ■二、欧洲货币市场

欧洲货币市场，就是经营欧洲美元和欧洲一些主要国家境外货币交易的国际资金借贷市场。这里所谓的"欧洲"一词，实际上是"非国内的"、"境外的"、"离岸的"或"化外的"意思。欧洲美元，是指存放在美国境外各银行（主要是欧洲银行和美国、日本等银行在欧洲的分行）内的美元存款，或者从这些银行借到的美元贷款。这与美国国内流通的美元是同一货币，具有同等价值，两者的区别只是在于账务上的处理不同。例如，一家公司在欧洲的一家银行存进1笔美元，实际上只是把它原来存在美国银行的美元转存到这家欧洲银行账户上。

所谓欧洲其他货币，有欧洲英镑、欧洲德国马克、欧洲法国法郎、欧洲瑞士法郎、欧洲荷兰盾等。它们的性质也与欧洲美元的性质相同，都是指在本国境外的该国货币资金。比如，日本银行存放在法国银行的英镑存款或德国银行对瑞士公司提供的英镑贷款，就叫做欧洲英镑。欧洲美元起源于欧洲，欧洲英镑、欧洲德国马克、欧洲法国法郎以及其他同样性质的欧洲国家的货币的借贷也集中在欧洲，因此，这些国家的境外货币，一般统称为欧洲货币。

欧洲货币市场起源于20世纪50年代，市场上最初只有欧洲美元。由于朝鲜战争中美国冻结了中国存放在美国的资金，原苏联和东欧国家为了本国资金的安全，将原来存在美国的美元转存到原苏联开设在巴黎的北欧商业银行和开设在伦敦的莫斯科国民银行以及设在伦敦的其他欧洲国家的商业银行。美国和其他国家的一些资本家为避免其"账外资产"公开暴露，从而引起美国管制和税务当局追查，也把美元存在伦敦的银行，从而出现了欧洲美元。在第二次世界大战结束以后，美国通过对饱受战争创伤的西欧各国的援助与投资，以及支付驻扎在西欧的美国军队的开支，使大量美元流入西欧。当时，英国政府为了刺激战争带来的经济萎缩，企图重建英镑的地位。1957年英格兰银行采取措施，一方面对英镑区以外地区的英镑贷款实施严格的外汇管制；另一方面却准许伦敦的商业银行接受美元存款并发放美元贷款，从而在伦敦开放了以美元为主体的外币交易市场，这就是欧洲美元市场的起源。

到了60年代，鉴于美国国际收支发生逆差，美国政府对资本输出限制促使大量美元外流，欧洲一些主要国家解除外汇管制，并实行各国货币自由兑换，欧洲货币市场逐渐发展起来。进入70年代以后，欧洲货币市场进一步发展。无论从该市场上的资金供应方面，还是从资金需求方面来看，都在迅速增加。

随着经济发展，欧洲货币市场的范围也在不断扩大，它的地区分布区扩展至亚洲、北美和拉丁美洲，因此，所谓欧洲货币，不一定是存放在欧洲各国的生息资本。"欧洲货币市场"这一名词的含义不断发生变化。这个名词的词头"欧洲"是因为原先的市场在欧洲，但实际上由于欧洲货币市场的不断发展，它已不再限于欧洲地区了。这些欧洲货币的存放借贷多集中于银行业务和金融市场比较发达的伦敦市场。1980年时，它占整个欧洲货币市场的份额的1/3左右。

从发展历程可知，欧洲货币市场可从以下几个方面来理解：第一，欧洲货币是境外货币的总称，只要是不属于该国法定货币的都为欧洲货币。第二，欧洲货币市场是一个经济概念，即国际金融市场中运用境外货币进行交易的市场。第三，欧洲货币市场中的欧洲银行是从事境外货币借贷银行的总称。

# 第三节　金融市场聚集度视角

从事金融业务的参与主体（金融机构、企业等）在空间上表现为"群聚"现象，带动一个地区经济的繁荣，呈现出金融市场集聚现象，金融中心便诞生了。本节将从金融市场集聚度视角下，介绍国际金融市场。按照对金融市场的规模、成交量的大小以及影响辐射范围不同，可将典型国际金融市场分为：国际金融中心、区域性金融中心。

## 一、国际金融中心

### （一）纽约国际金融中心

第二次世界大战之后，美国凭借其在战争中膨胀起来的强大经济实力，在布雷顿森林体系下建立了以美元为中心的世界货币体系，美元成为世界最主要的储备货币和国际清算货币。随着战后重建过程的进行以及国际贸易和投资的逐渐恢复，纽约作为最领先的国际金融中心，承担了全球的贸易融资、资金清算、资本运营、风险管理等大部分功能。从第二次世界大战之后到21世纪初，尤其是20世纪70年代末以来，伴随着经济全球化和金融全球化进程的加快，以伦敦、纽约和东京等为代表的国际金融中心在世界产出持续增长、国际贸易不断膨胀以及资本在全球范围内配置过程中发挥着越来越重要的作用。

#### 1. 纽约金融中心概况

纽约作为美国国内金融中心和国际金融中心，其金融市场业务的种类十分齐全，信贷市场、证券市场、保险市场、外汇市场等市场规模都在全国处于首位，与伦敦、东京等其他国际金融中心相比，纽约在很多方面也处于领先地位。

　　纽约是美国的银行中心，按 2010 年的英国《银行家》杂志中根据批发业务量排名，排名前十的银行中总部设在纽约的有美国银行和美国富国银行两家，分别列第 1位和第 2 位（见表 4－4）。另外，纽约银行排名第 21 位。从总资产份额来看，纽约银行业在美国银行业中也具有无比重要的地位，其总资产占全美银行业总资产的 1/5到 1/4。

表 4－4　　　　　　　　　　　　　　前十大银行销售业绩

单位：百万美元

| 排名 | 银行名称 | 2011 年销售额 |
|---|---|---|
| 1 | 美国银行（Bank of America） | 5 333 |
| 2 | 美国富国银行（Wells Fargo） | 4 963 |
| 3 | 渣打银行（Standard Chartered） | 4 526 |
| 4 | 法国巴黎银行（BNP Paribas） | 4 181 |
| 5 | 中国银行（Bank of China） | 2 423 |
| 6 | 印度国家银行（State Bank of India） | 2 411 |
| 7 | 中国农业银行（Agriculture Bank of China） | 2 208 |
| 8 | 荷兰拉博银行（Rabobank） | 2 090 |
| 9 | 西班牙桑坦德银行（Santander Bank） | 1 591 |
| 10 | 标准银行（Standard Bank） | 1 329 |

　　资料来源：John Beck，Top 500 Banking Brands，The Banker，28 January，2011；The Banker，http：//www.thebanker.com/Regulation－Policy/Management－Strategy/Top－500－Banking－Brands2.

　　80 年代后金融各行业的证券化趋势、管制的放松、金融创新和信息技术进步为证券业的发展提供了良好的机会，一直到现在，纽约的证券行业在金融业中的地位越来越突出，其产出和吸收的就业人数的比重也在稳步提高。纽约证券交易所（NYSE）20 多年来始终是全球最大的股票交易所，其总市值、成交量、投资者数量等的规模持续增长。

　　纽约也是美国的外汇交易中心。由于外汇市场是电子交易系统尽心交易的"无形"市场，所以各种类型的金融机构，主要是大型商业银行（其最大的交易主体）在其中扮演了重要角色。纽约的银行业在美国占有重要地位，大多数外汇交易都是通过纽约的银行来进行交割和清算。因此，纽约是美国的外汇市场中心。

　　相对于上述金融行业在全美的重要地位，纽约金融市场上唯一处于劣势地位的是金融衍生品市场，这主要是由于金融衍生品最早是在芝加哥出现的，因此美国金融衍生品的开发和交易主要是在芝加哥进行。纽约的金融衍生品交易主要是在纽约期货交易所内进行，纽约期货交易所是纽约证券交易所的全资子公司，主要交易产品有纽约证券交易所复合指数期货、纽约证券交易所复合指数期货期权、CRB 指数期货、CRB 指数期货期权等。但相对于芝加哥而言，纽约期货交易所在产品种类和成交总量上都要逊色很多。

2. 纽约金融业各市场具体发展状况

（1）银行业市场。20世纪80年代后美国的银行业在金融业中的地位逐渐下降，这主要表现在产出比重、市场份额、机构数量、就业人数等均呈下降趋势。纽约作为美国最大的银行中心，其银行业也面临着很大的经营压力。80年代初期，纽约银行业创造的产值曾达到金融业的一半，到21世纪初这一比例下降到1/3，从业人数的比重也有相似的表现。这主要是两个方面的原因：一方面金融创新使得银行获得资金的成本优势以及资产运用的收益优势不断被其他金融行业侵蚀，由此带来的压力降低了银行的盈利，并导致银行业收缩；另一方面是80年代以来变动不居的国内外环境严重打击了银行业。

（2）证券市场。从图4－20和图4－21可看到，2010年全球交易所股票市值中，位于美国的交易所占据全球总市值的31.7%，而股票成交金额中美国的证券交易所更是占据48.3%，可见美国的证券市场在全球证券市场中占据了很大的比重。

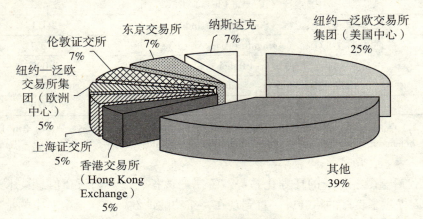

图4－20　全球证券交易所股票市值结构（2010年）

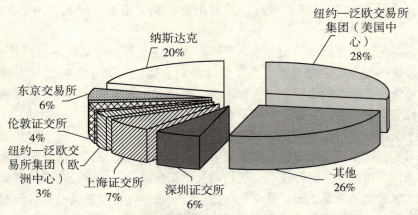

图4－21　全球证券交易所股票成交金额占比（2010年）

资料来源：中国人民银行上海总行，国际金融市场分析小组.2010年国际金融市场报告，2010（3）：121.

纽约的证券市场最为著名的是纽约证券交易所，它不但是美国最大的证券交易所，而且也是全球最大的证券交易市场。此外，纳斯达克证券市场是一个全国性的证券交易网络，尽管其总部不在纽约，但是他的主要会员机构均位于纽约，因此也是纽约证券市场的一个重要组成部分。此外，纽约还有一家美国证券交易所，其规模远小于纽约证券交易所，并于2008年1月被纽约证券交易所并购。

（3）外汇市场。纽约外汇市场不但是美国国内外汇交易中心，而且是世界各地外汇结算的枢纽。世界各地的美元买卖，包括欧洲美元、亚洲美元的交易，都必须在美国（主要是在纽约）商业银行账户上收付、划拨，美国国内其他外汇市场的外汇买卖也要通过纽约外汇市场划转，因此纽约外汇市场便成为美元交易的清算中心。由于美元是主要储备货币、重要国际支付手段，纽约外汇市场在世界上享有举足轻重的地位，从每日的交易量来看，纽约外汇市场居世界第2位，仅次于伦敦。

纽约外汇市场上的交易主体有联邦储备银行、美国各大商业银行的外汇部门、外国银行在美国的分支行与代理机构、外汇经纪人、公司财团、个人等。联邦储备银行执行中央银行的职能，同许多国家银行订有互惠信贷，可以在一定限度内借入各种货币，干预外汇市场，维持美元汇率的稳定。纽约外汇市场上的商业银行是最活跃的金融机构，外汇买卖和收付通过它们在国内外的分支行和代理机构进行。

纽约外汇市场上的外汇交易分为三种类别：①银行与客户之间的外汇交易；②本国银行间的外汇交易；③本国银行和外国银行间的外汇交易。根据纽约联邦储备银行2007年公布的数据计算，银行间的外汇交易市场交易量最大，约占整个市场交易量的64%，其次是非银行金融机构之间的外汇交易，约占27%。由此可见，商业银行在外汇交易中起着极为重要的作用，外汇交易主要通过商业银行办理。

（4）金融衍生品市场。美国主要的金融衍生品交易中心是在芝加哥，而纽约的金融衍生品交易是在纽约期货交易所中进行的。但借助于全球金融机构云集纽约的这一优势，使得纽约的场外交易（OTC）市场——由各国大型商业银行组成，特别繁荣。纽约期货交易所是纽约证券交易所的全资子公司，主要交易的产品有纽约证交所复合指数期货、纽约证交所复合期货期权、CRB指数期货、CRB指数期货期权等。[①]

## 纽约—泛欧交易所与德意志证券交易所合并

2011年2月15日，纽约—泛欧交易所和德意志证券交易所宣布，双方已就业务合并事宜达成最终协议，将联合组成全球最大的交易所运营商。新集团总部将分别设在纽约和法兰克福。纽交所首席执行官尼邓肯·尼德奥尔（Duncan L. Niederauer）将出任新集团的首席执行官，而德交所首席执行官雷托·弗兰西奥尼（Reto Francioni）将担任董事长。根据双方在新公司中的持股比例，董事会的15名成员将有9名来自德交所，6名

---

① 潘丽英，朱喜，苏立峰等. 国际金融中心：历史经验与未来中国（中）. 上海人民出版社，2009：70.

来自纽交所。可以说，在国际金融市场中，跨国市场中的融合正在开展，这种热潮将更加有利于全球资源进一步的整合。

资料来源：搜狐财经，http://business.sohu.com/20110211/n279275439.shtml.

### 3. 纽约金融中心发展的启示

现今，纽约无疑是世界上最具实力的国际性金融中心。但其发展也并非一帆风顺，从崛起、第一次世界大战时的兴起到大萧条时代的衰落、最终到第二次世界大战后世界金融中心地位的确立，这些都向我们展示了建立金融中心，尤其是国际性金融中心任重道远。分析纽约金融中心发展的历史，尤其是第二次世界大战之后的发展，主要有以下几点值得我们思考。

（1）经济实力的强盛是一国国内金融中心迈向国际金融中心的先决条件。美国自建国以来，依靠着其自然资源和环境，开放的市场，完善的法律制度，加之美国人的励精图治使得美国的经济增长迅速，经济实力的不断增强导致了国际影响力的提高。

正是上面的原因使得第二次世界大战之后的纽约云集了众多的外资金融机构。据不完全统计，纽约有来自于 12 个国家和地区的 21 家银行代表处，它们被视为纽约州银行或信托公司，参与所有银行业务。

（2）国际货币体系安排更加强化了纽约国际金融中心的地位。第二次世界大战后建立了以美元为中心的资本主义货币体系，使得美元成为世界最主要的储备货币和国际清算货币。发达国家和发展中国家的外汇储备中大部分是美元资产，存放在美国，有纽约联邦储备银行代为管理。这些都进一步强化了纽约作为国际金融中心的地位。

（3）金融创新为纽约国际金融中心提供了不竭动力。金融创新，设计各种创新性的金融交易工具是纽约华尔街金融人士专长。这种符合投资者更加多样化需求的金融产品，赢得了世界投资者的青睐，使得纽约在世界金融竞争中占据优势。

## （二）伦敦国际金融中心

### 1. 伦敦国际金融中心概况

金融服务业是英国经济的重要支柱产业，每年创造 5% 以上的国民生产总值和 190 亿英镑的贸易顺差（是其他任何一个国家的两倍多），其雇佣员工超过 100 万。凭借深厚的贸易渊源、一流的专业人员、高质的配套服务以及语言、时区、法规等方面的优势，伦敦作为英国金融服务业的桥头堡，更是起到了关键的作用。伦敦位居世界三大金融中心之列，在证券和外汇交易、海事和航空保险、债券保险和交易、银行间拆借等国际金融市场上均占重要一席。

### 2. 伦敦国际金融市场

19 世纪英国在国际贸易和海洋运输方面已居世界各国之首，英镑也成为国际结算和各国外汇储备的主要货币，英国的银行体制日趋完善，"伦敦城"成为世界最主要的金融中心。经过先后两次世界大战，伦敦金融中心的重要性曾一度受到削弱。20 世纪 50 年代，美国国际收支不断出现逆差，导致美元大量外流。从 1957 年起，欧洲美元市场应运而生。伦敦凭借其原有的优越条件，逐渐成为这个市场的中心。外国银行为了发展欧洲货币业务，纷纷涌入伦敦城，设置机构。到 1982 年底，外国银行在伦敦开设的分支机构达 449 家，世界上 100 家大银行中已有 94 家在伦敦设立分支机构，"伦敦城"的地位大大加强，重新成为世界上最重要的金融中心之一。伦敦至今仍是与纽约金融市场并列的最重要的国际金融市场。

美国的次级贷款危机虽对全球的金融市场造成了严重的影响，但对于伦敦金融中心的崛起提供了机遇。由全球金融界最为认可的金融中心排名是 GFCI（Global Financial Centers Index），伦敦在最近一期，也就是 2010 年 3 月发布的 GFCI 中继续高居首位。其他一些欧洲城市，如法兰克福、苏黎世等，则受金融危机拖累，名次出现下降。

根据经营的业务性质，主要可分为伦敦短期资金市场、伦敦长期资本市场、伦敦外汇市场、伦敦黄金市场、欧洲货币市场、伦敦保险市场以及金融和商品衍生品市场等。

（1）伦敦短期资金市场。伦敦短期资金市场：主要包括贴现市场、银行同业拆放市场、地方政府借贷市场和银行可转让英镑定期存单市场等。

贴现市场；由 11 家贴现行组成。根据政府各个时期对资金的需求程度。每星期五，由英格兰银行代表财政部发行一定数额的国库券，最通行的是 91 天期的国库券。发行时采用招标方式，从 1971 年 9 月 16 日起，每家贴现行都可按自己愿出的价格和需求数额进行投标，然后由英格兰银行予以分配。有些贴现行开始承做地方政府借贷债券等非传统性业务。它们也参与银行存单市场的交易，有的还经营外汇期票和美元存单业务。

银行同业拆放市场；该市场发展于 20 世纪 60 年代。银行之间的拆放业务，部分是通过货币经纪人进行，部分由银行直接交易，每笔交易额最低为 25 万英镑，高的可达数百万英镑。还款期限一般为 1 天 ~ 3 个月，也有长达半年至 1 年的。银行同业拆放无需提供抵押品，一般利率比国库券利率为高，但低于地方政府债券利率。截至 2004 年底，共有 277 家外国银行在伦敦设立分行或子行（1/3 来自欧元区），资产管理额高达 49 690 亿英镑，占英国银行资产总额的一半以上。此外，英国的银行间拆借业务异常活跃，为全球提供了 20% 的拆借资金。

地方政府借贷市场；英国的地方政府大小有 1 500 多个单位，它们的财政收入主要是房地产税，一般每年分两次征收，但政府开支是经常性的，因此，地方政府当局需要不时到资金市场上借款。贷款人以银行为主，此外还有投资信托公司、养老金机构、房地产抵押公司等一些金融机构。海外资金有时也进入这一市场，但一般都由银行经手办理。贷款额每笔低者为 10 万 ~ 100 万英镑，最高时可达 5 000 万英镑。

银行可转让英镑定期存单市场；存单面额最低为 5 万英镑，期限一般为 1 ~ 12 个月，也有的长达 2 ~ 5 年。存单利率一般较即期同业拆放利率为高，同时还可以在市场贴现，因此深受市场欢迎，业务发展较快。

（2）伦敦长期资本市场。伦敦长期资本市场包括伦敦证券交易所、伦敦新发行市场和伦敦国际债券市场等。

伦敦证券交易所：由169家证券经纪商和21家证券交易商的3 600个会员组成，目的在于汇集国内外存储的资金并安排其投资去向。交易所成立于1773年，1802年获英国政府正式批准。业务主要是买卖英国中央及地方政府和其他公共部门的债券、外国政府债券、工商企业和公司的股票、债券等，共达7 000余种，每日成交额达7亿多英镑，为世界上最大的证券交易中心之一。交易所内按不同类型的证券业务分为16个交易点，参与交易活动的主要是证券经纪人和证券交易商。虽然在伦敦上市的外国企业少于纽约，但外国证券交易量独占鳌头，2004年占全球44%的市场份额。此外，作为全球重要的国际债券市场，伦敦囊括了60%的国际发行债券和70%的二级市场交易。

伦敦新发行市场：包括政府发行新债券市场和公司发行新证券市场。政府债券市场是伦敦资本市场中最主要的一环。由于政府债券能保证按期付息还本，没有什么风险，通称"金边债券"。英格兰银行代表财政部发行和管理政府债券，发行后未被认购的剩余新债券则由该行发行部持有，并通过经营政府债券的经纪人随时供应市场，按市价出售。英国公司发行的股票和债券一般是通过商人银行和股票经纪人办理，债券分为固定利率和浮动利率，有的债券还可换成股票。

伦敦国际债券市场：伦敦是重要的国际债券市场。到1983年初，这类债券发行总额已超过300亿美元。

（3）伦敦外汇市场。该市场由近300家经英格兰银行批准的"外汇指定银行"和14家经纪公司组成，是世界上最大的外汇市场。外汇市场并无具体的交易场所，从事外汇交易的银行和经纪公司通过该市场巨大的通讯网络，迅速、灵活地处理各种即期和远期外汇交易及外汇兑换业务。到1983年初，每日成交额达600多亿美元。英格兰银行作为中央银行，时刻注视着整个市场动向，并利用外汇平准基金随时进行干预，以稳定汇率，维持市场秩序。伦敦有着全球最大的外汇市场。据2004年4月统计，伦敦外汇市场的日交易额为7 530亿美元，占31%的全球份额，高于纽约和东京两家交易所的总和。

根据国际清算银行（BIS）每三年一次的调查，2010年，英国在全球外汇交易中的领先地位进一步上升，其在外汇市场交易中的份额由三年前的34%升至2010年4月的37%。美国位列第二位，市场份额由三年前的17%升至2010年4月的18%。[1]

（4）伦敦黄金市场。伦敦黄金市场是世界上最重要的黄金现货市场。由5家大黄金交易公司组成，这5家公司每天在上午10时半和下午3时，根据各公司供应及需求的数量进行协商，分别定出当天上下午的定价。这两次定价是整个市场大宗交易的市价基础，也是其他黄金市场上国际金市的"晴雨表"。1982年4月19日，伦敦远期黄金交易所开始营业，任何人可以经营长达6个月的黄金期货交易，成为欧洲第一个远期黄金交易市场。

（5）欧洲货币市场。欧洲货币市场是以20世纪60年代后期形成以美元为主的欧洲

---

① 中国人民银行上海总行，国际金融分析小组.2010年国际金融市场报告.

货币市场。进入 70 年代，美国连年出现的巨额国际收支逆差，以及石油输出国组织成员国以美元为主的大量石油收入，使欧洲货币市场规模急剧扩大，整个欧洲货币市场业务 1/3 以上集中到伦敦城。该市场经营的货币包括所有主要资本主义国家货币，业务范围遍及全世界。

（6）伦敦保险市场。伦敦保险市场是世界上最大的保险业中心。通过劳埃德保险社和伦敦保险协会所属的许多保险公司和保险经纪人，经营着来自世界各地的几乎任何类型的保险业务。劳埃德保险社是世界上历史最悠久的一个保险组织，由许多个体的承包会员组成。每个会员根据其拥有的资产和经营的业务量缴纳数额不同的保证金，由劳合社的管理委员会保管。只要提出拥有 10 万英镑的证明，并缴纳 2.5 万英镑的保证金，就可以承做保险费不超过 10 万英镑的生意，并成为会员。这些会员按各自承保的险别，组成联合小组（辛迪加），各小组的成员多少不一，有的小组会员达 1 000 个以上。1982 年劳合社属下的会员数已由 1962 年的 5 126 个增至 20 156 个，联合小组由 271 个增至 429 个。

2003 年，英国保费净收入为 1 530 亿英镑，位居欧洲第一、全球第三，其海事保险实力雄厚，统占了 16% 的全球市场份额。伦敦有着"全球再保险业务技能中心"的美誉，是全球最大的国际保险市场，2003 年的保费收入高达 250 亿英镑。

（7）金融和商品衍生品市场。英国最重要的衍生品市场是伦敦国际金融期货期权交易所（LIFFE）和伦敦金属交易所（LME）。

伦敦国际金融期货期权交易所（LIFFE）成立于 1982 年，1992 年与伦敦期权交易所市场合并，1996 年收购伦敦商品交易所。目前，该交易所交易的产品主要包括货币期货期权、短期利率期货期权、中长期利率期货期权、股票指数期货期权以及商品期货期权等。该交易所虽然成立时间较晚，但是发展速度惊人，按交易额来看，目前已经成为欧洲最大、世界第二的期货期权交易所。

另外，伦敦国际石油交易所（IPE）是欧洲最重要的能源期货和期权交易场所，成立于 1980 年，到目前为止已经成为世界石油交易的中心之一。其主要的交易品种有布伦特原油、重柴油、汽油、天然气等的期货和期权合约。

值得一提的是，伦敦是全球最大的柜台交易衍生业务市场，占全球交易额的 43%（2004 年 4 月统计）；其期货和期权交易量仅次于芝加哥。据 2005 年第一季度统计，伦敦的 Eurex 交易量占全球市场的 47%。Euronext LIFFE 在 2004 年签订了 7 900 万份合同，是全球领先的欧元短期衍生业务和股票期权交易市场。IME（伦敦金属交易所）是全球最大的有色金属交易市场，其业务量占全球 90% 以上。IPE（国际石油交易所）是欧洲领先的能源交易市场，其全球交易的 2/3 是布伦特原油。

### 3. 伦敦国际金融中心发展的启示

作为老牌资本主义国家的英国，1795 年以来的大英帝国，其经济和工业一直走在世界的前列。伦敦国际金融中心也经历了兴起、衰落和重新崛起的阶段。新形势下，伦敦更是借助自身在金融产品、金融市场方面的强大的人才、技术优势，利用美元的强势地位，发展以美元为主的资金融通，保持其金融中心的活力。

纵观伦敦金融中心发展的历史，可以说："金融中心的兴衰关键要看金融中心所在城市是否代表了当时经济的发展特点对国际资本配置的要求，是否具有强大的金融服务供给能力和资金供求的融通能力。"① 伦敦国际金融中心的历史进程，不但印证了美国纽约国际金融中心的部分经验外，还包括下面的几点内容：

（1）英国国内外政策的推动作用。在近代，英国国内宽松的金融政策是伦敦金融中心复兴的基本前提。由于英国的金融监管当局的开放政策，欧洲美元市场首先在伦敦建立。

（2）伦敦的城市设施和市场环境为金融中心建立提供了基础性条件。一个城市想要成为国际金融中心，一定的基础条件和设施是必备的，如区位条件、交通网络、通信网络、专业人才和相关辅导产业等。

伦敦有着天然的港口，早期随着英国的经济发展，其成为英国的航空运输的中心。同时伦敦还储备了大量的金融专业化人才，在人力资源越来越受重视的今天，这一优势为伦敦金融的发展注入了强大的动力。

（3）英国的政治和制度一直非常的稳定，各项法律、经济、社会制度也非常完善，这对伦敦金融中心的形成起到了保障作用。

## （三）东京国际金融中心

### 1. 东京金融中心概况

东京作为全球三大国际金融中心之一，其自身经济发达，是日本的经济贸易中心。东京金融市场发展完善，是日本最重要的银行集中地，也是日本的外汇贸易中心，同时拥有东京证券交易所、东京工业品交易所、东京谷物交易所、东京国际金融期货交易所等多个交易所。在东京，金融及相关产业是重要的支柱产业。1980 年以来，东京地区金融和保险公司数目平均超过 10 000 家，其规模可见一斑。特别是在 20 世纪 90 年代初，在日本经济到达顶峰时，金融和保险公司数目一度超过 14 000 家。

在经历了"泡沫经济"破灭、亚洲金融危机等重大事件之后，日本的金融机构出现倒闭、合并、被收购的风潮，因而 1991 年之后东京的金融和保险公司数量开始下降，从业人员数量随着公司数量的下降有所减少，到 2006 年总从业人数为 35.8 万人，占东京从业人数总数的 5.71%。虽然金融保险业公司数目和从业人员数量有所下降，但是金融保险业的总产值近来有小幅上升之势。由于金融业的产业附加值高，人均产值较高，虽然 2006 年金融保险业从业人员数量占东京从业人口不到 6%，但是东京金融保险业 GDP 在东京总 GDP 中占比达到 14%。

### 2. 东京金融业各市场具体发展状况
（1）银行业市场。日本的银行业市场结构 20 多年来发生了较大的变化，可以分为

---

① 潘丽英，朱喜，苏立峰等. 国际金融中心：历史经验与未来中国（上）. 上海人民出版社，2009：78.

普通银行、信托银行、外资银行、专业银行等几大类。其中普通银行又可以分为规模较大的城市银行、规模相对较小的地区银行以及近年来随着市场新发展趋势而出现的新形式的银行。

城市银行是日本重要的金融中介机构，其融资和信贷活动对日本货币市场产生重大影响，城市银行主要为日本的大企业提供金融服务。日本的地区银行有数十家，很多银行都进入"世界大银行500家"之列，因此，除了城市银行以外，地区银行也是具有强大实力的银行系统。信托银行主要提供长期贷款和证券投资，主要业务还包括大面额的长期存单，从事养老金这个利润丰厚的管理工作。

外国银行在日本的主要基地是东京，其银行和分支银行的数目占全部在日本的外国银行的70%以上。外国银行在日本设立分行的主要目的是为日本公司办理国际金融交易并引进外部资金，它们对大型日本跨国公司提供贷款。

此外，日本金融市场还有一些政府性质的银行机构，这些政府金融机构都是为了专门的目的而建立起来的。这些目的主要包括促进出口工业、小企业、农业和经济发展以及住房建设等。主要机构有日本发展银行、日本进出口银行、人民金融公司、小企业金融公司以及农、林、渔业金融公司、住房贷款公司等。

（2）货币市场。在日本，货币市场可以分为银行间市场和公开市场两部分。银行间市场最主要的组成部分是同业拆借市场和票据买卖市场，这是银行、证券等金融机构进行短期资金融通调整的场所。而公开市场主要有债券回购市场、可转让定期存单市场、商业票据市场，另外还有政府短期证券市场、国库券市场等。

短期拆放市场，创始于1945年，是日本历史最长的短期资金市场。在市场上，城市银行是经常的拆进者，其他金融机构是经常的放出者。交易种类有当天借进、当天偿还，第一天借进、第二天偿还（如果拆进者不主动偿还，放出者也不催收，可无条件延期）以及7天期的交易等3种。交易时由短期资金公司充当经纪人。

票据买卖市场，于1971年创设。具体做法是由资金不足的金融机构开出票据，通过短期资金公司在金融机构之间买卖。交易期限为1~4个月。日本银行也参加短期拆放和票据买卖市场，通过本身参加交易调节市场资金的过剩或不足。

可转让的定期存单市场，创设于1979年，是企业和各种非金融机构都可以参加的市场。创设目的在于适应企业和各种团体运用大额剩余资金的特点，促进利率自由化，扩大短期金融市场调节金融的机能。定期存单每笔金额在5亿日元以上，期限3~6个月。

（3）证券市场。日本的证券市场开始于19世纪，1878年东京和大阪交易所的成立标志着日本股票市场的诞生。在日本，间接金融长期占据绝对主导地位，银行是金融市场的主力。直到1970~1973年间，第一次石油危机爆发，为减缓通货膨胀，1973年日本银行收缩信用，把主要利率从4.25%提高到9%，迫使公司削减一般管理开支，使股票市场恢复了生机，这也使得债券市场也得以迅速发展起来。1986年，外国公司开始取得证券交易所的会员证，并参与股票流通交易的中介金融日本市场。整个80年代，日本证券市场一片繁荣，但是从1990年股市开始暴跌，进入长期低迷状态。

和欧美主要证券市场一样，日本的证券市场也可分为交易所市场和场外（OTC）市场，交易所市场是日本证券市场的主要组成部分，但是店头市场作为交易所市场的补充，在证券市场体系中也占有重要地位。目前日本有 8 家证券交易所，其中东京证券交易所是日本最大的证券交易所，其证券交易占日本全国证券交易总量的 80% 以上。

（4）外汇市场。日本的外汇市场集中于东京和大阪，并以东京为主，东京市场的外汇交易额超过日本外汇交易总额的 90% 以上。在交易方式上，东京市场和伦敦市场、纽约市场相似，是无形市场，交易利用电话、电报等电信方式完成。在外汇价格制定上，东京市场又与欧洲大陆的德国、法国市场相似，采取"定价"方式，每个营业日的上午 10 点，主要外汇银行经过讨价还价，确定当日外汇价格。交易形式主要有即期、远期、掉期等。

（5）商品期货和金融衍生品市场。商品期货方面，东京有两个商品期货交易所，即东京工业品交易所和东京谷物交易所。金融衍生品方面，主要有东京证券交易所、大阪证券交易所和东京国际金融期货交易所等市场来进行金融衍生品交易。

### 3. 东京国际金融中心发展启示

东京国际金融市场自发展以来，到 20 世纪 80 年代，无论从市场规模、影响范围和交易值各个方面，已是世界级高水准金融中心。总结来说，抛开一些地理上的优势，东京国际金融中心大致由于其经济实力、金融基础、制度和技术条件等[①]方面的因素才使其得到了如此大的发展。

（1）强大经济实力的主导作用。自从 20 世纪 50 年代以来，日本高度增长的 30 年，年均 GDP 增长接近 10%。到了 80 年代中期，日本经济实力仅次于美国。正是由于这种强大的经济实力，使得外国银行、证券公司等金融机构纷纷在东京设立分支机构，以利于业务开展。

（2）金融制度建设方面日本也走在前列。具体包括发展与国际广泛联系的外汇市场、完善金融交易和金融市场体系、对日元积极促进国际化。

（3）先进的技术条件为东京国际金融中心发展提供快捷的通道。日本拥有着强大的工业和技术基础，现代金融对于计算机和电信技术有着较高的要求，而日本恰好有着满足这一要求的条件。

## ■二、区域性国际金融中心

## （一）香港金融中心

### 1. 香港金融中心概况

香港金融业的发展大致经历了贸易金融、产业金融以及金融国际化三个阶段。20

---

① 潘丽英，朱喜，苏立峰等. 国际金融中心：历史经验与未来中国（上）. 上海人民出版社，2009：91.

世纪 70 年代以后，香港进入了金融业发展的第三个阶段，即国际化和多元化发展阶段。在这个阶段，香港银行制度日趋健全，金融市场交易更为活跃，逐步走向国际化。香港开始成为重要的国际金融中心之一。在 1980～2005 年这一阶段，香港经历了亚洲金融危机、回归祖国、经济衰退等，对其国际金融中心的地位有所影响。一方面，亚洲新加坡的竞争和日本东京的复苏，亚洲金融中心格局势必要变；另一方面，是来自内地其他地区的挑战，包括以上海为首的长三角地区和环渤海地区的崛起以及各地纷纷提出要建设金融中心等要求，这对于回归后也需要竞争中央资源的香港而言，构成了挑战。

香港作为国际金融中心，金融服务业发展的成绩卓越。香港是世界上最活跃的金融中心之一，目前在全球最大的 100 家银行中，约有 70 家在香港设有分支机构。截至 2006 年底，香港的股票市场市值超过 12 万亿港元，位居全球第六，亚洲第二。此外，香港也是全球第六大外汇市场和第七大场外衍生工具市场。香港具备先进的金融基础设施、世界水平的金融专才、与世界标准看齐的完善监管制度，效率极高的资本流动。

香港金融的发展首先是从银行开始的，香港银行业发展历史悠久，始于 19 世纪中叶香港开埠之初外资银行的进入。香港银行业实行三级体制，对外开放程度很高，并且对本地和外资银行在金融方面采取同等的待遇，外资银行可在公平竞争的基础上从事业务。同时香港拥有十分完善的即时支付结算系统。

1980 年 3 月，香港远东交易所、金银证券交易所、九龙证券交易所和香港证券交易所四家交易所合并成立了香港联合交易所，开始享有在香港建立、经营和维护证券市场的专营权。2007 年为 1 196 家，但上市公司市值在 2007 年达到 15.7 万亿港元。

香港的金融衍生品市场自 90 年代以来有了长足的发展，已经成为亚洲最大的市场之一。香港期货交易所在 1986 年 5 月推出首张金融期货合约，即恒指期货，遂成为最受欢迎的金融衍生品。香港衍生品市场中期货比重相对较大，而期权市场受权证市场的影响，份额相对较小，但近几年也呈现出快速上升的趋势。

### 2. 香港金融市场业务

香港金融市场按其业务性质，可分为香港短期资金市场、香港长期资金市场、香港外汇市场和香港黄金市场。

（1）香港短期资金市场：包括银行和财务公司的存放款业务。20 世纪 70 年代以来，短期资金市场的特点是海外业务量不断增大，与海外同业之间的资金调拨数量也大幅度增长。香港同海外资金的流动趋势是进大于出。

（2）香港长期资金市场：包括股票市场、债券市场和银团贷款。第一，股票市场，从 1891 年成立第一家证券交易所算起，已有 120 多年历史。1969～1972 年又相继成立 3 家证券交易所，使香港成为东南亚地区的主要股票市场之一。第二，债券市场是 70 年代发展起来的。70 年代以前只发行过国泰股份和香港政府的两种债券。1974 年以前共发行 5 宗债券，从 1975 年开始活跃，到 1980 年增至 40 宗，总发行量达 85 亿港元。这些债券以当地英资企业发行为主。大多数为美元债券。第三，银团贷款自 1976 年开始活跃，成为远东地区银团贷款的主要中心。

（3）香港外汇市场：香港早期的外汇市场，主要业务是港元兑英镑。1973 年香港取消外汇管制和 1974 年港元浮动以后，外汇市场迅速发展。港元兑美元和美元兑其他货币都可以自由成交。

（4）香港黄金市场：自 1910 年设立金银贸易场以后，已有 70 多年历史。1974 年解除黄金进出口管制以后，大量国际金商进入市场，因而迅速发展，与伦敦黄金市场、苏黎世黄金市场、纽约黄金市场构成世界四大金市。香港黄金市场可分为三部分：传统的金银贸易场、以伦敦方式经营的黄金市场、黄金期货市场。

### 3. 香港金融中心发展的启示

之所以称香港为区域性的金融中心，是因为香港主要是在东南亚区域内进行资金的融通。其主要是把美、欧、日等发达国家的资金，通过金融市场机制，输送给经济高速增长而资金缺乏的中国内地和亚洲其他发展中国家。回顾历史，香港之所以成为目前区域性金融中心，主要是基于下面几点原因。

（1）得天独厚的地理优势。香港处在亚太地区中心，是亚太地区南北通道和中国内地及东南亚国际或地区联系的交通枢纽。

（2）政治和制度环境稳定并优越。相对于整体政治历史较为动荡的亚洲其他国家来说，香港成为各国政府与个人选择存放资金与财产比较理想的场所。

（3）健全高效的金融法规体系。

当然还有其他方面的原因，如：开放的金融政策、香港的低税率与简单税制、港币的自由可兑换、中国中央政府实行的有利于香港稳定和繁荣的政策等，这些都对香港金融的发展产生了深刻的影响。

## （二）新加坡金融中心

### 1. 新加坡金融中心概况

新加坡位于马来半岛南端、马六甲海峡出入口，是欧亚及地中海地区到远东航船的必经之地，也是连接亚洲、欧洲和大洋洲之间的重要国际航空中心。新加坡既是国名，又是岛名，还是作为首都的城市名。新加坡国际金融中心的形成和发展与世界上其他金融中心都不同。伦敦以大英帝国的经济实力作为雄厚基础，凭借悠久的历史和持续的改革保持领先地位；纽约则是以其所聚集的全球跨国公司和跨国金融机构作为坚实后盾，凭借发达的市场体系和不断涌现的金融创新而成。而新加坡国际金融中心的形成和发展则是在政府前瞻性的规划和设计下实现的。20 世纪 70 年代以来，新加坡货币市场、证券市场、外汇市场、离岸金融市场和金融衍生品交易市场等迅速发展，新加坡作为亚太地区重要的国际金融中心的地位已得到国际社会的认可。

金融业是新加坡经济的支柱产业，在其国内生产总值中的比重一直占到 10% 以上。新加坡国际金融中心的发展过程大体可以分为两个阶段：第一阶段是从 20 世纪 70 年代中期，以建设亚洲货币市场为核心的区域性金融中心的发展；第二阶段是 1985 年以后的金融中心的发展。进入 90 年代，新加坡政府确定了金融业重点发展的七个领域：资本市场、未挂牌证券市场、金融和商品期货、风险管理、基金管理、第三国贸易和再保险融资，促成了新加坡从离岸金融中心向综合性金融中心的转变。

其中，新加坡外汇市场是整个金融市场中最发达的市场，也是国际外汇市场的中心之一。新加坡外汇市场早在 20 世纪 30 年代就出现了，那是的外汇交易只是为贸易活动服务。20 世纪 70 年代，随着新加坡国际金融中心的逐步建立及亚洲美元市场的创建，交通、通信条件改善，外汇市场迅速发展起来。

截至 2006 年底，新加坡共有银行 108 家，其中，本地银行只有 5 家，而外国银行有 103 家，其中全能银行 24 家，批发银行 34 家，离岸银行 45 家。此外，还有投资银行 49 家，外国银行代表处 43 家，金融公司 39 家。银行总资产 5 680 亿新元。

新加坡证券市场也逐渐成为亚洲最具活力和影响力的资本市场。新加坡证券交易所成立于 1999 年 12 月 1 日，由新加坡股票交易所及新加坡国际金融交易所合并而成，目前包括主板和自动报价市场，共有超过 560 多只股票，流通市值 4 000 多亿新元，其中外国公司占 24%。目前，新加坡证券交易所在亚洲是仅次于东京和香港的第三大交易所。新加坡债券市场在 1997 年亚洲金融危机之后迅猛发展，已经站在东亚新兴市场国家前列。

新加坡衍生品交易市场起源于新加坡国际金融交易所。新加坡国际金融交易所成立于 1984 年，是亚洲第一家金融期货交易所，交易品种涉及期货和期权合约、利率、货币、股指、能源和黄金交易等。如今，新加坡衍生品交易市场已经成为全球衍生品亚洲市场的交易中心，拥有大多数亚洲股权衍生品。

此外，亚洲美元市场是新加坡国际金融市场的主要资金市场。亚洲美元市场是一个经营以美元为主，包括欧元、日元、加元等十几种货币的国际硬通货市场。由于美元交易额在这个市场中约占 90%，所以，将其统称为亚洲美元市场。

根据新加坡现有的市场，可分为货币市场和资本市场两大类。

新加坡货币市场主要由银行间市场和贴现市场组成。在银行间市场上，拥有多余资金的银行和资金不足的银行通过经纪人达成交易。一般银行由于必须保持法定最低现金储备率和流动性资产比率以及清算支票而出现的短期资金不足可以在银行间市场上借入补足。

贴现市场是指由银行将多余的资金以短期存款的形式存放在贴现行，贴现行则利用这些资金投资于国库券、政府证券、贸易票据和新加坡无可转让存单等，并将所得收益支付给存款人。与银行间市场不同的是，银行不能从贴现行借入资金。

对于新加坡的资本市场来说，其主要是由以下几个市场组成的：新加坡股票交易所（SES）、SESDAQ 市场①、CLOB 国际市场。

### 2. 新加坡金融中心发展启示

新加坡在早期崛起时是伴随着离岸金融中心兴起而成长起来的，某种程度上新加坡

---

① SESDAQ 市场成立于 1987 年 2 月，主要宗旨是为成长中的中小型公司提供最佳融资渠道。

的发展是由东南亚地区的高速增长所带动的。新加坡成功因素主要在于政府的全力支持，新加坡是政府主导型国际金融中心的典型代表。新加坡政府通过一系列管理、税收和监管刺激等各项优惠政策提高了对国际金融机构的吸引力。

## ☐三、我国建设国际金融中心情况[①]

### （一）我国金融中心的"三位一体"模式

我国的国际金融中心建设，采取的是"摸着手头过河"策略。从之前的深圳改革开放，到沿海省市，最后再到中国内陆地区。随着中国经济实力的不断增强，我国也渐渐明确了建立国际金融中心的目标。在整合国内资源的同时，更多地参与到世界经济发展。

目前我国香港、上海、北京、天津、广东等城市经济得到了迅速发展，但仔细分析来说只有上海、香港和北京在金融方面的实力和优势是中国其他城市所无法企及的，因此应当成为中国布局国际金融中心的目标城市。上海已经具备了相对完善的金融市场体系，现阶段的上海是相对封闭但具备强劲发展潜质的中国对外国际金融中心。香港不仅成为内地企业提供国际融资的重要平台，也成为亚太地区公认的、国际资本熟悉的区域性国际金融中心。北京最大的优势在于其是中国金融决策机构、金融监管机构以及包括四大国有商业银行在内的大型金融机构总部，北京的金融影响力是其他城市所不具备的，显然北京已是中国特定范畴的国际金融中心。三者地理位置上面分属于我国最为活跃的三大经济区——长三角地区、珠三角地区、京津唐地区。那么以这三个城市作为中国国际金融中心体系的目标城市有助于覆盖中国实体经济最为发达的地区，并促进实体经济同虚拟经济的协调发展。[②]

纵观世界其他的国际金融中心，它们的形成往往产生于经济发达、交通便利、通信便捷以及金融人才相对集中的城市。纽约、伦敦、日本、新加坡等等，其金融中心地位的形成无外乎有两条路：一是随着当地经济不断发展壮大而自然形成，另一条是通过政府的有意识推动，如上面讲到的新加坡。从我国具体实践来看，靠着前期自身的发展的力量越来越有限，更多的必须要靠着政府的推动作用。展望未来的中国经济发展，我国政府可以依靠上海、北京和香港三地不同的区位、政治等优势，建立分工和统一协作的多金融中心。

上海应该以金融市场为主的在岸金融中心。其未来努力的方向更多的是完善金融市场体系，扩大金融市场规模，丰富金融产品，不断提高金融产品的定价权。随着人民币国际化的进程，上海作为金融中心要提升人民币金融市场的国际影响力。

香港应该成为依托内地和亚太地区的人民币离岸金融中心。香港位于珠三角地带，其应加强同东南亚国家的经贸互动合作，夯实香港欠缺的实体经济的基础。同时需要香

---

① 本部分内容主要借鉴了潘丽英、朱喜、苏立峰等的《国际金融中心：历史经验与未来中国》中关于上海国际金融中心建设的重点推进领域的研究成果。

② 天津大学研究课题组. 中国国际金融中心布局的战略问题研究. 经济研究参考，2010（61）：6-9.

港继续丰富金融产品特别是人民币产品种类，提高市场深度，加强金融监管能力。

北京，作为我国中央政府所在地，拥有着金融决策监管部分和大型金融机构。未来的北京更多的是不断提高金融调控的能力和水平，同时协调沪、港、京三地的金融布局，从而提高北京的国际金融影响力。

## （二）我国建设国际金融中心的战略

目前研究我国建设国际金融中心的文献可谓是"汗牛充栋"，但真正"入木三分"的较少。借鉴于其他国家（美国、英国、日本、新加坡）建设国际金融市场的经验来说，宏观上我国应该注意以下几点：

第一，建设国际性金融中心中，重视政府的整体布局和推动作用。从其他国家金融中心的建设历程中，我们可以看到：大到外部政治稳定性、法规政策相关的配套性，小到城市设施的架设等方面都说明了政府作用的巨大性。对于我国政府来说，在确保风险可控和金融安全的前提下，如何稳步推进金融中心的建设是我们政府目前值得深入思考的问题。这一点在新加坡国际金融中心建设中充分体现出来。新加坡政府就是通过税收优惠等措施吸引大批的国际金融机构进驻新加坡。

第二，相对宽松的监管政策。相对宽松的政策监管是金融中心发展的一个前提条件，特别在早期金融中心建设中，可用来吸引跨国金融机构设立金融分支机构。

第三，实体经济先于金融经济发展。此次国际金融危机让我们明白金融发展应当依附于实体经济的发展道理。我国在建设国际金融中心，金融产业将会经历相对较快的发展阶段，实体经济的发展自然也会受惠于金融产业的快速发展。但不可轻易放弃相关金融中心的实体产业，促进金融产业发展与实体经济发展的相互适应。

布局和建设中国的国际金融中心是一项内容庞杂、涉及面广的长期性和系统性的工程。不仅需要合理的政策取向予以引导，更需要健全的基础设施给予支撑。下面将针对金融方面来谈谈我国国际金融中心的建设。

### 1. 培养和发展以政府证券市场为核心的固定收益证券市场

我国政府是一个"大政府"，由于政府掌握着大部分的资产，相对于其他国家（如美国、英国等发达国家）拥有着巨大的实体资产，政府的信誉有着巨大的后台支撑，因此政府的信誉是一大笔无形资产。

发展我国的本土的政府债券的市场（中央、地方债券）会在缓解金融危机影响，提升市场整体信用，利用证券融资进行大量基础等方面起到推动作用。

更为重要的是，政府债券市场为人民币的国际化提供基础性市场条件，人民币充当国际储备货币的一个基础性条件是本土存在规模足够庞大、流动性足够充分、成长性足够良好、对外足够开放的资本市场体系，以满足各国央行和全球资产组合投资者对所持资产保值、增值和变现的内在要求，即对人民币国际化具有实质性支撑的是这个资本市场中的国债市场、类国债（具有国家信用等级的国有企业和政府机构债券）市场。

### 2. 加快我国国内衍生性金融市场的发展

在本章的第一节国际衍生金融市场中，我们提到的该市场的种种好处。但起始于2007年的美国金融危机使得我们对该市场有了更加深刻的认识。

鉴于国际金融危机的经验，我们在发展衍生金融市场时，应该坚持如下的原则：第一，对衍生金融市场需要进行足够监管，无论是从参与主体的资产状况还是从市场环境等方面全方位的监管，提高市场的透明度和信息的披露程度；第二，金融衍生市场发展应该保持适度的原词。第三，发展金融衍生市场应该与现货市场保持密切的联系，避免衍生性程度太深，脱离实体价格太远。

因此我国金融衍生金融市场建设过程中，需要倡导"基础先行"原则。具体来说，第一，现货市场的成熟是发展衍生品市场的前提条件。只有现货市场的兴起才能形成相对完善的价格机制，便于衍生品的基础定价。第二，加强衍生品交易所的金融安全措施，执行合适的交易保证金比例。适度的交易杠杆率，在保证市场交易效率的同时会抑制过度投资。

### 3. 继续深化国内货币市场的广度和深度，推进人民币国际化的步伐

人民币作为我国的法币，在推进国际化过程中必须得到我们国内货币市场的支撑。东京国际金融中心给我们的启示是，本土多样化的货币市场体系的发展将对人民币作为国际结算货币的形成和发展发挥促进作用。我国目前的货币市场包括同业拆借、债券回购、银行承兑票据和企业融资券等品种，但整体来说，货币市场的发展仍然存在品种有限、市场分割、市场组织发育不良等问题。那么发展货币市场主要应从以下几个方面来着手。

第一，进一步完善货币市场各个组成市场的市场功能发育。这一措施具体在于完善财政部的短期国库券市场，短期国库券市场为国内金融市场提供了重要的基准利率，同时其也成为各类货币市场投资基金资产组合中重要的选择，由此可见其在金融市场中的重要地位。

进一步推进国内商业银行大额可转让存单的发行和市场建设。上面我们讲到了大额可转让存单市场，我国目前正在积极地重新启动。其将为大型商业银行提供更为灵活的资产负债管理，为企业提高了现金管理效率、提供稳定收益。

同时，银行承兑汇票市场的发展有利于亚洲地区人民币贸易融资和人民币贸易结算。贸易项下商业银行是广泛的参与者，而承兑汇票往往比商业票据的发行费用较低。此业务不断降低了商业银行经营成本，同时为贸易企业提供了融资便利。推动以人民币计价的承兑汇票将更加有利于人民币的国际化。

第二，加强货币市场有效运行机制。对货币市场的建设，不论从制度层面上，还是从市场配套设施上都必须按照市场运行机制来建设。比如说，加快银行间债券市场与证券交易所债券市场连接或合并、建立和完善货币市场经纪商和做市商制度等。

中国从经济大国走向经济和金融强国的道路需要通过国内金融市场的快速发展促进中国经济成功转型。同时也需要建成亚洲规模最大、最具活力的国际资本市场，为全球金融的再平衡做出贡献，并为人民币的国际化，为更具稳定性和平衡性的多元国际货币

体系的形成提供坚实的市场基础。上海作为在岸金融中心，香港作为离岸金融中心以及北京作为以金融决策监管部门和大型金融机构总部为主的金融中心的分工与定位模式应当说是一个长远目标，不可能在短期之内一蹴而就。客观来看，上海、香港和北京在国际金融中心建设的历史进程之中存在较为显著的阶段性差异，同时三地各自的比较优势也相对鲜明，这为三地在布局和建设中国国际金融中心的历史进程之中提供了广阔的合作空间。探索近期三地合理分工和密切合作的可行路径，促进三地在布局中国的国际金融中心体系过程中错位发展、优势互补和良性互动，具有重要的战略意义。

通过本章三种视角下对国际金融市场的介绍，了解国际金融市场中的各种不同的业务、各国金融市场的发展情况以及传统、离岸金融市场的发展。总结上面的内容，我们至少可以知道下面关于国际金融市场的内容。

第一，基于交易金融工具视角下的国际金融市场中的业务，有其统一逻辑分类框架。本章的第一节为大家展示了这种分类的框架。也许其中有些不足，但本章正试图在这方面做一些探讨。

第二，俗话说，创新往往伴随着监管产生和发展起来，对于欧洲货币市场更是如此。欧洲货币市场无论从交易量还是发展速度来讲，都超过了传统的国际金融市场。可以预见到未来，随着后次级贷款危机金融监管的不断强化，欧洲货币市场的发展将会机遇与挑战并存。

第三，国际金融市场的发展无疑是一国国内金融市场发展的延伸，也就是说先有国内金融市场，然后发展成了国际金融市场。无论是对于美国、英国，还是日本、中国香港等国家和地区都有其普遍适用性。那么对于现代的中国，如何进行国际金融中心的建设，上述国家或地区的发展无疑为我们提供了宝贵的经验。

### ☞ 本章关键词 ☜

| | |
|---|---|
| 单环节模式国际金融市场 | 原生性金融市场 |
| 衍生性金融市场 | 国际性金融中心 |
| 区域性金融中心 | 传统国际金融市场 |
| 离岸国际金融市场 | 标准化债性国际金融市场 |
| 非标准化债性国际金融市场 | 标准化股性国际金融市场 |
| 非标准化股性国际金融市场 | |

### ☞ 深入思考的问题 ☜

1. 如何理解本章第一节基于交易金融工具划分国际金融市场的分类框架？
2. 国际金融中心和区域金融中心存在哪些更深层次的差别？
3. 思考我国建设国际金融中心的路径选择。
4. 如何确立分类标准序列，以便囊括所有的国际金融市场的业务？
5. 如何全面地从多维度来透视国际金融市场，以便全方位地理解国际金融市场？
6. 债性和股性两种金融交易的性质是不是对原生性金融市场第二序列最适当的分类标准？

# 第十二章

# 多环节模式国际金融市场

伴随着世界经济的发展，国际金融市场中也出现新的"生态现象"——多环节模式国际金融市场。这一变化对国际金融产生了深远的影响，即市场的网链式发展要求新的政府监管思维——国际金融网链式监管。

1937 年新制度经济的创始人罗纳德·哈里·科斯（Ronald H. Coase）发表的《企业的性质》这篇论文，阐释了产业企业存在的原因及其扩展规模界限问题。科斯创造了"交易费用"这一重要的概念来解释这一问题。自此对企业与市场的界限划分更为清楚，即当市场交易的边际成本等于企业内部的管理协调的边际成本时，就是企业规模扩张的界限。那么出于企业与市场之间的是什么呢？这就是本章所要阐述的多环节模式的金融市场——国际金融市场网链，即企业与企业之间形成的交易合约链条真正地将市场上各个企业串联起来形成了一个统一的"大企业"。网链市场主体之间的交易具有一定的技术规定，并超越了具有"不确定性交易对象"纯粹的市场交易类型，即其交易对象是相对确定的，交易具有期间性，从而形成了科斯定义的市场与企业之间的"夹层状态"。

目前，国际金融市场中方兴未艾的金融服务外包实际上是"准"网链结构，企业（发包企业）将自身不具有竞争优势的业务外包给其他企业（承包企业）来做，从而达到成本控制的目的。实际上发包企业是将企业自身的发包业务成本显性化，其整合承包企业的优势资源纳入自身的业务重组中。另外本章涉及的项目金融中的跨国资产证券化、投资基金、跨国项目融资，都具有完整的网链式结构。国际金融市场中存在的不同的企业，通过相互之间签订的合约，形成的合约链而彼此之间联系起来，从而实现具体的金融业务。就跨国资产证券化来说，通过发起人、特殊目的载体（Special Purpose Vehicle，SPV）、投资者、服务商等相关参与主体间彼此之间的合约关系，形成一个合约链，从而完成跨国资产证券化这一复杂的金融业务。

## 第一节　国际金融网链市场概述

据第十章内容，新形势下国际金融市场体现了交易环节的多重性、网链性，各个交易环节相互之间影响程度加深，也就出现多环节（网链）国际金融市场。这里的交易环节是从微观经济活动单元订立合约来界定的，交易关系中每一个合约的签订即是一个交易环节的确定。举例来说，一国的投资基金，基金的募集靠本国私募融资市场融资，通过资金跨国流动，投资于另一国的股票市场中的个股，而投资股票的公司恰好从事对外贸易，出口产品到投资基金注册的所在国。

　　如图4-22所示，站在A国角度上，该投资基金从设立到投资运行经历了三个市场化交易环节：本国的私募融资市场、跨国投资市场、外国的股票市场。募集基金交易环节、股票市场交易环节全在A国、B国内进行，唯一跨国交易环节即是跨国投资环节（B国换汇环节）。交易环节中的其中一环的跨国性，便出现了国际金融市场，而这一市场的实质就是——跨国交易合约链的载体。网链金融结构凸显，在这个动态化、网链式的体系中，任何一个相关方的变动对于整体经营效果都存在着影响，需要各个部分的协调，从而成为一个精密"咬合"的系统。

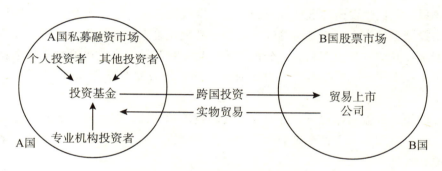

**图4-22　网链式国际金融市场**

# 第二节　跨国投资基金

　　作为一种投资集合理财的方式的基金，其盛行于美国，随着跨国投资的发展并在全球兴起。国际经济不断深化，基金的募集、投资和收益等阶段都体现了跨国性运作，这其中以该基金为主轴，各个参与主体相互配合，形成了网链式金融市场。

## 一、基金概述

　　基金，顾名思义是将资金集中起来用于特定用途。[1] 资金集中意味着存在资金供给与需求两方，因此从资金供给方出资目的来说，可分为收益性基金和公益性基金。[2] 而

---

[1]　窦尔翔，冯科．投资银行理论与实务．对外经济贸易大学出版社，2010：228.
[2]　公益性基金运作不以投资收益为目的，一般投资者为社会公益人士或者政府。

在收益性基金中，根据融资合约性质不同，分为"债性成因基金"（如银行）、"股性成因基金"。① 基金的分类如图4-23所示。

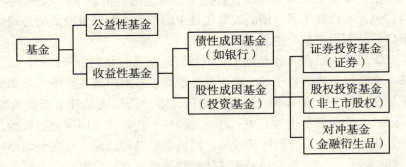

图4-23　基金分类

在这里，我们主要研究股性成因的基金，即投资基金。该基金是指通过发行基金单位，集中投资者的资金，由基金管理者管理、基金托管人托管的集合投资。投资基金集合大众资金，共同分享投资利润，分担风险，是一种利益共享、风险共担的集合投资方式。如图4-23所示，根据其主要投资对象不同，分为证券投资基金、股权投资基金、对冲基金。

在全球经济日益一体化下，各国金融管制越来越宽松，对于资本的跨境流动限制越来越少，这一方面有助于资本更加合理的在全球配置，另一方面也对一国的金融监管提出了挑战。各种基金的跨国投资形成了一个巨大的国际金融市场，对国际金融环境的稳定起到重要作用。

## ■二、股权投资基金国际网链市场

上述三类基金——证券投资基金、对冲基金和股权投资基金，在国际金融市场上都存在着活跃的交易。但就其募集资金广泛性来说，股权投资基金更加明显。具体来讲，该基金的私募性质，使得面对的筹资对象是资金雄厚的个人或者机构，巨大的金融资本支持使其进行跨国投资更游刃有余；各国法律监管的松散性和自身较强的约束性，基金筹资对象更加国际化；基金以未上市公司的股权为投资对象，更紧密地结合实体经济产业，促进了相关产业的发展。

股权投资（Private Equity），一般采用北京大经济学院金融学系主任何小峰教授的定义。它是指通过管理专家团队发起并以非公开方式募集资金，主要对未上市企业进行权益性投资，通过退出机制即上市、出售或企业回购等方式，转让股权获利，并向投资者公平分配投资收益。下面讨论的均是广义的股权投资（基金），按照投资阶段可划分

---

① "债性成因基金"和"股性成因基金"本质区分是：出资时的身份（债权人、股权人），以及投资到期享受的权利。

为创业投资（Venture Capital，VC）、发展资本（Development Capital）、并购基金（Buy-out/Buyin Fund）、夹层资本（Mezzanine Capital）、重振资本（Turnaround），Pre – IPO 资本（如 Bridge Finance），以及其他如上市后私募投资（Private Investment In Public Equi-ty，PIPE）等。

　　根据上面的定义，可知一般股权投资（基金）基本运作流程可概括为"募、投、管、退"，基金运作的过程，即是金融资本和实体资本跨国相互融合过程，更是国际金融网链市场形成过程。这一过程中涉及到三个主体：基金投资人、基金管理人、投资公司，从而形成三种交易合约、三个交易环节链条（见图4 – 24）。

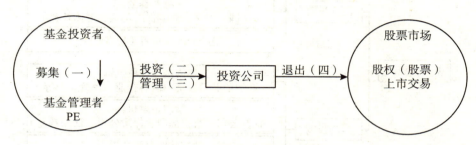

**图4 – 24　股权投资基金运作流程**

　　（1）基金管理者与基金投资者间的交易合约：投资者注入资金，享受投资后的收益；管理者接受注资，管理基金，获得管理费和相关利润分配。其中，由于投资者与管理者的国别的不同，便产生了资金跨国划拨问题，形成了国际金融市场中的一个环节。

　　（2）私募基金与所投资公司间交易合约：基金投资于具有潜力的公司，就收购价格、利益分享等达成相关合约。其中，如果存在离岸基金下，资金跨国转移等也形成了国际间金融的一个环节。

　　（3）公司后续上市，私募基金与其他投资人股权转让的交易合约：私募基金成功退出往往是以所投企业的成功上市为标志，上市企业股权涉及转让，从而形成相关股权交易的市场。无论是境内、境外上市，基金面对着来自全球的投资者，如何达成交易协定，成功转让公司股权，实现退出。在此，公司股权的全球配置，使得此处交易呈现出网链金融的重要的一环。

　　下面将以我国市场上出现的股权投资基金，展开说明股权投资基金主导的三种交易合约形式和国际金融网链市场的全过程。

## （一）私募基金募集交易环节

　　目前，根据我国国内出现的私募股权投资中基金类型，按照基金的募集阶段中资金需求和资金供给的国别的不同，有以下的分类方式（见图4 – 25）。

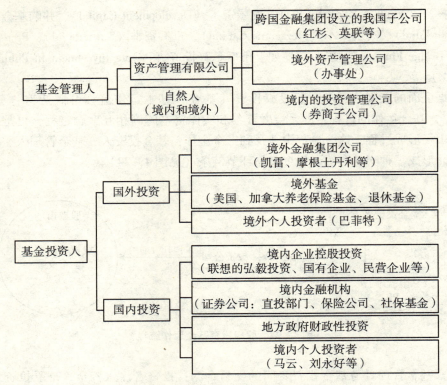

**图 4 – 25　国际股权投资基金募集阶段**

　　根据上面的私募基金管理者和投资者的国别属性的不同，分别归纳出两大类。这样股权投资基金募集阶段就存在着四种跨国金融模式（见表 4 – 5）。

表 4 – 5　　　　　　　　　　　　国际网链股权投资基金分类

| 基金管理人<br>基金投资人 | 资产管理有限公司 | 自然人 |
|---|---|---|
| 国外投资 | 1. 外资—外管（摩根士丹利、高盛）<br>2. 外资—中管（鼎晖、红杉投资中国） | 境外私人股权投资（厚朴基金） |
| 国内投资 | 1. 中资—外管（摩根与杭州政府人民币基金、中投与摩根）<br>2. 中资—中管（渤海产业投资基金、联想控股投资等） | 境内私人股权投资（云锋基金） |

　　值得注意的是，上述分类并不是区分出明显的界限，而是进行大致分类。而现实中，由于存在着股权投资基金募集的广泛性，往往不单单以某一个投资人为主导。

　　2011 年中国的 PE 热潮下，很多私募基金都在这一两年内募集成立。募集对象更加国际化，境内与境外联系更加紧密、交易链更加紧密的结合。抛开在本地募集、本地投资、本地管理、本地退出的形式外，其中显著具有国际金融网链模式有如下几种。

　　（1）离岸股权投资基金运作模式；这种情况下，包括基金管理人的筹建和基金的设立全在境外，但实体经营却在一国国内。资金的划拨必须得到有关国家主管部门的审核，这其中以厚朴基金（见图4－26）——专注于中国的私人股权投资基金最为典型。

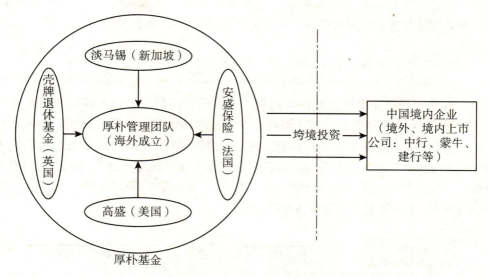

图4－26　厚朴基金募集模式

## 厚 朴 基 金

2007年11月，方风雷着手厚朴基金（Hopu Fund）的筹建。这家在海外设立、专注于中国的私人股权投资基金，完全以国际标准的合伙制模式打造。按国际惯例，普通合伙人亦需作部分出资，一般是1%～3%。该基金将得到新加坡淡马锡控股约10亿美元的投资支持。2007年6月20日完成了融资计划。厚朴基金共募得25亿美元，其中包括新加坡淡马锡控股公司、高盛、壳牌退休基金等知名海外机构投资者。观察成立以来基金的运作，其主要股权投资于境外已上市的公司，如中国银行、中国建设银行、蒙牛等，而且一次出资巨大。

可以说厚朴基金是典型的国际金融中离岸股权投资基金模式，基金形式为有限合伙制，设立在天然的避税天堂（开曼群岛、百慕大群岛等），募集资金面向境外大型机构投资者，而基金实体却在中国境内寻找投资项目，一般投资项目都为境外上市、实力卓越的公司的股权，其一般从事的是PIPE（已上市公司股权投资）项目。这种模式下更加有利于基金获取价值的最大化。

第一，外国避免天堂有利用吸收跨国大型投资机构资金，便于基金快速募集和运作；

第二，有限合伙者设立在避税天堂，而非我国境内，避免对合伙人征收过高的税；

第三，投资对象为境外上市公司，无论在投资许可、投资资金的划拨，规避了我国相关部门的审核，节约了成本。

但在 2006 年，外管局等多部委颁布《外国投资者并购境内企业暂行规定》（下称"10 号文"），要求境内企业控制权转移至境外需得到审批，从而切断了外资 PE 一向擅长的海外融资、海外退出的"两头在外"的投资模式。此处对于海外并购基金来说，以获取公司控股权为目的并购行为，往往会遇到政府相关部门的审批，无疑是增大了并购的阻力。

资料来源：北京大学国际金融研究小组．

（2）外资金融服务集团在别国境内设立基金模式。目前，由于各国金融开放程度不同，对于 PE 直投形式各国也有不同规定。多数跨国大型金融服务集团，如凯雷、摩根士丹利、高盛等，都采取在所投目标国内通过跨国投资形式设立办事处，依靠优秀的管理团队成立私募基金，一般管理团队担当私募股权投资普通合伙人（GP），面向全球募集资金，使得投资者成为有限合伙人（LP）。下面以凯雷集团为例（见图 4 - 27），说明公司制 PE 下国际金融网链形成概况。

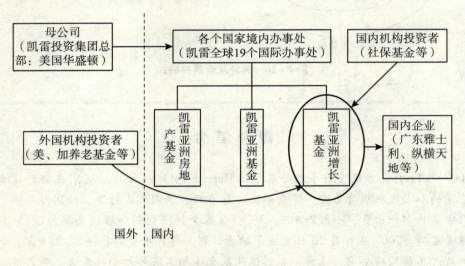

图 4 - 27　外资 PE 国内外募集成立模式

如图 4 - 27 所示，凯雷作为一家私人合伙制企业，由凯雷的高级专业人士和两家机构投资者所有。其总部位于美国首都华盛顿，在 19 个国家拥有办事处，企业由三个联合创始人和董事总经理组成执行委员会，对凯雷所属基金所要投资的项目进行评估和审批。这 19 个国家的办事处拥有本地区出色的管理团队，下设多个管理基金。2009 年底，其募集成立的凯雷亚洲增长基金 IV（Carlyle Asia Growth Partners IV，L. P.），资金来源包括了来自全世界的大型机构投资人，包括了美国、欧洲、中东以及亚洲，基金向我国三家高增长公司投资 6 000 多万美元，这三家公司分别是江苏润邦重工股份有限公司、艾瑞泰克（中国）肥料有限公司、纵横天地旅行网。[①]

当前，正值"十二五"开局之年，中央为了加快经济发展步伐，在《国务院关于

---

① 2009 Annual Report-Chinese Summary of Carlyle，P. 12.

进一步做好利用外资工作的若干意见》中，指出了发挥利用外资在推动科技创新、产业升级、区域协调发展等方面的积极作用。可以说在 PE 领域内，各个地方政府更是加大了引进外资力度，外资 PE 相继与地方政府携手建立人民币基金，如：2010 年 12 月，摩根士丹利昨日与杭州市人民政府签署谅解备忘录，合作设立一只人民币股权投资基金，并成立其管理公司。同时，上海市的 QFLP（合格境外有限合伙人）的试点，近期的凯雷复星（上海）股权投资企业的成立都是境内私募股权投资基金在海外投资最新的发展。

### （二）私募基金投资交易环节

此处介绍的私募基金的投资环节，更关注于私募基金股权投资于未上市的企业，帮助企业改善管理，以期最终实现上市融资的目的。

对于股权投资基金来说，特别是跨国金融集团下属的基金，其都会在相应的地区设立相关产业的私募基金，募集资金用来投资。这种模式，一来减少投资资金划拨时，一国政府相关部门的管制和审批，节省了时间和成本；二来有利于基金的本地化，对所投项目更加深入地了解，从而确保投资后能够成功退出。凯雷投资集团公司全球股权投资架构（见图 4－28 所示）便是最为典型案例。

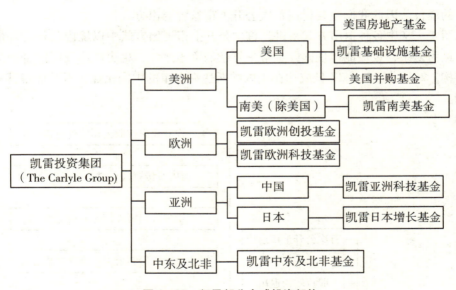

**图 4－28　凯雷部分全球投资架构**

目前流行的股权投资基金的组织形式——有限合伙制，隔离了基金投资者对于所投企业的干涉权，管理权完全由 GP（普通合伙人）来承担。GP 利用自身的经验和行业知识，对企业进行股权投资外，帮助企业整合行业资源，完善企业管理。

投资交易环节存在着很多的投资以及资金划拨模式，其主要依据最后的上市退出策略不同而不同。在私募基金跨国募集资金投资于一国的公司大前提下，公司未来上市地域和方式的选择将会直接决定投资的模式。具体来讲，有以下两种情况。

（1）所投企业本国上市：在这种情况下，私募基金在一国内成立，资金国内运作，投资于本国国内公司。投资路径上不存在跨国性质。如在 2009 年，凯雷中国办事处成立的凯雷亚洲增长基金 IV 在境内投资了江苏润邦重工股份有限公司、艾瑞泰克（中国）肥料有限公司、纵横天地旅行网。而润邦更是于 2010 年 9 月 29 日在深圳证券交易所上市，即是境内投资、境内上市的典型事例。这种模式下，在投资交易环节中并不能体现出跨国交易的形态，在此不做过多讨论。

（2）所投企业外国上市：这种模式下，在我国典型为海外红筹上市。如内蒙古蒙牛、广州雅士利、上海麦考林等所投企业海外上市，使得股权投资基金不得不提前考虑未来上市后退出政策。下面将会介绍麦考林上市之路，分析境内企业和私募基金分别在海外避税地成立壳公司，为了使得资金划拨更加便捷，私募基金一般通过壳公司向企业的海外壳公司间接向境内的企业注资，完成私募投资，间接拥有企业的股权。最终企业通过海外的壳公司在海外上市，从而使得私募基金股权转让和成功退出。

### （三）投资企业上市后股权转让交易环节

对于私募投资基金来说，除了首次公开上市退出外的其他三种股权转让退出、回购退出、清盘退出都是不成功的投资，基金无法通过转让所持上市公司的股权来获取股票发行时的溢价。因此我们主要讨论首次公开上市这种退出方式。

从图 4 - 29 中各种退出方式来讲，首次公开上市退出方式中以境内公司境外借壳间接上市最为复杂，也最能体现国际金融中复杂的资本运作，也更能体现国际金融交易的网链结构。2010 年 10 月 27 日成功在美国纳斯达克上市的中国企业麦考林便是其中的典型案例。

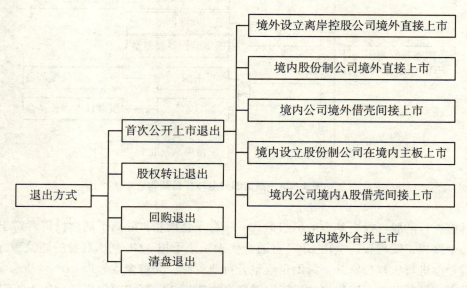

图 4 - 29　私募股权投资基金退出方式

## 麦考林海外上市

其招股书显示将发行 1 174.29 万份美国存托股票（ADS），由此计算麦考林通过 IPO 将募集约 1.29 亿美元，并成为中国首家在纳斯达克上市的服装类电子商务企业（见图 4 - 30）。

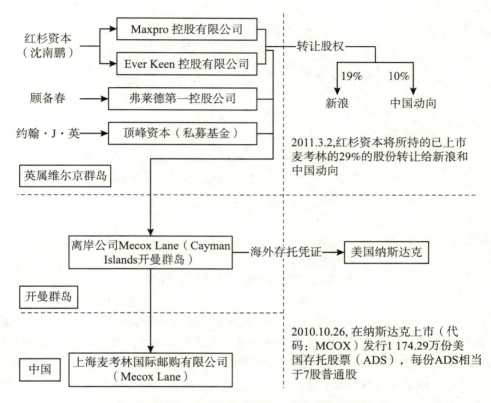

**图 4 - 30  麦考林海外借壳上市及私募退出**

2008 年初，红杉资本中国基金出资超过 8 000 万美元控股投资麦考林，通过了英属维尔京群岛注册公司股权注资于开曼的麦考林壳公司 Mecox Lane，而后此公司海外控股于上海麦考林实体公司。在帮助于 2010 年 10 月 26 日赴美上市之后，红杉资本在 11 年的 3 月股权转移了手头的 29% 股份给新浪和中国动向这两家公司。红杉资本此次的股权部分退出策略，可以说符合红杉资本作为投资策略。

基于上述案例，可以看到，在股权投资基金所投企业上市之后，基金适当时候的退出。无论是向原来公司、境内外投资者等转让股权，作为基金投资最后一个交易环节，可以说这是顺理成章的交易之举。如果企业境外上市的话，更是将这种交易环节从国内延伸到了国际范围，向全球投资者转让公司股权，划拨交易合约资金。

资料来源：投资中国，http：//www.chinaventure.com.cn.

总结来说，股权投资基金跨国运作更能突出国际市场中交易的复杂环节，其交易的自由度越来越高，各种国际资源跨国配置更加的快捷、方便，而且交易的环节是多重的，相互关联。各个环节更加紧密地结合在一起，一个链条出现了问题，将会影响其他的环节交易实现。这其中以北京网秦天下科技有限公司（以下简称"网秦"）海外上市案例（见图4-31）来说明交易环节的高度关联性。

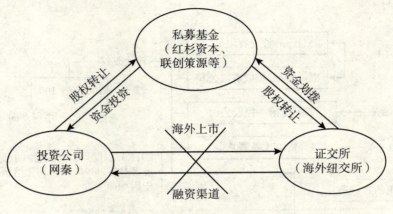

图4-31 网秦上市路径

## 网秦上市前夜遭"3.15"曝光

网秦创立于2005年，是全球最大的移动安全服务领导厂商。网秦总部位于中国北京，在美国硅谷、中国香港分别设立了分公司，目前全球员工超过400人，为全球用户提供10种语言的国际、本土化产品。2005年当时在北京邮电大学搞研究的林宇和另两位合作伙伴选择了离职，开始了艰难的创业，成立了网秦公司，专门从事手机安全服务的企业。

据悉，网秦2005年成立以来，已进行了三次融资，期间，2007年6月，网秦获红杉、金沙江300万美元投资；2007年10月，获策源、富达亚洲投资1 200万美元的投资；2010年4月，网秦再获原投资方金沙江及联创策源2 000万美元投资；2010年11月，实行增资扩股，宏达直投注资250万美元；2010年12月8日，台湾芯片商联发科技公司Gaintech 220万美元参与网秦的增资案。在机构股东持股方面，金沙江持股22.6%，联创策源持股16.3%，红杉资本持股9.7%。

根据上述几轮的投资，融资总额高达3 500万美元，网秦的估值达到了1亿美元，其决定于2011年4月在美国纽交所上市，即在3月16日，网秦向美国证券交易委员会提交申请，计划在纽约交易所启动IPO，计划融资1亿美元。但在上市前夜，2011年的央视"3·15晚会"曝光称，网秦通过其入股的飞流公司下载传播病毒，再通过付费形式查杀，获取收益。这个是否属实，仍待进一步的调查。但此次曝光后，诺基亚、中国移动等移动软件下载平台均表态将网秦从手机应用商店中下架。可以预见，必将影响其上市道路和未来网秦的发展，未来也许使得其无法海外上市，通过媒体报道网秦未来的经营和发展大大受阻，对红杉资本、联创策源等私募基金未来上市后股权的退出更是一种阻碍。

　　资料来源：投资中国，http：//www.chinaventure.com.cn.

　　上面的案例，揭示出在国际金融链条中，每一个环节都是紧密结合在一起的。在私募投资基金中，基金募集、基金投资、所投公司运营、上市进程等等，任何一个环节彼此衔接，构成了一个巨大的链条，任何一个链条断裂，必将对整体的运行产生巨大的影响，甚至造成毁灭性的打击。

# 第三节　跨国资产证券化

## 一、概述

　　资产证券化是指将缺乏流动性的资产，转换为在金融市场上可以自由买卖的证券的行为，使其具有流动性，其是通过在资本市场和货币市场发行证券筹资的一种直接融资方式。按照所包含的业务的不同，资产证券化通常有广义和狭义之分。

　　跨国资产证券化是资产证券化的特殊形式，是指发起人以其在境内或境外的资产为基础利用境内或境外的 SPV（该 SPV 既可以是为了完成跨国资产证券化而在境外专门设立的，也可以是境外已经存在的机构）在国际资本市场上发行资产支持证券筹集资金。

　　资产证券化是结构性融资工具，其交易过程包括许多的环节，涉及多个参与主体。结构性融资工具使得证券化交易可分解为若干个部分或阶段，并在数个国家或地区进行更细化的处理。支持资产的确认和转移、SPV 的设立、服务商和受托管理人的确定、信用增级、信用评级、证券的发行、证券偿付等所有交易环节都可分别在不同的国度运作，但彼此相互协作，构成一个有机的整体。这些操作流程充分反映了参与国家之间的联系，体现了国际金融市场的网链性。资产证券化的这种结构的可分解性使得发起人可以在不同国家和地区选择最合适的交易参与者，在全球范围内分配交易的各个环节的最佳执行地域，在组合的而非单一的资本市场融资，充分利用国际资本市场人才、技术、资本资源，最大限度规避交易监管，实现融资成本最低化。

　　例如一家需要进行证券化融资的中国进出口企业，其债务人在欧洲，该企业可选择将证券化资产售予一家设立在开曼群岛的机构，以该机构充任 SPV 发行资产支持证券，由企业在香港的贸易伙伴为该证券提供担保，聘请欧洲某个著名的商业银行做受托管理人，选择中国的投资银行做财务顾问，由美国的著名评级公司对证券进行评级，在美国私募发行次级资产支持证券、在欧洲市场公募发行高级资产支持证券。[①] 众所周知开曼

①　何小锋．深圳中集集团的资产证券化案例解剖．新经济杂志，2005（10）：4－6.

群岛等加勒比地区国家税收优惠，管制轻松，选择在这些国家注册设立 SPV 可降低交易税赋和运行成本。美国资本市场以众多的实力投资者和高效率的资本定价而著称，但是，美国对公募证券发行人有着严格、规范的监管和信息披露要求，而对私募证券发行的监管和披露要求相对宽松。相反，离岸市场对无论私募还是公募证券的监管条件都比较宽松，但投资者基础狭小，因此，通过实施市场组合策略，同时在两个市场发行私募证券和公募证券，既可以分享离岸市场的宽松环境，又可实现在美国这一高效率市场融资的目的。

从图 4-32 中，可看到美国、中国、欧洲国家、开曼群岛的金融市场和相关机构参与了证券从组合到发行整合阶段，反映了跨国资产证券化各个环节能够像齿轮一样"咬合"得很紧密，任何一样环节出现问题，整个系统都将受到损失。

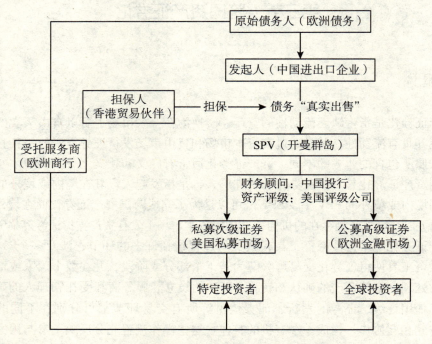

**图 4-32  资产证券化流程**

资料来源：何小锋．深圳中集集团的资产证券化案例解剖．新经济杂志，2005（10）．

跨国资产证券化利用国际资本市场筹集资金，是吸引外资的一种新方式，与目前国际资本市场通常所使用的两种融资工具——国际股票和国际债券相比，证券化融资成本更低。因为，就国际股票而言，股票的发行无疑将稀释原股东股权比例，削弱原股东对企业的控制力，加之股票的发行成本本身就不低。因此，其综合成本无疑是最高的。企业发行债券的成本虽然较股票为低，但须以企业的整体资产为基础，这种将企业所有资产不分良莠地进行质量平均化以融资显然是一种资源浪费；其次，企业发债还将相应提高其财务杠杆比率，增加经营风险；再次，一国企业在国际债券市场上融资还受到该国主权信用评级的限制，由于发展中国家普遍的主权信用评级较低，也导致来自这些国家的企业融资成本上升。跨国证券化将发起人的一部分优质资产剥离出来并以之为依托进行融资，通过运用来自他国的第三方信用支持或担保等，使资产支持证券能够获得高于发起人自身资信等级甚至高于发起人所在国主权信用评级的信用级别，从而有效地降低发起人在国际资本市场上的融资成本。同时，发起人进行证券化融资系表外融资，不构成自身负债，也不会对财务指标带来负面影响。跨国资产证券化对于企业发行人来说，可以说是融资首选之路。

## 二、跨国资产证券化网链市场

### （一）跨国资产证券化的网链市场概况

图4-33是资产证券化的一般流程，其中涉及资产证券化的发起人、原始的债务人、投资者等主体和信用评价机构、增级机构、承销商、服务商等金融服务性机构。那么根据图4-32所示的这个经典的跨国资产证券化案例，对于这种网链形态的分析，可以通过三个阶段来说明，即证券化前、证券化中、证券化后。

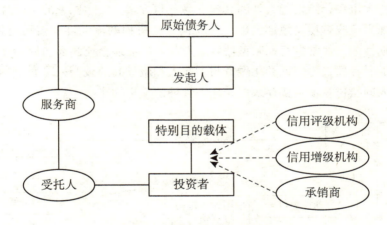

**图4-33 资产证券化的一般流程**

资料来源：何小锋，黄嵩. 投资银行学（第二版）. 北京大学出版社，2008：191.

（1）资产证券化前，证券化标的资产来源的跨国性。根据上面的案例，可知证券化的资产可来自于跨国贸易出口应收款，跨国商业银行发行的商业票据等。也就说在证券化中原始债务人和发起人可位于不同国家，基于跨国贸易或者金融交易等。相对于发起人来说，这也决定了未来服务商的选择更应该是位于原始债务人所在的国家。

（2）资产证券化过程中，参与主体国际性。资产证券化过程中，由发起人将证券化资产"真实出售"给特殊目的载体（SPV），同时由信用评价机构、信用增级机构、承销商等对证券的涉及和发行做出规划。参与各方的选择是根据未来证券发行国而定。比如说，目前大部分证券都选在美国发行，多数是基于其发达的金融市场，因此相应的金融服务机构也会选择美国的金融公司。

（3）资产证券化后，证券投资者的跨国性。资产证券化的最后是投资者在金融市场购买证券，获得后续的现金流。在发达的金融市场中投放证券，其面对着是全球的机构投资者或个人投资者，更能使资产证券化的网络链条触及全球。

下面将以出口应收款的证券化来介绍跨国资产证券化这种网链式金融市场的具体形态。

## （二）出口应收款证券化

目前来看，主要的跨国性资产证券化有：住房抵押贷款、商业银行应收款、国际出口应收账款等跨国证券化出口应收款项证券化是指本国出口商作为发起人把外国进口商（即国际债务人）的未来出口应收款项真实销售卖给境内外的特殊目的载体（通常是进口商所在国国内），该载体对这笔资产加以适当的信用增级，最后以此资产为担保向投资者发行债务型有价证券。应收款项包括应收账款、应收票据和延期付款信用证下的款项等。

1. 国际贸易应收款证券化一般流程（见图4-34）

出口应收款项证券化作为一种海外融资工具，融资地点都是在资本相对丰裕的发达国家的国际资本市场，除发起人外的其他交易参与方多为发达国家的国际性金融机构或中介机构，如果应收款项是短期性的，在获得金融机构的流动性支持后可以发行票据，如果是中长期性的，通常发行期限型债券。发起人一般还会充当面向原始债务人，从事现金流收集的服务商，为使证券化融资与发起人和服务商的破产风险完全隔离，一般规定国际债务人的偿付款项直接存入由受托人管理的锁定的账户中。

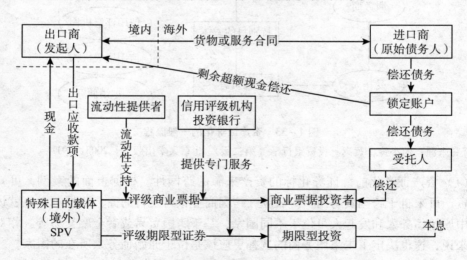

**图4-34 国际贸易应收款证券化一般流程**

资料来源：孙建平. 论出口应收款项离岸证券化. 经济评论，2003（2）.

2. Desarrollo 公司出口应收款证券化

墨西哥 Mexico Desarrolo Industrial Minero S. A de C. V（Desarrollo 公司）系墨西哥一

主营矿业开采和矿产品加工公司，主要开采和加工铜、锌、铅、钽、白银和黄金等金属。该公司的铜产量占墨西哥全国总产量的95%，锌占50%。公司总销售额的一半以上源于出口。公司的勘探、开采和加工业务遍布墨西哥各地。1995年11月28日，该公司成功地以其出口应收款为支持进行了证券化融资。

（1）交易参与人。

第一：资产发起人：Desarrollo 公司。

第二：SPV：Group Mexico Export Master Trust No. 1（Grupo Trust），系一注册于美国纽约的信托机构。

第三：受托管理人：美国化学银行。

第四：服务商：Desarrollo 公司及其子公司。

第五：信用评级机构：标准普尔。

（2）交易概述。交易采用了再循环交易结构。Desarrollo 公司将其下属五个子公司出口销售产品的应收款及其在化学银行所开立的出口应收款收入账户中的权益，也即证券化资产抵押给 Group Trust 以向 Group Trust 进行借贷融资，而 Group Trust 以上述证券化资产为依托发行债券募集资金作为对 Desarrollo 公司的放贷资金来源。Group Trust 发行的债券共有 A、B、C、D 四档，期限分别为 5 年、7 年、12 年和 15 年。其中 B 档票据又分为 B-1 和 B-2 级。A 档、B-2 级和 D 档票据的利率浮动，其年利率分别为 Libor+1.875%、2% 和 2.85%。B-1 级和 C 档票据利率固定，分别为每年 8.05% 和 8.51%。所有票据都分期付息，到期还本。交易期间所实现的证券化资产收入也即收讫的应收款在支付债券利息及先期到期债券本金后的剩余部分将被持续用于收购 Desarrollo 公司下属五个子公司的出口应收款以维持证券化交易的循环进行直至全部债券本息得到偿付。Desarrollo 公司及其子公司在交易期间应对应收款提供资产管理服务。交易结构见图 4-35。

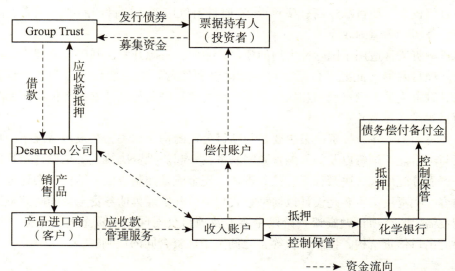

图 4-35　Desarrollo 公司及其子公司出口应收款证券化交易结构

（3）交易的信用增级。为确保上述债券持有人于债券到期时得到清偿，Group Trust 建立了债务清偿备付账户作为对票据的信用支持，并将上述账户连同其对 Desaollo 公司的贷款及证券化资产抵押权益抵押给化学银行，由该银行作为债券持有人的共同代表行使抵押权，维护债券持有人利益。若在债券本息支付日前两个营业日应收款账户内还没有足够的现金，则化学银行将从债务清偿备付账户中提取资金以弥补债券本息支付的不足。一旦有后续应收款收讫入应收款账户，则应立即优先对债务清偿备付账户进行补偿。

# 第四节　跨国项目融资

## 一、国际项目融资概述

国际项目融资是一种特殊的融资方式，是指以境内建设项目的名义在境外筹措资金，并以项目自身的收入资金流量、自身的资产与权益，承担债务偿还责任的融资方式。

总体来说，国际项目融资主要当事人包括：项目主办人和投资人、项目公司、贷款人与借款人等。一般情况下，国际项目融资一般程序分为投资决策、融资决策、融资结构分析、融资谈判和执行这四个阶段。所涉及的市场根据项目的复杂程度不同而不同。当然在跨国情况下的项目融资更加具有风险性，包括信用风险、完工风险、生产经营风险、市场风险、政治风险、金融风险等。

目前，在国际项目融资中，主要涉及的当事人有项目发起人、项目公司、项目投资者、项目债权人、项目承建商、项目设备/原材料供应者、项目产品的购买者、融资顾问、保险公司、东道国政府。

项目融资通常适用于国际性大型的项目，主要在资源开发、基础设施建设、制造业项目上。项目融资（此处不包括项目实际建设和经营）的一般程序分为四个程序：投资决策、融资决策、融资谈判和执行。而大型的项目融资与经营基本都依照下面的步骤进行项目建设（见图 4-36）。

依照上面的程序，投资决策主要是与项目公司的构建相关，在很多情况下，项目投资决策与项目能否融资以及如何融资紧密联系在一起。投资决策主要是设计项目的产权形式、产品分配形式、决策程序、债务责任、现金流量控制、税务结构和会计处理等方面的内容。融资决策主要是设计以何种方式为项目开发筹集债务资金，同时兼顾到投资者的利益需要。在项目融资谈判阶段主要涉及项目公司同相关资金的提供方（国际银团、政府出口信贷机构、世界银行等）之间关于融资合同的谈判。

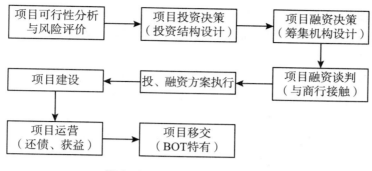

图 4 - 36 项目融资及运营程序

## ■二、国际项目融资网链市场

上面介绍的国际项目融资，主要从其定义出发，通过中国和印度尼西亚的国际项目融资的案例来介绍。在国际金融多环节模式链条下的项目融资更多的是一种结构化融资。通过分析目前的项目融资案例，都会发现参与主体具有跨国性，其实质在于以某一个项目为纽带，形成了网链式国际金融市场。

鉴于国际金融深化不断加剧，各国金融管制逐渐放开，在项目融资方面，尤其是国际项目融资更加体现出了国际金融网链式架构的模式。

项目融资中，一般模式下投资方都会建立项目公司来具体负责运营项目建设。各个相关方围绕着项目公司展开运营。项目公司成立于待建设的国家中，项目投资者股权注资于项目公司，国际性贷款债权注资于项目公司，与项目有关的利益第三方同项目公司签订各种合同。正如上面所说，各个参与主体的国别性质的不同，这种结构出现的跨国性质和相互之间的合约交易体现出相互关联、互相"咬合"的状态，即是国际金融市场网链形态。

我们将在国际项目融资两个阶段：项目建设、项目经营来探讨这其中国际金融网链的具体形态。需要说明的是，整个过程将不涉及项目融资中的担保合同的内容。

## 印度尼西亚电站 BOOT 电站建设项目

（1）项目名称：印度尼西亚苏门答腊 150MW 燃气 - 蒸汽联合循环（GFCC）电站项目。

（2）项目背景：1996 年由印度尼西亚 A 公司和新加坡注册的美国 S 公司，成立了项目 B 公司以 BOO 方式投资该项目，1997~1998 年亚洲金融危机使贷款银行停止项目资金的支持，同时 2001 年 "9·11 事件" 和项目美方投资者资金安排问题，拟退出该项目。2002 年中方 C 和 D 公司联合印度尼西亚 E 公司联合发起收购项目发起人股权，并经相关同意，并以 BOOT 方式重启此项目建设。

（3）项目融资结构：由我国 EM 银行为 C 公司提供对外投资贷款，中国的 C 和 D 公司再向项目 B 公司注资，同时 C、D、E 三公司分别占有 B 公司 54%、44%、2% 的股份。

（4）项目信用担保结构：

第一，投资者 C 公司以投入项目公司债权为海外投资保险标的，以 EM 银行为其的贷款为融资担保的标的，向中国出口信用保险公司申请海外投资保险和融资担保。

第二，B 公司与印度尼西亚国家电力公司（PLN）签署《电力购买协议修正协议》，B 公司与印度尼西亚国家石油公司签署《天然气销售和购买协议》，并得到印度尼西亚能源与矿产部签署的原则批准文件。

第三，之前，印度尼西亚财政部长代表印度尼西亚政府对 PLN 签署的《电力购买协议》的付款义务提交了支持函，经印度尼西亚司法部确认：在现在的情况下继续有效。

第四，D 公司作为该项目工程承包商，与项目 B 公司签订了《涉及采购施工交钥匙合同》（EPC 合同）。

以上这个案例充分体现了国际项目融资中，贷款人和投资人利用多样化的担保合同来减小融资建设项目中的各种风险，体现了国家项目融资过程中风险共担的原则，更加有利于跨国性项目的开展。

资料来源：北京大学国际金融研究小组.

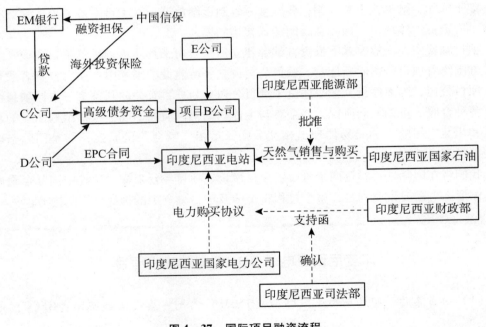

图 4–37　国际项目融资流程

国际项目融资建设周期长、资金需求量、涉及面广，往往不是一国能单独完成的，特别对于广大的发展中国家更是如此。因此建立一个以项目建设、后期获取收益的项目公司，整合国际上的各种资源成为了必然的选择。因此，将以通常采用的公司制形式来说明项目公司的运营。

具体来讲，在项目建设中涉及如下的国际性交易环节链条（见图 4 – 38）。

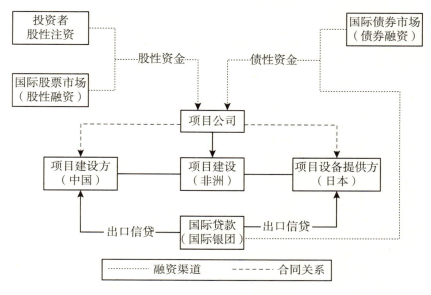

图 4 – 38　项目建设国际网链

1. 项目资金来源的国际途径

（1）项目公司股性资本来源，既可以来源于投资人的股权注资，又可以项目建设完成后的现金流在国际股票市场上进行股票融资。

（2）项目公司债性资本来源，既可以来源于国际银团的贷款，又可以在国际债券市场上发行债券（如欧洲债券、美国商业票据等）进行债性融资。

2. 项目建设各个关联方交易的国际性，往往一国的特大型项目建设，各国参与人都需要相关的资金融通，才能完成相关的经济活动。

（1）项目建设方与国际银团中建设方所在国达成的交易合约，提出相关的出口信贷；同时与项目公司签订建设合约。如中国援建非洲的项目，往往中国建设总公司要得到我国进出口银行的出口方面的信贷支持。

（2）项目建设设备提供方与其本国的银行达成信贷协议，提供相关的出口信贷；同时与项目公司签订合约。值得一提的是，现实中都会有项目建设方来承担这个设备提供的责任。但如果设备采购复杂的话，也还是需要项目公司来协调。如在我国广州沙角电厂筹建中，日本三井公司为电厂提供项目建设的设备，因此三井公司获得了日本进出口银行（国际银团中贷款银行）的出口信贷。

项目建设完成后，一般会投入实际经营中，获取项目经营收益，并且用于偿还国际银团的贷款和分配给股东股利。在项目经营阶段更类似于本书开篇所讲的"供应链金融"，即银行从整个产业链角度出发，开展综合授信，把供应链上的相关企业作为一个整体，根据交易中构成的链条关系和行业特点设定融资方案，将资金有效注入到供应链上的相关企业，提供灵活运用的金融产品和服务的一种融资模式。而各个相关企业在项目经营中所处的国家不同，更加使这种形式体现出国际网链的形式。

图4-39的国际银团可为项目建设的同一个主体，但也可以为其他银行。在项目经营环节中，国际银团利用其在各国对企业经营的信息优势，帮助项目企业在世界范围内选择产品原材料的供应商和产品购买商，对项目经营过程的上下游的供应链进行整合，提供信贷给相关企业。针对于中国稀土产业来说，存在着三个跨国交易环节。

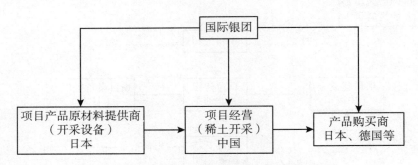

图4-39　项目经营的国际网链（以我国稀土为例）

（1）项目经营中开采设备的提供由日本、德国相关的开采设备制作公司提供，这些公司与银团（所在国家大型银行）、项目公司签订协议，为原材料提供商提供短期融资用来提供设备。

（2）大型设备实体的跨国转移，具体有日本和德国公司提供的设备跨国运输转移到我国稀土开采工地。

（3）产品生产后，购买商与项目公司的销售协议。如果购买商为跨国的企业，国际银团此时也可提供相应的贷款给此企业，使得企业能够及时偿还产品的销售费用。如中国的稀土出口到日本和德国两个国家的稀土深加工企业中。

根据对项目建设和项目经营中的相关参与主体之间交易的分析，可以说项目公司是实际运营的协调者，而国际银团在资金方面担当着"资源分配者"的角色，通过国际银团的对整个环节提供一种"综合信贷"促进有潜力的项目的完工、运营，为企业提供了综合的金融问题解决方案，同时也为银行自身的业务提供新的利润增长点。

# 第五节　跨国金融服务外包

本节主要介绍关于国际金融市场新趋势中主要的业务——金融服务外包，从概念入手，简要介绍发展的历程，分析目前金融服务外包趋势。最后深入分析跨国金融服务外包的国际网链形态。

## 一、金融服务外包概述

2005 年 2 月巴塞尔银行监管委员会（Basel Committee on Banking Supervision）公布了金融服务外包①，对金融服务外包监管提供指引，金融服务外包被定义为"受管制实体在持续性的基础上利用第三方来完成一些一般由受管制现在或将来所从事的事务，而不论该第三方当事人是否为公司集团内的一个附属企业，或为公司集团外的某一当事人"。

从外包对象说，其不仅包括外包给集团内部的子公司，也包括企业或集团外部的专业性公司；从外包的内容说，不仅包括初级阶段的金融信息技术外包②（ITO：Information Technology Outsourcing）和金融业务流程外包③（BPO：Business Process Outsourcing），也包括高级阶段的金融知识流程外包④（KPO：Knowledge Process Outsourcing）；从外包业务环节说，不仅包括业务初始外包，还包括业务的二次外包（分包）；从外包主体来说，金融服务外包不仅包括了银行业务等外包，还包括保险、基金、证券、咨询等服务性质行业的外包。

20 世纪 90 年代以来，随着经济全球化的发展和全球产业结构调整，服务业在全球范围内的转移，使得金融服务离岸外包成为经济全球化背景下国际产业转移的新特征，更是当前国际分工协作的一种新形式。⑤ 全球现代服务业的转移和服务外包几乎同时发生，服务外包日趋成为服务业转移的主要形式，而金融服务外包特别是离岸外包成为国际服务业转移的重点。近年来，发达国家出现了新一轮金融服务外包浪潮，在所有行业中，金融业外包规模已经仅排在制造业之后位居第二，覆盖了银行、保险、证券、投资等各类金融机构以及各种规模的金融机构。

## 二、国际银行服务外包

银行业务外包按照经营目的，银行业务外包有战略外包（Strategic Outsourcing）和战术外包（Tactical Outsourcing）之分；按照外包业务的内容有 ITO 信息技术外包、BPO 业务流程外包和 KPO 知识处理外包之分。但实际中较常采用的业务模式为：BPO 业务流程外包。表 4 - 6 主要说明了国际银行金融服务外包业务发展情况。

---

① Basel Committee on Banking Supervision, Outsourcing in Financial Services, 2005. 2—Outsourcing is defined in this paper as a regulated entity's use of a third party (either an affiliated entity within a corporate group or an entity that is external to the corporate group) to perform activities on a continuing basis that would normally be undertaken by the regulated entity, now or in the future.

② 金融信息技术外包，是指服务外包发包商委托服务外包提供商向企业提供部分或全部信息技术服务功能，主要包括信息技术的系统、应用管理及技术支持的服务。

③ 商务流程外包（Business Process Outsourcing）就是企业将一些重复性的非核心或核心业务流程外包给供应商，以降低成本，同时提高服务质量。

④ 知识流程外包（KPO）是业务流程外包（BPO）的高智能延续，是 BPO 最高端的一个类别，一般来说，它是指将公司内部具体的业务承包给外部专门的服务提供商。

⑤ 李蕊. 迅速发展的金融服务离岸外包. 银行家，2006（7）：5 - 8.

表4-6　　　　　　　　2002～2003年部分金融机构大额外包业务统计

| 金融机构 | 服务提供商 | 金额 | 年限 | 外包业务种类 |
|---|---|---|---|---|
| 布莱德福宾利银行 | BT Ignite | 14亿英镑 | 10 | ICT信息中心、声音和数据服务、网络邮件服务、灾难恢复服务 |
| 艾比国民银行 | BT Ignite | 14.5亿英镑 | 5 | 电话服务、IT技术、网络的服务 |
| 美洲银行 | EDS | 45亿美元 | 10 | 数据系统服务、支票图像处理业务 |
| 荷兰银行 | EDS | 13亿美元 | 5 | 信息技术 |
| 摩根大通 | IBM | 5亿美元 | 7 | 与IT相关的业务，如呼叫中心、后台服务、数据网络服务 |
| 德意志银行 | IBM | 25亿美元 | 10 | 信息技术、数据中心 |
| 美国运通 | IBM | 40亿美元 | 7 | 信息技术包括软件开发业务、客户呼叫中心 |
| 国家开发银行 | HP | | | 硬件设备和软件系统的委托采购、系统运行维护服务 |
| 光大银行 | 美国第一咨询公司（FDC） | | | 信用卡业务（包括咨询服务、培训服务、数据业务托管服务等） |
| 太阳联合保险公司 | Unisys | 45亿美元 | 10 | 寿险业务的管理和赔偿的业务流程外包 |

资料来源：The Banker（success is not guaranteed）. March 2003.

目前，金融服务外包在我国虽处于起步阶段，但发展非常快。根据IDC的数据，从2002年到2007年整个中国IT外包市场会超过年均40%～45%的增长率。特别是在金融行业，2006年金融市场全面放开，本土金融机构将面临着严峻的竞争，金融外包作为一个提高效率的有效手段正成为很多金融机构的选择。

2001年7月，深圳发展银行与GDS（万国数据服务有限公司）签订为期五年的灾备外包服务协议。2002年，国开行将PC等设备外包给了惠普公司。到2005年，国家开发银行的IT外包范围进一步扩大到应用系统开发、网络系统运维、灾备中心建设与运维，项目监理、咨询等共七个类型的服务。2002年6月，招商银行将IP网络视频会议系统外包给UNIHUB公司，招商银行又将软件开发外包给了融博。2003年11月，中国光大银行将其核心业务和管理会计系统的开发外包给联想IT服务。2004年初，光大银行又将信用卡外包给了美国第一资讯公司，服务内容包括信用卡机具维护、市场营销策划、个人资信调查、制卡、人员招聘、培训考核、透支催收等。中信实业银行和广东发展银行均把自己的呼叫中心外包给了专业服务机构（金融联），也称专业呼叫中心（Call Center），由外包商为银行设立完整的综合信息服务系统，提供高质量高效率、全方位的语音类服务，具体有客户服务中心、客户咨询中心、服务热线、信息查询热线等。

## □三、国际金融服务外包的国际网链市场

### （一）网链市场简介

这种"准"网链金融市场业务，金融服务外包业务本质就是发包金融机构（如银行）内部"隐形"交易外部化。在满足降低运营成本同时，提高效率，关注于核心业务，提高竞争力。大型金融机构，尤其是跨国性商业银行在世界范围内寻找最适合自身要求的承包商，在世界范围内配置资源。便存在着相关跨国性的交易环节，而且这种金融服务外包是以发包商的业务链为主体展开，各个参与主体之间在业务上构成一个有机的整体，形成相互制约、复杂网链结构。

大型的金融结构普遍采用的是 ITO、BPO 业务。在跨国金融服务外包中存在着两种模式：第一，通过与不受本国监管的海外外包供应商签订协议；第二，跨国金融机构直接在海外建立自己的离岸基地（母银行的附属公司）来提供外包服务，从而将利润留在集团内部。目前来看，在竞争日益激烈的当今，金融机构往往都会采取第一种模式，使得其能专注于自身的核心业务。

### 欧洲 8 大银行裁员　加紧在华"招兵买马"

2011 年 8 月初，欧洲最大的 8 家银行已经宣布了在英国、法国、西班牙和瑞士的数万人裁员计划，以节约工资成本，但是另一方面却继续在中国扩张和招聘更多的员工。

欧洲最大的银行汇丰银行 2 日宣布，到 2013 年将裁员 3 万人，约占其员工总数的10%，这将为该公司节省 20 亿欧元的工资成本。裁员主要将在欧盟和美国的分支机构进行。据法国《世界报》报道，该银行在法国的约 10 000 名员工中将有 672 人被迫提前退休。

然而，汇丰在中国等新兴市场的扩张步伐并没有减退，未来 3 年将在中国增加 1.5万名员工。汇丰银行亚洲区负责人王冬胜（Peter Wong）日前在上海指出，"中国市场在战略上很重要，（汇丰）在这里的投资和员工数量将会增加。汇丰不会缩减在中国的运营。"该银行今年上半年在亚洲已经增加了 5 000 多名员工，而且这种趋势将在中国继续下去。

英国巴克莱银行也宣布今年将在全球裁员 3 000 人，其中一半在英国，旨在到今年年末将其员工总数减少到 14.61 万人。英国第三大银行劳埃德银行也计划到 2014 年裁员 1.5 万人左右。

瑞士银行此前宣布裁员计划，以应对当前金融行业的新规则。据瑞士媒体报道，裁员数量可能会达 5 000 人。而就在上周末，该银行宣布意在中国成立一家新的资产管理公司，并表示将会继续在中国扩张。

其他披露裁员计划的欧洲银行还包括，瑞士信贷、西班牙 Bankia 银行、意大利联合圣保罗银行和法国的巴黎银行，裁员数量分别为 2 000 人、2 879 人、3 000 人和 244 人。

资料来源：环球网，http://world.huanqiu.com/roll/2011 - 08/1873952.html.

## （二）金融服务外包网链市场

金融服务外包网链市场存在着以下几种交易环节：

### 1. 发包金融机构和承包商签订外包交易协议

在 BPO（业务流程外包）中，基于对发包金融机构业务流程的整合，在交易双方不同的国别下，存在着众多的跨国性的金融服务机构服务参与到同一业务流程中，彼此间互相协调。

银行业的业务，尤其是流程银行发展迅速。它的业务流程具有较好地分离性，通常由前、中、后台的业务组成（如基于价值链的银行业务构成）。流程银行更多关注于营销渠道，为客户推荐的增值性金融产品，而把后台 IT 系统架构、呼叫中心、软件开发、甚至于审计等业务交给外包商来完成。其中最为典型是 2002 年的中国国家开发银行（以下简称"国开行"）的金融服务外包业务。

### 国开行金融服务外包业务

国家开发银行于 1994 年 3 月成立，直属国务院领导。目前在全国设有 32 家分行和 4 家代表处。国开行将自己定位为"建设国际一流市场业绩的开发性金融机构"。其于 1999 年开始在各省建立分行，2002 年以前国开行的信息化水平几乎为零，全行业务基本处于手工或者半手工操作状态。为了实现短期内赶超国内同行几十年的信息化水平，金融服务外包成为了必由之路。

国开行选择了 IT 系统全部外包的策略，从 2002～2004 年 9 月，历时两年的时间，完成了银行系统的信息化建设，具备了国内一流的信息化水平。具体金融外包细节如下：

银行的业务分为了前、中、后台的业务，而国开行对其前、中、后台的金融信息化进行较为彻底的外包，具体如下：将网络外包给中国电信和中国网通，硬件外包给惠普，核心业务系统和决策管理系统外包给了新加坡的软件公司，有关系统集成和开发则交给了神州数码。可以说，从网络到硬件，从业务系统到后台管理系统都实现了全部外包策略。

新加坡公司的核心业务系统被广泛应用于东欧和亚洲的发展中国家，国开行没有将系统交给欧美发达国家的公司，是因为新加坡公司的业务比较符合发展中国家业务的要求，同时新加坡金融非常发达，可以吸收发达国家的经验，同时制定出比较适合发展中国家的系统。

资料来源：房霖. 金融行业服务外包研究. 2007.

2. 承包服务的金融机构再外包业务

服务于发包金融服务企业业务的外包提供商，其本身也是一个发包的主体。它可以将其负责的原先发包商业务进行转包，也可以将自身外包需求的业务进行外包。那么这就形成了更进一步的外包网链市场（见图4-40）。在这种形式下，国际知名的金融服务机构成为联系的纽带，其串联起服务于最终用户的发包机构和低端外包业务的承包商，外包领域其在整合全球资源方面起着重要的作用。

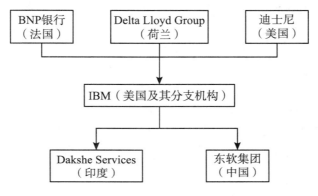

图 4 - 40　IBM 全球外包网链

如前所述，在基于最终客户需求的企业业务链条的要求下，通过服务外包实现全球资源的最佳整合，在不同国家发包商和承包商共同作用下，便形成金融服务外包国际网链市场。

## IBM 外包业务国际网链市场

①在法国，IBM 与 BNP Paribas 银行曾签订了价值12亿美元的长期协议，其运作方式是双方共同成立一个机构，雇用450名员工，双方都向这个机构派遣员工，以帮助 BNP Paribas 改进绩效，节约成本。

②在荷兰，人寿保险和养老金企业 Delta Lloyd Group 公司曾与 IBM 签订的长达7年、价值2.55亿美元的 IT 服务外包合同，Delta Lloyd Group 公司约150名雇员成为 IBM 的雇员。

③在印度，最大的电信运营商 Bharti 电信与 IBM 曾签订的长达10年、价值7.5亿美元的 IT 服务外包合同，IBM 公司全盘制订该公司的软件和硬件标准，整合数据中心，建立灾难恢复体系，同时规定原 Bharti 电信公司的 IT 技术员工，大部分转移到 IBM 公司，只留下很少一部分技术人员，涉及的人员变动数量达到9 000人。

④在美国，2005 年，迪士尼也将部分 IT 业务外包给 IBM，IBM 负责迪士尼约3 700台 Unix 和 X86 中档计算机服务器的维护，以及存储有 1.4PB 信息的计算机存储系统，在 7 年内 IBM 将获得7.3亿美元的收入，同时也有数百名迪士尼员工到 IBM 工作。IBM

在复杂的网络管理、系统管理、密集型事务处理、庞大数据库、强大的可伸缩服务器、系统集成等方面具有强大的优势。

IBM又是服务外包需求商。据《华尔街日报》称，IBM在2003年将美国本土4 730个编程工作岗位转移到了印度等国。2005年，IBM又将呼叫业务外包给了拥有9 000名员工的印度本土呼叫中心Dakshe – Services公司，并在印度大规模招聘雇员，招聘14 046人。与此同时，IBM宣布进行全球裁员1万~1.3万人，美国本土和欧洲成为裁员最重要的地区。IBM的雇员在印度与美国等地一增一减的做法是IBM应对离岸外包的有效选择。随着IBM的各事业部纷纷将软件编程与测试及呼叫服务等客户管理职能外包，公司总部相应的职能机构已经没有存在的必要，精简人员与组织部门就顺理成章了。

资料来源：2010年中国服务外包行业研究报告.

通过本章的国际金融网链市场的学习，介绍目前国际金融市场最新的发展情况。使大家了解到在项目金融、跨国服务外包等新业务下多环节模式国际金融市场的形成情况，把握国际金融市场的本质。同时我们可以得到以下的结论。

第一，多环节模式（网链式）国际金融市场已然成为国际金融市场发展新趋势。相对于传统的单环节模式国际金融市场，多环节模式更能整合全球的金融资源，促进资源更加有效率的配置。

第二，多环节模式的国际金融市场要求监管当局监控本国金融市场更要有"网链式"监管思维。多环节模式（网链式）国际金融市场不仅反映了国际经济交易的复杂性、多样性，更是对监管当局提出了新的监管要求。突破以往监管"由点到面"的思维，必须拥有"网链式"监管思想，从单一主体的监管，到基于市场交易环节链条的整体金融环境的监管。

第三，如何有效地、合理地、创新性地利用多环节模式金融市场的相关业务成为各国，尤其是发展中国家研究的重要课题。正是由于上面的多环节模式国际金融市场的优缺点的介绍，使得我们在有效使用上述业务的同时，如何进一步有效地降低相关金融风险这一问题成为一个挑战。

## ☞ 本章关键词 ☜

| | | |
|---|---|---|
| 多环节模式金融市场 | 跨国投资基金 | 跨国资产证券化 |
| 跨国项目融资 | 金融服务外包 | 股权投资基金 |
| 交易环节链 | 项目金融 | |

## ☞ 深入思考的问题 ☜

1. 谈谈你对网链式国际金融市场的理解。
2. 跨国资产证券化在交易环节上的本质是什么？
3. 现实中，还包括哪些其他的网链式国际金融市场业务？
4. 从交易环节来说，怎么理解网链式国际金融市场的本质？
5. 我国金融机构如何进一步深化开展金融服务外包业务？

# 第五篇 国际金融行为主体

## ——企业与个人

在国家林立的条件下，"跨国支付问题"是一个"国际化"所必然要涉及的问题，国际货币体系则会成为影响行为主体损益的重要变量。尽管行为主体考虑是否跨国可能出于多种原因，但不可以否认，由于跨国企业具有"内化跨国货币"的性质，从而其所面临的金融风险或者收益函数会发生相应的变化，所以"企业是否跨国"与"内化跨国货币"成为一对相互影响和互相决定的"事物"。其实，一个自然人也有与企业相似的选择，即怎样面对"跨国问题以使自己的收益最大化"。

在"单性企业"条件下，其"跨国行为"多表现为商品的"进口"或"出口"。这必然涉及商品与商品的互换，或者更常见的是货币与商品的互换。从理论上来讲，这个货币应当是"国际货币"，而不是作为跨国信用货币的"法币"。然而，随着人们对黄金等一般等价物作为国际货币缺陷的认识，以及"跨国信用意识"的逐步建立、"跨国信用质量"的逐步提高，以"跨国信用货币"作为国际经济活动的支付手段逐渐成为常态。这一常态能否可持续，完全取决于作为支付货币的"跨国信用货币"是否讲信用、是否维持一个相对稳定的"购买力"。但事实上，一方面由于从技术方面使不同国家的货币保持相对购买力具有极大难度；另一方面由于"委托—代理"问题的存在，在国别利益的驱动下，"国际支付货币"相对应的主权国家会产生"道德风险"，通过铸币税和汇率市场控制来掠夺交易对手的价值。在此环境下，"非跨国货币"国家的企业，甚至"主权货币国家"的企业都会面临如何在"稳定"的支付条件下规避汇率变动风险、"物币比率"风险的问题。

由于企业的跨国化可以获得诸多"跨国价值获取"的优势，诸如规避"贸易壁垒"、"进入壁垒"、"汇率风险"，利用税收政策等，如此跨国企业顺势而生，而这些企业的"国际金融行为"选择必然与"单性企业"存在差别。一个跨国企业，与以往最本质的不同，就是能站在一个集团的高度，来进行全球化的资金管理，可以帮助企业实现内部资源的优化配置，节省中间成本，提高资本的运用效率，因此也就成为跨国企业实现自身价值创造的新途径。同时当跨国企业，面对着更广阔的市场空间时，其信誉水平也达到了更高的层次，利用国际化的融资平台进行融资，企业可以实现更快的发展、创造更多的机会、取得更大的价值，而这也会是国内企业所无法比拟的优势。当然，跨国企业也要考虑到可能面临的一些经济（包括金融）风险。如果我们将企业分为"实体经济企业"和"金融经济企业"，那么后者的国际金融行为会有自己独特的规律。

值得一提的是，广义"企业"范畴已经超越了科斯所说的"单性企业"，现实中出现了不可忽视的"链式企业"形态，前者表现为非跨国的完全属于某一具体国家的企业，后者则表现为诸如有"外包关系的"、通过"项目金融"或者"投资基金"链接起来的一组（群）"单性企业"。典型的状态是一方面这些企业分属于不同的国家；另一方面他们之间又有确定紧密的法律关系，这显然是对"单性企业跨国化"的一种替代，照样能起到"跨国"降低成本与风险、提升收益的作用；网链式的跨国形态由此诞生，在这种新的形态下，各个企业在"跨国网"中分工合作，节约了成本，从而为整个"网链"集团带来了新的利益。

个人总是与"投资品"或"消费品"相联系，但由于人与物都可以在国家间流动，而且不同国家的投资收益率、物价水平同汇率变动之间存在越来越紧密的关系，自然人必然要面临诸如"物跨国"还是"人跨国"等一系列跨国行为（包括"国际金融行为"）的理性选择。

## 逻辑框架

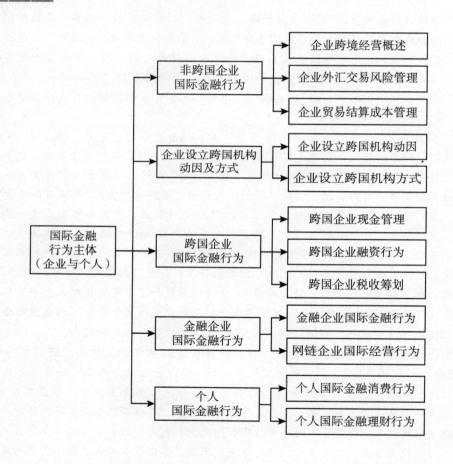

# 第十三章

# 非跨国企业国际金融行为

非跨国企业进行对外贸易是企业主体进行国际经营的第一步，在这个过程中，企业实现着商品和货币的"跨国"互换，但同时也会面临到一些以往国内经营中所不曾考虑的问题，例如对外汇的交易风险进行管理、对贸易结算方式的选择、对企业生产成本（主要指涉及海外原材料的购置）进行控制等，简单的买卖行为也由此提升为一项金融行为。当企业运用合理的金融手段将这些问题加以解决之后，就会发现其实在这个过程中，企业又为自身的价值创造谋得了一条新的路径。本章就是围绕以上问题，对非跨国企业在国际经营过程中运用金融手段进行价值创造的活动予以阐述。

## 第一节　企业跨国经营概述

在国际经济一体化的环境下，国与国之间的经济活动日益密切，而企业作为经济活动的重要载体，在国家经济不断发展和国际经济持续交流中发挥着重要的作用。而从社会经济发展的角度来看，商品生产全球化的趋势不可逆转，所以企业的跨境经营必然蕴藏了商品经济国际化的内在必然性。

商品生产的基本特征表现为价值生产，其内在的扩张趋势不言而喻，而物质生产规模扩大和市场范围延伸则是这种扩张的两个基础条件。在全球化的商品经济环境中，物质生产过程突破国界的表现是在世界范围内组织商品的生产和货物的流通，而国际市场的形成又为之提供了充分的条件，并促进了商品经济国际化的进程。而包括公路、铁路、水路、航空在内的基础交通设施和由计算机、互联网组成的虚拟化信息网络不断迅猛发展，将各国的零散市场紧密地联系在一起，为国际化的经济、金融行为提供了更好的保障。企业作为商品经济中的微观载体，要生存，保持自身价值增值，就必须越来越多地直接或间接依赖世界市场；要发展，完成内在扩张趋势，就更需以世界市场为舞台来展开经营活动。所以，企业的跨境经营早已是大势所趋，而且必将随着时间的推移而发展得更加迅猛。

随着企业的扩张趋势进一步加深，在全球非歧视公平自由竞争条件下，企业跨境的经济活动也必然更加频繁。但在进行贸易交换的同时，由于海外经营的企业不仅涉及在国内经营中必须面临的环境因素，而且还面临非常复杂的国际环境因素和东道国环境因素。企业不可避免的需要依靠日益发展的国际金融市场以及不断出现的各类金融工具进行自身价值的保值与增值。如何在发展的国际贸易活动中借助广阔的金融市场平台帮助企业规避可能发生的各类风险，获得更大的收益，将成为企业跨境经营的重中之重。

在企业频繁的贸易互换活动中，暗藏着各类风险，处理不好可能对企业的经营成果造成巨大的影响，而其中对企业价值产生最多影响的，就当属外汇风险以及跨境贸易的管理，这也使得企业利用了大量的金融活动来规避其中可能的风险，企业如何通过对外汇的风险管理以及企业跨境贸易的贸易管理来实现自身价值的创造和增值，将是企业在这一跨国经营的"初级"阶段所考虑的重点问题，接下来，我们就将对其内容进行具体展开。表5-1所列为2010年度世界主要国家或地区贸易总量的增长情况，更有助于我们清楚地认识这一问题所处的背景。

表 5 – 1　　　　世界主要地区及国家 2000~2009 年国际贸易总量增长情况

| 地区 | 进口（%） | 出口（%） |
| --- | --- | --- |
| 世界 | 3 | 3 |
| 北美地区 | 1 | 1 |
| 加拿大 | 1 | − 2 |
| 墨西哥 | 1 | 1 |
| 美国 | 1 | 2 |
| 南美地区 | 6 | 4 |
| 欧洲地区 | 1 | 2 |
| 欧盟（27 个国家） | 1 | 2 |
| 挪威 | 3 | 1 |
| 瑞典 | 1 | 2 |
| 亚洲地区 | 6 | 8 |
| 澳大利亚 | 7 | 2 |
| 中国（大陆） | 15 | 17 |
| 中国香港 | 2 | − 4 |
| 印度 | 13 | 12 |
| 日本 | 1 | 2 |
| 东亚六国及地区* | 3 | 6 |

注：＊东亚六国及地区包括马来西亚、韩国、新加坡、中国台湾、蒙古、泰国。
资料来源：国际贸易统计年鉴 2010.

## 第二节　企业外汇交易风险管理

在现代企业的国际跨境经营过程中，贸易结算所涉及的跨国"货币"支付问题是企业所面临的首要问题，如果各国用于支付的信用货币能够始终保持一个稳定的"购买力"，那么企业自然无须在这方面投入精力，但随着贸易的原始模式"物物交换"逐渐被"信用"货币所带来的"物币交换"所替代，汇率波动对跨国贸易价值的影响则成为所面临的新考验，如何借助合理的手段和工具来避免企业价值的流失并帮助企业创造新的价值？本节就将对其相关内容进行介绍。

## 一、企业外汇交易风险管理的重要性

由于企业在跨境的经营活动中，汇兑问题不可避免，企业能否盈利，不仅仅与提供的商品能否被销售出去有关，汇率的变化也会对其产生重大影响，所以企业通过一些金融的手段对其外汇交易进行管理，必然会将汇兑风险造成的影响大大降低。同时，对外汇风险管理的不断优化，不仅仅能帮助企业更好地利用各类金融管理工具提高经营效率，还能使其规避外汇风险的费用进一步降低，从而实现更好收益。

但需要说明的是，企业在运用金融工具进行外汇风险防范时必须考虑自身行为的成本，由于在采用这些金融工具的过程中，难免也会对企业造成新的成本和风险，所以企业在进行管理风险的同时，必须对自身情况进行细致的"成本—收益"分析，然后结合实际环境来采取可行的措施，保证企业的良好运行。所以其中关键就在于通过各种手段减少外汇的损失，实现企业短期的收益最大化或者外汇损失最小化的目标。

一般而言，企业采用各类金融手段规避风险需遵循一个基本的原则：在成本一定的基础上使得汇率波动所造成的本币经济损失最小化（也可以说是收益最大化）。即只有利用金融手段减少的外汇风险损失大于采用这些措施所造成的成本时，企业的防范风险的行为才算有意义。否则对于那些风险承受能力较低的企业而言，其宁愿少采用各种手段规避风险而维持较低的收益，也不愿意冒险使企业陷入更大的危险境地中。

## 二、企业外汇交易风险管理的手段

对于企业跨境交易而言，因为即时的货币汇率是已知的，所以对于买卖双方立即交付的交易活动基本不存在所谓的外汇风险。企业在外汇管理中，其重点是针对贸易交割、结算中可能产生债权、债务资金，规避由于汇率的波动所造成的外汇资产的减少或者负债的增加，以及由此而使企业蒙受的损失。通常对于这种情况，企业采用的方法包括了保险、分散投资和借助以国际金融市场上的各类衍生产品为主的工具进行套期保值等多种方法，而这其中，当属套期保值（即对冲）最为关键。

套期保值（Hedging），是指交易者配合在现货市场的买卖，在期货市场买进或卖出与现货市场交易品种、数量相同，但方向相反的期货合同，以期在未来某一时间通过卖出或买进此期货合同来补偿因现货市场价格变动带来的实际价格风险。对于外汇的套期保值而言，就是对某种特定的货币敞口头寸进行反向的对冲，从而使得原来敞口头寸可能造成的损失都能由这个对冲头寸所获得的收益进行抵消，从而避免因为汇率变动对企业收益造成的波动影响。

由于实际的金融市场并不完美，税收政策中累进的所得税及各种抵免政策造成税收的凸性，对冲所产生的财务危机成本（即各种风险规避行为会由于现金流的稳定所带来的风险降低进而提升企业价值）以及代理人成本在现实的国际金融市场中起着一定的作用，从而使得整个市场的净现值非零，也就令套期保值工具在实际中有了用武之地。[①]那么下面就根据企业的短期和长期[②]对冲行为，对外汇管理的具体手段进行介绍。

## （一）企业短期外汇风险管理的套期保值

### 1. 远期合约的套期保值

远期合约（Forward Contract）[③]，是指在未来某一指定时间，以约定价格买入或卖出某种标的资产的合约。远期合约是一种发生在场外，由金融机构或者企业与金融机构直接订立的交易合约。

而所谓的远期合约套期保值就是说企业在持有外汇多（或空）头的情况下卖（或买）出相应的远期外汇合约，以此锁定在未来由于非预期的汇率变动而给企业带来的风险，降低企业可能发生的损失，远期合约通常本身没有支付成本，但是由于远期合约的订立使企业可能在未来汇率向好的情况下失去获利的机会，所以其本身蕴藏着机会成本。例如某企业合同要求在未来的 6 个月后要支付 100 万英镑，公司要应用远期合约对冲可能发生的风险，此时就可以和银行订立一份远期合同，此合同要求企业在 6 个月后以一个约定的汇率价格买入 100 万英镑，从而满足企业在到期日对外汇货款支付的需求。如此套期保值的好处就在于可以让企业预先知道所要支付的本币数额，从而锁定风险。在这个远期合约中，企业在未来需要换取英镑进行支付，所以企业在合约中为长头寸方，银行处于短头寸方。但如果企业将在未来收到一笔外汇支付的货款，那么这时订立一份远期合约出售英镑则是企业正确的选择，企业也就是进入短头寸方，银行为长头寸方。

现实中，企业在跨境的贸易活动中对外汇风险的控制非常倚重远期合约，尤其是企业在同一些汇率波动较大的国家进行贸易往来时，利用远期合同进行套期保值就显得尤为重要。例如，我国企业同其他一些国家进行大宗商品的贸易交易时，几乎每笔款项均会设定相应的远期合约，以此来避免由于他国货币贬值给企业带来的外汇损失。

对于企业而言，如何选择远期合约来规避头寸风险的风险决策可由比较使用套期保值前后企业的收益来决定。我们以企业的应付账款举例，企业决定是否采用套期保值应与企业在未来即期汇率的概率分布下实际成本的大小相联系。若计算得出实际成本为负值，则说明企业采用套期保值将会节省成本，若为正值，则说明企业采用套期保值将会加大成本，故放弃采取远期套期保值的措施，这也就是我们通常所讲的企业"成本—收益"分析。

---

① 朱叶. 国际金融管理学. 复旦大学出版社，2003.
② 通常我们将小于一年的期限称为短期，而一年或一年以上称为长期。
③ 约翰·赫尔（John Hull）. 期货、期权与其他衍生产品（第七版）. 机械工业出版社，2009：3.

例如某国内企业未来 6 个月后将支付一笔 100 万英镑进口货款，当下 6 个月的远期汇率为 12.0 元人民币，而企业根据市场情况，估计未来英镑汇率如表 5 - 2 所示。

表 5 - 2　　　　　　　　远期合约套期保值"成本—收益"分析　　　　　　单位：万元

| 6 个月后英镑即期汇率 | 发生概率 | 采用套期保值付出人民币金额 | 不采用套期保值付出人民币金额 | 套期保值的实际成本 |
|---|---|---|---|---|
| 11.5 | 20% | 1 200 | 11.5 × 100 = 1 150 | 50 |
| 12.0 | 30% | 1 200 | 12.0 × 100 = 1 200 | 0 |
| 12.5 | 50% | 1 200 | 12.5 × 100 = 1 250 | -50 |

如果企业采用远期合约进行套期保值，那么利用表 5 - 2 的数据，企业可以估计其可能发生的实际成本为：

企业预期实际成本 = 各种条件下企业套件保值的成本 × 各种条件发生的概率
$$= 50 \times 20\% + 0 \times 30\% + (-50) \times 50\%$$
$$= -15 （万元人民币）$$

由于计算的结果为 -15 万元人民币为一个负值，说明企业在这项贸易发生过程中，订立一个远期合约进行套机保值将会对其最终的利润产生正向的影响，因此企业应该对未来的支付英镑货款进行套期保值。

在实际中，因为未来的即期汇率难以确定，所以往往采用历史数据及一定的分析工具对可能发生的相应概率进行估计。同时，由于概率只是说明了一个各种条件发生的可能性，最终的结果也只是一个数学上的期望值，所以对于一些企业，即便通过以上方法进行计算之后会得出对企业不利的结果（在上例中就可以理解为计算的实际成本为正值），但是因为企业本身的风险偏好情况不同，也可能会最终决策产生影响。比如一些风险规避意愿较强或者风险承受能力较弱的企业，可能在对汇率变动可能给企业造成的不利影响较为敏感，这样的情况下，可能计算的结果是正值，但是仍然会选择进行套期保值来避免企业蒙受更大的损失。

同样对于企业的应收账款而言，企业也可以采用上述同样的方法来进行外汇风险管理的决策。此时与应付账款所不同的是，对于企业依据计算得出的预期实际成本进行决策而言，预期的实际成本为正值时，说明采用套期保值会对企业产生正向的影响，所以采用远期合约进行账款的对冲将对企业更加有利。当然具体的决策，还会和企业的风险承受能力及对风险的厌恶程度有关。

2. 期货合约的套期保值

期货合约（Future Contract）是指由期货交易所统一制定的、规定在将来某一特定的时间和地点交割一定数量标的资产的标准化合约[①]。与远期合约类似，它也是在将来某一时刻对某项标的产品以一个约定的价格进行买入或者卖出的合约。而与远期合约不

---

① 约翰·赫尔（John Hull）. 期货、期权与其他衍生产品（第七版）. 机械工业出版社，2009：4.

同的地方在于，期货合约是在交易所中进行的，同时为了保证交易的正常进行，交易所通常对合约都设定了一些标准的特性。期货合约的交易双方并非特定的对象，而是通过交易所得一套机制来保证合约双方对合约承诺的履行。

而通过期货合约进行套期保值，实际上就是企业通过在交易所买卖标准化的期货外汇合同，对冲企业在贸易中产生的未来现货头寸。其方法也与远期合约非常相似，就是持有现货市场头寸的相反期货头寸来锁定外汇风险，规避可能造成的损失。

举个例子，假设某国内企业在3个月后有一笔100万美元跨境贸易货款收入，但企业同时需要在现在立即支付一笔100万美元的货款，由于担心未来汇率的变动会影响到其实际的损益，所以此时企业就可以利用期货工具进行套期保值。其操作原理如表5-3所示。

表5-3　　　　　　　　　　　　　某企业期货合约套期保值举例

|  | 现货市场汇率 | 现货市场操作 | 期货市场汇率 | 期货市场操作 |
|---|---|---|---|---|
| 现在 | 6.8 | 购入100万美元，付出680万元人民币 | 6.65 | 卖出3个月到期100万美元期货合约，获得665万元 |
| 3月后 | 6.5 | 卖出100万美元，获得650万元人民币 | 6.4 | 对持有的3个月到期期货合约进行平仓，支出640万元 |
| 损益 |  | 损失30万元人民币 |  | 盈利25万人民币 |
| 净损益 |  | 共计损失5万元人民币 | | |

资料来源：单忠东. 国际金融. 北京大学出版社，2005.

通过上例可以看到，如果企业未利用期货合约进行套期保值，那么这3个月的两项收付活动中，企业会由于现货市场汇率的变动而损失30万元人民币，但是企业通过在期货市场上对相应的支付头寸进行对冲，那么由于期货市场上美元汇率的走势同现货市场保持一致，那么该企业在现货市场上的损失就会随着期货市场上的收益而获得弥补，在此例当中，正是由于企业在期货市场的操作获利25万元人民币，才使得企业在外汇变动的情况下的总损益趋近于零，避免了相当一部分不必要的损失。

由此可见，在期货市场进行套期保值，可以大大分散企业所面临的外汇风险。但值得注意的是，由于期货价格和未来的即期价格并不完全一致，那么一旦通过期货合约锁定的外汇价格与未来的即期价格不一致，通过期货合约套期保值的行为就可以给企业带来更大的风险，所以企业在选择该种方法的同时也必须考虑到这种情况的发生给企业带来的后果。

尽管从原理上看，期货合约的套期保值和远期合约的套期保值都是通过借助企业所需要保值的标的资产在市场上建立远期合约或者期货合约，来实现对现货市场所持有头寸的对冲，进而锁定风险、降低企业由于未来外汇波动所造成的损益，但是它们之间在实际中还存在着一些细节上的区别，具体可概括成表5-4。

表 5 - 4　　　　　　　　　　远期合约与期货合约的区别

| | 远期合约 | 期货合约 |
| --- | --- | --- |
| 金额 | 数额较大 | 数额较小 |
| 订立方式 | 双方场外直接订立 | 交易所交易 |
| 合约类型 | 非标准化合约 | 标准化合约 |
| 交割日期 | 只有一个交割日期，在到期日结算 | 有一系列交割日期，每日结算 |
| 结算方式 | 通常以实物交割进行现金结算 | 一般在合约到期前进行合约对冲 |

### 3. 短期信贷套期保值

短期信贷套期保值是指企业在短期内运用货币市场[①]头寸来抵补未来应付账款或者应收账款头寸，所以短期信贷套期保值也可以被称为货币市场套期保值，一般企业在借款、换汇和投资等活动中都会使用此类方法。对于一个企业，如果在未来的一个较短期的时间内预计发生一笔外汇收入或者支付，那么企业就可以选择对即将发生收支的外币进行在货币市场的操作，借助短期利率所带来的盈利来抵补可能发生的汇兑损失，从而进行资产的套期保值。

举个例子，如果国内某企业在一个月后将支付一笔 100 万美元的外贸款项，那么此时企业若有充足的闲置资金，就可以在货币现货市场中买进 100 万美元，并将其投资于为期一个月的美元债券。那么在一个月之后，无论美元的汇率如何变化，企业始终会有一个 100 万美元的现货头寸以满足货款的支付。

而在实际中，企业往往会在此基础上采用在不同货币市场上进行相反的操作来达到保值的目的。继续上一个例子，假设企业不存在闲置的资金在现货市场买进 100 万美元应对未来的支付，那么企业就可以考虑通过本币的货币市场借入相当于 100 万美元的人民币来达到这样的目的，假设此时的汇率为 1 美元兑 6.5 元人民币，这时企业就可以通过国内货币市场首先借入 650 万元人民币，然后兑换成美元进行上述的操作，而企业最终可能发生的损益就在于在借入人民币资金所产生的利息支付以及在兑换成美元后的利息收入之间的差额。而对于企业的应收账款而言，原理也是相同的，只需在两方的货币市场上采用相反的操作即可满足保值的需要。

在这个过程中我们可以看出，双方货币市场的利率差异将会是企业进行该种方法套期保值的主要成本所在，这将对企业是否采用短期信贷套期保值造成决策上的影响。

### 4. 货币期权套期保值

期权（Option）一般分为看涨期权（Call option）和看跌期权（Put Option）两种，是指期权的持有者有权在将来的某一特定时间以某个特定的价格进行标的资产的买（看涨期权）或卖（看跌期权）[②]。而企业运用货币期权进行套期保值，就使得企业在未来将现金流的损失锁定在一个有限的范围内（通常指支付的期权费），进而规避外汇变动

---

① 货币市场一般是指时间在一年以内的资金借贷市场。

② 约翰·赫尔（John Hull）. 期货、期权与其他衍生产品（第七版）. 机械工业出版社，2009：5.

所造成的较大损失。

同时因为在一些时候，企业对于未来的现金流入或者流出仍存在着一定的不确定性，这时候采用其他方法的套期保值可能就会给企业带来额外的损失（主要是汇率向好时导致的收益损失），所以通过货币期权的套期保值，就可以帮助企业明确所需支付的成本（即期权费），更好地实现价值保值。

我们以企业的应付账款保值为例，某企业在未来 3 个月有一笔应付 100 万英镑的贸易款项，那么企业可以在此时买进一项期限为 3 个月、标的资产为 100 万英镑、执行价格为 1 200 万元人民币的看涨期权，假设期权的总费用为 10 万元，那么对于企业而言，如果 3 个月后，英镑的汇率下降，那么企业就可以放弃期权的执行，从而在现货市场中购入英镑满足货款支付的需求，但如果英镑的汇率上涨，那么企业就会行使期权，从而通过期权购入英镑，降低损失，而无论如何，企业最大的损失都不会超过 10 万元（即购买期权的费用）。企业价值随汇率变动的损失可见图 5 - 1。

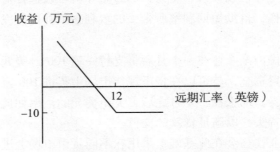

**图 5 - 1　企业运用看涨期权之后随汇率变动的损失**

同理，当企业面临在未来获得一笔应收账款的外币收入时，企业就会考虑通过看跌期权来锁定可能发生的损失。继续上例，若企业在未来 3 个月之后还将获得一笔 100 万美元的贸易货款，那么企业就可以考虑在此时买入一项期限为 3 个月标的物为 100 万美元，执行价格为 650 万元人民币的看跌期权，此时假定该期权的费用总额为 10 万元人民币，那么企业在 3 个月之后，就会根据具体的美元汇率来做出是否执行看跌期权的决定。如果汇率对公司造成不利的影响，即汇率下降，那么企业就会执行看跌期权，以固定的价格卖出美元，而仅仅承担期权费用的成本。而若汇率上涨，那么企业就可以放弃执行期权，获得更大的收益，具体损益可见图 5 - 2。

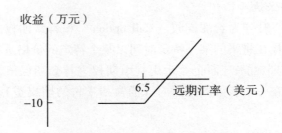

**图 5 - 2　企业运用看跌期权之后随汇率变动的损失**

5. 各种短期套期保值方法的比较

对于企业而言，在跨境贸易经营中面对可能产生的外汇风险时，各种套期保值方法在不同的条件下可能会有差别较大的效果。但是无论如何，只要运用得当，它们都能够为企业降低外汇风险发挥作用，但值得注意的是，企业在选择这些金融工具时，首要目的是通过其来达到套期保值的效果而非投资，这点是十分值得注意的。

在一般情况下，企业在选择套期保值工具时，可以遵循以下一些基本规律：如果企业面对的外币现金流期限已知且金额确定，那么则选择外汇远期较为合适；如果企业面对的外币现金流不确定，那么通常选择外汇货币期权较为稳妥；如果企业的外币现金流部分已知而部分不确定，那么就可以采用远期合约对已知部分进行套期保值，而用期权对不确定的部分进行套期保值，综合运用各种工具从而达到对所有未来外币头寸的风险对冲效果。

综合以上介绍的几种短期套期保值工具，我们可以发现如果现金流确定，那么我们就可以采用期货、远期以及货币市场进行套期保值，具体选择的过程中可以依据企业采用各类方法所产生的成本取最低的方法进行套期保值，对于不确定的现金流，企业采用期权来进行套期保值则更为稳妥。表5-5对几种方法做一个简单的比较。

表5-5　　　　　　　　　　几种短期套期保值方法的比较

| 套期保值方法 | 应付账款 | 应收账款 |
| --- | --- | --- |
| 远期合约 | 卖出与应付外汇账款等金额、币种相同的远期合约 | 买入与应收外汇账款等金额、币种相同的远期合约 |
| 货币期货合同 | 卖出与应付外汇账款等金额、币种相同的期货合同 | 买入与应收外汇账款等金额、币种相同的期货合同 |
| 短期信贷合同 | 借入本币并兑换成与应付账款等金额、币种相同的货币进行投资，到期用其支付应付外汇账款 | 借入与应收账款等金额、币种相同的货币，兑换成本币之后进行投资，到期以所收到的外汇账款归还借款 |
| 货币期权 | 买入与应付账款等金额、币种相同的看跌期权 | 买入与应收账款等金额、币种相同的看涨期权 |

以上所列的各种方法，可能更多地适用于短期的企业外汇风险管理过程中，在长期的情况下，由于期限方面可能存在较大的不对等，所以可能效果就是大大降低，那么接下来，再介绍几种长期的外汇风险管理措施。

## （二）企业长期外汇风险管理的套期保值

1. 互换

互换（Swap）是指两个企业之间达成的在将来互换现金流的合约，在合约中，双方约定现金流的互换时间和现金流数量的计算方法。[①] 在实际中，企业为了锁定未来长

---

① 约翰·赫尔（John Hull）. 期货、期权与其他衍生产品（第七版）. 机械工业出版社，2009：99.

期可能支付的外汇款项，通常就会采用这样的方法，使合约双方锁定一段时间内本币同外币的汇率，以达到规避外汇风险的目的。

互换一般包括利率互换和货币互换两种，前者是指一家公司同意向另一家公司在今后若干年内支付在本金面值上按事先约定的本金而产生的固定利率现金流，而作为回报，这家公司将收入以相同的本金而产生的浮动利率现金流，具体可见图 5 - 3。

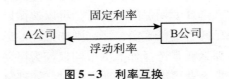

**图 5 - 3　利率互换**

而货币互换是指企业将在某种货币下的利息及本金与另一种货币下的利息及本金进行互换。它要求阐明在两个不同货币下的本金，互换中通常包括起始及最终的货币互换，通常货币本金互换数量的比率大致与最初的汇率等价。具体可见图 5 - 4。

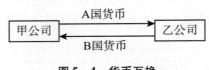

**图 5 - 4　货币互换**

举个简单的例子，假设国内某公司未来 10 年内每年将向海外支付一笔 1 亿美元的外贸款项，同时有家美国企业在相同的期限需要每年支付一笔 6.5 亿元人民币的款项，若此时的汇率为 1 美元 = 6.5 元人民币，这样两家公司就可以采用货币互换的协议来完成彼此的交易，即由对方来每年按期完成需要支付的外币款项。一般在实际中，对于较长的期限不同的货币会有不同的利息，这样双方在交易时只要在期限内支付各自所需的外币的利息即可，而这时双方也仅仅承担利息的外汇风险。

2. 长期远期合约

由于远期合约是直接由双方订立的非标准化合同，所以对于一些特殊的长期贸易合同而言，企业和一些金融机构针对具体的贸易合同金额直接订立长期的远期合约，就可以大大降低企业所面临的外汇风险。对于企业而言，采用长期远期合约的方法和短期远期合约基本原理相同，所需要注意的是，由于长期远期合约可能涉及的期限较长，有时候甚至是 10 年或者以上，这样和企业订立长期远期合约的金融机构有时候为了考虑企业的履约能力，往往只会与信用等级高的企业来完成这样的合约。

## （三）企业其他套期保值的方法

以上主要介绍的是企业在跨境交易中运用金融衍生产品在金融市场进行套期保值的手段，而在实际中，企业套期保值的根本目的是为了帮助企业实现贸易过程中的价值保值、增值，所以采用一些其他的方式来规避外汇交易风险在一些时候也能使企业获得保值的效果，下面就对一些其他外汇管理手段进行介绍。

### 1. 币种选择法

货币选择法是指在企业的跨国进出口贸易中，如何选择货币进行计价及支付，其实质就是在货币的选择上来决定外汇风险的承担问题。如果企业能够选择对自身有利的货币进行交易，那么汇率风险就可以转嫁出去，避免自己遭受损失。通常主要的做法包括选择本国货币计价、出口选择硬币计价而进口选择软币计价、"一篮子"货币计价以及自由兑换货币计价四种方法。

（1）本国货币计价法。所谓的本国货币计价法顾名思义，就是一国企业在跨境贸易中要求采用本国货币进行计价，这种方法可以使本国企业锁定外汇风险，简单易行、效果明显，这样国内企业就可以无视汇率变动对自身造成的价值损失。但是这种方法对本国货币所处国际地位要求较高，而且一般受到贸易双方交易习惯的制约，同时由于该方法对本国的企业规避汇率风险较为有利，所以往往要求该贸易商在商品的价格及信用期限方面做出一定的让步。

（2）出口硬币计价、进口软币计价法。所谓的硬币（Hard Money），是指汇率稳定，且有升值趋势的货币，那么相对而言的软币（Soft Money）就是指汇率不稳定，且有贬值趋势的货币。采用这种软硬币计价法，就等于把风险推给对方，而把好处留给自己。这种方法同样取决于双方交易的习惯，而且"软"、"硬"币的定义并非绝对，一旦发生逆转，可能进出口双方受益情况就会发生巨大变化，所以此法并不能保证企业可以完全避免外汇风险。

（3）"一篮子"货币计价法。"一篮子"货币是指将多种货币分别按一定的比重进行组合从而构成一组货币，由于汇率反映的实际上是各种货币之间的"比较"价格，所以通过这种方法就可以将不同货币升值或贬值带来的好处和损失相抵，从而使企业贸易获得的实际价值趋于稳定，但是其缺点是货币的组成及货款的结算过程比较复杂，企业可能因此付出较大的成本。

（4）自由兑换货币计价法。所谓自由兑换货币就是受到国际金融市场认可的自由货币，采用该类货币进行计价一方面便于资金的调拨及运用，另一方面如果企业所持外汇面临贬值风险，那么可以及时地将其兑换成另一种有利的货币，通常国际市场常见的自由兑换货币主要有美元、欧元、日元、英镑等，但这种方法可能对企业在货币兑换的时机把握有较高的要求。

### 2. 货币保值法

货币保值法就是指企业在进出口贸易合同中，与对方订立保值条款，即选择某种与合同货币不一致的、价值稳定的货币来表示合同金额，在结算时将贸易合同交易金额用所选择的货币完成支付，这种方法的实质就是企业对最后的交付物价值做出要求，从而保证企业贸易金额的价值，常见的保值条款有以下三类：

（1）黄金保值条款。就是企业在贸易合同订立时将交易金额用当时黄金市场价格进行折算保值。然后在支付日时，若黄金市场价格上升，则支付金额上升，反之亦然，不足之处是黄金的价格与货币之间并不是完全的价值挂钩关系，所以有时并不能充分弥补企业由于货币变动造成的损失。

（2）硬币保值条款。就是在贸易合同中以软币计价、以硬币保值，按合同订立时的汇率将软币折算成硬币，这样在实际支付时，按照条款规定进行交易，同样由于"硬"与"软"并非绝对，所以可能要求企业通过其他的方法来补充进行价值保值。

（3）"一篮子"货币保值条款。就是在贸易合同中用某种货币计价，"一篮子"货币保值，将计价货币折成"一篮子"，然后在货币货款支付时，将"一篮子"货币按此时即期汇率折成计价货币进行交付。在期限长、金额大的进出口贸易中，以"一篮子"货币保值的方法对规避汇率波动的风险很有效，但同样企业在选择"一篮子"货币时可能比较复杂。

### 3. 价格调整法

在实际进出口贸易中，企业出口用硬币结算，进口用软币结算虽然理想，但往往受交易意图、市场需求、商品质量、价格条件等因素影响而不一定能实现，所以需要企业对出口加价或者进口压价以达到规避外汇风险的目的。一般包括加价保值和压价保值两种。

（1）加价保值。此种方法通常运用在出口贸易中，出口商把软币计价结算所带来的风险摊在商品价格上，加价幅度相当于软币的预期贬值幅度，即：

加价后的单价 = 原单价 × (1 + 软币的预期贬值率)

（2）压价保值。此种方法通常运用在进口贸易中，进口商将用硬币结算的汇价损失从商品的价格中剔除，压价幅度相当于硬币的预期升值幅度，即：

压价后的单价 = 原单价 × (1 - 硬币的预期升值率)

### 4. 期限调整法

所谓的期限调整，就是指进出口商根据对计价货币汇率走势的预期，将货款收付日提前或延期，从而减少外汇风险。其一般原则是当预期外汇上升时，外汇支付方（或收入方）提前（或延后）进行支付（或收入）；而当预期外汇下降时，外汇支付方（或收入方）延后（或提前）进行收入（或支付）。此种方法虽然能够帮助企业很好的规避外汇风险，但是实际操作中可能会受到既定支付条件的限制，而且可能打乱企业的资金安排，甚至一些外汇管制的国家可能还会对其进行一定的制约。

### 5. 对销贸易法

所谓对销贸易，是指进出口企业利用易货贸易、配对、签订清算协定和转手贸易等方式，来防范外汇风险。由于外汇风险实质是"货币"价格的变动所导致的影响，所以减少"货币"的流转次数就从根本上避免了企业汇兑过程中发生的损失。

（1）易货贸易。贸易双方直接同时进行等值的"物物"交换，只需事先把互换商品的"价格"确定，而无须收付外汇，其中的风险是贸易双方需要承担各自商品涨价和对方商品跌价的风险。

（2）配对。配对是指进出口企业在一笔交易发生时或发生后，再进行一笔与该项交易在币种、金额、货款收付日期完全相同，但资金流向正好相反的贸易往来，以此来保证企业自身在全部的贸易过程中避免可能发生的汇率变化。

（3）签订清算协定。贸易双方签订清算协议，是交易双方约定在一定的时期内，所有经济往来都用同一种货币计价，每笔交易金额记载在清算银行账户上，到了规定期限再清算贸易净差。这种方法的好处是双方交易额的大部分相互冲抵，不需实际支付，但是实际中要求交易双方经济往来要比较频繁且互相匹配，否则难以达成协定，同时这份协议中由于有一定的信用额度，所以贸易出超方等于给对方免费提供了无息贷款。

（4）转手贸易。转手贸易是指在贸易活动中，由三方或多方进行共同协商，按同一货币计价来交换一定数量的商品，且利用彼此间的清算账户进行清算，由于转手贸易各方都不需进行实际的货款支付，所以贸易各方的外汇风险都会大大降低。

### 6. 投保汇率变动险

投保汇率变动险是指一国进出口企业缴纳一定的保费给保险机构，从而由保险机构承担部分或者全部的外汇风险。这种方法要求企业定期缴纳一定的保费，然后在投保的过程中，如果企业遭受损失，则由保险机构负责赔偿，但若因为汇率变动而产生收益，同样也由保险机构所有。目前在美国、日本、法国、英国等国家均开办了汇率风险的保险业务来满足企业的需要。

### 7. 投资法

投资法是指出口商签订贸易合同后，为了规避外汇风险，提早获得所需货币，然后进行投资，以投资收入弥补因提前支付或者收入而造成的损失。主要包括 BSI 和 LSI 两种。

BSI 是"Borrowing – Spot – Investing"的缩写，即借款—即期合同—投资，一般是指出口商为了防止外汇变动，提前借入与应收外汇等值的外币，以此消除时间风险，同时在货币市场将所借外币进行投资，然后在交付日将所得外汇款项偿还外汇借款，这样企业只需承担利息的外汇风险损益即可。

LSI 是"Lead – Spot – Investing"的缩写，即提早收付—即期合同—投资，一般是指出口商为了防止外汇变动，在征得进口方同意的情况下提前收入货款，然后将收入款项进行投资，从而用投资收益弥补提前收款造成的损失。

### 8. 出口信贷法

出口信贷一般在中长期的国际支付中采用，通常是企业为了实现跨境大额设备贸易或者大型工程项目的完成而采用的一种方法，企业利用买方信贷、卖方信贷、"福费廷"等形式，在获得资金的同时规避外汇风险。

（1）买方信贷。此种方法是指向进口商或其往来银行借入贷款融通资金，然后用所得贸易款项支付借款，这样在交易的过程中，就可以帮助企业有效的规避外汇风险。

（2）卖方信贷。卖方信贷和买方信贷主要流程比较相似，只是由出口商所在地银行或出口商来提供贷款，然后后续用贸易款项支付借款，相当于企业将汇兑的风险转嫁给了提供贷款的银行。

（3）"福费廷"。"福费廷"（Forfeiting）又称包买票据，是一种买单信贷，出口商将进口商往来银行承兑过的银行汇票无追索权的卖给进口商所在地的包买商进行贴现，提前取得货款。这样的方式可以帮助出口商避免因延期收汇而产生的外汇风险、减少损失，由于该方法也是企业在进行结算融资时所较常采用的方法，具体流程我们会在后面相关章节进行介绍。

最后，在介绍完了以上几种主要的其他保值方法之后，我们发现各种方法运用得当都可以帮助企业规避外汇风险，保值自身的价值。对各种方法的主要原理进行总结比较，具体可见表5-6。

**表5-6**　　　　　　　　　　**各种其他保值方法比较**

| 保值方法 | 保值运用原理 |
| --- | --- |
| 币种选择法 | 通过计价币种的合理安排 |
| 币种保值法 | 通过选择有利的币种保值条例 |
| 价格调整法 | 结合预期的升值或贬值率计算结算价格 |
| 期限调整法 | 通过恰当安排结算的期限 |
| 对销贸易法 | 通过多边往来贸易尽力避免币种交割 |
| 保险法 | 借助第三方机构 |
| 投资法 | 借助投资获利弥补损失 |
| 出口信贷法 | 通过相应币种的银行借贷 |

# 第三节　企业跨国贸易结算与成本管理

一个本国企业在进行跨境贸易的过程中，交易时所可能产生的外汇风险会对企业的价值造成影响，但除此以外，企业在实际中进行跨境的经营活动时，还会涉及其他的一些活动，例如企业在国际结算过程中的跨境融资行为、原材料买卖中的成本管理等，在特定环境下对这些活动进行有效的管理，同样会帮助企业更好地实现价值增值，本节就对企业跨国贸易中其他活动所涉及的金融行为进行介绍。

## 一、企业的跨境贸易结算融资

对于参与国际贸易活动的企业而言，选择合适的结算方式至关重要，有利的结算方式不仅仅是企业贸易活动实现的关键，更会帮助企业提高资金运用效率，创造新的价值。而且在企业的结算过程中，除了彼此之间直接用现汇支付账款外，更多的情况下还会涉及企业的跨境贸易融资活动，两者之间也有着紧密的联系。

所谓的跨境贸易融资，有时也被称为贸易结算融资，是指一个企业在进行进出口贸易的同时，所发生的资金和信用的融通活动。主要有两种类型：一种是由银行向客户直接提供资金融通；另一种则是银行为客户提供信用保证，以使客户能从贸易对方或第三方取得融资的方便。贸易融资对于企业而言，一方面可以帮助企业解决资金问题，拓宽企业的融资渠道和方式，提高资金运用效率；另一方面，由于在跨境贸易中进行的融资某些时候以外币为主，运用得当还可以帮助企业解决一部分外汇风险问题。下面，就对企业在跨境贸易活动中较为常用的贸易融资方法进行介绍。

### （一）应收账款融资

应收账款融资是指出口企业为了更好地融通资金，提高自身的流动性，以出口贸易的应收账款为抵押向银行进行贷款的行为。

这种方法的优点是简单易行，由于有应收账款的担保，所以出口企业比较容易快速地从银行获得贷款，但是由于这种贷款行为只是在一定时期内弥补了贷款方的资金需要，一旦进口企业由于某种原因不能按期偿还贸易款项，那么此时贷款方（即出口方）将面临银行的催收，从而承担相应的损失，所以并没有帮助出口方转移进口方的违约风险。此外由于这种应收账款的担保贷款期限较短，企业可能融资所付出的成本会较国内贷款要高一些，所以企业在实际运用中，还会考虑结合其他一些手段综合运用。

### （二）保理业务

保理业务，又称为承购应收账款业务。是由保理公司从其客户（出口商）手中购进通常以汇票表示的对债务人（进口商）的应收账款，并负责信用销售控制、销售分户账户管理和债款回收等业务。其基本特点是：集结算、管理、担保和融资为一体的综合性售后服务业务。

保理业务在欧美发展较早，在大多数欧洲国家里，保理服务主要是提供有追索权的贸易融资和其他服务，提供坏账担保处于次要地位，这主要是因为这些国家的短期出口信用保险很普及。我国于 20 世纪 90 年代由中国银行率先在国内开展了此项业务，并于1993 年加入了国际保理商联合会（FCI），而在之后，工、农、建等四大国有商业银行以及其他一些股份制银行也都陆续成为了国际保理商联合会的一员。

对于出口企业而言，保理业务有助于其尽快回笼资金，提高资金的使用效率；可以帮助出口商转移收汇风险；可以帮助出口商获得更充分的国际市场有关信息；可以帮助其节省管理成本；同时还可以帮助出口商维护和提高出口资信。

而对于进口商而言，保理业务对其影响是较为间接的。进口商采用保理业务，使得其能以非信用证方式支付货款，省去了其间的手续和成本，简化进口手续的同时从而避免了积压和占用资金。

其具体的操作过程如图 5 - 5 所示。

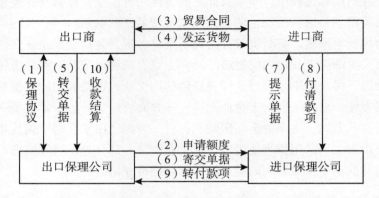

图 5 - 5　国际双保理业务操作过程

（1）出口商与出口保理商签订保理业务协议；

（2）出口商通过出口保理公司向进口保理公司申请信用额度；

（3）出口商与进口商签订贸易合同；

（4）出口商按合同规定发运货物；

（5）出口商向出口保理公司递交转让应收货款所有权的通知书和全套单据；

（6）出口保理公司接受应收账款单据并兑现部分或全部款项后，将承购的应收账款单据寄给进口保理公司；

（7）进口保理公司向进口商提示单据；

（8）进口商向进口保理商付款；

（9）进口保理公司将款项转付出口保理公司；

（10）出口保理公司收款后向出口商结算。

## （三）信用证融资业务

信用证（Letter of Credit，缩写 L/C 或 LOC）是国际贸易中一种常见的贸易融资工具，也是一种重要的结算手段。它的主要作用是通过银行作为中介人，来调解和消除买卖双方之间的互不信任心理。由于开证银行代进口商承担了有条件的付款责任，所以出口商只要满足了信用证的规定和要求，提交了严格相符的全套单据，便可保证收回货款。因此，信用证实质是由进口商从银行获得的一份授信业务。

信用证有以下有三个特点：（1）信用证不依附于买卖合同，银行在审单时强调的是信用证与基础贸易相分离的书面形式上的认证；（2）信用证是凭单付款，不以货物为准。只要单据相符，开证行就应无条件付款；（3）信用证是一种银行信用，它是银行的一种担保文件。

对卖家而言，信用证的最大好处是提供了一个可靠的付款人——银行，如果他拿到的信用证发现不符合买卖合约，他就可以终止合约而不付运，另外再要求索赔，这就避免了企业因为对方违约而造成的损失。而对买家的好处则是货运出来后他才需要付钱，同时也可借助信用证请求银行给予信贷资助，这样就可以帮助企业获得资金的帮助，提升企业的运营效率。

此外，信用证在帮助企业融通资金的同时，将应由支付方承担的支付责任转嫁给了银行，从而帮助进出口双方企业解决了在国际贸易中的不信任矛盾，方便了贸易的流通。

图 5 - 6 列示出了国际贸易中一般跟单信用证的流程。

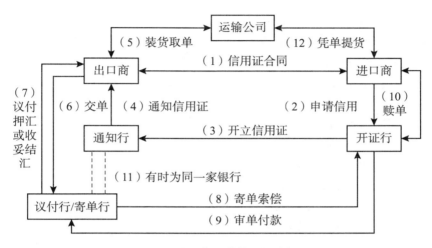

**图 5 - 6　一般跟单信用证流程**

资料来源：单忠东 . 国际金融 . 北京大学出版社，2005.

（1）进口商与出口商订立相关信用证合同；

（2）开证申请人根据合同提交开证申请并交纳押金或提供其他保证；

（3）开证行根据申请书说明，向受益人开出信用证并寄交出口人所在地通知行；

（4）通知行核对印签无误后，将信用证交受益人；

（5）受益人审核信用证内容与合同规定相符后，按信用证规定装运货物、备妥单据并开出汇票，在信用证有效期内，送议付行议付；

（6）和（7）议付行按信用证条款审核单据无误后，把贷款垫付给受益人；

（8）议付行将汇票和货运单据寄开证行或其他特定的付款行索赔；

（9）开证行核对单据无误，付款给议付行；

（10）开证行通知开证人付款赎单。

## （四）银行承兑汇票

银行承兑汇票（Bank's Acceptance Bill，BA）是由在承兑银行开立存款账户的存款人出票，向开户银行申请并经银行审查同意承兑的，保证在指定日期无条件支付确定的金额给收款人或持票人的票据。对出票人签发的商业汇票进行承兑是银行基于对出票人资信的认可而给予的信用支持。

一般对于银行承兑汇票而言，它具有如下特点：

（1）信用好，承兑性强。银行承兑汇票经银行承兑到期无条件付款。就把企业之间的商业信用转化为银行信用。对企业来说，收到银行承兑汇票，就如同收到了现金。

（2）流通性强，灵活性高。银行承兑汇票可以背书转让，也可以申请贴现，不会占压企业的资金。

（3）节约资金成本。对于实力较强，银行比较信得过的企业，只需交纳规定的保证金，就能申请开立银行承兑汇票，用以进行正常的购销业务，待付款日期临近时再将资金交付给银行。

所以对于进口商而言，利用汇票远期付款，可以以有限的资本购进更多货物，最大限度地减少对营运资金的占用与需求，有利于扩大生产规模。而对于出口商而言，对现有或新的客户提供汇票远期付款方式，可以增加销售额，提高市场竞争力。

## （五）福费廷

"福费廷"，又称无追索权融资，是由福费廷银行在无追索权基础上购买发生在提供货物或服务的将来到期无条件债务义务的一种贸易融资方式。

"福费廷"业务一般运用于成套设备、船舶、基建物资等资本货物贸易及大型项目贸易中。在福费廷业务中，出口商必须放弃对所出售债权凭证的一切权益，贴现银行也必须放弃对出口商的追索权，"福费廷"业务期限一般在 1～5 年，属于中期融资业务，但近年来国际上发展出最短的福费廷业务为 180 天（6 个月），最长的可至 10 年，通常采用每半年还款一次的分期付款方式。福费廷业务属批发性融资业务，适合于 100 万美元以上的大中型出口合同，对金额小的项目而言，其优越性不明显。而出口商在贸易过程中需要对资本货物的数量、质量、装运、交货期担负全部责任。

对出口商而言，福费廷业务具有以下优势：①福费廷融资不影响出口企业的债务状况，不受银行信贷规模和国家外债规模的影响；②福费廷业务是无追索权方式的贴现，出口企业一旦将手中的远期票据卖断给银行，同时也就卖断了一切风险，包括政治、金融和商业风险，免除了后顾之忧；③出口企业通过采用福费廷方式在商务谈判中为国外买方提供了延期付款的信贷条件，从而提高了自身出口产品的竞争力；④出口企业可将全部或部分远期票据按票面金额融资，无须受到预付定金比例的限制；⑤出口企业在支付一定的贴现费用后，可将延期付款变成了现金交易，变远期票据为即期收汇，提高了资金使用效率，扩大了业务量，增强了企业活力；⑥由于福费廷采用固定利率，出口企业可尽早核算出口成本，卖断以后的一切费用均由贴现银行承担；⑦福费廷融资操作简便、融资迅速，不需要办理复杂的手续和提供过多的文件，可以节省时间，提高融资效率。

而对进口商而言，它可以帮助企业获得贸易项下延期付款的便利，同时它还不占用进口商的融资额度，而且所需的文件及担保简便易行。

下面将一个典型的福费廷业务的程序列示为图 5-7。

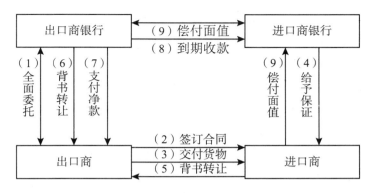

**图 5 - 7　典型的福费廷业务流程**

（1）出口商提供其索款单据将被福费廷银行购买全面的书面委托；

（2）签订商业合同；

（3）交付货物（单据由银行转递，承兑交单条件）；

（4）给予保证（或者如果可能信用证被保兑）；

（5）金融单据由进口商将背书转交出口商；

（6）出口商将单据背书转让福费廷银行；

（7）福费廷银行贴现金融单据面值，支付净款给出口商；

（8）到期日，单据被提示，向保证人或信用证开证行收款；

（9）偿付发生的面值。

## （六）其他方式

除了上述提到的几种方法外，企业在进行跨境贸易时往往还会采用其他的一些方法，包括出口信贷、对销贸易等，这些方法在现实中一方面能够帮助企业在跨境贸易时规避外汇风险。另一方面，又能够作为一种贸易融资的手段，帮助企业解决流动性问题，由于在之前介绍企业外汇风险管理的篇幅中对这几种方法有过介绍，这里就不再重复。

## 二、企业贸易成本管理

在企业的现实跨境交易中，除了企业的外汇风险管理和融资活动管理以外，还有一些活动也较多地运用了金融的手段，这就是企业的贸易成本管理，这里所谓的贸易成本，主要是指企业运用在国际市场上的金融工具，对企业经营活动的原材料或者贸易销售价格进行管理，使企业在多变的国际市场环境中尽可能避免损失。

这其中企业所运用的金融手段，主要是包括企业在国际市场的商品期货的套期保值，以及在一些特殊的贸易活动中与对手方签订的远期合约，操作的过程与企业进行外汇的套期保值类似，这里就不再重复。值得注意的是，企业在国际金融市场中所采取的种种套期保值方法，其根本目的是为了帮助企业在跨境贸易中避免由于未来贸易价格可能发生波动而造成的损失，然而在规避成本风险的同时，由于金融衍生工具操作往往较为复杂，其通常利用了较大的金融杠杆，如果企业运用不当，也可能在金融市场中面临更大的风险，遭受更加严重的损失。

下面我们具体通过一个典型的例子①来说明企业进行贸易成本管理的过程。

对于国内某大型的铝制品制造企业，该企业原材料铝价格与其生产成本有着紧密的联系。由于企业的成本无法完全转嫁给下游的消费者，所以企业就需要通过商品期货市场的套期保值活动来帮助锁定其原料成本，保证收益。具体而言，在以下两种情况下，企业可以选择套期保值方案来规避成本风险。

（1）预计未来铝价格会大幅上涨，但当前由于资金周转或库容不足等问题，不能立即买入现货，或者即便有足够的资金和库容，提前买入现货会增加资金占用成本和仓储成本。这时企业可以考虑采用套期保值。

（2）企业已经与下游销售商签订了明确标价的供货合同，由于担心日后购进原材料时价格上涨会稀释企业预期利润。即按照当时的铝价格，企业的销售合同盈利，但是一旦未来铝价格上涨，在产品售价已定的情况下，盈利会减少甚至亏损。在这种情况下，企业需要通过买入套期保值锁定原材料成本，从而锁定销售利润。

假设2011年5月1日，国内铝的现货价格为13 000元/吨，当时期货市场上交割期为8月份的铝期货合约价格为12 660元/吨。该铝制品企业已经与其下游买家签订了销售合同，预计在未来的3个月后有大量的铝采购需求，数量为1 000吨。由于担心铝价格在未来会出现上涨的趋势，从而影响到企业的利润，企业欲在期货市场上进行买入保值。于是在期货市场上买入交割期为8月份的铝期货合约200手（1手5吨）。我们在此忽略不计铝期货的交易保证金和交易费用。

从表5-7可以看到，现货市场铝价的上涨导致企业成本增加了180万元，但是其在期货市场上通过套期保值盈利180万元，这样盈亏相抵，企业完成了预定利润。

**表5-7** 情况一：假设期货价格上涨幅度等于铝现货价格上涨幅度

| 铝 | 现货市场 | 期货市场 |
|---|---|---|
| 2011年5月1日 | 13 000元/吨 | 买入期货合约200手，价格12 660元/吨 |
| 2011年8月1日 | 买入现货1 000吨，价格为14 800元/吨 | 卖出200手合约平仓，价格14 460元/吨 |
| 涨幅 | 1 800元/吨 | 1 800元/吨 |
| 盈亏 | 购买成本增加1 800×1 000吨=180万元 | 盈利1 800×200×5=180万元 |

从表5-8可以看到，现货市场铝价上涨导致了企业成本增加180万元，但是其在期货市场上通过保值盈利220万元，这样企业不仅完成了预期利润，而且还额外盈利40万元。

---

① 凤凰财经，http：//finance. ifeng. com/future/qhzx/20091110/1444837. shtml.

表5-8　　　情况二：期货价格上涨大于现货价格上涨（现货价格上涨1 800元/吨，
期货价格上涨2 200元/吨）

| 铝 | 现货市场 | 期货市场 |
|---|---|---|
| 2011年5月1日 | 13 000元/吨 | 买入期货合约200手，价格12 660元/吨 |
| 2011年8月1日 | 买入现货1 000吨，价格为14 800元/吨 | 卖出200手合约平仓，价格14 860元/吨 |
| 涨幅 | 1 800元/吨 | 2 200元/吨 |
| 盈亏 | 购买成本增加1 800×1 000吨＝180万元 | 盈利2 200×200×5＝220万元 |

　　从表5-9可以看到，现货市场铝价上涨导致企业成本增加180万元，但是由于其在期货市场上通过保值盈利150万元。这样企业通过套期保值大大降低了企业的损失，达到部分保值的效果。

表5-9　　　情况三：期货价格上涨小于现货价格上涨（现货价格上涨了1 800元/吨，
期货价格上涨了1 500元/吨）

| 铝 | 现货市场 | 期货市场 |
|---|---|---|
| 2011年5月1日 | 13 000元/吨 | 买入期货合约200手，价格12 660元/吨 |
| 2011年8月1日 | 买入现货1 000吨，价格为14 800元/吨 | 卖出200手合约平仓，价格14 160元/吨 |
| 涨幅 | 1 800元/吨 | 1 500元/吨 |
| 盈亏 | 购买成本增加1 800×1 000吨＝180万元 | 盈利1 500×200×5＝150万元 |

　　但是假如，到了8月份铝的价格并未如企业所预计的出现上涨，而出现了下跌，那么企业完成套期保值的具体情况如何呢？

　　从表5-10可以看到，尽管企业在期货市场上的保值头寸出现亏损40万元，但铝价格下跌使其现货市场购买成本减少了40万元。这样虽然企业在期货市场发生了亏损，但是现货市场购买成本降低完全可以弥补期货市场上的损失，使企业达到预期的盈利。

表5-10　　　情况一：假设期货价格下跌幅度等于铝现货价格下跌幅度

| 铝 | 现货市场 | 期货市场 |
|---|---|---|
| 2011年5月1日 | 13 000元/吨 | 买入期货合约200手，价格12 660元/吨 |
| 2011年8月1日 | 买入现货1 000吨，价格为12 600元/吨 | 卖出200手合约平仓，价格12 260元/吨 |
| 跌幅 | 400元/吨 | 400元/吨 |
| 盈亏 | 购买成本减少400×1 000吨＝40万元 | 亏损400×200×5＝40万元 |

　　从表5-11可以看到，尽管期货市场上的保值头寸出现了亏损，但是现货市场上铝价的下跌使企业购买原材料的成本减少了40万元。这样现货市场的收益就弥补了期货市场的损失，同时增加了企业的额外盈利。

表 5-11　　　情况二：期货价格下跌小于现货价格下跌（现货价格下跌了 400 元/吨，
期货价格下跌了 200 元/吨）

| 铝 | 现货市场 | 期货市场 |
|---|---|---|
| 2011 年 5 月 1 日 | 13 000 元/吨 | 买入期货合约 200 手，价格 12 660 元/吨 |
| 2011 年 8 月 1 日 | 买入现货 1 000 吨，价格为 12 600 元/吨 | 卖出 200 手合约平仓，价格 12 460 元/吨 |
| 跌幅 | 400 元/吨 | 200 元/吨 |
| 盈亏 | 购买成本减少 400×1 000 吨＝40 万元 | 亏损 200×200×5＝20 万元 |

从表 5-12 可以看到，尽管期货市场上的保值头寸出现亏损，但铝价格下跌使企业购买成本减少了 40 万元，这样在铝价下跌的局面下，虽然期货市场发生了亏损，但是现货市场铝价下调，使购买成本降低，这大部分弥补了期货市场的损失，让企业基本完成了既定的利润目标。

表 5-12　　　情况三：期货价格下跌大于现货价格下跌（现货价格下跌了 400 元/吨，
期货价格下跌了 600 元/吨）

| 铝 | 现货市场 | 期货市场 |
|---|---|---|
| 2011 年 5 月 1 日 | 13 000 元/吨 | 买入期货合约 200 手，价格 12 660 元/吨 |
| 2011 年 8 月 1 日 | 买入现货 1 000 吨，价格为 12 600 元/吨 | 卖出 200 手合约平仓，价格 12 060 元/吨 |
| 涨幅 | 400 元/吨 | 600 元/吨 |
| 盈亏 | 购买成本减少 400×1 000 吨＝40 万元 | 亏损 600×200×5＝60 万元 |

☞ **本章关键词** ☜

| | | |
|---|---|---|
| 非跨国企业 | 外汇交易风险 | 套期保值 |
| 远期合约 | 期货合约 | 货币期权合约 |
| 短期信贷合约 | 互换 | 贸易结算融资 |
| 贸易成本管理 | | |

☞ **深入思考的问题** ☜

1. 一国企业采用不同短期套期保值手段各自的利弊是什么？

2. 企业在采用短期套期保值时，是否可以将不同的方法组合运用？你是否可以举出一个例子来说组合运用的优势和劣势。

3. 请说明企业短期套期保值和长期套期保值手段之间的异同，并想一想是否可以用短期套期保值的手段不断重复来完全替代长期套期保值的手段。

4. 请说明各种贸易融资手段在结算过程中，对企业所形成的短期（或长期）融资效果。

5. 企业在贸易成本管理过程中，能否借鉴外汇风险管理中所采用的其他方式和手段呢？

# 第十四章

# 企业跨国化的动因及方式

当非跨国企业规模发展到一定的阶段，其国际经营活动势必会突破原有简单的对外买卖贸易，但现有的环境往往会制约其进一步的发展，此时直接设立海外分支机构、形成全球化的经营态势，将是企业下一步的选择。在这个过程中，无论是因为自身资源的不足而"被动"地寻求海外发展，还是为了追逐更大的市场和更高的效率而"主动"向他国"进军"，我们会发现企业的对外扩张背后，必定存在着企业追逐自身更高价值的行为动机。本章就结合以往企业跨国发展的经典理论，对企业设立跨国机构的动因和方式进行分析，让人们对企业通过全球化发展获取价值产生更深刻的认识，同时也为我们下一步研究跨国公司全球化经营过程中的价值创造奠定理论基础。

## 第一节　企业设立跨国机构的动因

### ■一、企业设立跨国机构的理论研究

随着现代科学技术的发展和国际经济交往的深化，仅仅依靠本国企业在国际市场进行商品交易，已远远适应不了信息社会对生产要素国际化传播和转移的需要。科学技术的革命与发展导致了大规模生产方式的出现，而现代化的大规模生产又要求资本、技术和管理人员等通力合作、协同调配生产过程。因此，对外投资设立跨国机构，将资金、设备和技术等生产性资源进行全球化的优化配置，自然地成为企业进一步发展的主要途径。而跨国公司作为人类为适应现代化的大规模生产方式所创造的一种组织形式，也正成为全球范围内进一步深化开展跨国经营的重要承担者。接下来，就对以往经典研究中企业对外投资设立跨国机构承担跨国经营活动的理论进行介绍。

### （一）产品生命周期理论

产品生命周期理论（Product Life Cycle Theory）是 1966 年美国哈佛大学教授雷蒙德·维农（Raymond Vernon）在《产品周期中的国际投资与国际贸易》一文中提出的

**图5-8 雷蒙德·维农**

（见图5-8）。该理论分析了企业对外设立分支机构的原因是从产品技术垄断的角度，它认为产品生命周期的不同会对企业对外投资产生直接的影响。[①] 由于产品生命周期就是从产品推出开始、逐步扩大销路、进而达到市场饱和、最后逐渐由盛到衰被新一代产品所替代从而退出市场，每一个阶段都体现了产品不同的市场地位，所以这个周期也可以看作是产品的市场营销寿命。而维农的理论就是把企业国际投资同国际贸易和产品生命周期的三个阶段——产品创新、成长、标准化结合起来，解释对外直接投资的决策问题，也被称为对外直接投资的产品周期理论。

1. 产品创新阶段的对外直接投资

创新阶段公司一般拥有技术优势，而且国内市场远未开发，拥有巨大潜力，企业主要把精力放在改进工艺，满足国内市场需求方面，生产成本因素不是影响企业的主要内容，这时企业也主要在国内进行发展。

2. 产品成熟阶段的对外直接投资

成熟阶段的产品基本定型，同时同类产品的竞争者开始出现，国内市场利润空间变小，此时企业开始将目光转向国际市场，借助区位优势降低成本成为企业新的关注重点，所以企业的行为也从简单的对外出口开始向对外直接建厂转变，对外直接投资开始显现。

3. 产品标准化生产阶段的对外直接投资

标准化生产阶段，产品生产技术已经完全扩散，企业的生产规模也已经固定，此时成本高低将决定公司利润的多寡，所以选择产品生产成本低的区域进行投资设厂成为企业进一步发展的重要方式，这时跨国公司将把生产活动向发展中国家转移。

产品生命周期理论第一次以一个动态的角度把企业的国际贸易和投资进行整体性的研究，把国家的区位优势和企业的生产优势相结合，为跨国公司的成功提供了一个分析的依据。特别是对战后初期，美国资本、技术密集型企业在欧洲国家的贸易和直接投资活动作出了合理的解释。

## （二）边际产业扩张理论

边际产业扩张理论（The Theory of Comparative Advantage to Investment），也被称为比较优势投资论或边际比较优势理论，其核心思想是"企业对外投资应该从本国的比较劣势产业——边际产业依次进行"。该理论是由日本学者小岛清（Kiyoshi Kojima）在20世纪70年代中期根据国际贸易理论中的比较成本理论以及日本的对外直接投资现实而

---

[①] 徐德辰. 跨国经营的国际比较研究. 吉林大学，博士学位论文，2005.

提出的（见图 5 - 9）。其研究背景是针对当时日本的对外直接投资主体大多是中小规模的企业，而这些日本企业拥有的却是容易为发展中国家接受、吸收的劳动密集型技术优势。[1]

依据以上理论，小岛清做出以下重要结论：

（1）在贸易方面，企业应发挥本身的比较优势，避免比较劣势，即生产、出口比较优势产品，将比较劣势的产业转向国外，采取进口，这样就可以扩大企业的成本优势，在贸易中获利。

图 5 - 9　小岛清

（2）在国内进行比较优势产品的生产、出口，对比较劣势的产品进行进口，这样不仅节约了成本，而且扩大了贸易的总量，促进了跨国贸易的发展。

（3）由于日本的投资对象主要针对发展中国家的中小企业，所以在投资过程中，也是从技术差距小、便于转移的生产出发，这样便于接受国企业的吸收，同时对其经济也可以起到示范作用。

（4）各国的投资应该采用交叉策略，即"协议性的产业内部交叉投资"，这样就可以发挥彼此的比较优势，扩大贸易，互利互惠。

小岛清的理论从国际分工角度进行研究，开辟了跨国公司理论方面的新思路。一方面从"边际产业"的角度解释了对外投资的行为，另一方面也强调了贸易和投资的互补性，揭示了比较成本的动态性。[2]

### （三）垄断优势理论

垄断优势理论（Monopolistic Advantage Theory）是美国经济学家斯蒂芬·海默（S. H. Hymer）于 1960 年完成了其博士论文《国内企业的国际化经营：一项对外直接投资的研究》所提出的（见图 5 - 10），他指出要解释跨国公司的对外直接投资活动，必须正视国际经济活动中存在的实际情况，放弃传统的国际资本和货物流动理论中关于市场完全竞争的假设，应该在不完全竞争的基础上进行研究，进而得出该理论。理论中指出一个企业或公司只有比当地同类企业具备更有利的垄断优势，才会在当地进行生产并赚取更多的利润。[3]

图 5 - 10　斯蒂芬·海默

海默首先认为在现实中存在四个要素——产品市场、要素市场、内外部规模经济以及政府干预，由于这四个要素均体现出不平衡性，所以就使得整个市场存在不完全，进而导致了垄断优势的产生。

---

① 徐德辰. 跨国经营的国际比较研究. 吉林大学，博士学位论文，2005.
② 朱启铭. 跨国公司跨国经营能力构建研究. 江西财经大学，博士学位论文，2004.
③ 朱启铭. 跨国公司跨国经营能力构建研究. 江西财经大学，博士学位论文，2004.

而对于跨国企业的垄断优势，主要包括以下几点：

（1）资金和货币优势。一方面由于跨国企业自身规模庞大，实力雄厚，同时由于资信较高，在筹资方面还具有较强的优势；另一方面由于不同币种存在"软"、"硬"之分，所以不同币种的增值溢价能力也就不尽相同，跨国企业也就能够通过资本的流动，来实现货币的"比较优势"。

（2）核心资产优势。这里的核心资产主要指技术资产，跨国企业利用全球化的资源，可以在各地建立强大的研究团队，并利用其独有的先进技术对海外进行直接投资获取垄断利润。

（3）管理优势。由于跨国企业在长期的经营中可以积累更多的管理经验，同时凭借其各海外机构的设立可以实施有利的全球化管理，完成信息资源共享，将管理优势进一步扩大。

（4）无形资产优势。一般跨国企业多是历史悠久、实力庞大的机构，所以在信誉、商标等方面也具有庞大的垄断优势，这样在开拓新的市场的时候，跨国企业就可以凭借其显赫的地位获得更大的利益。

（5）规模经济优势。跨国公司利用各国生产要素的差异可以取得内部规模经济的优势进而形成横向一体化。同时跨国公司还利用外部规模经济从产、销、供等多方面实施分工协作，形成纵向一体化，进而获得更多的垄断优势。

正是由于企业掌握了如此多的垄断优势，进一步促使企业进行海外直接投资，利用外部规模经济即通过经济一体化，可以帮助企业实现更多的外部利润，增强了其在国际市场的竞争能力。

## （四）内部化理论

内部化理论（The Theory of Internalization）又称市场内部化理论，是 20 世纪 70 年代以来跨国公司理论发展的主要方向，该理论最早起源于 20 世纪 30 年代的"科斯定理"，其理论最早由英国教授巴克利（Peter J. Buckley）和卡森（Mark C. Casson）在《跨国公司的未来》中提出，并由加拿大学者鲁格曼（Alan M. Rugman）等加以发展的。

内部化理论认为，由于市场的不完全性，公司在跨国直接投资活动中面临各种市场障碍。为了克服这些障碍弥补市场机制的内在缺陷，实现最大化利润，公司将交易不经过外部市场而在公司所属各企业间进行，从而形成了一个内部化市场。[①] 该理论的主要内容是：

（1）外部市场失效是内部化形成的主要原因。由于市场可以分为存在于企业之外、受价值规律及供求关系支配的外部市场和不受市场供求关系的影响的内部市场，而内部市场的价格可以根据跨国公司的全球化战略而制定，从而满足整个集团的利益最大化，同时在外部市场上由于企业在一些时候无法充分、有效地调配其经营活动，所以企业通过建立跨国机构建立内部市场，就可以使其资源得到更好的配置和利用。

---

① 吴国生. 跨国直接投资. 东北财经大学，博士学位论文，2001.

（2）知识产品是促使内部化市场形成的重要因素。知识产品主要包括知识、信息、技术、专利、管理技能及商业信誉等，而这些知识产品具有"自然垄断"特性①和公共产品性质②，同时对于外部的买方可能由于未充分认识其价值从而难以给出令卖方满意的价格，所以采用内部市场交易便可以消除这些不利的因素。

基于以上内容，内部化理论解释了企业对外直接投资的行为，内部化的动机对公司海外扩张提供了较好的理论依据。

## （五）国际生产折衷理论

国际生产折衷理论（The Eclectic Theory of International Production）是英国经济学教授约翰·邓宁（John Harry Dunning）于 1977 年在题为《贸易、经济活动的区位多国企业：折衷方法探索》中首次提出的（见图 5 – 11）。邓宁教授认为在现代的国际直接投资活动中，其产生的动因应该是多样的、复杂的，所以应该由一种综合的理论来对其进行更全面的解释。

国际生产折衷理论内容指出：企业要进行对外直接投资和国际生产，必须具备三个必要条件：一是企业有高于其他国家企业的垄断优势，如经营管理优势；二是企业通过内部市场来扩大对这些优势的利用比出售或出租给外国企业更有利；三是企业在东道国结合当地要素投入来利用其拥有垄断优势比利用母国要素投入更有利。概括而言即"所有权特定优势

图 5 – 11　约翰·邓宁

（Ownership Specific Advantages）"、"内部化特定优势（Internalization Specific Advantages）"和"区位特定优势（Location Specific Advantages）"③。

### 1. 所有权特定优势

所有权特定优势又称垄断优势或者厂商优势，是指企业拥有或者获得国外企业所没有的优势。主要包括：

（1）企业本身具有竞争优势，如企业的规模和经济地位、生产的多元化、从劳动分工中取得的优势、垄断地位、对特有资源的掌握、特有技术、政府保护等。（2）国外子公司或分支机构与其他企业相比所拥有的优势，主要指从母公司和集团内部获得的支持等。（3）企业的多国经营而获得的优势，包括企业对不同地区市场、信息的充分

---

① "自然垄断"一般指产品的开发需要耗费长久的时间和巨大的投资，这样形成了垄断地位，在价格上的歧视性。

② 公共产品性质指容易在外部市场扩散，所以需要内部转移从而避免其技术泄露。

③ 徐德辰. 跨国经营的国际比较研究. 吉林大学，博士学位论文，2005.

了解，从整体的角度统揽全局，制定全球经营战略，分散风险等。

### 2. 内部化特定优势

内部化特定优势是指企业为避免不完全市场带来的影响，将企业的优势保留在企业内部。国际生产折衷理论认为，跨国公司只有将其所拥有的技术优势内部化，实现企业内部的技术交换，才能够更好地按照企业的整体目标实现资源配置，是企业的优势更加明显地体现出来，同时对于中间产品，通过内部市场的有效配置，能够帮助企业节省成本，增强企业的垄断优势。

### 3. 区位特定优势

区位特定优势是指包括地理位置、自然资源、市场容量等东道国所固有的要素禀赋优势。这些优势无法被企业所控制，只能设法去利用，所以结合不同的区位因素，企业会对其跨国经营的战略展开相应的布置。

邓宁的国际投资理论，其最大的价值是综合分析了以上三种因素并对企业的跨国投资行为进行了阐述，如果只具有了所有权优势，那么企业就该进行许可证贸易；而如果企业只是缺乏区位特定优势，那么进行商品的出口可能就是更好的选择；对于企业进行国际直接投资而言，三者缺一不可。这种理论综合性地解释了企业进行国际经济活动的三种主要形式，在跨国企业投资和经营决策中得到了普遍的应用。

## ■二、企业设立跨国机构的动因

通过前面对企业设立跨国机构的理论研究我们发现，不同情况下，企业通过设立海外机构获得自身价值进一步提高的动因也不尽相同，所在国家的资源禀赋、经济发展水平等因素，都会对企业是否跨国设立机构造成影响；而同一国家的企业，因所处的经营领域及自身资金、技术等内在因素，跨国经营动机也会迥然不同。

美国国家外贸委员会曾针对其国内具有跨国经营业务的企业做过一项调查，结果显示，这些企业参与跨国经营的最主要原因或动机有以下几种[①]：（1）跨越关税和进口壁垒与管制；（2）降低关税和消除高额运输成本；（3）获得和利用当地原材料；（4）获得东道国政府的鼓励；（5）维持现有市场占有状况；（6）预见到国外市场的迅速扩大；（7）控制特种产品制造质量；（8）跟随国外顾客需要；（9）追随国外竞争者行动；（10）获得外国技术、设计与营销技能；（11）参与国外基础设施工程投标。本书结合传统理论的有关观点，将企业跨国对外设立跨国机构的动因归纳为四种类型，即资源寻求型、市场寻求型、效率寻求型和战略资产寻求型。

### （一）资源寻求型

对于资源寻求型的跨国投资一般可以分为资源贫乏国家企业的跨国投资和资源富裕

---

① 杨德新. 跨国经营与跨国公司. 中国统计出版社，1996：16.

国家企业的跨国投资。对于前者而言，由于本国在自然资源或者人力资源方面存在较大的不足，所以对外进行投资设厂就是其未来发展获取价值的重要途径，例如英国、比利时等一些欧洲国家，自身资源的匮乏使得其海外发展成为其生存的必由之路。还有像日本，由于其本身资源严重不足，在本国发展资金和技术型产业，对外投资进行人力资本的获取，将成为其获得资源的主要途径，并以此来实现国家经济的发展。

而对于资源富裕国家的一些企业而言，由于其本国资源带给一些相关企业特有的比较优势，所以往往也会进行一些资源寻求型的投资。例如森林资源丰富的瑞典，其在造纸、木材加工等方面具有世界领先水平。这样其就可以利用自身所具有的技术、管理优势，在他国进一步进行扩张，使该产品领域的优势获得扩大，谋求更好的发展。除瑞典之外，美国的石油企业也是如此。

对于资源寻求型的企业而言，总结其各方面的扩张动机，可以将其目标分为以下几种①：

### 1. 海外寻求劣势资源

这一类的企业由于在先天存在着资源方面的严重缺陷，所以为了保证生存，海外扩张成为其发展的必经之路。

### 2. 稳定国内原料来源

由于企业生产原材料对海外有较大的依存度，所以主动出击，在原料国直接投资建厂，设立合法公司，就可以稳定其原料来源，降低风险，保证企业的正常发展。

### 3. 谋求生产区位优势

由于有些企业的原材料运输不便且不易长期保存，所以在面对原料的获取时，与其花费较高成本将原料运输至本地，不如就地设厂进行开采、加工，从而一方面节约了成本，另一方面避免了可能由于运输所造成的损失，所以这也是致使企业进行跨国投资的重要原因之一。

## （二）市场寻求型

由于企业在发展过程中，发展到一定的阶段后，将其垄断优势扩大至全球，获得更广阔的国际市场就成为了企业新的战略目标；努力开拓新的市场和新的资源，将为企业获取更多利润奠定了良好的基础，所以，以市场为目的的跨国投资也是企业在海外设立跨国机构的重要动机②。

对于市场寻求型的跨国投资，还可以将其进一步细化为以下四类：

---

① 徐德辰. 跨国经营的国际比较研究. 吉林大学，博士学位论文，2005.
② 徐德辰. 跨国经营的国际比较研究. 吉林大学，博士学位论文，2005.

### 1. 规避贸易壁垒

由于不少国家为了保护本国的经济和产业的发展，对海外企业设立了高额关税、进口配额、出口管制等多种限制手段，所以企业采取直接投资的方法，将生产、销售等经营过程直接转移至原材料出口国，在原材料出口国直接进行生产、销售，就可以绕过出口国所设立的贸易保护壁垒。战后美国为了抢占欧洲市场，就提出了"将工厂建到欧洲去"的经济发展战略，不断对欧洲进行大量的直接投资，从而突破西欧等国设立的高关税壁垒，成功提高了其在欧洲市场的占有率。

### 2. 稳定与扩大市场

企业在海外市场进行产品出口，尽管暂时没有受到威胁，但是未来进一步扩大市场占有率甚至尽快占领新的市场，那么就会从简单的贸易出口转向在新的市场当地进行投资设厂，一方面可以更好地应对市场发生的种种变化，另一方面也可以为企业进一步占领市场奠定基础。

### 3. 领先进入市场

领先进入市场针对生产发明型产品的垄断优势。在产品开发期，由于产品在设计和生产工艺上尚需进一步改进，这就要求设计人员、生产人员和消费者保持密切联系，以便及时根据市场信息改进产品。而在产品成长期，企业就可以尽快将产品出口到其他国家，抢先占领海外市场。当产品趋于成熟之后，企业就可以自身的技术为依托，在国外直接设厂生产，就地销售从而使企业获得了领先进入外国市场的机会。

### 4. 跟随潮流

对于一些寡头垄断的行业，少数的几家大公司对于竞争对手的行为十分敏感，当其对手进入新的市场开始经营后，该企业为了保证其竞争地位，往往会效仿他的对手，在海外进行直接投资，从事生产、销售等经营活动。

市场寻求型的跨国投资不断受到人们的追捧，一方面是由于随着国际经济全球化进程中的区域经济一体化不断发展，如果一个区域外企业在该区域内设立机构进行经营活动，那无疑帮助企业开拓了一片广阔的发展空间；另一方面是由于投资自由化进程的加深，各国限制他国企业投资的行为逐步减少，也为推动企业进行跨国直接投资创造了良好的客观条件。

## （三）效率寻求型

企业在进行跨国贸易的过程中，在面对越来越激烈竞争的情况下，为了保证企业获得更大的利润，努力降低生产成本，提高企业的经营效率成为企业发展过程中考虑的重要问题。而提高企业的经营效率，又可以从以下三个方面着手①：（1）在海外进行直接投资，就地进行生产销售，减少出口过程中所产生的运输成本和海关税费；（2）利用规模经济，转移本国内的过剩生产力；（3）利用或者获取企业的技术和管理优势，对海外进行直接投资，实现全球化的资源优化配置，提升企业整体效率。

对于前两种，往往在发达国家的跨国直接投资中可以明显地看到，例如日本就是将本国的生产企业设立在海外，将电子、汽车等产品的生产和销售直接在海外市场完成，从而避免了企业在本国所面临的劣势条件，提高了企业的效益，日本的策略就是采用将在本国具有比较优势的产业进行优先发展，而一旦失去了比较优势，就立即转向国外，始终保证企业的经营效率。

而对于第三种，可以看到一些发展中国家为了获得海外的技术人才和先进管理理念，就会采用在海外技术发达国家设立研究机构，吸收国际上的先进人才，提升企业的效率和水平。还有一些本身就具备先进水平的企业，为了在激烈的竞争面前保证其优势地位，也会在全球范围内寻求合适的技术伙伴、共同发展，从而加强企业的竞争实力。

## （四）战略资产寻求型

在进入 20 世纪 90 年代之后，企业的跨国投资进入了一个新的阶段，在全球范围内寻求最有战略价值的项目进行投资成为企业跨国投资新的目标。当时全球掀起了第五次并购浪潮，大规模的战略寻求投资由此诞生，在新的背景下，企业全球化经营的理念进一步发展，其眼光不仅仅是局限在一个或者几个国家，随着贸易自由化、生产国际化、金融全球化的深化，企业也逐渐开始了全球化经营的战略思路，经济全球化的步伐，也进一步推动了企业跨国经营的脚步。

企业在进行全球化的并购过程中，其一方面拓展了生产、提高了效率，将企业的规模进一步扩大，另一方面企业在全球范围内追逐战略资产，获得新的所有权比较优势，为企业下一步发展指明了方向。其在这个过程中，所获得的战略资产最重要的包括以下两方面内容②：

### 1. 形成国际专业化生产网络

企业在发展过程中依据专业化协作的原则，不断在世界范围内配置生产基地，然后在企业内部实现水平分工和垂直分工，依据各地技术的领先优势，展开全球化的专业生产。同时在生产过程中，通过在公司内部、母公司与子公司之间、子公司与子公司之间相互提供原料和中间产品的，保证各地的生产区位优势，提高了生产的规模经济，通过分工与大规模生产给企业带来新的利润。

### 2. 多样化经营

大型企业在全球化的过程中，根据市场的变化，利用自身的雄厚实力不断通过收购

---

① 徐德辰. 跨国经营的国际比较研究. 吉林大学，博士学位论文，2005.
② 徐德辰. 跨国经营的国际比较研究. 吉林大学，博士学位论文，2005.

中小企业股权，实现企业的多元化经营策略，通过不断接管各领域的企业，将自身的垄断优势从一个行业扩展到多个行业，形成混合式的垄断集团，分散企业风险，帮助企业稳定快速地发展。

大型企业的跨国投资活动帮助企业在生产、销售、服务、信息等多方面均获得了跨越式的提升，是一个单一企业转变成了跨国多元化集团，帮助企业获得了更好的获利机会和发展空间。

## （五）其他类型

还有一些个别企业在对外进行投资设立机构的动机较为特殊，例如某些企业由于本国环境发生变化，所以为了规避风险从而转向他国经营。还有一些企业由于资金比较缺乏，为了从海外获得资金支持所以在海外设立机构向当地金融机构进行融资等。这些跨国设立机构的企业并非经济发展的主流，往往是受到其自身发展空间的限制而"被动"进行跨国投资，所以在这里不作重点介绍。

## ■三、企业设立跨国机构的收益与成本

根据上述的理论动因我们可以清楚地看到，从企业获取价值的角度，设立跨国机构可以给企业带来更多的优势，帮助企业在更广阔的市场找到更有利的资源，形成更强的竞争力，实现更大的利益，进而完成自身价值保值、增值的目标。具体可以总结为以下几点：

### 1. 更充分地利用他国资源

对于很多企业而言，资源是决定企业能否生存的第一要素。所以对资源的争夺往往直接决定了企业下一步发展状况，而当企业在资源丰富的地区或者国家直接设立分支机构，就可以更快速地获得资源的补充，为企业的生产提供帮助。而且在现实中，由于资源的稀缺性，很多时候当地国家的政策也会对出口资源进行限制，这样如果企业只依靠进口来满足资源上的需求，可能还要付出更高额的成本，甚至干脆无法获得资源的充分补给。这样企业面临的经营风险就会加大。而此时通过在他国直接设立分支机构就可以有效解决这一问题，比如某一国家可能会限制某些资源原材料的出口，同时可能会根据某种原材料设立较高的出口壁垒，但是企业如果通过在当地直接设厂生产，就可以很好地规避这一壁垒，甚至某些时候因为企业带来了领先的技术还会获得该国政策上的优惠，如此企业便在资源的争夺过程中抢占了先机、节约了成本。典型的例子可以想到石油加工企业，在一些石油富足的国家直接进行开采加工，就可以更好地掌握上游资源，保证企业的发展。

### 2. 开辟更广阔的市场

在跨国公司全球化体系不断完善之后，企业选择设立跨国分支机构，就可以使企业

由一个只面对国内单一市场的"本地企业"转变成一个面对全球化市场的"国际企业"，企业所面临的机遇不言而喻。如果企业只是单一的出口产品，那么虽然其产品也会走向全球市场，但是竞争力十分有限，同时可能会因为无法及时了解市场情况的变化而面临较大的风险，但是当一个企业直接在他国当地设立分支机构之后，其就可以对当地的市场进行更准确的分析和预测，提供的产品也更能符合当地市场的要求，如此才可以说是在国际市场中真正站稳了脚跟，并在全球化的竞争中一步步成为更大的赢家。此外在他国设立分支机构还有更大的好处在于，可以帮助企业在某些时候避免他国的贸易保护政策，帮助企业在整个产业链上占据更有利的地位，拓宽自己的价值创造渠道。

3. 实现多元化的经营，调整企业产品结构

当企业在他国设立分支机构之后，其经营活动的范围会进一步扩大，其从事的业务内容往往也可以得到更好的延伸。由于在不同的国家，产业政策会互不相同，同时各个国家所具有的产业优势也是各具特色，所以企业在进入到新的地区或者国家之后，就可以更好地利用当地的优势，结合自身的特点逐步开展在当地最具有比较优势的产业，这一方面可以有效地利用当地资源，提高自身的经营效率，另一方面，又可以帮助企业更好地实现全球化的协同作用，优化企业内部的资源配置。除此之外，企业在不同的地区开展新的业务，也能够帮助企业实现多元化的经营，规避经营风险，实现更高的利润。

4. 更好地吸收先进技术、管理经验

一般对于企业，除了自身的研发和学习之外，技术和管理要素主要依靠从他国购买、签订技术转让合同或与他人合作而获得，但是这种方法得来的技术往往不是最新的技术，而且成本较高。所以当企业设立跨国机构之后，就可以更好地利用当地的优势资源，通过直接投资当地的技术企业，或者与当地设立研究中心合作、招募优秀的人才，帮助企业大大提高自身的技术实力，而且更快速地获得最先进生产技术和管理经验。这样相对于其他竞争对手，企业在这个方面就会掌握更大的优势，帮助企业在国际化的经营过程中占据领先地位。

5. "内化跨国货币"，实现"本地"支付

一个企业只要涉及与他国企业之间的贸易活动，不可避免地就要遇到"汇率"问题的影响，由于不论在技术层面还是在国别利益的角度下，各国货币之间兑换比例往往很难达到长久稳定甚至在短期内都会出现剧烈波动，这就给国内企业的资产保值增添了不小的难度。但是作为跨国企业，由于其"超越"国界的经营范围，在世界各地内设立分支机构，并通过这些分支机构与当地企业直接进行贸易往来，这样就有效地避免了在此过程中可能出现的"汇兑"损失，节约了经营成本。此外跨国企业各分支机构结合当地的政策进行"内部化"的交易，还可以帮助企业从整体上优化资源配置，创造新的价值。具体的汇兑成本支付情况可见图5－12。

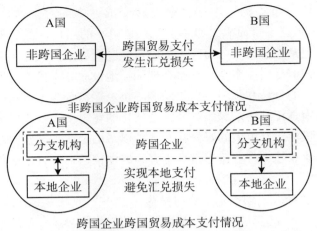

图 5 - 12　跨国企业与非跨国企业的跨国贸易成本比较

虽然在企业设立跨国机构会给自身带来很多优势和收益，但是从科斯对企业选择扩张所提出的收益成本关系中我们可以知道，只有对外设立分支机构所获得的收益大于为其付出的成本时，企业选择跨国经营才是最好的选择。当企业由国内企业向跨国企业转变时，最主要的成本就是可能面临高额的"管理成本"，由于企业跨国建立分支机构需要投入更多的人力、物力和财力，而且在经营过程中还要在坚持企业整体发展目标的同时随时处理各地可能由于当地政策、文化等多方面因素而带来的困难，以往国内经营所不曾遇到的考验也可能由此产生，解决不当甚至会给企业整体带来更大的负面影响，所以企业能否在全球化的经营中真正实现价值创造，最终还需要对企业的自身综合实力和未来发展前景进行充分考虑。

## 第二节　企业设立跨国机构的方式

在学习了企业设立跨国机构的理论原因及动机之后，本节将对企业设立跨国机构的方法进行分类介绍。一国企业从简单的产品跨境贸易，到转向对技术的进出口，然后再随着企业的进一步发展、开始直接进行对外投资，在企业为了扩大其经营边际将分支机构设立至海外的同时，选择不同的投资方式也具备了不同的特点。

### 一、特许经营

特许经营（Franchising）是指特许方将自己所拥有的商标（包括服务商标）、商号、产品、专利和专技术、经营管理模式等以特许经营合同的形式授予被特许者（受许方）使用，被特许者按合同遵循特许方所制定的规章和程序，在特许者统一的业务模式下从事经营管理活动，并向特许方交付相应的费用。

在一些著作中，企业设立跨国机构的方式只提到了后面提到的新建投资和跨国并购，这种企业的海外特许经营并未算作企业的对外直接投资形式。因为虽然通过特许经营的方式，特许方可以在其他国家由被特许方代为开立属于自己商标的经营机构，在特许方统一的经营模式下进行运作管理，但特许经营实质上是特许人和受许人之间的一种契约关系，特许方并没有直接的投资行为产生。特许方虽然将品牌扩大到了海外，但是其控制权并没有得到延伸，这种特许经营关系，其实只是以合同性质的契约关系约定了双方的权利和义务，而特许方也仅通过特许费的形式获得收益。

但从经济的角度看，其实特许经营体现了大企业和小企业之间相互合作，在现代市场经济条件下，大企业拥有雄厚的资金、先进的技术和管理，能从更广阔的市场上获利，从而在现代市场竞争中占据了主导地位。而小企业通过与大企业合作，而获得大企业的帮助，进而获得成功。特许经营一方面满足了大企业扩大自己的"品牌"边际的意愿，另一方面，小企业也从这种特许经营中借助大企业的优势来获得收益，两者通过特许经营的方式形成了一个有机的整体。这种契约方式的结合，反映了企业跨越国界、获得范围延伸的性质，而在整个过程中，企业也实现了经营、管理的跨国性，所以在此也将特许经营作为企业设立跨国机构的形式之一。

## ■ 二、新建投资

新建投资[①]有时候又被称作绿地投资（Green – field Investment），是指企业在境外国家直接投入全部资本，成立一个拥有完全控制权的独立企业，或者和其他投资者一起共同创办一个合资企业。

新建投资是企业对外设立跨国机构的重要形式，企业通过设立海外子公司、海外分公司及海外避税地公司，或者以股权合资企业的方式成立公司，都可以有效地帮助实现企业对外扩张创造价值的经营目的。

对企业而言，直接设立新的公司，可以帮助企业选择符合跨国公司全球战略目标的生产规模和投资区位，而且能够按照自己的经营策略对企业进行控制，从技术、管理等多方面较为直接地实现企业的既定要求。同时，由于企业对新设企业的各个项目策划方面均具有较大的主动性，不论在营销策略还是利润分配上，母公司都可以根据自身的具体需要进行有效的内部调整，这样也可以帮助企业在较大程度上把握企业风险。此外，新建企业可以帮助东道国解决就业，增加税收，所以在某些时候创建一个新企业也不易受到东道国法律和政策上的限制。

但是从另一个方面讲，由于新建投资需要企业投入较大的资本，而且筹备工作也比较复杂，建设周期耗时较长，速度慢且缺乏灵活性，所以这对企业的资金实力、管理水平、经营经验等方面均有较高的要求，这对于要迅速通过设立机构进入新市场的跨国企业往往是巨大的考验。同时在企业建立跨国机构的过程中，随着市场等因素的变化，企业还将完全承担其中的风险，不确定性较大。而在企业投资设立跨国机构之后，企业还

---

① 单忠东. 国际金融. 北京大学出版社，2005.

需要对东道国的目标市场进行调研开发，有时候企业的文化与管理模式可能和东道国的传统还存在着差异和隔阂，管理和技术人员的匮乏问题还有待进一步解决。

## 三、跨国并购

跨国并购是指一国企业（一般被称为并购企业）为达到某种目标，通过一定的程序和渠道，将另一国企业（又被称为被并购企业）一定比例的股权进行收买，从而实现对另一国企业的经营管理实施实际或者完全的控制活动。跨国并购又可被分为新设合并（Consolidation）和吸收合并（Merger），前者是指参与合并的公司全部消失，成立一家新公司，新公司接管各被合并公司的全部资产；后者是指一家或若干家公司并入一家续存公司，该续存公司接管被合并公司的全部资产和业务，并承担其全部债务和责任。

而将跨国并购双方的前后关系，跨国并购又可以分为横向跨国并购、纵向跨国并购和混合跨国并购三种。

### （一）横向跨国并购

横向跨国并购是指由两个以上国家生产或者销售相同产品的类似企业之间的并购。企业实施跨国横向并购，可以扩大其在国际市场的份额，增强企业的竞争力，甚至可以帮助企业获得垄断地位，赚取垄断利润，由于在横向并购中，并购双方具有相似的行业背景，所以其并购之后较容易实现整合，帮助企业实现扩大市场的目的。

### （二）纵向跨国并购

纵向跨国并购是指两个以上国家处于生产同一产品不同阶段的企业之间的并购。纵向并购可以帮助企业稳定或者扩大原材料的供应，完善企业的销售渠道，从而减少竞争对手的原材料供应或者销售。同时实施纵向并购的企业可以帮助企业实现内部化经营，降低成本，提高效率。由于参与并购的企业双方一般是原材料的供应商和产品的购买商，所以企业对彼此的生产状况和经营方式也会比较了解，这样也有利于企业在并购之后进行经营整合，提升整体运营效率。

### （三）混合跨国并购

混合跨国并购是指两个以上国家从事不同业务企业之间的并购。混合并购的目的是帮助企业实现多元化的经营策略和全球化的发展战略，从而帮助企业更好地实现资源的优化配置，帮助企业抵御风险，进而帮助企业在国际市场中具备更强的竞争实力。对于混合跨国并购而言，由于并购企业在经营方式等方面可能存在较大差异，所以并购之后的资源和管理的整合将使企业面临的一大难题。

对于企业设立跨国机构而言，采用跨国并购的方式可以帮助企业更快地进入他国市场，省去了新建企业可能由于时间上的延后而造成的不确定性，而且由于被并购企业自身已具有经营所需的厂房、人员等资源，这样可以帮助企业进一步节省投资时间。跨国并购还可以帮助企业规避一些东道国的政策限制，同时还可以帮助企业起到节税的效果。而且对于并购企业而言，选择合适的被并购企业，可以帮助企业顺利获得目标企业原有的优势资源，如健全的销售网络、既有的原料渠道、成熟的客户关系等，这些在企业进军新市场时都是非常宝贵的竞争优势。另外从融资方式方面，采用跨国并购可以让企业以目标企业的资产未来收益为抵押，发行债券或者向银行贷款以取得更好的流动性，或者企业可以用原有的股票来代替现金支付，从而减少企业的现金压力。除此以外，跨国并购还可以借助时机的选择来帮助企业以较低的价格购买他国企业的资产或者股权，使企业获得更大的收益。

然而跨国并购虽然在企业跨境设立机构时得到广泛的运用，但是在实施并购的过程中，其中的一些问题也是不可忽视的，例如在信息不对称的情况下，跨国并购可能导致企业高估目标企业的资产，或者忽视目标企业或有负债等潜在隐患，从而使企业背负较高的并购成本。同时由于并购会使企业对其固有的资源进行重组，当面临文化或者管理方式差异时，企业可能会遭受整合方面的问题，另外在一些特殊的行业，企业收购海外公司还有可能受到东道国法律政策方面的限制等，这些都是企业做出并购之前所需要考虑的问题。

## TCL 海外并购失败

TCL（TCL 即"The Creative Life"三个英文单词首字母的缩写，意为创意感动生活）集团股份有限公司创立于 1981 年，是目前中国最大的、全球性规模经营的消费类电子企业集团之一，旗下拥有三家上市公司：TCL 集团（SZ.000100）、TCL 多媒体科技（HK.1070）、TCL 通讯科技（HK.2618）。目前，TCL 涉及多媒体、通讯、家电、零部件四大产业，以及拥有房地产与金融投资业务群，物流与服务业务群。

在企业的快速成长过程中，TCL 逐步壮大，从中国市场中脱颖而出，成长为中国电子信息行业的佼佼者，并渐渐开始了国际化的经营探索，开始是在一些新兴国家中开拓推广自主品牌，然后是对一些欧美市场的成熟企业进行收购。截至 2006 年，TCL 全球营业收入 468.5 亿元人民币，5 万多名员工遍布亚洲、美洲、欧洲、大洋洲等多个国家和地区。在全球 40 多个国家和地区设有销售机构，销售旗下 TCL、Thomson、RCA 等品牌彩电及 TCL、Alcatel 品牌手机。2006 年 TCL 在全球各地销售超过 2 100 万台彩电，1 100 万部手机，海外营业收入超过中国本土市场营业收入，成为真正意义上的跨国公司。TCL 集团旗下主力产业在中国、美国、法国、新加坡等国家设有研发总部和十几个研发分部。在中国、波兰、墨西哥、泰国、越南等国家拥有近 20 个制造加工基地。

2001 年 12 月，TCL 对 TV、AV 等家电信息相关产品进行资源整合，成立多媒体电子事业本部，形成一个全新的以各事业部为虚拟企业架构的管理模式。2002 年 10 月 25 日，TCL 以 820 万欧元的价格全资收购的德国施耐德公司在慕尼黑开业。2003 年 11 月 4 日，TCL 与法国汤姆逊公司强强联合，重组彩电、DVD 业务，缔造年产销量 1 800 万台的彩电企业。2004 年 7 月 29 日，TCL 与法国汤姆逊合资组建的全球最大彩电企业 TTE CORPORATION（简称 TTE）在深圳开业。2004 年 10 月 10 日，TCL 阿尔卡特移动电话有限公司开业。

然而，TCL 并购汤姆逊，成为世界第一大电视生产商的光环并没有给 TCL 带来多久的激动，相反，在并购后，TCL 的管理团队才发现，文化的差异是如此的巨大，以至于像解雇一个不合格员工这样在中国轻松简单的事情，在法国都非常的艰难并且成本高昂。并购后的第一年，这次并购不但没有带来多少收益，反而使得 TCL 亏损增加了数千万美元，严重地拖累了 TCL 的整体业绩，TCL 集团在深圳交易所也被 ST 和 *ST 了。

虽然在此之后，TCL 通过一系列改革措施，重新使企业步入了前进的正常轨道，但是曾经的失败告诉我们，国际化的道路并非一帆风顺，企业通过并购进行全球化的发展，必须在各方面都做足充分的准备，这样才能使企业成为市场的赢家，获得更大的收益。

资料来源：http://blog.sina.com.cn/s/blog_4d15ae300100cklk.html.

---

## ☞ 本章关键词 ☜

| | | |
|---|---|---|
| 企业跨国经营 | 产品生命周期理论 | 边际产业扩张理论 |
| 垄断优势理论 | 内部化理论 | 国际生产折衷理论 |
| 资源寻求型 | 市场寻求型 | 效率寻求型 |
| 战略资源寻求型 | 特许经营 | 新建（绿地）投资 |
| 跨国并购 | 横向并购 | 纵向并购 |
| 混合并购 | | |

## ☞ 深入思考的问题 ☜

1. 请简要说明各种企业跨国经营理论的核心内容。

2. 既然说国际生产折衷理论是一种结合了其他各项理论优劣而总结出的理论，那么请将其与其他各项理论进行比较，说明彼此间的异同。

3. 近几年中国的企业不断走向世界进行跨国经营，你能否按跨国经营的动机分类，对中国企业的各种跨国经营行为的动机进行举例说明呢？

4. 请简述企业设立跨国机构各种方法之间的优劣。

5. 你能否举例说说企业进行跨国并购的方式设立跨国机构的好处和不足呢？

# 第 十 五 章

# 跨国企业国际金融行为

由于选择迈出"国门"进行全球化发展的战略会给企业带来更多的"跨国价值创造"机遇，那么随着企业自身实力的不断壮大，跨国企业应运而生。当跨国企业面对更广阔的市场空间时，其经营环境也发生了巨大的变化，虽然原有的外汇风险管理或贸易结算管理仍是企业需要面对的问题，但其成为跨国企业之后所面临的新挑战也随之而来。跨国企业与以往最本质的差异，是需要以一个全球化的视角，来统筹规划集团的经营管理活动，通过在跨国集团内部资源优化配置来实现降低成本、创造价值的目的；同时跨国企业在其声誉影响力方面也会达到更高的层次，这样就能够帮助其通过国际化的融资平台为进一步发展构造更广阔的平台，为企业获取价值创造更多的机会。

## 第一节　跨国企业现金管理行为

当企业在国外建立跨国机构，由一个单纯的国内企业变成一个跨国企业之后，其资产管理的方式就会发生一些变化，尤其对于一个跨国企业而言，其集团内部现金管理的好坏，将会对企业的经营造成巨大的影响。现金作为企业流动性最强的资产，由于其收益性较低，过多持有就会影响企业的盈利能力，然而现金存量过少，就有可能导致企业经营所需现金流不通畅，给其带来财务风险。一个国内企业，管理的目标可以仅仅局限于保证生产经营活动中的现金需求，但对于一个跨国企业，对现金管理水平的要求与国内企业的最大不同就在于如何使其在全球范围内有效控制现金资源，在保留必须现金持有量的同时，增强企业资产的盈利性，使跨国企业的价值达到最大化发展。

作为成熟的跨国企业，与国内企业的现金管理不同之处在于，其可以通过在全球范围内设立现金库来实现对集团现金资源的统一管理和配置。所谓现金库，就是指跨国企业通过银行定期把指定分支机构银行账户内存量现金加以归集的管理手段，该方法起源于 19 世纪 80 年代末期，当时是帮助美国企业加强对其欧洲分支机构的现金管理而创建的制度，合理的运用对跨国企业的价值增长做出了巨大的贡献。具体对于一个跨国企业的现金库而言，在管理过程中主要包括了如下几部分内容。[①]

---

① 张磊. 跨国企业的现金管理研究. 华东经济管理, 2010 (6).

## ■一、账户设立

现金库的银行账户有一般分为总账户（Master Account）和分支账户（Pool Account），总账户就是指总公司开立的银行账户，一般其开户银行是在总公司货币发行国内的银行，而分支账户又被称作是现金分库，是指跨国企业的海外分支机构在东道国内的总账户银行分支机构开立的银行账户。一般跨国企业会选择一个政治比较稳定、通讯发达、法律明晰的城市建立现金管理中心，然后分支机构在现金管理中心开立内部镜子账户（Mirror Account），镜子账户的利息一般会优于市场利息，同时其利息收支也可以帮助税务机关监督企业的纳税情况。

## ■二、现金归集

现金库的现金归集又可以进一步细分为一次归集和二次归集，一次归集是指各海外分账户只保留最低存款限额，然后将剩余存量资金全部转划至总账户，二次归集是指在一次归集之后，将同货币的分账户进行归集，最终实现跨国企业的资金全球归集至总账户统一管理。在现实中，各地的现金分账户日均余额一般为零，也就是所谓的"零余额管理"，然后企业的现金管理中心将不同货币进行统一头寸管理。对于各地的金融监管不同要求，现金库归集又可以有三种情况：（1）分账户零余额，总账户和分账户属于上下级关系，这样分账户若有余额将会划入总账户若透支则有总账户补足。（2）实际归集，总分账户级别相同，只是在现金划转是将分账户的资金划入总账户。（3）名义归集，总分账户之间不发生现金的实际划转，银行对总分账户分别计息管理。

## ■三、现金流叠加与多边抵差

由于企业跨国经营中需要在全球范围内组织生产、配置资源，同时在贸易活动中也往往涉及和多方企业同时进行业务往来交易，此时跨国企业就面临着巨额而且频繁的现金流动，如果不能很好地对现金流动成本进行管理，那么将会给跨国企业带来较大的风险和交易成本，影响企业的盈利状况，所以在跨国企业全球经营的过程中，企业往往会采用净额支付的方法来降低资金流动的成本，净额支付的思想在于，尽管企业面临着复杂的交易活动，但是由于这些交易往往不需要即期支付，所以可以将其各笔交易在一定时间内进行汇总，然后只需支付交易净额即可。这种净额支付的方法对外进行第三方付款时就是"现金流叠加"，对内各分支结构间则是"国际多边抵差"。

### （一）现金流叠加

企业在进行跨国经营时，由于各地的分支机构一定时期内可能会和第三方企业产生不同买卖支付活动，所以企业在进行现金管理时就可以将不同分支机构的现金流进行叠加，从而只需将叠加之后的净额划拨给第三方即可，具体流程可见图 5 - 13 和图 5 - 14。

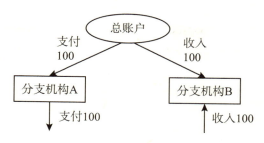

**图 5 - 13 跨国企业对外支付流程**

跨国企业进行叠加之后，可以大大减少在现金流动过程中的风险，这样企业就在交易过程中节约了成本，获得了收益。

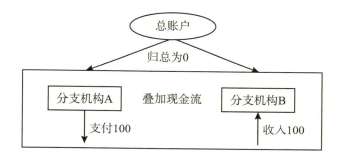

**图 5 - 14 跨国企业叠加现金流之后对外支付**

## （二）多边抵差

跨国企业由于在不同地区的分支机构之间往往会有大量的内部交易往来，而采用国际多边抵差则是比较常用的手段。多边抵差的原理就是由于不同的分支机构之后会形成不同的债权债务关系，如果对每一笔交易均进行结算，那么由于汇率、手续费等原因，将会给企业造成无谓的成本，所以将各分支机构间的贸易差额进行汇总抵消，就可以给跨国企业带来极大好处。其具体的支付流程如图 5 - 15 所示。

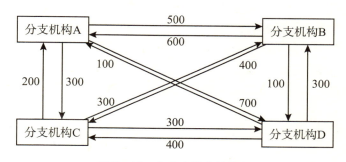

**图 5 - 15 企业内部支付流程**

在图 5 - 15 中体现了一家跨国企业各分支机构间的交易情况，A、B、C、D 四家分支机构间皆有资金业务往来，这样通过多边抵差，就可以实现企业内部的现金管理，避免了跨国企业在国际结算时本币与外币之间的反复兑换，大大节省现金流动过程中的各项成本，具体各机构的收支情况见表 5 - 13。

表 5 - 13　　　　　　　　跨国企业内部多边抵差现金收支　　　　　　单位：百万美元

| | | 分支机构支付情况 | | | | | |
|---|---|---|---|---|---|---|---|
| | | 机构 A | 机构 B | 机构 C | 机构 D | 总收入 | 净收入 |
| 分支机构收入情况 | 机构 A | – | 600 | 200 | 100 | 900 | – 600 |
| | 机构 B | 500 | – | 300 | 300 | 1 100 | 0 |
| | 机构 C | 300 | 400 | – | 400 | 1 100 | 300 |
| | 机构 D | 700 | 100 | 300 | – | 1 100 | 300 |
| | 总支出 | 1 500 | 1 100 | 800 | 800 | 4 200 | 0 |

## 四、现金库的收益

对于跨国企业集团而言，选择现金库对整个集团的现金进行管理，一方面可以以集权化的形式帮助企业以最低的资金储备达到防范风险的目的，另一方面，跨国企业还可以根据其不同地区的投资收益状况，来选择最有利的地区和货币进行现金库的投资，这样就避免了企业集团内部有的分支机构现金存量利率投资收益较低，而有的分支机构又承担较高利率成本现象的发生。

同时，由于跨国企业将现金总账户设置在世界主要的金融市场时，跨国企业与代理银行在处理大额现金交易时往往还具有信息优先获得权，这样就可以更好地帮助企业掌握货币的风险，为选择更好的投资行为提供了必要的条件和基础。

# 第二节　跨国企业融资行为

跨国企业进行跨国经营，不仅企业的经营范围跨越了国界，企业的理财融资活动也达到了国际化的高度，这也就决定了跨国企业在进行融资管理时，不仅仅具备了一个国内企业所面临的融资手段选择，跨国企业的全球化经营使得其本身能够更好地利用国际资本市场、东道国的金融市场以及跨国企业内部的资金调度系统来完成资本的融通，如此跨国企业在进行融资选择时便具有了融资渠道多、筹资方式灵活、融资选择范围广等特征，所以也就可以帮助其更好地实现降低融资成本和控制融资风险的目标。

## 一、跨国企业内部融资

对于跨国企业而言，内部融资就是指跨国企业利用内部母公司与各分支机构的未分配利润和折旧基金，对资金进行集团整体的优化配置，以调节各部的资金余缺，为跨国企业整体目标的实现提供融通资金的手段和基础。具体而言，内部融资主要有以下两种类型：

## （一） 跨国公司内部资金配置

一般母公司会以借款的形式向海外机构进行资金借贷，首先将子公司的分散闲置资金融入母公司账户，之后再由母公司统一将资金转借给其他急需资金或者不能有效融入资金的分支机构，但是这往往会受到一些东道国的政策限制。由于跨国公司在各国的分支机构都是一个经营相对独立的单元，所以各部门的资金充裕状况会各不相同，同时各分支机构在经营过程中，也会因为自身项目的原因对资金有不同的要求，这个时候，跨国集团可以作为一个整体，将内部形成的未分配利润进行统一的管理，借助集团内部的盈余资金对需要资金的分支机构进行资金上的支持，从而实现集团内部的资金优化配置，提高了整体的使用效率。

## （二） 跨国公司的转移支付

跨国企业的内部融资除了上面介绍的公司内部资金直接进行配置以外，还有一种较为常见的方式，就是转移支付。由于跨国企业内部的分支机构之间也会有业务的往来，这样当内部借贷受到限制时，集团就可以根据具体的需要，将资金富余分支机构的资金通过在与企业其他分支机构的交易过程中，通过内部定价来实现资金的"转移"，由于各国的税收政策不同，母公司通过这种贸易方式就可以对各地分支机构的利润进行影响，并提高整体的收益。虽然这样做表面上没有进行跨国公司内部的资金划拨，但是实质却是在内部交易过程中完成了资金的配置，帮助跨国企业的分支机构实现了内部融资。

一般认为，跨国企业在采用内部融资时，其所能获得的关于资本市场的信息较外部融资显得更加充分，这就使得跨国企业在进行融资选择时，会找到最为有利的融资手段进行融资，增大了跨国企业的价值。具体来说，内部融资主要具备了以下几点好处。

### 1. 提高融资效率

对于跨国企业而言，有时候会面临突发的资金短缺，这样急切的资金需求往往会使跨国企业在进行外部融资时面临较高的融资成本，同时外部融资时，企业还要面临外部机构的考察和审核，手续往往比较繁杂，这对于企业的经营而言往往会拖延企业获得资金的时间，造成不利的影响，甚至使企业遭受更大的风险损失。而利用跨国企业的内部集团优势，将其各子公司的闲置资金进行归总、调拨至急需资金的子公司，就可以有效缓解这种情况可能造成的负面影响，此外进行内部融资往往手续简单、效率迅速，这就为企业把握转瞬即逝的市场机会创造了有利条件，提高了企业的办事效率。

### 2. 降低融资成本

如果跨国企业在海外设立机构的时间较短，其资本市场的信用评级一般就会比较低，这样企业在进行外部融资时，难免会承担更高的利率成本，但是如果企业采用集团内部融资，那么跨国机构就可以直接获得内部的贷款支持，一方面由于内部信息更加充分，总部更能够准确地评估贷款分支机构的信用状况，设定合理的利率价格，另一方面，如果分支机构的贷款用途对跨国企业整体经营有较大的利好影响，跨国企业在进行资金划拨时就会充分考虑各方面因素，制定对企业整体更有利的利率水平。此外，跨国企业还可以利用各分支机构的比较优势，让资信较高的分支机构首先进行资金融通，然后在通过转移价格等形式实现集团内部的资金调剂，如此就能进一步降低跨国企业整体的融资成本。

### 3. 规避政策限制

由于有的跨国企业在东道国设立机构时，东道国为了引进外资，会对跨国机构的分支机构金融市场活动做出限制，而且跨国机构的资金转移也会对东道国的利益产生影响，所以此时跨国机构采用内部融资，一方面可以有效地帮助分支机构获得资金的融通，另一方面也就能够帮助企业在东道国的发展起到积极的作用。此外有的东道国会限制企业外汇的流通，所以跨国企业采用转移支付的方式，也可以完成集团对资金的调拨过程。

### 4. 便于内部监督管理

跨国企业内部资金的划转，能够帮助母公司对海外分支机构的投资活动有更充分的了解，及时掌握更多信息，从而实现从财务管理的角度对海外分支机构的监督管理，有效控制企业的经营风险。

## ■ 二、跨国企业外部融资

跨国企业的外部融资，就是跨国企业在其母公司所在国、分支机构东道国的金融市场以及国际金融市场通过银行贷款、发行债券、股票等形式获得企业经营所需要的资金。由于跨国企业资信较国内企业有很大的提升，这就使得跨国企业可以到更广阔的金融市场从事融资活动，而且也能够获得更优的利率条件，此外，在不同的金融市场进行外部融资，还可以使跨国企业发挥集团优势，根据需要选择优惠的币种，帮助跨国企业进一步降低外汇风险。

一般企业进行跨国外部融资的方式包括了国际银行贷款、国际债券融资、国际股票融资等方式，其中的有关概念性内容在上一篇"国际金融市场"中已经做出了介绍，这里就不再重复，需要强调的是，跨国企业的这些外部融资方式相比于一般的国内企业而言，在数量方面具有绝对的优势，所以对于企业的资信情况也就有着更高的要求，下面对其中部分内容进行补充。

### （一）国际银行贷款

跨国企业在进行跨国经营的过程中往往对资金有较大的需求，同时对资金的用途可能存在一定的不确定性，采用国际银行贷款，就可以帮助企业有效解决这类问题。国际银行对跨国企业进行国际银行贷款，其贷款的用途一般可以由借款机构自行决定，而且由于开展国际银行业务的金融机构实力雄厚，资金充足，所以在数量方面可以给跨国企业提供充分的支持，期限一般也会比较宽松，像在欧洲开展较多的银团贷款，其单笔贷款的数额有时候就可以达到数亿美元。

同时因为企业采用国际银行贷款可以获得资金方面的诸多便利，国际银行在进行这样期限长、金额大、国际经济形势复杂的贷款时也会承担一定的风险，所以国际金融机构在对跨国企业贷款发放时也会提出一些相应的条件。

#### 1. 实行浮动利率

浮动利率是指贷款双方事前设定一个利率衡量基准，在适用期内基准利率的基础上，根据企业的资信状态结合市场环境的变化情况对贷款利率进行调整。基准利率一般选择某一个国际金融市场中的较为常用的利率，如 LIBOR 等。

#### 2. 承担相应费用

一般银行在给跨国企业发放国际银行贷款之后，会要求企业将所贷资金继续由本银行代为管理，同时跨国企业还需对管理支付一定的管理费用，这也相当于借款人对贷款人的融资补偿。银行在和跨国企业签订贷款协议后，为了保证之后跨国企业的资金用度，还需要针对跨国企业保留一定的资金头寸，这也使得跨国企业需要支付相应的承担费用。此外，跨国企业为了获得国际银行贷款，往往还需要支付为实现贷款而发生的各项杂费，包括差旅费、中介费等。

#### 3. 控制提前还款

由于跨国企业从银行进行的贷款数额较大，期限较长，所以发款行会因此制定一个相应的头寸管理计划，而如果企业进行提前还款，势必会对金融机构造成一定的影响，所以国际银行为了更好地控制自身头寸安排，一般在和跨国企业签订贷款协议时会设定相应的提前还款内容，只有当借款人与贷款人在协议中指明可以提前还款时，跨国企业才可以提前还款，而且有时候跨期企业还需为此支付一定的补偿费用。

#### 4. 要求严格担保

国际银行在给跨国企业进行贷款的同时，为了保证其资金的安全性，往往会要求企业提供一种付款担保，在实际过程中，由于对物权的担保涉及所在国的政治、法律等因素的限制，所以银行一般会采用担保人进行担保，在一些特殊的情况下，会要求跨国企业所在国提供政府担保。

### （二）国际债券融资

国际债券是指跨国企业为了融通资金，在国外金融市场发行的以外币为面值的可转让债券证券。一般情况国际债券的发行方和投资方属于不同的国家，而且筹集的资金也来源于海外金融市场。

对于国际债券而言，由于其在国际市场发行，发行对象也是海外的众多投资者，所以其资金来源会比国内债券要广泛许多；由于发行国际债券需要国际金融市场更充分的认可，所以一般跨国企业的资信情况都会比较出色，这样在融资过程中，其可融得的资金规模总量也就相对更高；同时企业为了获得更充足的资信支持，有时候也会获得政府的担保，这样就使得债券的偿还风险较低。此外，由于国际债券是在国际金融市场上发行，所以还本付息一般都是以外币计量，这样不论是发行者还是投资人，在选择国际债券的时候都会承担相应的外汇风险，为了尽可能降低外汇风险，发行债券的面值一般会选择可以自由兑换的货币，这对于跨国企业或者是投资方而言都是一个更为安全的选择。

对于国际债券的发行，一般对跨国企业的资信要求较高，同时为了让更广泛的投资者相信并且了解跨国企业所发行债券的安全性，债券发行时需要请有关的中介机构进行推介，一般还要有信用评级机构进行评级，这样也便于债券在发行之后在国际金融市场中的流通和买卖。

而对于跨国企业而言，采用国际债券进行融资，不仅仅可以满足其资金的需要，同时还可以根据具体情况，在不同的金融市场中选择合适的债券类型和币种进行融资，这样对于企业调整资本结构、规避外汇风险、降低融资成本都会有很大的帮助。

### （三）国际股票融资

跨国企业能够在国际化的环境中进行经营管理，其经营实力往往到达了一个新的高度，在外国市场发行股票融资，也自然成为跨国企业融资方式中的重要一部分。

国际股票是指在股票的发行和交易活动，往往不是局限在某一个国家，而是在国际市场上跨国进行的股票。对于跨国企业而言，由于国际股票参与的市场范围广阔，规模巨大，所以跨国企业面临的市场经济潜力也就比国内的股票市场更加有利，同时由于投资者来自于不同的国家，随之国外投资者的股权比重不断增大，对于企业承受风险的能力也会有所增强。

一般跨国企业在进行海外股票融资的过程中，可以根据自身的特殊需要选择一个合适的市场进行融资，好的金融市场由于自身开放程度高，业务范围广，具备成熟的交易技术和资金实力雄厚的金融机构，可以更好地满足跨国企业的资金需要。同时跨国企业在发行的过程中同国际化的金融机构进行更密切的合作也能够帮助企业在获得资金之余取得更广泛的帮助，业务能力强的投资银行和信誉水平高的评估机构不仅能够帮助企业顺利实现在海外资本市场的股票融资，还能够对企业的内部管理提出合理的建议和帮助。

### （四）其他融资手段

除了以上介绍的三种主要跨国企业的融资方式以外，在实际中有时候根据具体情况，跨国企业还会选择一些其他的方式进行融资，比较常见的就是跨国企业间的平行贷款。

平行贷款是指不同国家的跨国企业直接互相向对方所在国的分支结构进行等额的贷款，从而满足各分支机构对所在地货币资金的需要。采用平行贷款最大的好处是可以帮助跨国企业避免因汇率波动而造成的损失，同时还可以降低企业的筹资成本，所需要的条件一般要求进行平行贷款的企业之间有良好的往来关系，或能够对彼此的运营状况有充分的了解。其具体的操作流程如图 5 - 16 所示。

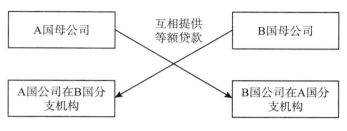

**图 5 - 16　跨国企业间平行贷款流程**

# 第三节　跨国企业税收筹划

对于跨国企业而言，在经营过程中随着其分支机构在不同的国家设立，其经营所涉及的法律环境也随之发生了变化，其中对其价值影响较大的就是企业的税收环境，由于不同的国家对企业税法的设定也不尽相同，跨国企业经过全球化的税收筹划，又可以给其创造新的价值，更重要的是，在此过程中，企业不乏采用如转移支付、调整资本结构等和金融有关的行为，所以某种程度上，跨国企业的税收筹划也可以看作是其发生的一项金融行为。

## 一、跨国企业税收筹划的主要方法

只要企业在一个国家开展经营活动，那么其不可避免地就要受到这个国家法律环境的制约，其中税收制度作为国家机器管理经济的重要手段之一，成为任何企业都无法避免的一项义务。由于税收对企业资金流所造成的影响具有流出性、强制性、无偿性等特点，所以跨国企业在法律允许的范围内，采用合理的手段对其税收活动进行安排，将为企业节省资金、创造价值带来新的亮点。

首先我们需要明确何为跨国企业税收筹划，由于各个国家的发展水平不同，这样在不同国度经营的跨国企业纳税义务人，就可以在符合当地国家法律和税法规定的前提下，通过利用各个国家之家税法特征的差异，合理安排和规划跨国企业的经营、财务活动，减轻或者消除自身所承担的纳税义务，从而最大化的帮助跨国企业保存自身价值。特别需要注意的是，跨国企业的税收筹划和跨国企业的国际逃税行为是完全不同的两个概念，后者是指企业在国际经营中，运用欺诈、隐瞒等非法手段使其从中获利，所以合法与否是区分两者的最本质标准。

在前面介绍跨国企业融资时，我们介绍了跨国企业内部可以通过转移支付的方式进行资金调配，在很多情况下这样的资金调配可以帮助跨国企业实现税收筹划的目标，但是除此之外，在现实中企业还有一些其他的途径实现国际税收筹划，下面就对主要的方法进行介绍。

## （一）选择投资地点实现税收筹划

由于不同的国家在设定税收规则时具有较强的自主性，所以每个国家或地区就可以根据自身的情况来选择税收制度，特别是在税收优惠政策的采用上，处在不同发展阶段的国家往往会根据本国经济发展的需要来规定其特有的优惠政策，例如有的国家希望引进先进技术、增强本国经济的科技水平，这时为引进一些技术含量较高跨国企业的投资，往往会为其提供一定的税收优惠，此外，一些国家出于对本国经济的产业升级、能源节约、环境保护等方面的考虑，也会对相应的产业提出特殊的税收要求。而此时，如果跨国企业根据自身的业务情况，选择具有对企业有利的税收政策的国家进行投资，那么就可以有效降低自身承担的税收负担，减少纳税金额。

此外，如果跨国企业还可以选择在一些如开曼群岛等国际避税港设立企业，然后通过如专利技术转让等特定的形式将跨国企业内部的利润进行转移，从而帮助企业实现税收筹划的目标。

## （二）利用企业组织方式实现税收筹划

一般而言，由于跨国企业在他国设立分支机构可以有分公司和子公司主要两种组织形式，而由于子公司在税法规定中通常作为独立法人承担纳税义务，所以也就相应的可以享受到机构所在国提供的诸如纳税期减免等税收优惠政策，而分公司由于和母公司属于同一法人，所以往往不能享受到由此带来的便利；但是因为同一法人通常可以合并计算利润，这样如果分公司发生亏损，那么就可以在和母公司合并计算后降低母公司的纳税金额，但此时若分支机构是子公司的组织形式，那么则无法达到这样的效果。此外，依据国际惯例，企业采用股份制还是合伙制也会受到不同税法规则的影响，所以根据不同的政策采用不同的组织形式也能够帮助跨国企业在税收过程中节省成本，创造价值。

## （三）通过资本管理实现税收筹划

所谓资本管理，就是企业通过在经营过程中，对会计科目中资本项目进行规划和管理，这也就要求企业在安排资本项目活动时，结合税法的有关规定，选择有利的方式。例如对于跨国企业的资本使用方面，可以将产品研发、设备采购、技术租赁等高成本项目安排在税赋水平较高的地区进行，这样就可以帮助企业很好的抵扣税基，然后再将利润水平高的活动转移到税率水平较低的地区，这样就可以从跨国企业整体上降低税金，扩大收入。同时不同的融资方式对纳税的影响也会不同，一般股性融资之后，企业向股东支付的股息无法帮助企业实现税收抵免，而债权融资的利息支出则可以作为费用项在税前抵扣，所以在经营风险允许的情况下，企业可以根据情况选择一定比例的资本结构，利用税盾效应帮助企业保存利润。

## （四）借助内部转移支付实现税收筹划

跨国企业内部的转移支付我们在之前跨国企业的内部融资中已经有所提及，就是跨国企业通过其跨国经营形成的"内部市场"，在彼此分支机构交易的过程中，实现资金的转移。而在这个过程中，企业不仅仅可以根据不同分支机构对资金的需要情况做出转移支付的安排，还可以根据不同地区税法政策的差异，实现整体价值的提升。由于在不同的地区税率水平往往不同，这时候跨国企业就可以通过采用分支机构间的交易安排，如技术转让、咨询服务、管理支持等商业往来，将利润从高税负的国家或地区转移至低税负的国家或地区，由于这些"内部"产品往往没有明确统一的市场定价，且产品缺乏可比性，所以跨国企业就可以根据需要随意调整价格，进而达到使整体节税效用最大化的目标。

## （五）利用延期纳税的规定实现税收筹划

延期纳税一般是指具有税收管辖权的国家对跨国公司的本地子公司纳税义务人，在其未将所得利润以股息形式转移至海外的母公司时，依据税法规则允许该子公司暂缓缴纳相关税金，保留其利润所得。这虽然不能帮助跨国企业彻底减免所承担的纳税义务，但是由于企业可以将未缴纳的税金用于其进一步的经营发展，这就相当于由政府向子公司在不收取任何费用的情况下提供一笔无息贷款，而后企业利用这笔资金用于投资，又可以获得新的利润，即相当于帮助企业实现了价值的增长。

## ■二、跨国企业税收筹划的影响

对于跨国企业而言，进行合理的税收筹划可以在经营过程中有效降低税收所带来的现金损失，帮助企业形成了国家范围内的资源再分配，获得额外的价值。但是同时我们还需要注意，一个跨国如果想要真正通过税收筹划来取得收益，必须要支付一定的成本，所以遵循成本收益原则，才能让企业从中得到最大的实惠。

企业为了有效地达成税收筹划，就必须充分地了解各国不同的税收政策，由于各个国家文化不同、风俗各异，计税的方法和种类也是千差外别，所以跨国企业就必须为此雇请专业的人员来进行税收筹划的管理，加强对各个国家税法规则的认识和学习，并不断保持和外界的有效沟通，这样才能够保证充分利用国际间的税收优惠条件，避免因操作不当而成为非法的行为，给企业带来更大的损失。此外，跨国企业选择税收筹划，必须从长远的角度出发，充分地进行全局角度可行性，因为国际环境总是时刻在发生变化，各国的税收政策也并非不会转向，而如果企业只顾及短期或者片面的利益，这样虽然一时能够帮助跨国企业获得一定的好处，在某一个单一的国家获得更多的利润，但是难免在持续的发展过程中给企业整体带来更多负面的影响，破坏跨国企业艰难建立起来的国际良好形象，所以，跨国企业只有真正站在宏观的高度来从长远安排跨国企业的税收活动，企业才能真正从中获益，创造价值。

## ☞ 本章关键词 ☜

| | | |
|---|---|---|
| 跨国企业现金管理 | 账户设立 | 现金归集 |
| 多边抵差 | 现金流叠加 | 现金库收益 |
| 跨国企业融资 | 国际银行贷款 | 国际债券融资 |
| 国际股票融资 | 平行贷款 | 跨国企业税收筹划 |

## ☞ 深入思考的问题 ☜

1. 能否结合第十三章的内容，说说跨国企业在进行外汇风险管理时是否也可以运用之前提到的各种手段，同时结合跨国企业现金管理的内容，说说跨国企业与一般国内企业在外汇风险管理方面的优势。

2. 请简述跨国企业现金管理对整个企业带来的好处。

3. 什么叫做跨国企业的现金流叠加和多边抵差，这能够给企业来了什么样的正效应？同时你可否思考一下，在此过程中跨国企业可能会面临的问题或者付出什么样的成本。

4. 相对于国内企业，跨国企业在融资方面有什么优势吗？

5. 请结合上一篇的有关内容，简要说明一下跨国企业在外部融资时所采用各种手段的好处与不足。

6. 请说明跨国企业税收筹划时涉及的主要方式和内容。

# 第十六章

# 金融企业国际金融行为

以发展的视角，对企业从国内涉足境外贸易经营时所采取的金融行为到成长为国际跨国企业以后所进行的金融活动整个过程的系统学习，使我们对一般实体经济企业在国际金融环境中进行价值创造和获取本质有了更深入的了解，但是在现实中除了实体经济企业之外，与其相对的金融经济企业，其活动也会受到国际金融大环境的影响，金融企业由于其从事业务的特殊性，其价值获取的方式也是有所不同。而伴随着国际经济环境的复杂化，新的"网链式"跨国形态也随之产生，"网链集团"中的链式企业群突破了以往"单性企业"的界限，通过其独有的方式为全球宏观经济和"金融网链"的价值创造环节注入了新的活力。

## 第一节　金融企业国际经营概述

一个金融企业，不论是从事银行业、保险业、信托业、证券业，其都具备了作为企业的最基本属性，即创造并获取价值。与一般的实体经济企业所不同的是，如果说实体经济企业主要是在有形的实物商品交易过程获取价值，那么金融企业则是通过提供无形的"虚拟"商品来进行价值创造，即"金融中介服务"。在国际金融全球化水平不断深入的今天，金融企业所提供的"金融性"服务为产业经济的不断增长贡献了巨大力量，并成为整个价值创造网络中不可或缺的一部分，而这也就为金融企业的价值获取提供了广阔的空间和机遇。

对于国内经营的金融企业，其主要针对的客户也局限于本国之内，经营规模有限。此时金融企业处于发展初期，由于受到技术、资金等条件的限制，国内的市场就足以满足其发展的需要，商业银行通过国内的借贷市场实现利润，彼此间的拆借活动也是基于国内的市场与其他机构进行对手交易，证券公司也主要在本国的金融市场从事各项服务。但是随着金融企业管理和技术水平的进步，以及金融全球化的发展，一些有能力的金融机构逐步开始尝试在更广阔的环境中拓展自己的业务，银行开始尝试在国际的金融市场上同他国的金融进行交易，投资基金开始将投资的对象瞄准全球的市场，证券机构也开始寻求同海外企业的合作与发展，在这个过程中，各类金融企业在逐渐意识到了本国经营的局限性和国际经营的优势之后，慢慢开始探索出了一条实现自身价值增长的广阔渠道，即通过开展国际业务，在全球范围内的资源优化过程中提供金融服务，获取价值。

金融企业作为一个以提供"金融服务"为主业的企业，在由国内的经营转变为跨国机构的发展过程中，其面临的内部和外部的环境都发生了巨大变化，而这些变化又往往给金融企业带来了新的机遇；针对这些变化，金融企业结合自身的特点，在开展经营活动的过程中又获得了新的发展。

## 一、跨国金融机构的比较优势

一般认为，跨国金融机构，特别是跨国银行将会选择创造、经营金融衍生品具有比较优势的国家设立机构。对于经营"货币"的商业银行而言，其最主要的成本来自于存款利率的高低，而贷款的利率则是相当于其经营产品的价格，这两者之间的差额就要决定了银行的利润率。由于国际利率会存在差异，所以跨国经营的银行在进行银行产品的交易时就会相对于单一本国银行有明显的比较优势。这种比较优势同时还因为在不同的国家和地区会有不同的经验效率以及国家的政策管制，所以金融机构在通过将资本、管理和技术进行跨国的转移或配置之后，就可以帮助金融机构更好地规划其业务的发生地点，获得更大的经营效率，使跨国金融机构获得更高的利润。

同时，跨国金融机构将自身的经营业务范围扩大至全球的市场，在不同的国家或地区设立属于自己的分支机构，这种规模优势也是国内机构所无法比拟的，在金融水平较高、金融机构较密集的地区设立机构，还可以帮助跨国金融企业及时获取最新的技术、信息等优势，提升效率。

此外，跨国金融机构还可以在全球化的经营过程中，将内部发展起来的组织管理技术、市场开拓技术、商业知识等无形资产在边际成本较低的地方加以集中应用，从而在比较优势的基础上形成某种"垄断性"优势，在这种垄断优势中，跨国金融企业的声誉、金融创新、现代化设备运用水平又可以得到进一步的提高。

## 二、跨国金融机构的"跟随行为"

由于在战后跨国企业得到了广泛的发展，与此同时，对企业进行金融服务的金融机构面临着国内客户企业跨国金融服务的需求，其客户企业的全球化发展，也同时带动了金融机构的跨国化和多元化发展。

对于跨国企业而言，一方面在海外设立的分支机构需要跨国金融企业为其在贸易结算、风险管理等方面提供服务、获得便利，同时通过跨国金融机构还可以帮助其在国际经营中更好地管理自己的财务状况，满足自身的金融需求。而这些都是仅依靠国内金融企业无法实现的内容。另一方面，由于企业在进行跨国化的发展过程中，所需要的资金也远远大于从前国内经营的规模，而这些资金主要都需要企业在外部进行融资筹集，所以这在客观上也就要求提供服务的金融机构特别是银行能够在更广阔的空间范围内对其进行资金支持，对金融机构业务水平的客观要求也促进了金融机构的国际化发展。由于金融产品服务的特殊性，它不像一般的产品那样可以储存、运输，而是一种无形的、通常需要在当地进行的交易服务，所以金融机构为了保留对其客户的业务，那些有条件、有实力的金融机构就必须和企业一起设立跨国分支机构，从事国际化的经营，也只有这样，才能使得金融机构采取防御性措施确保同原有客户的海外持续性业务往来，这也就为金融机构跨国之路提供了客观的动力支持，而与此同时，也为金融企业带来了更丰厚的利润。

## 三、跨国金融机构的国际投资

由于在不同的国家，对于金融活动的限制有所不同，政府赋税的扭曲、市场结构的不完全、市场失灵等问题，都导致金融机构跨越国境，寻求海外的扩张与发展。例如20世纪60~70年代，由于美国政府对金融的资本流动方面出台了一系列的管制措施，这便促使了美国的银行进入欧洲市场寻求发展。所以一般而言，相对于国内的金融机构，跨国发展的金融企业在应对不同国家的政策风险时会有更好的应变能力。

另一种情形是金融机构通过在海外设立分支机构，可以更好地实现多元化的经营，这样也便于增强金融机构抵御风险的能力。由于金融机构所从事的业务具有较高的风险性，所以经营的分散化可以有效地帮助企业分散风险，其中业务的多元化、客户的多样化以及经营地点的差异化都可以帮助企业达到投资项目的分散化，从而使企业更加高效地获得利润。

总体来说，金融机构的国际投资就是基于企业所处的外部环境而做出的扩张选择，由于在金融市场中存在着不完全性，所以金融机构的海外扩张就能使得外部的资源优势得以更好地利用，这也是金融企业获得长久发展的重要途径。

## 四、跨国金融机构的"内部化"

由于金融市场的不完全性，导致在现实中金融市场上的一些中间产品的交易效率低下，同时由于金融机构的中间产品性质特殊，包括知识、技术、客户关系的内容均无法有效地交易，所以金融机构往往采用有效的管理和组织结构，对这些外在的交易活动进行内部化，使其成为内部交易的一部分，这样就可以大大提高金融机构的经营效率。此外内部化还能帮助跨国金融机构从其国际多元化的经营活动获得更大的收益，由于金融机构从事的业务都是附加值较高、固定成本较少的金融服务，所以内部化会使跨国金融机构相较于国内的金融机构获得更大的内部化收益。

金融机构以子公司或者分支机构的方式进行海外经营，可以进一步发挥其系统内的所有权优势，同时通过内部的合理定价，解决中间产品在外部市场难以充分定价的缺陷和劣势。

综上而言，跨国金融进行海外发展，相较于国内的金融机构而言，具备了所有权特定优势、内部化优势和区位优势。所有权优势就是包括声誉、经营等无形资产在内的所有权优势及规模经济优势，它是一国金融企业所有而他国金融企业所不具备的特定优势。内部化优势就是金融机构将所有权优势在内部使用所形成的优势，包括内部的资金协调调拨、广泛的客户群体、强大的信息网等，通过在国际化的过程中将自身的优势通过设立分支机构、调配人员、信息内部处理等形式从而达到提高资源利用效率、降低经营成本的目的。而区位优势就是金融机构通过在不同的地点进行经营活动，利用所在国家或地区良好的金融环境，包括规模庞大的资金来源、优良的地理位置、稳定的政治环境、适宜的文化背景、稳定的货币、优惠的政策、便利的交通等，还有就是发达的金融市场。正是因为跨国金融企业在海外的经营过程中相较于国内的金融企业会获得如此多的竞争优势，同时伴随着产业经济的不断扩展，金融企业也就获得了全球化发展，同时在业务的经营过程中也更具国际特色。

# 第二节　跨国金融企业的国际金融行为

在国际化的过程中，金融企业种类较多，不同的金融企业彼此的业务也不尽相同，跨国金融企业提供不同的金融业务，为其自身获得利润的同时，也为整个经济的运行和发展，提供了必要的帮助，本节就对各类金融企业的国际经营业务进行介绍。

## 一、跨国商业银行的国际经营

对于一个跨国商业银行而言，由于在国际化的舞台上经营，其内外部的环境都发生了巨大的变化，对金融机构的跨国动因的学习，帮助我们清晰地了解到跨国商业银行相对于国内银行在跨国的经营中所具备的各种优势，正是由于这些优势的存在，使得跨国商业银行的经营业务也与本国商业银行发生了一定的差异。

### （一）跨国商业银行的存贷业务

对于跨国的商业而言，相较于一般的国内银行，由于其经营的范围扩大至了全球的范围，所以它所面向的客户也就是全球的客户，在银行进行最基本的存贷业务时，由于跨国商业银行资信水平更高，海外分支机构众多，所以跨国商业银行就可以充分利用其全球化的网络来吸收更加巨额的存款，同时由于跨国企业是其重要的客户，所以掌握控制国际资本也就成为了跨国银行的主要资金来源之一。而在贷款方面，由于在吸收了海量的存款之后，跨国银行就可以给当地的工商企业、跨国企业甚至政府机构提供巨额的贷款，同时还可以为一些国际大型工程项目提供专项的工程贷款或者辛迪加贷款。总而言之，商业银行的国际化经营使得企业在存贷款方面的规模都提升到了一个前所未有的新高度，其利润空间也就更加广阔。

## （二）跨国商业银行的投资业务

跨国银行是国际金融市场的重要参与者，一方面他们由于需要为从事国际业务的客户企业提供国际的结算服务，时间上的不一致往往会对商业银行造成巨大的风险敞口，另一方面，有些银行在国际货币市场操作频繁，对其他银行或者金融机构进行拆借从而获取盈利的行为也给银行带来了一定的风险，所以如何保证跨国银行在国际金融市场进行外汇的买卖投资时锁定风险，也是跨国银行需要解决的问题。一般而言，具体的外汇买卖风险管理可以包括以下几种[①]：

### 1. 限额管理

限额管理其实就是商业银行在交易过程中对所交易的币种的即期和远期设置限定。主要包括了根据货币交易的稳定性、难易性及交易量的大小而设定外汇头寸的即期限额；根据货币的远期期限及该货币的利率状况设定外汇买卖的远期限额；根据货币的敞口头寸设立头寸敞口限额；以及根据跨国银行在外汇交易中的风险损失容忍程度设立止损点限额。

### 2. VaR 技术

VaR 技术就是银行利用数理的工具，以正常的市场情况假设条件下，对银行一定时间内可能发生的损失进行概率的计量。从而在一定的置信水平上对预期风险敞口可能发生的损失进行估计，进而设立储备基金来抵抗可能发生的损失。

此外，跨国银行在国际金融市场上，除了货币的买卖投资之外，有时候还会从事一些其他的金融产品投资，包括在公开市场买卖、发行、承销各类证券等投资业务活动，这都为企业的价值获取提供了新的渠道。

## （三）跨国商业银行的外资融资业务

跨国商业银行的外资融资业务主要是指帮助跨国企业及一些机构提供传统如出口信贷等业务活动，由于跨国企业在全球设有自己的分支机构，所以在这类业务中，跨国企业的融资往往要求不同的货币，这就使得跨国商业银行在这一领域较国内银行有了很大的优势。具体的融资业务在之前的跨国企业贸易融资中有较为详细的介绍，这里就不再重复。

## （四）跨国商业银行的其他业务

由于跨国银行在不同地区设立了分支机构，同时随着通信技术和数据处理技术的不断发展，一方面这些便利的条件帮助跨国银行在平时的各项传统业务中提升了效率，实现了资源的全球性的优化配置，另一方面，跨国银行往往利用自身的这种功能优势，为跨国企业或者国际投资者提供了新的中介及咨询服务。首先由于跨国企业在海外广泛设

---

① 单忠东. 国际金融. 北京大学出版社，2005.

立分支机构，这样就可以为跨国企业在海外的跨国经营中资金的全球化管理及调配提供中介服务，帮助企业降低了资金的在途时间，提升了资金的利用效率。此外，由于跨国银行拥有遍布全球的机构网络及更加广泛的客户群体，所以在为客户提供服务的同时，也就掌握了更加丰富的信息资源，这样跨国银行就可以通过汇集精通投资方面及财务管理的专家，为投资者提供多方面的咨询服务，帮助投资者拓宽投资渠道的同时，自然也为自己经营增添了新的利润来源。

## 二、其他非银行跨国金融企业的国际经营

在国际金融市场上活动的金融机构中，除了跨国商业银行之外，还活跃着一批其他的金融机构，他们也是整个"金融网链"活动必不可少的参与者，下面就对这些其他非银行的跨国金融机构的国际经营行为进行介绍。

### （一）跨国投资银行

跨国投资银行是投资银行在国际化经营中，通过设立海外分支机构而形成的投资银行，它是投资银行在世界范围的延伸。跨国的投资银行在经营优势方面主要在于其身处的国际化证券市场与国内证券市场相比，容量和范围都获得了很大的拓展，所以其经营业务也就更加广泛。跨国投资银行主要是从事证券的发行与承销、经纪业务、为企业的兼并与重组提供策划与咨询、管理基金、风险控制等投资银行业务，但是与国内经营所不同的是，这些业务的对象已经发展至全球的范围，跨国投资银行借助其所具有的所有权优势、区位优势及内部优势，使这些业务都获得了更好发展，形成了国内投资银行所不具备的业务优势，其利润水平也就更加可观。同时正是由于跨国投资银行的活跃经营，使得国际化金融证券市场得到了更好的进步。

### （二）共同基金

共同基金（Mutual Fund）是指通过信托、契约或者公司的形式，通过发行基金证券将众多、零散的社会闲置资金进行募集，形成具有一定规模的信托资产，然后由专业人士进行投资、按规定比例分红的投资金融机构。随着国际金融的发展，共同基金也逐渐跨越了国界，进入了全球化的金融市场进行投资。共同基金既可以投资于股票、债券等长期资产，又可以投资于可转让大额存单、商业票据等短期资产，共同基金在国际投资金融市场上的活跃投资行为，为整个国际金融市场的发展注入了一股新的力量。由于跨国性的共同基金能够在全球化的市场中运作投资，这样就能够更充分地掌握全球化的金融信息，其盈利水平和风险规避能力也是国内的共同基金所无法比拟的。

### （三）对冲基金

对冲基金（Hedge Fund）一般是由少数投资者发起的私人投资基金，是通过对金融期货、期权等衍生品进行组合后进行投资，以高风险投机为盈利手段的金融基金。由于

其在经营中往往采用高杠杆的财务管理，而且投资的方向也主要涉及证券、货币、期货、期权、利率、汇率等几乎所有金融产品，所以其面临的市场风险也异常巨大，自然背后的收益率也非一般金融机构可以比拟。世界上著名的对冲基金有索罗斯的量子基金、朱利安·罗伯逊的老虎基金等，纵观以往，其在国际金融市场中的影响力也是不可忽视的。

对于一只对冲基金而言，一般具备如下几个特点：对冲基金的投资者多具有较高的风险承受能力；对冲基金往往受到较少的管制；对冲基金的投资策略往往杠杆性较高；对冲基金的收入分配具有较高的激励性，所以能够网罗众多投资界的精英人才。

## （四）保险公司

随着金融市场的国际化发展，一些实力强劲的保险公司也迈入了国际化的轨道，不论其投资渠道还是经营范围，都逐渐转向全球化的发展，所以这也使得保险公司成为国际金融市场中重要的间接投资者和组成部分之一。作为一个跨国的金融机构，其业务范围增长至全球，一方面要求其具备更好的管理水平，另一方面，也能够为更广泛的客户群体提供服务，从而使其具备更大的盈利空间，获得更好的发展。

## 花旗集团的全球化经营

花旗集团（Citigroup）是由花旗公司与旅行者集团于 1998 年合并而成，并于同期换牌上市的国际跨国银行。目前在全球近 50 个国家及地区设有分支机构，总部位于美国纽约。

作为全球卓越的金融服务公司，花旗集团发展历经近两个世纪，在全球一百多个国家约为 2 亿客户服务，包括个人、机构、企业和政府部门，提供广泛的金融产品服务。汇集在花旗集团下的主要有花旗银行、旅行者人寿和养老保险、美邦、Citi - financial、Banamex 和 Primerica。每位客户到任何一个花旗集团的营业点都可得到储蓄、信贷、证券、保险、信托、基金、财务咨询、资产管理等全能式的金融服务，平均每位客户的产品数在全球同行企业中排名第一。

其主要的业务范围包括：

**电子银行业务**

通过花旗银行的计算机，自动柜员机或花旗电话银行，在 1 年 365 天每天 24 小时内都可得到安全而便捷的服务。

**信用卡业务**

世界范围内，花旗银行的信用卡客户都可通过花旗银行发行的信用卡，或花旗银行与其他知名机构共同发行的信用卡满足其消费需求，并适应其不同的财务状况，花旗银行是全球最大的信用卡发行机构，这也充分体现了其自身的业务水平。

**私人银行业务**

花旗银行在 32 个国家中从事私人银行业务的员工可透过银行的人才、产品及策略网络，令客户获得全球投资组合的第一手资料，协助其寻求投资机会并识别投资风险，全球化的竞争优势不言而喻。

**新兴市场业务**

花旗银行在新兴市场服务客户接近100年，源远流长，并取得了长足的发展。无论在何处，花旗银行就像一家当地商业银行一样，持有营业执照，了解当地市场，并拥有训练有素的当地雇员，配合着跨区域性的优势向客户提供世界水平的银行服务，这是花旗银行与众不同的优势。

**企业银行业务**

目前，花旗银行在100多个国家与全球性、区域性和地方性公司客户进行着合作。花旗银行在世界各地的市场所涉及的深度和广度是企业银行业务的基石。无论是在国内，还是在世界任何地方，客户均可得到花旗银行优质的服务和专业的建议。

**跨国公司业务**

基于数十年来所积累的银行业关系和经验，花旗银行同许多著名的跨国公司之间都保持着成功的合作。这些公司大多希望向海外扩展，特别是向新兴市场扩展，因为那里的消费者和商品市场欣欣向荣，而花旗银行提供的服务则满足了其客观的需求。

花旗银行在世界各地的深远发展是最具竞争力的特点。花旗银行的目标是将花旗银行的产品和服务推向全世界，其独一无二的网络可随时随地为客户提供其所需的服务，而这一切都是一般银行所无法比拟的优势，同时也给花旗银行带来了可观的利润。

资料来源：花旗银行，http://baike.baidu.com/view/35354.htm.

# 第三节 "网链式"跨国企业国际经营行为

在第四篇"国际金融市场"，我们曾经提到随着国际金融市场的发展和转变，诞生了一类新型的"网链式"国际金融市场，而依托于这个市场，则存在着一群由"单性"企业通过契约关系形成的"网链"式跨国企业群组，这类"网链式"的企业超越了传统研究中对企业的定义，同时在实际发展过程中，其自身也具备了新的特点。

## 一、"网链式"跨国企业概述

在传统的研究中，我们一般只看到了"单性企业"的跨国问题，这是基于传统的国际金融市场而形成的，即是一个单独的企业，通过自身在海外设立分支机构而从事跨国的经营活动。但是随着多环节交易国际金融市场的诞生，一种介于市场和企业之间的"夹层状态"逐渐显现。这种夹层状态突破了科斯[①]对于企业边界的传统定义，即将通过一种确定性的"市场契约"交易关系将不同的企业主体"网链"在一起，形成一个

---

① 关于科斯对"企业边界"的介绍，本书第四篇"跨国网链金融市场"已有所涉及，这里不再重复。

"统一"的"大企业"。与以往的市场交易关系不同的是，各个企业之间有着明确、相对稳定的交易对象和合作关系，从而避免了在企业"外部"交易过程中所需要发生的价格比较行为，形成了一种特殊的企业边际的"延伸"。这样由"网链"关系所结成的"大企业"，通过多个交易环节将彼此联系在一起，变相地将外部行为"内部化"，既形成了内部的分工合作，又将各自的资产通过一种特殊的"内部"市场进行融通，进而使得整体的边际收益大于边际成本。从这一点来看，"网链式"的企业又是对科斯所定义的"企业边际扩张"理论的延伸和发展。

我们知道，对于之前所介绍的"单性"企业，当企业面临海外扩张时所需要付出的边际成本小于所获得边际收益，企业就会选择跨国经营。同样对于一群小企业而言，当处在不同国度的个体单元为了实现优势互补、共同盈利的目标而将彼此之间利用稳定的"契约"关系链在一起时，就结成一个具备了"企业"和"市场"双重性质的跨国形态，同时这个整体的跨国"集团"其中的每一个企业都可以看作其内部的一分子，彼此间进行的"外部"市场交易行为也具备了"内部市场"交易的有关特性，这从整体上就等同于帮助每一个内部企业实现了边际收益大于边际成本所需要的"扩张"行为，而"网链式"跨国企业也就此诞生。与以往所不同的是，"网链式"企业内部保留了各子企业的"主体地位"和"比较优势"，从而通过一部分相对低价的"交易成本"节省了作为一个"单性"跨国企业管理过程中所需要耗费的"管理成本"，发挥了其独有的竞争优势。

在现实的国际金融市场中，这种"网链式"的跨国企业越来越普遍，在前面介绍"网链式"金融市场时我们曾经对相关内容有细致的描述，这里我们通过简单的例子来说明"网链式"跨国企业的基本模式。在一个典型的"网链式"国际金融市场中，在A、B两国中分别存在一个投资基金和一个从事贸易活动的实体企业，当A国的投资基金向B国的贸易企业进行投资时，彼此间就形成了一个稳定的"契约关系"，而跨越国境的股权交易合约就将两个企业"链"在了一起，这时候，本应该是在外部市场发生的一些交易行为（如彼此间的金融交易活动）就通过一条"网链"实现了"内部化"，同时分处A、B两国的两个不同性质的企业也就共同"组建"了一个"网链式"跨国企业群组。具体可以通过下列典型的"网链式"跨国企业群组示意图显现（如图5—17所示）。

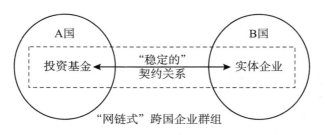

图5—17 典型"网链式"跨国企业群组

当然，除了在投资基金形成的多环节国际金融市场中会有"网链式"跨国企业形态的产生以外，其他的网链式国际金融市场交易环节中也会由于这种"稳定"的契约关系而出现类似的"网链式"跨国企业群组，常见的还有如由金融服务外包、项目金融关系而形成的"网链式"跨国企业等。

## 二、"网链式"跨国企业的特点

对于一个企业而言，其生存发展的最终目的就是为了使其自身的利益最大化，所以在这样的条件下，企业也会在面临边际收益大于边际成本时进行自身的扩张，这也就是科斯提出的"单性"企业所采用扩张策略的基本要求，同样之前介绍过的"单性"企业的跨国选择也就是在此基础上进行的。

但是在新的国际金融环境下，伴随着多环节"网链式"国际金融市场的出现和发展，现实中"网链式"跨国企业形态也逐渐显现，这种新型的跨国形态不仅是对传统意义上"企业边际"理论的继承和延伸，同时也在新的国际金融环境中具备了以往跨国企业所不具备的新特点。

### （一）"契约"形式实现内部化

在前面提到的"企业扩张内部化"理论中我们知道，由于在企业与企业之间通过外部市场的交易来满足各自的需求，但是在某些条件下，外部市场会出现失灵的情况，这样对于企业"交易成本"就有可能会挤占企业大量的利润空间，特别当这种"交易成本"超过了企业将这种交易实现"内部化"所付出的成本之后，企业就会选择扩大规模来实现"外部市场""内部化"的目标，这也是我们之前提到"单性"企业跨国的动力之一。但是在现实中，企业扩张发展的"意愿"和企业扩张的"能力"之间并不是完全对应的，有的企业可以通过自己在不同的地区新建分支机构来实现跨国经营，进而将国际外部市场内部化，但更多的企业可能并不具备完全依靠自身实力实现跨国扩张的条件。这种情况下，介于"企业"和"市场"之间的夹层状态——"网链式"跨国，便成为了企业实现"边际扩张"的新途径。"网链式"企业最重要的特点，就是其内部的子企业之间存在确定的交易对象和稳定的交易关系，这样就避免了在外部市场可能发生不合理的"交易成本"（如过度竞争导致的利润损失）。由于各个"网链"企业之间存在着紧密的依存关系，所以借助这种稳定的"契约链"将外部市场内部化，节约了各自的成本，从整体上实现了"网链"集团利益最大化的目标。

### （二）"内部"分工发挥比较优势

我们知道随着国际市场的不断完善，全球化的资源配置和合理分工是未来产业发展的必然趋势，在社会化大生产进程中，对每一个生产环节的技术要求和专业限制也是越来越严格，这对于任何一个实力强劲的"单性"企业而言，所面临的挑战都是十分巨大的。企业依靠自身实力进行上下游产业的发展、多元化的经营，以至于发展成为跨国企业，目的都是为了能够不断优化自身的产业链，提高各环节之间的协作效率来提升企业整体的盈利水平。但是随着专业化程度的不断加深，企业的资金实力和专注度都在经受着不断的考验，这无形中给企业形成了不小的压力。而"网链式"的跨国企业在现实中解决了这一难题，这种形态的"跨国集团"一方面延续了"企业"内部各子"机构"发挥比较优势、分工合作的特点，另一方面，由于各企业是"独立"的经营、"灵活"的组合，这就使得在每一个环节都能够保证应有的资金和人员来维持该生产环节所必需的技术要求，甚至能够在每一个环节达到最优的专业水平，这样就会将各自的比较优势发挥到极致，实现更合理的"内部"资源优化配置。

## （三）"交易费用"替代"管理成本"

"单性"企业进行跨国发展，虽然实现了跨国市场"内部化"的进程，但是维持国际化的企业经营需要跨国企业额外付出巨大的管理成本。不论是直接新设分支机构，或者是通过海外并购来实现企业的"跨国化"经营，所需要的资金都是十分庞大的数字，另外在日常的管理中，由于不同地区的分支机构会有不同的经营特点，跨国企业作为一个整体要时刻关注各个分支机构的经营状况，保证其进行资源的分配与整合往往也会是一项浩大的工程，如此跨国企业付出的管理成本就会对集团的盈利形成"挑战"。但是在"网链式"跨国企业内部，各分支机构的联合是依靠彼此的"合约链"而形成，这种契约关系不同于外部市场的"不确定"交易行为，而是一种稳定的、明确的契约关系，在这种条件下，各"分支机构"一方面会自觉地对自身行为进行优化管理，同时又会对"网链"中的其他子企业进行督促和引导，保证实现共同利益的最大化，即等于用各自之间相对较少的"交易"费用替代了为实现跨国企业"目标统一"而付出的巨额"管理成本"，进而再让"网链式跨国企业"的整体价值获得了进一步的提升。

## （四）"网链"形态跨越传统"壁垒"

同样在企业传统的跨国经营过程中，还有一类问题是其无法很好解决的，那就是可能面对的各类国家"壁垒"。如果一个企业希望通过直接在另一个国家设立分支机构来扩大企业的经营边际，那么某些时候，可能由于所涉足的领域受到这个国家的严格限制，其面临的风险和成本就会陡增，甚至会出现边际成本大于边际收益的情况，但是轻易放弃又可能会让企业未来的发展受到巨大的制约，极端情况下，可能是企业单纯依靠自身所无法跨越的"死亡谷"。但是"网链式"的跨国形态往往不会受到相同的制约，由于其处在不同国家的"子公司"都是本土企业，传统的限制壁垒就会对他们的生产经营不产生影响，而借助"契约关系"将他们每一部分链成一个有机的整体，那么在形式上依然不会触及政府所设定的禁令，这样就帮助整个"网链"跨国企业突破了原有的限制，发挥了"跨国"企业所具备的经营优势。

由此可见，"网链式"跨国企业确实是对传统企业跨国的一种继承和发扬，它不仅保持了以往"跨国企业"所具有的优势，又具备了一些符合国际金融市场发展的新特点。但是在此我们还必须注意，"网链式"跨国并不是一个完美的跨国形态，由于内部的"契约"关系并不是一种绝对关系，从长期角度看，可能内部的分工合作也会在一些特定环境下发生变化，尤其在一些极端恶劣的条件下，由于内部的"网链"企业之间可能无法实现"永远"的同心协力，所以其中某一个环节的"断裂"就可能会使得整个"网链"集团整体陷入困境之中。

## 三、"网链式"跨国企业的主要类型

在前面的网链式国际金融市场的学习中，我们了解了几种"网链式"国际金融市场交易的特点，其实对于"网链式"的跨国企业，其本身就是建立在这样的多环节金融市场交易之上，下面就结合网链式国际市场的有关内容，对主要的"网链式"跨国企业群组的类型进行介绍：

### （一）以跨国投资基金为基轴的"网链式"跨国企业群组

顾名思义，这一类的"网链式"跨国企业中必然至少包含着一个投资基金，在这种"跨国"企业的形成过程中，核心是由不同国家的企业和投资基金之间形成契约关系，然后他们共同形成一个"网链式"跨国企业，之后在其内部可能从贸易往来、技术支持、资金获取等方面获得彼此间的支持与合作。

### （二）以跨国"服务外包"为主线的"网链式"跨国企业群组

在这类企业形成的"网链式"跨国企业中，充分体现了"内部化"的分工合作，随着经济全球化的发展和全球产业结构的调整，离岸金融外包业务成为国际产业转移的新趋势。在这个"网链"中，大型机构将一些非主营业务转包给其他一些相应的专业公司进行管理运作，同时集中优势发展自己的核心业务，这样就形成了基于"契约关系"的国际化"产业链"，而其中的每一个单元都在整个"网链"集团下发挥着自己的比较优势。

### （三）以跨国"项目融资"为目标的"网链式"跨国企业群组

这一类的"网链式"跨国企业可以说是"集团目标"最一致的企业，在该类型中，各个分公司彼此分工合作的目的就是为了实现某一个具体的项目。通常一个以"项目融资"为目标的"网链式"企业中包含了某个国家的项目公司和来自他国的建设公司和金融机构，除此之外可能还会有其他一些辅助的企业，虽然项目只是在一个明确的地区进行，但是在整个建设生产过程中，体现了一种国际化的分工协作和"内部化"合作。

当然，随着国际金融市场的发展，可能会有更多类型的"网链式"跨国企业诞生，这里就不再一一介绍，但我们所需要掌握的是，这种新型的"跨国"形态超越了以往对企业边际的简单定义，通过特殊的"契约关系"帮助更多企业实现了"跨国"的发展，成为了整个国际金融领域中一股无法忽视的重要力量。

☞ **本章关键词** ☜

| | | |
|---|---|---|
| 金融企业 | 比较优势 | 跟随战略 |
| 国际投资 | 内部化 | 存贷业务 |
| 投资业务 | 外资融资业务 | 跨国商业银行 |
| 跨国投资银行 | 共同基金 | 对冲基金 |
| 保险公司 | 限额管理 | VaR 技术 |
| "网链式"跨国企业 | 个人消费 | 个人理财 |

☞ **深入思考的问题** ☜

1. 能否举例说明金融机构的国内经营所面临的局限性？

2. 结合第十四章有关内容，说明跨国金融机构在海外经营所依赖的理论及动机，同时能否说明金融机构较一般企业海外发展所独有的特点。

3. 能否结合实例，说一说跨国商业银行在海外发展的过程中，给自身带来的好处和优势，同时给一般企业所带来的便利。

4. 请结合本书第四篇"国际金融市场"的有关内容，通过实例谈一谈你对"网链式"跨国企业发展的认识。

# 第十七章

# 个人的国际金融行为

除了企业主体之外，还有一类微观主体的行为也受到国际金融环境变化的影响，这就是个人的国际金融行为。与企业主体的行为选择相同的是，个人的行为选择也是在实现自身价值增长的基础上进行，随着国际金融影响力的逐渐扩大，国与国之间的联系日益深入，人们的消费和投资活动也与国际各种金融条件的变化产生了愈发紧密的联系，所以采用"跨国化"的理财和投资策略，将更好地为个人创造价值。

## 第一节　个人在国际金融环境下的消费行为

由于在当今的全球化进程中，各国之间的经济往来日益频繁，彼此间状况的经济联系也越来越紧密，深入的程度更是空前，特别是普通居民的日常生活也受到国际金融的大环境影响，所以个人的消费行为选择势必与国际金融环境不可分离。

由于汇率对一个国家的物价水平将产生明显的影响，当本国的货币贬值以后，中短期以本币表示的进口商品的价格就将上升，同时国内市场的出口商品和其他商品由于进口的原材料价格水平上升，这样国内的产品批发价格就也会上升，这样消费者面对的物价水平就有所上升，而且在长期，由于工资提高、成本增加也会对物价造成推高作用。同理，当本国的货币升值以后，本币表示的进口商品的价格将会下降，同时进口原材料价格走低，国内出口商品和其他商品的物价水平也会下降，从而降低了居民的消费物价水平。具体的原理在第二篇中有详细的介绍，这里就不再重复，有兴趣的读者参见第二篇中汇率变动对物价的影响（见图2-5）。

与此同时，汇率的变化也会对国内居民的收入状况造成影响，进而影响到居民的消费行为。由于本币升值，出口被抑制，进口扩大，导致国内的生产企业降低了生产，抑制了国内经济的发展，从而导致企业的收入减少，个人的收入降低，虽然此时个人的实际购买力有所加强，但是收入的减少又会使个人减少消费，或者选择价格较低的进口商品进行消费，从而影响个人的消费行为。同理，当本币贬值时，这时候出口量增大，进口商品的价格升高，从而被抑制，国内的生产企业扩大生产，同时收入增加，这时候个人的收入也会相应获得提升，虽然价格水平有所增加，但是个人的消费能力增强同时会增加国内产品的消费进而满足自己的消费需求。具体汇率变动对个人消费的影响如表5－14 所示。

表 5－14　　　　　　　　　　汇率变动对个人消费的影响

|  | 企业收入 | 个人收入 | 个人实际购买力 | 对他国产品需求 |
|---|---|---|---|---|
| 本币升值 | 减少 | 减少 | 增强 | 增加 |
| 本币贬值 | 增加 | 增加 | 降低 | 减少 |

资料来源：［日］石川贵志. 国际金融. 科学出版社，2004.

所以，一般而言对于个人，当国内本币的汇率水平增高时，个人一般会选择进口商品进行消费，甚至会采用旅游的方式将个人的消费对象更多的转向进口产品，这样等于提高相对提高了自己的购买力；而当国内本币汇率降低时，个人收入可能会降低，同时会选择本国产品进行消费。所以结合国际金融环境的变化选择合理的消费方式，将会为个人"创造"更好的价值。

## 个人消费选择中的"物跨国"与"人跨国"

随着科技的发展和信息化水平的提高，国际金融环境下个人的消费行为渐渐发生了质的变化，如果说上文所提到的汇率对个人消费的影响还体现在由"物跨国"所导致的"被动"影响，那么由个人选择在恰当的时机进行"人跨国"的消费行为，则是在当今全球经济一体化环境下，个人"主动"通过自己的实际消费行为进行自身价值保值、增值的真实体现。

在传统的情况下，汇率的变动使个人的收入状况和购买力水平都会受到不同程度的影响，这时候个人为了保证自己所持有资产的价值，只能在国内有限的条件下做出对不同商品的选择，从而实现个人消费过程中的价值保值，但这样被动的消费选择并不总是能够很好地帮助个人实现其想要达到的目标。随着交通越来越便利、信息传播越来越迅速，个人通过自身的"人跨国"进行主动的跨国消费选择成为了可能，当本国货币升值时，个人就可以选择将所持有的资金进行兑换，然后通过主动去海外进行直接消费，来赚取不同地区商品的"价差"，从而获得了所持资产价值的提升，或者对于一个家庭，不同的成员处在不同的国家，在各国之间汇率的变化之后，家庭内部就可以根据具体情况由不同的成员选择消费地点来进行"国际化"的消费。毫无疑问，如此"人跨国"的消费行为选择的确能更加有效地实现个人价值保值。

也许随着未来社会的进一步发展，主动的消费行为选择将获得更多样的方式，人们将拥有更便捷的国际金融行为方式供其选择，最终实现个人在消费国际化选择中"创造、获取"资产价值的目标。

资料来源：北京大学国际金融研究小组.

# 第二节　个人在国际金融环境下的理财行为

在国际金融的环境下，除了汇率的变化会对个人的消费行为造成影响以为，个人在理财选择时也受其影响。由于在货币发行量一定的条件下，本币的升值往往会导致国内利率水平的升高，这时候居民在进行理财的时候，更多地会考虑国内的存款或者国内的理财产品，而当本币贬值使得国内的利率水平降低时，个人就会选择外币产品进行理财，一般有以下几种理财方式。

## 1. 外汇存款

当本国的利率水平较低时，个人就可以考虑将部分资产投资于外汇储蓄，外汇储蓄与本币储蓄相同，一般都是按照一定的存款利率计算利息，所不同的是，外汇储备是按照外币进行计价，用外汇支付利息。值得注意的是，由于在存款开始时与存款到期日的汇率往往不同，这就可能给存款人带来汇兑的损益，所以在进行外汇存款时，除了考虑利率的水平，还需要投资者对存款时机和兑换时机有较好的把握。

## 2. 投资外国债券

外国债券一般是由本币计价的由国际机构、外国政府、外国企业发行的债券，一般外国债券的利息和本金均由本币支付，这样就使得个人在投资时避免了可能产生的汇兑风险，保证了其最终所能获得的资产价值。

## 3. 外币计价管理基金

外币计价的资产管理基金是由具有一定资质的海外基金管理运作，其运用专业化的投资团队对投资的资金进行投资管理，一般风险相对较低，投资金额要求较小，且便于个人投资者进行自由地进出选择。同时由于基金通过不同的投资组合进行专业的投资，所以其收益情况也较一般的存款较高。

## 4. 其他投资产品

由于在国际化的投资环境下，本国的汇率和利率水平都可能因为不同的因素而发生波动，所以有时候个人也可以选择全球均较为认可的商品进行保值，最典型的例子就是黄金，由于该类商品具有较好的保值功能，所以可以帮助投资者更好地抵御由于汇率或者利率的变化而造成的损失。

总而言之，面对国际化的金融市场，个人的理财行为也逐渐变成了一项国际化的理财行为，所以选择合理的投资理财方式，将是对个人价值保值、增值的有利途径。

## 个人的"国际化"理财选择

我国早期的外汇理财产品主要是个人外汇结构性存款，近年来受人民币汇率改革、美联储不断加息、本外币存款存在利差等因素影响，商业银行外汇理财市场日趋活跃、品种正逐步丰富。今年年初，凭借金市的高温，各商业银行推出了一批与股指、黄金价格挂钩的外汇理财产品。外汇理财产品的收益率也大幅提高。另外，带有期权性质的外汇理财产品也不断涌现，这都为个人在国际金融环境下的进行投资提供了更丰富的选择。

目前国内商业银行开办的外汇理财产品有工商银行"汇财通"、建设银行"汇得盈"、中国银行"汇聚宝"、中信银行"理财宝"等，而国内的外资银行更是凭借在外汇理财产品方面得天独厚的条件、丰富的理财经验、现代的理财理念，使其在外币理财产品市场中占有重要的一席之地。

然而，外汇市场的波动也是显而易见的，因此，外汇理财产品也有着较高的风险，即便最稳健的投资员，也不能做出百分之百投资获利的承诺。所以对于不同的投资者来说，需要根据自己的风险偏好程度选择适合自己的理财产品，获得收益的同时避免风险可能导致的损失。

从未来发展看，随着中国金融业的大门已逐渐向世界全部打开，外汇领域将有各金融机构提供更全面的投资产品，由于外汇理财产品收益一般较高且购买方便，因此其依然会受到众多投资者的青睐。但即便如此，由于国际金融的不稳定性等特征的存在，其中所含有市场风险也是选择投资时，个人所不容忽视的问题。

资料来源：北京大学国际金融研究小组．

---

### ☞ 本章关键词 ☜

**个人消费行为**　　　　　　　　**个人理财行为**

### ☞ 深入思考的问题 ☜

1. 请结合自身的情况，思考一下个人在国际金融环境下，消费行为会受到哪些因素的影响。

2. 请结合自身的情况，思考一下个人在国际金融环境下，理财行为会受到哪些因素的影响。

3. 除了个人的消费行为和理财行为会受到国际金融环境的影响，还有哪些个人行为会受到国际金融环境变化的影响呢？

# 第六篇　国际金融行为主体
## ——公共组织

篇前导读

　　国际金融行为包括微观的私人企业层面和公共组织层面。在上篇中从微观主体的角度分析了各种跨国经营行为，本篇中将从公共组织的角度细化相应跨国金融行为。在各国国内金融市场上作为规则制定者的政府来到国际金融市场上，处在一个相对平等的地位上。由于这种平等性存在，就需要介于政府之间的一些公共组织来制定相应的规则，这导致了跨国经济组织、国际金融机构的产生，可以将它们统称为跨国金融公共组织。可以说，这些公共组织共同成为国际金融行为发生的条件，同时也是各个国家之间利益博弈的组织工具，更是当前寻求公正公平的国际金融格局的组织保证。

　　由于经济和金融具有互决关系，故国际金融现象源于它所对应的基本经济现象——各国间的贸易。当前最重要的跨国经济组织——世界贸易组织（World Trade Organization）就是为了解决多边贸易中的问题而成立，它除致力于消除贸易壁垒外，还努力促进世界范围内的生产要素自由流动，资本正是其中一种。这样，世贸组织通过促进资本流动与国际金融市场联系起来，并间接促使一系列国际金融行为的发生。但随着时代和局势的发展，世界贸易组织以及其他一些区域性经济组织也开始出现了一些直接性的金融合作协议。

　　当前无论从地理的覆盖性上，还是从对国际金融行为的影响力上看，有两个覆盖最广、影响最大的国际性金融机构——国际货币基金组织（International Monetary Fund）和世界银行集团（World Bank Group）。它们同属于全球性金融机构，都在全球大部分国家参与的框架下寻找对各国最优的国际金融市场运行模式。其中，国际货币基金组织通过政策监督、危机救助等手段，来解决国际货币体系及汇率稳定等问题，为整个国际金融市场稳定运行提供条件。而世界银行集团则通过在国际资本市场上通过发放贷款等方式，来解决世界投资和资金来源的问题，促进国际金融市场的发展和活力。它们作为国际金融市场的参与主体，宗旨都是为了促进经济发展、维持金融稳定，但是当前这两个机构都为发达国家政府（尤其是美国）控制并成为它们自身价值获取、价值转移的合法工具。这对众多发展中国家是不公平的，它们也没有起到一个保证公平公正国际金融格局的作用。

　　在几十年来经济全球化和金融全球化趋势下，各国政府在全球利益博弈中难以找到最优的均衡，或者即使找到最优均衡也难以达到。此时，区域性的国际金融机构就应运而生并迅速发展。这些区域性国际金融机构相比较之前的全球性金融机构，是一种次优的选择，但在本区域内却更容易取得相对较优的均衡。这是因为一个区域内的各国政府往往有着相近的利益诉求，更容易解决"公地的悲剧"问题和避免道德风险，在区域性事务上取得一致。目前这些区域性金融机构的核心业务仍放在促进本区域内经济发展上，更多的是在国际金融市场上吸引资金进行投资，方式也是以贷款为主，在作用和方式上都略显单一，仍有拓展空间。

**逻辑框架**

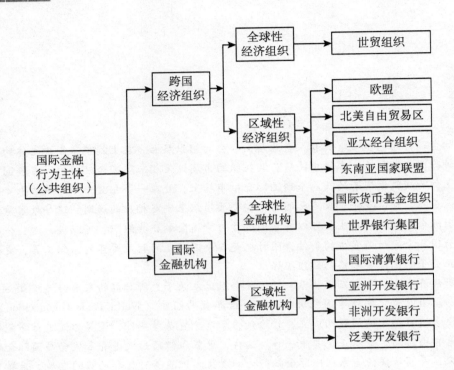

# 第 十 八 章

# 跨国经济组织

从广义上说，组织是指由诸多要素按照一定方式相互联系起来的系统。从狭义上说，组织就是指人们为着实现一定的目标，互相协作结合而成的集体或团体，如工会组织、企业、军事组织等。在企业视角中采取的是狭义的定义，即企业组织是企业中的自然人为了一个共同的目标——获取价值而从事活动的一种集团。但从政府视角看，当组织成员不再是自然人而是政府这种"法人"时，相应的组织则应当适用于广义的组织定义。

## 第一节　跨国金融公共组织概论

公共组织是与私人组织相对而言的一个概念，是当前社会一种重要的组织形态。私人组织在我们身边随处可见，各种类型的企业组织都属于私人组织的范畴。而所谓公共组织，是指人们为了实现社会公共目标，向社会提供公共物品和服务，按照一定法律程序而建立起来的组织实体。[①] 根据这个定义，当前的跨国经济组织和国际金融机构均属于公共组织的范畴，但是它们更多的是通过各国代表之间的协商谈判而建立起来，本节中将之统称为跨国金融公共组织。

### 一、跨国金融公共组织产生的原因

第一次世界大战前，当时世界处于金本位制体系下，各国汇率稳定，金融和贸易领域矛盾并不突出，不存在产生跨国金融公共组织的客观要求。但第一次世界大战过后，各国经济政治发展不平衡，同时战争、通货膨胀和国际收支恶化使许多工业化国家希望借助国际经济力量解决其所面临的国际金融困境和经济停滞状况。因此，客观上就有了建立相应公共组织的需求。

从 1930 年 5 月第一个跨国金融公共组织——国际清算银行（Bank for International

---

① 王凌升，宁小花 . 公共组织的未来形态：合作型组织——基于现代公共组织面临的环境和挑战 . 国家行政学院学报，2010（4）.

Settlement）为了处理德国的战后赔款清算问题而建立，到第二次世界大战后多个重要的跨国金融公共组织产生，这背后的主要原因有：（1）美国等发达国家控制国际金融秩序、扩大资本输出的需要；（2）各国战后经济的恢复和发展对资金的需求；（3）生产和资本的国际化、货币和金融的全球化趋势的客观要求。但是到了20世纪60年代后，随着亚非拉许多发展中国家先后走上民族独立和解放的道路，它们迫切需要摆脱西方国家的经济封锁和金融控制，尤其是为了经济发展，急需解决资金短缺问题。同时欧洲、亚洲、非洲等地区的国家为了加强合作、抵制美国对国际金融秩序的操纵，纷纷建立起一些区域性的跨国金融公共组织，以谋求本地区各国经济的持续稳定发展，并对国际金融市场产生重要的影响。大部分重要的跨国金融公共组织的地理分布见图6-1。

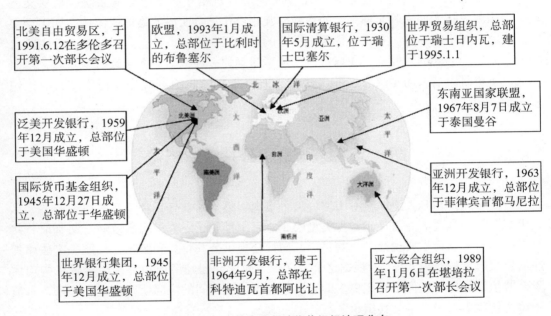

**图6-1 主要跨国金融公共组织地理分布**

进入21世纪后，在相当长的时期内这些重要的跨国金融公共组织将发挥出越来越重要和广泛的作用，但同时它们在组织成员结构上和组织制度上将赋予发展中国家更大的话语权，以更好地适应经济金融全球化趋势。

## 二、跨国金融公共组织根源及局限

同最普遍也是对社会影响最重大的私人组织——企业组织对比，跨国金融公共组织从根源上说也是一种委托—代理的关系。但是不同之处在于，企业是一种单重的委托—代理关系，而它是一种多重的委托—代理关系。

### （一）跨国金融公共组织根源

现在最重要的企业制度是公司制，而公司制的最重要的特点就是企业的所有权和经营权相分离。换句话说，公司的所有者和实际经营者可能是不同的人，他们之间存在委托—代理关系，即公司所有者委托经营者对公司进行经营管理。公司所有者，或者说股东，对公司具有剩余索取权，而将经营权让渡给经营者或者说代理人。在当前的公司制企业中，均仅存在单重的委托—代理关系，即仅企业所有者和代理人经营者之间存在这层关系。

但对于跨国金融公共组织来说，至少存在两层的委托—代理关系。这种多重的委托—代理关系源于跨国金融公共组织的成员是各国政府，是法人而非自然人。首先，各国企业、个人委托该国政府在国际金融市场中保障其利益，这是第一层的委托—代理关系。其次，各国政府通过跨国金融公共组织的平台委托其制定一系列公平公正的协议或法律规定，来保障各国在国际金融市场上的权力和收益。这是另一层的委托—代理关系。因此，跨国金融公共组织背后包含了多重的委托—代理关系。

回顾微观经济学的基础理论，假定每一个人对一种资源配置的偏好给定时，可以建立一个效用函数 $u_i(x)$，它包括了所有人的价值判断：当且仅当 $u_i(x) > u_i(y)$ 时，某个人 i 对 x 的偏好超过对 y 的偏好。我们选择某种效用表示方法并将其固定下来，那么并将所有个人效用函数相加得到一个数字，这个数就表示一种社会效用。这就是说，如果认为配置 x 比配置 y 更是社会的偏好，其条件为 $\sum_{i=1}^{n} u_i(x) > \sum_{i=1}^{n} u_i(y)$，其中 n 是社会中的人数。这种加总的总函数叫做社会福利函数。[1]

类似地，我们也可以在跨国金融公共组织领域定义一个公共效用函数 $W(u_1, \cdots, u_n)$，同样是对各国政府效用按某种方式进行加总。其中，$u_i$ 是指第 i 个成员国的效用或者获得的利益，这种公共效用函数可以作为一种描述各国利益获取的一般方法。跨国金融公共组织的存在就是尽量最大化此函数，争取达到国际金融市场上的帕累托最优。

### （二）跨国金融公共组织局限性

之前已提到，跨国金融公共组织的根源是多重委托—代理关系，那么它们也避免不了委托—代理模式所带来的问题。在委托—代理理论中，由于信息不对称，委托人由于无法监管代理人或者监管成本过高，导致代理人存在偷懒、为自己谋私利的道德风险。同时在现实的公司制企业中，还存在诸如大股东通过控制管理层来侵蚀小股东的利益等问题。归根结底，不管是代理人还是委托人，出于各自的私人利益，使得最终结果偏离帕累托最优均衡。

跨国金融公共组织中由于基本元素是各国政府而非自然人，因此与一般企业不同，当前情况往往是跨国金融公共组织中的某些成员国为了"私国利益"，影响甚至操控一些重要的跨国金融公共组织，来侵蚀其他成员国的利益。同时伴随着几十年来全球化趋

---

[1]　哈尔·范里安（Hal Ronald Varian）. 微观经济学：现代观点. 上海人民出版社，2006：482.

势日益明显，正如著名经济学家张维迎指出的，对于政府而言，全球化的最大含义，是使得每一个国家的政府成为全球市场中的一个"企业"面临竞争的考验。而大部分跨国金融公共组织均采用的股份制结构，这在某种程度上促使一些成员国不断巩固其对公共组织的控制权，攫取更多价值。正如一般的私人企业中，通过制定激励机制、建立董事会或设立独立董事来加强对代理人的监督一样，对于跨国金融公共组织来说，也需要类似的机制来保证决策的公正性。这样就要求当前的跨国金融公共组织需要有一个专门的监管部门或者机构，这个机构负责对该公共组织的业务活动进行监管和评估。

## ■三、跨国金融公共组织的存、增量关系

自从跨国金融公共组织诞生以来，不断有新的组织建立并发挥其作用，也不断有已经完成历史使命的组织退出历史舞台或者演变为新的组织。这类似一个水池，现有的跨国金融公共组织代表了水池中的水，是一个存量；而不断在诞生的新的跨国金融公共组织则是不断注入水池的水流，是一个增量。

跨国金融公共组织的增量体现在最近十年来，对世界经济、金融市场影响力较大的是一些非正式组织，主要是一些峰会、合作性质的论坛。例如，G20（二十国集团）的峰会每年两次，从 2008 年以来多次召开金融峰会，主题是应对金融危机，改革货币基金组织；G8（八国集团）峰会，每年 1 次，主要应对组织内成员国家的经济增长问题，它类似一个"富国俱乐部"，但近年也加强与发展中国家对话（在 2009 年 9 月 25 日全球 19 个主要经济体和欧洲联盟领导人在美国匹兹堡宣布，二十国集团将代替八国集团，成为国际经济合作与协调的首要全球性论坛）；金砖国家峰会，之前是四个最重要的新兴发展中国家举办，为促进发展中国家的经济发展、金融合作，在 2010 年吸纳南非加入，改称"金砖国家"；上海合作组织峰会；世界经济论坛（World Economic Forum），又称达沃斯论坛，每年举办年会，提供一个"世界级"思想交流平台，近几年国际金融危机背景下的几次论坛都致力于促进合作、走出危机、复苏经济。

对于跨国金融公共组织的存量，即已经稳定存在并在国际社会中产生广泛影响的正式组织，它们当前的新特点在于相互之间的合作关系也越来越紧密。我们以影响最大的三大跨国金融公共组织世界贸易组织、国际货币基金组织和世界银行集团为例。《马拉喀什建立世界贸易组织协定》的第 3 条第 5 款规定："为了实现全球经济决策的更大的一致性，WTO 应酌情与国际货币基金组织、国际复兴开发银行及其附属机构进行合作。"具体规定合作程序的是《IMF 与 WTO 协定》，协定的内容主要涉及相互观察员地位和信息的提供和共享。虽然有信息上的共享，但在应对危机和监管的合作上仍不足，需建立更紧密的合作机制。而国际货币基金组织和世界银行近年来则在多个领域进行协作，特别是在支持低收入国家的政府实施减贫战略、向最贫困国家提供债务减免以及评估各国的金融部门方面，这两个机构每年举行两次联合会议商讨以上事宜。在金融危机和各国债务危机之后，两个机构致力于全球经济的复苏，但也应开始关注对金融市场监管方面的合作。

　　总体来说，当前的局势是存量的部分加强相互间合作，增量仍以非正式论坛、会议为主，新的多边跨国金融公共组织短期内难以出现，一方面是几个重要金融领域均有专门的跨国金融公共组织负责协调，另一方面是既得利益的国家反对重新建立一个多边金融机构来进行价值和利益的重新划分。但是，现有的一些重要跨国金融公共组织的监管机构的缺失，饱受各国政府非议，并在近些年来不断提出对它们改革的议案。

　　事实上，整个人类社会的发展基础就是建立在形形色色、各式各样的组织上的。在组织行为学中，一个企业组织（Organization）通过成员自我管理、沟通管理、文化管理、团队管理等手段①，使得所有个体更有效率地从事生产活动获取价值。而跨国经济组织、国际金融机构的诞生从广义组织的角度来说，也是为了各成员政府间利益关系的协调和其成员价值的获取。这些国际组织是国际社会各类矛盾的调节器，在世界经济、金融市场运行中发挥重要的协调机制作用，扮演着重要的角色。实践也证明，尽管有所偏颇，但现有的跨国经济组织和国际金融机构已经成为国际社会解决一系列经济、金融问题不可或缺的工具，成为扩大国际交往的渠道，成为制定国际法、规范国际社会运行的载体和实施者。

　　本章立足于国际金融现象背后的国际经济基础，因为一切金融现象都是经济行为的衍生，并且形成一种互相决定的关系。良好的金融运行环境能促进经济的发展，同样只有良好的经济状况才能推动金融市场的发展。因此，我们接下来将从当前最重要的全球性经济组织世界贸易组织出发，从政府视角解读这些组织。

## 第二节　世界贸易组织

　　世界贸易组织（World Trade Organization，WTO）于 1995 年 1 月 1 日成立，总部设于瑞士日内瓦。截止到 2008 年 7 月 23 日，WTO 共拥有 153 个成员，2010 年的财政预算为 1.94 亿瑞士法郎。WTO 的日常运行机构为 WTO 秘书处（WTO Secretariat），目前共有 637 名职员，其行政领导是来自法国的帕斯卡尔·拉米（Pascal Lamy）先生（见图 6 - 2）。拉米先生 2005 年 9 月 1 日正式担任总干事一职，并在 2009 年获得连任资格。②

　　根据 WTO 秘书处的文献，WTO 是一个为各成员国提供贸易谈判场所、执行经过磋商的贸易规则和协议、解决贸易争端的国际性组织。可以说，WTO 有三层含义。首先，WTO 是一个谈判场所。从 WTO 的前身关税与贸易总协定（General Agreement on Tariffs and Trade,

图 6 - 2　WTO 总干事帕斯
卡尔·拉米

---

①　Don Hellriegel, John W. Slocum, Jr. Organizational Behavior, Tenth Edition. Peking University Press. pp. 4 - 5.

②　WTO 秘书处，"understanding the WTO"．

GATT）发展历史来看，和平解决贸易争端应该是多边贸易体制建立的根本原因之一，而谈判是和平解决贸易争端的第一步。WTO 的本质就是供成员国政府解决相互面临的贸易问题的场所。其次，WTO 是一系列规则。WTO 的核心是 WTO 协议，它们为国际商务活动提供了基本的法律基础。最后，WTO 致力于帮助各国解决争端。在经济一体化、金融全球化的今天，贸易管理带来更多的利益冲突，需要第三方介入，对贸易争端进行调解和裁定，这就是 WTO 贸易争端解决机制的功能。

## 一、WTO 前身：关税与贸易总协定（GATT）

WTO 建立于 1995 年，是世界最年轻的国际组织之一，但是它是第二次世界大战后建立的关税与贸易总协定（GATT）的继承者。因此，尽管 WTO 相当年轻，但始于 GATT 的多边贸易体制却有 60 多年历史。

第二次世界大战结束后，在美国新罕布什尔州举行的"布雷顿森林会议"上，与会国都希望建立三个联合国的专门机构以解决国际经济关系中的三大问题，即国际货币基金组织处理金融问题（IMF）、世界银行（WB）处理投资问题和国际贸易组织（ITO）重建国际贸易秩序。其中，国际贸易组织的设想是建立一个专门处理国际经济运作的国际机构，然而对于刚结束第二次世界大战的世界而言，各国经济遭受不同程度的创伤，百废待兴，谁也不愿过多地开放自己的市场。而且美国国会没有批准美国参加，少了这个当时世界上最大的经济体，国际贸易组织宪章只是一纸空文。[①]

尽管建立一个国际贸易组织的设想落空，但在 1947 年，有 23 个国家通过关税减让谈判以消除关税大战对国际贸易的影响。同年，这 23 个国家在日内瓦签订了《关税与贸易总协定》，该协定在 1948 年 1 月 1 日正式生效。这项协定随着形势的发展，以其为基础逐渐发展成一个非正式的国际组织，即作为准国际组织存在的 GATT（表 6-1 为其组织的多轮谈判）。

对于任何一个经济学家来说，他都不能否认国际贸易对贸易双方都能提供效用上的提升。自 GATT 出现以来，它一直致力于促进国际贸易的发展，推动国际贸易的自由化，为此它发动和组织了总共八轮贸易谈判（见表 6-1），所涉及的国际贸易问题从最初的关税到后来的货物贸易、服务贸易、知识产权贸易以及其他与贸易相关的众多事宜。

表 6-1　　　　　　　　　　　　　　GATT 的八轮贸易谈判

| 时间 | 谈判地点 | 谈判主要内容 | 参与国家 |
|---|---|---|---|
| 1946 | 日内瓦 | 各缔约国承诺关税下调，达成 123 项双边关税减让协议，关税平均下降 35% | 23 |
| 1949 | 法国安纳西 | 给处于创始阶段的欧洲经济合作组织成员提供进入多边贸易体制的机会，同时为成员国间减让关税做出努力，达成 147 项关税减让协议，关税平均水平降低 35% | 33 |

---

① 卜伟，叶蜀君，杜佳，刘似臣. 国际贸易与国际金融. 清华大学出版社，2005：154－155.

续表

| 时间 | 谈判地点 | 谈判主要内容 | 参与国家 |
|------|---------|------------|---------|
| 1951 | 英国托奎 | 继续关注关税主题同时讨论几个国家的加入问题。达成150项关税减让协议，关税水平平均降低26% | 38 |
| 1956 | 日内瓦 | 关税谈判，但由于美国国会对美国政府代表团的谈判权进行了限制，影响了谈判规模，关税水平下降了15% | 28 |
| 1960～1962 | 日内瓦（狄龙回合） | 关税谈判，最终使关税水平平均降低20% | 45 |
| 1964～1967 | 日内瓦（肯尼迪回合） | 关税谈判和反倾销协议的签署，最终关税水平平均下降35%，反倾销协议将于1968年7月1日生效 | 54 |
| 1973～1979 | 日内瓦（东京回合） | 关税进一步下降，在8年内平均削减33%。同时达成一系列非关税措施协议，如补贴和反补贴协议、倾销和反倾销协议等。另外通过一些"框架"协议，允许发展中成员国享有差别和优惠待遇 | 102 |
| 1986～1994 | 日内瓦（乌拉圭回合） | 减少关税、数量限制和其他非关税措施，贸易体制的修订和法律框架的完善，货物贸易和服务贸易共15个议题，达成《与贸易有关的知识产权协定》，最重要的是建立世界贸易组织取代原关贸总协定GATT | 117 |

从上表中可以看到，GATT 的最后一次也是最大的一次贸易谈判就是 1986～1994 年的乌拉圭回合，正是该回合导致了 WTO 的建立。在乌拉圭回合谈判之初并没有专门建立 WTO 的议题，但随着谈判的日益深入，进入 20 世纪 90 年代，经济全球化日益重要，国际贸易和国际投资形式的多样化，以及新经济开始凸显其魅力，最终在 1991 年，欧盟提出应该建立一个正式的国际性贸易组织取代 GATT，以处理随之产生的新国际贸易问题和争端。最终，参与谈判的各方签订了《关于建立 WTO 的协定》，并将所涉及的内容扩展到服务贸易和与知识产权。根据上协定，WTO 在 1995 年 1 月 1 日正式成立。[①]

## ■二、WTO 的宗旨、职能与结构

《建立 WTO 协议》的前言指出，世界贸易组织的宗旨为：提高各成员国生活水平，保证充分就业，大幅度提高实际收入和有效需求，扩大货物与服务的生产和贸易，坚持可持续发展和世界资源的合理利用，保护和维持环境，并针对各国不同经济发展水平下的需要采取相应的措施，进一步做出积极的努力，确保发展中国家尤其是最不发达国家在国际贸易增长中获得与其他经济相适应的份额。

为了实现以上宗旨，WTO 主要拥有以下几项职能：

（1）实施协议。根据《建立 WTO 协议》的第三条，WTO 的首要和最主要的职能

---

① GATT 在 1995 年与 WTO 并存一年，1996 年 1 月 1 日被 WTO 取代。

是"便利本协议和多边贸易协议的履行、管理和实施，并促进其目标的实现"，以及"为多边贸易协议的履行、管理和实施提供框架"。

（2）作为贸易谈判的场所。WTO 的一项重要职能是为各国提供谈判场所。在这个场所中的谈判一般有两类，第一类的谈判是包括对该协议附件的各项协议所涉及事项的多边谈判，即各国代表对 GATT 和乌拉圭回合已涉及议题的谈判，第二类谈判是 WTO 部长级会议可能决定的有关多边贸易关系的进一步谈判。

（3）解决贸易争端。这是《WTO 协议》附件 2 中所列的安排，即解决成员间可能产生的贸易争端。由于各国有着不同的民族和文化，存在各式各样的冲突，在经济全球化越来越广泛的情况下，贸易摩擦不可避免。而 WTO 的贸易争端解决机制则可以对成员间贸易争端进行调解和裁决，从而尽量避免贸易问题政治化的倾向，维持世界和平局势。

（4）审议各成员国的贸易政策。根据《WTO 协议》附件 3 中的规定，按照一定的时间期限对各成员的贸易政策进行审议，其中在全球贸易中份额在前 4 位的成员每 2 年审议一次，第 5 位到 20 位的成员每 4 年审议一次，对余下成员每 6 年审议一次，对不发达成员的审议可以时间更长。①

（5）通过技术援助和培训项目援助发展中国家。在《关于有利于最不发达国家措施的决定》中规定，只要属于最不发达国家类别，"只需承担符合其发展、财政和贸易的需要或者与其管理能力相符合的承诺和减让"，此外协议中的规定和过渡期"应该以灵活和可靠的方式适用于这些最不发达国家"。另外，在乌拉圭回合达成的大多数单项协议中都给予发展中国家特殊和差别的待遇，通常都是规定发展中国家不必承担像发达国家那么严格的义务。

（6）与其他国际组织进行合作。为了实现全球经济的一致性，WTO 将酌情与国际货币基金组织（IMF）与世界银行（WB）进行合作。

WTO 目前共拥有 153 个成员，各成员国的贸易额占世界贸易总额超过 97%，其具体的组织结构主要包括部长级会议、总理事会、三大理事会、总理事会下属的委员会、理事会下属的委员会、秘书处等，如图 6 – 3 所示。

## （一）部长级会议

WTO 的最高决策机构是部长级会议（Ministerial Conference），该会议至少每两年举行一次。部长级会议可以就任何多边协议所涉及的所有问题做出决定，首届部长会议于1996 年 12 月在新加坡举行，第二届部长会议于 1998 年 5 月在日内瓦举行；第三届部长会议于 1999 年 11 月在美国西雅图举行；第四届于 2001 年 11 月在卡塔尔首都多哈举行；第五次部长级会议于 2003 年 9 月在墨西哥的坎昆举行。而随着中国在 WTO 和世界贸易中有越来越举足轻重的地位，之后的两次部长级会议则都在中国举办，分别是2003 年的大连举办的小型部长级会议和 2005 年香港举办的第六届部长级会议。

---

① 欧盟作为一个整体进行排位，尽管其投票时仍为一个成员一票（从 2004 年 5 月 1 日起 25 个成员 25 张票）。在入世议定书中，中国承诺，允许 WTO 在中国入世前八年中每年每年对中国贸易政策进行审议。2003 年中国的贸易额在全球贸易中已经上升至第四位，因此在一些年份中中国的贸易政策每年要接受两次审议。

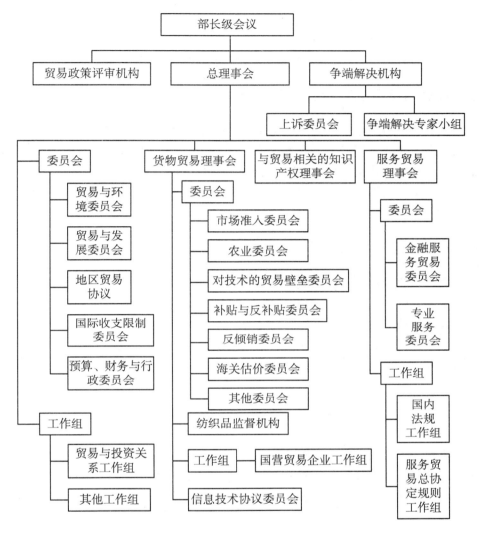

**图 6 – 3　WTO 的组织结构**

资料来源：根据世界贸易组织官方网站资料翻译整理。

## （二）总理事会

在两届部长级会议间，日常工作由总理事会（General Council，通常是驻日内瓦大使或代表团团长构成，有时也由成员派出官员构成）负责处理。总理事会一般每年在日内瓦总部召开几次例会，它也作为贸易政策审议机构和争端解决机构召开会议。另外作为争端解决机构的总理事会下设专家小组和上诉机构。但这两个机构不是所有成员都能参加的。

## （三）三大理事会

总理事会下有三大理事会（Council）向其报告，即货物贸易理事会（Council for

Trade in Goods）负责国际货物贸易方面的事务；服务贸易理事会（Council for Trade in Services），负责国际服务贸易领域；以及知识产权理事会（Council for Trade-related Aspects of Intellectual），负责与贸易有关的只是产权领域的事务。

### （四）总理事会下属的委员会

在总理事会下有五个专门委员会直接向其报告，负责三大贸易领域中的贡献问题及未涉及的问题，主要包括贸易与环境委员会、贸易与发展委员会、区域贸易协议委员会、国际收支限制委员会，以及预算、财政与管理委员会。此外，由于多哈部长级会议成功地发起了多哈发展回合谈判，因此，在 WTO 的组织机构中新增加了一个贸易谈判委员会（TNC）直接向总理事会报告。

### （五）理事会下属的委员会

在三大理事会管辖下，还有诸多的委员会（Committees）负责专门实务的处理。货物贸易历史会管辖了 11 个委员会，包括农业委员会、补贴与反补贴委员会、技术壁垒委员会、原产地委员会等；另有纺织品监督机构和国营贸易公司工作组。服务贸易理事会下属只有两个委员会：金融服务委员会和具体承诺委员会，还有一些工作组。知识产权理事会目前没有下属委员会。

### （六）WTO 秘书处

负责 WTO 日常具体工作的是 WTO 秘书处，它设在日内瓦，有 637 名职员，并由一名总干事领导。秘书处的主要职责是为各个理事会、委员会和官方会议提供技术支持，为发展中国家提供技术援助，分析世界贸易情况以及向公众和媒体解释 WTO 事务。秘书处同时也在争端解决过程中提供某些法律援助，为那些希望成为 WTO 成员的政府提供建议。

## ■三、WTO 的基本原则

由于 WTO 协议均为法律文本，且覆盖农业、纺织品和服装、银行、电信、政府采购、产业标准和产品安全、食品卫生检疫规则、知识产权等各个领域，内容繁杂，管理人员并不需要完全掌握这些法律文件，但必须了解贯穿所有法律协议的基本原则，这些基本原则是现行多边贸易体系的基础。WTO 秘书处指出，"WTO 的首要目标是促进贸易流动的稳定、自由、公平和可预期性"，并且 WTO 应秉持五个基本原则（见图 6-4）。[1]

---

① WTO 秘书处，"understanding the WTO"．

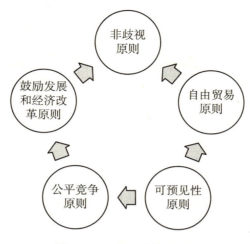

图 6 – 4　WTO 的基本原则

## （一）非歧视原则

这条原则是 WTO 最为重要的原则，是整个一系列协议框架的基石。它要求缔约双方在实施某种优惠和限制措施时，不要对缔约对方实施歧视待遇。在 WTO 中，非歧视原则是通过最惠国待遇条款和国民待遇条款来实现的。

### 1. 最惠国待遇条款

所谓最惠国待遇条款是指缔约一方在现在和将来给予任何其他第三方的任何优惠、特权都必须自动、无条件地给予缔约另一方。WTO 协议规定，成员间不能歧视性地对待它的贸易伙伴。WTO 的成员一旦授予某些国家一项优惠待遇（例如给予某种产品更低的关税），就必须给予其他所有的成员。

WTO 的最惠国待遇条款是多边的、无条件的。它要求每一个缔约方在进出口方面应该以相等的方式对待其他所有的缔约方，而不应该采取附加条件的歧视待遇。这种最惠国待遇的实施不得以任何政治或经济要求为先决条件。正如关贸总协定第一条规定："一缔约国对来自或运往其他国家的产品所给予的利益、优待、特权或豁免，应当立即无条件地给予来自或运往所有其他缔约国的相同产品。"这样，最惠国待遇就从双边互惠扩大到多边互惠。它比双边最惠国待遇更稳定，但出于各种各样的原因，WTO 对最惠国待遇也规定了一些例外，也就是当成员出现某些特殊状况时，允许成员援引例外规定而不遵守最惠国待遇原则。这些例外包括：区域经济一体化例外、授权条款与普惠制的例外、历史特惠关税的例外、特定成员间互不适用方面的例外、特殊情况下义务的豁免、边境贸易的例外、利益丧失或损害而中止义务、游离于 WTO 之外的产品与服务、一般例外和安全例外。

WTO 的所有例外规定都构成一些实际中的法律漏洞，或者说在非常时期默认准许放弃贸易自由化政策，而采用贸易保护政策。这也是 WTO 发展遇到困难时，区域经济一体化现象蓬勃发展的原因之一。

### 2. 国民待遇条款

国民待遇条款是缔约国一方保证另一方的公民、企业和船舶在本国境内享受与本国公民、企业和船舶同等的待遇。关贸总协定第三条规定："一个缔约国领土的产品输入到另一缔约国领土时，不应对它直接或间接征收高于对相同的国内产品所直接或间接征收的内地税或其他内地费用"，以保证进口产品与国内产品在国内市场上以同等的条件进行竞争。

国民待遇条款要求，一旦某种商品经过海关进入一个成员的国内市场，其各种待遇不能低于国内生产的相应产品。也就是说，在缴纳海关关税后，进口产品在销售、购买、运输和分配等方面所适用的法律法规均应与国内产品一视同仁。国民待遇适用范围，一般包括：外国公民的私人经济权利，外国产品应缴纳的国内捐税，运输、转口、过境、船舶在港口的待遇，商标的注册、版权及专利权的保护等。

## （二）自由贸易原则

WTO 的一个重要目标是，通过不断的谈判逐步实现更大程度的贸易自由化，促进开放贸易体制的形成。其一系列协议都要求成员分阶段的逐步实行贸易自由化，以此扩大市场准入水平，促进市场的合理竞争和适度保护，这都贯彻着自由贸易的原则。

实现国际贸易自由流动的主要措施之一，就是降低贸易壁垒，消除贸易扭曲。从上文中看到，自 GATT 在 1947 年建立以来，它主持了 8 个回合的多边贸易谈判，以削减各成员间的贸易壁垒。而 WTO 成立后，多次部长级会议均致力于多边贸易谈判，但都没有取得令人满意的结果。

GATT 最初的多边贸易谈判主要是围绕着进口商品的关税削减，作为 20 世纪 90 年代中期谈判的结果，工业化国家的关税税率已经降低到了 4% 以下。而早在 20 世纪 80 年代，多边贸易谈判就已经开始涉及商品贸易领域的非关税壁垒，以及其他一些新的谈判领域，如知识产权、服务等。

尽管自由贸易的原则要求各成员国进行各项贸易的调整，但整体而言对该成员还是利大于弊的。同时 WTO 协议还允许各成员通过渐进式自由化，逐步进行调整，而且在发展中国家也有更长的时间来履行其做出的承诺。

总而言之，自由贸易原则要求各成员通过谈判逐渐降低贸易壁垒，开放市场，促进商品与服务的自由流动。但是，自由贸易原则并不意味着完全的自由贸易，在某种情况下允许一定程度的贸易保护，例如当某成员出现因进口商品的倾销而受到损害时可以提起反倾销诉讼，征收反倾销税。另外，WTO 还会要求一般取消数量限制，禁止出口补贴等。

## （三）可预见性原则

对于参与国际贸易业务的企业来说，进口国政府保证不提高贸易壁垒有时可能与降低壁垒同样重要。这主要是因为，WTO 允许存在各种贸易救济措施，而且它的基本原则中也存在不少例外，并因此形成了诸多法律漏洞，可以说它并不是一个完全禁止贸易保护的组织。因此，如果成员承诺不会无故地提高贸易壁垒，将有助于提供一个透明的商务环境，从而增加国际投资、促进就业。

在 WTO 中，当成员国同意开放其商品或服务市场时，他们就受到了自己的承诺的约束。对于商品贸易来说，这些约束就是各成员承诺关税税率的上限。这意味着，成员国征收的关税税率不会高于自己的承诺水平，但允许降低，一旦成员要求改变约束的关税税率，它必须与其他成员协商之后才可能采取。乌拉圭回合谈判的成果之一就是扩展了受约束的贸易范围，此次谈判后的 WTO 协议对 100% 的农产品贸易达成了关税约束，同时将纺织品和服装也纳入了 WTO 的管辖范围。由于关税约束的存在，一定程度贯彻了可预见性的原则，给贸易和外国投资者提高了市场保证程度。

除了关税约束之外，WTO 的多边贸易体系也通过其他方式改进自己的可预见性和稳定性。方法之一是减少使用配额和其他措施来设立进口数量限制，因为经济学分析显示，配额对一国经济的扭曲程度更高。另一个方法是使成员的贸易规则尽量的清晰和公开，即保证透明度。许多的 WTO 协议都要求成员国政府公开其政策，既可以在国内公开也可以通知 WTO。WTO 贸易政策审议机制对成员贸易政策的常规监督也鼓励各成员政策的透明。

### （四）公平竞争原则

早在 1947 年，GATT 就把促进公平竞争作为一个重要原则，之后的 WTO 继续贯彻了这一重要原则，采取了以下措施：

（1）通过反倾销、反出口补贴措施纠正因倾销和出口补贴而形成的不公平竞争。进口成员方如果发现进口商品存在倾销、存在被禁止的补贴的现象，查证落实并裁决后可以征收反倾销税、反补贴税，但税额不能高于倾销和补贴的额度。

（2）纺织品、服装和农产品贸易逐步取消配额限制和出口补贴，实现公平竞争。自 GATT 建立以来，纺织品、服装和农产品长期背离贸易自由化原则，发达国家针对纺织品、服装的歧视性数量限制，一直阻碍着公平竞争的实现。在乌拉圭回合谈判后，取消了配额和出口补贴，逐步实现公平竞争。

（3）加强对知识产权的保护。在乌拉圭回合谈判后，各成员达成了"与贸易有关的知识产权协定"，就假冒、仿制、剽窃、盗用等侵权的不公平竞争行为做出了排除措施，以保护公平和正当竞争。

（4）规范政府采购行为。各国政府优先和以优惠的价格购买本国产品，就对别国产品造成了不公平竞争。乌拉圭回合使 1981 年 1 月 1 日生效的"政府采购协议"进一步自由化，而且把范围扩展到服务，包括建筑服务、地方一级和公用事业单位的采购。它约束政府采购金额，扩大了公平竞争机会。

### （五）鼓励发展和经济改革原则

WTO 鼓励成员国经济共同发展，并且对发展中国家在履行协议内容时有更大的弹性，以帮助其经济发展和鼓励其经济改革。同时，WTO 协议一般都继承了 GATT 对发展中国家提供特殊援助和贸易减让的条款。WTO 成员中有 3/4 是发展中国家和转型国家，这些国家比以往更积极地参与 WTO 的各回合谈判；同时也有很大一部分发展中国家成员执行了贸易自由化计划，接受了许多发达国家提出的义务，WTO 协议允许给予它们一段时间来进行调整，以适应复杂的 WTO 协议。

但是考虑到发展中国家成员的具体利益和要求，WTO 确立了对发展中成员的特殊待遇原则。这包括允许发展中国家成员的市场保护程度可以高于发达国家成员；通过"授权条款"规定各成员可以给予发展中国家成员差别以及更加优惠的待遇，而不必将这种待遇延伸到其他成员；在知识产权协议的实施方面，发展中国家有更长的时间安排；在争端解决机制方面，也要求 WTO 秘书处为发展中国家提供技术和法律援助等。

## 四、WTO 的争端解决机制

由于贸易是产品价值的实现环节，它直接同经济利益相关，因此贸易问题往往会涉及巨大的利益冲突，引起各方的贸易争端。正如之前所介绍的，WTO 的主要功能就是提供解决贸易争端的场所，而且从另一个角度来说，WTO 本身也是一个贸易争端解决机制（见表 6-2）。WTO 在贸易争端解决机制上同它的前身 GATT 相比，加强了争端解决机构裁定的执行力度，并使得整个贸易体系更有保证和可预见性。而且 WTO 的贸易争端解决机构的出发点不是进行审判，而是解决争端。因此，如果可能的话，WTO 一般估计贸易争端的双方通过磋商来解决。从 1995 年 1 月到 2003 年 5 月，在总共近 300 起贸易争端案件中，大部分案件都是"庭外解决"或者在磋商阶段达成谅解，只有 1/3 经历了全部的程序。

表 6-2 　　　　　　　　　　　　WTO 的争端解决机制

| 程序 | 期限 |
|---|---|
| 协商、调解等 | 60 日 |
| 建立专家小组并任命其成员 | 45 日 |
| 最终报告提交各方 | 6 个月 |
| 最终报告提交给 WTO 各成员 | 3 周 |
| 争端解决机构通过报告（若无上诉） | 60 日 |
| 总计 | 1 年 |
| 上诉机构报告 | 60~90 天 |
| 总计 | 1 年零 3 个月 |

### （一）WTO 的争端解决机制的宗旨与职能

从 WTO 的一系列协议来看，争端解决机制在为 WTO 多边贸易体制提供安全和可预见性方面起着中心的作用，同时它的宗旨是提供一种有效、可靠和规则导向的制度，以便在多边的框架内解决相应的贸易争端。

WTO 的争端解决机制的职能包括：维护 WTO 各成员依据 WTO 协定所享有的各项权利和承担的义务；按国际公法解释的习惯规则，澄清 WTO 协定的各项现行规定。

### （二）争端解决程序

在 WTO 中，各成员国间的贸易争端是由争端解决机构（Dispute Settlement Body, DSB）负责，而争端解决机构是由 WTO 所有成员组成，它有权建立处理案件的专家小组，有权接受或拒绝专家小组的认定和上诉机构的结论。同时它还监督者裁决和建议的执行，而且在成员没有遵守裁决时，它能够授权其他成员国实施报复性措施。根据争端解决机构的规定，整个争端解决的程序分为如下几个阶段（见图 6 - 5）。

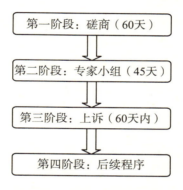

图 6 - 5　WTO 争端解决程序

1. 第一阶段：磋商（60 天）

在采取任何措施前，争端各方必须进行相互谈判，以尝试自己解决相互的分歧。如果磋商未能成功，它们可以要求总干事进行调解或采取其他行动来解决争端。

2. 第二阶段：专家小组（45 天内建立，6 个月内形成报告）

在经历磋商阶段而不能取得进展后，那么申诉方可以要求成立专家小组，而被诉方可以又一次组织专家小组成立的机会。但是当争端解决机构对同一申诉举行第二次会议时，就必须成立专家小组（除非一直同意不成立）。专家小组将帮助争端解决机构作出裁决或者建议，并且由于专家小组的报告只能在争端解决机构成员一致拒绝的情况下才会被否决，故其结论一般很难被推翻。但是专家小组的认定结论必须建立在所引用的协议之上。

专家小组报告一般应该在 6 个月内提交给争端各方，在一些紧急情况下，这一期限被缩短为 3 个月。争端解决机构规定专家小组的工作程序，主要包括：

（1）在第一次听证会之前，争端各方向专家小组提交书面材料。

（2）第一听证会上，申诉方、被申诉方，以及所有有利益关系的第三方将进行陈述。

（3）涉案各方提交书面反驳意见，并在专家小组第二次会议上进行口头辩论。

（4）如果一方提出科学或其他技术问题，专家小组可以与技术专家进行磋商，或者指派一个技术专家审议小组准备一份建议报告。

（5）专家小组将其报告的描述部分（第一草稿）提交给争论双方，并给它们两周的时间审议，但此份报告并不包括认定和结论部分。

（6）其后，专家小组向争端双方提交中期报告，包括它的认定和结论，给它们一周的时间提出复审要求。

（7）若提出复审要求，复审阶段不能超过两周，在此期间，专家小组可能与双方举行额外的会议。

（8）专家小组将最终报告提交给争端双方，三周后提交给所有的 WTO 成员。如果专家小组认定争议的贸易措施确实违反了 WTO 协议或义务，那么它会建议该措施与 WTO 规则保持一致，同时它也可能就如何保持一致提出具体的措施建议。

（9）除非全体一致拒绝，否则 60 天内该报告将成为争端解决机构的裁定或建议。双方都可以就报告提起上诉（某些情况下，双方都提出上诉）。

### 3. 上诉

对于专家小组的裁定，双方都可以提起上诉。有时候双方都会上诉，但提出的上诉必须基于法律要点，比如法律解释，它们不可能重新审议证据或者新问题。上诉机构由 7 名常任委员构成，每个上诉案件都由 3 名常任成员负责。这些成员的任期为 4 年，必须独立于任何政府，以个人的立场来解释法律和国际贸易。

上诉机构可以维持、修改或推翻专家小组的法律认定和结论。一般而言，上诉程序不得超过 60 天，最长绝对不得超过 90 天。争端解决机构必须在 30 天内接受或拒绝上诉机构报告，当然拒绝必须是在全体一致同意的情况下才能做出。

### 4. 后续程序

如果某成员确实有违反相关协议，那么它应当修正。即使案件已经进行了裁决，在进行贸易制裁之前，涉案成员仍然有不少可以选择的行动。在此阶段，败诉的"被诉方"首先应该使其政策与裁定或建议相符。争端解决协议强调的是，"为保证对所有成员有利的有效争端解决方式，遵守争端解决机构的裁定非常重要"。

如果被诉方败诉，那么它必须遵循专家小组报告或上诉机构报告的建议。它必须在报告通过 30 天内举行的争端解决机构会议上陈述自己的计划。如果证实不能立即遵守建议的方案，那么该成员就可以获得一个"合理期限"以遵守建议。如果它在此期间没有做到，那么它就必须与申诉方进行磋商，以决定相互可以接受的补偿。

如果 20 天后，没有达到满意的补偿方案，那么申诉方可以要求争端解决机构授权其对另一方进行有限的贸易制裁。原则上说，这类报复必须是针对争端的同一部门。但是，如果在同一部门进行报复不可行或者无效的话，可以对同一协议中的不同部门进行报复。这就是所谓的交叉报复，如此规定是为了减少行动涉及的部门，但同时又使报复具有一定的有效性。

争端解决机构还负责监督已经通过的裁定如何执行，任何案件都列在它的日常事务之上，直到问题完全解决。

## 五、跨国经济组织的作用

随着经济全球化和金融全球化步伐的加快，跨国经济组织在国际社会中发挥越来越积极的作用，成为协调矛盾、制定规则、维护秩序、平衡利益的重要机构和平台，具体的作用突出表现在以下方面。[①]

### 1. 促进了国际交流与合作

国际经济金融机构为各国的经贸合作和交流提供了一个谈判和协商对话的平台，成为国际经济和金融来往的纽带。它们能够全面地收集数据、传播信息，随时通报世界上主要国家的经济情况和国际贸易、国际金融秩序，为各国提供详细的经济数据和分析报告。

### 2. 有助于国际经济金融运行规则的制定与完善

制定公正、公平、合理的国际经济金融运行规则，在维持整个国际经济金融秩序中具有重要意义。这些组织制定统一执行的法律规范，作为各方共同遵守的基本准则，同时这些准则不是一成不变的，需要随着世界经济环境的变化而进行调整和完善。

### 3. 提供了解决国际经济争端、金融危机的途径

国际经济交往加深的一个必然后果是与经济交往相关的矛盾和纠纷的增加，同时近些年来的各次金融危机都给国际金融秩序的稳定敲响了警钟。而在这个背景下，国际经济金融机构能客观地体现经济全球化下各国的国家利益，并能有效地协调多边利益，使之平衡发展。在应对金融危机上，相关的国际金融组织也承担起预防者和监督者的角色，对陷入危机泥潭的国家提供各种援助，助其走出困境。

### 4. 有助于国际经济金融新秩序的建立

一个良好的国际经济金融秩序是世界经济正常运作的基本保障。旧秩序是第二次世界大战后形成的发达国家和发展中国家间的不平等、不合理、不公正的秩序，但是进入

---

① 谭会萍，罗鹏. 国际经济组织. 大连理工大学出版社，2010：6－22.

21 世纪以来，发展中国家成为能够推进世界经济格局多元化的中坚力量，通过提升自己在各国际组织中的影响力来建立国际经济金融新秩序。

## 第三节　区域性经济组织

根据跨国经济组织涉及的地域范围不同进行区分，可以分为全球性经济组织和区域性经济组织。全球性的经济组织主要包括上一节中介绍的世界贸易组织，而区域性组织的参与者主要集中在同一地理区域，彼此发展水平相近，或有相同或类似的经济贸易体制。区域性经济组织的理论基础源于区域经济一体化，是一种区域内的优化均衡。

### 一、区域经济一体化

所谓经济一体化是指各成员国之间消除相互的各种歧视，把各自分散的国民经济纳入一个较大的经济组织中的状态或过程。[①] 经济一体化的目的是通过"把各自分散的国民经济纳入一个较大的经济组织中"，以便获得各个国家单方面行动无法获得的政治经济利益。

所谓区域经济一体化是指一个地理区域内，各国一致同意建设并最终消除关税壁垒和非关税壁垒，以便做到相互之间商品、服务和生产要素自由流动的状态或过程。[②] 由于经济发展存在着不平衡，所以世界各国尤其是小国建立各种类型的区域经济一体化组织，以此来适应经济全球化的激烈竞争，期望在国际市场的竞争中能够与经济实力强大的美国等经济实体相制约，因此区域经济一体化是当今世界经济发展不平衡的结果。

在区域经济一体化组织中，成员国之间取消了关税壁垒和非关税壁垒，使商品和生产要素实现自由流动，利用自由贸易的动态利益，扩大整个国家的经济循环，促进区域内贸易和经济的持续增长。在成员和非成员国之间则采取贸易壁垒措施，限制商品、服务和生产要素的跨国界自由流动，以保护区域内的市场、产业和企业。

依据区域内经济一体化的程度，或者依据商品和生产要素自由流动程度的差异，成员国的政策协调程度不同，区域经济一体化可以从低到高分为六个层次（见表 6-3）。

第一，优惠贸易安排。优惠贸易安排是各成员国之间通过协定或其他形式，对全部或部分商品贸易规定特别的关税优惠，也可能包括小部分商品完全免税的情况。这是经济一体化程度最低、成员间关系最松散的一种形式。早期的东南亚国家联盟就属于这样一种一体化的组织。

---

① 《新帕尔格雷夫经济大辞典》的词条解释，转引自：卜伟等. 国际贸易与国际金融. 清华大学出版社，2005.
② 查尔斯·希尔（Charles Hill）著，周健临译. 国际商务：全球市场竞争（第三版）. 中国人民大学出版社，2001.

表 6－3　　　　　　　　　　区域经济一体化程度

| 各层次区域经济一体化 | 现实范例 |
| --- | --- |
| 优惠贸易安排 | 早期的东盟 |
| 自由贸易区 | 北美自由贸易区 |
| 关税同盟 | 欧盟的最初形式 |
| 共同市场 | 无 |
| 经济同盟 | 东欧经济互助委员会（已解散） |
| 完全经济一体化 | 无 |

第二，自由贸易区。自由贸易区是指各成员国之间取消了商品和服务贸易的关税壁垒，使商品和服务在区域内自由流动，但各成员国仍保留各自的关税结构，按照自己的标准对非成员国征收关税。建于 1994 年的北美自由贸易区（NAFTA）是最负盛名的自由贸易区，因为它是由美国、加拿大和墨西哥三个处于不同经济发展阶段的国家构建而成的，并因为经济发展差异导致集团内部的冲突不断，而备受人们关注。

第三，关税同盟。关税同盟是指各成员国之间完全取消了关税壁垒和其他壁垒，实现内部的自由贸易，并对来自非成员国的货物进口实施统一的对外贸易政策。关税同盟在经济一体化进程中又进了一步，开始带有超国家的性质，欧盟的最初形式是关税同盟。

第四，共同市场。共同市场是指除了在各成员国内完全取消关税和数量限制，并建立对外统一关税外，还取消了对生产要素流动的限制，允许劳动、资本等生产要素之间自由流动，甚至企业可以享有区内自由投资的权利。同关税联盟相比，共同市场进一步允许了生产要素的自由流动，同时不对居民和资本的跨国移动做任何限制。

第五，经济同盟。经济同盟是指成员国间不但商品、服务和生产要素可以完全自由流动，建立对外统一关税，而且要求成员国制定并执行某些共同的经济政策和社会政策，逐步消除各国在政策方面的差异，形成一个庞大的经济实体。第二次世界大战后的苏联、东欧国家间建立的经济互助委员会就是典型的经济同盟，但是随着 20 世纪 80 年代末期的苏联解体和东欧剧变，经济互助委员会也解散了。

第六，完全经济一体化。所谓完全经济一体化，是指各成员国之间除了具有经济同盟的特征之外，还统一了所有的重大经济政策，并有共同的对外经济政策。它是区域经济一体化的最高级形式，具备完全的经济国家地位。

## ■二、主要的区域经济一体化组织

自 20 世纪 90 年代以来，区域经济一体化的层次不断提高，关税同盟的数量也明显增加，正是由于它能给区域内成员带来更多的经济利益，因此近 20 年以来各种区域经济一体化组织得到了很大的发展，目前有较大影响的区域经济组织包括欧盟、北美自由贸易区、亚太经合组织、东南亚国家联盟等。

## （一）欧盟

第二次世界大战后，欧洲人意识到要避免战争的再次发生、促进欧洲的繁荣发展，就需要欧洲各国的合作。1951年4月，法国、原联邦德国、意大利、荷兰、比利时和卢森堡六国首脑在巴黎签订了《建立欧洲煤钢共同体条约》，并于1952年正式建立了欧洲煤钢共同体。到1965年，欧洲各国同意将欧洲经济共同体、欧洲原子能共同体、欧洲煤钢共同体的主要机构合并，统称欧洲共同体。

欧共体12国间建立了关税同盟，同意了外贸政策和农业政策，取消了同盟内限制商品、人员、劳务和资本自由流动的壁垒，建立起共同市场，创立了欧洲货币体系，并建立了统一预算和政治合作制度，初步发展成为欧洲国家经济、政治利益的代言人。在1993年11月1日《欧洲联盟条约》正式生效，欧共体更名为欧洲联盟，并在之后多次东扩（见表6-4），成员国达到27个，形成一个欧洲统一大市场。

表6-4　　　　　　　　　　　　　欧盟的六次扩张

| 时间 | 扩张内容 |
| --- | --- |
| 1973年 | 英国、丹麦和爱尔兰加入欧共体 |
| 1981年1月1日 | 希腊成为欧共体第10个成员国 |
| 1986年1月1日 | 葡萄牙和西班牙加入欧共体 |
| 1995年12月11日 | 奥地利、瑞典和芬兰加入欧盟，欧盟扩展至15国 |
| 2004年5月1日 | 爱沙尼亚、拉脱维亚、立陶宛、波兰、捷克、斯洛伐克、匈牙利、斯洛文尼亚、马其他和塞浦路斯10个国家正式成为欧盟成员国 |
| 2007年1月1日 | 罗马尼亚和保加尼亚加入欧盟，成员国达到27个 |

欧洲联盟在建立以后，其主要的政策内容包括共同农业政策、单一货币政策、区域经济政策和贸易政策。其农业政策主要目的在于推动同盟内农业生产发展、使原本农产品依赖进口的成员国成为农产品出口国。而单一货币政策是欧盟最重要的成果之一，主要包括了欧元的创建①和欧洲中央银行的建立，这也是对国际货币体系建设的开拓性尝试。最后区域性的经济政策和贸易政策的主要目标是缩小成员国之间的发展差距，促进欧洲一体化。例如欧盟设立了一系列的发展基金服务于区域趋同目标，同时制定反倾销和反补贴的贸易政策等。

## （二）北美自由贸易区

美国和加拿大于1986年5月开始谈判，1987年10月达成"美加自由贸易协定"，1988年1月2日经两国领导人签署，并于1989年1月1日正式生效开始执行。墨西哥总统萨利纳斯（Salinas）1988年12月上任后，便积极寻求与美国的自由贸易协定的谈判，后来加拿大人主动加入谈判。三国于1991年6月12日在多伦多召开第一次部长级

---

① 欧元区在本书国际货币体系篇中有详细介绍，可参考。

会议，经过 14 个月的谈判，1992 年 8 月 12 日宣布三国就北美自由贸易协定达成协议。

北美自由贸易协定的主要内容是：（1）对三国间流通的上万种商品免征关税，其中近 1/2 的商品可以立即免税，近 15% 的商品在 5 年内逐步予以免税；（2）设置障碍以防止亚洲和欧洲公司的产品通过墨西哥免税进入美国市场；（3）墨西哥对美国和加拿大开放自己的银行、保险和证券业，允许美、加两国到这些行业进行投资和营业；（4）成立一个三边委员会，以解决包括环境污染在内的三国之间的一切商业纠纷。

北美自由贸易区从 1994 年 1 月 1 日起正式建立，其人口 3.67 亿，国民生产总值 8 万多亿美元。这一市场的实力足以媲美欧盟，北美自由贸易区计划将在 15 年内实现商品的自由移动。

### （三）亚太经合组织

1989 年 11 月 6~7 日，由澳大利亚倡议召开的亚太经济合作组织（Asia Pacific Economic Cooperation）首次部长级会议在堪培拉召开。1991 年 11 月在韩国汉城举行的 APEC 第三届部长级会议通过了"汉城宣言"，正式确立了亚太经合组织的宗旨和目标为"相互依存，共同利益，坚持开放性多边贸易体制和减少区域贸易壁垒"。1993 年 11 月 20 日，亚太经济合作组织第一次领导人非正式会议在美国西雅图举行。此后，它每年都召开非正式会议，讨论本区域内的经济贸易合作问题。

目前亚太经合组织正在 10 大领域加强合作：贸易与投资数据处理、贸易促进、扩大投资和技术转让、人力资源开发、地区能源合作、海洋资源保护、旅游、通信、交通和渔业。亚太经合组织的目标不仅仅是建立自由贸易区，而且还包括实现生产要素自由流动的经济一体化长期目标。

亚太经合组织的第一个贸易自由化目标是建立亚太自由贸易区，并在第二次非正式领导人会议上发表了《茂物宣言》，宣布了亚太经合组织的第一步长期目标：将加强亚太地区的经济合作，扩大乌拉圭回合的成果，以与关贸总协定原则相一致的方式，进一步减少相互间的贸易和投资壁垒，促进商品、服务和资本的自由流通。在宣言中明确要求，发达经济体不迟于 2010 年实现贸易和投资的自由化，发展中经济体不迟于 2020 年实现贸易和投资自由化。

### （四）东南亚国家联盟

1967 年 8 月 7 日，印度尼西亚、新加坡、泰国、菲律宾四国外长和马来西亚副总理在泰国首都曼谷举行会议，发表了《东南亚国家联盟成立宣言》，即《曼谷宣言》，正式宣布了东南亚国家联盟（简称东盟）的成立。东盟建立之初主要是个政治联盟，在经济上只是一个优惠贸易安排，目标只是促进成员之间的自由贸易和产业政策之间进行合作。

1992 年年初东盟开始意识到区域经济一体化的重要性，并着手计划建立高层次的经济一体化组织，目标是 2015 年所有成员国都实现贸易自由化。虽然一度遭到亚洲金融风暴的冲击，但东盟自由贸易区仍在 2002 年 1 月 1 日正式启动，完成了"在 2002 年前将产品关税降低至5%以下"的目标。东盟在之前的10年中平均关税从12.76%降至3.85%，超过90%的产品关税已经降到了0～5%，东盟内部的出口额也从1993年的432亿美元增加到2003年的近900亿美元。东盟自由贸易区的下一步目标是"在2010年全面撤出进口壁垒、产品关税降至零，进而实现东南亚区域内资金、商品和人才的自由流动"。

东盟除大力推动区内自由贸易外，也在积极推动与亚太区国家的自由贸易。例如，"中国—东盟"自由贸易区已进入启动阶段，"东盟—日本"经济合作、"东盟—澳新"经济合作也都处于紧锣密鼓的商议或启动中。

2002年11月4日，中国国家领导人与东盟10国领导人共同签署了《中国—东盟全面经济合作框架协议》，中国—东盟自由贸易区将包括商品贸易、服务贸易、投资和经济合作等内容，计划在2015年中国同东盟大多数产品实行零关税，实现双方贸易自由化。

☞ **本章关键词** ☜

| | | |
|---|---|---|
| 世界贸易组织 | 关税与贸易总协定 | WTO 基本原则 |
| WTO 争端解决机制 | 区域经济一体化 | 北美自由贸易区 |
| 亚太经合组织 | 东南亚国家联盟 | |

☞ **深入思考的问题** ☜

1. 世界贸易组织的目前主要职能是什么？你认为还应该包括什么？

2. 世界贸易组织是否应该与另外一些国际金融机构，如国际货币基金组织、世界银行进行更深入的合作，可以有哪些合作方式？

3. 世贸组织的贸易政策审议机制的目的是什么？能否改进使之更有效？

# 第十九章

# 国际货币基金组织

经济发展到一定阶段就衍生出金融现象与金融市场，它们可以反作用于经济，促进其发展。我们在上一章从经济基础的角度介绍了跨国经济组织后，本章就进入了本篇的第二部分——国际金融机构，来研究公共组织的国际金融市场上相关主体。

第二次世界大战期间，战乱导致了国际金融市场的混乱。在第二次世界大战末期，虽然此时战争未完全结束，但各国元首们已经认识到战后经济的复苏需要，并希望建立一个稳定的国际金融体系和货币体系来实现国内的物价稳定和充分就业，并使各国在不限制国际贸易的条件下实现外部均衡。[①]

1944 年 7 月，44 国的代表在美国新罕布什尔州举行了著名的布雷顿森林会议。此次会议中的一项内容就是通过决议成立"国际货币基金组织"作为常设性的国际金融机构。1945 年 12 月 27 日，代表该基金组织 80% 份额的 29 国政府，在华盛顿签署了《国际货币基金组织协定》，此协议宣告了国际货币基金组织（International Monetary Fund，IMF）正式成立。

## 第一节　国际货币基金组织原则

当时，著名的经济学家凯恩斯（Keynes）和怀特（White）在第二次世界大战后提出创建国际基金组织的起因是，他们认为世界需要一个官方机构来促进多边合作以替代闭关自守的经济政策，并弥补私人市场的固有局限。又由于国际货币基金组织成立是在第二次世界大战末期，当时的国际金融环境一片混乱，因此《国际货币基金组织协定》拟定时的条款深受两次世界大战之间的金融波动、价格不稳、失业与国际经济崩溃的影响。这些条款希望通过兼顾原则性和灵活性来力求避免历史悲剧的重演，并帮助恢复多边贸易和货币的可兑换性。

---

① 克鲁格曼. 国际经济学（第五版）. 中国人民大学出版社，2002：518 – 520.

## 世界著名经济学家：约翰·梅纳德·凯恩斯

约翰·梅纳德·凯恩斯（John Maynard Keynes），现代西方经济学最有影响的经济学家之一，他创立的宏观经济学与弗洛伊德所创的精神分析法和爱因斯坦发现的相对论一起并称为 20 世纪人类知识界的三大革命。

凯恩斯原是一个自由贸易论者，直至 20 世纪 20 年代末仍信奉传统的自由贸易理论，认为保护主义对于国内的经济繁荣与就业增长一无可取。但 1936 年其代表作《就业、利息和货币通论》（The General Theory of Employment，Interest and Money，简称《通论》）出版时，凯恩斯一反过去的立场，转而强调贸易差额对国民收入的影响，相信保护政策如能带来贸易顺差，必将有利于提高投资水平和扩大就业，最终导致经济繁荣。《通论》的出版也引发了整个经济学界的思考和讨论，奠定了凯恩斯在经济学界的地位。

**图 6-6　凯恩斯**

## 一、货币管理原则

在《国际货币基金组织协定》中，其进行货币管理主要的原则就是对各国汇率与美元挂钩而与黄金联系的规定。实际上，这是维持了固定汇率制度，它要求各国货币对美元保持固定汇率，并且把美元对黄金的兑换比例固定在 35 美元每盎司。这样，成员国的国际储备以美元或者黄金的形式持有，并有权向美联储以官方价格兑换黄金。如果一国实行过度的货币扩张政策，那么它将丧失国际储备并使该国的货币对美元的固定汇率难以维持。而美联储自身也由于负有美元兑换黄金的义务而对其的货币政策有所限制，之所以各国选择固定汇率制度，也是由于两次世界大战之间的事实使得国际货币基金组织的缔造者们深信，浮动汇率是造成投机性不稳定的根源和国际贸易的障碍。

两次世界大战中的战时经验表明，各国政府总是不太愿意通过牺牲国内就业为代价来保持自由贸易和固定汇率。特别是 1921 年前后的大萧条使人们普遍认为政府有维持充分就业的义务。因此，《国际货币基金组织协定》致力于在上述货币体系下融入充分的灵活性，允许各国在不牺牲国内平衡目标与保持固定汇率的基础上有秩序有步骤地实现外部均衡。

最初情形下，国际货币基金组织有两大主要功能来促进各国实现在外部调整中政策的灵活性：

### （一）融资便利

当成员国遇到短期的经常项目赤字，而实行紧缩的货币或者财政政策将影响到国内的就业时，国际货币基金组织将向它们提供外币贷款以帮助其渡过难关，而这种贷款的资金来源是各成员国。

这种贷款的机制是如何实现的呢？首先，国际货币基金组织的成员在加盟时被分配了一个额度。这个额度是该成员国向国际货币基金组织的储备库交纳的资金数量与有权从中提取的数量。每一个成员国额度的 1/4 以黄金的形式交纳，而剩余的 3/4 以本国货币的形式交纳。成员国有权使用本国货币向国际货币基金组织临时购买和其交纳的黄金等值的黄金或者外国货币。同时，各成员国还可以在一定限度内借超过额度的黄金或者外币，但必须接受国际货币基金组织对其国内宏观政策的严格监督。

## （二）　可调整的货币平价

虽然在布雷顿森林体系中，各国采取的是固定汇率，但是若国际货币基金组织认为其经济处于严重的"根本性失衡"情形，则允许该国货币相对于美元升值或者贬值，将其汇率固定在新的水平上。"根本性失衡"描述的是某些国家的国内产品遭遇了不利的永久性变动，如果仍旧在原汇率水平上实行固定汇率的话，将出现大量的失业和经常项目大额逆差。但如果实行货币贬值的话，可以增加就业和减少贸易逆差、增加经常项目盈余，这样就可以缩短一个消耗该国国际储备的漫长而痛苦的调整过程。国际基金组织的创作者们由此规定了汇率在一定程度上的灵活性，即可调整的货币平价。但人们希望它并不经常发生，而且这种可调整的灵活性对于核心货币美元是不可行的。

## 二、货币的可兑换性

正如在一国内用一种大家广泛认可的货币对交易进行结算可以大大降低交易的成本，在国际贸易中运用各国的货币也可以加速贸易的扩大，促进各国经济的发展。为了促进有效的多边交易，《国际货币基金组织协议》督促各国尽快实现货币的自由兑换。货币的可兑换性是指该货币可以与外币自由的兑换。若各国货币都不能兑换，那么国际贸易将举步维艰。加拿大商人可能不愿意把货物卖到美国，因为这种交易获得的不可兑换的美元只能在美国使用。如果没有美元的汇兑市场，加拿大就无法获得美元来购买美国商品，两国的贸易就只剩物物交换这种效率低下的方式。

《国际货币基金组织协议》只要求在经常项目交易中实现货币的可兑换性，即在一国允许在经常项目交易中自由运用其通货的情况下，该国可以明确地限制资本项目上的外汇交易。因为之前的经历让政策制定者们认为私人资本流动是导致经济不稳定的一个因素，所以他们担心投机性的"热钱"在国际资本市场中的流动会破坏他们在固定汇率下实现自由贸易的初衷。布雷顿森林体系的设计者们希望在促进自由贸易的同时避免私人资本流动给他们可能带来的外部约束和困扰。

事实上，直到 1958 年年底大部分欧洲国家才彻底恢复了货币的可兑换性，日本在 1964 年也实现了货币的可兑换性。而美元作为最早实行可自由兑换的货币以及其在布雷顿森林体系中的特殊地位使之成为第二次世界大战之后世界经济中的一种关键货币。

由于它的可兑换性，许多国家都倾向于使用美元计价，进出口商人们也尽量使用美元结算。从某种角度说，美元已经有国际货币的作用——一种普遍接受的交换媒介、价值尺度与价值储藏。美元的统治地位也依赖于其相对世界其他国家的强大经济力量。各国中央银行很自然地发现用生息的美元资产形式持有国际储备更加有利，但是随着其他各国经济的发展以及美国近年来大肆发行美元采取"以邻为壑"的货币政策，现在美元在国际货币体系中开始饱受非议。

## 第二节　国际货币基金组织的重要演变

由于国际货币基金组织的诞生是第二次世界大战后各国为了维持国际金融秩序的稳定，而在第二次世界大战后国际货币领域采取的是布雷顿森林体系即实行的是固定汇率制度，国际货币基金组织的功能主要在于维持各国汇率的稳定，保证国际金融秩序和贸易秩序的稳定。但是国际货币基金组织也随着因时间推移而出现的问题不断向前发展。例如 1963 年，国际基金组织引入了补偿性融资便利，帮助那些因粮食歉收等类似事件，造成临时性外汇储备不足的国家；1974 年，它建立了石油贷款，帮助进口石油的发展中国家；同时，它还为结构性困难的国家建立了中期贷款，并于 1976 年创立了信托基金，允许出售黄金，向第三世界的发展中国家提供优惠贷款；而在 20 世纪 80 年代，它商讨为有外国债务问题的国家设立特别备用贷款。[①]

### ■一、特别提款权的提出

随着世界经济（以及世界贸易）在第二次世界大战后开始恢复，美国的经济霸权渐趋式微。首先从废墟中复苏的是西欧。在国内努力、国际支持（来自美国的马歇尔计划、世界银行和后来的基金组织）以及体现了本地多边主义的共同市场和欧洲支付联盟的共同作用下，20 世纪 50 年代后期欧洲大部分地区迅速增长，在多边贸易和货币兑换领域日益开放。德意志联邦共和国 1952 年加入基金组织并迅速成为世界主要经济体之一。其后亚洲接踵而至。日本也于 1952 年加入基金组织，到 20 世纪 60 年代，日本已快与美国和德国并驾齐驱，即将步入一流经济强国的行列。随后，在 20 世纪 70 年代，沙特阿拉伯和中东其他石油输出国的经济实力跃升。在 30 年里，美国占世界出口的比重从 22% 降到 12%，占官方国际储备的比重下降得甚至更多，从 1948 年的 54% 降到 1978 年的 12%。

随着经济和金融力量变得更加分散，越来越多的货币在经常账户甚至资本交易中完全可以兑换，形成了多个世界经济中心。贸易伙伴的增长速度不一，并实行了不同的金融政策。固定汇率以及黄金和美元有限供给所面临的压力越发频仍，且日益加剧。1969

---

① 艾弗雷克拉克. 国际金融（第 2 版），北京大学出版社，2002.

年国际货币基金组织做出反应，修订了《国际货币基金协定》，并创造了特别提款权（SDR，Special Drawing Right）以补充现有储备资产。

特别提款权是国际货币基金组织创设的一种储备资产和记账单位，亦称"纸黄金（Paper Gold）"。它是基金组织分配给会员国的一种使用资金的权利。会员国在发生国际收支逆差时，可用它向基金组织指定的其他会员国换取外汇，以偿付国际收支逆差或偿还基金组织的贷款，还可与黄金、自由兑换货币一样充当国际储备。但由于其只是一种记账单位，不是真正货币，使用时必须先换成其他货币，不能直接用于贸易或非贸易的支付。因为它是国际货币基金组织原有的普通提款权以外的一种补充，所以称为特别提款权。

特别提款权最初发行时每一单位等于 0.888 克黄金，与当时的美元等值。发行特别提款权旨在补充黄金及可自由兑换货币以保持外汇市场的稳定。而具体的份额分配是按国际货币基金组织协定的规定，基金组织的会员国都可以自愿参加特别提款权的分配，成为特别提款账户参加国。会员国也可不参加，参加后如要退出，只需事先以书面通知，就可随时退出。基金组织规定，每 5 年为一个分配特别提款权的基本期。第 24 届基金年会决定了第一次分配期，即自 1970 年至 1972 年，发行 93.148 亿特别提款单位，按会员国所摊付的基金份额的比例进行分配，份额越大，分配得越多。这次工业国共分得 69.97 亿，占总额的 74.05%。其中美国分得最多，为 22.94 亿，占总额的 24.63%。这种分配方法使急需资金的发展中国家分得最少，而发达国家则分得大部分。发展中国家对此非常不满，一直要求改变这种不公正的分配方法，要求把特别提款权与援助联系起来，并要求增加它们在基金组织中的份额，以多分得一些特别提款权。

特别提款权从本质上可以看作一个由多种外汇组成的货币篮子，从组成来看大致为 42% 的美元，37% 的欧元，12% 的日元和 9% 的英镑。从存量上看，中国目前在国际货币基金组织中拥有 80.9 亿 SDRs（占所有 SDR 的 3.66%），按照基金组织最近的折算率折算约合 121 亿美元。2011 年 5 月特别提款权对一些主要货币的汇率估价见表 6-5。

表6-5　　　　　　　　1 单位 SDR 对主要货币的汇率变动（2011 年 5 月）

| 币种 | 2011.5.2 | 2011.5.5 | 2011.5.10 | 2011.5.16 | 2011.5.25 |
|---|---|---|---|---|---|
| 欧元 | 1.09403 | 1.09512 | 1.11276 | 1.12155 | 1.12481 |
| 日元 | 132.291 | NA | 128.295 | 128.483 | 129.765 |
| 英镑 | NA | 0.983168 | 0.978081 | 0.980777 | 0.975106 |
| 美元 | 1.62321 | 1.62232 | 1.5977 | 1.5862 | 1.5825 |
| 人民币 | NA | 10.5491 | 10.3771 | 10.3244 | 10.2783 |
| 韩元 | 1 742.19 | NA | NA | 1 727.22 | 1 732.52 |

资料来源：IMF 官方网站发布的数据资料.

尽管国际货币基金组织在 1969 年提出特别提款权来弥补美元和黄金供给有限的问题，但这一举措过于有限，无法解决根本性问题，未能化解各种压力。结果，甚至在

1973 年第一次石油冲击之前,最初的汇率固定但可调整的布雷顿森林体系已难以维继。在受到越战的影响以及一系列震荡下,布雷顿森林体系在 1968 ~ 1973 年间崩溃。美元不再能兑换黄金,黄金在国际货币体系中不再发挥核心职能,甚至不能发挥有用的职能。1976 年,一个新的国际货币体系——浮动汇率体系在牙买加形成,黄金正式不再作为货币。

## 二、金融全球化趋势对 IMF 的改变

在国际货币基金组织成立时,私人部门资金流动的规模和重要性有限。贸易流动主要由贸易信贷融资。那时大多数经济学家认为,跨境资本流动虽是投资资本的潜在来源,但同样也是潜在的不稳定因素。

20 世纪 50 年代,欧洲国家逐渐恢复可兑换性,资本流动的范围和重要性开始增加。后来,随着欧洲美元和其他离岸金融市场的出现,70 年代资本流动的范围和重要性首次大幅增加。70 年代石油输出国积累了"石油美元",且这些资产通过大型国际银行再循环到输入石油的借款国,起了进一步推动作用。到 90 年代,跨境流动已成为世界各地的工业国和新兴市场经济体重要的融资来源,国际金融市场的结构变得十分复杂,人们不再能够衡量这些市场的规模,更不要说控制了。金融全球化的格局逐渐形成了。

金融全球化的一个影响是,对于许多潜在借款国来说,国际货币基金组织的融资量降到次要地位。在基金组织成立初期,在国际收支中面临融资缺口的国家往往只能通过向基金组织借款来弥补缺口。但到 20 世纪 80 年代,它们的目标则往往是从基金组织借入较少资金用以支持商定的政策改革方案并由此希望说服其他债权人相信该国的良好前景,从而"催化"其他资本流入。这类似于"信号"理论,该国申请到基金组织的贷款,哪怕只是少量资金,这也给其他债权人发送出良好前景的信号,给予其信心。这其中关键是改革的质量,而不是资金的数量。因此,金融全球化从根本上改变了国际货币基金组织与借款成员国以及国际货币基金组织与其他官方和私人债权人之间的关系。

金融全球化对国际货币基金组织的另一个影响是削弱了基金组织的会员制"信用社"特征,因为到 80 年代,较发达的经济体能够通过私人流动为其对外支付融资,而不需从基金组织借款。基金组织的多数成员国因此分为了长期的债权国和长期的债务国。

金融全球化的第三个影响是,设有新兴金融市场的国家依赖私人资本流入,而一旦全球或本地区经济状况恶化,私人资本流入就会出现大幅波动,所以难以依靠。20 世纪 90 年代后半期,随着私人资本流入急剧逆转,有几个中等收入国家(墨西哥于 1995 年,泰国、印度尼西亚和韩国于 1997 年,俄罗斯于 1998 年,巴西于 1999 年)先后曾向国际货币基金组织求助,其资金援助请求的规模远远超过基金组织此前提供的援助水平。[1]

---

① 国际货币基金组织网站,www.imf.org.

## ▣ 三、国际债务危机促进 IMF 改革

1982 年 8 月，国际债务市场状况历经两年的逐渐恶化后，急转直下，陷入了重大的经济危机和金融危机。

1981 年和 1982 年上半年，匈牙利、摩洛哥、波兰和南斯拉夫等国遭其银行债权人抛弃。当银行突然从墨西哥撤出时，触发了一场系统性危机。几个月后，阿根廷、巴西和智利也纷纷陷入困境，危机继续扩散。直到 1990 年，当世界利率平稳下来，债务最沉重的发展中国家的银行债务由布雷迪债券取代时，危机才结束。此次债务危机深刻改变了国际货币基金组织，把它推向国际危机管理者的角色。因为国际货币基金组织从成立初就一直保持着维护世界金融秩序稳定的宗旨，在此次国际债务危机中，基金组织不断发展其金融援助的方式，尽量帮助危机国家渡过此段艰难的时期。

在 20 世纪 90 年代期间爆发上文所述的一系列金融危机时，基金组织吸取了以前的经验教训，并被迫寻找新的办法，以处理有关国家越来越复杂的情况以及随着危机在世界各地扩散而产生的更迅速和更广泛蔓延的问题。2009 年 12 月，一场源于希腊的欧洲国家主权债务危机爆发，基金组织决定出资 2 500 亿欧元的资金来救助希腊，以防止危机的扩散。

## 第三节 国际货币基金组织现状

国际货币基金组织自 1945 年宣告成立时只有 39 个创始国，发展到目前有 187 个成员，遍布世界各地，是当前最重要的全球性国际金融组织。国际货币基金组织先后经历了布雷顿森林（固定汇率）体系、牙买加（浮动汇率）体系等阶段，不断发展和改革以适应时代的变迁，它已经对协定做过三次修改，但对于协定的第一条所规定的六条宗旨从未改变：（1）设立一个永久性的就国际货币问题进行磋商与合作的常设机构，促进国际货币合作；（2）促进国际贸易的扩大与平衡发展，借此提高就业和实际收入水平，开发成员国的生产性资源，以此作为经济政策的主要目标；（3）促进汇率的稳定，在成员国之间保持有秩序的汇率安排，避免竞争性的货币贬值；（4）协助成员国建立经常性交易的多边支付制度，消除妨碍世界贸易发展的外汇管制；（5）在有适当保证的条件下，向成员国提供临时性的资金融通，使其有信心且利用此机会纠正国际收支平衡，而不采取危害本国或国际经济的措施；（6）缩短成员国国际收支不平衡的时间，减轻不平衡的程度。

半个多世纪以来，虽然世界政治和经济格局发生了重大变化，但国际货币基金组织的宗旨从未改变，反而随着成员国增加、各国经济相互依赖性不断增强以及金融危机肆虐，其重要性也是一直得到增强。[1]

---

[1] 刘园. 国际金融. 对外经贸大学出版社，2004.

## ■一、组织形式

国际货币基金组织是一个以会员国入股方式组成的经营性组织。与一般股份公司不同的只是在于它不以盈利为其经营的直接目的。

国际货币基金组织的管理机构由理事会、执行董事会、总裁、副总裁及各业务机构组成。理事会是最高权力机构，由会员国各派一名理事和副理事组成。理事一般由各国财政部部长或中央银行行长担任，负责日常工作的机构是执行董事会。执行董事会由当时认缴份额最多的美国、英国、德国、法国、日本五国各派一名执行董事，我国和最大的债权国沙特阿拉伯各单独委派一名执行董事，以及按国家或者地区选出的 15 名执行董事，共 22 人组成。总裁则是由执行董事会推选出的，是基金组织的最高行政领导人。总裁任期 5 年，同时兼任执行董事会主席。但总裁在平时并无投票权，只有在执行董事会进行表决双方票数相等时，总裁才拥有决定性的一票。总裁之下设副总裁，协助总裁工作。

另外，基金组织还设有"临时委员会"，负责有关国际货币体系的管理和改革问题；海域世界银行一起共同设立了"发展委员会"，专门应研究和讨论向发展中国家提供援助、转移实际资源的问题。

国际货币基金组织的重要决议和活动，要由会员国投票决定。凡是重大问题，要有 80% ~ 85% 的赞成票才能通过。各会员国都有 250 票的基本投票权，然后在基础投票权的基础上，再按认缴份额每 10 万美元增加 1 票。所以各国投票权的多少主要是由各会员国在基金组织的认缴份额所决定，认缴份额多则投票权就大。美国认缴份额最大，所以其拥有的投票权最多，在基金组织拥有最大的表决权和否决权。

## ■二、资金来源

作为一个以会员国入股的方式组成的经营性组织，国际货币基金组织的资金来源主要有三个渠道，分别是认缴份额、借款和信托资金。

### （一）认缴份额

认缴份额是国际货币基金组织资金的基本来源。根据《国际货币基金协定》，会员国必须向基金组织缴纳一定份额的基金。1975 年以前，会员国份额的 25% 是以黄金缴纳，但在 1976 年牙买加会议以后，国际货币基金组织废除了黄金条款，这 25% 的份额改以特别提款权或可自由兑换货币缴纳。份额的 75% 仍可以用本币缴纳，即以本国货币缴纳存放于本国中央银行，但在基金组织需要时可随时动用。各会员国认缴份额的大小，由基金理事会决定，主要综合考虑会员国的国民收入、黄金与外汇储备、平均进出口额及其变化率和出口额占国民生产总值（GNP）的比重等多方面的因素。根据基金组织的规定，对各会员国的份额，每隔 5 年重新审定和调整一次。份额的单位原来为美元，后改为以特别提款权计算。基金组织最初创立时各会员国认缴的份额总值为 76 亿美元，此后随着会员国的不断增加以及份额的不断调整，份额总数不断提高。

在会员国认缴的份额中，美国所占的份额最大。根据国际货币基金组织的官方资料，截至 2005 年 6 月，美国占会员国认缴份额的 17.46%。我国因恢复在国际基金组织的合法席位和对香港恢复行使主权，其认缴份额曾分别于 1980 年、2001 年和 2006 年三次获得特别增资，并在 2009 年再次向国际货币基金组织注资 400 亿美元。11 月 6 日晨 7 时 30 分，国际货币基金组织执行董事会就份额和治理改革一揽子方案达成一致。根据该方案，我国份额占比将从之前的 3.72% 升至 6.39%，投票权将从之前的 3.65% 升至 6.07%，排名从并列第六跃居第三，仅位列美国和日本之后。当前各国所占份额分布见图 6 - 7。

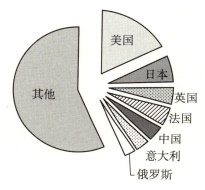

**图 6 - 7　IMF 份额分布**

资料来源：此数据截至 2010 年 10 月，最新一次的改革过后，中国将占到 6.39% 的份额，一举成为 IMF 第三大股东。

### （二）借款

这是基金组织另一项重要的资金来源，但借款总额有限度规定，一般不得超过基金份额总量的 50% ~ 60%。基金组织可以通过与成员国协商，向成员国借入资金，作为对成员国提供资金融通的来源。它可以选择任何货币和任何来源寻求所需款项，不仅可以向官方机构借款，还可以像私人组织借款，包括商业银行借款。

### （三）信托基金

这是一项新的特殊资金来源，1976 年，国际货币基金组织决定，向市场出售一部分成员国原来缴纳的黄金，以其所得利润作为信托基金，向最贫穷的国家提供信贷帮助。

## 三、业务活动

国际货币基金组织的主要业务活动有汇率监督与政策协调、发放各类贷款业务等。

### （一）汇率监督与政策协调

为了保证有秩序的汇兑安排和汇率体系的稳定，取消不利于国际贸易的外汇管制，防止成员国随意操纵汇率或采取歧视性的汇率政策以谋求竞争利益，国际货币基金组织对成员国的汇率政策进行监督。

这种监督可以分为两种形式：第一，在多边基础上的监督。国际货币基金组织通过分析发达国家的国际收支和国内经济状况，评估这些国家的经济政策和汇率政策对维持世界经济稳定发展的总体影响。第二，在个别国家基础上的监督。这主要是检查各成员国的汇率政策是否符合《国际货币基金协定》所规定的义务和指导原则。随着近年来世界经济一体化和金融全球化的趋势愈发明显，第一种监督模式也越来越重要。

除了对汇率政策的监督外，国际货币基金组织在原则上每年与各会员国进行一次磋商，以对会员国经济和金融形势以及经济政策作出评价。这种磋商的目的是使基金组织能够履行监督会员国汇率政策的责任，并且有助于使基金组织了解会员国的经济发展状况和采取的政策措施，从而能迅速地处理会员国的贷款申请要求。基金组织每年排除由经济学家组成的专家小组到会员国搜集统计资料，听取政府对经济形势的估计，并同一些特别重要的国家进行磋商。

## （二）贷款业务

根据《国际货币基金协定》的内容，在成员国发生国际收支不平衡时，基金组织对成员国提供短期信贷。这些贷款有以下特点：（1）贷款对象限于成员国政府，基金组织只同成员国的财政部、中央银行以及类似的财政金融机构往来；（2）贷款用途只限于解决短期性的国际收支不平衡，用于贸易和非贸易的经常项目的支付；（3）贷款期限限于短期，属于短期贷款；（4）贷款额度是按各成员国的份额及规定的各类贷款的最高可贷比例，确定其最高贷款总额；（5）贷款方式是根据经磋商同意的计划，由借款成员国使用本国货币向基金组织购买其他成员国的等值货币（或特别提款权），偿还时，用特别提款权或基金组织指定的货币买回过去借用时使用的本国货币（一般称为购回）。国际货币基金组织近些年来的贷款情况见图6-8。

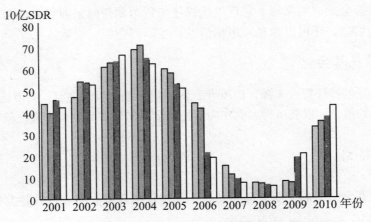

图6-8　2001~2010财年IMF季度贷款余额

国际货币基金组织发放贷款的条件比较严格，贷款国必须向基金组织阐明其为改善国际收支状况而采取的政策措施，并接受基金组织的监督，以保证实施。其贷款种类主要有以下几种：

（1）普通贷款（Normal Credit Tranches），即"普通提款权"（General Drawing Rights，GDRs），是国际货币基金组织最基本的贷款，也称为基本信用贷款（Basic Credit Facility），主要用于成员国短期国际收支逆差的资金需求。其贷款期限一般不超过5年，利率随期限递增。基金组织的普通贷款采取分档政策，即将成员国的普通提款权划分为储备部分贷款和信用部分贷款。贷款额度最高不超过会员国缴纳份额的125%，其中25%为储备部分贷款，又称"成员国在基金组织的储备头寸"。此部分成员国可自动提取，而不必专门经过批准。其余贷款即为信用部分贷款，分四个档次，每档占25%，被基金组织分别采取不同的政策加以对待。贷款条件的严格程度逐级递增，贷款档次越高，贷款条件越严。

（2）出口波动补偿贷款（Compensatory Financing Facility），是于1963年2月国际货币基金组织为稳定原料出口价格，缓和与发展中国家矛盾，对以初级产品出口为主的发展中国家由于出口收入暂时下降或谷物进口支出增大而发生的国际收支困难而设立的一项专用贷款。1989年1月基金组织以"补偿与应急贷款"（Compensatory & Contingence Facility）取代出口波动补偿贷款，贷款最高额度为120%。贷款条件是借款国出口收入下降或谷物进口支出增加应是暂时性的，而且是成员国本身无法控制的原因造成的，同时借款国必须同意与基金组织合作执行国际收支的调整计划。

（3）中期贷款，又称为扩展贷款（Extended Fund Facility），是1974年9月国际货币基金组织为帮助成员国克服长期国际收支逆差的困难而设立的专项贷款，主要用于满足成员国长期国际收支逆差的资金需求。贷款期限为4~10年，贷款最高限为借款成员国缴纳份额的140%，采取分期发放和分期偿还的方式。

（4）扩大贷款，是国际货币基金组织对那些份额少而经济面临严重困难，需要大规模调整的，而且出现持续性巨额国际收支逆差的成员国提供的一项贷款，贷款期限为0.5~7年。

（5）结构调整贷款与加强结构调整贷款，分别为1986年3月和1987年12月国际货币基金组织为了帮助低收入发展中国家解决长期性国际收支不平衡而进行经济结构调整所设立的贷款项目。其资金来源为信托基金贷款的还款和国际货币基金组织的利息收入与对外借款。其贷款条件较为优惠，期限较长，利率较低。贷款额度主要取决于借款国与基金组织的合作态度及其为改善经济结构所做的努力。

（6）制度转型贷款，是1993年4月国际货币基金组织为了帮助苏联和东欧国家解决由计划经济向市场经济转变过程中所引起的国际收支困难而设立的专项贷款。贷款期限为4~10年，贷款的最高限额为成员国缴纳份额的50%。此项贷款的获得与否及其额度的多少主要取决于借款国与基金组织的合作态度和其为经济转型所做出的切实有效的努力。

除上述各项贷款外，国际货币基金组织还设置了在突发情况下的紧急贷款机制。这一机制可以保证当成员国国际收支账户出现危机或受到威胁可能引发危机时，国际货币基金组织能够立即做出反应，迅速进行相应的贷款安排，以使危机尽快解决。

国际货币基金组织提供各类贷款，但这些贷款与商业性贷款有很多区别，其中最重要的一个在于它的条件，基金组织通过发放各类贷款，帮助成员国克服其国际收支困难以及稳定汇率等，这无疑有着积极的意义。但随其贷款一起附带的许多条件或条款，往往带来一些负面效果，从而招致人们的非议。一般情况下，借款成员国必须接受基金组织的"专家小组"所制定的经济调整计划，才能得到贷款资格，这无疑让借款国感觉到基金组织借贷款干涉本国内政，产生抵触心理。而且从国际货币基金组织的角度看，这些经济调整计划的措施也许都是为了维护国际金融秩序，降低贷款风险，但从受援国角度看，这些条件和措施是否良药还需要具体分析。而且长期以来，国际货币基金组织的主导权都掌握在西方发达国家手中，许多条款和措施都令广大发展中国家大为不满。

## IMF 与日本的借款协议

2009 年 2 月 13 日，IMF 与日本签署了一项双边借款协议，在当前全球经济和金融危机的情形下暂时增强其援助成员国的能力。根据这项协议，日本承诺向 IMF 提供高达 1 000 亿美元（约 680 亿 SDRs）的借款，这笔借款的可用补充资金将有助于确保 IMF 能继续向其成员国提供及时和有效的国际支付援助。

IMF 称这笔额外资金将使其能够向 185 个会员国提供及时和有效的资金援助。IMF 业已承诺向包括白俄罗斯、匈牙利、冰岛、拉脱维亚、巴基斯坦、塞尔维亚、乌克兰在内的受此次金融危机影响颇为严重的数个国家提供总计 480 亿美元的资金援助。2009 年 1 月份，IMF 还与莎尔瓦多和土耳其政府进行了资金援助的谈判。

2008 年 11 月，日本首相麻生太郎（Aso Taro）就曾经宣布日本政府将会积极向 IMF 提供额外资金注入，以帮助 IMF 应对金融危机带来的挑战。在 2009 年 2 月 12 日 IMF 执行董事会批准该协议之后，IMF 和日本政府在意大利首都罗马正式签署了该借款协议。除了向日本政府借款 1 000 亿美元外，IMF 还有约 2 000 亿美元的借贷资源可供使用。目前，日本政府向 IMF 提供的资金援助总额已经占各成员国向 IMF 提供资金援助总额的约 31%。

资料来源：陈漓高，齐俊妍，张燕等. 国际经济组织概论. 首都经济贸易大学出版社，2010.

## 四、发展趋势

国际货币基金组织的威望和重要性逐年增长，它在国际金融体系中起到了关键的作用。与国际货币基金组织达成协议，对于那些从商业银行寻求资金有困难的国家而言，已经成为一个不可或缺的条件。例如在墨西哥比索危机的高峰时期，国际货币基金组织同美国以及其他国家一道确保了向墨西哥提供 500 亿美元的信贷额度，使它避免债务拖欠。而在 1997 年东南亚金融危机期间，虽然很多观察家认为国际货币基金组织的表现"太少，太晚和太不明智"，但它在避免国际金融体系崩溃中起了重要作用。

在国际货币基金组织不断在国际金融市场上发挥重要作用的同时存在一系列的问题。首先是其透明度尺度问题，尽管其努力地保证公开、公正的信息披露，许多借款国仍旧批评其在协商的过程中不合时宜地披露信息或是隐藏信息，同时私营部门也抱怨由于信息不对称使它们在协商过程中处于不利地位。其次则是援助机制的问题。国际货币基金组织经常在面对金融危机时措施不力或者政策滞后，引起世界范围内的广泛批评。而且其提出的条件和改革政策经常与受援国的实际相偏离，取得背道而驰的效果。最后，国际货币基金组织的决策机制也是饱受质疑。因为其以份额为基础的投票权和加权投票制完完全全维护了发达国家的利益，发展中国家的话语权过于微弱，无法维护自己在国际金融市场上的利益。[1]

在 2009 年金融危机冲击过后，各国意识到 IMF 的份额制度存在分配缺乏科学性和透明性、发达国家所占比重过大、"一国一票"变为"一美元一票"、美国拥有一票否决权等[2]缺点，国际货币基金组织改革迫在眉睫。

首先，它开始致力于提高透明度，因为及时、充分的信息披露是有效防范金融危机的关键。为此，国际货币基金组织制定了特殊的数据公布标准来便利成员国之间的交流，并公布其对外借款的融资来源和资金流向，接受各成员国的监督。其次，它更加重视贷款的有效性，提供一种新的融资工具，即辅助储备融资工具。这是一种短期发行但利率高于市场平均利率的贷款，国际货币基金组织越来越多的采取这种贷款并加强与私营们的合作，提升贷款的效率，减少道德风险。

另外，国际货币组织最重要的改革方向在于它需要改革其决策机制，即调整份额分配和投票权。随着发展中国家的崛起，特别是中国，已然成为后危机时代世界经济增长的发动机，它们也要求在国际货币基金组织中有更多的话语权。IMF 预计，2008～2014 年，"金砖四国"对世界经济增长的贡献将达到 61.3%。由此，在 2009 年中国向国际货币基金组织注资 400 亿美元，在 2011 年，中国的份额占比将从之前的 3.72% 升至 6.39%，投票权将从之前的 3.65% 升至 6.07%，排名从并列第六跃居第三，仅位列美国和日本之后。但是这未从根本上改变国际货币基金组织的格局，因为美国仍然控制了多于 17% 的投票权。而国际货币基金组织对于重大事件的提议必须有 85% 以上的赞成率才能通过，这相当于美国拥有一票否决权。

在国际货币基金组织的 2010 年报中显示，当前它的治理结构改革的一个目标是增加有活力的新兴市场的投票权比重和提高低收入国家发言权。[3] 在 2010 年 4 月的公报中，国际货币与金融委员会敦促各成员国立即同意改革。在第十四次份额总检查（计划在 2011 年 1 月之前完成）的背景之下，2010 财年开始了进一步的份额改革工作。国际货币与金融委员会在其 2009 年 10 月的公报中表示，它支持以当前的份额公式作为工作

① 陈漓高，齐俊妍，张燕等．国际经济组织概论．首都经济贸易大学出版社，2010：55－73．
② 谢世清．国际货币基金组织份额与投票权改革．国际经济评论，2011（2）．
③ IMF 2010 年财报来源于 IMF 官方网站．

基础，将至少5%的份额比重从代表性过高的国家转向代表性不足的国家，转向具有活力的新兴市场和发展中国家，同时致力于保护基金组织最贫困成员国的投票权比重。但是截至2010财年年底，基金组织最近的份额改革（理事会于2008年4月批准）仍然不够批准所需的票数，无法得到批准。因此，国际货币基金组织的改革，同国际货币体系的改革一样，是路漫漫其修远兮的。

尽管总体来看，国际货币基金组织的改革还有很多工作要做，但这次份额改革使中国坐上了国际货币基金组织的第三把交椅，是国际社会对中国经过30多年的改革开放综合实力上升的肯定，也是中国走向金融大国的道路上所迈开的关键性的一步，无疑将会带来新的发展机遇。但另一方面，这也意味着中国今后要承担更多的国家责任，面对新的艰巨挑战。

☞ **本章关键词** ☜

| | | |
|---|---|---|
| **布雷顿森林会议** | **国际货币基金组织** | **货币管理原则** |
| **货币可兑换性** | **特别提款权** | **金融全球化** |
| **国际债务危机** | **IMF 份额** | |

☞ **深入思考的问题** ☜

1. 国际货币基金组织成立的背景和动因是什么？在几十年的发展中，其宗旨和职能如何演变，你认为在未来应该如何发展？

2. 查找资料，了解在墨西哥金融危机中国际货币基金组织采取了哪些举措，你认为是否合适和及时，在2008年的全球金融海啸中呢？

3. 谈谈你对国际货币基金组织未来改革方向和重点的看法。

# 第二十章

# 世界银行集团

就如同一个国家的金融体系发展到一定阶段产生了银行这样的金融中介来帮助降低交易成本、提高交易效率一样，在整个世界的金融体系构筑起来后，人们也思考是否可以有这么一个国际间的银行中介来缓解各国矛盾、促进国际贸易。于是1944年举行的布雷顿森林会议除了成立国际货币基金组织外，同时还成立了另一个机构——世界银行（World Bank）。当时成立世界银行的目的是帮助第二次世界大战中受到打击的国家重建和扶助贫穷落后的国家，为它们的基础设施建设和发展提供资金。这就是本章接下来要介绍的另一个重要的国际金融机构——世界银行集团。

自世界银行正式成立至今的60多年间，它从一个单一机构发展为由五个密切关联的机构组成的世界银行集团（World Bank Group）。只有国际货币基金组织的成员国才可以加入世界银行集团，成为其成员国。目前，世界银行集团是若干全球性金融机构的总称，有186个成员国，整个集团由世界银行本身即国际复兴开发银行、国际开发协会（International Development Association，IDA）、国际金融公司（International Finance Corporation，IFC）、多边投资担保机构（Multinational Investment Guarantee Agency，MIGA）和国际投资争端解决中心（International Center for Settlement of Investment Disputes，ICSID）五个机构组成。[1] 本章将分节依次对国际复兴开发银行、国际开发协会和国际金融公司（见表6-6）进行解读。

表6-6　　　　　　　　　　世界银行集团主要机构

| 下属机构 | 组织结构 | 资金来源 | 主要业务活动 |
| --- | --- | --- | --- |
| 国家复兴开发银行 | 股份性质 | 股金、发行债券、留存收益等 | 项目贷款、非项目贷款、技术援助贷款、联合贷款等 |
| 国际开发协会 | 股份性质 | 股金、补充资金、世行赠款、盈余 | 对公共工程和发展项目提供长期贷款 |
| 国际金融公司 | 股份性质 | 股金、借款、积累收入 | 对成员国的私人企业或私人同政府合营企业提供贷款 |

---

[1]　世界银行网站，www. worldbank. org.

# 第一节　国家复兴开发银行

国家复兴开发银行（International Bank for Reconstruction and Development，IBRD）即世界银行本身，它于1945年12月正式宣告成立，1946年6月开始办理业务，1947年11月成为联合国的专门机构，其总部设在华盛顿。该行的成员国必须是国际货币基金组织的成员国，但国际货币基金组织的成员国不一定都参加国家复兴开发银行（见图6-9）。[①]

**图6-9　世行前行长罗伯特·佐利克**

## ■ 一、宗旨与职能

国家复兴开发银行，或者说世界银行，与国际货币基金组织两者起着相互配合的作用。由上一章知道，国际货币基金组织主要负责国际货币事务方面的问题，其主要任务是向成员国提供解决国际收支暂时不平衡的短期外汇资金，以消除外汇管制，促进汇率稳定和国际贸易的扩张，而国际复兴开发银行则主要负责经济的复兴和发展，向各成员国提供发展经济的中长期贷款。

按照《国际复兴开发银行协定条款》的规定，该行的宗旨是：（1）通过对生产视野的投资，协助成员国经济的复兴与建设，鼓励不发达国家对资源的开发；（2）通过担保或参加私人贷款及其他私人投资的方式，促进私人对外投资。当成员国不能在合理条件下获得私人资本时，可运用该行自有资本或筹集的资金来补充私人投资的不足；（3）鼓励国际投资，协助成员国提高生产能力，促进成员国国际贸易的平衡发展和国际收支状况的改善；（4）在提供贷款保证时，应与其他方面的国际贷款配合。

国家复兴开发银行在成立之初，主要是资助西欧国家恢复被战争破坏了的经济，但1948年之后，欧洲各国开始主要依赖美国的"马歇尔计划"来恢复战后的经济，国家复兴开发银行于是主要转向为发展中国家提供中长期贷款与投资，促进发展中国家经济和社会的发展。

## ■ 二、组织机构

国家复兴开发银行是一个具有股份性质的金融机构，类似一般的股份制银行，设

---

① 王仁祥，胡国辉. 国际金融学. 科学出版社，2009.

有理事会、执行董事会、行长及具体办事机构。理事会是世界银行的最高权力机构，由每一成员国委派理事和副理事各一名组成。执行董事会负责银行的日常业务，行使理事会授予的职权。银行政策管理机构由行长、若干副行长、局长、处长及工作人员组成。

其中，世界银行对我国的贷款业务，由东亚及太平洋地区国家三局负责，国家三局也称为中国和蒙古国国家局，简称"中蒙局"。

## 三、资金来源

国家复兴开发银行的资金，主要来自以下三个方面：

### 1. 成员国缴纳的股金

在国家复兴开发银行成立之初，法定股本为 100 亿美元，分为 10 万股，每股 10 万美元。后经几次增资，截至 1993 年 6 月，法定股本 1 530 亿特别提款权。[①] 根据原先国家复兴开发行协定，成员各认缴的股金必须分两部分缴纳：第一，成员国参加时应缴纳认缴股金的 20%，其中的 2% 必须用黄金或美元支付，这一部分股金世界银行有权自由使用，其余的 18% 用成员国的本国货币支付，国家复兴开发行只有在征得该成员国同意时才能将这部分股金用于贷款。第二，成员国认缴股金的 80% 是待缴股本，它可在国家复兴开发银行因偿还借款或清偿债务而催缴时，以黄金、美元或该行需要的货币支付。但在 1959 年增资时，成员国实缴股金比例降为 10%，其中以黄金、美元缴纳的部分降为 1%，以本币缴纳部分降为 9%，其余部分为待缴股金。

### 2. 发行债券获得的资金

在实有资本很有限而又不能像一般商业银行那样吸收短期存款的条件下，国家复兴开发银行主要通过在各国和国际金融市场发行债券来筹措资金。在世界银行的贷款总额中，有 80% 的资金是依靠发行债券筹集的。它发行债券的方式主要有两种：一是直接向成员国政府、政府机构或中央银行出售中短期债券；二是通过投资银行、商业银行等中间包销商向私人投资市场出售债券。随时间推移，后一种方式出售的债券比重在不断提高。而且由于世界银行信誉优良，其发行的债券一直是 AAA 评级，因而在国际资本市场上获得了比较优惠的融资条件，并成为世界上最大的非居民借款人。

### 3. 留存的业务净收益和其他资金来源

国家复兴开发银行从 1947 年开始营业以来，除第一年有小额亏损外，每年都有盈余。国际复兴开发行银行将历年业务净收益大部分留作银行的储备金，小部分以赠款的形式拨给国际开发协会作贷款资金。

---

① 参见上一章，特别提款权（SDR）是国际货币基金组织创立的一种储备资产和记账单位。

除此以来，它还有两种辅助的资金来源，一种是借款国偿还的到期借款额；另一种则是银行将部分贷款债券转让给私人投资者（主要是商业银行）而收回的资金。[①]

## ■四、主要业务活动

国家复兴开发银行的最主要业务就是向成员国尤其是发展中国家提供贷款。这些贷款从项目的确定到贷款的归还，都有一套严格的条件和程序。

首先，必须是满足一些条件的贷款才能获得国家复兴开发银行的批准。这些条件包括：国家复兴开发银行只向成员国政府或者由政府、央行担保的公私机构贷款；贷款一般用于交通、农业、教育等基础设施建设的特定项目；成员国不能以合理的条件从其他方面取得资金来源；贷款只发放给有偿还能力且能有效运用资金的成员国；贷款必须专款专用，并接受世界银行的监督。

其次，国家复兴开发银行给各成员国的贷款主要是中长期的贷款，贷款期限从 3 年到 20 年不等。贷款的利率则参照资本市场利率而定，一般低于市场利率，目前采用浮动利率计息，每半年调整一次。另外，贷款的汇率风险由借款国承担，而且必须按时如数还贷。如果一国不能按时还贷，国家复兴开发银行将于 30 天后中止为准备的任何新增贷款项目，并于 60 天后停止向现有贷款项目提供资金。

最后，国家复兴开发银行的贷款主要有以下种类：

（1）项目贷款。这是其传统的贷款业务，也是最主要的贷款业务。国家复兴开发银行的贷款有 90% 属此类贷款。该贷款属于世界银行的一般性贷款，主要用于成员国的基础设施建设。

（2）非项目贷款。这是一种不与具体工程和项目相联系的，而与成员国进口物资、设备以及应付突发事件、调整经济结构等相关的专门贷款。

（3）技术援助贷款。它包括两种，一种是与项目相结合的技术援助贷款，另一种是不与特定项目相结合的技术援助贷款。后者主要用于资助为经济结构调整和人力资源开发而提供的专家服务。

（4）联合贷款。这是一种由国家复兴开发银行牵头，联合其他贷款机构一起向借款国提供的项目融资。它设立于 20 世纪 70 年代中期，主要有两种形式：一是由国家复兴开发银行与有关成员国定好贷款项目后，即与其他贷款机构签订联合贷款协议，而后它们各自按通常的贷款条件分别与借款国签订协议，各自提供融资；二是国家复兴开发银行与其他借款者按商定的比例出资，由前者按贷款程序和商品、劳务的采购原则与借款国签订协议，提供融资。

（5）"第三窗口"贷款，亦称中间性贷款，是指在国家复兴开发银行和国际开发协会提供的两项贷款（世界银行的一般性贷款和开发协会的优惠贷款）之外的另一种贷款。其贷款条件介于两者之间。

---

① 这相当于债权的出售转让，将未来的现金流折现。这有些类似资产证券化的本质，只是没有证券化的过程。

（6）调整贷款，包括结构调整贷款和部门调整贷款。这主要是为了帮助借款国经济结构的调整、政策改革，并以此促进经济的增长。

---

# 世界银行乌鲁木齐集中供热节能改造项目北京签字

2011 年 5 月 18 日，世界银行乌鲁木齐集中供热节能改造项目协定的签字仪式今天在北京世行代表处举行，世行代表处和乌鲁木齐市政府的领导出席了签字仪式。世行表示，今后将继续不遗余力地支持中国西部地区的可持续发展。

乌鲁木齐市冬季空气污染严重，居民供暖是主要污染源之一。乌市政府大力推进集中供热节能改造，采取的一项重要措施是拆并城区分散的小锅炉，代之以由热电联产企业供热的集中供热网络，以此提高热网供热能效，减少城市冬季供暖期间的污染物排放量，提高空气质量，改善大气环境，为 230 万乌鲁木齐市市民创造良好的生活环境。世行贷款乌鲁木齐集中供热节能改造项目就是为了帮助推进这一工作。

世界银行中国局局长罗兰德在签字仪式上讲话，他说："这个项目将改变乌鲁木齐市两个重要辖区的供热方式。供热系统改造后将减少空气污染和噪音污染，改善供热服务，并降低城市能源强度和碳强度。"

世行贷款约占项目总投资的 1/3，将用于支持乌鲁木齐市水磨沟区、沙依巴克区以及天山区一部分的热电联产热网项目的基础设施建设。

这是世界银行与乌鲁木齐市合作的第二个项目。乌鲁木齐市副市长李宏斌在签字仪式上介绍说："世行与我市的首个合作项目——乌鲁木齐城市交通改善项目，不仅极大改善了我市的交通拥堵状况，还加速了城市发展的步伐。对于新项目，我市希望通过利用世界银行的智力资源和优良资金，以提高能源利用效率，改善我市自然生态环境，促进经济社会的可持续发展。"

世界银行与乌鲁木齐市的合作已长达十年之久。除了为乌鲁木齐城市交通改善项目（2001～2007 年）提供 1 亿美元贷款外，世行还提供了 100 万美元技术援助赠款用于改善乌市的公共交通，并提供了 200 多万美元全球环境基金（GEF）赠款实施集中供热改革和建筑节能推广项目。世行目前还与乌鲁木齐市环保局合作开展一项空气污染研究。

李副市长对世行在过去十年里给予乌鲁木齐的支持致以了谢意，他同时表示希望在未来继续与世界银行开展更多合作，特别是在公共交通、城市轨道建设和清洁能源方面。

罗兰德局长总结道："世界银行一向十分重视对中国西部地区发展的支持，我们也很乐于为乌鲁木齐市的可持续发展贡献力量。"

资料来源：世界银行官方网站新闻稿．

# 第二节　国际开发协会

隶属于世界银行集团的国际开发协会（International Development Association，IDA）是一个专门从事对落后的发展中国家提供期限长和无息贷款的国际金融组织。世界银行的成员国均可成为开发协会的会员国。在 1959 年 10 月国际货币基金组织和世界银行年会上，通过了建立专门资助最不发达国家的国际开发协会的决议，1960 年 9 月 24 日正式成立了国际开发协会，并于 1961 年开始运营，其总部设在华盛顿。国际开发协会的宗旨是对低收入国家提供比世界银行期限更长的优惠贷款，帮助这些国家发展经济和提高国民生活水平。

## 一、组织形式

国际开发协会是国家复兴开发银行（世界银行）的附属机构，它的组织机构和管理方式与世界银行相同，甚至相关机构的管理和工作人员也是同一班人员兼任，而且是只有世界银行成员国才能参加协会。但是国际开发协会又是一个独立的实体，有自己的协定、法规和财务系统，其资产和负债都与国家复兴开发银行分开，业务活动也互不相关。

国际开发协会的最高权力机构是理事会，下设执行董事会处理日常业务。协会会员通过投票参与决策活动，成员国的投票权与其认缴的股本成正比。成立初期，每一会员具有 500 票基本票，另外每认购 5 000 美元增加 1 票。在 1975 年第四次补充资金时，每成员国已有 3 850 基本票。

## 二、资金来源

国际开发协会的资金来源有以下四个方面：

### 1. 成员国认缴的股金

国际开发协会成立时的法定资本为 10 亿美元，将成员国分为两组，第一组为发达国家 21 个，这些国家认缴的股金必须全部以黄金或者可兑换货币缴纳；第二组为发展中国家，其认缴资本的 10% 必须以可兑换货币缴纳，其余 90% 可用本国货币缴纳。协会要动用这些国家的货币发放贷款时，必须先征得各国同意。

### 2. 成员国提供的补充资金

由于成员国认缴的股金极其有限，远远不能满足贷款的需求，1965 年以来，国际开发协会已经多次补充资金。在全部资金中，美、英、德、日、法等国占大部分比例。

3. 世界银行的赠款

自 1964 年开始，世界银行每年都将其净收益的一部分以赠款的形式拨给国际开发协会，作为协会开展业务的资金来源。

4. 协会本身经营业务的盈余

国际开发协会从发放开发信贷收取小比例的手续费及投资收益中可以得到业务收益。

## ■三、主要业务活动

国际开发协会的主要业务活动，是向欠发达的发展中国家的公共工程和发展项目，提供比国家复兴开发银行贷款条件更优惠的长期贷款。这种贷款也称为开发信贷，有以下特点：（1）期限长。最初可长达 50 年，宽限期 10 年。1987 年国际开发协会执行董事会通过协议，将贷款分为两类：一类是联合国确定为最不发达的国家，信贷期限为 40 年，包括 10 年的宽限期；另一类是经济状况稍微好些的国家，信贷期限 35 年，也含 10 年的宽限期。（2）免收利息。对已拨付的贷款余额免收利息，只收 0.75% 的手续费。（3）信贷偿还压力小。第一类国家在宽限期过后的两个 10 年每年还本 2%，以后 20 年每年还本 4%；第二类国家在第二个 10 年每年还本 2.5%，其后 15 年每年还本 5%。由于国际开发协会的贷款基本上都是免息的，故称为软贷款，而条件较为严格的国家复兴开发银行贷款则被称为硬贷款。

国际开发协会的免息贷款也需要一定的条件才能获得，主要包括：（1）借款国的人均国民生产总值必须低于 635 美元；（2）借款国无法按借款信誉从传统渠道获得资金；（3）所选定的贷款项目必须既能提高借款国的劳动生产率，又有较高的投资收益率；（4）贷款对象为成员国政府或私人企业（实际上均为成员国政府）。

# 第三节　国际金融公司

世界银行集团的另一个重要机构国际金融公司（International Finance Corporation，IFC）虽是世界银行的另一个附属机构，但从法律地位和资金来源来说，它也是一个独立的国际金融机构，同时它也是联合国的专门机构之一。国际金融公司的成立，是由于国际货币基金组织和世界银行的贷款对象主要是成员国政府，而私人企业的贷款必须由政府机构担保，从而一定程度上限制了世界银行业务活动的扩展。在 1956 年 7 月 24 日国际金融公司正式成立，总部设在华盛顿，世界银行的成员国均可成为该公司的成员国。

国际金融公司的宗旨是为发展中国家的私人企业发展提供没有政府担保的各种投资，以促进成员国经济发展，增加外国私人资本在发展中国家的投资，帮助发展中国家资本市场的发展。

## 一、组织结构

类似一般的股份制公司，国际金融公司设有理事会、执行董事会和以总经理为首的办事机构，其管理方法与国家复兴开发银行（世界银行）相同。与国际开发协会一样，公司总经理和执行董事会主席由世界银行行长兼任，但与协会不同的是，公司除了少数机构和工作人员由世行相关人员兼任外，它设有自己独立的办事机构和工作人员，包括若干地区局、专业业务局和职能局。按国际金融公司规定，只有世界银行成员国才能成为公司的成员国。

## 二、资金来源

国际金融公司的资金主要来源于成员国认缴的股金和外部借款，另有一部分是公司各项业务积累的收入。根据协定，公司成立时的法定资本为 1 亿美元，分为 10 万股，每股 1 000 美元，必须以黄金或可兑换货币缴付。40 多年来，国际金融公司进行了多次增资。为了弥补自有资本的不足，国际金融公司还从外部筹借资金，而其借款的主要方式是在国际资本市场上发行国际债券，此外国际金融公司还从世界银行和成员国政府那里取得贷款。事实上，国际金融公司对贷款和投资业务管理得力，基本上每年都有盈余，积累的净收益成为公司的一部分资金来源。

## 三、主要业务

国际金融公司的主要业务活动，是对成员国的私人企业或私人同政府合资经营的企业提供贷款或协助其筹措国内外资金，另外，它还从事其他旨在提高私人企业效率和促进其发展的活动，如提供项目技术援助和政策咨询等。它发放贷款的部门主要是制造业、加工业、开采业以及工业实业和旅游业等。

国际金融公司的贷款对象一般是成员国中发展中国家的私人企业，无需政府担保，但有时它也对公司合营企业以及为私人企业提供资金的国营金融机构发放贷款。而且国际金融公司除了对私人企业采取发放贷款的债性合约，还可以对私人企业直接入股，采取股性合约的性质投资。

国际金融公司的贷款期限比较长，一般为 7～15 年，且有 1～4 年的宽限期。贷款的灵活性也很大，既可供给项目建设的外汇需要，也提供本地货币开支部分，既可作为流动资金，又可以作为购置固定资产之用。同时，国际金融公司的贷款通常与私人投资者、商业银行和其他金融机构联合提供。

国际金融公司的贷款政策是：（1）投资项目必须对所在国的经济有利；（2）投资项目必须有盈利前景；（3）必须是无法以合理条件得到足够私人资本的项目；（4）所在成员国政府不反对投资的项目；（5）本国投资者必须在项目开始施工时就参与投资。

国际金融公司在发放贷款时还考虑政府所有权和控制的程度、企业性质和管理效率以及将来扩大私人所有权的可能性等等。

## 第四节　世界银行集团的发展历程和未来改革

在第二次世界大战后，国际货币基金组织和世界银行诞生并在国际金融体系里扮演了重要角色，促进国际贸易的发展，维持了国际金融秩序的稳定。

### ■一、业务中心和政策重点的演变

世界银行集团（World Bank Group）作为全球性金融机构，自第二次世界大战结束以来，通过调整其政策重点和业务中心，对世界经济、贸易和生产的恢复和发展起了极其重要的作用。

世界银行在第二次世界大战结束后的最初几年里，将其政策重点和业务中心放在西欧各国，促使这些国家的经济迅速恢复。后来世界银行的政策重点和业务中心由西欧转向亚、非、拉发展中国家，尤其是建立国际开发协会以免息、低手续费、贷款期限长等优惠的条件向会员国中比较穷的发展中国家提供贷款，从而促进这些国家经济的发展，提高其人民生活水平。后来诞生的国际金融公司则通过对成员国私人企业，特别是不发达国家短缺资金的私人企业，提供贷款或投资，促进这些国家私人经济成分的迅速发展。一些发达国家的垄断集团通过国际金融公司向发展中国家投资，从而避免了国际投资中的社会风险及与此相联系的政策风险，促进了发达国家经济结构与发展中国家经济结构的直接融合，但这也体现了世界银行集团背后有发达国家的影响，其政策会受到发达国家的影响。

世界银行集团的政策重点在世界经济发展的不同时期表现出不同的特征。在世界银行建立初期，其政策重点放在帮助重建受到战争破坏的欧洲经济。这一时期的业务中心是集中向西欧会员国家发放贷款并提供生产性投资，在鼓励国际投资的同时，配合国际贷款，提供信贷担保。

但从20世纪50年代末期开始，世界银行集团的政策进行调整，其政策重点由原来帮助受到战争破坏的欧洲经济恢复转向重点开发亚洲、非洲和拉丁美洲发展中国家的经济。在50年代到60年代中期，这些发展中国家因储蓄过低导致投资不足，同时缺乏外汇引进先进技术和设备，带来了经济增长缓慢的问题。世行通过提供免息或者低息的外汇贷款，帮助其引进技术，投资大型基础设施项目，促进其经济发展。在60年代后期至80年代初期，世界银行则将业务中心放在减少发展中国家普遍存在的贫困问题上，采取的措施包括：增加对贫困国的直接资本援助、支持政府增加贫困阶层利益的直接干预等。在80年代后期至90年代，发展中国家的问题多存在于宏观政策不当引起的经济环境扭曲。对此，世界银行集团增加政策性贷款以引导发展中国家建立起市场机制，改善其经济运行机制，同时聘请专家对发展中国家提供咨询或指导，帮助其完善政策研究机制。此外，世界银行集团还在投资项目中附加政策性要求，把基础设施、工业设施建设和政策调整、保护环境结合起来。图 6 – 10 为世界银行集团政策中心的转变过程。

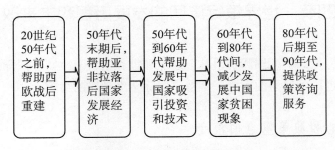

**图 6 – 10　世界银行集团政策中心转变过程**

到了 90 年代后，世界经济发生了重大变化。苏联东欧国家由高度集中的计划经济体制向私有化转变，新旧体制接轨阶段产生严重的经济矛盾，生产持续负增长。而同时发展中国家在国际体系中的地位也日益削弱，其贫困、环境、债务等问题愈发的突出。针对这些局面，世界银行集团政策重点转变为以减轻贫困为中心，实现发展中国家经济持续、稳定、不破坏环境的增长。它的业务中心也转变为：减少贫困、保护环境、促进人力资源开发。此外，世界银行集团积极承担了解决国际债务问题的责任，将解决国际债务问题列入其业务中心之一。

## 二、发展趋势和未来改革

1944 年，"布雷顿森林会议"的各国代表们抓住时机，建立起一套全新的世界经济秩序。代表们在新罕布什尔州花了三个星期，为世界经济的金融和商业关系构建并制定了一系列的规则、机构体系及制度。也是在那时，诞生了国际货币基金组织和世界银行。自此，世界银行集团有效地服务了大半个世纪。

但 60 多年来，世界格局发生了重大变革，特别是 2008 年的世界金融危机带来的巨大冲击，都要求世界银行集团组织只有制定实质性的变革政策并付诸实践才能继续有效地服务下去。此次金融危机使得世界上绝大多数的经济体受到了严重的影响并陷入衰退，而国际金融旧秩序也受到巨大的冲击。在面对金融危机、发展问题和全球化的挑战下，世界银行集团应该充当更重要的角色，在变革自身的同时推动全球金融新秩序的建立。

世界银行集团在危机后的未来改革应该包括以下几个方面：

### （一）推广问责制，增加开放性和透明度[①]

要满足全球化经济不断变化的需求，我们需要机动灵活、能力卓越且可靠的世界银

---

① 周军. 国际金融机构开放性研究——以 IMF、WB、ADB 的审查机制为视角.

行来提供服务。根据委托—代理机制，给予机构的办事人员足够的激励能提高生产效率和做决策的成功率，因为他们在做出决策的时候会更加的谨慎和搜集更多、更详细的资料。而推广问责制就是完善世界银行的管理机制，让出现问题的项目的相关人员承担一定责任，保证优秀的项目得以施行，而推行问责制工作中还包括了全球反腐工作等。

要推广问责制，一个重要的前提就是信息公开化、透明化，让公众和监督者知道项目的进展情况。这就意味着世界银行集团在接下来的工作中需要进一步增加其开放性。我们知道，在一个信息充分的市场中，最优均衡才会达到。在现实市场中，信息不对称往往让市场扭曲，无法达到最优均衡。因此，从理论上更充分的信息可以帮助达到更优的状态。事实上，世界银行是最早建立制度回应国际范围内的私人投诉的，即 1993 年成立的监督小组。监督小组所做的事务都有着严格的时间和信息公开的要求。现在每个项目都有专门的披露信息文件，但是仅靠公众是不够的，需要设立一个专门的监督部门。

## （二）增加与其他机构的合作，加大对非国营机构的投资

在最近一次波及全球的金融危机中，世界银行集团提供了高达 590 亿美元的经济援助，创下历史纪录。国际复兴开发银行的援助承诺激增两倍，达到 330 亿美元。国际开发协会的援助计划也创下历史新高，达到 140 亿美元；50% 以上的国际金融公司新项目在国际开发协会成员国。基础设施对经济复苏和就业市场至关重要，世行集团对其投资额达到了 210 亿美元，而针对社会保障和其他项目的经济援助也高达 45 亿美元。但与此同时，应对此次危机，世行集团的大规模资金投入，令其资本有些紧张。因此，对世行集团来说，与其他金融机构合作，可以采取共同贷款的方式，缓解资金的紧张局面，更轻松地应对未来可能的危机。

而另一方面，世行集团将绝大多数援助贷款发放给各国政府或者国营机构，这些机构往往都存在一个通病，就是低效率和腐败。在这些成员国中，有效率的往往是私人机构或者公司，世行集团应该增加对这些非国营机构的投资，以更有效地帮助成员国经济发展。

## （三）改革管理层，增加发展中国家话语权

在权力集中掌握在少数国家的时代背景下，"布雷顿森林体系"由 44 个国家共同制定而成。非殖民化的大潮尚处于萌动阶段，少数几个发展中国家只是历史的被支配者，而非主宰者。但那个世界早已一去不复返，当今新的政治经济现状要求建立新的体系。发展中国家是新体系的组成部分，他们也应该参与对话。新的国际体系需要世界银行集团能够体现 21 世纪的国际经济现实，承认利益相关方的作用和责任，并为发展中国家提供更大的话语权。

而世行集团的高层领导长久以来都是来自西方发达国家。虽然世行集团有着帮助发展中国家的宗旨，但是在许多政策上，管理层总是将利益蛋糕的一块划分给发达国家，这一直饱受发展中国家的非议。因此，在管理层的确定上，必须有更公正、公开的

机制。

### （四）增加宣传力度

世行集团对发展和世界经济更广泛全球化所起的作用通常遭到误解。两大原因导致了这种情况：一是世行没有很好地讲清其使命或具体工作；二是批评家们力图把全球化相关的任何或所有意向问题都归咎于世行。因此，对于世行集团来说，增加其宣传工作是必要的，特别是一些有重大影响的项目。

☞ **本章关键词** ☜

世界银行集团　　　　　国家复兴开发银行　　　　　国际开发协会

国际金融公司　　　　　世界银行改革

☞ **深入思考的问题** ☜

1. 世界银行集团的宗旨和职能是什么？它与之前介绍的国际货币基金组织之间有何异同和关系？

2. 世界银行在 2008 年全球金融危机中采取了什么措施？你认为它是否还应该采取什么新措施？

3. 谈谈你对世界银行集团未来发展趋势和改革措施的看法。

# 第二十一章

# 区域性国际金融组织

在了解两个最重要的全球性国际金融机构之后，我们开始进入区域性国际金融组织的内容。本篇第一部分的区域性经济组织相对于全球性经济组织来说，是一种次优选择一样，在本章的一系列区域性国际金融组织相对前两章的全球性金融机构来说也是一种次优选择，因为同区域内的各个国家、政府会有相对比较一致的利益诉求，从而降低金融活动成本，提高效益。在本章中，将分别介绍包括国际清算银行、亚洲开发银行在内的一系列区域性金融机构。

## 第一节　国际清算银行

国际清算银行（Bank for Intornational Settlement，BTS）是英、法、德、意、比、日等国的中央银行与代表美国银行界利益的摩根银行、纽约和芝加哥的花旗银行组成的银团。根据海牙国际协定于1930年5月共同组建的。初建时成员国只有7个，现在已发展至45个，遍布世界五大洲。尽管它现在已经是名副其实的国际性金融机构，但我们习惯上仍将其归于区域性金融组织里。

### ■一、成立背景和宗旨

国际清算银行于1930年5月在瑞士的巴塞尔正式开始营业，是唯一一家办理中央银行业务的机构，它也是世界上历史最悠久的国际金融组织。其最初创办的目的是为了处理第一次世界大战后德国的支付赔偿及其有关的清算等业务问题。第二次世界大战过后，它成为经济合作和发展组织成员国之间的结算机构，该行的宗旨也逐渐变为促进各中央银行之间的合作，为国际金融业务提供便利，并接受委托或作为代理人办理供给清算业务等。国际清算银行不是政府间的金融决策机构，也不是发展援助机构，实际上是西方中央银行的银行。

如上文所提到，当前国际清算银行的宗旨是：促进各国中央银行之间的合作；为国际金融活动提供更多的便利；在国际金融清算中充当委托人或者代理人。它是各国"中央银行的银行",向各国中央银行并通过它们向整个国际金融体系提供一系列专业化的服务,办理多种国际清算业务。它的主要任务是"促进各国中央银行间的合作并为国际金融业务提供新的便利"。由于扩大各国中央银行之间的合作始终是促进国际金融稳定的重要因素之一,因此随着经济全球化、国际金融市场一体化的推进,这类合作更显重要。国际清算银行便成了各国央行交流合作的理想场所。

## 二、业务活动

国际清算银行建立时的最初任务是办理第一次世界大战后德国战争赔款支付及协约国之间的债务清偿事务。到了 1944 年,根据"布雷顿森林协议"该行已完成其历史使命,应予以撤销,但是美国为了贯彻其援助西欧、日本的"马歇尔计划"将其保留下来。1948 年,国际清算银行成为欧洲经济合作组织的银行。到 1950 年和 1954 年,它先后成为"欧洲支付联盟"和"欧洲煤钢联营"的银行。

在布雷顿森林体系不断受到威胁和冲击的年代,国际清算银行发挥了其协调国际金融关系、维护国际金融秩序的作用。1961～1968 年间,该行作为各国中央银行和"中国集团"的活动中心,为挽救美元危机承担了"黄金总库"的代理。之后,随着布雷顿森林体系崩溃和美元地位的下降,国际清算银行的业务不断扩大,对国际金融事务,特别是各国商业银行管理的影响力不断加深,逐步发展成为全球性的国际金融组织。其主要业务包括:

### 1. 处理国际清算事务

第二次世界大战后,国际清算银行先后成为欧洲经济合作组织、欧洲支付同盟、欧洲煤钢联营、黄金总库、欧洲货币合作基金等国际机构的金融业务代理人,承担了大量的国际结算业务。

### 2. 办理或代理有关银行业务

从建立以来,国际清算银行的业务不断拓展,目前可从事的业务主要有:接受成员国中央银行贷款或者存款,买卖黄金和货币,买卖可供上市的证券,向成员国中央银行贷款或存款,也可与商业银行和国际机构进行类似业务,但不得向政府提供贷款或以其名义开设往来账户。目前,许多国家的中央银行在国际清算银行存有黄金和硬通货,并获取相应的利息。

### 3. 定期举办中央银行行长会议,出版权威性刊物

国际清算银行于每个月的第一个周末在巴塞尔举行西方主要国家中央银行的行长会议,商讨有关国际金融的问题,协调有关国家的金融政策,促进各国中央银行的合作。同时,它还以出版经济和金融方面的权威性刊物而著称,其年报对全球经济和金融发展状况作了认真的讨论和细致的分析,得到普遍的好评。

### 三、组织形式和资金来源

国际清算银行是一个股份公司性质的国际金融组织，其资金来源是靠发行股票筹集的。其中，75%的股份是由相关国家中央银行持有，其余25%的股份则由私营银行或者个人持有。

类似股份制公司，董事会是国际清算银行的最高决策机构。董事会下设经理部、货币经济部、秘书处和法律处等，董事主要由成员国中央银行行长担任。

国际清算银行的资金来源有以下三个方面：

（1）成员国缴纳的股金。国际清算银行在建立时，法定资本为5亿金法郎（Gold-francs），到了1969年增至15亿金法郎，此后还几度增资。它的股份80%为各国中央银行持有，其余20%为私人持有。

（2）借款。国际清算银行可向各成员国的中央银行借款，以补充其自有资本的不足。

（3）吸收存款。国际清算银行是"中央银行的银行"，可接受各国中央银行的黄金存款和商业银行或其他组织的存款。

### 四、巴塞尔委员会和巴塞尔协议

1974年9月由国际清算银行发起，十国集团及中央银行监督官员在巴塞尔开会，讨论跨国银行的国际监督与管理问题，并于1974年年底成立了巴塞尔银行业务条例和监管委员会，简称巴塞尔委员会（The Basel Committee），其常设秘书处设在国际清算银行，委员会主席由各成员国代表轮流担任。[1]

国家清算银行为巴塞尔委员会提供了秘书处，且秘书处的15位职员都是从成员国机构借调的专业监督员。秘书处除了承担委员会和其附属机构的秘书工作，它同时准备给各国银行业监管当局以建议。

1975年9月，根据巴塞尔委员会的提议，形成了第一个银行国际监督条例，即《对银行的外国机构的监督》，简称《巴塞尔协议》。该协议对海外银行监管责任进行了明确的分工，监管的重点在现金流量和偿付能力，这也是国际银行业监管机关第一次联合对国际商业银行实施监管。但由于各国的监管标准存在较大差异，责任划分也不明确，上述协议弱点充分暴露。为此，巴塞尔委员会在1983年对其进行了修订，对原协议作了更加具体的说明。

1987年12月，巴塞尔委员会制定并通过了《统一资本计量和资本标准的国际协议》，即《巴赛尔资本协议》。它在1988年正式通过并经12国央行行长签署后生效。它

---

[1] 陈燕. 国际金融. 北京大学出版社，2011：250-252.

第一次建立了一套完整的、国际通用的、以加权方式衡量表内与表外风险的资本充足率①标准，有效地扼制了与债务危机有关的国际风险。这是一部对世界各国银行业监管产生重大影响的协议。该协议中确定了到1992年年底，各国银行应达到最低8%的资本充足率标准。

1997年，"有效银行监管的核心原则"的问世是巴塞尔委员会历史上又一项重大事件。核心原则是由巴塞尔委员会与十国集团以外的一些国家联合起草，得到世界各国监管机构的普遍赞同，并已构成国际社会普遍认可的银行监管国际标准。至此，虽然巴塞尔委员会不是严格意义上的银行监管国际组织，但事实上已成为银行监管国际标准的制定者。

1999年6月，巴塞尔银行监管委员会发布了关于修改1988年《巴塞尔资本协议》的征求意见第一稿。经过广泛征求意见和三次修改，2004年6月26日，《巴塞尔新资本协议》最终定稿，并于2006年12月底正式实施。它提供了相对比较完整的银行内部全面风险管理体系，形成了最低资本要求、监督检查与市场纪律三大支柱，与包括信贷风险、市场风险和操作风险在内的资本充足率计算框架。

在2009年金融危机肆虐过后，巴塞尔委员会再次修订了标准，发布了《巴塞尔协议Ⅲ》。2009年9月12日，巴塞尔银行监管委员会宣布，各方代表就《巴塞尔协议Ⅲ》的内容达成一致。根据这项协议，商业银行的核心资本充足率将由目前的4%上调到6%，同时计提2.5%的防护缓冲资本和不高于2.5%的反周期准备资本，这样核心资本充足率的要求可达到8.5% ~ 11%，总资本充足率要求仍维持8%不变。此外，还将引入杠杆比率、流动杠杆比率和净稳定资金来源比率的要求，以降低银行系统的流动性风险，加强抵御金融风险的能力。由于对金融危机中杠杆效应的担忧，《巴塞尔协议Ⅲ》降低了银行的杠杆比例，提高了其抵御风险能力。

自成立以来，巴塞尔委员会制定了一系列重要的银行监管规定，从1983年的银行国外机构的监管原则（又称《巴塞尔协定》，Basel Concordat）到1988年的《巴塞尔资本协议》（Basel Capital Accord），再到如今的《巴塞尔协议Ⅲ》。这些规定不具有法律约束力，但十国集团银行监管部门一致同意在规定时间内在十国集团实施。经过一段时间的检验，鉴于其合理性、科学性和可操作性，其他许多国家银行监管部门也自愿地遵守了巴塞尔协定和资本协议，特别是那些国际金融参与度高的国家。发展至今，巴塞尔委员会的成员来自阿根廷、澳大利亚、比利时、巴西、加拿大、中国、法国、德国、中国香港、印度、印度尼西亚、意大利、日本、韩国、卢森堡、墨西哥、荷兰、俄罗斯、沙特阿拉伯、新加坡、南非、西班牙、瑞典、瑞士、土耳其、英国和美国。

## 第二节　区域性金融机构

20世纪60年代前后，欧洲、亚洲、非洲、拉丁美洲及中东等地区先后建立起区域

---

① 资本充足率是指资本总额与加权风险资产总额的比例。它反映商业银行在存款人和债权人的资产遭到损失前，该银行能以自有资本承担损失的程度。

性的国际金融组织，为支持和促进本地区经济发展提供金融服务。其中，亚洲开发银行、非洲开发银行和泛美开发银行是服务于亚非拉广大地区的区域性国际金融组织（见表6－7）。

表6－7 几个重要的区域性金融机构

| 机构名称 | 宗旨 | 资金来源 | 主要业务 |
| --- | --- | --- | --- |
| 亚洲开发银行 | 提供贷款与技术援助 | 股本、发行债券、普通储备金、发行债券 | 提供贷款、技术援助、联合融资 |
| 非洲开发银行 | 同上，促进非洲一体化 | 股本，私人资本及其他信用机构合作 | 普通贷款和特殊贷款 |
| 泛美开发银行 | 动员美洲内外的资金向拉美会员国提供贷款，促进发展 | 股本、借款、发行短期债券 | 普通业务贷款和特殊业务贷款 |

## 一、亚洲开发银行

亚洲开发银行（Asian Development Bank，ADB）是亚太地区的区域性政府间国际金融组织。根据联合国亚洲及太平洋社会委员会专家小组会建议，1963年12月在马尼拉举行的第一次亚洲经济合作部长级会议决定，在1966年11月正式成立亚洲开发银行，其总部设在菲律宾首都马尼拉。它建立之初有31个成员国，之后其成员国不断增加，到目前共有67个成员国，其中48个是亚洲国家，19个是非亚洲国家。[①]

1. 亚洲开发银行的宗旨

亚洲开发银行的宗旨是向成员国或者地区提供贷款与技术援助，帮助协调成员在经济、贸易和发展方面的政策，同联合国及其专门机构合作，促进亚太地区的经济发展。

2. 亚洲开发银行的组织机构和资金来源

亚洲开发银行的机构设置与国际货币基金组织、世界银行大体相同。它的组织机构由理事会、执行董事会、行长以及代表处四部分组成。理事会是亚行的最高权力机构，由会员国各派一名理事和副理事组成。亚行理事会每年召开会议一次，称为年会。执行董事会是负责银行日常工作的常设机构，由12名董事组成。行长由董事长兼任，负责主持银行的日常工作。银行的重大事务由理事会和董事会投票表决，而各会员国投票权的大小按其认缴股本的多少进行计算。

亚洲开发银行的资金来源主要是：股本、发行债券、普通储备金（由部分净收益组成）和各成员国的捐款。

---

① 亚洲开发银行网站，www.adb.org.

3. 亚洲开发银行的业务活动

亚洲开发银行的业务活动主要包括：

（1）提供贷款。贷款是亚洲开发银行在亚太地区发挥作用、治理地区的最主要方式。亚行的贷款按条件可分为硬贷款、软贷款和赠款三大类。如果按照贷款的方式划分，大致可分为：项目贷款、规划贷款、部门贷款、开发金融机构贷款、综合项目贷款、特别项目贷款和私营部门贷款等（见表6-8）。

表6-8 亚洲开发银行的贷款总额和项目数

| 年份 | 1966~2009 | 2006 | 2007 | 2008 | 2009 |
|---|---|---|---|---|---|
| 贷款总额<br>（百万美元） | 155 893 | 7 264 | 9 516 | 10 124 | 13 230 |
| 贷款项目数 | 2 205 | 64 | 77 | 81 | 93 |

资料来源：亚洲开发银行2009年年报.

（2）联合融资。联合融资是亚行与一个或一个以上的区外金融机构或国际机构，共同为成员国的开发项目提供融资。亚行成立的初始动机就是帮助本区域内成员国解决发展资金不足的问题，由于其本身又是一个非营利性的金融组织，因此吸纳国际资本，实行联合融资就成了亚行的必然选择。这种业务始于1970年，目前主要有五种类型：平行融资、共同融资、伞形或后备融资、窗口融资和参与性融资。

（3）技术援助。如果说贷款是亚洲开发银行发展区域经济的物质保障，则技术援助就是其技术保障。技术援助是亚行在项目有关的不同阶段如筹备、执行等阶段，向成员国提供的资助，目标是提高成员国开发和完成项目的能力。技术援助在亚行贷款业务中起到了非常重要的作用，甚至不亚于项目贷款。因为亚太地区幅员广阔，人口众多，经济与社会条件错综复杂，而且大多数国家发展水平比较低，所以亚行的决策者从建行初就意识到仅仅依靠提供项目贷款和投资是远远不够的，还需要增加技术援助，帮助发展中成员设计、准备和执行项目。1967年5月24日，亚行批准了第一笔金额为155 000美元的技术援助，用于名为"亚洲农业调查"的区域性研究，这也是亚行的第一笔业务。

4. 亚洲开发银行的发展趋势和改革

亚洲开发银行从建立开始，就以促进区域内经济发展为目标。之后的数十年间，它在促进亚洲及太平洋地区减贫、经济发展及区域合作等方面发挥了积极的作用，取得显著成效。成立初期，亚行以提供大量的项目贷款为主要业务。到20世纪70年代后期开始，亚行集中目标于改善成员国的投资环境和政策。到90年代后，亚行开始注重各国政策的制定。

到了1999年，亚洲开发银行首次明确地将消除亚太地区的贫困作为其宗旨，并于2001年制定了一份长期战略框架。然而随着近年来，亚太地区的经济快速发展，其经济和社会形势正在发生重大变化：一方面，绝对贫困比例正在逐渐减小，贫富分化问题不断加重；另一方面，亚洲区域合作和一体化正在扮演越来越重要的角色，左右着本区域未来的发展；同时，亚行从外部吸收资金转移至本区域投资的作用将不再关键，其主要贡献将变为如何在吸收资金的同时引进先进的技术和管理经验，并促进区域内的资金流动。

于是，亚洲开发银行在 2008 年综合了各方面的建议，对其长期战略框架进行修改。新框架认为当前贫困问题仍是主要挑战之一，彻底消除贫困仍为亚行的宗旨。而在中长期内，亚行要完成三大任务：促进包容性增长，即保持经济增长的同时，通过使民众获得平等的发展机会来缩小收入分配差距；推动环境友好型可持续增长，即在发展经济的同时，要注重环境的保护；推动区域经济一体化，即提高区域内资源的利用效率，增加各国的竞争力。①

如果将亚太地区的每个国家都看成一个"理性人"，都在追求自身利益的最大化。而公共产品的外部性使得这些以自身利益为核心目标的"理性人"容易滋生"搭便车"的心理，造成集体行动的困境。亚洲开发银行应该成为能解决这个问题的一个组织，因为它是一个具有专业性、非盈利性和中立性的区域国际金融组织。要解决公共品问题，一个重要途径就是信息的公开化和透明化，以取得相互信任。对于亚洲开发银行来说，接下来的改革一个重要内容就是信息公开和披露制度的完善。亚洲开发银行原有的《信息政策》和《信息披露政策》已经达不到形势要求，只有更高的信息公开度和透明度，才能有更高的公信力，才能使得利益相关者参与程度越高，越能解决好公共品的问题。

亚洲开发银行在接下来的改革工作中，还应注重其内部廉洁制度和加大面向公众的宣传力度，这些也关系到亚洲开发银行在区域内的公信力。相比于世界银行中西方发达国家掌握了绝大部分话语权，服务于亚太地区的亚洲开发银行应当更加代表本区域内大多数发展中国家，致力于推动本区域的经济发展和提高民众的生活水平。②

## 二、非洲开发银行

非洲开发银行（African Development Bank，AFDB）是非洲国家政府合办的互助性质的区域性国际金融组织，于 1964 年 9 月成立，1966 年 7 月开始营业，总行设在象牙海岸（今科特迪瓦）的首都阿比让。为了吸收更多资金，扩大银行的运营能力，1980 年 5 月非洲开发银行第 15 届年会通过决议，允许非洲区域以外的国家投资入股加入该行。我国从 1985 年入股成为该行会员国。

### 1. 非洲开发银行的宗旨

非洲开发银行的宗旨是为非洲成员国经济和社会发展提供投资和贷款，或给予技术援助，充分利用非洲大陆的人力和资源，促进各国经济的协调发展和社会进步，协助非洲大陆制定发展总体战略和各成员国的发展计划，以促进非洲一体化。

---

① 张文才. 亚洲开发银行的未来业务战略走向. 银行家，2008（2）.
② 刘兴宏. 地区公共事务中的委托—代理机制——以亚洲开发银行个案为例. 暨南大学硕士学位论文.

2. 非洲开发银行的组织形式

非洲开发银行的管理机构由理事会、董事会、行长组成。理事会是最高权力机构，由会员国各指派一名理事组成。理事一般由会员国的财政部部长或中央银行行长担任。由理事会选出的董事会是常设的执行机构。行长由董事会选出，并兼任董事长，负责主持银行的日常工作。银行的重大事务由理事会和董事会投票表决。理事会和董事会的投票权主要按会员国认缴股本的多少进行计算。

3. 非洲开发银行的资金来源及业务活动

非洲开发银行的资金来源主要是会员国认缴的股本，除此之外，还通过与私人资本及其他信用机构合资合作，广泛动员和利用各种资金以扩大银行的业务。

非洲开发银行的主要业务活动是向非洲区域内的会员国发放贷款，贷款种类可分为普通贷款和特殊贷款两种。特殊贷款不计息，条件优惠，贷款期限最长可达 50 年。

## ■三、泛美开发银行

泛美开发银行（Inter – American Development Bank，IDB）是由美洲国家组织，与亚欧其他国家联合创立的区域性国际金融组织。它于 1959 年 12 月正式成立，1960 年 10 月开始营业，总行设在华盛顿。泛美开发银行是拉丁美洲国家和其他西方国家联合举办的政府间国际金融组织。

1. 泛美开发银行的宗旨

泛美开发银行的宗旨是，动员美洲内外的资金向拉美会员国的经济和社会发展项目提供贷款，以促进和协调会员国的社会进步和经济发展。促进拉美国家间的经济合作，推动区域经济增长。

2. 泛美开发银行的组织形式

泛美开发银行的管理机构由理事会、执行董事会、行长和副行长组成。理事会是最高权力机构，由会员国各指派一名理事和候补理事组成。执行董事会是负责银行日常工作的机构。行长是银行的最高行政领导人。银行的重大事务由理事会和执行董事会投票表决。理事会和董事会中的投票权大小主要由会员国认缴股本的多少计算，其中美国认缴份额最多，投票权也最大。

3. 泛美开发银行的资金来源和业务活动

泛美开发银行的主要资金来源是各会员国认缴的股本，另外，它还通过借款和发行短期债券的形式筹集资金。

泛美开发银行的主要业务活动是向拉美会员国政府及其他公私机构的经济项目提供贷款。贷款种类也分为普通业务贷款和特种业务贷款两种。普通业务贷款的利率高于特种业务贷款，期限也比特种贷款业务短，而且必须用借款货币还款。特种业务贷款则可以全部或者部分用本币偿还。此外，银行还设有条件优惠的信托基金贷款。

## 亚洲开发银行计划发行清洁能源债券

亚洲开发银行宣布，将于 9 月在日本首发多货币清洁能源债券，扶持在亚洲和太平洋地区包括水电项目在内的可再生能源项目的发展。

该债券将包含 4 个部分，一种分别以澳元和土耳其里拉计价，另两种以巴西雷亚尔计价。该债券到期期限将有 4 年期和 7 年期两种。将于 9 月份发行。亚行将为清洁能源项目提供不少于该债券所能征集到的资金支持。

亚开行表示，将由汇丰证券（日本）公司（HSBC Securities（Japan）Ltd.）安排发行这一针对以日本散户投资者的债券，将通过逾 20 家证券公司分发至全国。亚行今年 4 月份曾发行水债券，以支持其在亚太地区水部门领域的工作，这次发行是续水证券销售成功后的又一发行。

亚太地区快速的经济扩张给资源和环境产生了巨大的压力。为满足区域日益增长的能源需求，化石燃料的大量使用增加了温室气体的排放，进一步影响全球气候变化的走向。同时，区域内能源投资的缺乏阻碍了发展中国家和个人的进一步发展。超过 8 亿人，也就是 1/4 的亚太地区人口，仍然无法获得基本的用电保障。与此同时，大约有 18 亿人口仍然依赖传统的生物质燃料做饭和取暖。

亚洲开发银行行长黑田东彦（Haruhiko Kurod）说："在亚太地区，清洁能源对于对抗贫穷而言是一个关键因素。为了使亚太地区走上一条可持续发展之路，我们致力于在区域内推动清洁能源项目的发展，来避免和减少对人口和环境的危害。"

2005～2009 年间，亚开行的清洁能源投资总额超过了 50 亿美元。该行计划到 2013 年每年进行 20 亿美元的清洁能源投资，主要集中在可再生能源项目和能源效率项目上。亚行希望能通过其清洁能源计划，帮助亚太地区满足其能源安全的需求，推动低碳经济的转变并保障区域内人口的能源需求。

资料来源：中国水能及电气化，2010.

### ☞ 本章关键词 ☜

| | | |
|---|---|---|
| 区域性国际金融机构 | 国际清算银行 | 巴塞尔委员会 |
| 巴塞尔协议 | 亚洲开发银行 | 亚洲开发银行贷款 |
| 非洲开发银行 | 泛美开发银行 | |

### ☞ 深入思考的问题 ☜

1. 简析区域性金融机构在近些年来兴起的原因，并与一系列国际性金融机构的作用对比。

2. 查找资料，整理中国今年来与亚洲开发银行合作的项目，并评价对比双方的获得利益。

3. 分析国际清算银行的职能和作用，谈谈其未来业务模式和发展方向。

# 第七篇　国际经济失衡

## 篇前导读

国际经济失衡是国际经济运行的结果，也是下一期国际经济运行的起点。一国收支失衡，更突出地表现为该国经济"逆差"，轻则容易造成与其他国家的经济摩擦，重则造成本国的经济危机，甚至其他国家也传染上"危机"。当然，促使国际收支平衡的措施，并不能保证国内经济的均衡，有时存在恰巧相反的结果。这需要我们探讨内外均衡的逻辑，争取达到一国甚至多国"内外均衡"的理想状态。

国际收支的平衡，是一个复杂的概念，不能望文生义，而应当辩证理解。国际收支的平衡与否应当服从经济的长远发展，暂时的失衡未必是坏事，勉强的平衡也未必是好事，而是应当根据经济发展需要主动安排顺差或逆差，只要将其维持在可控范围内，国际收支就是平衡的；国际收支失衡包含多种类型，既有暂时性的失衡，也有周期性的失衡，既有需求过旺引起的失衡，也有供给不足引起的失衡，甚至投机也可以导致失衡；一国经济的内外均衡是一种理想状态，实际中常常出现一种平衡而另一种失衡，甚至两者都失衡的情况。就一国经济均衡与其他国家经济，甚至全球经济的关系来讲，也存在一个理想的状态，那就是全球经济处于均衡状态。不可否认，逻辑上则还存在一国经济均衡与他国（全球）经济均衡不能同时达到的三种情况。

国际收支调节理论从不同的角度诠释了国际收支调节的机理。早期重商主义的主张已经孕育了国际收支调节的思想，大卫·休谟（David Hume）的"价格—铸币流动机制"更是开创了国际收支调节理论的先河。国际收支调节理论也是随着经济的发展而不断发展的，弹性论探讨了汇率变动过程中价格机制对国际收支调节的影响，是金本位制瓦解后的产物。收入论和吸收论则针对弹性论的不足，以凯恩斯（Keynes）的宏观经济理论为基础，更加注重国际收支调节中的收入因素的影响。现代的货币论则克服了以往国际收支调节理论忽略国际资本流动的缺点，扩大了国际收支调节的研究范围。结构论更是以其独特的视角，从供给方面对国际收支失衡的调节进行研究。这些理论相互补充，相辅相成，是多代金融学家努力的结果，从不同方面为我们诠释了国际收支的调节过程。

跨国获取价值的前提是国内经济的稳定，理想的状态是同时达到国内经济的平衡与国际收支平衡。然而，开放经济条件下，由于认知的有限性与经济实践的复杂性，经常会出现国内经济发展与国际收支发生冲突的现象。不少经济学家在这方面取得了大量研究成果，斯旺（Swan）通过模型证明了浮动汇率制能够解决内外冲突，丁伯根（Tinbergen）给出了政策工具与调节目标的关系，蒙代尔（Mundell）提出了财政政策与货币政策的最优搭配原则，最有影响力的要数蒙代尔—弗莱明（Mundell – Flaming）模型，该模型被称为开放经济下进行内外均衡分析的工作母机。各国在调整本国经济以期望实现内外均衡的过程中，本国的政策往往会对他国产生影响，为了避免陷入个体理性与集体理性的冲突而走向囚犯困境，国与国之间的相互协调合作是必不可少的。只有这样，才能从根本上解决国际经济失衡，走向互利共赢的局面。

**逻 辑 框 架**

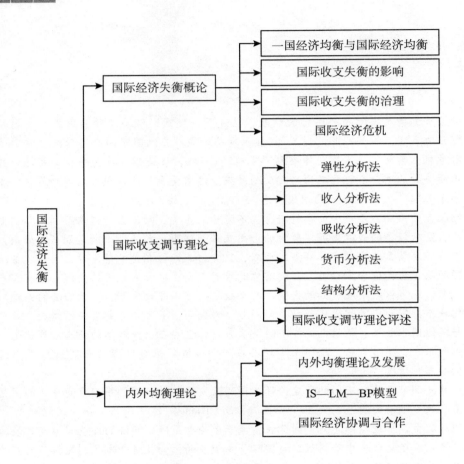

# 第 二 十 二 章

# 国际经济失衡概论

国际经济失衡已成为不容忽视的问题，其突出表现为各国国际收支失衡，无论是对一国还是对全球经济的长远发展都是不利的。因此，深入研究国际经济失衡是很有必要的。国际收支失衡是理解国际经济失衡的基础，也是解决国际经济失衡的关键。认清国际收支失衡的本质，意识到国际收支失衡的危害以后，最重要的是寻求解决失衡的办法。市场对失衡的自动调节是有限的，政府应当综合运用各种政策主动调节国际收支，力求以最小的代价实现国际收支平衡。如若不然，失衡到一定程度很可能会引发危机，甚至是全球性的危机。

## 第一节　一国经济均衡与国际经济均衡

### ■一、国际收支的"平衡"与"失衡"的辩证理解

在第一篇中我们已经介绍了有关国际收支平衡表的内容，众所周知，国际收支平衡表的编制采用复式记账的方法，并且经过平衡账户的调整，借方总额与贷方总额总是相等的，因此国际收支也总是平衡的。然而这种平衡只是形式上的平衡，是经过人为的操作而呈现出的一种平衡，在研究国际收支是否实现平衡时，不能只是局限于表面现象，还要深入研究一国国际收支是否实现了实质上的平衡。在此，我们主要从以下几个方面来理解国际收支的平衡与失衡：

### （一）自主平衡和被动平衡

在分析一国国际收支状况时，按照交易的目的或动机，可以将国际收支平衡表中记录的各项经济交易划分为自主性交易①和调节性交易两大类。自主性交易也称主动性交

---

① 实践中分析一国国际收支是否实现平衡时，通常在国际收支平衡表的一个项目与下一个项目之间画一条水平线，分析该线以上的项目的贷方和借方的净差额，如果净差额为零，则表示国际收支平衡，否则表示国际收支失衡，所画直线以上的项目所代表的经济交易称为线上交易即自主性交易的范围。如果线上交易实现了平衡，那才是真正的平衡，才是有意义的。根据分析目的的不同，我们所考虑的线上交易的范围也有所不同，第一篇中介绍的国际收支的差额分析法为我们提供了一种分析国际收支的思路。视实际情况的不同，可以考察贸易收支是否实现平衡（也就是考察贸易差额），经常项目是否实现平衡（也就是经常项目差额）以及经常项目与资本和金融项目是否实现平衡（也就是总差额）等。

易或事前交易，是指个人或企业为了某种自主性的目的（比如追求商业利润、获得一项服务等）而进行的交易，如出于获取利润的考虑而进行贸易、投资，出国旅游而享受一项服务。调节性交易也称补偿性交易，是指为了弥补自主性交易的不平衡而发生的交易，如为了弥补国际收支逆差而向外国政府或国际金融组织的借款，这类交易是被动的，是为了调节国际收支逆差才进行的，因此称为调节性交易。自主性交易的特点是具有自发性，是愿意发生的交易，其交易的结果未必是平衡的，这正是我们考察的重点，只有当自主性交易的结果是平衡的，一国的国际收支才是实现了真正的平衡。调节性交易具有集中性和被动性的特点，体现的是政府的意志，经过调节性交易调节后实现的平衡是被动的平衡，实质上是一种不平衡。

需要指出的是，把国际经济交易按照交易动机分为自主性交易和调节性交易在理论上是很完美的，它为我们提供了一种判别一国国际收支平衡与否的标准，让我们对国际收支的平衡有了更深刻的认识。然而在实际操作中，有时很难判断一项经济交易到底是自主性交易还是调节性交易，有时对于同一项经济交易，从不同的交易方来看，其分类也是不同的。

### （二）形式上的平衡和内容上的平衡

国际收支平衡表是按照会计的复式记账原则编制的，借方总额必然等于贷方总额，呈现出的平衡只是形式上的平衡，是会计意义上的平衡，这种平衡突出表现为量上的平衡。数量上平衡并不代表一国的国际收支就实现了真正的平衡，我们在分析国际收支状况的时候不能只重形式，更应当抓住其本质，分析这些交易背后的内容，分析该国的经济交易是否有利于本国经济的发展，是否有利于本国在世界经济交往中国际地位的提升。也就是说，我们更应关注国际收支内容上的平衡，不仅要关注量，更应当关注质，如果一国的国际收支在内容上是平衡的，而数量上略有顺差或逆差，这种情况也是可以接受的，该国的国际收支也可以看作是平衡的。如果一国的经济交易没有对以上目标的实现产生促进作用，那么单纯数量上的平衡就称不上是一种真正意义上的平衡，并且刻意追求国际收支数量的平衡可能会阻碍一国经济的长远发展。比如，一国通过商品出口获得了外汇，为了实现国际收支数量上的平衡，用这批外汇去进口一些对本国经济发展无关紧要的商品，那么这种平衡就是无意义的，是有碍一国经济发展的。

### （三）国际收支均衡和国际收支平衡

开放经济下，一国宏观经济有四大目标，即充分就业、物价稳定、经济增长和国际收支平衡，其中前三个目标是国内目标，后一个目标是对外的目标。我们不能孤立地、片面地去理解国际收支平衡，而是应当用联系的、全面的观点去理解国际收支平衡。当国际收支平衡与国内经济的发展相适应时，也就是说，当国际收支的平衡是建立在国内的充分就业、物价稳定和经济增长基础之上时，这种国际收支的平衡才是一种全面的平衡，我们称之为国际收支均衡。如果国际收支的平衡是以牺牲国内经济为代价的，不考虑国内经济状况，比如虽然国际收支平衡了，但国内出现严重失业，那么这种单纯的国际收支平衡就没有太大的意义，是有害于本国经济发展的，实质上也是一种不平衡，我们所追求的是国际收支的均衡。

### （四）静态平衡和动态平衡

对于国际收支状况，仅仅关注某一个年度内是否实现了平衡，这是一种静态的观点，而我们更应当以一种动态的眼光去审视国际收支。国际收支通常是指在某个年度内一国居民与非居民发生的全部经济交易，如果实现了该年度内的国际收支平衡，则是一种静态的平衡，因为仅仅考虑了某一个年度的国际收支。然而，研究国际收支的目的在于如何使国际收支促进本国的经济发展，而不是单纯追求国际收支的平衡，一国经济的不同发展时期其国际收支状况会有所不同，会出现顺差或逆差，同时一国在某一时期的国际收支状况往往也和以前的发展相联系，不能孤立地看待。国际收支的动态平衡则考虑了一个较长的时期，在一个较长时期内实现国际收支相抵就是实现了平衡，而不仅仅局限于某一个年度内。

### （五）可维持的失衡和不可维持的失衡

平衡与失衡是相互转化的，从量上说，一国国际收支平衡是暂时的，不平衡才是常态，也就是说，一国的国际收支会经常处于顺差或逆差状态，通过以上分析我们也知道，不能简单地认为只有国际收支差额为零才算实现了平衡。事实上，对于绝大多数国家，在绝大多数年份国际收支差额都是不为零的，也可以说都是失衡的。然而，无论是逆差也好，顺差也好，我们更关心的是这种状况能否持续下去，也就是说这种差额能否维持、能否控制。如果这种差额是可控制的、可维持的，那么这种失衡就是可以接受的，或者说这种失衡也可以看作平衡，因为它不会继续恶化。比如说，一国目前国际收支呈现逆差，如果一国的经济发展状况良好，未来能够保证这种逆差不再扩大，国际收支会逐步改善，那么即使未来几年该国的国际收支仍然会是逆差，我们仍然可以认为这是一种平衡。相反，一国目前可能略有盈余，但是从其经济结构和经济发展状况可以看出，该国的国际收支有恶化的趋势，如果这种状况得不到解决，那么赤字会越来越严重，终将不能持续下去，最终导致危机的发生。

## 二、国际收支失衡的类型

通过上面的介绍，我们知道，国际收支平衡绝不仅仅是国际收支平衡表所呈现出的那种简单的平衡，根据研究问题的不同，我们画定的线上交易的范围也不同，只有当线上交易平衡了，才说明国际收支平衡了。国际收支不平衡即为失衡，在量上表现为国际收支的顺差或逆差，对于国际收支失衡，根据失衡的原因可以分为以下几种类型：

### （一）临时性失衡

临时性失衡是指由短期的、季节性的或偶然性的因素所引起的国际收支不平衡。例如，某个国家是农产品的出口国，并且农产品的出口在其对外经济交易中占很大比重，正常年份其国际收支基本平衡。如果受气候状况的影响，该国农产品大面积减产，就会使农产品的出口大幅度下降，在价格以及进口不变的条件下，农产品出口的大幅减少必然会导致国际收支出现逆差。然而，这种国际收支的失衡是暂时的，一旦第二年气候条件良好，农产品获得丰收，该国的国际收支就会恢复平衡。临时性的失衡一般持续时间比较短，程度也比较轻，等到引起失衡的因素消失后，经济发展逐渐正常，国际收支也可自动恢复到平衡状态。

### （二）周期性失衡

周期性失衡是指一国经济所处的阶段不同而导致的国际收支失衡。一般来说，一个国家的经济会周而复始地出现繁荣、衰退、萧条和复苏四个阶段，这在市场经济国家表现得更为明显。当经济处于繁荣阶段时，消费和投资增加，从而对国外产品的需求也会增加，即进口增加，在资本流动不变的情况下，则该国会形成国际收支的逆差。反之，在经济处于萧条阶段时，国民收入下降，进口也自然下降，该国会形成国际收支的顺差。

### （三）结构性失衡[①]

结构性失衡是指由于一个国家的经济结构失调而导致的国际收支失衡。国内产品的供需结构与国际市场上产品的供需结构不匹配，从而导致国际市场上对本国的出口商品需求下降，或是出口商品的需求弹性很大，价格的上升将会导致出口的大幅减少。而进口商品的需求弹性比较小，国内对进口商品的依赖比较严重，并且进口替代品很少，因此一旦国际上对本国出口商品需求降低或是本国进口商品的价格上升时，就会引起国际收支逆差。

### （四）收入性失衡

收入性失衡是指由于国民收入水平的变动而导致的国际收支失衡。一国的进口通常与该国的国民收入水平同方向变化，当一国经济处于繁荣时期，国民收入增加，进口也会随之增加，这会恶化经常项目，可能导致国际收支的逆差；反之当经济衰退时，国民收入下降，进口也会减少，经常项目会得到改善，国际收支可能出现顺差。然而，收入的变化可能是由各种原因引起的，比如周期性的因素、货币性的因素以及经济的高速增长等。如果收入的变化是周期性因素引起的，那么这种失衡也就是我们上文提到的周期性失衡。

### （五）货币性失衡

顾名思义，货币性失衡是由货币性因素所引起的，是指在汇率一定的条件下，由于货币供给量的变化而导致的国际收支失衡。当一国货币供给量过多时，国内物价水平上

---

[①] 有关结构性失衡的问题在下一章第五节的结构分析法中有更为详细的介绍。

升，导致出口商品在国际市场上的竞争力下降，使出口减少，经常项目恶化。除此之外，货币供给的增加也会引起国内利率的下降，利率下降会使资本的流出增加，资本和金融项目也会恶化，这种由于货币供给的增加而导致的国际收支逆差就是货币性失衡。

## （六）冲击性失衡

冲击性失衡，也称投机性、保值性失衡，是一种由于短期资本流动而引起的国际收支失衡。在浮动汇率制下，利率或汇率的变化会引起资本大量流入或流出一个国家，比如利率的上升会导致资本的流入，而本币贬值会引起资本的外逃，从而引发国际收支失衡。

## ■三、经济多重均衡的类型

### （一）一国经济的"内外均衡"

开放经济下，一国同其他国家会发生贸易往来以及资本的跨国流动，这样一来就会产生国际收支的问题。开放经济是一把双刃剑，既有助于不同国家互通有无，提高经济效率，同时又加剧了经济的系统风险。因此，一国经济要想持续健康发展就必须内外兼顾，除了要实现充分就业、物价稳定和经济增长这三大内部目标之外，还要维持国际收支平衡，否则就可能会带来一些麻烦，不利于经济的长远发展。当一国实现了充分就业、物价稳定、经济增长的时候，我们称实现了内部平衡，而当一国的国际收支平衡时，我们称实现了外部平衡。综合起来一国的经济状况总共有以下四种情形：内部平衡与外部平衡、内部平衡与外部失衡、内部失衡与外部平衡、内部失衡与外部失衡。

一般说来，一个国家会更注重内部平衡问题，失业和通货膨胀会给居民带来极大痛苦，收入和消费的下降是很难容忍的，严重的甚至会引发社会问题，因此，内部平衡是基础，只有在国际收支严重失衡的特殊情况下，一国才有可能将国际收支平衡作为首要目标。如表7-1所示，在一国经济状况出现的四种情形中，只有情形 I 同时实现了经济的四大目标，我们称之为内外均衡的状态，此时一国经济实现了均衡发展，这是一国经济所追求的理想状态，而对于其他三种情形，都没有同时实现内外均衡。

表7-1　　　　　　　　　　　　一国经济的内外组合情形

| 内部 ＼ 外部 | 平衡 | 失衡 |
| --- | --- | --- |
| 平衡 | I （平衡，平衡） | II （平衡，失衡） |
| 失衡 | III （失衡，平衡） | IV （失衡，失衡） |

情形 II 是内部平衡与外部失衡的组合，这种情况出现的原因在于通常政府在对经济的宏观调控过程中更加注重内部目标，以国内经济为基础，需要产生一定的国际收支顺差或逆差，事实上，只要国际收支失衡能够维持在可控的范围之内，并且能够随着经济

的发展不断改善，这种情形也是可取的。再看情形Ⅲ和Ⅳ，其共同特征是内部都是失衡的，情形Ⅲ是靠牺牲内部失衡来实现国际收支的平衡，除非是在国际收支严重失衡的情况下，比如国际收支赤字庞大，通过紧缩性的政策来降低产出，进而减少进口吸引资本流入的方式来改善国际收支，否则这种情形是不可取的，建立在内部失衡基础上的国际收支平衡是无意义的，内部的失衡（通货膨胀、失业等）会给居民带来极大的痛苦，是要进行调节的。至于情形Ⅳ，内外均未实现平衡，说明一国经济内外均出现了问题，需要同时进行调整，以实现均衡发展。

## （二）国别经济均衡与国际经济均衡

对于一个国家来讲，内部平衡是首要的，国际收支平衡应当建立在内部平衡的基础之上，国际收支反映了一个国家同其他国家的经济往来情况。根据内部经济发展的需要，一个国家的国际收支可以是平衡的，也可以是失衡的，出现顺差或逆差都是有可能的。理论上讲，就全球范围来看，顺差总额与逆差总额一定是相等的，而顺差与逆差的分布则会出现多种情况，既有可能是比较均匀地分布在各个国家，又有可能集中分布在少数一些国家。某些国家的国际收支差额可能会很大，占到全球总差额的相当大的比重。当世界范围内的经常项目差额集中在少数一些国家的时候，称之为国际经济失衡。确切地说，所谓的国际经济失衡是指全球范围内巨额的、分布集中的国际收支失衡，因为经常项目与实体经济联系紧密，所以我们重点考察的是经常项目差额。一旦集中大量国际收支逆差的某个或某些国家的经济出现问题，很可能会迅速传导到其他国家，引起全球范围内的危机。

如表 7-2 所示，一国的国际收支可能是平衡的也可能是失衡的，其所处的国际经济环境也可能是平衡或失衡的。情形Ⅰ是理想的状态，一国国际收支是平衡的，全球范围内的国际收支也是平衡的，全球经济会健康发展，爆发危机的可能性也很小。如果每一个国家都能实现经济的内外均衡，那么就能够达到这种理想的状态。因此，国际经济失衡可以通过各个国家的内外均衡来实现。情形Ⅱ表明个别国家实现了国际收支平衡，而全球国际收支是失衡的，原因可能是某些有影响力的国家或大多数国家未能实现内外均衡，由此造成了全球的经济失衡。情形Ⅲ表明从一个国家自身来看，其国际收支是失衡的，但由于该国在全球经济总量中所占比例有限，并未能够引起大的失衡，全球的国际收支总体是平衡的。至于情形Ⅳ，一国的国际收支是失衡的，全球的国际收支也是失衡的，在这种情形下，各国就要注重国际收支的调节，尤其是逆差比较庞大的国家，以免引起全球危机。

表 7-2　　　　　　　　　　　　一国与全球经济的组合情形

| 全球 ／ 一国收支 | 平衡 | 失衡 |
|---|---|---|
| 平衡 | Ⅰ（平衡，平衡） | Ⅱ（平衡，失衡） |
| 失衡 | Ⅲ（失衡，平衡） | Ⅳ（失衡，失衡） |

## 外部平衡概念的演进

### 一、古典主义时期的贸易收支平衡

在早期，各国的经济联系是以贸易为主，因此这一时期的外部均衡体现在贸易收支平衡上。而在理论上，最早涉及外部均衡问题的是重商主义，由于重商主义者错误地将货币等同于财富，因而重商主义者认为获取货币财富的真正源泉是发展对外贸易，求得贸易顺差，从而增进一国的货币财富，这就是货币差额论。而晚期的重商主义者在这一问题上的看法被称之为贸易差额论，认为不一定要限制货币流出，只要有出超，国家就能积累货币财富。总之，重商主义者的外部均衡就是尽量取得贸易顺差，从而不断积累货币财富。

### 二、布雷顿森林体系时期的国际收支平衡标准

20 世纪 50 年代，随着欧洲一些国家特别是德国在第二次世界大战后的逐渐崛起，其货币迈向可自由兑换，与此相伴的是国际资本流动不断地增长。历经布雷顿森林体系初期的稳定，人们似乎逐渐淡忘了国际资本流动这把"双刃剑"不利的一面，而将注意力集中于它所能起到的为经常收支账户融资的作用。因此，外部均衡问题表现为包含经常账户和资本账户的国际收支平衡。

### 三、牙买加体系时期的汇率均衡标准

还在布雷顿森林体系处于鼎盛时期时，特里芬就指出了布雷顿森林体系存在自身无法克服的美元作为清偿力和对美元信心的"特里芬悖论"。而早在特里芬之前，自由主义经济学的代表弗里德曼在《可变汇率论》中就主张通过汇率的自由浮动来调节国际收支，从而使得作为外部均衡标准的国际收支平衡自动实现，这样一国政府就可以致力于内部均衡，因而政府在内外均衡调节的尴尬境地将不复存在。而一些主张实行固定汇率制的经济学家如纳克斯论证了两次世界大战期间隔时期浮动汇率实践所带来的灾难。由此关于浮动汇率和固定汇率优劣的论战开始。

### 四、20 世纪 80 年代后期以来的经常账户跨时均衡标准

然而 1973 年以来的浮动汇率经验只对货币主义所力主的浮动汇率制提供了部分证实。首先在有限的资本流动性条件下，依靠浮动汇率使国际储备流动而自动达到平衡，基本上等于国际收支经常项目的自动平衡。然而，理论上没有必要在短期内用浮动汇率来平衡国际收支经常项目，用不降低中央银行国外资产的国内向国外借贷的方法，完全能够填补国际收支经常项目差额，这就是融资还是调整（Financing or Adjusting）的问题，因为对于短期的经常项目不平衡融资是较好的政策，而调整则是痛苦的（在资源由不可贸易部门向可贸易部门转移的过程中存在大量的交易费用）。其次，经验表明，浮动汇率本身不能阻止既大而又持久的国际收支经常项目不平衡的出现。同时，由于国际资本流动问题日益突出，资本在国际间的自发流动中出现了导致汇率剧烈变动而引发出债务危机和货币危机等严重问题。因而，20 世纪 80 年代以来，外部均衡的含义又有了深刻变化。一方面，一国仍有必要对经常账户乃至整个国际收支的结构进行控制；另一

方面，理论研究的深入使人们认识到简单要求经常账户平衡是不必要的。一国应该利用经常账户可以调节储蓄与投资差额的性质，根据经济的不同特点，不同发展阶段来确定相应的经常账户目标。经常项目的跨时均衡是这一时期的外部均衡标准，它表明对于短期的经常项目不平衡，可以通过融资的方式调节，而对于长期的经常项目不平衡则需要通过调整来解决。

资料来源：潘淑娟，万光彩. 国际金融学. 中国金融出版社，2006 年.

## 第二节　国际收支失衡的影响

在现实的经济生活中，一国的国际收支往往是不平衡的，不平衡是常态，平衡是暂时的，从失衡到平衡是一个过程。然而，失衡并不意味着有百害而无一利，适度的国际收支失衡不但对一国经济的发展没有害处，反而有可能对经济的发展起到促进作用。因此，不能片面地认为国际收支的失衡就是一件坏事，要从长远来看，只要国际收支失衡是可维持的[1]，有利于经济的长远发展，有利于提升一国在国际经济交往中的地位，那么这种失衡就是必要的且必须的。当然失衡也会带来一系列的不利影响，产生一定的负面作用，因此在分析一国的国际收支失衡时，应同时看到两方面的作用，权衡利弊，做出选择。国际货币基金组织（IMF）对经常项目差额占一国 GDP 的比重规定了两条警戒线，分别是 3% 的黄色警戒线和 5% 的红色警戒线。当一国的经常项目差额长时间在警戒线附近的时候，应当引起特别的关注，需要对其进行有效的调节。下面我们主要讨论持续的、巨额的国际收支失衡对国民经济的不利影响，我们关心的是如何将不利影响降到最小，至于顺差或逆差带来的好处，不再详细论述。

### ■一、国际收支逆差的影响

（1）固定汇率制下，当一国出现巨额的国际收支逆差时，外汇供给小于需求，本币汇率会有下降的趋势，一国的货币当局为了维持汇率稳定会动用外汇储备来弥补国际收支逆差，在外汇市场上抛售外汇购回本币，因此国内货币的供给量减少。货币供给量的减少会导致利率水平上升，因而投资会减少，国民收入水平下降，失业增加，从而影响一国经济的发展。

（2）浮动汇率制下，政府不必将汇率维持在固定水平，国际收支逆差会使本币贬值，本币汇率不断下降。本币的贬值会使一国的国际地位日益下降，与此同时，本币的贬值还会使进口商品的本币价格上涨，加重国内的通货膨胀。

（3）国际收支逆差会使外汇储备大量减少，对国内经济发展所需商品的进口产生影响，从而阻碍一国经济的发展。

---

[1]　姜波克. 国际金融新编. 复旦大学出版社：2008，31.

（4）长期的国际收支逆差会损害一国的国际信誉。

除此之外，长期的国际收支逆差意味着该国一直背负着对外的债务，说明该国未能很好地利用国际金融的机会来加快本国经济的发展，创造和实现更大的价值，如果债务呈现不断增加的恶化趋势，还容易引发债务危机。

## ■二、国际收支顺差的影响

（1）在固定汇率制下，当出现巨额的国际收支顺差时，一国外汇储备增加，本币汇率有上升的趋势，为维持本币汇率的稳定，货币当局会抛出本币购买外汇，以维持汇率稳定，这样会导致货币供给量的增加，从而增大了国内通货膨胀的压力。

（2）浮动汇率制下，当一国出现巨额国际收支顺差时，本币汇率会上升，本币的升值使出口商品在国际市场上的竞争力下降，出口减少，不利于本国出口贸易的发展，甚至会加重国内失业，不利于一国经济的长远发展。

（3）贸易国之间的国际收支状况是相互影响的，一国国际收支的大量顺差会导致其贸易国出现国际收支逆差，长期下去会引起贸易纠纷，导致国际经济关系紧张。

（4）国际收支的大量顺差会造成资本的闲置，使资本的利用率下降，同时如果大量的顺差主要是由于出口的增加引起的话，会导致本国资源的减少，尤其是一些具有战略意义的非可再生资源，因此不能只是注重眼前利益而忽略长远发展。

通过以上分析，我们知道国际收支的失衡（无论是顺差还是逆差）会给一国带来许多不利的影响，因此我们有必要研究如何能够有效地调节一国国际收支，使其朝着平衡的方向发展。在接下来的分析中，我们通常都会以国际收支逆差为例，探讨如何对其进行调节，其原因在于全球大部分国际收支失衡的国家都是处于逆差状态，至于顺差情况，通过相反的操作就可以得到调节。

表 7-3 列举了世界上一些国家 2001~2010 年 10 年间的经常项目差额，主要选取了经济总量较大的八个国家，其中前四个国家的经常项目差额为正，后四个国家的经常项目差额为负。根据以上分析我们知道，国际收支的顺差和逆差有可能会带来通货膨胀和失业问题，并且和一国的汇率制度有关。表 7-4 和表 7-5 分别是这些国家的失业率和 CPI，从表中可以看出，中国的经常项目一直是顺差，加之中国的汇率变化范围很小，基本上是固定汇率，由此带来的是中国的高通货膨胀率，从表 7-5 可以看出中国的 CPI 指数超过了 200，是表中所列国家中最高的，与高通货膨胀率相对应的是较低的失业率，这也充分说明了通货膨胀和失业之间的替代关系。同样也可以分析其他国家的情况，当然，现实中影响通货膨胀和失业的因素很多，情形也比较复杂，因此现实情况可能与理论分析有所差异。

表 7-3　　　　　　　　　　　　世界一些国家的经常项目差额　　　　　　　　　　单位：10 亿美元

| 年份 | 中国 | 德国 | 新加坡 | 日本 | 希腊 | 西班牙 | 澳大利亚 | 美国 |
|------|------|------|--------|------|------|--------|----------|------|
| 2001 | 17.41 | 0.38 | 11.29 | 87.79 | -9.4 | -24.02 | -7.44 | -397.2 |
| 2002 | 35.42 | 40.58 | 11.68 | 112.6 | -9.58 | -22.44 | -15.25 | -458.1 |

续表

| 年份 | 中国 | 德国 | 新加坡 | 日本 | 希腊 | 西班牙 | 澳大利亚 | 美国 |
|------|------|------|--------|------|------|--------|----------|------|
| 2003 | 45.88 | 46.27 | 21.79 | 136.2 | -12.80 | -31.07 | -28.27 | -520.7 |
| 2004 | 68.66 | 127.9 | 19.12 | 172.1 | -13.48 | -54.91 | -39.51 | -630.5 |
| 2005 | 160.8 | 142.8 | 26.48 | 165.7 | -17.87 | -83.29 | -41.73 | -747.6 |
| 2006 | 253.3 | 188.5 | 36.07 | 170.4 | -29.83 | -110.9 | -41.59 | -802.6 |
| 2007 | 371.8 | 253.8 | 48.48 | 211 | -44.69 | -144.3 | -58.89 | -718.1 |
| 2008 | 436.1 | 245.7 | 27.62 | 157.1 | -51.21 | -156.0 | -47.24 | -668.9 |
| 2009 | 297.1 | 167.0 | 34.90 | 141.8 | -35.96 | -81.20 | -41.90 | -378.4 |
| 2010 | 306.2 | 176.1 | 49.45 | 194.8 | -31.91 | -63.26 | -31.72 | -470.2 |

表 7-4　　　　　　　　　　　　　世界一些国家的失业率　　　　　　　　　　单位：%

| 年份 | 中国 | 德国 | 新加坡 | 日本 | 希腊 | 西班牙 | 澳大利亚 | 美国 |
|------|------|------|--------|------|------|--------|----------|------|
| 2001 | 3.6 | 2.65 | 7.62 | 5.03 | 10.75 | 10.55 | 6.77 | 4.74 |
| 2002 | 4 | 3.55 | 8.36 | 5.36 | 10.33 | 11.48 | 6.38 | 5.78 |
| 2003 | 4.3 | 3.95 | 9.31 | 5.25 | 9.73 | 11.48 | 5.94 | 5.99 |
| 2004 | 4.2 | 3.35 | 9.78 | 4.72 | 10.49 | 10.97 | 5.39 | 5.54 |
| 2005 | 4.2 | 3.13 | 10.62 | 4.43 | 9.9 | 9.16 | 5.05 | 5.08 |
| 2006 | 4.1 | 2.65 | 9.83 | 4.13 | 8.89 | 8.51 | 4.79 | 4.61 |
| 2007 | 4 | 2.13 | 8.37 | 3.85 | 8.29 | 8.26 | 4.37 | 4.62 |
| 2008 | 4.2 | 2.23 | 7.3 | 3.99 | 7.68 | 11.33 | 4.27 | 5.8 |
| 2009 | 4.3 | 3.03 | 7.49 | 5.07 | 9.38 | 18.01 | 5.6 | 9.28 |
| 2010 | 4.1 | 2.2 | 6.86 | 5.06 | 12.46 | 20.07 | 5.23 | 9.63 |

表 7-5　　　　　　　　　　　　　世界一些国家的 CPI 指数

| 年份 | 中国 | 德国 | 新加坡 | 日本 | 希腊 | 西班牙 | 澳大利亚 | 美国 |
|------|------|------|--------|------|------|--------|----------|------|
| 2001 | 201.9 | 94.12 | 88.44 | 101.5 | 87.26 | 87.88 | 134.0 | 177.0 |
| 2002 | 200.4 | 95.39 | 88.10 | 100.6 | 90.68 | 91.04 | 138.1 | 179.9 |
| 2003 | 202.7 | 96.38 | 88.53 | 100.3 | 93.79 | 93.86 | 141.9 | 184 |
| 2004 | 210.6 | 98.1 | 90.01 | 100.3 | 96.62 | 96.73 | 145.2 | 188.9 |
| 2005 | 214.5 | 99.98 | 90.43 | 100 | 99.99 | 100 | 149.1 | 195.3 |
| 2006 | 217.6 | 101.8 | 91.31 | 100.3 | 103.3 | 103.56 | 154.4 | 201.6 |
| 2007 | 228.0 | 104.1 | 93.23 | 100.3 | 106.4 | 106.51 | 158.0 | 207.3 |
| 2008 | 241.4 | 107.0 | 99.39 | 101.7 | 110.9 | 110.91 | 164.8 | 215.3 |
| 2009 | 239.8 | 107.2 | 99.97 | 100.3 | 112.4 | 110.64 | 167.8 | 214.5 |
| 2010 | 247.7 | 108.4 | 102.8 | 99.6 | 117.7 | 112.90 | 172.6 | 218.1 |

资料来源：国际货币基金组织网站.

# 第三节 国际收支失衡的治理

一国国际收支失衡是常态，平衡才是暂时的，暂时的、轻微的国际收支失衡不会对一国经济的发展产生巨大的不良影响，一般也不用采取政策进行调节，经济自身就会恢复平衡。然而，上一节我们也分析了国际收支失衡的影响，一旦出现巨额的、持续性的国际收支失衡，无论是国际收支顺差还是逆差，都会给经济带来不利影响，政府需要采取一定的政策对国际收支进行调节。从调节方式上看，国际收支的调节包括自动调节和政策调节，轻微的国际收支失衡通过市场的自动调节机制就可以恢复平衡，长期的、持续性的国际收支失衡就需要政府当局采取一定的政策来对其进行调节。

## 一、国际收支失衡的自动调节

国际收支的自动调节也称市场调节，是指通过市场机制的自发作用所实现的对国际收支的调节，事实上，国际收支的自动调节是国际收支失衡所引起的相关经济变量对国际收支的反作用，包括金本位制下和纸币本位制下的自动调节。

### （一）金本位制下的自动调节机制

金本位制下国际收支的自动调节是通过"价格—铸币流动机制"实现的，该理论最早是由英国古典经济学家大卫·休谟（David Hume）提出的，因此也称为"大卫·休谟机制"。"价格—铸币流动机制"也是比较早的国际收支调节理论，该理论只适用于纯粹的金本位制，其假定条件包括：（1）各国实行金本位制；（2）各国遵守金本位制下的游戏规则，实行贸易自由，允许黄金的自由兑换和自由输出入；（3）国际间不存在资本的流动，国际收支等同于贸易收支；（4）一国没有超额的黄金储备，国际收支的变化表现为货币供给量的变化。

在金本位制下，若一国国际收支出现逆差，该国黄金外流，黄金的外流导致国内货币供给量减少，物价降低，该国商品在国际市场上的竞争力提高，外国商品在本国的竞争力下降，从而使该国的出口增加进口减少，国际收支状况逐步改善恢复平衡。反之，若一国的国际收支出现顺差，则可通过进口的增加和出口的减少来恢复平衡。金本位下国际收支的调节过程如图 7 – 1 所示。

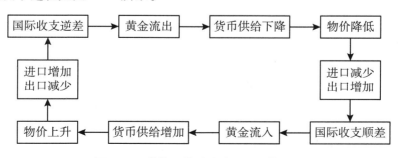

**图 7 – 1 价格—铸币流动机制调节过程**

需要指出的是，价格—铸币流动机制所描述的国际收支的自动调节只适用于金本位制，当金本位制瓦解以后，或者各国不遵守金本位制下的游戏规则时，例如各国对黄金的输出入进行管制，该机制便失去了其赖以运行的条件。除此之外，该机制简单地认为价格的变化会引起进出口更大幅度的变化，也就是说，其假设进出口商品具有充分的弹性。而现实情况并非如此，比如有些商品的弹性可能很小，价格的下降可能只会带来少量的出口增加，出口总额反而可能会下降，达不到改善国际收支的效果。这一问题在弹性论那里得到了很好的解决，具体将在下一章的弹性论中进行介绍。

### （二）纸币本位固定汇率制下国际收支的自动调节

在纸币本位下，国际收支受利率、价格和收入水平等因素的影响，因此国际收支的自动调节机制可分为利率调节机制、价格调节机制和收入调节机制。图7-2所示的是三种调节机制的机理。

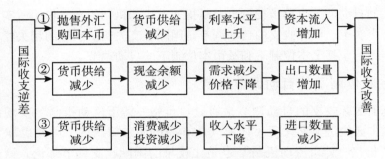

注：①代表利率机制；②代表价格机制；③代表收入机制。

**图7-2　固定汇率制下国际收支自动调节**

#### 1. 利率调节机制

利率调节机制是指国际收支通过利率的变化而得到调节，具体说来，当一国出现国际收支逆差时，本币贬值，为了维持固定汇率制，货币当局就必须在外汇市场上抛售外汇，购回本币，这样会使国内货币供给减少，进而使利率水平上升。利率水平的上升会吸引国外资本的流入，资本的流出也会减少，资本和金融项目出现盈余，国际收支逐步得到改善。

#### 2. 价格调节机制

价格调节机制是指国际收支失衡导致商品的价格水平发生变化，进而对一国的国际收支进行调节。当一国国际收支出现逆差时，货币当局为了维持汇率的稳定要在外汇市场上抛售外汇购回本币，这样使得国内货币供给减少，人们手中的现金余额减少，为了维持一定的现金余额，公众会减少需求，因此物价水平会下跌。商品价格的下降会使本国商品在世界市场上的价格更便宜，竞争力提高，因此出口会增加，经常项目出现盈余，国际收支逐步改善。

3. 收入调节机制

收入调节机制是指国际收支失衡引起国民收入水平的变化，进而通过需求的变化对国际收支进行调节。同样地，当一国出现国际收支逆差时，在固定汇率制下货币当局会在外汇市场上进行干预，结果是国内利率水平上升，货币供给减少。利率的上升会导致投资需求的减少，货币供给的减少也会使公众的需求下降，因此国民收入水平会下降。国民收入水平的下降引起对进口商品的需求减少，使国际收支逐步得到改善。

### （三）纸币本位浮动汇率制下国际收支的自动调节

在浮动汇率制下，国际收支失衡会通过汇率的变化而得到调节。具体来说，当出现国际收支顺差时，外汇的供给大于需求，从而导致本币的升值，在直接标价法下表现为汇率的下降，汇率下降会使一国出口商品的外币价格上涨，进口商品的本币价格下降，也就是出口商品变得昂贵而进口商品变得更加便宜，因此出口减少而进口增加，使国际收支逐步趋于平衡。反之，当一国出现国际收支逆差时，外汇的需求大于供给，使得外汇汇率上升，本币贬值，导致出口增加而进口减少，国际收支逐步改善，图 7 - 3 描述了国际收支逆差情形下的汇率自动调节机制。

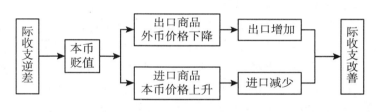

图 7 - 3　汇率调节机制

## ■二、国际收支失衡的政策调节

国际收支出现失衡时，通过市场的自动调节机制可以使国际收支逐步恢复平衡，但是由于市场机制的不完善，国际收支的自动调节需要的时间较长，一国经济往往不能够忍受长期的巨额国际收支失衡。因此，政府或货币当局有必要采取一定的政策措施来调节国际收支，也就是所谓的国际收支的政策调节。

国际收支的政策调节也称自觉调节，是指一国政府自觉地采取一定的政策措施来对国际收支进行调节，使其尽快趋于平衡，以降低国际收支失衡对经济产生的不利影响。可用于调节国际收支的政策很多，主要分为以下几种类型：

### （一）外汇缓冲政策

外汇缓冲政策，也称融资政策，是指通过一国官方储备的变动或者借入短期资金的方式来抵消外汇市场的超额供给或需求，进而使国际收支恢复平衡的政策。由于该种政策是以外汇作为缓冲体，因此称为外汇缓冲政策。外汇缓冲政策适用临时性的国际收支失衡，因此在使用该政策之前首先要分析国际收支失衡产生的原因，判断失衡是短期的还是长期的，短期的失衡可以使用该政策，如果是长期的失衡，则不宜使用该政策。比如当一国出现长期的国际收支逆差时，运用外汇缓冲政策只会最终耗尽本国的官方储备，而不能从根本上解决失衡问题，因此对于长期的失衡，要分析其产生的原因，采取其他的相应政策来解决。

### （二）经济调节政策

经济调节政策是比较常用的一类调节政策，包括需求调节政策和供给调节政策两类。

#### 1. 需求调节政策

需求调节政策是指通过调节社会的总需求水平来影响国际收支，使国际收支朝着平衡发展。

（1）支出增减型政策。顾名思义，支出增减型政策是指通过改变总支出水平来调节一国的国际收支，即通过增加总支出，或是减少总支出，来调节国际收支，主要包括财政政策和货币政策。

①财政政策。财政政策是指通过财政支出和税率的变动来调节国际收支的政策，当一国出现国际收支逆差时，政府可以采取紧缩性的财政政策，减少财政支出，提高税率，降低总需求，总需求的下降会使国民收入下降，价格降低，从而出口商品的竞争力得到提高，出口增加，进口减少，使国际收支逐步趋于平衡。通过紧缩性财政政策来调节国际收支的代价是国民收入下降，国民收入低于充分就业水平，经济收缩有可能加重失业，不利于国内经济的发展，也就是国际收支的平衡和内部平衡相互矛盾。

②货币政策。货币政策也称金融政策，是指通过货币供给量和利率的变化来调节国际收支的政策，法定存款准备金率、再贴现率、公开市场业务是最常见的三大货币政策工具。提高法定存款准备金率、提高再贴现率和卖出有价证券都可以使货币供给量下降，利率上升，从而使总需求下降，属于紧缩性的货币政策。国民收入的下降会降低一国的进口水平，同时利率的上升会吸引外资流入，国际收支状况得到改善。同财政政策一样，货币政策也会出现内外均衡不一致的情况，国际收支的改善以牺牲国内经济的发展为代价。

（2）支出转换型政策。支出转换型政策是指不改变社会总需求和总支出水平而改变需求和支出方向的政策，支出转换政策旨在改变总需求的结构，主要包括汇率政策、补贴、关税以及直接管制等政策。

①汇率政策。汇率政策是指通过改变汇率来调节国际收支状况，即通过汇率的升降来影响进出口以达到调节国际收支的目的。一般来说，本币的贬值会使出口商品的价格相对下降，在国际市场上的竞争力提高，出口数量会增加，进口商品会相对变得昂贵，因而进口数量减少。然而，以外币表示的进出口差额是否会改变则不确定，这与进出口商品的供给弹性和需求弹性有关，只有在满足一定的条件时，即著名的马歇尔－勒纳条件，汇率政策才是有效的，否则通过一国货币的贬值并不能够改善国际收支状况。

②税收。通过税收也可以调节一国的国际收支，税收的变动可以影响进出口的变

动，比如当一国出现国际收支逆差时，可以通过提高关税的方式来减少进口，通过出口退税来鼓励出口，还可通过减免税来吸引外资。

③出口补贴。对出口品进行补贴会使出口商品在价格上更具竞争力，因此会使出口增加，改善一国国际收支。

### 2. 供给调节政策

供给调节政策也称结构政策，主要包括产业政策和科技政策，是从供给方面来调节一国的国际收支失衡，最大特点是具有长期性，短期内很难实现预期的效果。供给调节政策旨在改善一国的经济结构和产业结构，通过制定合理的产业结构规划，鼓励和发展那些有良好前景的产业，限制和调整那些落后产业，使经济结构得到优化，使产品呈现多元化，增加出口商品和进口替代品的供给，消除由于供给的不足所带来的国际收支失衡。

## （三）直接管制

严格地说，直接管制也属于支出转换型政策，同时它又是一种比较特殊的政策。直接管制主要是对外汇及与外汇相关的内容进行管制，通过直接管制可以达到奖出限入的目的，从而改善国际收支状况。直接管制主要包括以下三方面的内容：

### 1. 外汇资金管制

外汇资金管制包括对贸易外汇的管制、非贸易外汇的管制以及资本输出入的管制。为了鼓励出口，许多国家实行出口退税、出口信贷等制度；为了限制进口，一国可以实施进口存款预交制度和进口许可证制度，前者指进口商在进口某种商品时需向指定的银行预存一定数额的货款，后者指进口商只有取得相关当局签发的进口许可证才能购买所需的外汇。对于非贸易外汇通常采取直接限制、最高限额等方式。外汇资金短缺的发展中国家制定各种优惠政策来吸引国外资本的流入。

### 2. 货币兑换管制

货币兑换包括经常项目的可兑换、资本和金融项目的可兑换以及完全的自由兑换。资本在国际间的流动加大了国际收支的不确定性，通过对货币兑换的管制，可以限制资本的流动，减少投机资本的流动，防止资本自由兑换对金融的冲击而导致金融秩序混乱，防止资本的大规模流动对国际收支的影响。

### 3. 汇率管制

一国通过汇率管制，也可以起到调节国际收支的效果，前面已经介绍过，本币贬值能够增加出口减少进口，从而改善国际收支。此外，实行差别汇率和复汇率也能够对国际收支进行调节，比如对于本国缺乏竞争力又需扩大出口的商品给予较优惠的汇率，对于其他商品使用一般的汇率。

当一国发生国际收支逆差时，直接管制可以在增加出口的同时限制进口，改善一国的国际收支。通过直接管制政府可以控制某个产业、扶植某个产业的发展，从而对经济结构进行调整，对治理结构性失衡有一定的作用。然而直接管制也有其局限性，首先，一旦管制取消，国际收支很可能会恢复到原来的失衡状态；其次，直接管制有可能造成某些产业部门对政府的依赖，不利于经济的发展；最后，直接管制很可能会引起贸易伙伴国的报复，使其很难达到应有的效果。

### （四）国际经济政策协调

在开放经济条件下，国与国之间的经济是相互影响的，一国的国际收支顺差意味着其他国家的国际收支逆差。如果各个国家单独制定自己国家的国际收支调节政策，往往不能达到最优的结果，可能陷入个体理性与集体理性的冲突。比如各国都用汇率政策来调节国际收支逆差，通过货币的贬值来增加出口减少进口，使国际收支改善。这样一来可能会陷入竞争性贬值的境地，必须不断贬值才能达到预期的效果。国际收支失衡的调节需要各国共同努力，相互配合，顺差国和逆差国都应当采取积极的政策进行调节，以确保全球经济的均衡发展，有关国际经济政策协调的内容会在内外均衡理论一章做详细的介绍。

以上是有关国际收支调节的政策，图 7 - 4 对各种调节政策做了简单的总结，当一

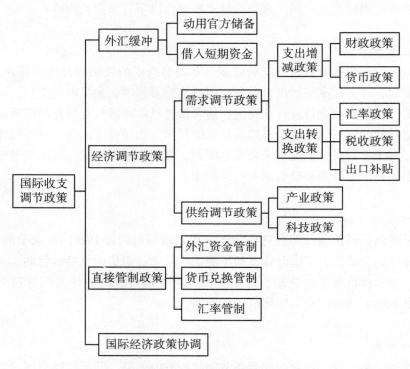

**图 7 - 4　国际收支调节政策**

国发生国际收支失衡时，首先应当分析失衡产生的原因，其次选择相应的政策进行调节。暂时的、偶然的失衡可以使用外汇缓冲政策来解决，而长期性的失衡则不宜使用该政策。一般来说，政府习惯于采取需求调节政策来调节国际收支，总需求的调节要比总

供给的调节更迅速，在短期内效果也更为明显。但是，有时仅靠需求调节是不能够解决根本问题的，不能忽视供给的调节，只有从根本上改善和优化一国的产业结构，才能实现国际收支的长期稳定的平衡。政府必须权衡眼前利益和长远利益，综合运用各种政策，将国际收支失衡的影响降到最小，同时又应当保证经济的合理发展。

# 中国外汇管理体制的变革

改革开放以前，中国实行高度集中的计划经济体制，由于外汇资源短缺，中国一直实行比较严格的外汇管制。新中国成立以来，中国外汇管理体制大体经历了计划经济时期、经济转轨时期和1994年开始建立社会主义市场经济以来三个阶段。

**一、计划经济时期的中国外汇管理体制（1953～1978年）**

新中国成立初期，即国民经济恢复时期，中国实行外汇集中管理制度，通过扶植出口、沟通侨汇、以收定支等方式积聚外汇，支持国家经济恢复和发展。1953年起，中国实行计划经济体制，对外贸易由国营对外贸易公司专管，外汇业务由中国银行统一经营，逐步形成了高度集中、计划控制的外汇管理体制。国家对外贸和外汇实行统一经营，用汇分口管理。外汇收支实行指令性计划管理，一切外汇收入必须售给国家，需用外汇按国家计划分配和批给。国际收支平衡政策"以收定支，以出定进"，依靠指令性计划和行政办法保持外汇收支平衡。

**二、经济转型时期的中国外汇管理体制（1979～1993年）**

1. 实行外汇留成制度，即在外汇由国家集中管理、统一平衡、保证重点的同时，实行贸易和非贸易外汇留成，区别不同情况，适当留给创汇的地方和企业一定比例的外汇，以解决发展生产、扩大业务所需要的物资进口。

2. 建立和发展外汇调剂市场，1980年10月起中国银行开办外汇调剂业务，允许持有留成外汇的单位把多余的外汇额度转让给缺少外汇的单位。

3. 改革人民币汇率制度。

（1）实行贸易内部结算价和对外公布汇率双重汇率制度；

（2）根据国内外物价变化调整官方汇率；

（3）实行官方汇率和外汇调剂市场汇率并存的汇率制度。

4. 允许多种金融机构经营外汇业务。

5. 建立对资本输出入的外汇管理制度。

6. 放宽对境内居民的外汇管理。

7. 外汇兑换券的发行和管理。

**三、1994年开始建立社会主义市场经济以来的中国外汇管理体制**

1993年11月14日，党的十四届三中全会通过的《中共中央关于建立社会主义市场经济体制若干问题的决定》中明确要求，"改革外汇管理体制，建立以市场供求为基础的、有管理的浮动汇率制度和统一规范的外汇市场，逐步使人民币成为可兑换货币。"1996年2月，《中华人民共和国外汇管理条例》颁布，同年，我国正式接受国际货币基组织协定第八条款，实现了人民币经常项目可兑换。

按照"循序渐进、统筹规划、先易后难、留有余地"的改革原则，中国逐步推进资本项目可兑换。2004 年年底，按照国际货币基金组织确定的 43 项资本项目交易中，我国有 11 项实现可兑换，11 项较少限制，15 项较多限制，严格管制的仅有 6 项。

资料来源：国家外汇管理局网站.

# 第四节　国际经济危机

国际经济失衡已成为当前不容忽视的问题，轻微的国际经济失衡在短期内可以维持下去，当国际经济失衡发展到严重失衡而无法继续维持下去的时候，其后果很可能是引发国际经济危机。2008 年以来，美国次贷危机引发了全球性的经济危机，给世界经济造成了严重影响，据统计，2009 年全球 GDP 的增长率为 - 0.60%，可见经济危机的影响之大。经济危机爆发的原因很多，有的是由实体经济引发的，有的是则是始于虚拟经济领域，而最终扩散到实体领域。然而，不可否认的是，国际经济危机的爆发与国际经济的失衡是有着紧密联系的。

## 一、国际经济危机的原因

随着经济全球化的深入发展，各国经济往来越来越密切，联系也越来越紧密。国与国之间加强经济往来，一方面有助于互通有无，各取所需，加快经济发展；另一方面，这也加大了各国经济的风险，一个国家经济出现问题，很可能引起连锁反应，迅速在国际间传递，进而影响全球经济的发展。纵观 20 世纪发生的几次大的全球性的经济危机，从 1929 年到 1933 年的大萧条，到离我们最近的 2008 年美国次贷危机导致的全球经济危机，我们可以发现，经济危机的影响越来越大，波及的国家也越来越多，一国的经济危机很快就会迅速波及到他国，成为国际经济危机。

国际经济失衡是国际经济危机爆发的重要原因，国际经济失衡表现为经常项目差额分布的失衡，实际上是各国经济发展不平衡的结果。就全球来看，各国之间经济发展的不平衡是客观存在的，发达国家与发展中国家以及贫困国家存在着一定的差距。随着经济全球化的发展，各国经济的不平衡进一步加深，落后国家为了加快国内经济的发展，会增加机器设备以及技术的进口，吸引外资。而发达国家资金相对充裕，为了追逐利润，会把资金投到国外，这样就加强了世界各国的经济联系。落后国家能够得到大量的资金来发展经济本身是件好事，重要的是如何使用这些资金来加快经济发展。贷款的取得也不是免费的，到期是要偿还的，如果资金使用安排不合理，国内经济发展的结构也不合理，当债务到期时很可能会出现违约，导致金融机构破产，进而影响实体经济，加之各国经济的紧密联系，全球范围内的经济危机就会不可避免地发生。

## ■二、一国经济危机的产生及其在国际间的传导

### （一）一国经济危机的产生

所谓经济危机，是指一个或多个国家的经济在某一时期出现生产过剩，总需求不足，进而导致经济增长放缓甚至倒退。经济危机的爆发既有内部原因，也有外部原因，尤其开放经济下，一国国际收支失衡以及国际资本的投机冲击也会引发经济危机。首先，对于国内经济来说，当经济结构合理，经济发展水平良好时，企业的债务能够按时偿还，经济能够持续发展。如果一国的经济结构不合理，效率低下，企业的借款到期不能偿还，从而导致银行等金融机构的倒闭，企业筹资能力也会进一步下降，信用紧缩、大量金融机构的破产会影响到实体经济，造成经济衰退。其次，如果一国国际收支处于逆差状态，也就是该国为净债务国，同样的道理，如果到期能够偿还债务，将不会出现大的问题，一旦到期不能偿付外债，很可能引起一些国际金融机构的倒闭，影响到其他国家，从而引发危机。再次，即使一国国际收支平衡，由于经济结构不合理，人们预期该国不能按时偿还外债时，有可能引发投机冲击，进而导致经济危机。

无论什么原因引起的经济危机，同一国的经济状况是分不开的，一国发生经济的失衡，内部失衡也好，外部失衡也好，当失衡到一定程度的时候，国内的需求会下降，人们的信心会受到影响，一旦形成悲观预期，经济状况就可能恶化，导致危机的发生。

### （二）国际经济危机的形成

当一国经济出现危机时，无论是产生于实体经济领域还是金融领域，都能够通过国家间的经济联系而扩散，最终影响到其他国家。需要指出的是，失衡与危机是有区别的，一国经济的失衡不一定导致危机，一国经济的危机也不一定导致全球的经济危机。当失衡不能控制在一定的范围之内，超过一定的度之后就会转化为危机，而国际经济危机通常是在国际经济失衡的前提下，由一国经济危机引发，最终导致全球经济危机。比如，A 国是商品以及服务的净进口国，由于某种原因，该国发生经济危机，致使收入水平大幅下降。一般来说，进口是收入的增函数，收入的下降自然会导致进口水平下降。为了分析问题简便，假设 A 国是 B 国唯一的进口国，B 国的商品及服务出口到 A 国，当 A 国发生危机而进口下降时，意味着 B 国的出口下降，由凯恩斯的国民收入恒等式，$Y = C + I + G + X - M$，我们知道，净出口是一国国民收入的一部分，在进口不变的情况下，出口的下降必然引起净出口的降低，这样一来会引起 B 国收入的下降，经济陷入衰退。同理，B 国收入的下降也会导致该国的进口减少，假设 B 国又是 C 国唯一的进口国，C 国也同样因出口的下降而导致收入下降，如此循环，只要一国存在对外贸易，就会相互传染，最终影响到每一个国家。当然以上分析做了简化，现实情况要复杂得多，传导的路径也不止一条。

经济全球化加深了各国之间的经济联系，牵一发而动全身，一国发生经济危机，其他国家都要受到牵连。当然，一国经济危机带来的危害要受多方面因素的影响，首先，该国的经济总量，一国经济总量越大，对外贸易额也越大，当经济危机来临时引起收入的下降越多，对贸易国的影响也越大；其次，该国贸易额的分布情况，如果与一国进行贸易往来的国家只是集中在少数几个国家，那么每个国家受到的影响就会较大，相反，若一国与更多的国家都有贸易往来，每个国家只占该国贸易的一小部分，那么该国发生经济危机后对其他国家产生的影响就很小，也就是通过分散的方法降低了风险。

举例来说，美国的次贷危机爆发后，美国的主要贸易国的收入水平均出现了不同程度的下降。部分原因就在于这些国家同美国的贸易往来密切，贸易往来越密切，其受到的影响也越大。2007 年，美国的 GDP 增长率为 2.03%，受次贷危机影响，2008 年 GDP 增长率为 0.44%，2009 年为 -2.44%。表 7-6 是美国的一些主要贸易国 2007~2009 年 3 年的 GDP 增长率，可以看出，各国均有不同程度的下降，说明此次危机造成了经济增长的减缓，已经影响到实体经济，发展为全球性的经济危机，并且也表明了经济联系紧密的国家会受到较为严重的影响。

表 7-6　　　　　美国主要贸易国的 GDP 增长率　　　　　单位：%

| 国家＼年份 | 2007 | 2008 | 2009 |
| --- | --- | --- | --- |
| 中国 | 13.01 | 9.63 | 9.11 |
| 日本 | 2.39 | -1.19 | -5.20 |
| 韩国 | 5.11 | 2.30 | 0.20 |
| 巴西 | 5.67 | 5.14 | -0.19 |
| 德国 | 2.51 | 1.25 | -4.90 |
| 英国 | 3.02 | 0.55 | -4.92 |
| 加拿大 | 2.71 | 0.50 | -2.50 |
| 墨西哥 | 3.33 | 1.49 | -6.54 |
| 意大利 | 1.56 | -1.32 | -5.04 |

资料来源：中国统计年鉴 2010. 中国统计出版社，2010.

## 三、国际经济危机的治理

经济危机发生时，各国的收入会下降，根据凯恩斯的需求管理理论，政府应当采取扩张性的政策以提高总需求，应对危机引起的消费不足。然而，单单利用需求调节政策来治理危机是不够的，当危机较轻时，各国可以独自实行政策来渡过危机，严重的危机还需通过国际间的合作，加强沟通，共同渡过危机。最重要的是需要认清危机的原因，我们提到，危机的原因是经济的失衡，经济的失衡更多的是结构性的问题，除了调节需求之外，还必须配合产业政策、科技政策等调节供给的政策。通过危机实现一国产业结构的优化升级，为经济的发展奠定良好的基础。一个非常明显的例子就是 1973 ~ 1975 年爆发的第一次石油危机，在这次危机中，各国普遍运用了凯恩斯的需求管理理论，采取扩张性的财政政策来刺激总需求，达到增加国民收入的目的。而日本则既采取了财政政策来刺激需求，又采取了产业政策，进行供给方面的调节，事后证明，这种既采取需求调节政策又采取供给调节政策的做法为以后日本经济的起飞打下了良好的基础。

### ☞ 本章关键词 ☜

| | | |
|---|---|---|
| 国际收支平衡 | 国际收支均衡 | 直接管制 |
| 大卫·休谟机制 | 支出转换型政策 | 支出增减型政策 |

### ☞ 深入思考的问题 ☜

1. 如何理解国际收支失衡，分析国际收支失衡有何意义？

2. 就全球范围来看，国际收支的失衡应当如何去解决，国际间的经济协调为何成为解决国际经济失衡的重要方式？

3. 为什么存在外汇管制，有必要进行外汇管制吗，可以取消外汇管制吗？

# 第二十三章

# 国际收支调节理论回顾

上一章我们主要探讨了如何调节国际收支失衡的问题，并且在第三节介绍了有关国际收支失衡的各种调节政策，这一章是上一章的延续，是关于国际收支调节理论的内容。对于之前我们讲到的各种调节政策，这些理论告诉我们具体的调节过程是如何实现的，我们应当如何根据具体的情况去实施各种政策。

关于国际收支调节的理论很多，16～17 世纪的重商主义的学说中已经孕育了一定的国际收支调节的思想，该学说认为货币（金银）是财富的唯一形式，一个国家应当鼓励出口，限制进口，在对外贸易中保持顺差，使金银等财富流入本国，以使本国财富不断增加。然而真正的比较系统的国际收支调节理论要数大卫·休谟（David Hume）的"价格—铸币流动机制"，该理论认为一国的国际收支会随着黄金在该国的流出和流入而自动实现平衡，政府无须采取任何措施。这一理论在上一章中已经有所论述，本章不再赘述，接下来我们主要介绍自金本位制瓦解以后一直到 20 世纪 70 年代所发展的一些国际收支调节理论，按照大致的时间发展顺序，主要介绍一些有代表性的国际收支调节理论，包括弹性论、乘数论、吸收论、货币论和结构论。

## 第一节　弹性分析法

经过第一次世界大战和 1929～1933 年的经济危机之后，国际金本位制度最终瓦解，西方各国开始实行纸币流通制度，这样一来，大卫·休谟（David Hume）阐述的"价格—铸币流动机制"就失去了其赖以运行的客观条件，国际收支不再能够实现自动调节。这一时期各国竞相实行货币贬值政策，想通过扩大出口，减少进口的方式来实现国际收支顺差。然而，从实施货币贬值国家的实际情况来看，在本币贬值之后，有些国家的国际收支并未出现明显的改善，至少在短期内国际收支状况并未出现好转，甚至还出现了恶化，进一步加剧了国际收支的逆差，国际收支的弹性理论就是在这种背景下产生的，主要研究货币贬值改善一国国际收支的条件，并从理论上给出了证明。

弹性论的基础就是弹性分析法，"弹性"这一概念最早是由英国经济学家马歇尔（Marshall）提出的，并且他在 1923 年还将局部均衡的弹性分析方法应用到国际收支领域，提出"进出口需求弹性"的概念，对国际收支进行弹性分析。不过马歇尔对国际收支的弹性分析比较分散，没有形成系统的理论。1937 年，英国经济学家琼·罗宾逊（Joan Robinson）在研究汇率变化与进出口的关系时，在马歇尔的国际收支的局部均衡分析基础之上，又引入了"进出口的供给弹性"，正式提出了国际收支的弹性理论。1944 年，美国经济学家勒纳（Lenner）又深入研究了一国货币贬值对国际收支的影响，提出了著名的马歇尔—勒纳条件，进一步完善了弹性理论。其后在 1948 年，美国经济学家梅茨勒（Metzler）又对琼·罗宾逊的弹性理论进行了补充，将进出口商品的供给弹性引入到马歇尔—勒纳条件之中，形成了更为一般的毕肯戴克—罗宾逊—梅茨勒（Bickerdike – Robinson – Metzler）条件，自此，国际收支调节的弹性理论趋于完善。

## ■ 一、弹性理论的基本假定

（1）进出口商品的供给具有完全的弹性（即弹性为无穷大），在图形上表现为商品的供给曲线水平。该假设意味着我们不考虑进出口商品的供给，任何的需求都会满足。

（2）不考虑国际间资本的流动，用贸易收支来代表国际收支，且初始的国际收支处于均衡状态，即贸易差额为零。

（3）经济处于充分就业的状态，收入、利率等其他条件不变，价格可以变动，也就是只考虑价格变动对国际收支的影响，收入、利率等因素不予考虑。

## ■ 二、理论分析

弹性理论的基本内容是：汇率的变动通过国内外产品之间、本国生产的贸易品与非贸易品之间的相对价格的变动，来影响一国进出口商品的供给和需求，进而影响国际收支。以一国货币贬值为例，当本币贬值时，出口商品的外币价格下降，出口商品在国际市场上变得相对便宜，商品的国际竞争力提高，商品出口增加。与此同时，进口商品的本币价格上升，进口商品在国内市场上变得相对昂贵，国内对进口商品的需求下降，从而进口减少。进口的下降使本国的外汇支出减少，由于本币贬值导致出口的外币价格下降，因此出口的外汇收入是增加还是减少并不确定，贬值对国际收支的影响也就不确定。[①] 当满足一定的条件时，本币的贬值才能够起到改善国际收支的作用，这个条件就是著名的马歇尔—勒纳条件。[②]

X 代表以本币表示的出口额，代表出口商品的需求；M 代表以外币表示的进口额，代表进口商品的需求 E 为直接标价法下的汇率，B 代表以本币表示的贸易收支差额（在不考虑资本流动的前提下，B 就代表国际收支差额），四者之间的关系为 $B = X - EM$，

---

① 事实上，货币贬值对国际收支的影响可以类比于微观经济学中价格的下降对销售收入的影响，这取决于需求的价格弹性。

② 关于马歇尔—勒纳条件的证明方法很多，本书第二篇就给出了关于该条件的一种证明，这里再给出一种简要的证明。

两边对汇率 E 求导得 $\dfrac{dB}{dE} = \dfrac{dX}{dE} - M - E\dfrac{dM}{dE}$

$$= M\left(\dfrac{dX}{dE} \times \dfrac{1}{M} - 1 - \dfrac{dM}{dE} \times \dfrac{E}{M}\right)$$

$$= M\left(\dfrac{dX}{dE} \times \dfrac{E}{X} \times \dfrac{X}{EM} - 1 - \dfrac{dM}{dE} \times \dfrac{E}{M}\right)$$

因为假定初始国际收支平衡，即 $B = X - EM = 0$，所以 $X = EM$，代入上式得，

$$\dfrac{dB}{dE} = M\left(\dfrac{dX}{dE} \times \dfrac{E}{X} - \dfrac{dM}{dE} \times \dfrac{E}{M} - 1\right)$$

$$= M\ (e_x + e_m - 1)$$

其中，$e_x = \dfrac{dX}{dE} \times \dfrac{E}{X}$ 为出口商品的需求弹性，$e_m = -\dfrac{dM}{dE} \times \dfrac{E}{M}$ 为进口商品的需求弹性，因为进口商品与汇率的变化通常呈反方向变动，因此在其前面加一负号。若本币贬值（即 $dE > 0$）：

（1）当 $e_x + e_m - 1 < 0$ 时，$dB = M\ (e_x + e_m - 1)\ dE < 0$，即如果本币贬值，国际收支状况将会恶化；

（2）当 $e_x + e_m - 1 > 0$ 时，$dB = M\ (e_x + e_m - 1)\ dE > 0$，即如果本币贬值，国际收支状况将会改善；

（3）当 $e_x + e_m - 1 = 0$ 时，$dB = M\ (e_x + e_m - 1)\ dE = 0$，即如果本币贬值，国际收支状况将不变。

因此，一国货币贬值要想使国际收支状况改善，需要满足 $e_x + e_m - 1 > 0$ 这一条件，即进出口商品的需求弹性之和大于 1，该条件即为马歇尔—勒纳条件。

通过本币的贬值来改善国际收支状况是有条件的，同时应当注意，马歇尔—勒纳条件有它自己的适用范围，它要求进出口商品的供给弹性为无穷大，当这一条件不再满足时，马歇尔—勒纳条件也应当作出相应的修正，此时，通过本币贬值能否改善国际收支不仅与进出口商品的需求弹性有关，还与进出口商品的供给弹性有关。

令 $\eta_m$ 和 $\eta_x$ 分别代表进出口商品的供给弹性，$e_m$ 和 $e_x$ 分别代表进出口商品的需求弹性，通过本币贬值来改善国际收支状况需满足的条件为：

$$\dfrac{\eta_m \eta_x\ (e_x + e_m - 1) + e_x e_m\ (\eta_m + \eta_x - 1)}{(e_x + \eta_x)\ (e_m + \eta_m)} > 0$$

以上条件称为毕肯戴克—罗宾逊—梅茨勒条件[①]，实际上马歇尔—勒纳条件即为该条件的特例，当 $\eta_m$ 和 $\eta_x$ 趋于无穷大时，该条件变为马歇尔—勒纳条件，因为

$$\lim_{\substack{\eta_x \to \infty \\ \eta_m \to \infty}} \dfrac{\eta_m \eta_x\ (e_x + e_m - 1) + e_x e_m\ (\eta_m + \eta_x - 1)}{(e_x + \eta_x)\ (e_m + \eta_m)} = e_x + e_m - 1$$

所以当进出口商品的供给弹性为无穷大时，毕肯戴克—罗宾逊—梅茨勒条件变为马歇尔—勒纳条件。

---

① 该条件的证明较为繁琐，不再证明，感兴趣的读者可以参考其他相关书籍的证明。

值得注意的是，现实的经济中，即使在满足马歇尔—勒纳条件下，一国货币的贬值往往也并不能够立即改善国际收支状况，而是存在一定的时滞，在这段时间内，本币的贬值非但不能改善一国的国际收支，反而引起国际收支状况的恶化，经过一段时间之后，国际收支状况才逐步好转，这一现象称为 J 曲线效应。

有关 J 曲线效应的内容在前面的章节已有所论述，在此简单说明一下。经济学家马吉（Magee）将本币贬值的效应分为货币合同阶段、传导阶段和数量调整阶段，在前两个阶段国际收支可能恶化，只有到第三个阶段，在满足马歇尔—勒纳条件时国际收支才会有所改善。

第一阶段，货币合同阶段：这一时期贬值以前的合同仍按原来价格和数量执行，如果进出口合同均以外币计价，则由于贬值后出口商品的外币价格下降而数量不变，会使出口收入减少，在进口不变的情况下，贸易逆差扩大。[①]

第二阶段，传导阶段：这一时期由于进出口商品的需求或供给具有刚性，进出口数量仍然不变，贸易逆差进一步扩大。

第三阶段，数量调整阶段：该时期进出口的数量和价格均开始发生变化，本币贬值以后，由于进口商品的本币价格上升，进口开始减少，同时出口商品的外币价格下降，出口开始增加，国际收支开始逐步改善。

## 三、对弹性论的评价

弹性理论给出了本币贬值能够改善一国国际收支的条件，为通过本币贬值来改善国际收支状况提供了理论上的支持，具有一定的政策意义。然而，弹性理论也存在一定的缺陷，主要表现为以下几点。

第一，弹性理论采用局部均衡的分析方法，假定经济处于充分就业状态，收入等其他条件不变，而价格可变，只考虑汇率变动对进出口商品的影响，而这与实际情况不符。

第二，该理论不考虑资本在国际间的流动，将国际收支等同于贸易收支，这与实际情况也相距甚远，事实上，国际间资本的流动已成为影响国际收支状况的不可忽略的关键因素，不应当忽略汇率变动对资本和金融项目的影响。

第三，弹性分析是一种比较静态分析，而本币贬值后国际收支的调整是一个动态过程，从本币贬值到国际收支改善有一定的时滞，本币贬值并不能立刻改善一国的国际收支状况，而是一个先恶化再逐步改善的过程。

---

### 贬值改善国际收支的时滞问题

J 曲线效应说明的是货币贬值对贸易收支影响的时滞过程，这一过程无论在发达国

---

[①]　当然，进出口商品合同中规定不同的计价货币对贸易差的影响是不同的，进出口商品分别可以用本币计价和外币计价，因此理论上存在四种情形。

家还是在发展中国家都明显存在。美国著名经济学家保罗·克鲁格曼根据美国6个独立的经济模型得出的结论是：从汇率变动到贸易量最初做出反应的时滞，进口约为7个月，出口约为10个月，而贸易收支得到改变则需要更长时间。一般而言，发达国家货币对外贬值并稳定下来1~2年后，贸易收支才会得到明显改善。典型的例证是：1967年英镑贬值后的最初两年，英国出口量虽有所增加，出口净收入却未增长，两年后贸易收支则得到了明显改善；1985年美元贬值达20%以上，但1986年和1987年美国贸易逆差却进一步扩大，1987年后的几年内贸易逆差则连续大幅缩减；1995年日元虽然大幅升值但当年日本仍然出现了1 865亿美元的巨额贸易顺差，第二年贸易顺差开始下降，这从反面对J曲线效应作了验证。与发达国家相比，发展中国家贸易收支对货币贬值的反应更为灵敏，时滞也较短，一般货币贬值半年至一年后便有明显效果。

1997年7月以来，东南亚国家货币贬值了30%~80%，然而，东南亚货币贬值对贸易影响的时滞比一般发展中国家自主性货币贬值要长得多，其对我国贸易的影响也远没充分显现，主要原因在于：第一，伴随着东南亚货币贬值出现的是金融危机甚至经济危机，东南亚正常的经济秩序和进出口秩序遭到了破坏，货币贬值改善贸易收支的传导机制难以正常发挥作用。第二，东南亚出口贸易中加工贸易占有较大比重，而加工贸易出口的增长在很大程度上依赖于进口的增加。东南亚货币贬值后，其进口原材料、零部件的本币价格大幅上升，从而部分抵消了货币贬值所增大的出口竞争力。另一方面，金融危机使东南亚外汇严重短缺，加之企业及银行信誉度下降，国际市场往往拒绝接受他们的信用证而要求支付现金，这使东南亚进口原材料、零部件等困难重重，从而加工贸易出口难以快速增长。第三，东南亚货币对外贬值的同时，对内也大幅度贬值，1998年1~6月泰国通胀率达20.7%，印度尼西亚则超过40%。此外东南亚利率也大幅上升，1998年6月份，印度尼西亚、泰国、菲律宾、马来西亚短期利率分别达47.32%、23.5%、14.43%和11.08%。高通胀率和高利率加大了出口产品的生产和经营成本，也部分抵消了货币贬值给出口商品带来的价格优势。第四，东南亚进出口贸易中地区内部贸易占有一定的比重，由于外汇短缺，东南亚各国减少了包括地区内的商品进口，从而使地区内的商品出口大为减少。第五，日元大幅度贬值，使东南亚出口产品中与日本相竞争的部分因货币贬值而造成的竞争优势几乎丧失殆尽。

资料来源：黄燕君. 东南亚货币贬值的J曲线效应及我国的对策. 财贸经济, 1998（11）.

# 第二节　收入分析法

收入分析法也称收入论或乘数论，是建立在凯恩斯（Keynes）的国民收入理论基础之上的。与弹性论不同的是，该理论重点探讨收入的变动对国际收向的影响，而不考虑价格等其他因素的影响。20世纪30年代以后，凯恩斯主义经济学逐渐盛行，以英国经济学家哈罗德（Harold）、美国经济学家梅茨勒（Meltzer）以及奥地利经济学家马克卢普（Marchlup）为代表的一些经济学家以凯恩斯的国民收入理论为基础，在20世纪30

年代到 40 年代提出了有关国际收支的收入调节理论。

## 一、收入论的基本假定

（1）经济处于非充分就业状态，收入可变而价格不变，即总供给曲线水平；
（2）不考虑国际间资本的流动，国际收支等同于贸易收支；
（3）汇率、利率、价格等变量均不变，只考虑国际收支的收入调节机制。

## 二、理论分析

根据凯恩斯的宏观经济理论，在开放经济条件下，有以下等式成立：
$$Y = C + I + G + X - M$$
其中，消费 $C = C_0 + cY$，$C_0$ 为自发消费，$c$ 为边际消费倾向。

投资 $I = I_0$，政府购买支出 $G = G_0$，出口 $X = X_0$，即投资、政府购买支出和出口均为常数。

进口 $M = M_0 + mY$，$M_0$ 为自发进口，$m$ 为边际进口倾向。

将 C、I、G 和 M 代入国民收入恒等式 $Y = C + I + G + X - M$，得：
$$Y = C_0 + cY + I_0 + G_0 + X_0 - (M_0 + mY)$$

整理可得：
$$Y = \frac{1}{1 - c + m} (C_0 + I_0 + G_0 + X_0 - M_0)$$
$$= \frac{1}{s + m} (C_0 + I_0 + G_0 + X_0 - M_0)$$

其中，$s = 1 - c$，为边际储蓄倾向。根据假设，不考虑资本在国际间的流动，国际收支差额等于贸易差额，用 B 表示国际收支差额，则有：
$$B = X - M$$
$$= X_0 - (M_0 + mY)$$
$$= X_0 - M_0 - \frac{m}{1 - c + m} (C_0 + I_0 + G_0 + X_0 - M_0)$$

两边取增量形式有：
$$\Delta B = \Delta X_0 - \Delta M_0 - \frac{m}{1 - c + m} (\Delta C_0 + \Delta I_0 + \Delta G_0 + \Delta X_0 - \Delta M_0)$$

从上式可以看出，一国国际收支的变化与消费、投资、政府支出以及进出口是相关的，其中自发消费 $C_0$、自发投资 $I_0$ 以及政府支出 $G_0$ 的变化会导致国际收支向相反方向的变化。比如自发消费的增加会引起收入的增加，而收入的增加又会引起进口的增加，从而导致国际收支呈逆差趋势。而进出口的变化对国际收支会产生两种影响，一种是直接效应，一种是间接效应。比如自发出口增加，一方面会对国际收支产生直接的影响 $\Delta X_0$，另一方面，出口的增加会引起国民收入的增加，从而引起进口的增加，因此会对国际收支产生间接的影响 $-\frac{m}{1 - c + m} \Delta X_0$，总的来说，出口的增加对国际收支的影响为直接影响与间接影响之和，即 $\frac{1-c}{1-c+m}\Delta X_0$。同样进口对国际收支也有直接和间接的两方面的影响，总的来说进口引起国际收支的逆差。

由于出口和自发进口对国际收支会产生两方面的影响，因此有些西方学者把收入效应和弹性分析法所强调的替代效应结合起来，提出了修正的马歇尔—勒纳条件，即哈伯格（Harberger）条件。在小国经济条件下，忽略本国进出口对贸易对手国的影响，哈伯格条件为 $e_x + e_m > 1 + m$，进出口商品的需求弹性之和不但要大于1，即满足马歇尔—勒纳条件，还要克服因出口的增加引起收入变动导致的进口增加，因此该条件的右边要加上本国的边际进口倾向 m。

而在大国经济条件下，需要考虑国外的反响，比如一国出口的增加意味着贸易国进口的增加，而进口的增加会使贸易国国民收入下降，从而减少进口，因此在大国条件下，考虑到国外的反响，哈伯格条件应当变为 $e_x + e_m > 1 + m + m^*$，其中 $m^*$ 代表外国的边际进口倾向。即当进出口商品的需求弹性之和大于1加本国和外国边际进口倾向之和时，贬值才能有效地改善国际收支。

## ■三、对收入论的评价

收入论是建立在凯恩斯的宏观经济分析框架之上，阐述了对外贸易与国民收入之间的关系，以及各国经济通过进出口途径相互影响的原理，在一定程度上反映了经济的客观事实，对国际收支的研究具有重要意义，其政策建议也是很明显的，要想改变一国的国际收支逆差，可以通过增加出口和减少进口来实现。

然而，收入论也不是很完美的，也存在一定的缺陷。第一，同弹性论一样，收入论也没有考虑国际间资本的流动，这与当今事实是不符的；第二，该理论假定汇率、价格等因素保持不变，只分析了收入变动对国际收支的影响，属于局部均衡分析，这也限制了该理论的应用范围；第三，充分就业的假定条件也使该理论的应用受到一定的限制，充分就业条件下进一步通过增加出口来改善国际收支的话，会形成通货膨胀，也就是产生经济内外均衡矛盾的问题，有关内外均衡的问题将会在下一章阐述。

# 第三节　吸收分析法

国际收支调节的吸收分析法也称吸收论或支出论，同收入论一样，吸收论也是建立在凯恩斯的宏观经济理论之上的，该理论最早是由经济学家亚历山大（Alexander）在20世纪50年代提出的，后来经马克卢普修订。20世纪50年代初英法等国家曾经采用弹性论的观点，希望通过货币的贬值来改善国际收支，然而收效甚微。吸收论就是在此情况下针对弹性理论的不足而提出的，吸收论认为不能只关注货币贬值的相对价格效应而忽略了收入效应，亚历山大认为弹性既不固定又无法测量，弹性理论只适用于事后分析。

## 一、基本内容

吸收论同样不考虑资本在国际间的流动，假设国际收支等同于贸易收支，根据凯恩斯的国民收入理论，有 $Y = C + I + G + X - M$，字母代表的意义与上一节相同。

令 $B = X - M$，$A = C + I + G$，则有：

$$B = Y - A \tag{1}$$

其中 B 代表国际收支差额，A 为消费、投资和政府购买支出之和，我们称之为国内吸收。上式表明，当国民收入 Y 等于国内吸收 A 时，国际收支平衡；当国民收入大于吸收时，国际收支会出现顺差，反之会出现国际收支逆差，因此可以通过调节国民收入和国内吸收来调节国际收支。

对（1）式两边微分得：

$$dB = dY - dA \tag{2}$$

因为吸收论是针对弹性论的不足提出来的，弹性论主要研究的是一国货币贬值改善国际收支的条件，所以在这里我们主要分析的也是一国货币贬值后对国际收支的影响。从（2）式可以看出，一国货币贬值能否改善国际收支取决于货币贬值对收入和吸收的影响程度，如果相对于吸收，贬值增加了国民收入，或者说使 $dY - dA > 0$ 时，贬值就会使国际收支得到改善；否则，若贬值使得 $dY - dA < 0$，也就是收入的增加小于吸收的增加，那么贬值非但不能改善国际收支，还会使国际收支进一步恶化。

亚历山大还进一步把国内吸收分为两部分，自主性吸收 $A_0$ 以及引致性吸收 cY，即 $A = A_0 + cY$，所以：

$$B = Y - A$$
$$= Y - (A_0 + cY)$$

整理得 $B = (1 - c) Y - A_0$，则 $dB = (1 - c) dY - dA_0$。

货币贬值的效果主要体现在三个方面：（1）贬值对收入的直接影响 dY；（2）贬值对吸收的直接影响 $dA_0$；（3）贬值通过收入对吸收的间接影响 cY，下面主要来分析贬值对收入和吸收的直接影响。

## 二、贬值的效应分析

### （一）贬值对国民收入的影响

1. 闲置资源效应

当经济未达到充分就业时，经济中存在闲置的资源，货币的贬值会使出口增加，从而使国民收入增加，国际收支得到改善。另一方面，国民收入的增加又会使国内消费和投资支出增加，也就是总吸收会增加，吸收的增加会使国际收支恶化。贬值的最终效应取决于边际吸收倾向 c，如果 $c < 1$，国民收入的增加会大于吸收的增加，国际收支得到

改善；如果 $c>1$，国民收入的增加会使国际收支恶化。通过以上分析可以看出，贬值以后闲置资源效应对国际收支的影响是不确定的，这取决于边际吸收倾向的大小。

### 2. 贸易条件效应

货币的贬值会使一国的贸易条件恶化，使国际收支出现逆差，国民收入也随之下降，收入的下降会引起吸收的降低，总的效应也取决于二者的变动程度，当吸收的边际倾向大于 1 时，也就是吸收比收入下降得更多，国际收支会得到改善。

### 3. 资源配置效应

货币的贬值会使资源从非贸易品部门转向贸易品部门，使资源得到更好地利用，生产率得到提高，虽然货币贬值会使贸易条件恶化而使国际收支出现逆差，但资源的配置效应会抵消贸易条件恶化，国民收入仍会有所提高。

## （二）贬值对吸收的直接影响

### 1. 实际现金余额效应

在货币供给保持不变的条件下，一国货币的贬值会引起国内价格水平的上升，价格上升会使人们手中以货币形式持有的财富的价值下降，即实际现金余额减少，为了使自己持有的现金余额保持在一定的水平，人们或者减少对商品和劳务的支出，从而使总需求下降，即总吸收减少；或者将手中的金融资产变现，这会使金融资产的价格下降，利率水平上升，导致消费和投资需求下降，同样会使总吸收水平下降，根据吸收论的观点，吸收的减少会产生国际收支的顺差。

### 2. 收入分配效应

一国货币的贬值会引起国内价格的上升，而工资的调整相对于价格的调整是滞后的，这会导致国民收入的再分配，主要体现在以下三个方面。第一，从固定收入集团向经济的其他部门转移，而固定收入者的边际吸收倾向一般较高，因此这种转移会使吸收减少，从而改善一国国际收支。第二，从工资收入者向利润收入者转移，一般来说工资收入者的边际吸收倾向要高于利润收入者，因此会改善国际收支状况，然而利润的提高也会进一步刺激投资，使投资增加，也就是吸收增加，从而使国际收支产生逆差的趋势，因此社会总的吸收水平不一定下降。第三，物价的上涨会给政府带来通货膨胀税，收入由纳税人向政府转移。这种转移产生的效果也取决于政府与其他公众的边际吸收倾向的比较，一般来说，发达国家的政府的边际吸收倾向较低。

### 3. 货币幻觉效应

本币贬值会使价格水平上升，如果货币收入与价格水平同比例上涨，则实际收入不变。如果人们存在货币幻觉，认为实际收入减少，从而减少消费，总吸收水平就会下降，因而改善国际收支。当然人们也可能认为自己的收入增加了，从而增加消费，造成总吸收水平的增加，导致国际收支的恶化。

4. 其他直接效应

这些效应很多，对国际收支的改善可能有利，也可能不利，如对物价上升的预期，在短期内人们会增加商品的购买，导致吸收的增加，不利于国际收支的改善。

## 三、对吸收论的评价

吸收论将国际收支与整个国民经济联系起来，综合考虑了多种因素的相互作用，因此属于一般均衡分析，并且还考虑到了弹性理论所忽视的国际收支失衡的货币方面的因素，可以说这既是对弹性论的超越，也是货币论的先驱。吸收论告诉我们，改善一国国际收支既可以通过提高实际国民收入来实现，也可以通过降低国内吸收来实现，或者说只要收入相对于吸收是增加的就可以改善一国的国际收支。经济处于非充分就业时，可以采取扩张性的政策来使国民收入增加；存在通货膨胀时，可以通过紧缩性的政策减少吸收来改善国际收支。

然而吸收论也存在着一定的缺陷，首先，吸收论对收入、吸收和贸易收支之间的因果关系分析不够，其分析是建立在凯恩斯的国民收入恒等式的基础之上的，该恒等式并不能够说明贸易收支是收入和吸收共同作用的结果；其次，该理论没有考虑本币贬值以后相对价格的变动在国际收支调整中的作用；最后，吸收论同样没有考虑资本在国际间的流动，将贸易收支等同于国际收支。

# 第四节　货币分析法

有关国际收支调节的理论，无论是大卫·休谟（David Hume）的自动调节机制，还是弹性论、收入论和吸收论，它们的一个共同点是均没有考虑资本在国际间的流动，这显然是不符合当今的情况的，把国际收支等同于贸易收支是这些理论的一个共同缺陷。20 世纪 60 年代末至 70 年代初，西方主要资本主义国家陷入了不同程度的滞涨，凯恩斯主义也不断遭到质疑，货币主义逐渐兴起。在此期间，美国芝加哥大学教授蒙代尔（Mundell）和英国伦敦经济学院的约翰逊（Johnson）以及约翰逊学的学生弗兰克尔（Frankel），在货币理论的基础之上提出了国际收支调节的货币分析法。[1] 货币论把国际收支失衡看作是一种货币现象，国际收支失衡的本质是货币供求失衡，并且货币论考虑了资本在国际间的流动。将资本纳入到国际收支的考虑范围也使得该理论更加接近现实，在 20 世纪 70 年代货币论也一度被纳入到国际货币基金组织的国际收支调节规划

---

[1]　因为国际收支调节的货币分析法以货币理论为基础，其结论与凯恩斯主义的国际收支调节理论也有所差别。

中，成为国际货币基金组织制定国际收支政策的理论基础。

## 一、基本假定

（1）在充分就业均衡状态下，货币需求是价格、收入、利率等变量的稳定函数；

（2）货币供给的变化不影响实际产量，即货币中性；

（3）购买力平价理论在长期内成立，假设本国价格为 P，国外价格为 $P_f$，直接标价法下的汇率为 e，则有 $P = eP_f$。

## 二、货币需求与供给

### （一）货币需求

货币论以货币主义的理论为基础，假设货币需求满足剑桥方程式，即：

$$M_d = kPY$$

其中，$M_d$ 为名义货币需求总量；

P 为国内价格水平；

Y 为实际国民收入；

k 为货币持有倾向，即人们持有的货币在收入中所占的比例，通常比较稳定，假设是 0 到 1 之间的一个常数。

对剑桥方程式两边取对数得：$\ln M_d = \ln k + \ln P + \ln Y$

两边对时间 t 求导得：$\dfrac{1}{M_d} \cdot \dfrac{dM_d}{dt} = \dfrac{1}{k} \cdot \dfrac{dk}{dt} + \dfrac{1}{P} \cdot \dfrac{dP}{dt} + \dfrac{1}{Y} \cdot \dfrac{dY}{dt}$

若用 $\hat{X} = \dfrac{1}{X} \cdot \dfrac{dX}{dt}$ 来代表变量 X 对时间的变化率，则上式可表示为：

$$\hat{M}_d = \hat{k} + \hat{P} + \hat{Y} \tag{1}$$

又因为 k 为常数，所以 $\hat{k} = 0$，则上式变为：

$$\hat{M}_d = \hat{k} + \hat{P} \tag{2}$$

即货币需求的变化等于价格水平的变化加上国民收入水平的变化。

同理，对 $P = eP_f$ 两边取对数再对时间 t 求导，可以得到国内价格水平的变化等于汇率的变化与国外价格水平变化之和，即：

$$\hat{P} = \hat{e} + \hat{P}_f \tag{3}$$

将（3）式代入（2）式得：

$$\hat{M}_d = \hat{e} + \hat{P} + \hat{Y}$$

### （二）货币供给

开放经济条件下，一国的货币供给可以表示为：

$$M_s = m（D + R）\tag{4}$$

其中，m 为货币创造乘数；

　　　　D 为中央银行的国内信贷；

　　　　R 为用本币计算的国际储备。

对上式两边取增量形式得，$\Delta M_s = m（\Delta D + \Delta R）$，两边同除以 $M_s$ 得：

$$\frac{\Delta M_s}{M_s} = m\left(\frac{\Delta D}{M_s} + \frac{\Delta R}{M_s}\right)$$

变形得：

$$\frac{\Delta M_s}{M_s} = m\left(\frac{\Delta D}{D} \cdot \frac{D}{M_s} + \frac{\Delta R}{R} \cdot \frac{R}{M_s}\right)$$

对（4）式两边同除 $M_s$ 得：

$$1 = m\left(\frac{D}{M_s} + \frac{R}{M_s}\right)$$

令 $\alpha = m\dfrac{R}{M_s}$，用 $\hat{X} = \dfrac{\Delta X}{X}$ 来表示 X 的增长率，则上式可表示为：

$$\hat{M}_s = （1 - \alpha）\hat{D} + \alpha\hat{R}\tag{5}$$

当货币市场实现均衡时，货币需求与货币供给相等，即 $M_d = M_s$，所以 $\hat{M}_d = \hat{M}_s$。

$$\hat{e} + \hat{P}_f + \hat{Y} = （1 - \alpha）\hat{D} + \alpha\hat{R}\tag{6}$$

在固定汇率制下，为了维持汇率稳定，货币当局需要运用外汇储备对汇率进行调整，因此汇率变化为零，而外汇储备变化不为零，即 $\hat{e} = 0$，$\hat{R} \neq 0$，所以（6）式可以变形为：

$$\hat{R} = \frac{1}{\alpha}\hat{Y} + \frac{1}{\alpha}\hat{P}_f - \frac{1 - \alpha}{\alpha}\hat{D}\tag{7}$$

从上式可以看出，一国外汇储备与本国的收入水平和价格水平同方向变化，与国内信贷呈反方向变化。在收入与价格不变的条件下，国内信贷的增加会导致国际储备的减少，当一国中央银行扩大信贷时，货币供给增加，人们实际持有的货币多于愿意持有的货币，因此会增加支出，以使手中的货币余额减少。需求的增加也会导致对外国商品和金融资产的需求增加，外汇储备会减少。

在浮动汇率制下，货币当局不必动用外汇储备来维持汇率的稳定，汇率水平是可变的，而国际储备相对稳定，即 $\hat{e} \neq 0$，$\hat{R} = 0$，因此（6）式可以变形为

$$\hat{e} = （1 - \alpha）\hat{D} - \hat{P}_f - \hat{Y}\tag{8}$$

如果价格和收入水平保持不变，国内信贷与汇率保持同方向的变化，若一国国内信贷扩张，则汇率上升，本币贬值；反之国内信贷紧缩则汇率下降，本币升值。

## 三、模型分析

在固定汇率制下，（7）式成立，一国国际收支的变动与本国收入水平、国外价格

水平以及国内信贷的变化有关，以下分析这三种因素的变动对国际收支的影响。

### 1. 国内信贷扩张对国际收支的影响

当一国货币当局采取扩张性的货币政策时，货币供给增加，在货币需求不变的条件下，人们手中持有的货币会超过愿意持有的货币，因此会增加需求，将多余的货币花出去，使实际货币余额达到愿意持有的水平。一方面，需求的增加会使本国商品的价格上涨，出口商品的外币价格会上升，在世界市场的竞争力会下降，导致出口减少，国际收支出现逆差；另一方面，需求的增加也会引起对外国的进口增加，也会导致国际收支逆差，使得本币贬值，汇率上升。在固定汇率制下，货币当局为了维持汇率稳定就不得不抛售外汇购回本币，货币供给减少，货币供给的减少会使人们减少需求，价格下降，逐步改善国际收支，直到经济恢复到原来的状态，实现新的平衡。因此，在固定汇率制下，货币政策无效，扩张性的货币政策所带来的国际收支逆差可以通过政府在外汇市场上的干预来消除，然而能否消除国际收支逆差要受一国外汇储备量的限制，任何一个国家的外汇储备都不是无限的，如果外汇储备不足以维持汇率的稳定，那么就可能造成长时间的逆差。这一点与凯恩斯主义的分析是一致的，凯恩斯主义认为，国内信贷的扩张会引起利率的下降，这会导致资本的外流和投资的增加，进而引起收入的增加，收入的增加又会引起进口的增加，导致国际收支出现逆差。

### 2. 国民收入的增长对国际收支的影响

当一国国民收入增加时，根据剑桥方程式，人们对货币的需求也会增加，如果货币的供给不变，人们会减少需求，以使手中持有的货币达到愿意持有的水平。需求的减少一方面会使进口减少，国际收支出现顺差；另一方面会使国内价格水平下降，出口商品在国际市场上的竞争力提高，出口增加，这样会使一国国际收支出现顺差，汇率下降，本币升值。在固定汇率制下货币当局为了维持汇率的稳定就要抛售本币购回外汇，使货币供给增加，价格上升，一直恢复到国民收入增加之前的价格水平，实现新的均衡。由此可以看出，收入水平的增加带来国际收支的顺差，最终由货币供给的增加来实现新的平衡。这一点与凯恩斯主义的分析是不同的，在凯恩斯主义看来，收入的增加引起进口的增加，从而导致国际收支的逆差，这也是我们之前的分析中经常用到的。

### 3. 国外价格的上涨对国际收支的影响

根据一价定律，在固定汇率制下，国外价格的上涨会引起国内价格同比例的上涨，由剑桥方程式可知，价格的上涨会引起货币需求的增加，因此需要国际收支的顺差，即通过货币供给方程式中的 R 来增加货币供给。具体来说，国外价格的上涨使国内商品变得更加便宜，这种便宜是相对的，本国商品在国际市场的竞争力会提高，出口增加，引起国际收支的顺差。国际收支的顺差会使汇率下降，本币升值，固定汇率制下货币当局为了维持汇率的稳定就不得不抛售本币购回外汇，这样就会使国内货币的供给增加，价格就会上涨，本国商品逐渐失去价格上的优势，出口逐渐减少，最终价格优势完全消失，国际收支顺差也完全消失。也就是说，国外价格的上涨会带来国际收支的顺差，最终通过本国货币供给的增加来实现国际收支的平衡。这一点与凯恩斯主义的分析也有所不同，凯恩斯主义认为，价格的上涨会使本国产品的竞争力下降，引起出口下降，国际收支出现逆差。

从以上分析可以看出，在固定汇率制下，国外价格的上涨最终会引起国内价格的上涨，这也就是所谓的输入型通货膨胀。这一点从购买力平价中也可以看到，若购买力平价成立，即 $P = eP_f$，那么有 $\hat{P} = \hat{e} + \hat{P}_f$，在固定汇率制下有 $\hat{e} = 0$，所以国内价格水平的变化与国外价格水平的变化相同。也就是说，在固定汇率制下，通货膨胀会在国际间传递。

4. 利率的上升对国际收支的调节

剑桥方程式中并没有反映利率与货币需求的关系，现代货币主义认为，货币的需求是利率的减函数，当利率上升时，货币需求减少，人们手中实际持有的货币多于愿意持有的货币，因此会增加需求，使进口增加，同时增加对外投资，国际收支出现逆差。这一点与凯恩斯主义的分析也有所不同，凯恩斯主义认为利率的上升会引起资本的流入，国际收支会出现顺差。

以上分析了固定汇率制下的情形，在浮动汇率制下的分析过程是相同的，所不同的是，汇率水平是可以自由浮动的，一国政府不必将汇率维持在固定的水平，国际收支的失衡可以通过汇率调节机制自行恢复平衡，在此不再赘述。

## 四、政策主张

第一，所有国际收支失衡在本质上都是一种货币现象，当货币的供给和需求不平衡时就会导致国际收支失衡。当一国货币需求大于货币供给时，会产生国际收支顺差；当货币需求小于货币供给时，会产生国际收支逆差。

第二，国际收支的失衡都可以由国内货币政策来解决。

第三，收入的增加会通过扩大扩大货币需求来改善一国的国际收支，其前提是收入的增加不被国内信贷的增加所抵消。

第四，在固定汇率制下，一国政府有义务维持汇率的稳定，因此要对外汇市场进行干预，国际收支的失衡表现为外汇储备的流出和流入，一国在长期内丧失了货币政策的独立性和外汇储备的稳定。

第五，在浮动汇率制下，汇率可以自由浮动，国际收支的失衡可以通过汇率的变化而自动恢复平衡，不会发生外汇储备的变动，货币政策的独立性也不会丧失。

第六，如果一价定律成立，中央银行必须在汇率与本国价格水平之间作出选择，因为根据一价定律，一国价格的变化等于国外价格的变化加上汇率的变化，在固定汇率制下，汇率变化为零，国内价格与国外价格同方向变化，国外价格水平的上升会引起国内价格的上升，也就是输入型通货膨胀。在浮动汇率制下，如果想要保持国内价格不变，则必须通过汇率的升降来实现。

## ■五、对该理论的评价

货币论相比之前的国际收支调节理论的最大贡献在于它引入了金融市场，考虑了资本在国际间的流动，无疑这是更加接近现实的，这是其他的国际收支调节理论所无法比拟的。货币论把其研究的重心放在货币层面，把国际收支的货币调节放在首位，认为只要保证货币的适度增长就可以保持国际收支的平衡。

然而，其局限性也是显而易见的，比如假设一价定律成立，假设货币供给不影响实际产出，假设货币需求是价格、产出、利率等因素的稳定函数，这些与事实情况不符。货币论也过分强调了货币因素而忽略了实际因素，将国际收支失衡看作货币失衡的结果很可能是因果颠倒了。

# 第五节　结构分析法

结构论也称结构分析法，与其他国际收支调节理论的不同之处在于结构论从供给的角度分析了国际收支的失衡。有关结构论的分析散见于 20 世纪 50 年代和 60 年代的西方经济学文献之中，在 20 世纪 70 年代发展成为独立成熟的学派。结构论的理论渊源来自于发展经济学，赞成结构论的大多是发展中国家以及发达国家中研究发展问题的经济学家，主要的代表人物有英国萨塞克斯大学发展研究院院长保尔·史蒂芬（Paul Stephen）爵士、英国海外发展署的托尼·克列克（Tony Klick）、英国肯特大学的瑟沃尔（Thirwall）以及英国曼彻斯特大学的一批经济学家。

## ■一、基本理论

国际收支调节的货币理论在 20 世纪 70 年代十分盛行，货币论的政策核心是紧缩需求，通过控制货币供给，以牺牲国内经济增长来换取国际收支平衡。20 世纪 70 年代许多国家在采用了货币理论的政策之后，国内经济活动普遍受到抑制，有的甚至因过度削减预算和货币供应而导致国内经济、社会甚至政治动荡。

在这种情况下，结构论提出国际收支失衡并不一定完全是由国内货币市场失衡引起的。结构论认为，国际收支逆差尤其是周期性的国际收支逆差，既可以是长期性的过度需求引起的，也可以是长期性的供给不足引起的，一国经济的增长也会对国际收支产生影响，而长期性的供给不足往往是由经济结构问题引起的。造成国际收支逆差的经济结构问题主要表现在以下三个方面：

### （一）经济结构老化

经济结构老化是指由于科技和生产条件的变化以及世界市场的变化，一国的经济结构不能随世界市场的变化而变化，致使一国在国际市场上具有竞争力的商品失去了竞争力，而国内资源又没有足够的流动性，经济结构不能够及时调整，由此造成出口商品的供给长期不足，而进口的替代品又持续减少，结果出现国际收支的持续逆差或逆差倾向。

### （二）经济结构单一

经济结构单一包括两方面的内容，共同导致国际收支的逆差：一方面表现为出口商品的结构单一，国际收支受国际市场价格波动的影响较大，一旦出口商品的价格下跌，国际收支就会出现逆差或逆差趋势，国际收支呈现不稳定状况。在出口多元化的情况下，一种出口商品的价格下降，会被另一种出口商品价格的上升所抵消，整个国际收支呈稳定状况。相反在出口单一的情况下，价格任何程度的下降，都会直接导致国际收支的恶化；另一方面表现为生产结构单一，单一的生产结构说明一国国内生产的产品种类较少，经济发展的其他必需品需要通过进口获得，进口替代品几乎没有，在这种情况下，经济越是高速发展，进口需求也就越多，国际收支的逆差或逆差趋势就会越来越严重。

### （三）经济结构落后

经济结构落后是指一国出口商品的需求对收入的弹性低而对价格的弹性高，进口商品的需求对收入的弹性高而对价格的弹性低。如果出口商品的需求对收入的弹性低，那么他国经济和收入的相对快速增长只能导致该国出口的小幅增加；而进口商品的需求对收入的弹性高时，本国经济和收入的相对快速增长却会导致进口的大幅增加。因此，在这种情况下，一国收入的增长带来的是国际收支的收入性逆差，而不会发生国际收支的收入性顺差。当出口商品的需求对价格的弹性高时，本国出口商品价格的上升会导致出口数量的大幅减少；而进口商品的需求对价格的弹性低时，外国商品价格的上升却只能引起本国进口数量小幅减少。显然，这种情况是不符合马歇尔—勒纳条件的，贬值不仅不能改善国际收支，反而会恶化国际收支。

## ▊二、政策主张

结构论从供给的角度来研究国际收支失衡，认为经济结构失衡是导致国际收支失衡的原因。因此，结构论主张应当将政策调节的重点放在改善经济结构和加速经济发展方面，增加出口商品和进口替代品的数量和品种，实现产品多元化。改善经济结构和加速经济发展的主要手段是增加投资，改善资源的流动性，使劳动力和资金等生产要素能顺利地从传统行业流向新兴行业。同时，结构论也看到了不同国家之间经济的关联性，在主张经济结构落后的国家积极增加国内储蓄，增加投资的同时，也提倡经济结构先进的国家和国际经济组织增加对经济结构落后的国家的投资，帮助经济结构落后的国家改善经济结构，促进经济结构的优化，加快经济发展。这不仅有助于经济结构落后国家克服自身的国际收支困难，同时由于经济的发展，经济结构落后国家也会增加进口，从而有助于经济结构先进的国家的出口和就业的增长。

## 三、对结构论的评价

结构论为国际收支的调节提供了一种新的思路，使我们不再局限于国际收支的需求调节政策。可以说，合理而先进的经济结构是维持国际收支平衡的保证，也是经济不断发展的保证。当然，结构论也有其自身的局限性，受到其他理论支持者的批评。

第一，结构性失衡的原因与进出口商品的特点有关，如果一国的出口商品不满足国际市场的需求，那么出口商品的需求对收入的弹性就会低。这种由于商品不满足需求而导致对收入的弹性较低更大程度是缺乏非价格因素的竞争力，而不是价格因素的竞争力。

第二，对于经济结构单一和经济结构落后引起的国际收支失衡，结构论的批评者认为：所谓国际收支结构性失衡，实际上是愿望与现实之间的失衡。国际收支失衡有两种不同的概念，一种是事先的概念，另一种是事后的概念。事先的概念是指国际收支失衡的压力，而不是指失衡本身。只要财政与货币政策适当，就能避免失衡本身的发生。

第三，支持结构论的大多是研究发展经济学的学者，事实上结构论讲的也是经济发展问题，而不是国际收支问题，用经济发展政策对国际收支失衡的调节，不如需求调节政策见效快，至少在短期内很难出现明显效果。

## 第六节　国际收支调节理论评述

国际收支调节理论在理论上说明了一国应如何对国际收支进行调节，以达到国际收支平衡，各个理论探讨了调节政策发挥作用的条件，给出了各自的政策建议，在此我们对其加以比较。本章大体按时间顺序介绍了弹性论、收入论、吸收论、货币论和结构论，阐明了各个理论产生的时代背景、理论基础，一般来说，早期的理论考虑的因素较少，与现在的情形差距很大，随着理论的逐步发展，越来越接近于现实。上一节我们提到，结构论是作为传统的国际收支调节理论的对立面出现的，是从供给的角度来考虑国际收支失衡的，而其余的理论大都是从需求的角度考虑的，这里我们主要比较一下弹性论、收入论、吸收论和货币论有何异同，做一简单的总结（见表 7 −7）。

表 7 −7　　国际收支调节理论的比较

|  | 弹性论 | 收入论 | 吸收论 | 货币论 |
|---|---|---|---|---|
| 理论基础 | 弹性分析法 | 凯恩斯的宏观经济理论 | 凯恩斯的宏观经济理论 | 货币主义理论 |
| 政策主张 | 汇率政策 | 需求管理政策 | 需求管理政策 | 货币政策 |

续表

| | 弹性论 | 收入论 | 吸收论 | 货币论 |
|---|---|---|---|---|
| 条件 | M—L 条件 | 增加出口<br>减少进口 | 提高收入<br>降低吸收 | $M_s > M_d$，国际收支逆差<br>$M_s < M_d$，国际收支顺差<br>$M_s = M_d$，国际收支平衡 |
| 考虑范围 | 贸易收支 | 贸易收支 | 贸易收支 | 经常项目、资本项目 |
| 角度 | 需求 | 需求 | 需求 | 需求 |
| 分析方法 | 局部均衡 | 局部均衡 | 一般均衡 | 一般均衡 |
| 期限 | 短期 | 短期 | 短期 | 长期 |

有关国际收支调节的理论很多，需要指出的是，没有哪一个理论是最完美的，正如我们之前介绍的，每一个理论都有自身的优点和不足，理论的侧重点不同，其主张也有所不同。各种理论是相互补充的，是从不同角度对同一经济过程的描述，这一点可以从各种理论的比较中得出。例如，在弹性论和收入论看来，一国的国际收支（用 B 表示）表现为净出口，即出口 X 与进口 M 的差额；在吸收论看来，将消费（用 C 表示）、投资（用 I 表示）以及政府购买（用 G 表示）三者之和定义为国内吸收（用 A 表示）之后，国际收支差额表现为收入 Y 与国内吸收的差额；在不考虑资本流动的条件下，贸易差额（即净出口）就仅仅由现金余额 R 构成，这是货币论所看重的。因此，贸易差额可表示为：

$$B = Y - A = X - M = \Delta R$$

在政策主张上，弹性论偏重于用汇率政策来调节国际收支，即通过本币贬值可以减少一国的国际收支逆差；收入论主张增加出口、减少进口、减少自发性的消费、投资以及政府购买来解决国际收支的逆差问题；吸收论更注重运用财政政策，通过收入和吸收的对比来解决国际收支问题；货币论则注重货币政策的应用，认为货币政策是最重要的。各种政策都是考虑在理想状态下国际收支的调节过程，现实的情况往往是不同的，必须重视各种政策的协调运用，才能收到更好的效果。

总的来说，国际收支的调节方式很多，除了结构论以外，本章的理论主要是探讨了如何通过需求调节政策来实现国际收支平衡。结构论则告诉我们国际收支的失衡也可能是供给不足引起的，因此可以从供给的角度去调节国际收支失衡，也就是通过改善国内的产业结构来增加供给。上一章我们也提到，通过外汇缓冲政策和直接管制也可以达到调节国际收支的目的，具体到一个国家，到底应当实行哪种政策要视具体情况而定，找出其中的原因，选择合适的政策。长期来说，一个国家更应当注意从结构上去调节国际收支，不断提高技术水平，不断改善和优化产业结构，使国内经济结构更加合理，供给更加充足，只有这样才能从根本上改善一国的国际收支。

学习了以上理论之后，我们可以对中国目前双顺差的国际收支状况进行分析，探讨可以采取哪些方式来调节中国目前的国际收支失衡。针对目前双顺差的情形，首先，可以采取需求调节政策，通过扩张性的财政货币政策来扩大总需求，增加进口，减少国际收支顺差，但这样一来会产生通货膨胀的问题。其次，可以采取人民币升值的策略，这样会减少出口，使国际收支顺差减少，出口的减少有很可能带来失业问题，因为出口解决了大量人员的就业。最后，实施"走出去"的策略，利用我国巨额的外汇储备对外投资，这又面临着各种风险，稍有不慎会导致大量损失。还有就是采取产业政策和科技政策，不断优化产业结构，从供给方面进行调节，该种方式的缺点在于见效缓慢，结构调整是一个长期过程。各种方法都可以在一定程度上解决国际收支顺差问题，又都有一定的局限性，政府应当综合考虑各种状况，采取措施解决国际收支的失衡问题。把经济的当前发展和长远发展结合起来，注重从经济结构的改善和科技的进步，转变经济发展方式，促进经济的健康发展。

## 中美贸易失衡的比较

IMF前总裁托拉在2005年提出了国际经济失衡的概念，主要是指美国经常账户存在巨额的逆差，而中国和东亚的一些新兴市场国家出现大量的经常账户顺差。虽然美国和中国都存在着国际收支失衡问题，但是二者的原因是不同的，我们在此简单分析和比较一下中美贸易失衡的特点。

自2001年以来，美国经常账户逆差占GDP的比重一直高居3%以上，根据IMF关于经常账户逆差占GDP的比重的警告级别，美国应当获得黄牌警告，2004～2007年4年间，美国的经常账户逆差占GDP的比重更是超过了5%，已经达到红牌警告水平。

美国的经常账户逆差具有主动性的特点，美元作为国际货币使美国获得数额巨大的铸币税，免费分享其他国家经济增长的成果。美国几乎可以不受限制地向全世界举债，却不必承担全部偿还责任。其美元作为一种世界货币，国际市场中的交易基本上可以直接用美元支付，这是被其他国家所认可的。对于其他国家来说，美元是一种外汇，而对于美国来说，这是它的本国货币，美国可以通过发行美元来维持其巨额的贸易收支逆差。这也是美国为何长时间超过IMF的有关贸易逆差占GDP的比例的警戒线而又能够维持下去的主要原因。还有一点，美国是一个高消费的国家，消费占GDP的比重高达70%左右，这也是促使美国经常账户逆差的一个重要原因。

反观中国，从下表中我们可以看出，近十年来中国经常账户顺差占GDP的比重几乎一直在上涨，2007年甚至超过了10%，如果说经常账户逆差有一定的警戒线的话，那么经常账户的顺差也应当有一定的警戒线，尤其是自2005年以来，中国的这一比例一直高居5%以上，这也应该是达到了警戒水平，应当引起我们的关注。

中国的经常账户顺差具有被动性的特点，中国的消费占GDP的比重在50%以下，国内吸收不足，因此必须增加商品的出口，造成经常账户的顺差。中国的贸易失衡更大程度上是一种结构性的失衡，出口的商品也大多为低端产品，一旦减少出口，带来的可能是严重的失业问题。因此要从根本上解决这种失衡，更多的还是要调整和优化产业结构，发展科技，扩大消费，从资源导向型的出口转向技术导向型的出口。

中美经常账户差额占 GDP 的比重

| 年份 | 2001 | 2002 | 2003 | 2004 | 2005 | 2006 | 2007 | 2008 | 2009 | 2010 |
| --- | --- | --- | --- | --- | --- | --- | --- | --- | --- | --- |
| 中国 | 1.314 | 2.436 | 2.796 | 3.554 | 7.126 | 9.336 | 10.64 | 9.649 | 5.954 | 5.209 |
| 美国 | −3.861 | −4.304 | −4.673 | −5.313 | −5.915 | −5.99 | −5.107 | −4.655 | −2.68 | −3.208 |

资料来源：北京大学国际金融研究小组.

---

☞　本章关键词　☜

弹性论　　　　　　　马歇尔—勒纳条件　　　　　　收入论
吸收论　　　　　　　货币论　　　　　　　　　　　结构论

☞　深入思考的问题　☜

1. 如何理解货币贬值的时滞效应，这会对马歇尔—勒纳条件的应用产生哪些影响？

2. 弹性论、乘数论和吸收论在国际收支调节上有何异同，对于国际收支的调节，这些理论给出了什么样的政策建议？

3. 作为一种新的国际收支调节理论，货币论与传统的国际收支调节理论有何不同，在国际收支的调节方面，与其他理论有何差异？（从价格水平、收入以及利率方面考虑）

# 第二十四章

# 内外均衡理论

到目前为止，我们已经探讨了如何实现国际收支平衡的问题，对国际收支失衡的调节给出了政策建议以及理论支持。需要注意的是，之前的讨论并没有考虑国内经济的均衡问题，我们只是关注单纯的国际收支失衡的调节，忽略了国际收支失衡的调节会给国内经济带来哪些影响。事实上，国际收支失衡的调节不仅会对国内经济产生一定的影响，甚至国际收支平衡的实现都是以牺牲国内经济为代价的。比如，紧缩性的政策尽管有利于国际收支逆差的减少，却有可能带来失业问题；扩张性的政策有利于顺差的减少，却会进一步加重通货膨胀，能否实现国内充分就业和物价稳定基础之上的国际收支平衡，即如何实现一国经济的内外均衡，正是本章需要阐明的问题。

## 第一节　内外均衡理论及发展

在开放经济条件下，一国与他国存在着密切的经济往来，与封闭经济不同，一个国家要保证经济的健康持续发展，既要实现充分就业和物价稳定，又应当实现国际收支平衡。宏观经济有四大目标，分别为充分就业、物价稳定、经济增长和国际收支平衡，其中前三个是对内的，后一个是对外的，也就是说，宏观经济政策的目标是实现内外均衡。事实上，这四个目标本身就存在着一定的冲突，对于三大内部目标而言，失业率和通货膨胀率可以相互替代，失业率和经济增长率之间也存在反向的关系。内部目标和外部目标之间也存在着一定的冲突，内部目标的实现可能会引起外部的失衡，国际收支的失衡又会影响内部目标的实现，如何解决好内外冲突，是我们面临的关键问题。

### 一、内外均衡

内部均衡是针对国内经济而言的，英国经济学家詹姆斯·米德（James Meade）认为，在开放经济条件下，如果一国经济划分为生产贸易品的贸易部门与生产非贸易品的非贸易部门，那么，内部均衡是指对国内商品和劳务的需求足以保证非通货膨胀下的充分就业，即非贸易品市场处于供求均衡状态。也就是说，内部均衡是指一国实现了充分就业且保持物价稳定。

外部均衡是指在内部均衡的基础上实现了国际收支平衡，这是一个比单纯的国际收支平衡内涵更为丰富的概念，一般来说，外部平衡单纯是指国际收支平衡，而外部均衡是指一国经济实现了内外的同时平衡，也就是我们在第二十二章介绍的国际收支均衡的概念。也可以说，外部平衡专指国际收支平衡，外部均衡则是同时实现了内部均衡和外部平衡。

内部均衡和外部平衡之间是存在着一定的矛盾的，例如为了实现充分就业需要扩大产出，而产出的扩大势必会增加进口，从而导致经常项目恶化。同时内部均衡和外部平衡也不是自动实现的，一国经济无论内部还是外部往往是不平衡的，如果是轻微的并且可以接受的，通常不需要调整，否则就需要采取一定的政策调节措施来使经济朝着均衡方向发展，使之恢复均衡。在第二十二章中我们已经介绍了调节国际收支的各种政策，这里我们主要探讨如何利用需求调节政策来实现内外均衡。总的来说，我们有两类调节需求的政策，一类是需求增减型政策，主要包括财政政策和货币政策；另外一类是需求转换型政策，主要包括汇率政策和直接管制。

## 二、内外均衡的冲突及解决

### （一）米德冲突

米德（Meade）指出，在固定汇率制下，由于汇率水平不变，政府只能运用支出增减型政策来调节经济，然而单一的支出增减型政策有时无法实现内外部的同时均衡，这种内外均衡出现冲突的现象称为米德冲突。如表 7-8 所示，一国国内的经济形势可能出现通货膨胀或失业，对外则可能存在逆差或顺差，组合起来会出现四种情况，即通货膨胀和逆差（Ⅰ）、通货膨胀和顺差（Ⅱ）、失业和顺差（Ⅲ）以及失业和逆差（Ⅳ）。

对于情形Ⅰ，解决国内的通货膨胀问题，需要采用紧缩性的财政政策和货币政策，进而缩减总需求，以使物价水平下降。同时，紧缩性的政策使国民收入下降，进口会相应减少，国际收支逆差也会得到改善。也就是说，在治理内部通货膨胀的同时也使外部的国际收支逆差得到了缓解，紧缩性的财政货币政策即可实现内外均衡，所谓一举两得。同理，对于情形Ⅲ，也只需采取扩张性的财政政策和货币政策就可以起到增加就业和减少国际收支顺差的效果。

然而，对于第二种情形和第四种情形，就没那么简单了，单纯的扩张性的或紧缩性的政策不能同时实现内外均衡。拿情形Ⅱ来说，国内的通货膨胀需要用紧缩性的政策来解决，减少总需求，以使物价水平下降；而国际收支的顺差则需要用扩张性的政策来增加收入，通过增加进口支出来减少国际收支顺差，显然扩张性的政策会加重国内的通货膨胀。同理，对于情形Ⅳ，也无法通过支出增减这一种政策达到同时增加就业和减少国际收支顺差的目的。以上这两种情形表明，一种政策有时不能同时兼顾内部平衡和外部平衡两个目标，这就是所谓的米德冲突。

表 7 - 8                     固定汇率制下内外均衡的一致及冲突

| 情形 | 经济状况 | 一致性 |
|---|---|---|
| I | 通胀、逆差 | 一致 |
| II | 通胀、顺差 | 冲突 |
| III | 失业、顺差 | 一致 |
| IV | 失业、逆差 | 冲突 |

## （二）斯旺图形

澳大利亚经济学家斯旺（Swan）1955 年在《较长时期的国际收支问题》中提出了经济内外部同时实现均衡的模型，该模型被称为斯旺图形，由图 7 - 5 来描述。

如图 7 - 5 所示，假定不存在资本流动，国际收支等同于贸易收支，直角坐标系中，纵轴代表直接标价法下的实际汇率，即汇率的上升代表本币贬值，汇率下降代表本币升值；横轴代表国内吸收，即消费（C）、投资（I）和政府购买（G）之和，也就是国内支出或国内需求。

IB 曲线为内部均衡曲线，即曲线上的点能够满足在物价稳定的条件下实现充分就业这一条件。IB 曲线是向右下方倾斜的，因为当实际汇率下降（比如本币升值）时，出口受到抑制而进口增加，国外对本国产品的净需求减少，也就是净出口下降，要保证充分就业，就必须增加国内需求。IB 曲线右侧的点说明在一定的汇率下国内实际支出大于维持国内均衡所需的支出，即存在超额需求，因此有通货膨胀的压力；同理，曲线左侧的点说明经济存在通货紧缩的压力。

EB 曲线为外部平衡曲线，即曲线上的点都能实现国际收支平衡。EB 曲线是向右上方倾斜的，因为当实际汇率上升（比如本币贬值）时，出口增加而进口减少，这会使国际收支出现顺差，为了维持国际收支平衡就必须增加国民收入，以增加进口来使国际收支恢复平衡，所以需要增加国内的支出。EB 曲线右侧的点说明国内支出大于维持国际收支平衡所需的支出，收入的增加会引起进口的增加，因此会出现国际收支逆差；同样 EB 曲线左侧的点代表国际收支存在顺差。

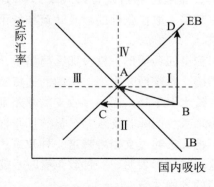

图 7 - 5　斯旺图形

　　IB 曲线和 EB 曲线将平面分成四个区域，只有在两曲线的交点 A 经济才同时实现了内部均衡和外部平衡，而 IB 曲线上的点只实现了内部均衡，EB 曲线的点只实现了外部平衡，其余四个区域内的点内外均未实现平衡，四个区域上的点所代表的经济状态如表 7 - 9 所示。

表 7 - 9　　　　　　　　　　　　经济的内外组合情形

| 区域 | 内部 | 外部 |
|------|------|------|
| Ⅰ | 通胀 | 逆差 |
| Ⅱ | 失业 | 逆差 |
| Ⅲ | 失业 | 顺差 |
| Ⅳ | 通胀 | 顺差 |

　　假设经济目前处于Ⅰ区的 B 点所代表的状态，即面临着通货膨胀和国际收支逆差，在固定汇率制下，如果采取支出增减政策，削减国内支出，经济就会朝着 C 点发展，总支出的减少会使国际收支逆差减少，最终实现国际收支平衡。然而，总支出的减少会加重国内的失业，内部不能实现均衡。在浮动汇率下，如果采取支出转换政策使本币贬值，这会使出口增加，经济朝着 D 点发展，国际收支状况得到改善，总需求的增加又会使国内面临通货膨胀，同样不能够实现内部均衡。除了图中两条虚线上的点所代表的经济状态可以单独使用支出转换型政策或支出增减型政策来调整之外，其余的点均不能通过一种政策来实现内外均衡。原因很简单，两条虚线分别与横轴和纵轴平行，并且过均衡点 A，因此其上面的点的汇率水平或支出水平已经达到了均衡点的水平，只需相应调节另一变量即可。斯旺模型表明，要想同时实现内外均衡两个目标，必须同时运用支出增减政策和支出转换政策，一种政策无法兼顾两个目标。

## （三）丁伯根法则

　　丁伯根法则是荷兰经济学家丁伯根（Tingbergen）在 1969 年提出的关于国家经济调节政策和经济调节目标之间关系的法则。其基本内容是：要实现 N 个独立的政策目标，至少需要 N 种独立的有效政策工具。比如说，要实现经济的内部均衡和外部平衡这两个目标，那么就需要至少两种独立的政策工具。

　　假设有两个政策目标 $T_1$ 和 $T_2$，要想实现的最佳水平为 $T_1^*$ 和 $T_2^*$，同时有两种政策工具 $I_1$ 和 $I_2$，假设政策目标是政策工具的线性函数，用以下方程来描述。

$$\begin{cases} T_1^* = a_1 I_1 + a_2 I_2 \\ T_2^* = b_1 I_1 + b_2 I_2 \end{cases}$$

　　也就是说，政策工具 $I_2$ 每变动一单位对两个目标 $T_1$ 和 $T_2$ 的影响为向量 $\alpha = (a_1, b_1)$，政策工具 $I_2$ 每变动一单位对两个目标的影响为向量 $\beta = (a_2, b_2)$，当行列式 $\begin{vmatrix} a_1 & a_2 \\ b_1 & b_2 \end{vmatrix} \neq 0$ 时，上述方程组有如下解：

$$\begin{cases} T_1 = \dfrac{b_2 T_1^* - a_2 T_2^*}{a_1 b_2 - a_2 b_1} \\[3mm] T_2 = \dfrac{a_1 T_2^* - b_1 T_1^*}{a_1 b_2 - a_2 b_1} \end{cases}$$

当上述行列式的值等于零时，即向量 α 与 β 成比例，此时方程组无解，也就是说，通过两种政策工具不能实现两个目标，实际上当两向量成比例时，两种政策工具等同于一种政策工具，相当于是用一种政策工具去实现两个目标，这是难以实现的。由此也能看出，米德冲突实质上是丁伯根法则的一个特例，之所以会出现固定汇率制下内外均衡的矛盾问题，原因就在于要想实现内外均衡两个目标，必须至少要有两种政策工具，单纯用一种支出增减政策来调整，当然会出现冲突。

同样可以推广到 N 个目标的情形，只要独立的政策工具的数量大于目标的数量，得到的线性方程组一定是有解的。丁伯根法则提出了要实现 N 个目标就至少需要 N 个目标来搭配的思想，可以说在某种程度上解决了米德冲突，要想解决米德冲突，就需要寻求两个以上的政策工具。然而，丁伯根法则并没有指出如何将政策工具与政策目标搭配，当多个政策工具都能对某一政策目标产生作用时，如何选择政策工具，以及选择一个还是多个政策工具就显得尤为重要。

## （四） 蒙代尔搭配原则

在米德分析的基础上，蒙代尔（Mundell）认为，可以把财政政策和货币政策看作两种独立的政策，而不是把二者视为一种政策，那么就可以运用财政政策和货币政策来实现内部均衡和外部平衡的目标。同时蒙代尔还指出，每种政策应当指派给其影响最大的目标，通过财政政策来解决国内失业问题，而通过货币政策来解决国际收支问题。

如图 7 - 6 所示，横轴代表财政政策，纵轴代表货币政策，远离原点的方向代表扩张性的政策。IB 曲线为内部平衡曲线，是内部平衡时财政政策和货币政策组合的点的轨迹，该曲线向右下方倾斜，也就是说当实施紧缩性货币政策时，需要配合实施扩张性的财政政策才能够保证国民收入水平不变，实现内部平衡。EB 曲线为外部平衡曲线，表示国际收支平衡时财政政策和货币政策的组合。EB 曲线斜率是负的[①]，相当于假定扩张性的财政政策会导致国际收支逆差，必须配合实施紧缩性的货币政策，使利率上升，进而引起资本的流入，以维持国际收支的平衡。IB 曲线和 EB 曲线将整个区域分为 Ⅰ、Ⅱ、Ⅲ、Ⅳ四个部分，只有两条曲线的交点才处于内外同时均衡的状态，其余位置均不能实现内外同时均衡。区域 Ⅰ 由 IB 曲线和 EB 曲线的右侧围成，IB 曲线的右侧的政策搭配相比于使得内部均衡的政策搭配有所宽松，所以有通货膨胀的压力，相反 IB 曲线的左侧代表失业。EB 曲线的右侧的政策搭配相比维持国际收支平衡的政策搭配也有所宽松，因此会导致国际收支逆差，同理可以得知 EB 曲线的左侧代表国际收支顺差。综

---

① EB 曲线的斜率也可能是正的，因为扩张性的财政政策机会引起收入的增加也会引起利率的提高，收入的增加会使进口增加，经常账户恶化；而利率的上升又会引起资本的流入增加，改善资本和金融账户，总的效应要视具体情况而定。

合以上两点，区域Ⅰ代表通货膨胀和失业，同理可以得到其他区域的情况，图中也已经列出。

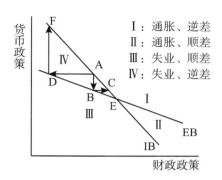

图7-6　蒙代尔搭配法则

蒙代尔政策搭配原则不仅解决了固定汇率制下的米德冲突问题，还解决了丁伯根法则所没有解决的问题，明确了每一个政策应当调节其影响最大的目标，只要能够保证这一点，那么就能够进行有效调节，使经济恢复均衡。否则，如果政策与目标搭配错误，经济会越来越偏离均衡状态。从图7-6也可以看出，假设经济最初位于A点，若用财政政策来调节内部均衡，用货币政策来调节国际收支的平衡，则经济会沿着A到B再到C的位置运行下去，不断趋于IB曲线和EB曲线的均衡点。否则如果财政政策负责调节外部平衡，货币政策负责调节内部平衡，则会使经济离平衡点越来越远。

# 第二节　IS-LM-BP模型

## 一、IS曲线、LM曲线、BP曲线

### （一）IS曲线

IS曲线是当产品市场达到均衡时，收入和利率的各种组合的点的轨迹（见图7-7）。产品市场均衡时要求总供给等于总需求，在开放经济条件下，一国的总需求（用AD表示）可以表示为：

$$AD = C + I + G + X - M$$
$$= (C_0 + cY) + (I_0 - dr) + G_0 + X_0 - (M_0 + mY)$$
$$= A_0 + (c - m)Y - dr$$

其中$A_0 = (C_0 + I_0 + G_0 + X_0 - M_0)$，d为投资的利率弹性，其他字母所代表的含义与之前第二十三章乘数论中介绍的凯恩斯的国民收入恒等式中相应字母的意义相同。

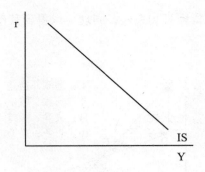

**图 7 - 7　IS 曲线**

而一国的总产出或总供给为 Y，产品市场均衡时有总需求等于总供给，即：

$$A_0 + (c - m)\ Y - dr = AD = Y$$

因此得到 $Y = \dfrac{1}{1 - c + m}\ (A_0 - dr)$

该方程即为 IS 曲线方程，如图 7 - 7 所示，在横轴为产出 Y 纵轴为利率 r 的直角坐标系中，IS 曲线为一条向右下方倾斜的曲线，这一点从方程中也可以看出。

IS 曲线上的点代表产品市场实现了均衡，位于 IS 曲线右方的收入和利率的组合，都是投资小于储蓄的非均衡组合，意味着经济中存在超额供给；位于 IS 曲线左方的收入和利率的组合，都是投资大于储蓄的非均衡组合，意味着经济中存在超额需求，只有位于 IS 曲线上的收入和利率的组合，才是投资等于储蓄的均衡组合。

当一国实施扩张性的财政政策时，比如增加政府购买支出、减少税收等，IS 曲线会向右移动，反之当一国实施紧缩性财政政策时，IS 曲线会向左移动。此外，当一国货币贬值（直接标价法下表现为汇率上升）时，出口会相应增加，进口减少，这会影响到 IS 曲线方程中的 $A_0$，从而会导致 IS 曲线的右移，反之汇率下降会导致 IS 曲线左移。

### （二）LM 曲线

LM 曲线表示在货币市场中，货币供给等于货币需求时，收入与利率的各种组合的点的轨迹。根据凯恩斯的理论，货币需求可以表示为：

$$L = kY - hr$$

其中，L 表示货币需求；

　　　　Y 表示国民收入；

　　　　k 表示货币需求的收入弹性，且 $0 < k < 1$；

　　　　h 表示货币需求的利率弹性，且 $h > 0$；

　　　　r 表示利率水平。

即货币需求是收入的增函数，是利率的减函数，而货币供给是一外生变量，由一国货币当局控制，假定货币供给量为 M，价格水平为 P，则实际的货币供给为 M/P。当货币市场实现均衡时，实际货币供给等于货币需求，即 $\dfrac{M}{P} = kY - hr$，该方程即为 LM 曲线方程，如图 7-8 所示，LM 曲线在坐标系中表现为一条向右上方倾斜的曲线。只有 LM 曲线上的点才实现了货币的供给等于需求，左侧的点意味着货币的需求小于供给，右侧的点意味着货币需求大于供给。

若一国货币当局实施扩张性的货币政策，例如增加货币供给，LM 曲线会向右移动；反之当实施紧缩性的货币政策时，LM 曲线会左移。值得注意的是，汇率的变化不影响 LM 曲线，也就是说，无论汇率上升还是下降，LM 曲线位置不变。

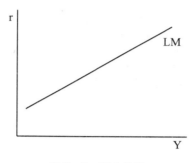

图 7-8　LM 曲线

## （三）BP 曲线

BP 曲线即国际收支平衡曲线，是指国际收支平衡时收入与利率组合的点的轨迹。国际收支由两部分组成，经常项目收支与资本和金融项目收支，假定进口是国民收入的增函数，用 M 表示，则 $M = M_0 + mY$，出口为一外生变量，与收入和利率水平均无关，则经常账户差额可以表示为 $CA = X(e) - (M_0 + mY)$。净资本流入记为 K，即资本的流入减去流出，当国内利率高于国外利率时，资本会流入，当国内利率低于国外利率时，资本会流出，可以表示为 $K = K(r - r_0)$，K 为一增函数，即净资本流入是国内利率 r 的增函数，是国外利率 $r_0$ 的减函数。国际收支平衡时一定有 $CA + K = 0$，即 $X(e) - (M_0 + mY) + K(r - r_0)$，该方程即为 BP 曲线方程，如图 7-9 所示，通常 BP 曲线是一条向右上方倾斜的曲线。

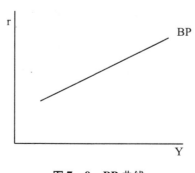

图 7-9　BP 曲线

关于 BP 曲线，以下几点是值得注意的：

第一，BP 曲线上任何一点均代表国际收支平衡；而位于 BP 曲线左侧的点表示国际收支顺差，位于 BP 曲线右侧的点表示国际收支逆差。

第二，在通常情况下，BP 曲线向上倾斜，即斜率为正，这代表利率与实际国民收入同方向变动。

第三，国际收支平衡的 BP 曲线的形状存在两种极端情况。一种是在没有资本流动的情况下，利率变化对国际收支没有直接影响，也就是说资本流动对利率的弹性为零，这时 BP 线是一条位于某一收入水平上的垂直于横轴的直线。另一种极端则对应于资本完全自由流动的情况，这时资本流动对于利率变动具有完全的弹性，即任何高于国外利率水平的国内利率都会导致巨额资本流入，使国际收支处于顺差；同样，任何低于国外利率水平的国内利率都会导致巨额资本流出，使得国际收支处于逆差。

此外，汇率的变化也会对 BP 曲线产生影响，当汇率上升时（直接标价法下），出口增加，从 BP 曲线方程可以看出，汇率为一外生变量，汇率的变化影响的是截距的变化，汇率上升会导致 BP 曲线右移；反之，汇率的下降会导致 BP 曲线的左移。

## 二、IS – LM – BP 模型

如图 7 – 10 所示，将 IS、LM、BP 三条曲线在同一个坐标系中作出，只有 IS 曲线、LM 曲线和 BP 曲线的交点所代表的经济状态才有可能同时实现内部均衡和外部平衡，除此之外任何点上经济都是处于不平衡状态。比如图中的 A 点，根据以上分析我们知道，A 点处在 IS 曲线的右侧，说明产品市场上供给大于需求；A 点位于 LM 曲线的右侧，说明货币市场上对货币的需求大于供给；同样 A 点也位于 BP 曲线的右侧，说明国际收支存在逆差。对于三条曲线的交点 E 而言，此时的产出水平为 $Y_f$，如果 $Y_f$ 等于潜在产出（即充分就业时的产出）水平，说明国内实现了充分就业，也就是实现了内部平衡，并且 E 点也落在 BP 曲线上，此时国际收支平衡，也就是实现了内外均衡。

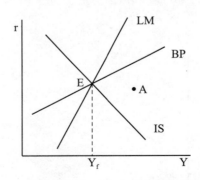

**图 7 – 10　IS – LM – BP 模型**

当 IS、LM、BP 三条曲线不交于同一点时，自然没有实现内外同时均衡，即使三者

交于同一点，但是三条曲线决定的产出水平不等于潜在产出水平，此时国内不是存在失业就是存在通货膨胀，那么也没有实现内外均衡。在这种情形下，我们可以采取一定的调节政策使 IS 曲线和 LM 曲线移动（浮动汇率制下 BP 曲线也可以移动），最终三条曲线交于一点，并且实现内外均衡。

### 三、资本完全流动下宏观经济政策效应分析

接下来我们通过 IS – LM – BP 模型来分析开放经济条件下财政政策和货币政策的效果如何，这里主要以资本完全流动为例，也就是所谓的蒙代尔—弗莱明（Mundell – Flaming）模型，其他情况可以做类似的分析，不同的汇率制度下财政政策和货币政策的效果是不同的，固定汇率制下财政政策有效、货币政策无效；浮动汇率制下货币政策有效、财政政策无效。

现实中资本在国际间往往并不是完全流动的，可能是不完全流动的，也可能是完全不流动的，我们可以放松该模型的假设，去分析资本不完全流动以及完全不流动的情况下财政货币政策的效果如何，在接下来的分析中，我们假设以下条件是成立的：（1）该国经济规模足够小，是利率水平的接受国；（2）资源未充分利用，总供给曲线水平；（3）资本在国际间完全自由流动；（4）静态的汇率预期，即汇率预期变化为零；（5）价格保持不变，即该模型属于短期或中期分析。

### （一）固定汇率制下财政政策效应分析

如图 7 – 11 所示，资本完全流动条件下，BP 曲线为一条水平线，国内利率水平应当与国外利率水平相同，否则利率的微小变化都会引起资本的巨额流动，从而导致国际收支失衡。经济起初位于均衡点 $E(Y_0, r_0)$，国际收支平衡，假设此时的收入水平 $Y_0$ 小于充分就业时的收入水平，也就是存在失业问题。假如政府想通过实施扩张性的财政政策来解决失业问题，如图 7 – 11 所示，扩张性的财政政策使 IS 曲线向右平移到 $IS_1$ 的位置，与 LM 曲线交于点 $A(Y_1, r_1)$，A 点的国民收入水平 $Y_1$ 较 E 点的 $Y_0$ 有所提高，因此进口会增加，国际收支趋于逆差；同时 A 点的利率水平 $r_1$ 高于维持国际收支平衡的利率水平 $r_0$，在资本完全流动的条件下，大量的资本会流入国内，从而使国际收支趋于顺差。然而，由于利率上升导致的资本大量流入国内的效应大于收入增加所引起的进口增加的效应，因此总的来说，A 点的国际收支状况为顺差。国际收支顺差会使外汇市场上外汇的需求小于供给，产生本币升值的压力，在固定汇率制下，为了维持汇率的稳定，货币当局会购买外汇抛售本币，这样一来会使本币的供给增加，即相当于实施扩张性的货币政策，LM 曲线会右移，一直右移到 $LM_1$ 的位置，此时曲线 $IS_1$、$LM_1$、BP 三者交于一点，在点 $B(Y_2, r_0)$ 实现新的均衡。

起初的均衡点为 E，政府实施扩张性的财政政策以后，新的均衡点为 B，也就是说，在固定汇率制下，当资本完全流动时，扩张性的财政政策使国民收入水平提高，而利率水平保持不变。因此，财政政策是有效的，扩张性的财政政策能够起到增加产出的

效果。

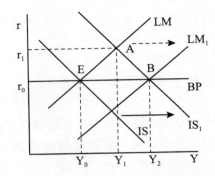

图 7 - 11  固定汇率制下资本完全流动时的财政政策

## （二）固定汇率制下货币政策效应分析

如图 7 - 12 所示，经济最初处于均衡点 E（$Y_0$，$r_0$），假设收入水平低于充分就业时的收入水平，此时政府采取扩张性的货币政策来解决失业问题。如图所示，假设扩张性的货币政策使 LM 曲线右移到 $LM_1$ 的位置，与 IS 曲线交于 A 点，A 点的收入水平 $Y_1$ 高于 E 点的收入水平 $Y_0$，收入的提高会引起进口的增加，从而使经常账户出现逆差；而 A 点的利率水平 $r_1$ 低于均衡的利率水平 $r_0$，在资本完全流动下，会有大量的资本外流，从而使资本和金融账户也出现逆差，总的来说，国际收支会出现逆差。国际收支逆差使得在外汇市场上外汇的需求大于供给，本币贬值。在固定汇率制下，货币当局必须通过购回本币抛售外汇来维持汇率的稳定，这样一来会使国内货币供给减少，使曲线 $LM_1$ 左移，该过程一直持续到 $LM_1$ 曲线回到初始位置 LM，重新在 E 点实现均衡。

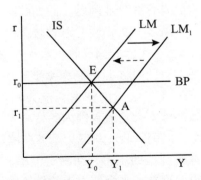

图 7 - 12  固定汇率制下资本完全流动时的货币政策

通过以上分析可以看出，在固定汇率制下，当资本完全流动时，扩张性的货币政策可以暂时性的提高收入水平，经过一段时间以后，国民收入又回到原来的水平。货币政策对产出没有影响，也就是说货币政策完全无效。

### （三）浮动汇率制下财政政策有效性分析

在分析了固定汇率制下的财政政策和货币政策的效应以后，接下来我们分析浮动汇率下财政政策和货币政策的效果有何不同。如图 7－13 所示，当资本完全流动时，BP 曲线为一条水平线，经济起初位于点 E，此时，IS 曲线、LM 曲线和 BP 曲线交于一点，同样假设此时存在失业问题，也就是 $Y_0$ 水平的收入低于充分就业的收入水平，政府也同样考虑运用财政政策和货币政策来增加收入。先来看财政政策，政府实施扩张性的财政政策，IS 使曲线右移到 $IS_1$ 的位置，与 LM 曲线交于 A 点，扩张性的财政政策提高了收入水平和利率水平。当经济处于 A 点时，国内利率高于国外利率，资本完全流动情况下，会有大量资本流入，资本和金融账户会出现大量顺差，虽然由于收入增加到 $Y_1$ 会使进口增加，从而恶化经常账户，但总的来说，在资本完全流动下，资本流入的效应更大，因此国际收支会出现顺差。

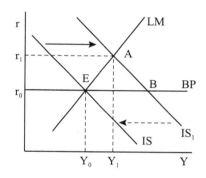

图 7－13　浮动汇率制下资本完全流动时的财政政策

国际收支顺差会引起本币升值，所不同的是，在浮动汇率制下，货币当局不必通过抛售本币购回外汇来维持汇率稳定，汇率可以自由浮动，因此本币升值。由于货币当局并未在外汇市场上进行干预，所以国内货币供给量也就保持不变，LM 曲线的位置不变。然而，本币的升值会导致出口的减少和进口的增加，这会引起曲线 $IS_1$ 的左移，一直左移到初始的位置，经济才能在 E 点重新实现均衡。因此，在浮动汇率制下，当资本完全流动时，财政政策无效，扩张性的财政政策也只能暂时提高收入水平，经过一段时间之后又会回到初始水平。

### （四）浮动汇率制下货币政策有效性分析

如图 7－14 所示，假设初始经济在 E 点实现均衡，货币当局实施扩张性的货币政策，LM 曲线右移到 $LM_1$ 的位置，与 IS 曲线交于 A 点，扩张性的货币政策会导致利率下降，在资本完全流动下，会引起资本的大量外流（即资本项目恶化），同时扩张性的货币政策会提高国民收入，引起进口的增加（即经常项目恶化），因此国际收支出现逆差。国际收支逆差会引起本币的贬值，进而使 IS 曲线由初始位置向右移动，直到 IS 曲线、LM 曲线与 BP 曲线交于新的均衡点 B，最终国民收入水平提高，利率又恢复到原来的水平。因此，在浮动汇率制下，当资本完全流动时，货币政策有效。

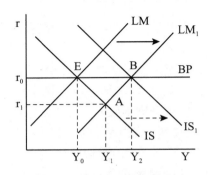

图 7 - 14　浮动汇率制下资本完全流动时的货币政策

## 四、其他情形下宏观经济政策效应分析

以上我们分析了资本完全流动情况下财政政策和货币政策的有效性，得出的结论是固定汇率制下财政政策有效，浮动汇率制下货币政策有效。同样我们还可以分析资本不完全流动以及资本完全不流动时财政政策和货币政策的效果，分析方法是一样的，只是BP 曲线稍有不同，分别是朝右上方倾斜的情况和垂直的情况（如图 7 - 15 ~ 图 7 - 22 所示）。

### （一）资本不完全流动时

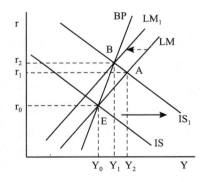

图 7 - 15　固定汇率下的财政政策

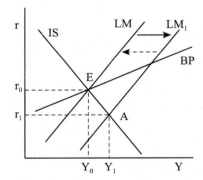

图 7 - 16　固定汇率下的货币政策

图 7 - 15 和图 7 - 16 展示了在固定汇率制下，资本不完全流动时财政政策和货币政策的效果，从图中可以看出，财政政策有效，但其有效性被削弱，而货币政策则完全无效。

图 7 - 17 和图 7 - 18 展示了在浮动汇率制下资本不完全流动时财政政策和货币政策的效果，财政政策是有效的，货币政策也是有效的。以图 7 - 17 为例，假设经济最初位于 IS、LM 和 BP 曲线的交点 E，扩张性的财政政策使 IS 曲线右移到 $IS_1$ 的位置，与 LM 交于 A 点，此时收入上升到 $Y_1$ 的水平，利率上升到 $r_1$ 的水平，收入上升会增加进口，

恶化经常项目；利率上升引起资本流入，改善资本项目，总的效应是形成国际收支的顺差（因为 A 点位于 BP 曲线上方）。在浮动汇率制下，本币汇率上升，导致出口下降，引起 IS 曲线和 BP 曲线的左移，最终 IS 曲线由 $IS_1$ 左移到 $IS_2$ 的位置，BP 曲线左移到 $BP_1$ 的位置，在 B 点实现新的均衡。从以上分析可以看出，财政政策有效，但有效性被削弱。

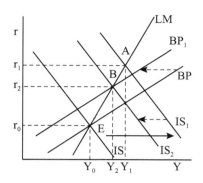

图 7-17　浮动汇率下财政政策

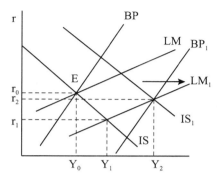

图 7-18　浮动汇率下货币政策

## （二）资本完全不流动时

资本完全不流动时，BP 曲线为一条垂直线，分析方法是一样的，在此不作具体分析，可参考图 7-19～图 7-22 进行分析。

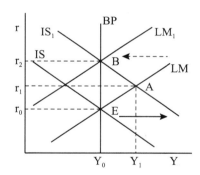

图 7-19　固定汇率下财政政策

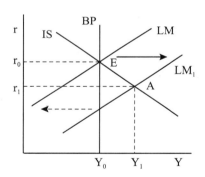

图 7-20　固定汇率下货币政策

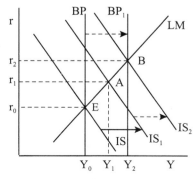

图 7-21　浮动汇率下财政政策

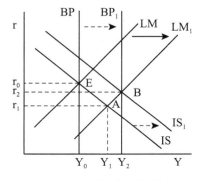

图 7-22　浮动汇率下货币政策

综合以上各种情形，我们可以得到以下结论：（1）财政政策的有效性与汇率制度以及资本的流动性有关，货币政策的有效性仅与汇率制度有关，资本的流动与否不影响货币政策的效应。（2）固定汇率制下财政政策的效应与资本的流动性正相关，浮动汇率制下财政政策的效应与资本的流动性负相关；固定汇率制下货币政策无效，浮动汇率制下货币政策有效（见图7-23）。

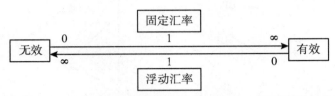

注：0表示资本完全不流动；1表示资本不完全流动；∞表示资本完全流动。

**图7-23 财政政策效果**

## 五、蒙代尔—弗莱明模型的评价

蒙代尔—弗莱明（Mundell - Flaming）模型探讨了如何运用财政政策和货币政策来实现宏观经济的内外均衡，通过以上分析我们可以得到如下的结论：第一，货币政策在固定汇率制下无效，在浮动汇率制下有效。第二，财政政策的有效性比较复杂，既与汇率制度有关，又与资本的流动性有关。固定汇率制下，财政政策随着资本的流动性增强，其效果越来越强，资本完全不流动时财政政策无效；浮动汇率制下，财政政策的有效性随资本流动性的增强而减弱，资本完全流动时财政政策是无效的。

当然蒙代尔—弗莱明也存在着一定的缺陷，价格不变的假定说明它是一个短期模型，其假定资本在国际间是完全流动的，这与现实情况也不相符，同时该模型也未考虑到预期汇率的变化，此外蒙代尔—弗莱明模型只考虑了经济的需求方面而忽视了供给因素。虽然蒙代尔—弗莱明模型有一定的缺陷，这一模型仍然具有非常重要的意义，其最大贡献在于分析了两种汇率制度下国际资本流动对宏观经济政策的影响。

## 六、三元悖论

蒙代尔—弗莱明模型告诉我们，当资本完全流动时，固定汇率制下财政政策有效，货币政策无效；而在浮动汇率制下，货币政策有效，财政政策无效。也就是说，资本完全流动时，货币政策的独立和固定汇率是无法同时实现的，二者之中只能选择一个，鱼与熊掌不可兼得，这其中孕育了三元悖论的思想。对三元悖论进行系统阐述的是著名经济学家保罗·克鲁格曼（Paul Krugman），他指出货币政策的独立性、汇率的稳定性和资本的自由流动这三个目标是不可能同时实现的，任何国家都只能选择其中的两个而放弃另外一个。

如图7-24所示，三角形的三个顶点分别代表这三个目标，每一条边连同顶点代表一种选择，比如（1）选择了货币政策的独立性和资本的自由流动这两个目标，那么就得放弃汇率的稳定性而实施浮动汇率制。因为资本的自由流动会使国际收支频繁的变动，如果货币当局保持货币政策的独立性而不进行干预，那么就得任凭汇率随着资金供求的变动而变动，实施浮动汇率制，如美国等西方发达国家采用这种制度。（2）选择汇率稳定和货币政策的独立性而对资本进行管制，因为如果选择了前两个目标而不对资本进行管制，任由资本自由流动的话，必然会引起国际收支的频繁变动，危及汇率的稳定性。采取这种组合的主要是一些监管能力较弱的国家，无法对资本的自由流动进行有效监管，因此只得放弃资本的自由流动，如中国、印度等。（3）选择资本的自由流动和汇率稳定而放弃货币政策的独立性。当资本自由流动时，利率的微小变化都会引起资本的巨额流动，本国利率必须与世界利率保持一致，因此货币政策独立性丧失，这种选择也称货币局制度，阿根廷以及中国香港都实施该种制度。

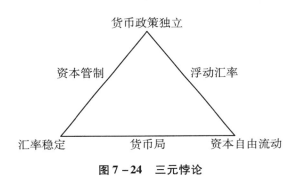

图 7 - 24　三元悖论

## 蒙代尔—弗莱明模型的发展与批评

我（指蒙代尔）讲演讲第二部分，就是对蒙代尔—弗莱明模式的批评意见。我本人对这个模型提出一条意见，我认为这个模型没有能够正确处理资本流动和政府财政支出的关系，这个好的经济模型可能表明当一个国家借钱的时候，流入的资金可以成为财政支出这个来源，再进一步改善一个国家国际收支平衡状态，可是这种改善是非常短期的，因为由于财政收支增加，会导致国家进口增加，这个改善就很快被冲销了。还有一个批评意见，就是说资本的流动，会导致资本很多情况下以股票或者股权的形式在国家之间这种流动，当时我在设立这个模型的时候，主要考虑的是国际收支的状况，我认为国际收支的平衡，是由它最基础的状况来决定的，而不是通过股票或者资产的流动来进行的，更多决定因素是在支出等方面。虽然这个流动性所产生的问题，我在 1960 年那篇文章的附件当中也有描述，但是没有说明它和减税之间的关系。

还有最后一点批评意见，这个模型不能够很好地指出资本流动和最终实现资本平衡这两者之间的关系，在 20 世纪 70 年代时候也有这样一种倾向，有很多人用时间理论解释资本流动和资本平衡，以当代中国为例，中国外资量非常大，而且也有大量国际收支平衡盈余，还有贸易顺差，这种资本相当于中国进口的资本，很多人认为，不应该是像我这个模型这样逐年来看中国进口资本状况，而应该有一种更好的模型，可以预测一下中国经济将怎样进行变化或者改革，才能够使这些进口的资本最终实现资本总量的平衡。我研究这个模型的时候，从来没有考虑过这个方面，我认为从实际角度来讲怎么可能对未来几年情况做出那么长远而又详细的预测，这在现实当中是不可行的，所以我也不接受，这是最后一条批评意见。

在快结束的时候，我最后想问这么一个问题，如果完善这个模型的话，是应该从零开始从新做一个模式，还是在这个模式内部通过改善加以实现，我觉得从原则上来讲这两者应该都行。我在 1959 年时候写过一篇文章，后来我又写了六七篇文章，它们都分析货币动态因素，以及其他各种因素，六七篇文章最终都成为国际经济学当中非常有价值的经典理论文章，最初提出这个想法从贸易总平衡角度出发，后来随着时间的推移，又出现新的情况，我不断在向前发展，最终形成这个模式，谈这个模式时候，我这几篇文章都被国家经济学这一书的作者否认了，他过去曾经写一篇文章批评我的看法和模式，后来我认识他并且和他成为朋友，我有时候逼他，你在 50 多页文章当中，就否定我这篇文章最根本的精髓，他也开玩笑，他说也可能应该看一看我所写的国际经济学这一本书，我想当时他可能已经有名了，可能是因为在我的文章当中并没有引述他文章当中的内容。

资料来源："站在巨人的肩上"，北京大学中国经济研究中心成立十周年诺奖得主演讲.

## 第三节　国际经济协调与合作

上一节我们介绍了小国情形下的蒙代尔—弗莱明模型，那里忽略了一国经济政策对国外的影响，在开放的经济环境下，各个国家之间的经济往来十分密切，尤其是对于大国来说，其制定的经济政策不但会影响本国经济，而且会对他国经济产生影响，反过来其他国家的经济又会作用于本国，国与国之间的经济是相互影响的。经济全球化下，各国的经济相互影响交织成网，金融是网链的，经济也是网链的，因此一国在制定经济政策的同时，不仅要考虑到政策对国内经济的影响，同时也应考虑其国际影响。各国独立制定自己的经济政策往往不能达到理想的效果，加强国与国之间的沟通，相互之间进行协调，才能使经济朝着内外同时均衡的方向发展，才有可能解决国际经济的失衡。

### ■一、国际经济协调与合作的必要性

国际宏观经济政策协调产生的原因在于各国国内独立的经济政策会对其他国家产生影响，也就是所谓的溢出效应，一国对他国的影响既可能是正面的，也可能是负面的。下面以两个国家为例，放松蒙代尔—弗莱明模型的小国假设，一国不仅仅是世界利率的接受国，而且会对世界利率产生影响。假设有两个国家，现在考虑 A 国政策的实施对 B

国会产生哪些影响，现实是复杂的，为了简化分析，只考虑 A 国政策的实施对 B 国经济变量的影响，而不再考虑 B 国相应的经济变量发生变动后又会引起 A 国经济变量变动的反馈效应。一国的经济政策会通过收入机制、利率机制和价格机制在国际间传导，从而对他国产生影响。

### 1. 收入机制

收入机制是指一国国内经济政策的实施首先引起本国收入的变动，而本国收入的变动会对他国产生影响。其原因在于一国收入的变动会通过边际进口倾向来影响其他国家的收入，当一国收入增加时，其进口也会增加，相应其他国家的出口增加，收入也进一步增加。并且一国收入的变化对其他国家收入的影响与本国边际进口倾向有关，边际进口倾向越大，对外国收入的影响也越大。

### 2. 利率机制

利率机制是指一国政策的实施会改变本国的利率，因此造成本国利率与外国利率的不同，从而会引起资本在国家之间的转移，进而引起相关经济变量的变动，对他国经济产生影响。例如一国实施扩张性的货币政策会导致本国利率的下降，这样会引起资本的外流，当然，利率机制的效果的大小要取决于资本在国际间的流动程度，流动程度越高，效果也越明显。

### 3. 相对价格机制

相对价格机制是指由于价格水平或汇率水平的变动而引起两国相对价格的变动，进一步改变两国商品的国际竞争力，导致进出口的变动而对一国经济产生影响。

## （一）固定汇率制下经济政策的传导

### 1. 货币政策的国际传导

这里我们仍然使用小国的蒙代尔—弗莱明模型的分析方法，只不过是考虑了一国政策对他国经济的影响。假设有 A 和 B 两个国家，目前两国的利率水平是相同的。现在 A 国实施扩张性的货币政策，LM 曲线右移，本国的收入水平增加，同时利率水平下降。先看收入机制，A 国收入的增加引起进口的增加，也就是 B 国出口的增加，B 国的收入水平上升，B 国货币的交易性需求增加，在 B 国货币供给不变的情况下，B 国利率水平上升，以减少投机需求来满足交易性需求的增加。再看利率机制，A 国扩张性的货币政策带来本国利率的下降和 B 国利率的上升，资本会从 A 国流向 B 国。在固定汇率制下，两国都有义务维持汇率的稳定，因此会在外汇市场上进行操作，A 国抛售外汇购回本币，B 国则进行相反的操作，相当于 A 国实施紧缩性的货币政策，B 国实施扩张性的货币政策，A 国利率上升，B 国利率下降，结果会导致 A 国收入的下降，B 国收入的上升。根据假设，为了简化分析，不考虑 B 国收入变动对 A 国的影响，A 国收入的下降会导致进口的减少，B国收入也会相应的下降。最终持续到两国利率水平相同为止，重新达到均衡。具体的传导过程如图7-25所示。

总的来说，在固定汇率制下，扩张性的货币政策使本国收入和外国收入都得到了提高，同时本国和外国的利率下降，也就是说，一国的货币政策影响了世界利率，扩张性的货币政策增加了全世界的货币供给，导致利率下降，收入增加，好处由两国来共同分享。

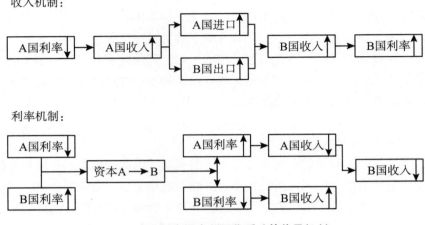

图7-25　固定汇率制下货币政策传导机制

### 2. 财政政策的国际传导

同样假设有A和B两个国家，A国实行扩张性的财政政策，将会导致A国收入的增加和利率的提高。先来考虑收入效应，A国收入的增加会引起进口的增加，也就意味着B国出口的增加，B国的收入会增加，同时也会引起利率的上升。其次，考虑利率机制，A国和B国收入都增加了，因为A国的边际进口倾向一般小于1，因此B国收入的增加幅度一般小于A国，同时假设A国的利率水平提高的更多。那么资本会从B国流向A国，在固定汇率制下，为了维持汇率稳定两国都会在外汇市场上进行操作，结果是A国的货币供给增加，B国的货币供给减少，导致A国利率下降，B国利率上升。A国利率的下降会使本国收入有所增加，同样也会通过收入机制带来B国收入的一定增加，B过利率也会进一步上升，最终两国利率相同，重新实现均衡。

总结一下，在固定汇率制下，一国实施扩张性的财政政策导致本国收入的增加，也会导致外国收入的增加，也就是有正的溢出效应。对于世界利率的影响则是抬高了世界利率的水平，重新实现均衡时两国的利率水平较之前均有所上升。

## （二）浮动汇率制下经济政策的传导

### 1. 货币政策的国际传导

浮动汇率制下一国不必将汇率维持在固定水平，汇率可以自由浮动。假设A国实施扩张性的货币政策，与上面的分析相同，A国收入提高而利率下降，B国收入和利率均有所提高。资本会从 A 国流向 B 国，浮动汇率制下，A 国货币贬值，而 B 国货币升值。考虑相对价格机制，两国产品的相对价格发生变化，A 国产品在国际市场上更有竞争力，这会导致 A 国出口增加，B 国出口减少，A 国的收入将会进一步提高，利率上升而 B 国的收入则会下降，利率也会随之下降，该过程要一直持续到两国利率水平相同为止，重新实现新的均衡。

当达到新的均衡时，A 国的收入较初始状态会有所提高，而 B 国的收入则会比原来下降，两国的利率水平由于货币存量的增加而比期初下降。可以看出，浮动汇率制下扩张性的货币政策是一种典型的以邻为壑的政策，本国收入的提高是以外国收入的下降为条件的。在这种情况下，如果两国不是进行协商，而都想通过扩张性的货币政策来提高产出的话，那么势必会陷入竞争性贬值的境地，两国会不断增加货币供给，导致通货膨胀加重。

### 2. 财政政策的国际传导

假设 A 国实施扩张性的财政政策，A 国的收入和利率均会有所提高，B 国的收入由于 A 国进口的增加也会提高，利率水平也相应提高。假设 B 国的利率水平提高的幅度不及 A 国，那么资本会从 B 国流向 A 国，A 国的货币升值，利率下降，B 国货币贬值，利率上升。考虑相对价格效应，B 国货币的贬值有利于出口，因此收入进一步增加，利率也会进一步上升，最终两国利率相同，达到新的均衡。当达到新的均衡时，两国的收入水平提高，利率水平也较原来有所提高。

以上分析了当一国的经济规模足以对他国产生影响时，一国国内政策在国际间的传导，结论很简单，一国的政策会对他国产生正的或负的溢出效应。当然以上结论是在高度简化的条件下得出的，我们的目的不是要精确地给出一国政策会对他国产生多大影响，而是想说明经济全球化的今天，各国经济是相互联系的一个整体，一国经济不可能不会对他国产生影响，同样也不可能不受他国影响，如果各行其是的话，很可能会是"囚徒困境"的结果，各国之间采取相互合作的态度，加强合作，则有可能实现帕累托改进。因此，各国经济政策的协调是必不可少的。

## ■二、国际经济政策协调的六个层次

韦伯（Webb，1995）指出，国际宏观经济政策协调是单方面实施宏观经济政策的政府间就相互不同的政策目标协调统一，并就宏观经济政策实施工具和实施路径统一设计的行为。从狭义上说，国际经济政策协调是指各国在制定国内政策的过程中，通过各国间的磋商等方式对某些宏观经济政策进行共同的设置。广义上说，凡是在国际范围内能够对各国国内宏观经济政策产生一定程度制约的行为均可视为国际间宏观经济政策协调。

国际经济政策协调主要包括以下六个层次[①]：（1）信息交换，是指各国政府相互交流本国为实现经济内外均衡而采取的宏观调控的政策目标范围、政策目标终点、政策搭

---

① 本部分内容主要参考了王曼怡、朱超. 国际金融新论. 中国金融出版社，2009.

配原则等信息，但仍在独立、分散的基础上进行本国的决策。信息交换是一种最低层次的国际经济政策协调方式，其最大好处在于能够为国家间制定相应的经济政策提供信息，避免对其他国家的经济政策做出错误判断，同时能够预计其他国家的政策给本国带来的溢出效应。（2）危机管理，是指针对世界经济中出现的突发性、后果特别严重的事件，各国进行共同的政策调整以缓解、渡过危机。例如为了应对美国的次贷危机，就需要各国之间相互协调，制定相应的政策共同抵御，以降低危机造成的损失，防止危机过度蔓延。（3）避免共享目标的冲突，是指规避两国面对同一目标采取的政策的冲突。如果两国对同一目标设立了不同目标值，那么就成为共享目标冲突，例如实行浮动汇率制的国家将汇率作为调节国际收支的工具，如果两国都想通过货币贬值来改善国际收支，那么就有可能形成竞争性贬值的冲突局面。（4）合作确定中间目标，两国国内的一些变量的变动会通过国家间的经济联系而形成一国对另一国的溢出效应，有必要对这些中间目标进行合作协调，以避免对国外产生不良的溢出效应。（5）部分协调，部分协调是指不同国家就国内经济的某一部分目标或工具进行的协调，例如欧洲货币体系中对各国进行货币政策协调，而各国独立运用财政政策。（6）全面协调，全面协调是指将不同国家的所有主要政策目标、工具变量都纳入协调范围，从而最大限度地获取协调收益。

## ■ 三、国际经济政策协调的方式及收益

国际经济政策协调的方式主要有两种，一种是相机性协调，一种是规则性协调。相机性协调是指不规定具体的规则，各国根据实际经济情况协商来确定应当采取的政策，规则性协调是指事先制定出明确的、各国都应遵守的规则来指导各国采取政策措施的协调方式。两种协调方式各有优缺点，相机性协调的好处在于具有较高的灵活性，缺点在于协调成本较高，政策的实施也具有很大的不确定性。规则性协调的好处在于明确的规则有助于约束各国，缺点在于规则不容易制定。

尽管国际经济政策协调存在着各种障碍，但是在经济全球化的背景下，这仍不失为一种不错的选择。从两国的蒙代尔—弗莱明模型中可以看出，在经济相互影响的前提下，一国政策可能有正的溢出效应也可能有负的溢出效应，竞争性贬值就是独立决策最终导致最差结果的例子。各国经济的相互依赖程度越来越强，各国独立决策并不一定能够产生最好的结果，往往会陷入囚犯困境，个体的理性并不代表集体的理性。独立决策的结果很可能是低效率，甚至各方都是负的收益，不能实现效益最大化。各国在制定和实施经济政策的过程是一个博弈的过程，而且是一个持续的动态博弈过程，某些时候，合作可能是最好的选择。

## ■ 四、国际经济政策协调的思路

国际经济政策协调的方式很多，很多的经济学家在这方面作出了突出的贡献，主要可以从以下几个方面来考虑：

第一，从国家的角度来讲，各国可以成立各种全球性的、区域性的经济组织，加强

各国的经济一体化进程，在一定范围内实现经济的协调。例如前面已经介绍的世贸组织、欧盟、北美自由贸易区、亚太经合组织等。此外，成立各种全球性的金融机构，协调全球经济的发展，例如已有的国际货币基金组织、世界银行集团等。

第二，从汇率制度和国际货币体系角度来讲，美国著名经济学家麦金农（Mckinnon）提出了恢复固定汇率制的方案。其主要内容包括两方面：首先，各国根据购买力评价确定彼此之间的汇率水平，实行固定汇率制；其次，各国应通过协调货币供给的方法维持固定汇率制。与麦金农的方案不同，威廉姆森（Williamson）和米勒（Miller）提出汇率目标区方案，该方案不主张实行固定汇率制，而是实行弹性汇率制，汇率的变化范围在中心汇率上下的 10%。

第三，从外国际金融市场的角度讲。托宾（Tobin）针对投机性国际资本的不断扩张提出了对现货外汇交易征收全球统一的交易税，通常称为托宾税，该方案也被称为托宾税方案。托宾将该做法称为"往飞速运转的国际金融市场这一车轮中掷些沙子"，其目的在于抑制投机，稳定汇率，并且可以将征收托宾税得到的资金进一步在全球范围内再分配。

第四，从企业和个人的角度，应当规范企业和个人的行为，保证其交易的合理性，因为宏观经济是个体行为选择的结果，个体的行为如果得不到监管，任其发展下去，也会影响到宏观经济。

## 五、国际经济协调的原则

国际经济协调是基于各国经济的相互联系，为了避免各国独立的经济行为导致囚徒困境的结果，避免个体理性与集体理性的冲突而提出的，因此，在协调过程中也应遵循一定的原则，保证各国的利益。

第一，应当建立长久的国际经济协调机制，而不是权宜之计。从长远来看，应当加快全球经济的发展，而不是某一个或某一些国家的发展，经济协调也应做长远的打算，而不能只针对当前问题，只顾眼前利益。

第二，国际经济协调应兼顾各国的利益，尽量不损害任何国家的利益。协调之后的结果至少应在当前的基础上有所改善，只有帕累托改进才有可能得到各国的认可。争取各国都能够分享协调的好处，同样，这种好处也应当是长远的而不是暂时的。

第三，国际经济协调也应遵守公平自愿的原则，建立公平的协调机制才有可能长久维持下去，不合理的不公平的协调机制，即使给各国都能带来好处，贫富差距的逐步扩大，最终也会难以维持下去。

## 国际经济政策协调的新进展

国际经济协调的核心和目标：是要调节经济全球化过程中国际共同利益和民族国家利益的矛盾，实现世界经济和各国经济的有序运行，促进世界经济和各国经济的增长。所以，国际经济协调的作用在于：各国政府通过一定方式寻求各国经济利益的共同点，以相互依赖关系和经济传递机制为纽带，实现各国整体利益的最大化和各国内外经济平衡基础上的世界经济均衡。

真正意义上的国际经济政策协调出现于第二次世界大战之后。战后成立的联合国成为协调国际事务的常设机构，而经济领域的协调则主要体现在布雷顿森林协议、关税与贸易总协定（GATT）的签订和国际货币基金组织（IMF）、世界银行（WB）的建立上。20 世纪 90 年代以后，国际经济政策协调表现出一些新的特点：第一，全球性国际经济组织的协调作用下降。国际货币基金组织、关贸总协定等的协调作用，主要体现为机构协调。第二，区域经济政策协调及双边经济政策协调不断发展，区域自由贸易成为新潮流。第三，中国等发展中国家在国际经济政策协调中的作用逐渐增强。

二十国集团是一个国际经济合作论坛，是 1999 年 9 月 25 日由八国集团的财长在华盛顿宣布成立的，属于布雷顿森林体系框架内非正式对话的一种机制，由八国集团和十一个重要新兴工业国家及欧盟组成。二十国集团属于非正式论坛，旨在促进工业化国家和新兴市场国家就国际经济、货币政策和金融体系的重要问题开展富有建设性和开放性的对话，并通过对话，为有关实质问题的讨论和协商奠定广泛基础，以寻求合作并推动国际金融体制的改革，加强国际金融体系架构，促进经济的稳定和持续增长。

二十国集团自成立至今，其主要活动为"财政部长及中央银行行长会议"，每年举行一次。2011 年 2 月 18～19 日二十国集团财长和央行行长会议在法国巴黎举行，会议认为，全球经济复苏势头继续巩固，但进程仍不均衡，下行风险依然存在。二十国集团各方应继续加强政策协调，共同解决导致金融危机的深层次问题。根据本国国情，继续实施财政整顿计划，采取适当的货币政策，增强汇率灵活性，推进结构改革，以促进全球需求和增长潜力，努力扩大就业，为实现全球经济强劲、可持续、平衡增长打下坚实基础。

会议同意选取一揽子指标来衡量过度外部失衡，经过充分讨论，确定财政赤字和政府债务，私人储蓄率和私人债务，贸易账户和净投资收益与转移账户为衡量指标。与会各方同意共同推进国际货币体系改革，加强全球流动性管理，减少国际储备货币汇率的过度波动和资本无序流动，增强防范和应对金融冲击的能力。

资料来源：新浪财经.

---

### ☞ 本章关键词 ☜

| 内外均衡 | 米德冲突 | 斯旺图形 |
| --- | --- | --- |
| 丁伯根法则 | IS 曲线 | LM 曲线 |
| BP 曲线 | 蒙代尔—弗莱明模型 | 三元悖论 |

### ☞ 本章思考题 ☜

1. 开放经济条件下为什么会存在内外均衡的冲突，如何解决这种冲突？

2. 试用蒙代尔—弗莱明模型来分析中国目前的国际收支顺差的状况，给出你的政策建议。（注意该模型的适用条件）

3. 中国目前存在内外均衡的冲突吗？存在的话如何解决？（考虑现实的各种情况）

# 第八篇 国际金融危机与监管

**篇前导读**

　　国际金融危机往往导致跨国获取价值不可持续，国际金融监管则是防范和治理这种"不可持续性"的必然措施。

　　准确理解国际金融危机的概念，弄清楚国际金融危机与经济失衡、经济危机的关系，了解危机发生的历史，是把握金融危机本质及其发生规律的前提。尽管国际经济失衡与危机未必导致国际金融危机，但它们之间具有极其紧密的关系。如果说国际经济的失衡表明国际经济及其金融关系尚可以持续，那么金融危机则表示国际经济和金融关系的骤停甚至断裂，这要求我们必须重视国际金融危机的防范和治理。一般而言，金融监管具有预警与事后治理的双重功能，理想的金融监管需要强化事前预见和治理的功能。国际金融监管效率的提升需要从国际金融危机与监管历史的科学分析中寻找。

　　一般的国际金融危机的历史回顾具有混沌性描述的特征，缺乏可比性，因而不容易找到科学的分类方法。如果从危机的时间、起源、传递、受害方、应对措施等角度出发，通过"元素"来刻画每一次金融危机，并将每一次金融危机的相同要素进行对比分析，就容易得到某种类似于金融危机规律的结论。以往的金融危机理论往往只是针对某次金融危机的诠释和解答，这种诠释难免带有时空、逻辑和系统上的局限性。这会导致如果动态考虑国际金融危机理论，就会发现原有的国际金融分类"标准紊乱"、"概念交叉"、不能解释和涵盖诸多新型国际金融危机。

　　"元素法"为我们对国际金融危机科学分类打下了基础。本书对金融危机创造性地从引发源头、生态形态、受害方等角度对金融危机进行了重新分类。金融危机按照其危机形成过程中生态环节数的不同，可以分为传统的单环节生态型金融危机和多环节网链生态型金融危机。其中，对于传统的单环节生态型金融危机，根据其引发危机的市场要素不同，将其分为金融主体危机、客体（交易工具）危机和媒体（金融中介）危机。这种"全要素"分类法最大限度地概括和预见了现有和将来可能发生的金融危机，并给予了金融危机分类体系错落有序、标准清晰的逻辑内涵。由此可见，基于"元素法"的国际金融危机具有多层次性、生态性、预见性，有利于我们总结国际金融危机的规律，有效预测新型国际金融危机的发生。

　　基于传统的国际金融危机分类，传统的国际金融监管具有要素监管不完备、忽略现代金融市场网链式、生态型、系统性风险以及事后监管的特征，这不可避免地为金融风险的滋生和扩散提供了空间和可能性。

　　而基于"元素法"下的国际金融危机分类，其监管制度具有了新的特征。一方面，在传统的单环节生态型金融市场上，实现了按照市场要素主、客、媒体的"全要素"监管；另一方面，在新型的多环节网链生态型金融市场上，适时地改革监管理念，提出了针对网链式、结构型、系统性风险的网链式金融监管理念；同时，针对传统金融监管事后监管的缺陷，提出了富有新意的事前监管方法论，通过对金融风险累积造成的不良后果建立"问责"和"惩罚"的立法机制，利用金融主体的趋利效应，使得主体自觉改善自身决策、抑制风险产生，从而达到遏制金融风险、防范金融危机和维持金融市场稳定的目的。席卷全球的金融危机使得数十年来的金融监管理论与实践得到了全面的审视和反思，建立多层次、生态性、预见性的新型金融监管制度已经成为不可逆转的历史趋势。

**逻辑框架**

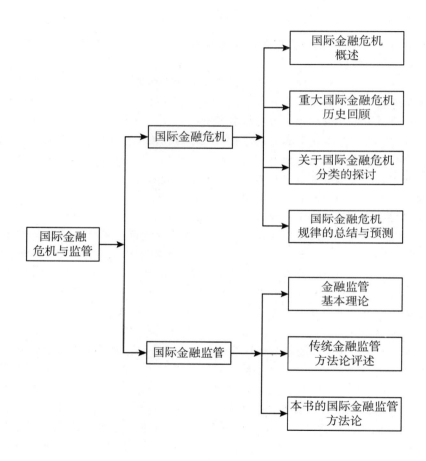

# 第二十五章

# 国际金融危机

国际金融危机中断了国际金融市场上的价值获取，甚至导致全球实体经济的大衰退。那么，危害巨大的金融危机到底是什么？危机的发生和传导机理是怎样的？国际金融市场上金融危机发展脉络又呈现出哪些特点？经过本章的学习后，相信读者心中都会形成一个清晰的答案。但是了解了国际金融危机的客观事实之后，我们更希望能够规律性、系统性地理解和把握国际金融危机，这就要求我们从创新性的视角归纳和总结金融危机。以往的金融危机理论往往只是针对某次金融危机的诠释和解答，这种诠释难免带有时空、逻辑和系统上的局限性。经过多次归纳实验和深刻地思考总结，我们打破了原有"标准紊乱"、"概念交叉"以及不能解释和涵盖诸多新型国际金融危机的传统的危机分类体系，创造性地从国际金融市场"生态状态"、资产运营模式以及国际金融市场要素等视角，重构了国际金融危机分类体系，深刻挖掘了当今国际金融危机的新本质新特点，为我们理解当今大动荡和大变革的国际金融体系打开了另一扇窗，同时也是本章理论创新的重要部分。

## 第一节　国际金融危机概述

### 一、国际金融危机概念

#### （一）国际金融危机的定义评述

对于国际金融危机的定义，国内外学者有着诸多不同的见解和看法。总结起来，主要有以下三种角度定义的理论：金融发疯论、金融指标论和信息经济学角度理论。

金融发疯论主要来自乔纳森·坦博姆[1]（Jonassen）、林顿·拉鲁什和经济学家阿莱（Maurice Allais）的学说。他们都将金融危机归结为虚拟经济严重脱离实体经济而造成

---

[1]　王爱俭. 国际金融理论研究：进展与评述. 中国金融出版社，2005.

的"金融发疯"或"金融倒金字塔"。大量虚拟的金融资产无控制的增长，已经成为全球金融崩溃的条件。另外，因为巨额国际游资的存在，金融资产的流动性大为增强，金融资产的价格波动巨大，金融业在金融自由化和金融创新力量的推动下，呈现出一种自我膨胀、自我运行、自我实现的发展倾向。

金融发疯论从危机发生的原因去定义金融危机，揭示了危机发生的根源，具有很强的启示性。但是国外主流的关于金融危机的定义却是使用的现象定义法对危机进行定义，即下文介绍的金融指标论。

雷蒙斯·戈德史密斯（Raymond Glodsmith，1997）认为，金融危机是指所有或绝大部分金融指标急剧的、短暂的、超周期的恶化，这些指标包括短期利率、资产（股票、房地产）价格、厂商的偿债能力以及金融机构的破产等。[①] 但是他特别将外汇短缺排除在金融危机的必要特征之外，而这显然与发生在国际经济金融一体化趋势不断加强背景下的历次金融危机不相符合。另一位货币主义经济学家米切尔·鲍度则是以预期的变化、担心金融机构丧失偿债能力、企图将真实资产或非流动性资产转换成货币等 10 项关键要素来定义金融危机。按照克罗凯特（Crockett）的定义，金融危机一般是指金融体系出现严重困难，绝大部分金融指标急剧恶化，各类金融资产价格暴跌，金融机构大量破产。

金融指标定义法有着巨大的优点，即为金融危机的发生提供了相对准确的可操作的辨别方法。当金融指标发生异动时，或者诸如金融机构破产等标志性事件时，我们便说，金融危机发生了。

信息经济学角度的定义方法，同金融发疯论一样，也是在探究金融危机发生的根源中定义金融危机。密希肯（Frederc Mlshkin，1991）认为，所谓金融危机就是一种逆向选择和道德风险问题变得太严重，以至于金融市场不能有效地将资源导向那些拥有最高生产率的投资项目，而导致的金融市场崩溃。[②] 卡明斯基和雷恩哈特（Kaminsky and Reinhart，1996）认为，金融危机是指由于信用基础破坏而导致的整个金融体系的动荡和混乱。[③]

同时，国内学者也试图对金融危机加以概括。刘园和王达学（1999）认为，金融危机使之起始于一国或一个地区乃至整个国际金融市场或金融体系的动荡超出金融监管部门的控制能力，造成其金融制度混乱，进而对整个经济造成严重破坏的过程。[④] 这种定义方法较之国外主流定义又有了新的进步，即将金融危机发生的事实进行了更加清晰的界定，对金融市场或金融体系的动荡给予了明确的限度，这个限度便是超出了金融监管部门的控制能力。另外，国内学者王益和白钦先（2000）将金融危机定义为：对整个金

---

① 伊特韦尔约，米尔盖特，纽曼. 新帕尔格雷夫经济学大辞典. 麦克米伦出版公司，1987.

② F. J. Mishkin, 1991：Anatomy of a Financial Crisis, NBER Working Paper, No. 3934, Cambridge, Massachusetts, NBER.

③ Kaminsky, Graciela, L., and Carmen Reinhart, 1996, The Twin Crises：Causes of Banking and Balance-of-Payments Crises, American Economic Review 89 (3) pp. 473 - 500 (June).

④ 刘园，王达学. 金融危机的防范与管理，北京大学出版社，1999.

融体系造成严重影响与振动的金融现象。[①]

## （二）本书对国际金融危机的定义

### 1．本书对金融危机的定义方法

很多我们知道的经济学概念都是由现象定义法来进行定义的，如持续的物价上涨叫做通货膨胀。这种定义方法具有简单易操作的优点，使我们便于识别身边发生的经济现象和事实。加之，学术界关于金融危机发生的根源和机理难以达成统一的意见，难以用凝练的语言总结危机发生的原因和本质，作者认为原因定义法并不适合对于金融危机的定义。在此，我们依然使用国内外主流的对金融危机的定义方法——现象定义法——来对金融危机进行定义。

### 2．本书定义的国际金融危机的内涵

使用现象定义法对金融危机定义如下：

金融危机，是指金融体系出现严重困难，表现为所有或绝大多数金融指标的急剧恶化，各类金融资产价格暴跌，金融机构陷入严重困境并大量破产，国际金融市场或金融体系动荡超出金融监管部门控制能力，进而对实体经济的运行造成严重破坏。

接下来，我们借助金融危机的概念来定义国际金融危机。

国际金融危机相对于金融危机，强调的是金融危机超出一国的范畴，其成因或传导及影响范围达到了国际性、区域性甚至全球性。因此，我们对国际金融危机定义如下：

国际金融危机，是指国际金融领域所发生的剧烈动荡和混乱，金融危机超出一国的范围，同时对区域或全球的实体经济造成极大影响。

有关金融危机内涵的几个要点：

其一，金融指标的急剧恶化是金融危机发生的显著表现和可识别性标志。每次金融危机的发生总是伴随着如下金融指标的急剧恶化：以股市及房市泡沫破裂为突出表现的金融资产价格暴跌、本币大幅度贬值、利率上升、金融机构各项经营及财务指标恶化等。

其二，国际金融市场或金融体系动荡超出金融监管部门控制能力是金融危机发生的限度标准。这一规定使得金融危机发生的事实得到了更加清晰的界定，为金融市场或金融体系的动荡给予了明确的限度。

其三，国际金融危机最终对实体经济的运行造成严重破坏是金融危机发生的最终结果和最大危害。由于实体经济运营周期要大大长于虚拟经济，对实体经济的损害会延续相当长时间，并对整个经济体带来巨大的衰退。

### 3．国际金融危机的特征

通过阅读金融史中有关金融危机的文献，我们可以发现，金融危机主要有如下几个

---

① 王益，白钦先．当代金融辞典，中国经济出版社，2000.

方面的性质：

第一，国际金融危机的传导机制和波及范围都是国际性的，超出一国范围之外的。

第二，金融危机往往肇始于"外部冲击"，即对宏观经济体系的外部冲击。

第三，金融危机是经济周期运行中出现的一种金融动荡，并且这种动荡在经济生活中会引起不同程度的带有蔓延性的金融恐慌。这种金融恐慌表现为：资本外逃、外汇市场上出现抛售本币的狂潮、本币大幅贬值、国际储备枯竭等造成国际清偿力严重不足；国内金融市场银根紧缩、金融机构流动性严重缺乏，人们对金融机构丧失信心、大量金融机构因挤兑而接连倒闭；股市和房地产价格狂跌等。

第四，金融危机产生的原因是多方面的，有可能是由经济的周期性波动造成的，也有可能是由于贸易逆差和财政赤字、外债规模超过一国承受能力、金融体系和金融监管制度不完善、国际投机资本恶意冲击等原因造成的。

第五，金融危机对经济会造成巨大的危害。

国际金融危机表现为国际金融领域所有的或绝大部分的金融指标急剧恶化，股市暴跌，资本外逃，信用遭到破坏，银根奇紧，利率上升，银行发生挤兑，金融机构大量破产倒闭，官方储备大量减少，无力偿还到期的债务本息，货币的对内对外大幅度贬值等。

## ■二、国际金融危机与国际经济失衡

从两者的定义来看，国际经济失衡，是指一国或多国的国内外经济均衡被打破的情形，主要指国际收支失衡，而国际金融危机是指整个金融体系的动荡和混乱，其研究的对象一个是一国或多国的国际收支失衡，一个是国际金融体系的动荡和混乱，其中包括一系列的国际金融指标（包括国际收支在内，同时包括国际资本的短期流动速度、外汇变动等）的急剧变化。

从两者所涉及的内容来看，国际经济失衡主要涉及实体经济，而国际金融危机主要涉及的是虚拟经济。

从两者形成的时间来看，国际经济失衡是一段时间以来形成的，但是国际金融危机可能是由突发的金融投机冲击导致。

从两者形成的原因来看，国际经济失衡主要是由一国或多国宏观经济基本面运行状况的下降引起的，而国际金融危机可能是由严重和剧烈的国际经济失衡引起，也可能是在各国宏观经济运行良好的情况下，由预期自制的投机冲击形成。

从两者的影响范围来看，国际经济失衡往往只涉及两个国家，其影响也往往仅限于两个国家，而国际金融危机一旦爆发，其影响范围往往是区域性的或者国际性的。

综上所述，我们可以总结出国际金融危机与国际经济失衡的关系（见表8-1）。

表 8 – 1　　　　　　　　　　国际金融危机与国际经济失衡关系

|  | 国际经济失衡 | 国际金融危机 |
|---|---|---|
| 研究对象（定义） | 国际收支（失衡） | 各金融指标（剧烈变动） |
| 涉及内容 | 实体经济 | 虚拟经济 |
| 形成时间 | 一般长期 | 可能突发 |
| 形成原因 | 一国或多国宏观经济运行状况不良 | 也可能发生在各国宏观经济运行良好的情况下 |
| 影响范围 | 一般两国 | 区域性或国际性 |

　　国际经济失衡主要表现为一国或多国的国际收支平衡表的失衡或恶化，而国际收支平衡表中各指标的失衡和恶化及其"跨指标"的失衡传导，则往往是国际金融危机的前奏。持续的经常项目逆差和过高的债务指标通常被认为是金融危机的预警信号。

　　一般来说，经常项目赤字维持在 GDP 的 5% 或以上常被视为经济长期不可维持的一个标志和危机即将来临的信号（见表 8 – 2）。当一国出现持续的贸易逆差时，最直接的后果便是其外汇储备的不断消耗，这将会带来两个方面的重大影响：其一，外汇的减少降低了各国政府对外债的偿付能力，引发逆差国债务指标的攀升，成为债务危机预警信号；其二，不断减少的外汇降低了本国汇率制度的安全性和本币的稳定性，失去了外汇储备支撑的本币汇率极易受到国际游资的投机冲击，从而引发货币危机。

表 8 – 2　　　　　　　亚洲金融危机爆发前的泰国国际收支平衡　　　　单位：百万美元

| 年份 | 1990 | 1995 | 1996 |
|---|---|---|---|
| 经常项目 | – 7 281 | – 13 554 | – 14 692 |
| 资本项目 | – 1 |  |  |
| 金融项目 | 9 098 | 21 909 | 19 486 |
| 直接投资：向国外 | – 140 | – 886 | – 931 |
| 直接投资：国内吸收 | 2 444 | 2 068 | 2 336 |
| 有价证券：资产 |  | – 2 | – 41 |
| 有价证券：负债 | – 38 | 4 083 | 3 585 |
| 其他投资：资产 | – 164 | – 2 738 | 2 661 |
| 其他投资：负债 | 6 996 | 19 383 | 11 876 |
| 净误差与遗漏 | 1 419 | – 1 196 | – 2 627 |
| 总差额 | 3 235 | 7 159 | 2 167 |
| 资金变化 | – 3 235 | – 7 159 | – 2 167 |
| 储备资产 | – 2 961 | – 7 159 | – 2 167 |
| 存、贷款的使用 | – 274 |  |  |
| 其他 |  |  |  |

资料来源：国际货币基金组织数据库.

　　基本面因素是导致危机、恶化危机的必要条件而非充分条件，它不一定能准确地预测出一国何时爆发金融危机,而且即使是在正常时期也不能保证基本面因素的完好。只能说当基本面恶化时,投机攻击或政治危机等因素容易成为货币危机的催化剂。

## 三、国际金融危机与国际经济危机

### (一) 经济危机的定义

经济危机是指资本主义经济发展过程中周期性爆发的生产过剩的危机。但是,资本主义经济危机所表现出来的生产过剩,不是生产的绝对过剩,而是一种相对的过剩,即相对于劳动群众有支付能力的需求而言表现为过剩的经济危机。因此,在资本主义经济危机爆发时,一方面资本家的货物堆积如山,卖不出去;另一方面,广大劳动群众却处于失业或半失业状态,因购买力下降而得不到必需的生活资料。自 1825 年英国第一次爆发普遍的经济危机以来,资本主义经济从未摆脱过经济危机的冲击。

### (二) 国际金融危机与国际经济危机的附属关系

从严格意义的概念范畴来讲,金融隶属于经济的范畴(见图 8 – 1),国际金融危机也是隶属于国际经济危机的范畴。国际金融危机所引起的国际金融体系的动荡和混乱本身就是国际经济体系的动荡和混乱,同时国际金融危机往往还会对各国实体经济造成沉重巨大的打击和危害。

自 20 世纪 80 年代以来,世界经济表现出一些显著的新特征,一个重要的变化就是经济危机的形式出现了显著的变化——金融危机正成为经济危机的主要形式。国际经济危机频繁地以国际金融危机的形式爆发出来,实际缓解了国际经济危机中隐含的各种经济矛盾,并大大拉长了国际经济危机爆发的周期。

**图 8 – 1　金融危机与经济危机的附属关系**

### (三) 国际金融危机与国际经济危机的相对独立关系

近年来,随着金融市场的蓬勃发展,其在整个经济运行中的地位越来越突出,很多专家学者倾向于将金融从经济的范畴中分离出来而形成一个独立的学科,国际金融危机这个范畴也越来越多地独立于国际经济危机被提及和研究。

金融危机和经济危机作为独立的经济现象,具有在一定条件下相互转化的关系(见图 8 – 2)。

19 世纪到 1933 年的金融危机与经济的周期性波动、产业经济的不平衡发展有明显的关系，主要为经济危机转化为金融危机，表现为实体经济传导到金融领域。美国在1870～1933 年间共有 12 个经济周期，发生金融危机 6 次，其中 4 次在经济周期的峰顶之后。20 世纪七八十年代以后，国际金融危机具有了超周期性和超前性，金融危机开始脱离经济周期，具有了独立性，主要特点是由金融领域传递到实体经济。

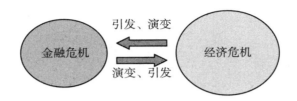

**图 8 - 2　金融危机与经济危机的相互转化关系**

一般来说，金融危机对实体经济的冲击渠道主要包括：一是融资受阻，无法实现正常的投资和消费活动；二是信心渠道，危机使得整个市场观望情绪浓厚，经济运行萎缩；三是财富渠道，金融危机下居民和企业财富急剧下降、失业率攀升，消费者开始节衣缩食，经济活动趋于停滞。一般来说，一个经济体系内从金融危机到经济危机的传导渠道都有图 8 - 3 所示的共同点。

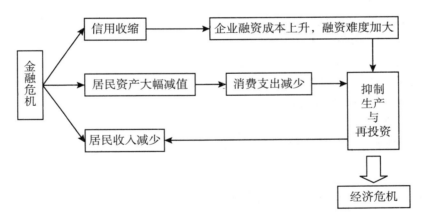

**图 8 - 3　金融危机演化为经济危机的一般过程**

经过 1929 年大危机后，伴随凯恩斯主义的出现，各国开始强调政府干预，经济危机似乎在某种程度上得到了控制，确切地说是经济危机的周期波段得到延长。国际经济危机频繁地以国际金融危机的形式爆发出来，从某种意义上来说，金融危机的爆发、调整和恢复，延缓或化解了经济危机。

20 世纪 70 年代以来，随着金融市场的逐步发展，虚拟经济已经开始主导着整个现代经济。虚拟经济建立在实体经济之上，但是其价值评估源自对未来收入现金流的评估，因此虚拟经济较之实体经济的发展具有超前性，金融危机的爆发较之经济危机的爆发也具有超周期性的特征。当爆发金融危机之时（没有引发全面的实体经济危机前），资产阶级政府往往会加强对经济的干预，采取一系列反周期措施，包括在危机和萧条阶段的膨胀性政策以及在复苏和高涨阶段的紧缩性政策，使经济周期发生了拉长和变形。同时，虚拟经济的危机也会对提醒政府当局反思和调整其经济结构、发展政策等起到相应作用，促使实体经济在更加健康的轨道上运行。因此，在某种意义上说，金融危机确实对经济危机有延缓和化解作用（见图8－4）。

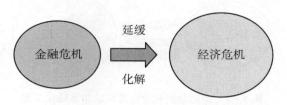

图8－4　金融危机对经济危机的延缓和化解作用

# 第二节　国际金融危机的历史

只有了解了大量危机发生发展的历史事实，才能从中提炼和总结出危机发生的规律及其本质，才能对危机进行科学系统的分类，以及实现对未来危机的预测。本节首先对历史上发生的重大国际金融危机进行了回顾，而后从时空演化的视角对危机进行描述和总结。在刻画每次危机时，笔者注重还原历史真相，从"元素"的角度对危机进行审视和考察，具体而言即将每次危机的刻画分别从时间、地点、危机中的金融网链状态、源头、起点、表现、跨国传导途径、受害方和危机后的政策导向几个元素进行描述，为下文科学的危机分类方法探讨提供了有效的历史材料依据。

## 一、重大国际金融危机的"元素法"回顾

### （一）1929～1933年全球金融危机

1. 时间和地点

这次全球金融危机爆发于1929年10月的美国，股票市场的暴跌风潮很快便波及了欧美各个资本主义国家。美国政府在长达5年之久的危机中奉行自由放任的政策，危机却愈演愈烈，经济自由主义在深重的危机现实面前败下阵来，1933年罗斯福总统的上台以及一系列金融监管法律法规的颁布，才使得危机渐渐消退，美国经济从衰退逐渐走向复苏。

2. 危机中的金融网链状态

在20世纪早期，国际金融市场还没有呈现出明显的金融网链状态，跨国交易也多

为简单的单环节金融交易。而在这场危机中，引发危机的主要交易环节就是在信用膨胀和投机动机驱使下的股票市场交易。

### 3. 危机的源头

从金融市场要素的角度看，引发这次金融危机的源头是金融客体（交易工具）——股票及其交易。20 世纪 20 年代至 30 年代，美国经济持续繁荣，盲目扩张的工业生产极大地刺激了信用的扩张和证券商的股票投机活动，并最终造成了资本虚拟和严重的股市泡沫。这场危机可以看作是一场由于金融工具——股票交易不当，脱离监管控制而导致的金融危机。

从资产价值形态转换的角度看[1]，引发这次金融危机的源头是资产证券化的资产价值形态转换。在此次危机发生之前，美国股份制形成，证券业兴起并快速发展，大量的公司通过上市途径获得融资。实体资产证券化在便利投融资、促进储蓄向投资转化的同时，本身也具有一定的内在风险，在对此没有正确的监管和引导时，便会触发金融危机。本次危机便经历了这样的触发和形成过程。

### 4. 危机的起点和表现

本次危机的起点为 1929 年 10 月的股市"黑色星期四"，表现主要为各西方资本主义国家股价的暴跌及股市交易量的大幅下降。在 1929 年 10 月之前，以纽约股市为代表的西方各国股市大幅度上涨已持续 1 年之久。10 月份，纽约股市转跌，24 日和 29 日两天行情暴跌，3 个月之内纽约证券交易所上市股票价值从 897 亿美元猛跌至 156 亿美元，道·琼斯股价指数从 1929 年 10 月 11 日的最高点 358 点，直跌至 1932 年底的 41 点。总体来看，从 1929 年 9 月到 1933 年 7 月，美国股票市场股价总共损失了 740 亿美元，即损失了 5/6。

### 5. 危机的传导途径

本次危机发生之时，金融市场还没有形成较为完整的金融链式网络，金融危机的传导主要通过接触性[2]的"溢出效应"[3]和非接触性的"净传染效应"[4]实现。在存在密切金融联系的市场间，一个市场上的流动性困难和信心崩溃传染到金融联系密切的市场

---

[1]　根据资产价值形态的不同，资产分为：现金资产、实体资产、信贷资产和证券资产。资本市场所有的经济活动都可以被归纳为资产在这四种价值形态之间相互转化的过程。参见何小锋，韩广智. 资本市场的理论与运作. 中国发展出版社，2006.

[2]　接触性传导包括：溢出效应（由贸易溢出或金融溢出从一国传染到另一国）和跨国网链传导（直接基于跨国网链的跨国传导）。

[3]　溢出效应（Spillovers）由于国家间的基本关联，一国的危机可以影响其他国的宏观经济基本面。这些关联包括实体经济关联（如国际贸易中一国货币贬值造成另一国竞争力下降）、金融关联（如由于一个市场上流动性缺乏会导致共同债权人清算在其他市场的资产）、政治关联（如货币联盟中一国首先贬值将导致其他国家贬值的政治成本降低）等。

[4]　净传染效应包括经济净传染、政治净传染、文化净传染。当危机在一国发生时，由于投资者重新评价其他类似国家的经济基础产生自我实现的多重均衡，当投资者的心理预期和信心发生改变时，传染就发生了。

或经济结构、发展模式相似的经济体上。

### 6. 危机的受害方

这次危机的主要受害方是企业和银行。由于股价的暴跌，公司资产大幅缩水，企业出现资不抵债和无力还债的现象，纷纷陷入经营困境和破产边缘。同时，由于企业无力还贷，银行机构也出现了大量的破产危机，出现挤兑风潮，短期利率急速上升，使得贷款成本进一步升高，企业步履维艰。同时，个人投资者资产也损失巨大，整个金融市场出现持续低迷。

### 7. 危机后的政策导向

20 世纪 30 年代大危机之后，美国政府颁布了一系列涉及证券发行与交易的法令，用以规范资产证券化的健康发展。1933 年的《格拉斯—斯蒂格尔法》，划分了商业银行和投资银行的业务经营界限，确定了严格的银证分离制度。之后又颁布了《证券法》、《证券交易法》等相关法律，以进一步细化对证券市场的监管。

## （二）1982～1985 年拉美债务危机

### 1. 时间和地点

1982 年墨西哥财政部部长埃尔佐格致电美国总统里根、美联储主席沃克尔等人求援，声称墨西哥外汇储备已经用光，无力继续偿还债务，标志着 20 世纪 80 年代拉美债务危机的爆发。其后，哥斯达黎加、巴西、阿根廷等国也纷纷陷入债务危机的泥沼，危机直到 1985 年才开始消退。

### 2. 危机中的金融网链状态

在 20 世纪 80 年代的拉丁美洲，多环节网链式的新型国际金融市场形态尚未形成，引发此次债务危机的跨国交易环节主要还是单纯的国际间借贷。

### 3. 危机的源头

从金融市场要素的角度看，引发这次金融危机的源头是金融主体——政府的过度举借外债。拉美国家在经济起步阶段国内储蓄水平较低，本国资金比较匮乏，为了加速本国经济的发展，扩大投资规模，加快资本积累，这些国家普遍选择了以举借外债的方式发展本国经济。因此，外债的积累是这一地区国家的普遍现象（见表 8 - 3）。根据联合国的统计，1982 年年底拉美地区外债总额为 3 287 亿美元。

从资产价值形态转换的角度看，引发这次金融危机的源头是资产信贷化的资产价值形态转换。

表 8 – 3　　　　　　　　　　　1982 年拉美地区部分国家债务情况

| 国别 | 外债余额<br>（亿美元） | 占拉美债务总额<br>比重（%） | GDP（亿美元） | 债务余额占<br>GDP 比重（%） |
|---|---|---|---|---|
| 墨西哥 | 876 | 26. 65 | 1 737 | 50. 43 |
| 巴西 | 913 | 27. 78 | 2 816 | 30. 84 |
| 阿根廷 | 436 | 13. 26 | 843 | 51. 72 |
| 委内瑞拉 | 351 | 10. 67 | 770 | 45. 53 |

　　资料来源：World Bank，联合国拉美委员会.

　　4. 危机的起点和表现

　　本次危机的起点为 1982 年墨西哥宣布外汇储备已经用光，无力继续偿还债务，墨西哥债务危机爆发。危机爆发后，拉美国家经济受到剧烈冲击，通货膨胀率继续攀高，1982 年的通胀率为 47.5%，1984 年上升为 163.4%，1985 年更是恶化为 610%，同期拉美国家失业率平均高达 15%，部分国家超过 20%，而实际工资水平也普遍下降，哥斯达黎加下降 50%，巴西、阿根廷下降 20%。同时，债务危机还引发了严重的货币危机，拉美国家货币普遍贬值，银行业也损失惨重。总之，20 世纪 80 年代的债务危机冲击了拉美国家前期取得的经济发展成果，拉美经济严重下滑。[1]

　　5. 危机的传导途径

　　拉美债务危机的传导主要通过非接触性的"净传染效应"实现的。当墨西哥最早爆发危机时，投资者重新评价其他类似国家的经济基础，由此引起的心理预期和信心的变化，使得经济结构、发展模式与之类似的经济体出现再融资困难和流动性困境，债务违约风险增加，债务危机爆发。

　　6. 危机的受害方

　　拉美债务危机的主要受害方是各国政府及各国国家主体。债务危机的爆发使得各债务国融资成本大幅上升，财政陷入深度困境，政府无力拉动内需和国内就业。同时，债务危机还引发了货币危机和银行危机，整个经济体将陷入更加深重的危机和衰退。

　　7. 危机后的政策导向

　　此次债务危机过后，国际金融机构积极参与国际债务危机的解决，创造新的金融工具，以帮助债务国缓解债务危机，如债务再谈判（Debt Renegotiation）、债务—股权互换（Debt – Equity Swap）、债务回购（Debt Repurchase）、限制偿债。同时，债务国也积

---

　　① 招商证券（香港）.1980 年代债务危机的历史启示 . 2011 – 8 – 30.

极自救：提出了解决债务危机的四种方法：缓、减、免、转①；推行发展战略重定、宏观政策协调、经济结构调整和经济体制政策等方面的经济调整政策以缓解债务危机的冲击，恢复本国经济。

## （三）20 世纪 90 年代日本金融危机

### 1. 时间和地点

这次金融危机爆发于 20 世纪 90 年代的日本。此后，日本经济进入战后最长的"调整过程"，这一过程于 1993 年结束，日本经济于 1994 年开始回暖。1996 年后日本经济明显复苏，但这次金融危机还是使日本政府背上了发达国家中最为沉重的债务包袱、承受着最为严重的财政危机的威胁。

### 2. 危机中的金融网链状态

在 20 世纪 90 年代的日本，金融网链仍没有得到很大发展。在这场危机中，引发危机的交易环节主要是银行信贷扩张下的过度房地产投资交易。

### 3. 危机的源头

从金融市场要素的角度看，引发这次金融危机的源头是金融交易主体——银行的过度信贷。1985 年的《广场协议》迫使日元对美元大幅升值，在高利润的趋势下，大批国际资本流入日本进行投资，而且其速度比设备投资引进资金需求增长速度快得多，日本国内出现资金过剩和经济过热的迹象。剩余的流动资金在低息政策和扩大内需政策的指引下大量流向房地产领域。而当时的日本，银行对房地产业融资总量等并没有任何限制政策，在银行的信用扩张和无休止放贷下，形成了巨大的房地产泡沫，并最终将日本金融引向了崩溃。

从资产价值形态转换的角度看，引发这次金融危机的源头是资产实体化的资产价值形态转换。即大量的现金资产在信贷资产的帮助下，转化为实体资产（房地产）的价值形态转换过程。

### 4. 危机的起点和表现

本次危机起点于 1990 年 4 月 2 日日本股市的暴跌，较 1989 年的峰值跌落了 28.05%，第二次股市谷底是 1990 年 10 月 1 日的 20 201.86 日元，从 7 月 17 日的峰值（33 172.28 日元）跌落 39.1%，又称为日本的"黑色星期一"。其后，日本的经济泡沫

---

① 所谓"缓"，就是债权人不逼债。债权国、国际金融机构、商业银行与债务国协调，妥善安排，延长还债期限，在促进债务国经济发展基础上逐步偿债。所谓"减"，主要指降低贷款利率，减轻偿债负担。所谓"免"，就是豁免最不发达国家所欠的全部或部分债务。最不发达国家约有 40 个，所欠外债已超过 400 亿美元，大部分是欠官方债权者的。所谓"转"，就是将债务转换为直接投资等，如推行债务资本化，将到期应付而未付的一部分利息转入未偿还贷款总额上的利息资本化等。

彻底破裂，银行惜贷、企业惜投、居民惜购，日本经济陷入不断衰退的恶性循环。

### 5. 危机的传导途径

日本金融危机的传导主要是通过接触性的"贸易溢出效应"实现的。日本金融危机爆发后，国民收入大幅下降，需求弹性较大的进口产品的消费急剧减少，依赖日本进口的外向型发展中国家贸易损失严重；金融危机带来了日元的贬值，其贸易进口国货币相对升值，新兴市场国家的出口优势下降，贸易条件恶化，经常项目赤字严重，存在着债务危机和货币危机的双重风险。

### 6. 危机的受害方

这次危机的主要受害方是企业和银行。由于股价的暴跌，公司资产大幅缩水，企业出现资不抵债和无力还债的现象，大量银行等金融机构破产。其中，影响最大的是十大银行之一的拓殖银行的破产和四大证券公司之一的山一证券的倒闭。同时，个人投资者资产也损失巨大，整个金融市场出现持续低迷。

### 7. 危机后的政策导向

此次危机让日本政府亲历了泡沫经济的危害，面对泡沫的膨胀，日本政府制定了一系列政策，实施了限制银行对房地产业融资总量的措施及命令银行必须把对非银行金融公司（包括建筑业在内）的房地产融资总额控制在全部融资额增长速度之下的举措，以预防房地产泡沫的形成及扩大。

## （四）1997 年亚洲金融危机

### 1. 时间和地点

亚洲金融危机最先爆发于 1997 年 7 月的泰国，随后在七八月间，菲律宾、印度尼西亚、马来西亚、中国台湾等地也相继发生危机。1997 年 11 月，韩元暴跌，亚洲金融危机进一步升级。到 1998 年 5 月，印度尼西亚境内发生大规模骚动，政治因素开始加速货币危机的扩散，国际金融局势陷入混乱。同时，亚洲金融危机还波及俄罗斯和巴西等国，全球几乎一半以上的地区出现经济衰退。

### 2. 危机中的金融网链状态

在亚洲金融危机中，大量衍生品混合交易以及国际对冲基金的投机性参与，对货币危机的爆发起到了不可替代的作用。危机的爆发和传导呈现出相当的网链式系统性关系，属于多环节网链式金融市场状态下的金融危机。

### 3. 危机的源头

从金融市场要素的角度看，引发这次金融危机的源头是金融客体（交易工具）——外汇工具及其交易。东亚的新兴市场国家对国际投机性资本的危险性估计不足，在开放条件和应变能力尚不充分的情况下，过早推行资本项目下的货币可兑换，使这一地区聚集了大量的流动性强的短期资本，它们极容易受到市场预期和信心变化的影响而出现急剧的逆转，而中小规模的东亚经济难以承受如此巨大的资金流入与流出之间的逆转（如图8－5所示）。在缺少相应的外汇交易及其衍生品交易的管制政策以及资金流动管制政策的情况下，大规模、立体式、网链式的国际外汇投机使得亚洲金融危机最终爆发。

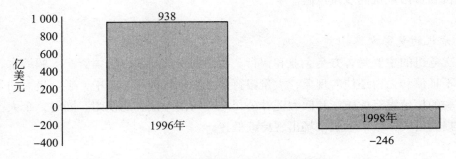

图8－5　东亚国家短期私人资本净流入

从资产价值形态转换的角度看，引发这次金融危机的源头是资产现金化的资产价值形态转换。东亚主要危机发生国在危机爆发之前，实际经历了经济基本面状况恶化的过程，使其价格偏离其实际价值，主要为各国的现金资产价值被高估，形成现金资产价值泡沫。在短期国际游资的投机冲击下，短期汇率剧烈变动，现金资产价值泡沫破裂，引发危机。

4. 危机的起点和表现

本次危机起点于汇率市场的巨幅波动。1997年7月2日，泰铢终于顶不住投机攻击，暴跌10%。当日，泰国中央银行在财政部的背书下发表声明，宣称泰铢汇率将"由市场机制和国内外货币市场供求情况决定"，即实行"管制浮动"，取代从1984年开始实行的泰铢对"一篮子"货币的固定汇率制，从此，亚洲地区放弃固定汇率制的申明和决定不绝如缕。加之，1998年5月印度尼西亚境内暴乱，亚洲金融市场陷入前所未有的危机。此后，俄罗斯和巴西也相继发生金融危机，1998年9月，美国长期资本管理公司（Long－Term Capital Management，LTCM）在这场危机中出现巨额亏损，后由美联储出面组织大商业银行出资相救，才免于倒闭。亚洲金融危机造成了全球一半以上经济体陷入衰退。

5. 危机的传导途径

亚洲金融危机爆发之时，金融市场网链初步形成，以对冲基金为载体的网链式金融的发展同时也推动了金融危机的网链式传播。与此同时，亚洲金融危机的传导还表现出显著的"金融溢出效应"。在存在密切金融联系的东南亚市场间，由一国危机引起的非流动传染到另一国，使得金融中介在后一市场上出清资产，非流动性蔓延，货币危机扩散。

### 6. 危机的受害方

这次危机的主要受害方是各危机国家的政府，短期汇率的巨幅波动大大危害了政府的外汇安全，同时货币危机下政府税收困难、政府财政出现危机。同时，亚洲各国政府在危机初现端倪时表现出的政策能力和信用水平很差，各国在干预市场、捍卫本币之前还出现了政策失误和反复无常的现象，政府信用度极度降低。亚洲金融危机同时也造成了大量企业、金融机构的破产倒闭，对整个金融体系造成了前所未有的重创。

### 7. 危机后的政策导向

亚洲金融危机后，亚洲各国终于意识到了国际游资的重要危害，在不同程度上加强了对资金流动的管制。管制的主要措施有以下几种：第一，限制远期外汇交易和非贸易性的外汇交易；第二，禁止非本国居民以本币进行投机或有可能转化为投机行为的融资行为；第三，限制国内公司和银行过度的外汇敞口，或是对外汇敞口设置时限；第四，对所有的短期资本流入征税。同时推出了一系列完善金融体系的举措：建立存款保险制度；设立金融重建局和专门处理银行坏账的资产管理公司；设立专门的监管机构，对金融业实施分业监管（新加坡、韩国、中国香港）。

## （五）美国次贷危机

### 1. 时间和地点

次贷危机爆发于 2007 年的美国。在 2008 年 9 月，危机由美国金融市场全面蔓延至欧洲与新兴市场国家的金融市场，危机正式转变为全球金融市场危机。

### 2. 危机中的金融网链状态

华尔街金融创新的步伐引领着这个国际金融市场的发展，美国金融市场的"网链生态形态"较之世界任何其他地区都是更为完备的。这场次贷危机正是金融自由化、金融创新下网链式国际金融市场发展（尤其是衍生品、资产证券化发展）的产物。

### 3. 危机的源头

从金融市场要素的角度看，引发这次金融危机的源头是金融客体（交易工具）——金融衍生工具及其交易；从资产价值形态转换的角度看，引发这次金融危机的源头是资产证券化的资产价值形态转换（图 8-6 为投资银行介入后的按揭贷款证券化流程）。

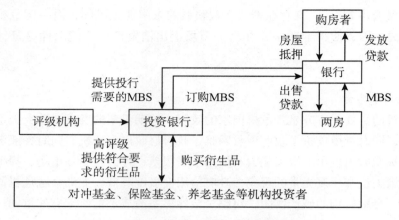

**图8-6 投资银行介入后的按揭贷款证券化流程**

信贷资产的价值在经过证券化的价值形态转换后，"改头换面"，经过投资银行、评级机构等金融中介机构的"精包装"使原本低价值的信贷资产佯装变成了高价值的证券资产，其中掩饰了原有信贷资产的巨大风险，而在资本市场上继续交易，信贷资产证券化的链条大大增加了隐含的结构性系统风险，最终导致次贷危机的爆发。

**4. 危机的起点和表现**

次贷危机起点于金融衍生品价格的暴跌。自2007年6月起，美国信用结构类产品市场遭受致命打击，价格大幅缩水，即使是3A信用等级的信用违约互换也被投资者抛弃，风险溢价大幅扩大。自9月起，信用违约互换对美国大型交易商的风险溢价增长了5倍，对美国银行的风险溢价增长了2倍，对欧洲银行的风险溢价增长了1倍。不断有银行被曝出遭受了巨额损失，货币市场流动性经常处于枯竭状态，银行同业拆借利率达到了历史高水平。2008年第一季度的情形更加危急。整个金融体系陷入资产价格下降和清偿危机的恶性循环。金融市场的危机也通过财富效应、信贷紧缩、切断企业融资来源等渠道影响到全球实体经济。从2008年第2季度起，欧元区与日本经济进入负增长；从2008年第3季度起，美国经济进入负增长。三大发达经济体在2008年下半年集体陷入衰退，新兴市场国家与发展中国家的经济增长也明显减速。截至2009年3月，全球商业银行、投资银行、保险公司共披露了自2007年次贷危机爆发以来的超过1.1万亿美元损失。

**5. 危机的传导途径**

次贷危机爆发于网链式金融市场成熟发展的美国，危机首先是沿着"环环相扣"的国际金融网链进行跨国传播的。同时，次贷危机的传导还表现为显著的"净传导效应"——信心危机。

**6. 危机的受害方**

作为网链式特征明显的金融危机，次贷危机的受害方遍及整个国际金融网链。投资者资产大幅缩水、深度套牢；作为创造出各种高收益但是更高风险的金融衍生品的金融中介投资银行出现大面积经营困难甚至破产倒闭；作为按揭支持证券的提供者房地美、房利美于 2008 年 9 月 7 日被美国政府正式接管。整个金融网链和金融系统承受了这次危机的全部危害。

### 7. 危机后的政策导向

2010 年 7 月 22 日，美国总统奥巴马签署了自经济大萧条以来规模最大的《金融改革法案》，这标志着自 1929 年大萧条时期以来美国规模最大的金融监管体系正规法案正式立法，监管机构对美国最大型银行征收新的费用，并对其业务活动加以限制；对总额 450 万亿美元的衍生品市场实施新的限制；并建立针对抵押贷款和信用卡产品的个人消费者保护机构。

## （六）欧洲主权债务危机

### 1. 时间和地点

2009 年 10 月，希腊政府财政恶化，主权债务危机凸显。之后爱尔兰债务危机则再次刺痛了欧元区，随着债务危机向欧元区第三大、第四大经济体意大利、西班牙扩展，欧债危机前景堪忧。

### 2. 危机中的金融网链状态

欧洲各国金融业普遍较发达，是金融创新和金融网链发展仅次于美国的地区。此次债务危机的爆发，与金融中介投资银行的参与、信贷资产证券化创造的各类高风险金融衍生品（主权债务相应的 CDS 等）以及多环节的跨国金融网链状态是密不可分的。

### 3. 危机的源头

从金融市场要素的角度看，引发这次金融危机的源头是金融主体——政府借贷的盲目扩张；从资产价值形态转换的角度看，引发这次金融危机的源头是资产信贷化和证券化的资产价值形态转换过程。债务国通过跨国资产证券化运作，利用相关特殊目的机构相应国家税收优惠，管制较松的优势，降低了交易税赋和运行成本。由于支持资产的确认和转移、SPV 的设立、服务商和受托管理人的确定、信用增级、信用评级、证券的发行、证券偿付等所有交易环节都可分别在不同的国度运作，任何一个环节对于整个有机网链的运作都有个不可小视的作用（具体债务资产跨国证券化流程如图 8-7 所示）。这种跨国的债务资产证券最大限度规避了交易监管，它使得债务风险在交易环节链条上，以隐性的形式，传递和滋生。当一个国家已经处于丧失"生产力"的状况时，仅仅依靠跨国的资产证券化链条，依次进行风险传递，风险只会越积越大，最后到达不可控制的地步。

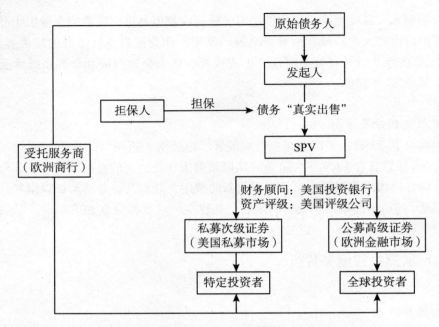

**图 8 - 7  债务资产跨国证券化流程**

同时，欧债危机是与欧元的内在矛盾密切相关的产物，在"欧元深化"之前危机是不可能消除的。

4. 危机的起点和表现

2009 年 10 月初，希腊政府宣布其财政赤字占 GDP 的比重升至 12.9%，公共债务占GDP 的比重升至 113%，远超欧盟《稳定与增长公约》规定的 3% 和 60% 的上限，希腊主权债务问题开始发端。此后，一系列事件使危机逐步加深，希腊主权债务风险激增。2009 年 12 月，三大评级机构陆续下调希腊主权评级（见表 8 - 4），希腊主权债务危机爆发。

**表 8 - 4**  **各评级机构对希腊主权债务的评级**

| 评级机构 | 评级 | 评级展望 | 日期 |
|---|---|---|---|
| 穆迪 | A2 | 消极展望 | 2009.12 |
| 标准普尔 | BBB + | 消极展望 | 2009.12 |
| 惠誉 | BBB + | 消极展望 | 2009.12 |

资料来源：PDMA，申万研究.

2010 年 3 月，希腊公布了削减财政赤字的补充方案，由于该计划的可持续性受到广泛质疑且引起了希腊民众的强烈不满，希腊问题进一步恶化。4 月，惠誉和标普再次调降希腊评级，而且主权债务风险也从希腊向欧洲其他国家快速扩散，葡萄牙和西班牙的评级遭到调降，欧债危机严重危及欧元区第三、第四大经济体意大利和西班牙的安全。

### 5. 危机的传导途径

欧洲主权债务危机首先是沿着"环环相扣"的国际金融网链进行跨国传播的。由于欧洲各主要国家之间紧密的债务相互持有关系，危机由债务国传导到原本的债权国。

## 希腊国债持有国及地区分布

从希腊国债的持有国和地区的分布看，2005~2009年欧盟地区（不包括希腊）占比达 50%。

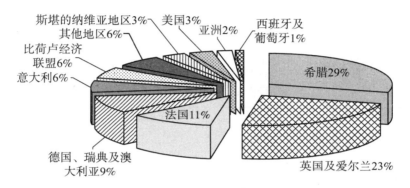

**图 8-8　希腊国债持有国及地区分布**

资料来源：PDMA.

同时，债务危机的传导还表现为显著的"净传导效应"，与危机发生国经济结构和发展模式相似的欧洲经济体的债务受到了重新审视和评估，债务纷纷降级，再融资成本上升，违约风险蔓延。

### 6. 危机的受害方

欧债危机的主要受害方是欧洲各国政府及各国国家主体。债务危机的爆发使得各债务国融资成本大幅上升，财政陷入深度困境，已经处于危机的经济体在缺少了政府财政的拉动下，将陷入更加深重的危机和衰退。

### 7. 危机后的政策导向

欧债很大的问题来自于货币和经济的不协调，而在此次欧债危机的考验中，各国加强了协调。欧洲央行职能得到了强化，可以购买重债国家的债券，"马约"中"不救助条款"已经遭到突破。欧盟设立了"欧洲金融稳定工具"，并决定于2013年建立永久性的救助机制。欧盟甚至还建立了全球首个具有超国家性质的泛欧金融监管体系，彻底改写了成员国各自为政的金融监管格局。同时，欧盟成立了"经济治理工作小组"，实行"欧洲学期"机制，审议成员国的年预算方案，并协调各成员国的宏观经济政策部署，统一财政已迈出历史性的第一步。

对以上重大金融危机中的"元素"进行总结对比（见表8-5），可以窥见一些规律。

表 8-5                           重大金融危机元素总结

| 金融危机 | 金融网链状态 | 源头 | | 表现 | 传导效应 | 受害方 |
|---|---|---|---|---|---|---|
| | | 市场元素 | 价值形态转换 | | | |
| 1929年大危机 | 未形成 | 客体：股票 | 资产证券化 | 资产价值暴跌 | 溢出效应信心传导 | 企业银行 |
| 拉美债务危机 | 未形成 | 主体：政府 | 资产信贷化 | 无力偿债 | 溢出效应信心传导 | 政府经济体 |
| 日本金融危机 | 未形成 | 主体：银行 | 资产实体化 | 资产价值暴跌 | 溢出效应信心传导 | 银行企业 |
| 亚洲金融危机 | 初步形成 | 客体：外汇 | 资产现金化 | 汇率波动 | 溢出效应网链传导信心传导 | 政府经济体 |
| 美国次贷危机 | 已形成 | 客体：衍生品 | 资产证券化 | 资产价值暴跌 | 网链传导信心传导 | 金融网链 |
| 欧洲债务危机 | 已形成 | 主体：政府 | 资产证券化 | 无力偿债 | 网链传导信心传导 | 政府经济体 |

## 二、国际金融危机的时空演化

进入20世纪以来，国际金融危机的时空演化可用图8-9进行描述[①]。

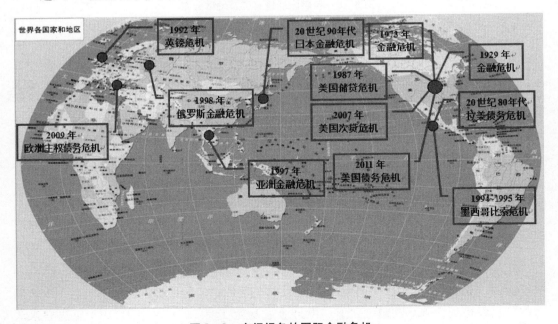

图 8-9   空间视角的国际金融危机

---

① 图中标注的国际金融危机点为危机最早爆发的地点。

通过图 8 - 9，我们可以总结出 20 世纪以来国际金融危机时空演化的规律特点：

第一，从危机发生的时间顺序来讲，危机较早爆发于金融相对发达的国家。这些国家的金融市场繁荣、金融创新发展，在"创新与监管的不相容"模式下，创新突破监管框架呈现出高风险的特征，从而带来金融危机。20 世纪以来最早的重大国际金融危机爆发于 1929 年的美国，这次危机给全世界带来了不可估量的影响。[①]

第二，金融危机的发生与金融自由化思潮下的金融监管放松密切相关。1929 年之前的美国，自由主义在经济思想中占主导地位。在自由主义思潮下，金融证券业步入高速发展期，金融市场的活跃和繁荣达到了前所未有的程度。然而，在 1929 年的大危机后，自由主义思潮让位于凯恩斯主义学说，在 20 世纪 30 年代到 70 年代之间一直统治着美国和世界经济。事实证明，在严厉的政府管制思想指导下，金融危机发生的次数屈指可数，金融市场一方面虽然受到一定限制，但发展却前所未有的安全、稳定。可是 20 世纪 70 年代后，随着发达国家"滞胀"的出现，金融自由化的呼声越来越高，重新走向自由化的金融市场再次积聚起危机的风险，此后，危机频发。

第三，金融危机爆发的频率增高、周期缩短。由于计算机技术的迅猛发展以及金融自由化下金融创新的突飞猛进，虚拟经济发展异常繁荣，国际金融危机具有了超周期性和超前性，危机开始脱离经济周期，具有了独立性。

## 第三节　关于国际金融危机分类的探讨

20 世纪 70 年代以来，国际金融危机频繁爆发，有关金融危机的学说和理论不断发展，大大促进了我们对金融危机的深刻理解，有助于我们对金融危机的研究和学习。但是，步入 21 世纪以来，美国次贷危机、欧洲主权债务危机以及美国债务危机的发生，使我们看到了现代金融危机日益凸显的，不同于以往危机的新特点，使我们不得不反思原有的金融危机理论以及分类。如果不能建立一个开放性的系统来归纳现有的国际金融危机种类和预测未来的国际金融危机的发生，将既不利于国际金融理论的深化和扩展，也不利于国际金融实践的深化和扩展。本节主要在于归纳和总结之前学者关于国际金融危机的分类，并经过反复的分类实验和深刻思考，在此基础上提出新分类的标准和方法，以便按照一以贯之的分类体系加深对金融危机本质的理解，更好地进行金融危机的防范。

### 一、原有的国际金融危机分类

#### （一）原有国际金融危机分类方法

国际上公认的金融危机分类方法主要有以下几种：

---

① 历史上最早的危机爆发于 1637 年的荷兰，这场危机直接导致欧洲金融中心、世界头号帝国荷兰走向衰落。

### 1. 现象分类法

现象分类法，即从金融危机发生现象的不同特征出发，定义和分类金融危机。国际货币基金组织（IMF）对金融危机的分类，即使用了现象分类法。它根据金融危机发生现象表现的特征不同，将金融危机归纳和分类为三类危机：债务危机、银行危机和货币危机。

### 2. 原因分类法

原因分类法，即从金融危机发生原因的不同出发，定义和分类金融危机。根据引起金融危机的原因的不同，金融危机可以划分为投机引致的金融危机、货币扩张引致的金融危机、预期引致的金融危机和流动性不足引致的金融危机等类型。

### 3. 影响程度分类法

根据金融危机影响程度的不同，金融危机可以划分为系统性金融危机和非系统性金融危机。

## （二）原有国际金融危机分类内容

根据原有的现象分类、原因分类和影响程度分类法，对金融危机分类见图 8 – 10。

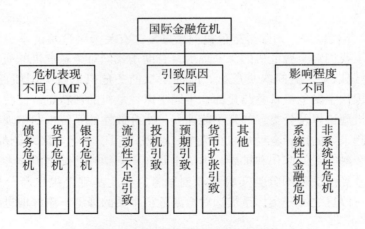

**图 8 – 10　原有的国际金融危机分类**

目前国内外对金融危机的研究，主要是基于国际货币基金组织（IMF）根据危机发生现象不同的分类，即将危机分为债务、银行和货币危机。

债务危机，是指一国出于不能支付其外债利息、本金的情形，无论这些债权是属于外国政府还是非居民个人。银行危机，指某些商业银行或非银行金融机构由于内部或外部原因，出现大量不良债权或巨额亏损，导致破产倒闭或支付困难，其影响极易扩散，引发社会对各类金融机构的挤提风潮，从而严重威胁整个金融体系的稳定。广义的国际货币危机，是指一国货币的汇率变动在短期内超过一定幅度。狭义的国际货币危机[①]，是指在实行固定汇率制或带有固定汇率制色彩的盯住汇率安排的国家，由于其国内经济变化没有配合相应的汇率调整，导致其货币内外价值脱节，通常表现为本币价值高估，由此引发的投机冲击加大了外汇市场上本币的抛压，其结果是外汇市场上本币大幅度贬值，或者该国金融当局为捍卫本币币值而动用大量的国际储备干预市场或大幅度提高国内利率。

现代金融危机往往是综合性的金融危机，货币危机、银行危机和债务危机常常叠加在一起，导致对整个经济和金融体系的破坏是全方位的、持久的和深入的。

## （三）原有国际金融危机分类评述

### 1. 对经典现象分类法的评述

经典现象分类法，根据金融危机发生表现的不同特征，将金融危机分为债务危机、货币危机、银行危机。这种分类方法被极广泛的接受和应用，是目前最主流的金融危机分类形式，其背后一定具有其相当的合理性和理论优势。

上述分类的优点在于：第一，以金融危机发生的现象特征不同来进行各类金融危机的定义，对于危机种类的辨别具有很强的可识别性和可操作性。当一国或多国无法偿还到期债务时，我们可以简单的识别出债务危机的发生；当银行等存贷机构大量破产或经营困难，出现挤兑效应时，我们可以简单地识别出银行危机的发生；而货币危机也同样具有很强识别性，即是汇率短期内的剧烈变动。综上，我们都可以从某种金融指标的急剧变动或银行破产等标志性事件中，简单辨别出各类金融危机的发生。第二，较为全面地涵盖了历史上发生的金融危机。第三，分类结果明晰、简单，易于把握。依托于现象分类法下的金融危机分类，金融学界创造了各种金融危机理论与学说。

虽然经典理论具有某些无可比拟的优点，但对于经典，我们也不能毫无批判地全盘接受。经典所以为经典，因为其用一以贯之的理论解释了历史，并能预测未来。但是经典也必然随着历史车轮的不断向前推进而逐渐演变为"过去的经典"。我们要学会站在新的历史视角，系统性、批判性、创新性地对金融危机进行归纳和梳理。

总的来说，经典的现象分类法存在着以下问题：

第一，从现象的角度对金融危机进行分类，没有揭示出金融危机的内在机理、根源和本质。以现象分类法分类金融危机，我们所看到的现象已然是各种矛盾激化下，危机爆发的集中体现。而危机的根源是什么、如何发生的以及怎样演变成我们可视化的最终结果的，现象定义法都没有给出明确的解答。我们区分事物的种类，区别事物与事物之间的差别，最通常的方法是通过区别不同类别或不同事物的本质特征，而现象分类法显然不是最优的分类选择。

第二，现有的危机现象分类标准紊乱、缺乏逻辑性。虽然现有的经典分类法较易识

---

①　姜波克. 国际金融新编. 复旦大学出版社，2001.

别，但却缺乏清晰的逻辑分类标准。为什么要把国际金融危机分为且仅分为债务、银行和货币危机三大类，是单单依靠对已有金融危机现象的总结，还是背后有严密的逻辑标准？如果是历史的归纳，发生一个现象的危机增列一类，那么这个分类体系的预见性几乎没有，即使再次发生危机也只能"头痛医头、脚痛医脚"；如果背后存在逻辑标准的支撑，那么这个逻辑标准是什么？事实上，这种分类确实存在着逻辑标准不清之嫌。债务危机是以发生危机的金融客体（交易工具）命名的，而银行危机则是以发生危机的金融主体（银行机构）来定义的。划分标准存在多重性，给读者把握各个金融危机的实质内涵增加了难度。

第三，经典现象分类法无法涵盖历史上发生的所有金融危机。2007 年的美国次贷危机的分类属性即很难辨别。它既无关一国外债，也与汇率的不稳定没有直接关系，有些学者将其归纳为银行危机，但在这次危机中银行并没有受到重大挫折，甚至是叫"投资银行危机"更合适，而投资银行是金融中介机构，而非银行等储贷性的市场交易主体。

### 2. 对现有原因分类法的评述

原因分类法相较之现象分类法具有明显的优势：对危机从引发原因、本质内涵上进行区分，而不是从危机爆发的表现来看问题。但是，现有的原因分类同时具有极大的缺陷：其一，分类的内在标准不统一，分类紊乱；其二，现有分类下的类别不能穷尽所有的危机原因类型，或者是没有找到相应的完整的逻辑分类，将金融危机爆发的原因以有序的逻辑系统展示出来。因此，现有的原因分类法仍有很大的优化空间，其中，找到系统概括所有危机爆发原因的逻辑归纳体系是解决问题的关键。

### 3. 对影响程度分类法的评述

影响程度分类法的应用较少，其局限性较大。近年来发生的金融危机多为系统性的金融危机，而非系统性的危机已经很少出现了。

## 二、本书关于危机分类的依据讨论

鉴于传统对国际金融危机较为"凌乱"的分类情况，本篇重点在于重构分类标准，打破原有"标准紊乱"、"概念交叉"以及不能解释和涵盖诸多新型国际金融危机的传统的危机分类体系，建立一以贯之的、系统性的，既无交叉重合也无遗漏的金融危机分类体系。

本书认为金融危机分类的逻辑标准应满足如下条件：

第一，分类标准单一，即为"纯标准"。如果按照主体进行分类，就不应包含客体的视角，如果一类以现象定义，其他类别就不能以原因等标准来区分类别。这很好理解，但实际这样的"纯标准"很难被总结和归纳。当然，在已有的各种"纯标准"单层次分类法下，如果可以通过具有逻辑性的嵌套，将两个甚至多个"纯标准"分类进行错落有致重新组合，而使分类体系更加全面、完善，有助于我们理解和把握金融危机的规律和特点，那么，我们可以考虑这种多层次嵌套的分类方法。读者在学习时应注意体会这种多层次嵌套式分类体系方法与单一分类内在标准的杂糅的区别，这是两个概念。

第二，无遗漏地解释和涵盖所有的金融危机类型。要求分类标准从逻辑上是完整的，而不是发生一个危机，增列一种类型。分类逻辑体系应该具有完整性和对未来危机的可预见性。

以上两个原则，是选择危机分类逻辑标准必须要遵守"硬条约"，同时，我们选择分类标准还应考虑其他相关因素。经典的金融危机现象分类法不是从危机的源头对其进行定义和分类，没有揭示出危机发生的内在机理和实质，这令人感到可惜。本书对金融危机的分类着重从引发危机的源头入手进行考察，并对金融危机进行分类，这有助于我们对金融危机的深刻理解，也为金融监管打开了方便之门。

最终，作者通过对历次金融危机发生、发展中的各经济元素进行提炼、归纳和总结，进行了多次的分类实验和深刻地总结思考后，对金融危机进行了三种类型的分类：源头分类法、受害方分类法和结合两者同时进行分类的"生态型"分类方法。其中，作者创造性地从国际金融市场"生态状态"、资产运营模式以及国际金融市场要素等视角，重构了国际金融危机分类体系，深刻挖掘了当今国际金融危机的新本质新特点，为我们理解当今大动荡和大变革的国际金融体系打开了另一扇窗，同时也是本章理论创新的重要部分。

## 三、本书对国际金融危机的分类

### （一）源头分类法

本书将金融危机根据危机源头不同，分别从国际金融市场要素以及资产运营模式的独特视角，进行了重新分类。这两种分类视角，不管是按照市场要素还是按照不同的资产运营模式进行分类，其均涵盖了全部的金融市场行为和要素，是具有完整逻辑的分类体系。

1. 国际金融市场要素视角

根据引发金融危机的国际金融市场要素不同，我们可以将金融危机分为金融市场主体危机（市场交易者）、金融市场客体危机（交易工具）和金融市场媒体（交易媒介）危机（见图8-11）。换句话说，金融危机的爆发也就是对金融市场主体、客体和媒体的监管不力造成的。

（1）金融市场主体危机根据市场交易主体分类的不同，主要包括银行危机、企业危机和政府危机（其中包含传统定义的国际债务危机和一些由政府扩张的财政或货币政策引发的货币危机）。交易主体中还包括个人及家庭，在此暂不作为危机的一种进行讨论。这三类危机主要由金融主体的金融交易不当造成，银行危机主要由银行过度信贷造成，企业为过度财务杠杆等，政府为不当的财政、货币政策、外债和投资政策等造成。

金融市场主体危机容易造成信用链条的断裂，从而将自身危机传染给信用伙伴，造成网链危机（派生性网链危机）、系统危机。

（2）金融市场客体危机根据客体分类不同（金融工具分类不同），可以分为原生性金融工具危机和衍生性金融工具危机。随着金融自由化的发展，金融衍生工具不断推陈出新，随之而来的衍生品风险失控和监管不力是近年来不少金融危机的发端，也是近年来国际金融危机发展的趋势。

金融市场客体危机强调金融创新本身，该种交易工具容易引起主体之间信用链条的断裂。

（3）金融市场媒体危机，主要是由对金融市场媒介，如投资银行、资产评估机构、信用评级机构等金融市场媒介监管不力造成的。近年来，新型金融市场媒介发展迅速，并且在国际金融市场中发挥着日益巨大的作用。但是，由于缺少法律法规的规范和相关部门的监管，存在着金融产品发明制造上的不谨慎行为，以及受利益驱使下的不公平信用评级等现象，这给当今国际金融市场带来了极大的隐患。

媒体危机经常伴随另两种危机同时存在，也可以被称为"辅危机"。过去经常忽略金融市场媒介对危机"贡献"。本次危机分类，就是要强调这一部分危机。

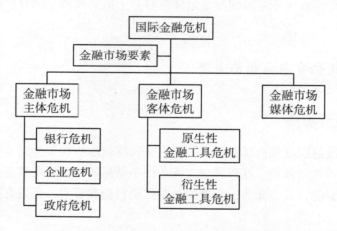

**图 8-11 源头分类法：市场要素分类视角**

基于市场要素分类视角的源头分类法，将金融危机诱发的源头归结为相应的金融市场要素，其最大的优点就是为金融监管提供了指示性。监管相关部门可以根据引发金融危机的具体市场元素，采取相应的监管和预防措施。

**2. 资产价值形态转化视角**

根据资产价值形态的不同，资产分为：现金资产、实体资产、信贷资产和证券资产。资本市场所有的经济活动都可以被归纳为资产在这四种价值形态之间相互转化的过程。那么，国际金融市场上的所有经济活动同样也可以被归纳为这些价值形态转化过程的集合。

根据何小锋老师的理论，所有的金融危机都最终表现为资产的现金化困境，即其他形态的资产无法转化为现金。然而引发最终的资产现金化困境的资产价值转化过程可能是资产实体化或证券化（分别造成房地产价值泡沫和股市泡沫）。本书从引发金融危机的源头出发对金融危机进行分类，根据引发金融危机的主要资产价值形态转化环节的不同，将金融危机分为：资产现金化危机、资产证券化危机、资产信贷化危机和资产实体化危机。

从资产运营的视角分析，金融危机之所以会爆发，根源在于资本市场各价值形态的资产在进行形态转换时，没有满足价值相等的原则，或者是说，在实现资产价值增值的同时，也产生了资产价值泡沫并伴随着风险的累积和不稳定因素的诞生。

简单地说，如果实体资产证券化没有满足等价转化的原则，上市公司经营和财务状况所呈现的公司的价值已经远远不敌泡沫经济下的膨胀股价，这时实体资产价值过低，而经转换后的资产价值虚高，经济虚假繁荣，终有一天泡沫破裂，证券资产回归实体资产应有的价值。这时，各类证券资产已深度套牢，出现资产现金化困境，资本市场陷入危机。

美国次贷危机也是同样的思路，信贷资产的价值在经过证券化的价值形态转换后，"改头换面"，经过投资银行、评级机构等金融中介机构的"精包装"使原本低价值的信贷资产佯装变成了高价值的证券资产，其中掩饰了原有信贷资产的巨大风险，而被在资本市场上继续交易，信贷资产证券化的链条大大增加了隐含的结构性系统风险，最终导致次贷危机的爆发。

具体来分析这四类危机：

（1）资产实体化危机。资产实体化危机：在经济运行良好的情况下，基于对实体资产增值的预期和趋利效应，大量现金资产和信贷资产实体化，流向房地产领域，造成偏离其实际资产价值的价值泡沫，最终泡沫破裂而引发的危机。

资产实体化危机主要指房地产价值泡沫引发的危机。其发生机理如下：

在经济高速增长时期，良好的预期会驱使人们增加投资，大量的现金资产转化为实体资产。如果这些投资转化为科技进步要素或其他直接提高生产能力的实体资产，那么投资将可能依赖于生产效率的提高、产出的增加而获得偿还。但是在国家产业政策的驱动下，这些资金往往流向特定的政策倾斜领域，例如房地产业、大企业财团等。在大量的现金资产实体化过程中，实体资产价值逐渐被高估，房地产资产价值泡沫日渐形成，金融风险累积，市场愈发脆弱。同时，由于信贷资产转化为房地产而形成的不良资产数量相当可观，因此信贷资产成为促成资产实体化经济泡沫的关键因素。

（2）资产现金化危机（主要指现金资产现金化危机）。现金资产现金化危机：在国际金融市场上，由于一国或多国法币价格偏离其实际价值，而引发的国际货币市场上短期内大规模跨国现金资产现金化，造成汇率剧烈变动的危机。

一国或多国由于经济基本面状况恶化或预期恶化等原因，使其法币价格偏离其实际价值，表现为一国或多国现金资产价值被高估，形成现金资产价值泡沫，最终往往在国际游资的投机冲击下，引发短期内国际货币市场上大量抛售或买入法币，造成短期汇率剧烈变动，引发危机。

现金资产现金化危机的根源，在于现金资产在从一国货币形态转换到另一国货币形态时，没有遵循等价的原则，一国的法币可能已经被高估或者低估。

（3）资产信贷化危机。资产信贷化危机，主要由银行或一国主体的不谨慎放贷行为，不合理的资产信贷化引发的危机。以现金资产信贷化为例，往往都是现金资产的价值大于转换后的信贷资产，也可以说是债券资产的价值，最终结果就是信贷、债权难以收回，出现现金化、流动性困境，从而导致危机。这是透支信用造成信用泡沫的结果。

（4）资产证券化危机。资产证券化危机：由跨国资产证券化引发的，由于多交易主体、多交易环节的紧密咬合，而使得金融风险以隐性的方式，在各交易环节间的金融网链上逐渐滋生并传递，并越发超出金融监管的控制，从而引发的金融危机。历史上的资产证券化危机主要有：实体资产证券化危机（如 1929～1933 年金融危机）和信贷资产证券化危机（如 2007 年美国次贷危机）。

实体资产证券化危机，是指发行与上市的股票和债券，由于经济繁荣信用膨胀等原因，其价格远远偏离其内在价值而引发的金融危机。

信贷资产证券化危机，是指在信贷资产证券化过程中，由于所隐含的多环节网链式委托代理关系链过长，在监管不力的情况下，不断积聚隐含的结构性系统风险而导致的危机。

基于资产运营一般模式视角的源头分类法（见图 8 - 12），将金融危机诱发的源头归结为四种资产价值转换形式。这是一个独特的金融视角，它对我们理解资本市场运营现象的本质和理解金融危机的发生，有着重大的启示作用。

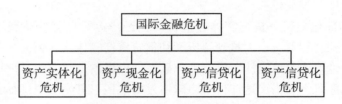

**图 8 - 12　源头分类法：资产运营一般模式视角**

## （二）受害方分类法

金融危机按照其危机主要受害方进行划分，可以分为银行危机、企业危机、政府危机和金融媒介危机（见图 8 - 13）。这里，我们对危机进行的是"谁受损谁危机"的分类定义方法。当然，金融危机能够给整个经济体带来巨大的损害，金融市场的参与人，不管是交易主体还是交易媒介，都会或多或少受到一定程度的损害，但受害方分类法是针对主要、直接受到金融危机损害的不同参与体，进行划分的。

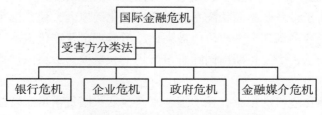

**图 8 - 13　受害方危机分类法**

受害方分类法涵盖了所有的金融市场参与者，包括市场交易方和媒介方，是具有逻辑完整的分类方法。同时，其分类标准内涵单一，这点我们可以由将其与经典现象分类法得到的分类结果进行对比得知。

## （三）"生态型"分类——源头和受害方分类法的综合

随着国际经济的不断发展，新的国际金融网链式结构渐趋形成。新形势下的国际金融市场中金融交易环节多重性和网链性极大的增强，各个交易环节之间的影响也大大加深。回顾第四篇中关于网链式国际金融市场的相关知识，包含国际项目融资、投资基金和跨国资产证券化的结构化金融已经成为网链式国际金融市场的重要部分。其中，跨国资产证券化，尤其是跨国信贷资产证券化在创造融资机会和活跃金融行为的同时，也大大增加了各个交易环节间隐藏的难以被监管方在单个交易环节中所能简单识别和防御的网链式风险。

结合源头分类和受害方分类两种分类方法，根据金融危机中跨国交易环节数不同，金融网链的"生态状态"的不同，我们可以将金融危机分为：单环节国际金融危机和多环节网链式国际金融危机。传统的国际金融危机多为单环节国际金融危机，其引发危机的跨国交易环节多为跨国信贷交易、外汇交易等。多环节网链式国际金融危机，其引发危机的跨国交易环节呈现多环节网链式"生态形态"，其中隐藏着多个跨国交易环节和过长的委托代理链，蕴含着巨大的结构性系统风险。在网链式金融危机中，金融网链既是引发危机的源头，也是承担危机危害的受损客体。

多环节模式国际金融市场主要包括两种：一是项目金融；二是跨国金融服务外包。其中，项目金融主要由三大具体部分——跨国投资基金、跨国资产证券化、跨国项目融资构成，而跨国投资基金根据投资对象的不同可以分为：跨国证券投资基金、股权投资基金和对冲基金。并不是所有的多环节交易形态都容易引发金融危机，如果按照危机发生的可能性进行排序，我们可以得到如下结果（由最可能到最不可能）：

### 1. 投资基金中的对冲基金

对冲基金投资活动具有极强的复杂性，往往运用各类期权期货衍生工具及其组合进行投资，同时利用银行信用和高杠杆借贷实现投资效应的高杠杆性，一旦对冲基金集中发力，其对全球金融市场的震动影响不容小视。再者，对冲基金筹资方式具有私募性，不需信息披露、离岸注册，其操作也具有隐蔽和灵活性，不易监管。在亚洲金融危机中，索罗斯就是利用其旗下的各对冲基金，在各国各类分割市场分别持有头寸，对市场进行全方位、立体式的投机冲击，最终导致了亚洲一系列国家汇率制度的崩溃。

### 2. 资产证券化

跨国资产证券化的过程包含了诸多的交易环节和多个交易主体之间的互动。作为结构性融资工具，资产证券化使得证券化交易可分解为若干部分或阶段在数个国家或地区进行更细化的处理，提高各类资源的利用效率，并有效规避金融监管。此次次贷危机就是各类高风险金融衍生品（按揭支持证券衍生品 CDO、CDS 等）与各金融主体（包括交易主体贷款购房者、银行，以及交易媒介投资银行和信用评级机构等）跨国互动引发的。资产证券化的跨国操作隐含了巨大的网链式系统风险，是隐藏中的金融危机二号制造者。

### 3. 项目融资

项目融资的参与主体具有跨国性，其实质在于以某一个项目为纽带，形成了一个网链式国际金融市场。如果我们把项目融资的概念广义化、抽象化，将一国政府所有的财政支持项目抽象为一个项目，把一国政府看作项目的融资需求方，那么，在融资需求方过度举债融资、透支信用的情况下，便会引发主权债务危机。

### 4. 供应链金融

供应链金融是商业银行信贷业务的一个专业领域，也是企业尤其是中小企业的一种融资渠道。在供应链金融跨国交易的过程中，也可能引发信用危机和债务危机。

### 5. 投资基金中的证券投资基金

证券投资基金可能加速股市泡沫的形成及破裂，造成股市危机，并引发银行危机等。

### 6. 投资基金中的股权投资基金

由于股权投资基金的募集、分红与清算，即基金管理人与投资者之间的各种交易行为，均遵从小众化与专业化的原则，从而，委托代理链条中的逆向选择与道德风险不会特别严重，有序运行的可能性比较高。加之，股权投资基金各运作主体足够理性且是具有充分商业信息的机构和人士，内幕交易与操纵市场行为可能性较低，低泡沫的运作使得金融危机爆发的可能性大大降低。投资基金中的股权投资基金和其他基金相比，不容易引致危机，除非炒作。

### 7. 金融服务外包

金融服务外包一般是技术服务外包，不容易引发金融危机。

## （四）金融危机分类的生态体系整合

前面三种分类的方法，都是对国际金融危机按照不同的单一标准进行划分，虽然可以涵盖各种国际金融危机，但仅仅运用一种分类模式，难免出现对某一种金融危机解释性较低的状况。针对这种情况，我们可以在已有的各种"纯标准"单层次分类法下，通过具有逻辑性的嵌套，将两个甚至多个"纯标准"分类进行错落有致重新组合，而使分类体系更加全面、完善，有助于我们理解和把握金融危机的规律和特点。

根据交易环节划分的"生态形态"分类法（见图 8-14），实际也是一种源头分类法，其最显著的特点就是在金融危机的形成过程中，多种市场要素相互作用，呈现出多环节网链式的跨国金融网链形态。我们可以使用单一市场要素分类与多个市场要素作用下的金融网链分类相结合的分类方法，采用嵌套的方式，在多层次标准分类法下，对国际金融危机进行分类：

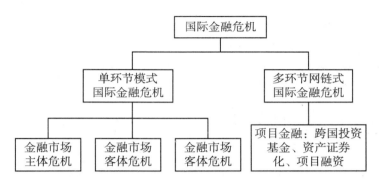

图 8－14　国际金融危机分类的生态体系整合

# 第四节　国际金融危机规律的总结及预测

## 一、国际金融危机规律总结

### （一）危机与虚拟经济过度脱离实体经济有关

实体经济与虚拟经济是现代经济社会发展的两个车轮，实体经济与虚拟经济的关系也是现代金融讨论的核心问题。20 世纪 70 年代后，传统金融开始向现代金融蜕变，反映在学科的发展上是金融学的微观化和数理化，反映在金融市场的拓展上是大量衍生工具的创新。与实体经济的价值评估不同，金融业的市场均衡是基于对未来的预期，因为所有的金融资产是未来收入的现金流，而预期是不确定的。因此，现代金融就其本质而言，是一个向未来索取利润并将未来的收入流折现为当期利润的一个行业，它与实体经济有着本质上的区别。

在一个国家地区经济的发展中，如果虚拟经济的发展建立在实体经济的基础之上，这是一个理想的状态。而现实恰恰相反，在资本主义实体经济增长越来越乏力的背景下，金融向时间维度无限扩张的魔力，使西方发达国家越来越依赖于金融市场的发展，将它看作是经济扩张和维持活力的主要手段（如美国次贷危机之前的虚拟泡沫扩张）；而新兴市场国家面对开放的国际金融市场，其对国际游资的冲击危害预计不足、金融监管缺乏经验，很容易在经济快速发展的过程中形成虚拟经济泡沫（如泰国货币危机爆发前的经济过热）。以美国为例，美国的虚拟经济规模过于庞大，长期积累的金融风险没有释放。1990 年，美国广义金融业产值占国内生产总值的比重达 18%，首次超过制造业，2003 年这一比重升至 20.4%。2007 年，金融服务部门的所创造的利润更是占到全美公司利润的 40%，其利润占美国企业利润总额的 40%，美国的金融实力早已超过生产力。然而，金融体系越是向未来掘进及延伸，其面临的风险就越是增加。其中的道理是：越是久远的未来，就越是难以预测，就越是充满不确定性之迷雾。由于虚拟经济具有双重性，它可以促进实体经济快速发展，也可能给实体经济带来负面影响。一旦虚拟经济脱离实体经济的现实要求而单独扩张时，就会形成泡沫经济，而泡沫则具有自我膨胀功能和自我实现功能，最后自我破灭。而金融危机的核心问题是西方发达国家的虚拟经济与实体经济脱节，最终导致两个车轮同时失灵，经济失去发展的平衡。

## （二）危机与"金融创新—监管"的不兼容模式有关

过去的"金融创新—监管"模式具有对立性、非同时存在性等不兼容的特点：

所谓金融创新是指在现有的监管模式下，金融主体为了规避监管所采用的新型金融工具、金融交易方式，或者金融交易市场等；所谓金融监管主要是针对金融创新而采用的应对措施。"金融创新—监管"的不兼容模式的关键问题是金融监管往往滞后于金融创新，增量金融监管缘于增量金融创新所导致的增量金融危机，下一个增量金融创新则源于上一个增量金融监管，其模式如图 8 – 15 所示。

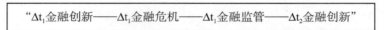

"$\Delta t_1$金融创新——$\Delta t_1$金融危机——$\Delta t_1$金融监管——$\Delta t_2$金融创新"

**图 8 – 15　"金融创新—监管"不兼容模式**

该机制呈现为一个循环往复的过程，形成逻辑上的闭路，如图 8 – 16 所示。

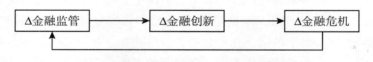

**图 8 – 16　"金融创新—监管"的逻辑闭路**

危机的教训是惨痛的，监管方对于危机治理阶段的措施和管制有时甚至是过度的、残酷的。随着时间的推移，危机的伤痛渐渐过去，而监管过严所带来的增长放缓等弊端则日益明显。于是，冲破原有的金融监管框架、实现金融创新下国际金融市场上利益的重新攫取，则成为了时代的主流。自 20 世纪 70 年代后，金融自由化浪潮带动了大量衍生金融工具的创新，这些金融工具的创新在给各国投资者带来了丰厚的利润回报，但同时也创造了新型的金融风险，为金融监管带来了更大的挑战。在 1997 年亚洲金融危机中，国际投机者就是利用各种金融衍生工具，同时在一系列分割市场上融资并持有头寸，从而使投机攻击带有立体性性质，使攻击手段更加复杂，更加难以防御。另一个由"金融创新—监管"不相容模式引发危机的例子便是美国次贷危机。金融创新和金融衍生工具的创造，使得国际金融市场逐渐呈现出前所未有的"网链"状态。金融交易主体、交易工具与交易媒介（投资银行等）之间的跨国"网链式"互动，以及越拉越长的隐含在金融网链下的委托代理关系，使得信用主体被逐步割裂开来，风险在整个金融网链中交织。而这种网链式的风险已经不能为原有的监管模式所察觉，次贷危机就在始料未及中发生了。

金融危机使人们重视金融创新与金融稳定的关系，如何控制金融创新的力度，防止金融衍生品向未来无限度索取利润；如何建设一个更有效的金融稳定机制，成为金融危机后人们思考的核心问题。

### （三）危机与不合理的国际金融体系有关

国际金融危机往往与不合理的国际金融体系有关。不合理的国际分工制度、国际比价体系以及货币体系都是爆发危机的制度诱因。

自 20 世纪 70 年代以来，发展中国家出现了两次国际债务危机的高潮。[①] 其中，重要的原因便是，对发展中国家不利的不合理的国际比价体系。西方国家为转嫁本国的经济危机，强化贸易保护主义，减少从发展中国家的进口，致使发展中国家主要出口资源的初级产品的价格大幅度下降。最终造成了外向型经济的发展中国家，贸易条件极度恶化，经常项目出现逆转，债务支付能力下降，引发债务危机。

同样，由于不合理的国际金融体系而引发的危机，还有 20 世纪 70 年代布雷顿森林体系瓦解造成的货币危机，以及目前国际情势下，由以美元霸权为核心的国际货币体系引发的美国债务危机及其利益相关国的危机。[②]

### （四）危机与"传递通道的便利性增强"有关

自 20 世纪 70 年代以来，伴随着经济全球化的大阔步迈进、自由化浪潮的复苏和金融创新的发展，国际金融危机的传递通道便利性大幅度增强，其主要表现在三个方面：

#### 1. 金融国际化

金融国际化的发展产生了两个效应：第一，开辟了金融跨国传染的通道；第二，打开了"金融虹吸管道"[③]（金融发展理论）。

#### 2. 金融混业增强

伴随着金融自由化浪潮的兴起，各国金融监管逐步放松，严格分业化的金融经营和监管模式被打破，取而代之的是金融混业化的不断增强。混业化经营便利了金融风险的跨业传染，打开了金融跨业传染的便利通道。

---

① 胡日东，赵林海．国际金融理论与实务．清华大学出版社，2010.
② 参见下文对美国债务危机及以美元霸权为核心的国际货币体系的相关预测分析。
③ 利用液态分子间引力与位差能量实现的物理现象，形象的描述未来资金终值和现值之间的资金流动方式。金融虹吸管道的开通，便利了国际间资金逐利性地自由流动，加强了危机跨国传染的便利性。

### 3. 金融工具混合性增强

金融自由化的发展和金融创新度的提高，大大加强了金融工具的混合性，也为金融风险的跨工具传染提供了便利通道。如投资基金、资产证券化。

以上的"跨国性"、"跨业性"和"跨工具性"传染途径之间相互加强，为金融风险的传染，进而跨国传染提供了渠道和便利。

## □二、国际金融危机惯性预测

### （一）美国：全球金融"在位者""绑架"全球

2007 年次贷危机的爆发使美国政府赤字大幅度上升，举债度日成为家常便饭，国债纪录屡创新高。2011 年 5 月，美国国债触顶，开创了 14.29 万亿美元的历史新高。面对这种情况，如果美国政府再不采取一些紧急措施以维持借债能力，政府支付开支最多能延迟到 8 月 2 日。到了 8 月 2 日，政府若不提高债务上限或削减开支，就会开始债务违约。就此，国际货币基金组织（IMF）6 月 29 日警告称，如果美国立法者无法在提高政府债务上限上尽快达成一致，将给仍处于脆弱恢复期的美国经济和全球市场带来"严重冲击"，美国债务危机的警笛就此拉响。就在千钧一发的时刻，北京时间 2011 年 8 月 3 日凌晨，美国总统奥巴马正式签署已获两院通过的提高债务上限议案，至此美债危机告一段落。

然而，与欧洲各危机发生国相比，为什么美国政府可以简单依靠提高债务上限，来缓解债务违约引发的危机？而美债危机是不是真的就此平息，还是仅仅把危机留给了未来？笔者认为，美国之所以能够延缓债务危机的爆发、暂保自身的安全，归根结底是以美元霸权为核心的国际货币体系造成的。但美国继续"寅吃卯粮"的发债行径，并不是长久之计，它在将部分负担转嫁到全球市场的同时，为全球经济埋下了更大隐患。如果美国不能有效调整其经济发展模式，适应全球新体系，美元霸权时代迟早终结。

#### 1. 短期："美元霸权"暂保美国安全，危机或将转嫁其他国家

美元是美国利益的代表，美国享受了一国本位币与国际本位币重合结合的好处，但美联储的货币政策目标更多是关注内部均衡，而不考虑储备货币与世界经济的平衡关系。[①] 在现行货币体系下，美国不再承担维持美元汇率稳定的义务，美元的发行基本无外部约束，同时，在没有通货膨胀的情况下，美国几乎可以无休止地从国外借债，弥补其巨额财政赤字，进一步引进全球的实物财富，增强其经济实力，保证以美元为主要外汇储备的国家对美元的信心。麦金农认为，这从某种程度上说是一个"良性"循环[②]。在这个循环中，美国迫使新兴经济体补贴其过度消费拉动下的经济发展模式，而这些贸

---

① 田春生，郝宇. 国际金融危机——理论与现实的警示. 中国人民大学出版社，2010.
② 梁晓. 谁来养活美国. 中国税务，2008（7）.

易顺差国只是得到了一些等待贬值的纸币（如图 8 - 17 所示）。

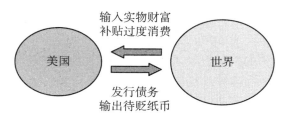

**图 8 - 17　美元霸权下的世界经济模式**

危机或将转嫁到其他国家，尤其是新兴市场国家。

一旦美国推行弱势美元政策，操纵汇率造成美元贬值来减轻外债压力，包括中国在内的，以美元作为主要外汇储备的国家将面临巨大的外汇储备损失。而真正的美元霸权不仅体现在各国储备中美元储备的分量，更关键的是，美国欠别国的美元债务，还可以用"超级 301 条款"、半年一次的"汇率操纵国"认定、反补贴税、向 WTO 申诉，甚至重量级的"广场协议"等五花八门的"大棒"，逼债权国升值。在这种情况下，债权国可能面临着货币或者银行危机。回想 20 世纪 90 年代日本经济"失去的十年"的惨痛经历，中国政府应该提起相当的警惕。由于"广场协议"，美国操纵日元大幅升值，高利率使大量国际资金流入日本，并投资进入日本房地产业，造成了日本经济的严重泡沫。此后，日本经济很难东山再起，一直处于衰退的去泡沫化过程中。中国作为美国最大的贸易顺差国，人民币一直存在着升值的压力，如果美债危机真的把人民币推向升值，中国政府应对外汇、资本等投资活动进行行之有效的管制，防止经济过热，从而保证中国经济的健康运行。

虽然我们意识到美元霸权的侵略本质，但是在短时期内却无法找到可靠的美元替代品。全球三大货币中，欧元正由于内在机制缺陷的暴露而随着欧债危机的演进日益衰落，日元也由于日本长期经济萎靡而难以担当重任，实物资产则由于本身的稀缺性而难以满足全球投资需求，在这种情况下，即使美债存在一定的违约风险，短时期内也必然是投资的主要品种。只要美国的债权国继续持有美债，不大规模地将美元资产转换成实物资产或其他货币资产，美国就可以继续利用其"在位者"优势借新债还旧债，缓解债务问题。

2. 长期：危机警报从未消除，只是延缓

在中短期内，美国可以持续发行外债延缓危机爆发的条件是美国的全球金融"在位者"的地位和世界金融对美国的信心。但是包括政府部门在内的权威机构估算，照目前美国政府的路线走，不出数年，美债总额就将与美国的国民生产总额相等。要从根本上改变美国债务持续攀升的发展模式，必须从三个根本方面实施改革，即社会安全保障机制、医疗保健以及养老保健。但这项改革是十分困难的，根据无党派倾向的政府责任办公室的测试，到 2047 年，美国的这三大开支将占用美国的全部收益，届时美国的国防、外交等其他所有开支都将完全依赖借贷，其债务规模可想而知。随着世界其他国家经济发展水平、科技和军事实力的提高，世界各国没有理由再维护一个连国防和外交都需要外部补给的经济体的国际地位，美国的经济霸主时代或将终结。而美国债务危机的爆发之日，就是国际金融体系大改革和大洗牌之时。

面对大危机和大动荡的国际金融局势，化"危"为"机"、推进人民币国际化①是中国政府的上上选择。美国债务危机使得曾被认为是"安全天堂"的美债在历史上首次遭到降级，美元信誉受到了前所未有的质疑，疲软的美元也使人民币增强了吸引力。在美欧债务危机的阴霾下，国际金融机构投资者的资金配置必然要发生变化，人民币国债或许将吸引更多投资者关注，国际投资者逐渐学会并习惯将人民币资产放入投资仓。从长期来看，中国政府应做到：在国际上，改革国际货币体制、废除美元的一家独大，加快人民币国际化进程，消除外汇储备"被动"积累才是应对之根本；在国内，改变现有分配模式，让人民真正分享经济繁荣带来的成果，实现"藏富于民"，逐步放开资本账户、促进人民币离岸市场的建立、加快推进汇率体制改革与利率市场化改革，进而积极促进人民币可兑换进程，为今后十年人民币成为国际储备货币奠定基础，才是逐步解除中国陷入美元为主的国际货币体系的困境的根本出路。

## （二）欧洲：危机或进一步蔓延并加重

2007 年爆发了自 1929 年大萧条以来全球最为严重的金融危机，欧元区因此而面临着自成立以来最为严重的考验。时隔一年希腊债务危机的爆发使欧洲经济的复苏蒙上了一层阴影，之后爱尔兰债务危机则再次刺痛了欧元区，随着债务危机向欧元区第三大、第四大经济体意大利、西班牙扩展，欧元机制的改革问题被逐渐提上日程。

### 1. 中短期：危机或进一步蔓延

比起"被降级"的美债问题，遭到市场自发抛售的欧债，显然危机更为严重，其问题的解决更为繁琐。希腊、葡萄牙、西班牙，都面临着市场信任度下降，再融资成本高的窘境，而作为全球金融"在位者"的美国目前没有遇到再融资成本急剧上升的问题。虽然欧债危机短期集中性爆发的可能性不高，但中期形势不容乐观。由于欧洲各国相互持有债务存在普遍性，欧债蔓延的可能性较高，只要其中任何一个环节失控，都将牵一发而动全身。

欧洲区货币统一化曾在很大程度上促进了欧洲经济一体化发展，而在金融危机后，却也成为拖累欧洲走出危机泥淖的根源。应对债务危机，政府除了可以采取财政政策之外，货币政策也提供最终的安全保障，然而，欧元区成员国在加入欧元区以后完全丧失了货币政策的独立性，面对危机时，无法通过自由的货币政策化解危机，而只能依靠财政政策解决问题。同时，还有成员国经济发展不平衡、汇率调节机制失效等因素，都是造成欧洲中短期经济困境不可避免的因素。

---

① 参见本书第九章有关人民币国际化的内容。

2. 长期：欧洲经济可能陷入较长期衰退

欧洲经济发展有两个显著特征：一时欧洲金融业在经济体系中地位更为重要，且以银行业为主导，属于"小国家＋高端产品出口＋大金融＋高福利"的发展路径。这个模式根源在于欧洲人口老龄化、资源占有贫乏、储蓄率较低和社会福利高的社会结构。二是欧洲内需较为疲弱，经济发展对贸易的依赖较高（区域内商品与金融服务贸易），其中对美国商品出口占区域外贸易的20%以上，美国为欧洲第一大出口目的地。而在次贷危机引发的全球危机中，欧洲金融也是除美国外受打击最严重的地区，同时，在美国经济衰退的打击下，欧洲经济发展模式面临巨大挑战。更为严重的是，欧洲的基础设施和资源开发建设基本完善，加上高福利的社会制度，使得欧洲财政政策的刺激作用有限。综上，欧洲经济衰退的严重程度会超过美国，衰退时间也会超过美国。[①]

## 三、国际金融危机的未来趋势

以上第二部分对国际金融危机进行了惯性预测，如果说这是对未来金融危机走势的"观察"，那么我们还需要站在更高的角度上对未来金融危机的发展趋势进行"眺望"。经过对金融危机发生历史的研究，本书总结和预测出国际金融危机未来趋势如下：

### （一）"债性"危机将是危机致因的主流

1. 债性资产全球化趋势不可逆转，美债危机仍是定时炸弹

美元泛滥导致全球金融恐慌的本质是债性资产的全球化。这一趋势在短期内不可能减缓；美债危机也可能是一个定时炸弹，一旦美国国内政治博弈争斗失控，对全球经济将是重大的灾难。

2. "汇率战争"是导致国际金融不稳定的要因之一

伴随着不可逆转的债性资产全球化、美元泛滥、欧债危机，一系列的汇率不稳定因素接踵而至。面对巨大的债务违约风险和市场信心的波动，债务国货币出现极不稳定的特征；同时，债权国面临着巨大的外汇储备流失风险和短期巨额资本跨国流动的风险，汇率同样可能受到冲击。作为债务国也许会推行弱势货币的政策逼迫债权国货币升值，但这势必会受到债权国的阻挠和抵制，一场不见硝烟的"汇率战争"已蓄势待发，全球金融也随时面临着货币危机的风险。

3. 欧债危机隐患暂难消除

欧债危机是与欧元的内在矛盾密切相关的产物，在"欧元深化"之前危机是不可

---

① 朱民. 改变未来的金融危机. 中国金融出版社，2009.

能消除的。欧元区各国经济增长率差异巨大，通胀水平也非常不同，经济政治政策哲学各异，统一的货币政策不可能顾及到所有国家的利益，以主导国家利益为核心的货币政策和各自为营的财政政策相搭配注定是失败的。如果欧元区不能做到进一步协调各成员国的宏观经济政策部署、统一财政政策，使欧元区形成更加紧密的经济政治联盟，那么欧债危机的发生将是不可避免的事实。

## （二）股市"赌性增强"是危机的潜在因素

根据专家和权威机构的相关实证分析，即使是资本市场相对成熟和完善的发达国家，其股票市场也仅仅为半强有效，而大多新兴国家由于市场化资源配置效率较低、信息披露以及市场监管制度不完善等因素，股票市场多呈现弱式有效。也就是说，市场价格并不能反映公平的市场价值，即使极具分析技术的专家也很难在股市中依规律获利。这使得股市中不可避免地存在着"赌性"。而近年来，随着各新兴市场国家股票市场的活跃，股市投资者的受众面积也越来越大，很多不具备专业知识的"平民"投资者都加入到"炒股大军"中，使得股市的"赌性"大大增强。

在这种情况下，股市投机者往往存在着"博弈心理"，其加入购买股票资本的行列并非看中了其价值，而是看到大家都看好并购买者以资本，期望自己手中的"接力棒"能传到下家手中，从而获取投机收益。在一定时期内，尤其是经济增长期内，大家对未来有着共同的预期，"接力棒"不断传递，股市异常火爆，资产价格超过价值形成经济泡沫是顺理成章的事，而股市泡沫又是金融危机的摇篮，这是大家的共识。因此，股市"赌性增强"始终是诱发国际金融危机的重要潜在因素。

## （三）"跨工具"性将是危机的重要形式

最近三十年来，随着以投资基金和资产证券化为主要特征的新型金融形态的出现，国际金融市场愈发呈现出一种新的"生态现象"，即多环节网链式的金融生态现状。在网链式金融市场中，交易环节的多重性、网链性大大增强，各交易环节的链式结构愈发紧凑、交易工具的综合性配合愈发密切，同时金融风险的跨工具传染也进一步加强，交易主体间的委托代理信用链条也出现了断裂。在监管机构还未来得及识别和控制网链式金融风险时，"跨工具"的金融危机已经悄无声息地到来了。

美国次贷危机就是"跨工具"金融危机最好的例证。从最初的简单信贷，到按揭支持证券（MBS），再到抵押化债务证券（Collateralized Debt Obligation，CDO）和信用违约掉期（Credit Default Swap，CDS），网链式的资产证券化过程体现着"跨工具"、多环节的金融网链结构和金融风险的新型传导机制。在未来的一定时间内，金融交易的"跨工具"性趋势仍不可避免，金融网链一旦形成，监管方也只能就新的国际金融市场形态改进其监管理念和措施。如不然，"跨工具"金融危机将会未来国际金融危机的重要形式。

## （四）银行危机管理：未来国际金融危机管理的重点之一

1999 年的《金融服务现代化法》彻底终结了 1933 年将投资银行和零售银行严格区

分的《格拉斯—斯蒂格尔法》，宣告了混业经营的新开端。在混业经营系统下，银行可以通过证券化和信用衍生交易转移表内资产风险、获取再融资并减少监管资本要求；非银行金融机构可以利用银行信用资产开发和创造新的投资产品，获得更多的高利润来源。但是随着时间的推移，混业经营有了新的形态，资产证券化通过金融工具的流转和演化，加深了金融的混业经营，深化了金融风险的跨业传染，成为了导致次贷危机演变为全面金融危机和经济衰退的重要原因之一。

面对由次贷危机引发的全球金融危机，面对"大而不能倒"的格局，各国政府和相应的国际金融组织都纷纷采取相应的拯救措施，一个比较直接有效地减小"信用链条断裂"的措施是由现金量相对充沛的银行收购投资银行，投资银行独立运行的时代宣告结束。然而，在微观主体层面进行混业经营，将会为银行危机带来潜在的可能，如何进行微观主体内部的"分业内控"，是决定未来银行健康运行的重要环节。由于经验缺乏，在接下来的一定时期内，要有效进行银行业和"影子银行系统"的监管，有效防范银行危机将是一个漫长的过程。需要通过逻辑推理缩短寻找有效内控和监管方法。[①]

### ☞ 本章关键词 ☜

| | | |
|---|---|---|
| 危机分类 | 元素法 | 市场要素分类法 |
| 资产价值形态转换 | 受害方分类法 | 网链式"生态型" |
| 美国次贷危机 | 欧洲主权债务危机 | 美国债务危机 |
| 危机预测 | | |

### ☞ 深入思考的问题 ☜

1. 结合本书第二十五章内容，谈谈你对传统的经典危机分类方法的理解，并进行评述。结合本书的国际金融危机分类方法，如市场要素分类法、受害方分类法以及"生态型"分类法，谈谈你对多层次的分类方法的理解，并给出一个你认为最为合理、最有解释效力的多层次国际金融危机分类体系。

2. 请简述源自资产运营一般模式视角的国际金融危机分类方法。

3. 试谈你对美国次贷危机性质的看法，它属于银行危机吗？给出你的论据。

4. 谈谈你对欧洲主权债务危机和美国债务危机不同走势的理解。

---

① 由于银行和整个金融行业表外业务高速扩张导致的，非银行金融机构依附于银行业信用资产发展衍生业务的银行体系之外的影子系统。

# 第二十六章

# 国际金融监管

金融监管是防范和化解金融风险、保证金融业稳健运行的重要途径。席卷全球的金融危机使得数十年来的金融监管理论与实践得到了全面的审视和反思。在危机后的金融监管改革狂潮中，把握时代脉搏，创新监管理念，是完成金融监管改革重大历史实践的根本和前提。本书在总结和提炼了过去金融监管理念的思维逻辑后，提出了未来金融监管的创新理念—"链式"监管和"网状"监管的理念，为构建新的金融监管体系提供了重大启示。

## 第一节　金融监管基本理论

### 一、金融监管的定义

金融监管是一个复合概念，内含金融监督与金融管理双重属性。[①] 金融监督主要指一个国家或地区的金融监管当局对金融机构和金融进行检查和督促，以确保金融业稳健经营和安全健康发展。金融管理则是金融主管当局按照有关法律对金融体系构成及其行为活动进行管理、协调与控制，以维护金融体系的安全稳定，并对客户提供公平、有效的服务。在世界各国近现代金融业发展史中，最低限度的金融管理始终存在，最初、最直接的管理是对银行开业的注册登记管理。20 世纪 90 年代以来，人们一般不再区别这两个词之间的差别，而广泛地采用金融监管的说法。

金融监管有广义和狭义之分。狭义的金融监管是指外部监管，即金融监管当局依据国家法律法规的授权对整个金融业实施监管。广义的金融监管还包括金融机构的内部控制和稽核、同业自律组织的监管、社会中介组织的监管等等。最早的政府对金融活动实施监管的法规，可以追溯到 18 世纪初英国政府颁布的《泡沫法》，该法旨在抑制证券业存在的过度投机。1863 年，美国通过《国民货币法》，以治理"自由银行业"时期的混

---

[①] 卞志村. 金融监管学. 人民出版社，2011.

乱，实现对银行业的监管。其后，各国相继颁布了各种金融监管法律法规，以适应金融业的发展。

金融监管内容主要包括市场准入的监管、市场运作过程的监管和市场退出的监管。金融监管的手段主要是法律手段、技术手段、行政手段和经济手段。

## 二、金融监管的必要性

监管是国家凭借行政权力对经济个体自由决策所实施的强制性限制。[1] 金融监管的产生和发展是伴随着金融危机的发生和不断发展而向前发展的。我们在金融危机发生逻辑和预防规避的逻辑中，不难发现金融监管存在的必要性。

一般来讲，金融监管往往是某次危机后的应变措施。其与之前的监管状况相比较，是一个边际的变化。但是，金融监管更重要的还是对未来可能发生的危机的规治。金融危机与金融监管的关系如图 8 – 18 所示。

图 8 – 18　危机与监管的关系

纵观国际金融危机发生和监管改革的历史，我们会发现危机的发生往往源自对一定阶段金融创新的监管不力，同时，针对危机所进行的相应监管的改革往往也是就前一阶段的金融创新所重新调整和更新的监管。金融创新无节制的发展，就会带来不被监管发现的风险敞口的扩大，造成金融麻烦，甚至引发金融危机；金融危机的发生要求相应的金融监管改革来应对同时来规避下一次的危机；金融监管的越发的严密对国际金融市场的发展和其中价值的获取造成了阻碍，更加激发了金融创新。金融创新、金融危机和金融监管之间的逻辑关系见图 8 – 19。

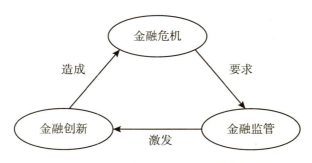

图 8 – 19　创新、危机与监管的逻辑关系

---

[1]　Alan Stone, *Regulation and Its Alternatives*, Congressional Quarterly Press, 1982.

## □ 三、国际金融监管的历史演变

### （一）20 世纪 30 年代前的金融监管：基于稳定货币理念

最早的金融监管制度产生于英国。1844 年，英国国会通过了《英格兰银行条例》，英格兰银行独占货币发行权。1863 年，美国通过的《国民货币法》，标志着以法律形式确立的金融监管制度的正式形成。1864 年该法修订为《国民银行法》，目的是确立联邦政府对银行业监督和干预的权威，建立统一监管下的国民银行体系，以取代分散的各州银行体系，协调货币流通，实现金融稳定。《国民银行法》虽然实现了对全国货币的管理，但是没有达到对银行有效监管的目标。其后，美国于 1873 年、1884 年、1890 年、1893 年和 1907 年周期性地出现金融危机，引起了市场的不安和恐慌，对实体经济的发展产生了巨大的负面影响。为了应对周期性的金融危机，美国国会与 1913 年通过了《联邦储备法》，重点在于防止银行挤兑和保持货币稳定。这被认为是《国民银行法》之后，美国最富革命性的金融监管进展。

20 世纪 30 年代以前，金融业基本上是自由金融时代，政府对金融没有特别的管制措施。随着金融业的发展，政府也仅仅是在银行的批准注册等方面做一些限制，对银行的经营范围和方式没有特别限定。由于银行券的超信用发行最终引发货币体系的危机，国家货币管理当局不得不对货币进行干预。因此这一时期主要是各个国家建立了中央银行制度和垄断货币的发行。

在统一货币发行和统一票据清算之后，货币的不稳定问题仍没有消除，中央银行逐渐衍生出"最后贷款人"（LLR）的职责。"最后贷款人"（LLR）制度，是指中央银行在商业银行破产倒闭时向银行提供的一种资金支持和信用保证。最初的"最后贷款人"制度实际上不是真正意义的金融监管，但他为中央银行广泛参与金融活动奠定了基础。[①]

### （二）20 世纪 30 ~ 70 年代的金融监管：基于安全理念

1929 ~ 1933 年世界范围内的经济大萧条促成了金融监管进入严格管制的阶段。19 世纪后期，在危机的起源地美国，钢铁、铁路等大工业快速发展，资本不断集中，流动加快。金融业尤其是证券业持续高速增长，1921 年纽约股票交易所的交易额为 1.7 亿股，股票价格指数为 66.24 点。[②] 到 1929 年 9 月，股票交易额达到 21 亿股，价格指数疯涨至 569.49 点，投机现象极其严重。1929 年 10 月 24 日，股市泡沫破裂，股指狂泻不止。股票市场的恐慌引发了金融体系的崩溃。纽约股票交易所股票市值从 1929 年年末的 897 亿美元跌至 1933 年年底的 156 亿美元，商业银行数量同样骤减，金融体系危机直接导致实体经济接近崩溃。

1933 年 3 月，富兰克林·罗斯福（Franklin Roosevelt）就任美国总统后，开始实施

---

① 宋海，任兆璋. 金融监管理论与制度. 华南理工大学出版社，2006.
② 卞志村. 金融监管学. 人民出版社，2011.

"新政"，颁布了一系列政府干预经济的法律法规。其中，金融监管方面，《格拉斯—斯蒂格尔法》成为美国金融监管的标志性法律。由于商业银行短期资金进入股市是造成股市泡沫、银行危机的重要原因，因此该法将银行业和证券业严格分开，在二者之间建立防火墙，实行银行业与证券业之间的分业经营和管理。1934年，美国国会通过了《证券交易法》，其后又通过了一系列金融管制的法案。如1935年的《公共事业控股公司法》、1939年的《信托契约法》、1940年的《投资公司法》、1956年的《银行持股公司法》、1960年的《银行合并法》、1966年的《利率管制法》、1970年的《证券投资者保护法》等，这些法律的颁布和执行标志着美国进入金融管制的时代。美国的严格监管也在全球范围内引起了效仿。比如在英国，1949年《银行法》的颁布，赋予了英格兰银行广泛抽象的监管权力；德国1957年组建了德意志联邦银行，1961年成立银行监管局，授权对银行进行监管。

中央银行制度的普遍确立是现代金融监管的前提，而真正现代意义上的金融监管是在20世纪30年代经济大萧条后开始的。30年代的大危机在给整个西方国家乃至世界经济带来灾难性的影响的同时，亚当·斯密（Adam Smith）"看不见的手"市场自发调节原理破灭，从而导致金融监管理念的改变。这一时期金融监管的理念是金融业的安全问题。金融监管的实践受凯恩斯主义经济思想的影响，走向了政府直接管制的道路。各国从法律法规上加强和完善对银行业等金融机构的经营范围、经营方式的监管。

严格的金融监管起到了各国预期的效果，事实证明，在实施严格监管甚至是金融管制的20世纪30年代到60年代，几乎再没有爆发有重大影响的金融危机，经济在安全管制下逐渐恢复和发展。

### （三）20世纪70～90年代的金融监管：基于效率理念

西方国家由于长期实行凯恩斯主义的政府干预政策，推行赤字的财政和扩张的货币政策，随之而来的便是20世纪70年代经济的"滞涨"。凯恩斯理论受到挫折，宣告了自由主义理论和思想的复苏。这一时期所形成的金融自由化理论则对20世纪30年代以来的金融管制理论提出了挑战，认为政府对金融业的严格管制，导致金融业效率下降，压抑了金融的发展。因此，20世纪70年代以来开始了一场金融自由化的风潮。[①]

20世纪70年代以来，无论发达国家还是发展中国家都开始放松金融管制，从而展开了一场金融自由化运动。金融自由化的核心内容是放松利率管制、放松外汇管制和资本流动的限制、放开对金融机构的审批限制和引入同业竞争等。

---

### 世界主要国家和地区的金融自由化时间

据IMF统计，到1995年年初，所有的工业化国家都实现了资本项目下的货币自由兑换，发展中国家实现了经常项目下的货币自由兑换。主要国家和地区的金融自由化时

---

① 宋海，任兆璋．金融监管理论与制度．华南理工大学出版社，2006.

间如表 8 – 6 所示。

表 8 – 6　　　　　　　　　　世界主要国家和地区的金融自由化时间

| 国家/地区 | 年份 | 大规模自由化时间 |
| --- | --- | --- |
| 美国 | 1982 | 1973 ~ 1996 |
| 英国 | 1981 | 1973 ~ 1996 |
| 日本 | 1979 | 1993 ~ 1996 |
| 法国 | 1984 | 1985 ~ 1996 |
| 中国香港 | 1978 | 1973 ~ 1996 |

资料来源：黄金老. 金融自由化与金融脆弱性. 北京城市出版社，2001.

### 1. 美国金融监管的放松

美国政府与 1973 年取消资本流动限制。1980 年美国国会通过《存款机构与货币控制法》，取消对存款利率的限制，取消并修改了对某些贷款利率的限制，建立了存款准备金制度。1982 年国会通过《加恩圣杰曼存款机构法》，基本消除了各类存款机构在业务管制方面的差别。1995 年通过《1995 年金融服务竞争法》，保证所有的金融机构有平等待遇，促进商业银行和投资银行在业务领域展开全面竞争。1999 年，通过《金融现代化法案》，彻底打破了金融分业经营的界限，促进了银行、证券和保险之间的联合经营，标志着美国进入了混业经营时代，也确立了新的监管体系。

### 2. 英国金融监管的放松

英国于 1979 年取消了外汇管制，1981 年实现了利率自由化，并与 1987 年修正了《银行法》，放松了对存款银行的管理和控制。1986 年，英国颁布了《金融服务法案》，允许银行业进行证券交易，确立了英国进入混业经营时代。

### 3. 日本金融监管的放松

1978 ~ 1987 年，日本政府逐渐放松对银行存贷款利率的管制。1980 年的《外汇与外贸管理法》取消了外汇管制。1981 年日本颁布的银行法，允许银行从事证券买卖。1993 年《金融制度改革法》打破了银行业和证券业的分业状态。1996 年的《搞活我国金融系统》报告，开启了"大爆炸"的时代。

伴随着经济的自由化思潮以及金融监管的放松，自 20 世纪 70 年代以来，国际金融危机频繁爆发。企业过高的财务杠杆、国家无节制的扩张性财政政策以及银行信贷的放松，导致了大量信用扩张下的债务危机；对外汇管制的取消和货币自由兑换政策的推行，为国际游资的投机冲击打开了方便之门，以 1996 年亚洲金融危机为代表的国际货币危机频发；同时，由于对利率管制的放松以及银行信贷的放松，大量现金和信贷资产流向了房地产领域，造成了实体资产的泡沫，从而引发银行危机。大量危害巨大的金融危机的爆发使得政府当局不得不反思现有的金融监管体制，随着 2007 年次贷危机的到来，金融监管改革随即拉开序幕。

## （四）次贷危机后的金融监管：回归安全理念

2007 年由美国华尔街衍生品交易而引致的全球金融危机，目前正改变着世界各国金融的监管理念和实践。

2010 年 7 月 22 日，美国总统奥巴马（Obama）签署了自经济大萧条以来规模最大的《金融改革法案》，这标志着自 1929 年大萧条时期以来美国规模最大的金融监管体系正规法案正式立法，监管机构对美国最大型银行征收新的费用，并对其业务活动加以限制；对总额 450 万亿美元的衍生品市场实施新的限制；并建立针对抵押贷款和信用卡产品的个人消费者保护机构。

2010 年 9 月 12 日，全球 27 个国家的监管者在瑞士巴塞尔举行会晤，为防止金融危机的再次发生，讨论并制定了新的银行业规定协议。其中，一级资本金比率是讨论的核心争议点。最终，达成协议的《巴塞尔协议Ⅲ》规定，普通股最低要求，即资本结构中吸收损失的最高要素，将从当前的 2% 提升至 4.5%。这一严格的资本要求将分阶段实施并从 2013 年 1 月 1 日开始，2015 年 1 月 1 日之前实现。一级资本金（包括普通股和其他符合要求的资本）比率将在同一时间范围内从 4% 提升至 6%。

监管者希望通过新的规则以使得银行体系更加稳健，并重塑金融市场的信心。对于银行而言，巴塞尔新规将要求其增加资本，缩小资产负债规模，并放弃相应的高风险业务。在未来一段时间内，只要危机的伤痛一天没有过去，自由主义思潮就一天不得卷土重来。

# 第二节　传统金融监管方法论及评述

金融监管的方法论就是金融监管的一般方法，是监管方用什么样的思维方式、方法去进行金融监管。概括地说，金融监管的基本理论是金融监管的"是什么"的问题，而金融监管的方法论，则主要解决如何寻找最佳监管方法的问题。本节注重从金融监管理念和金融监管方法两个角度，对传统金融监管的方法论进行阐述及评论。

## ■一、传统的金融监管方法论

### （一）传统的金融监管理念

#### 1. 金融监管理念重新归类

作为长期以来世界金融监管领域的主导者，美国的金融监管理念经历了由机构性监管（分业监管）到功能性监管，再到目标性监管的嬗变。但是，机构性监管、功能性监管和目标性监管三个概念，并非出自一个统一的逻辑维度，也不是并列或递进关系，而仅仅是监管理念视角的不同。因此，与其说他们有传承演化关系，不如说他们是可以累加的关系。比如，功能性监管并非意味着完全抛弃分业监管，而是在原有分业监管的基础上强调了功能性监管的视角与实践。目标性监管也并非意味着抛弃了分业监管与功能性监管而仅仅从"监管目标"的角度进行监管。实际上，这依然要建立在对不同金融子产业（分业）、不同金融产品（功能）的分析与监管的基础上。

为了清晰体现原有的监管理念，笔者试图从统一的逻辑维度对现有的监管理念进行重新归类。经过总结和提炼，笔者根据监管理念中监管对象的不同，将现有监管理念重新归类为："点式"监管和"环式"监管（如图 8 – 20 所示）。"点式"监管即针对市场交易主体的监管，而"环式"监管是针对交易环节的监管。

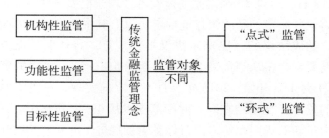

**图 8 – 20　传统金融监管理念重新归类**

2. "点式"监管与"环式"监管

"点式"监管理念，即侧重于单个市场主体监管的理念。"环式"监管理念，即侧重于交易主体间交易环节监管的理念。"点式"监管与"环式"监管的思维逻辑如图 8 – 21 所示。

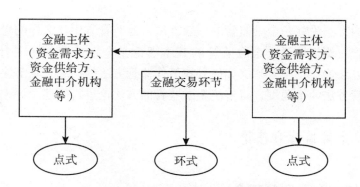

**图 8 – 21　"点式"监管与"环式"监管的思维逻辑**

"环式"监管与"环式"监管仅仅是侧重于单个金融主体或是交易环节的监管，并没有上升到"资本市场链"乃至整个"金融市场链"的高度来看待各种金融机构、金融产品（金融资产）、金融功能、金融交易、金融市场并进而实施完备的、全局性的金融监管。以点式思维来指导金融监管实践，难免会发生这样的情况：从单个金融子产业、子环节的角度看，可能实现了监管的总收益大于总成本，看似金融监管实践是成功的；然而，从整个金融市场链的角度，加总的监管受益却很可能低于加总的监管成本。这是由于有关决策主体的目标函数存在差异、外部性等原因造成的。而如果从链式思维的角度来看待金融市场和金融体系，则可以较好地规避这种情况，达到监管的整体最优化。

## （二）传统的金融监管方法

### 1. 一般金融监管方法

监管的方法是指监管的具体步骤和技术等。一般的金融监管方法包括以下几种[①]：

第一，事先检查筛选法。事先检查筛选法主要是指金融机构建立之前的严格审查和注册登记，包括拟建机构的地址、规模、股东人数、资本金、经营管理水平、竞争力和未来收益等。

第二，定期报告和信息披露制度法。监管当局针对定期报告和相关信息，通过采用趋势分析和比较分析两种方法，可查找出银行经营管理工作中存在的问题。

第三，现场检查法。现场检查法是指派出检查小组，到监管对象经营场所进行实地检查，主要检查资本金充足状况、资产质量、内部管理、收入和盈利状况、清偿能力等，以此做出全面评价。在检查过程中，检查小组要检查经营活动是否安全、合法；检查经营活动的具体做法和程序；检查内部管理的情况；评价贷款、投资以及其他资产的质量；检查存款与其他负债的构成；判断银行资本是否充足；评价存款与其他负债的构成；判断银行资本是否充足；评估管理机构的能力和胜任程度等。

第四，自我监督法。自我监督法是指金融机构根据法律自我约束、自我管理，在自觉的基础上实现自我监管。

第五，内、外部稽核结合法。稽核是指对经营活动开展审计和核对，是一种监督检查的系统方法。目前，采取外部稽核和内部稽核相结合的办法来进行金融监管。

第六，发现问题及时处理法。当银行或其他金融机构的业务经营活动违反金融法律规定时，监管当局通过采取相应的措施，督促金融机构纠正偏差。

### 2. 西方发达国家银行主要金融监管方法

西方发达国家银行主要金融监管方法包括以下几种：

第一，预见性监管。预见性监管主要包括六方面的内容[②]：

一是登记注册制度，登记注册的内容包括资本、经营管理者、经济需要程度、金融服务和存款保险等。

二是资本充足条件，包括基本资本比率、总资产与资本的比率、资本与存款负债的比率、资本与风险资产的比率、坏账准备金与贷款总额的比率等内容。

---

① 祁敬宇. 金融监管学. 西安交通大学出版社，2007.

② 祁敬宇，祁绍斌. 金融监管理论与实务. 首都经济贸易大学出版社，2007.

三是清偿能力管制，重点审查监管对象资产与负债结构在时间上的配合，保证随时满足客户存贷款需求。

四是业务活动限制，主要是对能否经营证券和保险业务作出决定。

五是贷款集中程度限制，主要是防止贷款高度集中。

六是管理评价，这是指在现场检查、实际观察的基础上，对管理层的能力与胜任程度、内部组织结构、人际关系决策过程和效率以及工作程序作出评价。

第二，金融风险预警制度。金融风险预警制度指金融监管当局根据对金融机构所提供的报表材料和其他相关材料的分析运用，对金融体系运行过程中可能发生的金融资产损失和金融体系遭受破坏的可能性进行分析、预报，据以预防与警戒并采取措施。金融风险预警制度以经济金融统计为依据，以信息技术为基础。在指标设置上，英国以资本充足性、外汇持有风险的资产流动型为主；日本以财务与业务比率为主；美国以财务比率为主，同时运用 CAMEL 排序系统和 CAMEL 评级系统。

第三，存款保险制度。这是一种为了维护存款者利益和保证金融体系的稳定，规定各吸收存款的金融机构将其存款到存款保险机构设保，以便在非常情况下，由存款保险机构对金融机构支付必要保险金的一种制度。

第四，中央银行紧急救助。金融监管当局对发生清偿能力困难的金融机构提供紧急援助的行为。

## 二、传统金融监管方法论评述

传统的金融监管方法论，在一定历史时期内对于稳定金融市场、降低金融风险发挥了重大作用，说明了其存在的合理性及其自身的优越性。但同时传统的金融监管方法论也具有一定的局限性，仍存在一定的改进和完善的空间。

### （一）传统金融监管方法论的优点

传统的金融监管方法具有如下优势：

#### 1. 注重从源头遏制风险，保证监管的有效性

传统的金融监管方法注重从金融风险、危机发生的源头上对金融主体、金融行为等进行监管。通过事前检查筛选，严格控制金融机构的注册登记和审查工作，并实时追踪金融主体的市场行为，检查其资本充足状态、债务清偿能力等指标，在源头抑制金融风险的形成。建立金融风险预警系统，通过分析金融机构的主要业务经营比率和比率"通常界限"，对接近比率"通常界限"的金融机构及时预警并进行必要的干预。

#### 2. 实时追踪报告、信息披露，保证监管的及时性

监管当局实施定期报告和信息披露制度，通过采用趋势分析和比较分析两种方法，可及时查找出金融机构经营管理工作中存在的问题，以便监管方及时采取措施，纠正偏

差，保证了监管的及时性。

3."内控"与"外控"相结合，保证监管的完备性

来自于金融机构外部的强制的金融监管是必需的，是确保金融行业得以维系的前提，但仅有外部监管是不完备的，还难以保证监管能够达到预期效果。只有保持"内控"与"外控"的相互结合，才能达到金融监管的有效、及时。

## （二）传统金融监管方法论的缺陷

尽管传统的金融监管方法在一定的历史时期内为维护金融稳定起到了重要作用，但面临新的金融危机的挑战和冲击，现有的金融监管方法论的缺陷和不足也日益显露。创新和完善金融监管方法论成为了稳定金融市场、实现有效监管的重中之重。

1."点"、"环"时代监管方法论缺陷

总的来说，传统的金融监管方法论对于"点"、"环"时代的金融监管存在着以下问题：

第一，传统的金融监管方法论缺少完备的、层次清晰的逻辑框架，没有实现"全要素监管"。在传统的金融监管方法中，我们看到的是较为独立的监管方法和策略，方法之间缺少相应的逻辑勾兑和层次关系，整个方法论体系逻辑混乱。各种金融监管方法，有的从操作层面进行监管，有的则是从理论或道德导向的层面对金融主体行为进行约束，方法之间逻辑层次不相容。同时，可能由于监管组织体系合理性的欠缺（如多头监管等），金融监管存在着"监管重合"或"监管真空"的弊端，就"点"、"环"时代的金融市场而言，并没有实现条理清晰"全要素监管"。

第二，现有的金融监管往往是事后监管（如图 8 - 22 所示），监管存在极大的不完备性，也缺少相应的预见性。这里的预见性并不是说监管没有考虑到风险产生的源头、预见到可能发生的危机，而是由于监管方对于金融风险的预估不能"举一反三"、"触类旁通"造成的。现有的金融监管往往是，哪里危机了去哪里监管，出现了一种金融危机，就发明一种新的监管方法和策略来应对，但是这些方法和策略仅仅针对已有的危机的历史，却很少将未来可能发生的危机也纳入监管视线之内。

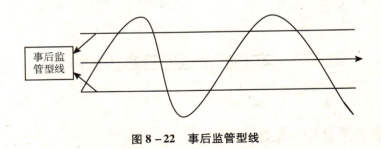

图 8 - 22　事后监管型线

只有真正实现预见性监管，将可能出现的危机和金融市场及体系的波动限定和局限

在预见监管线的范围以内，才能将未来可能出现的风险最小化。这里，预见性金融监管指的是对可能出现的危机及其传递机理有预见性的研究，并提出预见性立法，或者"责任、处罚标准"。

第三，传统的实时监管方法监管成本过高，为监管方带来了不必要的监管负担。如果可以更多地从经济和利益导向层面对金融主体进行监管，便可以将监管的外部性成本内部化，在金融主体的趋利决策中，同时实现金融稳定的监管目标。比如，建立相应的金融产品和机构的"问责机制"和"惩罚机制"，使得金融行为主体在组织其金融活动时，将"问责"和"惩罚"的成本纳入其成本考虑范围之内，合理优化主体的金融行为，使其自觉实现合理、合法、合规的金融行为。通过这样的方式，金融监管方的实时监管成本被大大降低了，监管当局通过结果监管的形式，配合"问责"和"惩罚"机制的立法，引导和优化了金融主体的行为，实现了控制风险和维持稳定的目标。

第四，传统监管较少关注监管的国际协调的深化。近年来，金融国际化发展迅猛。金融机构、金融市场、金融工具、金融资产和收益的国际化趋势日益明显，各国金融立法和交易习惯与国际惯例趋于一致的过程也日益加速。尤其是以跨国投资基金和跨国资产证券化为代表的新的跨国网链式金融形态的出现，在创造融资机会和活跃金融行为的同时，也大大增加了各个交易环节间隐藏的、难以被监管方在单个交易主体或交易环节中所能简单识别的网链式系统风险，造成了重大的金融危机隐患。新的金融网链结构下，缺少国际协调的各国独立监管愈发力不从心，金融监管的国际化在当今历史条件下已经成为一种必须。

### 2. "网链"时代监管方法论缺陷

随着国际经济的不断发展，新的国际金融网链式结构渐趋形成。新形势下的国际金融市场中金融交易环节多重性和网链性极大的增强，各个交易环节之间的影响也大大加深。在"合约流转"过程中产生的结构型、系统性风险被极大地扩大，并成为新型国际金融危机的致因。

传统监管多为"点式"监管和"环式"监管，缺乏从"资本市场链"乃至整个"金融市场链"的高度来看待各种金融机构、金融产品（金融资产）、金融功能、金融交易、金融市场，对于"网链"时代的国际金融市场和行为的监管必然缺少完备性和全局性。

## 第三节  本书的金融监管方法论体系

### 一、金融监管的目标和原则

金融监管的目标主要有：第一，促进竞争与组织垄断经营；第二，保护存款者的利益；第三，保证金融业的正常运转；第四，维持金融体系的稳健性。

尽管金融监管体系在各个国家会出现差异，但金融监管的基本原则应当是相同的，因为监管原则是各国金融监管机构进行有效监管的指南，各国之间均可以互相彼此借鉴。虽然1997年巴塞尔委员会公布的《有效银行监管的核心原则》主要是针对银行业的，但其核心思想早已贯穿和渗透到整个金融监管体系中，对整个金融业而言，这将是十分有益的。

第一，独立性原则。《有效银行监管的核心原则》指出，在一个有效的银行监管体系下，银行监管机构要有明确的目标和责任，并在操作上享有充分的自主权及资源。从某种意义上讲，独立性原则是确保整个金融监管得以有效进行的前提。

第二，依法监管的原则。尽管各国法律存在差异，但金融行业的特殊性决定了各国的金融监管必须依法进行，否则，健全有效的金融监管将难以维持下去。

第三，"内控"与"外控"相结合的原则。无论从哪个角度来看，来自于金融机构外部的强制的金融监管都是必需的，是确保金融行业得以维系的前提，但仅有外部监管是不完备的，还难以保证监管能够达到预期效果。为此，需要建立与完善各个金融机构的内部控制制度。只有保持内控与外控的相互结合，才能达到金融监管的有效、及时。风险预防就是要求监管者掌握完善的监管手段，以便在银行未能满足审慎要求或者当存款人的安全受到威胁时采取措施予以纠正。

## ■二、本书的金融监管方法论

### （一）创新金融监管理念

鉴于传统监管理念在监管中存在的外部性、不完备性、滞后性（事后监管）等缺陷，创新监管理念、实现金融监管的革新已经成为新时代背景下金融监管的要务。

#### 1. "网链式"监管理念

"资本市场链"的概念由窦尔翔、何小锋、康从升在《基金资本市场链的机理与效应——基于股权投资基金与证券基金的比较》一文中提出，已在倡导从逻辑链条与业务链条的角度分析和看待基金以及其他资本市场现象，将整个资本市场体系各个行为主体以链条方式"串联"起来进行考察（如图8-23所示）。

随着国际经济的不断发展，新的国际金融网链式结构渐趋形成。新形势下的国际金融市场中金融交易环节多重性和网链性极大的增强，各个交易环节之间的影响也大大加深。其中，跨国资产证券化，尤其是跨国信贷资产证券化在创造融资机会和活跃金融行为的同时，也因为其隐藏的多个跨国交易环节和过长的委托代理链，而给金融市场带来了巨大的结构性系统风险。链式思维正是将整个资本市场体系各个行为主体以链条的方式"串联"起来进行考察，有效地防止隐藏的系统性风险在金融链条上滋生。

如同最基本的欧几里得几何学原理告诉我们的那样，"点"沿着一个方向汇聚构成

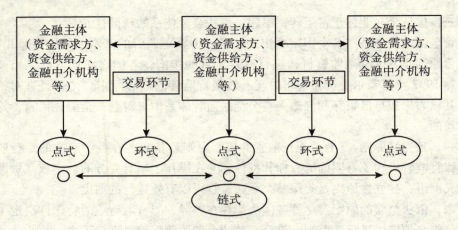

**图 8 – 23** "链式"监管的思维逻辑

"线","线"足够紧密地排列构成"面","面"的充分累积形成"体"……在金融监管领域,如果将对两个金融主体(两个"点")的分头监管连接起来,就可以构成"环式"监管(线段),将对三个及以上的金融主体(多个"点")的分头监管有序衔接起来,就可以构成"链式"监管(直线、曲线),如此类推,将整个金融市场中的金融主体及其交易活动统一纳入监管范畴,统筹监管,则构成了网状监管(如图 8 – 24 所示)。

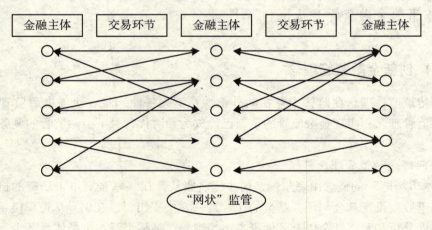

**图 8 – 24** "网状"监管的思维逻辑

监管理念的这种演进,是逐步适应金融体系新的现实状况的体现。从哲学的角度来看,"监管"这种行为作为政治上层建筑的一部分,必须会随着经济金融现实的发展而不断向前推进。总之,既然现实世界中的金融活动是网状的没那么相适应的,一个良好的金融监管体制,其必然也是在网状思维模式指导下构建的。

以网链式金融形态——资产证券化——为例,网状监管的思维模式,并不是将单个主体分裂开来分别进行监管,也不是将各个委托代理关系进行分离的监管,而是将其看作一个有机的整体,在实现"点"(主体)和"环"(交易)的基础上,进一步将监管重点放在各交易主体以及其委托代理之间的网链关系上，对任一可能造成信用扩张和道德风险的交易环节和主体进行网链式系统性的监督和控制。

2. 预见性金融监管理念

预见性金融监管（如图 8 - 25 所示），指的是对可能出现的危机及其传递机理有预见性的研究，并提出预见性立法，或者"责任、处罚标准"。预见性金融监管将可能出现的危机和金融市场及体系的波动限定和局限在预见监管线的范围以内，也将未来可能出现的风险最小化。

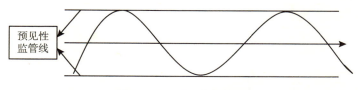

图 8 - 25　预见性监管线

3. 国际合作金融监管理念

近年来，金融国际化发展迅猛。金融机构、金融市场、金融工具、金融资产和收益的国际化趋势日益明显，各国金融立法和交易习惯与国际惯例趋于一致的过程也日益加速。尤其是以跨国投资基金和跨国资产证券化为代表的新的跨国网链式金融形态的出现，在创造融资机会和活跃金融行为的同时，也大大增加了各个交易环节间隐藏的、难以被监管方在单个交易主体或交易环节中所能简单识别的网链式系统风险，造成了重大的金融危机隐患。新的金融网链结构下，缺少国际协调的各国独立监管愈发力不从心，金融监管的国际化在当今历史条件下已经成为一种必须。

## （二）创新金融监管方法体系

回顾上一章第三节关于国际金融危机分类探讨的相关知识，本书创造性地从源头、"生态型"、受害方（结果）三个角度对金融危机进行了分类。相对应地，本书的金融监管方法也分别从这三个角度展开，分别为：源头型监管、"生态型"监管和结果型监管（如图 8 - 26 所示）。

图 8 - 26　金融监管方法体系

1. 源头型金融监管

源头型金融监管，是指对造成金融风险和引发金融危机的源头进行的监管，以防止金融风险的累积和危机的发生。根据金融危机的源头型分类法，相对应的金融监管的源头型监管，按照监管的金融市场的要素的不同，可以分为：金融交易主体监管、金融交易客体（交易工具）监管和金融交易媒体（中介）监管三种（如图8-27所示）。

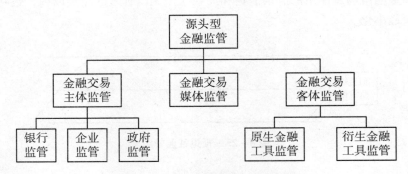

**图8-27 源头型金融监管体系**

对金融交易主体的监管主要包括以下几个方面：一是登记注册制度，登记注册的内容包括资本、经营管理者、经济需要程度、金融服务和存款保险等。二是资本充足条件，包括基本资本比率、总资产与资本的比率、资本与存款负债的比率、资本与风险资产的比率、坏账准备金与贷款总额的比率、综合性贷本充足条件等内容。三是清偿能力管制，重点审查监管对象资产与负债结构在时间上的配合，保证随时满足客户存贷款需求。其他方面的交易主体监管还包括业务活动限制、贷款集中程度限制和管理评价等。对政府金融交易行为的监管，包括政府参与金融市场的方式、手段等地合法性，以及各项金融相关指标的安全性，尤其是对一国国际收支平衡表及其各附属表格中各经济和金融项目的金融风险预警。

（1）银行监管。银行的表外业务发展失控——影子银行系统崩溃——是次贷危机爆发的重要原因。加强对银行表外业务、场外交易的监管，迫使银行将一些表外业务转移到表内，加强银行整体资产的抗周期性和稳定性，是银行监管的关键。同时，全能银行可能成为未来推崇的经营形式，将投资银行纳入银行机构的经营和监管框架，实现全能银行资产负债结构的均衡，在现有的会计体系下，其抗周期性冲击的能力将增强。并且，全能型银行的多元化业务模式使得业务组合更加均衡，业务间各自具有不同的周期波动特征，这也使得其在危机中能表现得更加稳健。

（2）证券监管。对证券的监管从微观层面上讲，应限制和克服垄断、操纵、欺诈、内幕交易等影响市场公平、顺利运行的违法行为。在实现对主体的市场准入严格控制的基础上，进一步完成对其交易活动的监管。在趋势和理念创新下的证券监管要义有：第一，控制证券机构的高杠杆率，实现稳健经营；第二，加强信息披露，减少信息不对称引发的交易风险；第三，完善证券商的商业道德和相关法律规范。

（3）保险监管。在趋势和理念创新下的保险监管应注意如下问题：第一，提高对系统性风险的评估能力，改善保险偿付能力的评估；第二，控制保险资金向高风险网链式金融市场的流动，以确保资金稳健和安全；第三，加强保险中介和担保职能的规范化，防止其在金融网链中发挥"扩张信用"的作用。

对金融交易客体的监管，应更加关注对金融衍生工具的监管。回顾危机的历史我们知道，东南亚金融危机的罪魁祸首是索罗斯的对冲基金，2007 年金融危机的罪魁祸首是美国的金融衍生工具的泛滥。金融衍生工具的高科技性质和信息不对称性质淡化了人们对其违法犯罪及其潜在危害的认识。2010 年的《金融监管改革法案》将之前缺乏监管的场外衍生品市场纳入监管视野，规定大部分衍生品必须在交易所内通过第三方清算进行交易。对于衍生产品的监管，应该重视如下方面：第一，实现对衍生品杠杆率的安全监控；第二，跟踪衍生品的信用创造过程，防范信用扩张风险；第三，强制衍生品市场信息披露；第四，加强衍生品交易的全球化监管和国际协调。

对金融交易媒体（中介）的监管，是当今金融监管的重点监管领域。建立完善的金融监管立法和金融中介机构职业道德规范是规范现有金融交易媒体行为的当务之急。同时，在完善立法的基础上加强执法和监督，严格防范金融媒体以透支信用为手段的金融风险的传播。

### 2. "生态型" 金融监管

"生态型"监管主要是针对当今国际金融市场上国际金融网链的生态形态，对金融网链中的网链环节以及结构性风险进行统一监管的监管方法。具体的金融网链式监管主要分为基金类监管和资产证券化监管。

（1）基金类的监管。伴随着国际经济不断深化，基金的募集、投资和收益等阶段都体现了跨国性运作的性质，这其中以该基金为轴，各个参与主体相互配合，便形成了网链式金融市场。在基金的网链市场中，隐含着诸多风险，如图 8 - 28 所示。

在各类基金中，由于股权投资基金的募集、分红与清算，即基金管理人与投资者之间的各种交易行为，均遵从小众化与专业化的原则，以及股权投资运作的低泡沫性，使得其隐含的金融风险较小，学术界认为，对其实施适当的金融监管，保持其金融活力与安全性的平衡是政策上的最佳选择。而证券投资基金具有高杠杆性、投机性、信息不对称带来的委托代理问题严重等特征，其隐含的系统性风险较为严重，应该予以严格监管。

对于基金类网链金融的监管，应当采取主体监管与结构性监管相结合的方式，才能有效防御网链式系统性风险的滋生。

就主体的监管来讲，应该实现：第一，完善对基金管理人的监管。建立详尽的管理控制体系和商业道德规范要求，防止滥用市场权力、操纵市场、进行内幕交易以及降低管理人的"道德风险"，保护投资者利益。第二，加强对其他参与主体的信用审查和监管，以及以立法手段确认其权利与义务。尤其加强对于相关金融中介（投资银行）和金融服务机构（信用评级机构）的监管。

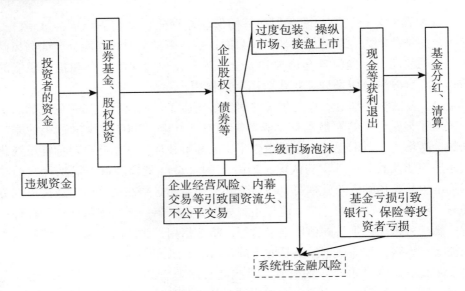

图 8 - 28　基金运作的潜在风险

就结构性监管来讲，应该实现：第一，防范系统性金融风险，提高金融系统稳定性。实时跟踪整个基金网链的杠杆率、市场泡沫等威胁金融系统安全的因素或指标。第二，建立强制性信息披露制度。强制披露基金的相关投资信息以及规定披露内容，保证高透明度的投资、运作过程，维护投资者利益。

另外，就监管的机构组织形式来说，统一型监管模式或单一主导型模式是较为理想的选择。美国权力制衡的"双重、多头、分业"金融监管体制，不利于对网链式系统风险的监测和管理，而我国目前的分业监管体制也不是监管的理想状态。在这种情况下，能够减少监管交叉、监管漏洞以及降低监管成本的集权型的金融监管体系是较好的选择。

（2）资产证券化的监管。资产证券化是金融创新发展的高峰，代表了履行、技术和结构技巧的完美平衡，能够有效地分散和消除资产流动性风险和信用风险，但如果证券化过程中任一因素出现故障，整个证券化交易就将面临极大的风险（如图 8 - 29 所示）。资产证券化除了面临利率、汇率、信息和信用风险以外，还有它自身特定的风险：提前偿付风险和结构性风险。①

对于资产证券化的监管，应当采取主体监管与结构性监管相结合的方式，才能有效防御网链式系统性风险的滋生。

---

①　资产证券化属于结构性融资，其融资的成功与否及效率大小与其交易结构有着密切关系。从理论上讲，只要参与各方履行自身义务，该结构将是一个完美的风险分担的融资方式；反之，其中一个环节出现问题，整个资产证券化网链都蒙受着巨大的系统性风险。

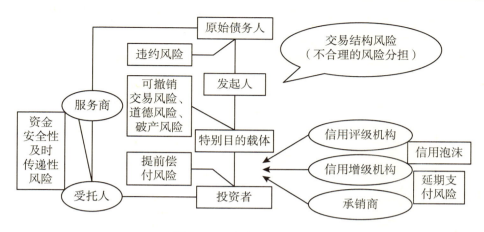

图 8－29　资产证券化风险

就主体的监管来讲，应该实现：第一，确保 SPV 合格性和独立性。SPV 合格性主要包括分离证明是否完全、从事行为是否许可、持有资产是否合适及是否可以处置非现金金融资产四个部分。独立性则指身份、财务、业务以及决策的独立性四部分。第二，加强对其他参与主体的信用审查和监管，特别是中介机构行业的监管和会计、审计独立性、职业道德以及工作质量的审查。

就结构性监管来讲，应该实现：第一，强化对交易结构风险分配机制的监管。鼓励实现对 SPV 的组织形态的科学选择、建立分科或双层结构、发行多类多档证券、注重交易结构整体性。第二，加强对权利束系统性隔离的监管。确保彻底转移控制权，加强对权利束的实质性审查、全面考察权力的条件性、确认权利关系的时效性。① 第三，建立强制性信息披露制度。实现信息披露的及时性、真实性、充分性和有效性，以降低信息不对称带来的风险。

对于资产证券化的监管组织模式，同基金类监管类似，最理想的监管体制为统一型监管模式或单一主导型模式。这是应对网链式新型金融市场形态进行监管的最优选择。

### 3. 结果型金融监管

结果型金融监管是相对于源头型金融监管而言的。源头型监管注重从制造金融风险的源头进行风险的遏制和监管，而结果型监管则是通过对金融风险累积造成的不良后果进行"问责"和"惩罚"的立法机制，利用金融主体的趋利效应，通过主体自身改善决策、抑制风险产生而达到遏制金融风险、防范金融危机和维持金融市场稳定的目的。在强化对于金融体系的"公共产品"认识后，政府必须有所作为，早有所为。具体而言，政府应建立"预见性"立法机制，加强金融产品的"质量认证"管理、"信用评级"管理，启动金融产品和机构的"问责机制"，界定国内、国际金融犯罪的性质。

结果型监管的方法如图 8－30 所示。

---

① 梁志峰. 资产证券化的风险管理——从制度经济学角度的透视. 经济管理出版社，2008.

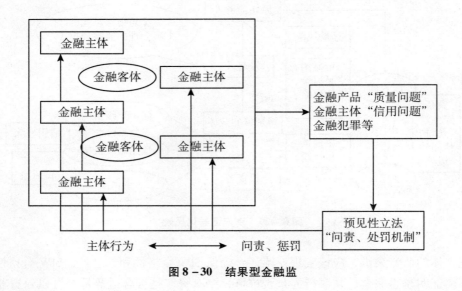

图 8-30　结果型金融监

☞ **本章关键词** ☜

| | | |
|---|---|---|
| 监管方法论 | "全要素"监管 | 事后监管 |
| 事前监管 | "点式"监管 | "环式"监管 |
| "网链式"监管 | 预见性监管 | 金融改革法案 |

☞ **深入思考的问题** ☜

1. 结合本章内容，谈谈你对传统的金融监管方法论的理解，并进行评述。结合本书的国际金融监管方法论，谈谈你对创新金融监管理念的理解，并在创新理念的前提下给出你认为合理的具体的金融监管模式预测。

2. 请简述"网链式"金融监管的内涵。

3. 试谈你对事前监管和预见性监管的认识，并给出相应的预见性立法建议。

# 参 考 文 献

［1］傅艳. 产融结合之路通向何方. 人民出版社，2003.

［2］杜丽虹，姜昧军. 金融长尾战略. 清华大学出版社，2011.

［3］陈彪如. 国际金融概论. 华东师范大学出版社，1992.

［4］钱荣堃. 国际金融. 四川人民出版社，1993.

［5］钱荣堃，陈平，马君潞. 国际金融. 南开大学出版社，2002.

［6］刘舒年. 国际金融. 对外经济贸易大学出版社，1997.

［7］杨惠昶. 国际金融. 吉林大学出版社，1994.

［8］王曼怡. 国际金融新论. 中国金融出版社，2009.

［9］姜波克. 国际金融新编（第四版）. 复旦大学出版社，2008.

［10］姜波克，陆前进. 汇率理论与政策研究. 复旦大学出版社，2000.

［11］王爱俭. 国际金融理论研究：进展与评述. 中国金融出版社，2005.

［12］王爱俭. 国际金融概论（第三版）. 中国金融出版社，2011.

［13］王爱俭. 滨海新区金融创新与人民币国际化研究. 科学出版社，2009.

［14］佛朗索瓦·沙奈等著，齐建华等译. 金融全球化. 中央编译出版社，2001.

［15］王继祖. 国际经济金融若干前沿理论问题研究. 南开大学出版社，2005.

［16］巴曙松. 全球金融衍生品市场发展报告. 北京大学出版社，2010.

［17］马君潞. 中国资本市场对外开放发展研究. 南开大学出版社，2005.

［18］单忠东，綦建红. 国际金融. 北京大学出版社，2006.

［19］黄燕君，何嗣江. 国际金融. 浙江大学出版社，2005.

［20］李若谷. 国际货币体系改革与人民币国际化. 中国金融出版社，2009.

［21］马先仙. 美国经常项目逆差研究——基于美元国际货币地位视角. 西南财经大学出版社，2010.

［22］陈炳才，田青，郑惠. 主权货币结算——终结美元霸权之路. 中国金融出版社，2010.

［23］国务院发展研究中心课题组. 人民币区域化条件与路径. 中国发展出版社，2011.

［24］刘仁伍，刘华. 人民币国际化风险评估与控制. 社会科学文献出版社，2009.

［25］徐奇渊，刘力臻. 人民币国际化进程中的汇率变化研究. 中国金融出版社，2009.

［26］冯郁川. 人民币渐进国际化的路径与政策选择. 中国金融出版社，2009.

［27］卜志村. 国际金融学. 人民出版社，2009.

［28］卜志村. 金融监管学. 人民出版社，2011.

［29］李婧. 中国资本账户自由化与汇率制度选择. 中国经济出版社，2006.

［30］史燕平. 国际金融市场. 人民出版社，2005.

［31］任淮秀，汪昌云. 国际投资学（第二版）. 中国人民大学出版社，2005.

［32］史燕平. 国际金融市场基础. 清华大学出版社，2007.

［33］潘丽英，朱喜，苏立峰等. 国际金融中心：历史经验与未来中国. 上海人民出版社，2009.

［34］窦尔翔，冯科. 投资银行理论与实务. 对外经济贸易大学出版社.2010.

［35］何小锋，黄嵩. 投资银行学（第二版）. 北京大学出版社，2008

［36］何小锋，韩广智. 资本市场的理论与运作. 中国发展出版社，2006.

［37］李蕊. 迅速发展的金融服务离岸外包. 大连理工大学出版社.2010.

［38］宋浩平. 国际借贷. 首都经济贸易大学出版社.2006.

［39］李学峰，马君潞. 国际金融市场学. 首都经济贸易大学出版社，2009.

［40］胡日东，赵林海. 新编国际金融理论与实务. 清华大学出版社，2006.

［41］胡日东，赵林海. 国际金融理论与实务. 清华大学出版社，2010.

［42］刘明志. 金融国际化——理论、经验和政策. 中国金融出版社.2008

［43］卡恩（Khan, M. F. K.），帕若（Parra, R. J.）著，朱咏等译. 大项目融资——项目融资技术的运用与实践. 清华大学出版社，2005

［44］杨胜刚，姚小义. 国际金融. 高等教育出版社，2009

［45］卜伟，叶蜀君，杜佳，刘似臣. 国际贸易与国际金融. 清华大学出版社，2005.

［46］谭会萍，罗鹏. 国际经济组织. 大连理工大学出版社，2010.

［47］克鲁格曼. 国际经济学. 中国人民大学出版社，第五版.

［48］艾弗雷克拉克. 国际金融. 北京大学出版社，2002.

［49］刘园. 国际金融. 对外经贸大学出版社，2004.

［50］刘园，王达学. 金融危机的防范与管理. 北京大学出版社，1999.

［51］陈漓高，齐俊妍，张燕等. 国际经济组织概论. 首都经济贸易大学出版社，2010.

［52］王仁祥，胡国辉. 国际金融学. 科学出版社，2009.

［53］陈燕，国际金融. 北京大学出版社.2011.

［54］雷仕风，王芬. 国际金融学. 经济管理出版社，2010.

［55］张莲英，王未卿. 国际金融学. 中国社会科学出版社，2009.

［56］哈尔·范里安. 微观经济学：现代观点. 上海人民出版社，2006.

［57］朱叶. 国际金融管理学. 复旦大学出版社，2003.

［58］约翰·赫尔. 期货、期权与其他衍生产品. 机械工业出版社，2009.

［59］杨德新．跨国经营与跨国公司．中国统计出版社，1996.

［60］［日］石川贵志．国际金融．科学出版社，2004.

［61］陈雨露．国际金融．中国人民大学出版社，2008.

［62］梁琦．国际结算与融资．南京大学出版社，2000.

［63］［美］德赛．国际金融案例．机械工业出版社，2008.

［64］段平方．开放条件下的中国经济内外均衡研究．经济科学出版社，2009.

［65］黄梅波．国际金融学．厦门大学出版社，2009.

［66］沈国兵．国际金融．北京大学出版社，2008.

［67］吕随启，王曙光，宋芳秀．国际金融教程．北京大学出版社，2007.

［68］吴腾华．国际金融学．上海财经大学出版社，2008.

［69］李天德．国际金融学．四川大学出版社，2008.

［70］潘淑娟，万光彩．国际金融学．中国金融出版社，2006.

［71］何璋．国际金融学．北京师范大学出版社，2009.

［72］任康钰．国际金融．机械工业出版社，2006.

［73］丁骋骋．金融体系结构差异与国际收支失衡．复旦大学出版社，2009.

［74］田春生，郝宇．国际金融危机——理论与现实的警示．中国人民大学出版社，2010.

［75］朱民．改变未来的金融危机，中国金融出版社，2009.

［76］宋海，任兆璋．金融监管理论与制度．华南理工大学出版社，2006.

［77］黄金老．金融自由化与金融脆弱性．北京城市出版社，2001.

［78］祁敬宇．金融监管学．西安交通大学出版社，2007.

［79］祁敬宇，祁绍斌．金融监管理论与实务．首都经济贸易大学出版社，2007.

［80］梁志峰．资产证券化的风险管理——从制度经济学角度的透视．经济管理出版社，2008.

［81］王益，白钦先．当代金融辞典．中国经济出版社，2000.

［82］李芸．金融发展与经济增长之间相互关系的文献综述．金融经济，2009（24）.

［83］李守伟．基于产业网络的创新扩散机制研究．科研管理，2007（7）.

［84］刘莎．在中国的发展供应链金融的探索．经济师，2009（3）.

［85］张琮，朱金福．物流金融与供应链金融的比较研究．金融理论与实践，2009（10）.

［86］曾康霖、刘楹．试析金融与经济的分离：从金融的独立性管窥虚拟经济．财经科学，2004（增刊）.

［87］李世光．全球金融服务贸易协议简介．财金贸易，1998（6）.

［88］倪成伟．关于国际金融学科建设的几点认识．浙江经济高等专科学校学报，2000（12）.

［89］姜波克．论国际金融学新体系．复旦学报（社会科学版），2000（5）.

[90] 王爱俭. 关于优化国际金融学科体系的思考. 金融教学与研究, 2005 (1).

[91] 周八骏. 国际金融学的方法论基础. 世界经济, 1986 (2).

[92] 宋兆晗, 马丹. 国际收支中净误差与遗漏项目波动分析. 中国国情力, 2007 (12).

[93] 刘锡良, 刘晓辉. 国家资产负债表与货币危机: 文献综述. 经济学家, 2010.

[94] 陈岩岩, 唐爱朋. 人民币国际化过程中货币整合的可行性分析. 西南金融, 2005 (7).

[95] 黄益平. 国际货币体系变迁与人民币国际化. 国际经济评论, 2009 (5).

[96] 吉晓辉. 国际货币体系变迁与人民币国际化. 经济参考报, 2011 (3).

[97] 陆前进. 美元霸权和国际货币体系改革——兼论人民币国际化问题. 上海财经大学学报, 2010 (2).

[98] 王信. 经济金融全球化背景下国际货币博弈的强与弱. 国际经济评论, 2009 (7).

[99] 庞涛. 论美元在未来国际货币体系中的法律地位及规制. 金卡工程, 2011 (3).

[100] 黄济生, 殷德生. 一个新制度经济学的分析框架. 华东师范大学学报, 2000 (7).

[101] 王伶俐, 王月. 欧元区经济政策协调困难之分析. 欧洲一体化研究, 2004 (3).

[102] 向松祚. 欧债危机≠欧元危机. 第一财经日报, 2011.07.18.

[103] 张玉来. 国际金融新秩序"呼唤"中国. 中国报道, 2008 (8).

[104] 国际金融分析小组, 中国人民银行上海总行. 2010 年国际金融市场报告. 2010.

[105] 天津大学研究院课题组. 中国国际金融中心布局的战略问题研究. 经济研究参考. 2010 (61).

[106] 美国凯雷投资集团. 2009 凯雷—中国年度报告. 2009.

[107] 何小锋. 深圳中集集团的资产证券化案例解剖. 新经济杂志, 2005 (10).

[108] 孙建平. 论出口应收款项离岸证券化. 经济评论. 2003 (2).

[109] 周军. 国际金融机构开放性研究——以 IMF、WB、ADB 的审查机制为视角. 经济与法, 2010 (9).

[110] 张文才. 亚洲开发银行的未来业务战略走向. 银行家. 2008 (2).

[111] 徐德辰. 跨国经营的国际比较研究. 吉林大学博士学位论文, 2005.

[112] 朱启铭. 跨国公司跨国经营能力构建研究. 江西财经大学博士学位论文, 2004.

[113] 吴国生. 跨国直接投资. 东北财经大学博士学位论文, 2001.

[114] 廖贤超. 国家风险与跨国并购目标企业价值分析. 重庆大学博士学位论文, 2009.

[115] 张寒.跨国并购的理论、运作及我国企业的跨国并购问题研究.对外经济贸易大学博士学位论文，2005.

[116] 叶建木.跨国并购的理论与方法研究.武汉理工大学博士学位论文，2003.

[117] 吴晓辉.中国企业跨国经营问题研究.吉林大学博士学位论文，2009.

[118] 穆丽.中国企业跨国经营问题研究.东北师范大学博士学位论文，2009.

[119] 赵曦.跨国公司财务管理中的风险控制与管理战略研究.对外经济贸易大学博士学位论文，2006.

[120] 张磊.跨国企业的现金管理研究.华东经济管理，2010（6）.

[121] 罗来军，罗雨泽.金融创新对跨国公司财务管理的影响.商业时代，2006（29）.

[122] 崔薇薇.跨国公司财务管理所存在问题及对策.理论观察，2010（6）.

[123] 李伟杰.商业银行跨国经营动机：理论研究综述与实践回顾.首都经济贸易大学学报，2008（4）.

[124] 何毓海.商业银行跨国经营动机的经济学分析.海南金融，2009（9）.

[125] 李伟杰，宋焱.商业银行跨国经营模式的理论分析与实证检验.金融论坛，2009（5）.

[126] 徐荣贞.国际金融与结算.中国金融出版社，2010.

[127] 李扬，何海峰.美国经常账户失衡：表现、理论与政策.国际金融研究，2009（12）.

[128] 刘峰.中国经常账户失衡的深层次原因探析.改革与战略，2008（1）.

[129] 杨正位.历史地看待国际经济失衡.经济观察，2010（17）.

[130] 胡超，张捷.国际经济失衡的成因：新形态国际分工的角度.南京社会科学，2002.

[131] 刘晶杰.从美国视角分析中美贸易失衡的原因.商业现代化.2008（8）.

[132] 招商证券（香港）.1980年代债务危机的历史启示.2011-8-30.

[133] 梁晓.谁来养活美国.中国税务，2008（7）.

[134] Alan Stone. Regulation and Its Alternatives. Congressional Quarterly Press，1982.

[135] Bayoum T. ，Eichengreen B. One Money or Many? Analyzing the Prospects for Monetary Unification in Various Parts of the World. Princeton Studies in International Finance，1994，76.

[136] Don Hellriegel，John W. Slocum，Jr. Organizational Behavior，Tenth Edition. Peking University Press.

[137] F. J. Mishkin. Anatomy of a Financial Crisis. NBER Working Paper，No. 3934，Cambridge，Massachusetts，NBER，1991.

[138] Kalemli-Ozcan S，Sorensen B E，Yosha O. Asymmetric Shocks and Risk Sharing in a Monetary Union：Updated Evidence and Policy Implications for Europe. CEPR Discussion Papers，2004.

［139］ Kaminsky. Graciela, L., and Carmen Reinhart. The Twin Crises: Causes of Banking and Balance-of-Payments Crises. American Economic Review89（3）, 1996: pp. 473 – 500（June）.

［140］ Kenneth Rogoff. The Purchasing Power Parity Puzzle. Journal of Economic Literature. 1996.

［141］ Lane P. R. The Real Effects of European Monetary Union ［J］. Journal of Economic Perspectives, 2006, 20（4）: 47 – 66.

［142］ Lyons, Richard K. The Microstructure Approach to Exchange Rates. MIT Press, 2001.

［143］ Maurice Obstfeld. Rational and Self-Fulfilling Balance-Of-Payment Crises. American Economic Review 76, 1986.

［144］ Paul R. Krugman, Maurice Obstfeld, Melitz, Marc J. International economics: theory & policy, 9th edition. Pearson Education Limited. 2011.

［145］ Paul R. Krugman. A Model of Balance-Of-Payments Crises. Journal of Money. Credit And Banking11, 1979.

［146］ Robert P. Flood and Peter M. Graber. Collapsing Exchange Rate Regimes: Some Linear Examples. Journal Of International Economics 17, 1984: pp. 1 – 14.

［147］ Rudiger Dornbusch. Expectations and Exchange Rate Dynamic. Journal of Political Economics. 1976.

［148］ Thomas Mu. England's treasure by foreign trade. Adamant Media Corporation, 1644.

［149］ WFE, New acceleration in exchange traded derivatives trading volumes in 2010, 7 March 2011.

［150］ WTO secretary. Understanding the WTO. 2010.

［151］ Pierre Olivier Gourinchas. IMF Economic Review. ISSN: 2041 – 4161. 2011.

# 后　记

　　时光荏苒，流逝如歌。一年的时间可以很长，也可以很短……我们国际金融研究团队经过这一年来的努力，今天，在这金秋十月，我们终于收获了累累硕果——《新体系国际金融学》。记得2010年9月份，面对刚刚入学的北大学子，作为他们的导师，我倍感重任！坦白说，那时的他们有些稚嫩，但却充满灵性；他们挥斥方遒，但眼神中却透露着迷茫。与此同时，持续几年的国际金融危机尽管有一定好转，但对不少传统的金融理论形成了挑战，而危机后国际金融形势又沉浮几何？我国金融学术界和实务界都对此产生巨大兴趣，不断探索此次金融危机的本质，以致力于中国经济的纵深发展。作为一位多年来从事金融研究和教学工作的我，也同样一直在积极思考：此次金融危机，是否能够归入传统的金融危机类别？我们的监管有何缺陷？什么样的监管新举措才既不至于窒息金融创新的活力，又不会坐视金融危机重蹈覆辙？美国的金融霸权何时才能终结……国际金融危机给我们留下的不仅是一个理论问题，更是一个重大的现实问题。恰逢我2011年春季要给北京大学软件与微电子学院金融信息工程系研究生开设国际金融学课程，于是我当即成立国际金融研究团队，带领我的学生们在汲取前辈国际金融学教材精髓的基础上，根据我们金融信息工程系的交叉性人才培养的特点，写一本适合当前金融经济形势的国际金融教材。

　　此刻，当这本沉甸甸的《新体系国际金融学》付梓之时，看着里面的一字一句，回想教材的写作过程，顿时百感交集……去年冬天，在国际金融研究团队组建完成后，我们首先购买了市面上所有的国际金融教材，同时收集了大量国际金融文献以汲取国际金融领域前辈们的精华；我们通过研究每一本教材的体系特点和逻辑构建特征，在充分学习现有教材的优点的基础上，考虑到有些教材由于专注于某一种视角而造成的些许遗憾，最终构建了以"价值跨国获取"为视角的新体系国际金融学教程。在确定了这样的大框架下，我带领团队顶着风饕雪虐，来回于大兴和北大本部之间，讨论和细化具体篇章，最终将该教材分为八部分。同学们根据自己的知识结构和研究兴趣，很快将教材写作分工完毕。带着厚实的文献资料，同学们踏上了回家的旅途，准备迎接新一年的挑战。值得一提的是，就在过年期间，国际金融研究团队成员依旧通过频繁的网络会议进行各种争论和探讨，不达到满意不罢休！他们的激情和斗志着实让我感动，也坚定了自己一定要带好这帮莘莘学子写好这本书的决心。2011 年，他们很努力、很辛苦，但是他们依旧意气风发，依旧目标明确、不急不燥，因为他们体会到了研究的真谛和思考的幸福，从而不断迸发出创新的灵感。大家日复一日地与头脑风暴写作，克服了重重困难，终于在 11 级新生到来之际，交上了较为满意的答卷。回眸往事，我们曾为每一句话而反复推敲，我们曾为每一个案例而精挑细选，也曾为每一次逻辑构架创新而激动不已；在北大的校园里，到处都留下我们殷实的脚印，在大地科技大厦里的争吵，在师生缘餐厅的讨论，在国际正大交流中心的笑声……这一切的一切都见证了我们的辛劳和快乐！

最后，感谢北大，感谢她兼容并包的胸怀；感谢软件与微电子学院，感谢她勇于创新的院风……这些都给了我们以精神的滋养，使我们不断战胜自己。我们还要特别感谢国内外的国际金融教程的著作者，是他们的精辟论述给了我们进一步创新的灵感。

窦尔翔

于北京大学中关园

2011 年 9 月 17 日